ブラジル日系移民の教育史

根川幸男

みすず書房

ブラジル日系移民の教育史　目次

第四章　都市サンパウロの日系移民子弟教育　232

凡例

一、史資料の引用に際しては、次のような基準にしたがった。
①本文中の引用は、可能な限り当該部分で出典を明記した。
②引用文中の旧仮名遣いは、読みやすさを考慮して、一部新仮名遣いに改めた。
③引用文中の旧字体は、読みやすさを考慮して、人名・書名を含め一部新字体に改めた。
④引用文には、読みやすさを考慮して、適宜句読点を加えた。
⑤引用文途中の省略は、(…)のように記した。
⑥引用文中の□は、解読不能であった文字である。
⑦邦字新聞からの引用に際しては、見出しの頭に「・」を付した。
⑧邦字新聞など定期刊行物からの引用であっても、記者名が明らかな文献ついては、参考文献中の「和文参考文献」に記載した。
⑨ブラジル地名の表記は、「São Paulo＝サンパウロ」「Rio de Janeiro＝リオデジャネイロ」などすでにカタカナ表記として定着しているものはそのままとし、日本語表記として定着しておらず、特にRio Grande do Sulなどde(および冠詞との縮約形)でつながっているものは「リオ・グランデ・ド・スル」と、前後に「・」を用いるようにした。
二、インタビュー調査で得られたオーラルな資料は、被調査者の発言すべてを記したわけではなく、口ごもりや沈黙箇所を省略し、会話の流れのなかで必要と考えられる発言部分を引用した。
三、年号の記載については、文書資料の多くが元号を用いて記されているが、時間的経過の把握を利便的に進めるために、原則として西暦で記し、適宜元号を付した。
四、図、表、グラフなどを引用する際、それらに付せられた題字(資料名)は、出典のままに記した。

ただ、欧文の場合は適宜日本語訳したものを付した。

五、本書で頻繁に引用する以下のブラジル日本人移民の周年史・記念誌や邦字新聞については、初出や特別な場合を除いて、次のようにタイトルを略すことにした。

『発展史・下』＝青柳郁太郎編（一九五三）『ブラジルに於ける日本人発展史・下巻』ブラジルに於ける日本人発展史刊行委員会。ただし、同書は、石川友紀監修（一九九九）『日系移民資料集南米編三〇巻』日本図書センターに再録されており、同書からの引用はこの再録書に拠った。

『移民四十年史』＝香山六郎編（一九四九）『移民四十年史』（私家版）

『移民七〇年史』＝ブラジル日本移民七〇年史編さん委員会（一九八〇）『ブラジル日本移民七〇年史』ブラジル日本文化協会

『移民八十年史』＝日本移民八十年史編纂委員会（一九九一）『ブラジル日本移民八十年史』移民八十年祭典委員会

『移民年表』＝サンパウロ人文科学研究所編（一九九六）『ブラジル日本移民・日系社会史年表——半田知雄編著改訂増補版』サンパウロ人文科学研究所

『時報』＝『伯剌西爾時報』

『日伯』＝『日伯新聞』

『聖報』＝『聖州新報』

はしがき

ブラジルでは、「ドイツ人は三人集まると教会をつくり、日本人は三人集まると学校を建てる」といわれている。もっとも、ドイツ系移民コミュニティでは、教会は学校を兼ねることも多かったため、ドイツ系人は信仰と教育を等分に大切にしてきたと言い換えることができるかもしれない。

子どもの教育は、人間社会においてもっとも基本的な営為であり、それが近代になると学校をつくって子どもを教育することが文明化の基準となる。ブラジルでは、現在でも、「日本人《ジャポネス》は教育熱心である」、「日本人《ジャポネス》は食わなくても子どもの教育だけは立派に行ってきた」、という言説がことあるごとに取り上げられる。本当にそうなのだろうか。

教育熱心という点であれば、ブラジルのドイツ系人もそうした傾向をもち、ユダヤ系人もたびたびそう指摘され、イタリア系人であっても教育不熱心だったという証拠は薄弱である。それぞれの集団、あるいは集団を構成する個人が、子弟教育をどのように考えてきたか、教育に熱心であるというのはどういうことなのか、どのような教育によってどのような人間をつくろうとしたのか…このような問題を、本書では、史実に即してできるだけ具体的に考えようとしている。

また、当の教育される側の子どもたちはどう受けとめていたのか。

戦争がはじまって、もうニホン語は勉強しなくていいんだってことになって、まあ僕としてはせいせいしましたね（U・A氏、一九二五年リオデジャネイロ州ペトロポリス生まれ）。

これは、一九三〇年代にサンパウロ市の日系小学校とブラジル小学校に通った日系二世男性の回想である。コミュニティができたら、まず学校をつくって、子どもたちを教育する、「お前は、ニホンジンなんだから、日本語も勉強せにゃならん…」というのはあくまでも教育する側、親の側からの理屈であり、教育される側、教育された子どもたちから見ると、それは時に煩わしい干渉であったりする。しかし、学校《ガッコー》は、多くの楽しい思い出として語られることもしばしばである。

六つの時から十三歳まで、大正小学校に通いました。
尋常科から高等科までね。
そのあと戦争がはじまって…
私の人生のなかで、あの頃みたいに楽しいことってなかったですよ（Y・Tさん、一九二八年サンパウロ市生まれ）。

U・A氏と同世代の日系女性の言葉であり、彼女は三〇年代半ばから四〇年代にかけて、U・A氏と同じ二つの学校に通っていた。彼女にとって、日本語を学ぶこともふくめて、日系小学校時代は、楽しかった懐かしい思い出として語られる。

ある集団の教育の全体像をとらえようとする場合、教育される主体、子どもの視点から、彼らがどのように教育され、どのような大人になろうとしてきたのかという側面も明らかにする必要があろう。

このように、親、教師、子どもと、立場が異なれば、学校教育という同じ事象をあつかっても、それぞれの意味は異なってくる。また、学校の場所が異なれば、それぞれの体験の内容やそれに対する思いも違ってきて当然である。

本書では、ブラジルという、日本から見ると、地球の反対側に位置する国に移り住んだ日本人たちが、彼らの子どもたちを教育するために築いた学校とそこで行われた教育に光を当てたい。そして日本人である親や教師など教育する側がどういう子どもを育成しようとしたのか、ブラジル人として生まれたその子どもたちはそうした教育を受けつつどういう人間になろうとしたのか、このようなさまざまな問題を、およそ一〇〇年前にさかのぼって歴史をひもときつつ考えていきたい。

序章　本書の研究課題および方法と視角

〇―一　研究課題と対象

本書は、日本人移民とともに日本的教育文化[1]が遠く離れたブラジルという国に移植され、ブラジル人や他のエスニック集団と接触しながら矛盾や相克を生み、変容・融和していくなかで、どのような人間、どのような文化をつくり上げてきたのかという、人間形成と文化の越境・再創造の問題を取り上げる。すなわち、日本人とともに、日本的教育文化がブラジル（ブラジル合州国）という日本帝国の勢力圏外に越境し、展開、再創造されていく過程と、そのなかでの移民子弟の自己形成もふくめた人間形成や文化形成の諸相、それらの歴史的意味を明らかにしようとするものである。そのため、ブラジル日系人[2]がブラジル国内につくりあげた社会集団と居住地域を対象とするが、特にその中心でありながら十分なアプローチがなされてこなかった都市サンパウロを重点的な対象とする。また、本書では特に、一九一〇年代のブラジル日系教育機関の出現から太平洋戦争中までを対象期間としているが、これは上記の事象とかかわる範囲で、対象地域と期間が広げられることを妨げるものではない。換言すると、戦前・戦中期ブラジル日系移民子弟教育の史誌《ヒストリオグラフィ》を記述する作業において、日本とその勢力圏や北米など外部からの刺激や影響についても適宜取り上げつつ、日本人とその教育文化の越境と展開と変容について、ブラジルにおける日系移民子弟教育という一事例を通して考察するということになる。

本書において明らかにしようとするのは、戦前期の日系教育機関、いわゆる「学校」[3]と、そこで教育する主体であった日系教師と教育される主体であった日系移民子弟の実態であり、そこで行われた教育内容とその成果である。

従来の移民研究や在外子弟教育研究において、海外の日系子弟の教育機関については、「日語学校」（伯国日語学校連合会、一九六六）、「邦人小学校」（日本移民八十年史編纂委員会、一九九一）、「日本人学校」（小島、一九九九）、「日本語学校」（森本、二〇〇五）など、資料用語と術語が混在する形で、いくつかの名称が使用されてきた。しかしながら、ブラジルにおける日系移民子弟を教育する機関（学校）は、サンパウロ州南部のレジストロのように、日系人集住地域にありながら、最初から地域の公立小学校としてはじまった例もあり、必ずしも「日本人学校」として日系子弟を対象に「日本語教育」だけが行われたわけではなかった。また、本書第二章で取り上げるように、一九三〇年代のブラジル日系植民地[4]における教育機関は、ブラジルの公的初等教育機関を兼ねる例が多くみられ、それらを「日本語学校」あるいは「日本人学校」ととらえると、その本質を見誤ってしまう複雑な性格を有していた。したがって、本書では、当局に未届け、未公認であっても、特定の場所で一定の継続的期間、学習者である子どもと教授者である教師がおり、読み書きなど何らかの教科を教授する知育の場を「教育機関」と定義し、日本の国外において日系人によって設立もしくは運営され、その子弟を主な対象として教育が行なわれた機関を、術語として「日系教育機関」と呼ぶことにする。具体的には、小学校、中学校など初等・中等教育機関を主として指すとともに、舎監などの監督者による徳育を含めた教育的機能を有する寄宿舎（学校と一体化したものもある）や、青年学校、日曜学校、夜学校など、臨時に設けられたものでも一定の継続性のある「学校」も含むものとする。ブラジルには、多くの学科や課外活動をともなった実習農場が設けられたが、これも教育機関に含めてよかろう。戦前期のブラジルに存在した日系教育機関の種類については、第三章で明らかにする。

本書では、移民の子弟に出自集団の言語を教授するエスニックな教育機関を取り上げるので、「日系教育機関」

「ドイツ系教育機関」といった名称を使用する。そうした教育機関の運営主体がエスニック集団の組織（日本人会、学校後援会、日系産業組合など）である場合はいうまでもなく、公的教育機関移行後であっても、児童・生徒の大半が当該集団の出身者によって占められる場合も、便宜的に「〇〇系教育機関」と呼ぶことにする。日本人移民父兄によって開設され、彼らの子弟に日本語と日本の教科目が教えられていた教育機関（主に小学校）も、一九三〇年代になると、大半が郡や州の公認を受け、ブラジル人教師を招聘し、ポルトガル語によって定められた教科を教える公立学校や公認私立学校となっていく。一方、同じ校舎を使って日本語教育は継続され、ここに教育の二重性《ダブル・スクーリング》が生まれる。しかし、ブラジルの日系コミュニティでは、こうした教育機関が日本人会や青年会、婦人会、産業組合の集会所としてもしばしば利用され、教育にとどまらない複合的な役割を担った。また、サンパウロ市郊外に設立されたエメボイ実習農場のように、教育機関としての機能と気分を濃厚に持ちながら、「学校」とは呼ばれなかった教育機関も存在した。こうした学校教育を中心としながら、多機能性を担ったコミュニティの機関も、本書では「日系教育機関」のカテゴリーに含めて考えることにする。ただ、日系移民子弟の語りや日常生活的な文脈のなかで、ブラジル日系人たちが親しみをこめて実際に使っていたのは「学校」（ガッコー）という言葉であり、その方が適当であると考えられる場合には、この表現も適宜に使用することにしたい。

〇―二　先行研究の検討

本書における研究は、対象分類的には移民（史）研究という範疇に属するものと考えられ、その研究関心に近接する研究領域として、教育（史）学、日本語教育研究があげられる。二つの領域にはいずれも膨大な研究蓄積があり、日本語で記述されたものに限ってもそれらを総覧するのは容易ではない。したがって、ここでは特に、本書の研究テーマに関連性のある先行研究を取り上げ、移民（史）研究もふくめたそれらの成果を検討していくことにする。

まず、教育（史）学の領域であるが、台湾、朝鮮、満洲といった植民地や日本帝国の勢力圏における教育に関する研究は近年多くの成果が生み出されている。これに対し、日本帝国の勢力圏外、特に南米ブラジルに移民した人びとの子弟教育にかかわる研究は豊富とはいいがたい。ブラジルのような日本帝国の勢力圏外におかれた日本人移民を主体として考える場合、祖国との物理的・精神的距離感による「心細さ」は、勢力圏内の日本人とは比べものにならない。したがって、帝国の勢力圏における教育の研究方法や成果を、そのままブラジル日系移民子弟の教育研究に援用するのは慎重を要する。ただ、両者には、日本政府（特に外務省や拓務省）の移植民に対する態度や補助制度の適応面、移植民による教育文化の実践の面で共通点もあり、参考にすべき研究成果が見られる。

そのなかでも、渡部宗助による一連の在外指定学校研究は、日系移植民子弟の教育の広域性とその歴史的意味を明らかにした点で注目される。在外指定学校とは、「在外指定学校職員退隠料及遺族扶助料法」（一九〇五）、「恩給法」（一九二三）、「恩給法施行令」（一九二三）にもとづいて指定された外国に存在する学校のことである。日本国内の公立学校職員と同等の退隠料や遺族扶助料、恩給が保証されるという、教職員の待遇に主眼をおいた制度である。法律の成立（一九〇五）から廃止（一九四六）まで約四〇年の歴史をもち、満洲の四六四校を筆頭に、朝鮮、中国などの日本帝国の勢力圏からロシア、タイ、香港、フィリピン、インドネシア、ペルーなどの勢力圏外まで、のべ七五一校におよんだ（渡部、一九八二、八一—八五頁）。こうした渡部とそのグループによる在外指定学校研究の成果は、次のようなものである。

渡部宗助（一九八二）「在外指定学校四〇年の歴史について」、『国立教育研究所研究集録』第四号

渡部宗助編（一九八三）『在外指定学校に関する法制度と諸調査』国立教育研究所

渡部宗助編（二〇〇二）『教員の海外派遣・選奨政策に関する歴史的研究——一九〇五年から一九四五年まで』文部省科学研究費報告書（代表　渡部宗助一九九八〜一九九九）

渡部宗助（二〇〇三）「教員の海外派遣・選奨の政策史と様態」、小島勝編『在外子弟教育の研究』玉川大学出版会

本書の問題点と重なるのは、ロシア、タイ、ペルーなど日本帝国の勢力圏外に設立された教育機関の存在である。特に、南米ではペルーに存在した在外指定学校が、なぜブラジルには存在しなかったのかという点には好奇心が刺激される。例えば、本書第二章で詳述する大正小学校はすぐれたインフラ、教師陣をもったため、「在外指定校並み」と呼ばれたが、実際には指定は受けていない。一方、ペルーにおける二校目の在外指定学校であるカイヤオ日本人小学校は一九三八年に指定を受けており、排日状況の厳しくなるこの時点において、どのようにその手続きが進められたのか、ペルーとブラジルとの状況の相違など関心が深まるところである。

同じく日本帝国の勢力圏のウチ・ソトを視野におさめた教育史的研究に、小島勝（一九九九）『日本人学校の研究――異文化間教育史的考察』がある。在外子弟教育という、主に戦前・戦中期海外に居住した日系子弟の教育を対象に、朝鮮、満洲、東南アジア、北米、南米という日本帝国のウチ・ソトを網羅した、広域横断的比較研究である。小島には、すでに『第二次世界大戦前の在外子弟教育論の系譜』（龍谷学会、一九九三）があり、タイトル通り、第二次世界大戦前の日本人識者による在外子弟教育論が時代別・論者別に整理されている。小島勝（一九九九）はその延長上にある研究といえるが、上記のさまざまな地域において在外子弟の教育がどのように行われたのかが具体的事例とともに考察されている。また、同書では、①国民教育観の相克・葛藤、②移民と駐在、③文化程度といった問題にもとづいて地域間比較がなされており、これらは日本帝国の勢力圏外をふくめた地域の分析にも有効である。一方、小島自身も同書の「終章　今後の研究の課題と展望」で述べているように、この研究は最初東南アジア地域に限定して行われることが企図されたものであり、こと南米の子弟教育については、ブラジルの日系教育機関の概観と永田稠や西沢太一郎らの在外子弟教育論の検討にとどまっている。ただ、児童作文やインタビュー資料などの検討から、子どもの視点でとらえた教育や学校をめぐる日常生活世界、あるいは戦争という非日常生活世界が取り上げられており、[5]本書でも第六章などに反映させている。さらに、小島（二〇〇三）『在外子弟教育の研究』は、小島前掲書の議論を土台に、一〇人の研究者とともに、戦前期の日本、ハワイ、アメリカ本土、ブラジル、満洲、シンガポールなどの広域的比較に加えて、沖縄の移民教育の特殊性や教員の海外派遣の様態など、多岐にわたる問題に取り組んでいる。渡部前掲論文（二〇〇三）も、そのなかの一研究である。なかでも、小嶋茂「五章ブラジルにおける日本移民子弟教育問題をめぐる政府の対応――一九二〇年代以降、戦前の日本側資料を中心に」は、戦前期ブラジルの日系移民子弟教育の性格を規定する要因として、日本政府方針がどのような影響を与えていたかを考察したものである。小嶋は三〇年代の日系移民子弟教育に対して、日本政府、少なくとも外務省が国粋主義的教育・忠君愛国的教育に否定的であった点を指摘している。小嶋は、以上の点を、外務省・拓務省の報告書、元領事の講演記録や視察報告、日本力行会など移植民団体の出版物など日本側資料から明らかにしており、資料活用の点からも有益なものとなっている。

小島（二〇〇三）が発行された年は、教育史学全体でも、在外子弟教育や教育の越境性を取り上げる機運が満ちていた。教育史学会では、二〇〇三年の第四七回大会のシンポジウムのテーマを「越境する教育史研究の課題と方法」に設定し、平田諭治「教育勅語の翻訳と帝国主義世界」、新保敦子「日本軍占領下での少数民族政策と教育――イスラーム世界との出会いをめぐって」、吉田亮「「越境移民」教育史の課題と方法――アメリカ合衆国日本人移民のストラテジー」[6]という三つの提案的な報告がなされた。このなかで、本研究と方法的、対象地域的にもっとも近接するのは、アメリカ合衆国の歴史研究の新傾向とその移民研究への応用の可能性を紹介する吉田報告である。吉田報告では、「越境史」（Transnational History）というニナ・グリック・シラーの提示した概念にもとづき、一国史的な枠組みを批判し、複数国家・地域の関係・交差の視点から歴史を見直すアプローチの可能性が示されている。吉田はこれを、吉田亮（二〇〇五ａ）「日本人移民の越境教育史に向けて」[7]とし、移民（史）研究の枠組みのなかで発展させている。本書でもその視角と枠組みを活用するので、後述する「方法と視覚」の部分であらためて取り上げたい。以上のように、教育（史）学の領域では、対象地域の拡大と越境史的視点の導入が、移植民子弟教育研究に刺激を与えてはいるものの、上記の「越境する教育史研究の課題と方法」というテーマは、いまだ太平洋やアンデスの山々を乗り越え国境線を越境してはおらず。戦前・戦中期のブラジルを対象とするには至っていないようである。

これらの教育史研究において、管見の限りでは、戦前・戦中期ブラジルの日系移民子弟教育が、単一のテーマとして、あるいは重要な参照枠として取り上げられることはほとんどなかった。これは、日本とブラジルとの地理的距離が心理的距離に投影し、史資料も植民地やアジアの勢力圏に比べて、極端に少ないか手に入りにくい事情があったためであると考えられる。また、ハワイや北米を対象とする場合、英語資料を利用できるが、ブラジルの場合はポルトガル語という、日本では一般的とはいえない言語を媒介としなければならないため、よけいに敬遠される傾向があることも想像できる。

以上は、教育（史）学の領域での移民子弟をふくめた在外子弟教育を対象とする先行研究であるが、近代日本の教育文化史研究に巨大な足跡を残した佐藤秀夫の研究にもふれておきたい。佐藤の業績は、『教育の文化史』一（二〇〇四）～四（二〇〇五）にまとめられており、膨大な関係史資料の批判をベースに天皇制公教育から教育法制、教材・教具や学校慣行まで、近代日本の教育文化にかかわる多様な問題が取り上げられている。特に、そのなかで、学校行事や学年歴、校舎、教室、教具、制服、象徴といった教育文化のモノ・コトからの分析（佐藤、二〇〇五ａ、一五一―一六二頁、同、二〇〇五ｃ、八九―一一四頁）は、子どもの視点から学校教育をめぐる事象をとらえるという本書の一部でめざす方向において、斬新な視点と方法を提供している。佐藤の教育文化史的アプローチは、本書第六章において、ブラジル日系移民子弟教育を対象に応用を試みている。

次に、日本語教育研究からのアプローチであるが、近年植民地や日本帝国の勢力圏内における日本語教育については着実な蓄積が見られ[8]、また、戦後から現在までのブラジルの日本語と日本語教育に関する研究も注目すべき成果が現れている。

『日本語教育』二四号（一九七四）には、「日系人のための日本語教育」というテーマでの特集が掲載され、南カリフォルニア、ブラジル、アルゼンチンにおける日系人の日本語教育について紹介されている。そのなかで、野元菊雄「ブラジルの日本語教育」[9]は、一九六〇年代から七〇年代にかけてのブラジル日本語教育の動向についてのレポートであるが、戦前期の日本語教育について次のように記されている。

戦争までのブラジルでの日本語教育の理念は、日本のそれと同じく皇民を育成することにありました。すなわち教育勅語の精神を基調とした、忠君愛国的教育です。これは、明治・大正期の移住民の道徳意識や、いつの日か成功して故国に錦を飾るという意識に強くアピールしました。しかし、だんだんとブラジルでもブラジル化が強く要求されるようになり、また、大戦に突入するとともに、日本語教育は全面的に禁止されることになりました（野元、一九七四、一七頁）。

日本語教育は、ブラジルの日系移民子弟教育の一面にすぎないが、一九三〇年代半ば以降、皇民化教育としての性格を強めていくのは確かであるものの、もちろんそれがすべてではない。永住を前提とする伯主日従教育は早くから現れていたし、先述のように日本語・ポルトガル語の二重教育を行っていた教育機関も多かった。日本語とポルトガル語の比重も、地域や学校間の格差があったことを考えると、短絡的で、一面的かつ一義的な理解に陥っているといえる。

これに対して、『国文学解釈と鑑賞』第七一巻七号（二〇〇六）の特集「南米の日本人と日本語」と工藤真由美他編（二〇〇九）『ブラジル日系・沖縄系移民社会における言語接触』は、ブラジルの日本語・日系人・日本語教育をめぐる研究の水準を一気に引き上げたといえる。これらは、大阪大学21世紀COEプログラム「インターフェイスの人文学」のなかのサブプロジェクト「言語の接触と混交」（日本語班二〇〇二〜二〇〇六、代表 工藤真由美）の成果によるものである。日本・ブラジル双方の言語学や文化人類学などの研究者が、さまざまな角度からブラジルをはじめとする南米の日本語にアプローチしており、ブラジル日系社会においての現地調査、また沖縄系コミュニティへのアプローチによって、多くの成果が発表されている。[10]これらの一連の研究において、本研究と対象領域的にもっとも近接するのは、森幸一（二〇〇六）「ブラジルの日本人と日本語（教育）」[11]、森幸一（二〇〇九）「言語をめぐる移民史――ブラジル日系人の言語状況に関する民族誌的考察」[12]、山東功（二〇〇六）「日系知識人の日本語観」[13]、山東功（二〇〇九）「ブラジル日系移民社会と日本語観」[14]である。

森（二〇〇六）は、「日本語や日本語教育に関する言説や動向を主なトピックとしながら、それを移民の生活（生存）戦術とその変化、移民社会の構造の変化と集合的アイデンティティの歴史的変遷、さらにはこれらを強く規制してきた国民国家ブラジルの国民・国家観、近年のグローバル化の進行などと関連させて考察し、日本語を通じてみた日本移民の精神史の一端を明らかにしたい」（森、二〇〇六、六頁）と、その研究目的を述べている。一九〇八年の第一回日本人移民の時代から二一世紀初めまでの約一〇〇年を、七つの時期に分け、特に戦前期を、①短期的出稼ぎ戦術（一九一〇年代）、②中・長期的出稼ぎ戦術（一九二〇年代）、③二つのナショナリズムと国粋主義的言語観の醸成（一九三〇年代〜四一年）に区分し、日系指導者や邦字新聞ジャーナリストたちの記述を素材に彼らの日本語観や日本語教育論の変遷を整理している。また、ポルトガル語と日本語の多様な方言との接触によって、ブラジル日系人の共通日本語ともいえる「コロニア語」が形成されたとする指摘などはたいへん興味深く、ブラジルにおける邦字新聞の消長についても周到に整理されている。ただ、移民子弟の教育論において、その主流が二〇年代の伯主日従主義から三〇年代の日主伯従主義、和魂伯才論へ移行するという流れが提示されているが、図式的にすぎ、日系移民子弟教育を日本語教育の側面だけに限定しても、その多様さをとらえきれているとはいえない。また、本書第二章で詳述するが、多くのブラジル日本人移民周年史同様、一九三八年の外国語教育禁止措置以降、戦時中の日系子弟の教育についての記述を欠いており、この空白を埋めることが大きな課題である。

森（二〇〇九）は、上記の森（二〇〇六）の議論を発展させたものと考えられる。両者はかなりの共通部分をもつが、戦前期移民子弟の教育論において、伯主日従主義から日主伯従主義、和魂伯才論へ垂直に移行するという理解から、二〇年代には伯主日従主義と日主伯従主義が並存し、それが三〇年代に国粋主義的イデオロギーを基盤とする日主伯従主義にシフトしていくという理解（森、二〇〇九、五九―六〇頁）への修正は、その多様さを捨象してはいるものの、子弟教育論の並存状況を指摘している点で評価できる。

山東（二〇〇六）と山東（二〇〇九）もかなりの共通部分をもち、両者ともに、日系知識人たちの言説を検討することによって、ブラジル日系社会における日本語観の変遷をとらえることを目的としている。主に戦後に発表された言説が対象とされているが、戦前にさかのぼっても検討が加えられており、本書のテーマとも近接する議論がある。ここでは、ブラジル日系社会における戦前と戦後の差異は、「日本人」としてのアイデンティティの差異であるとされる。それは、戦前移民のなかにはブラジル国民であるよりも大日本帝国臣民との意識が多くの者に見られ、子弟教育としては「国語」としての日本語教育が支配的であったという点の指摘である。教える側である親や教師のなかにこういった意識が顕在していた点については正しい理解であるし、三〇年代においてそれはより鮮明になっていく。ただ、山東の論考はそれを意図したものではないにしろ、ブラジル日系移民子弟教育の全体像をとらえようとする場合、教えられる主体である子どもの状況を視野に入れる必要があり、その領域に届いていないといえよう。本書第二章で述べるような日系移民子弟の日本語・ポルトガル語二重教育の現実を考えると、教えられる主体である子どもたちにとって、「国語」としての日本語教育は全体の一部に過ぎなかったのである。こうしたブラジル日系移民子弟教育の歴史を、「だれの立場でとらえるか」という問題を考えるとき、伊志嶺安博（二〇一〇a）「ブラジルにおける日系人に対する日本語教育の変遷」が試みた、従来日系社会の指導層や教育者、父兄の教育理念など「大人の視点」でしか語られてこなかったブラジルの日本語教育を、学習経験者側、つまり子どもの側から分析するという試みは画期的なものといえる。これについては、後ほどふれたい。

森脇礼之・中田みちよ（MORIWAKI, Reishi e NAKATA, Michiyo）（二〇〇八）『ブラジルにおける日本語教育史――その変遷と近年の動向／*História do Ensino da Língua Japonesa*』は、日本人移民百周年に当たって、戦後の日本語教育現場で活躍してきた森脇と中田がブラジルの「日本語教育の理念の変遷」を記述しようとしたものである。その成果は、第二章で批判的に取り上げるが、戦前・戦後をつらぬくブラジル日本語教育の理念は「日本人育成」であり、「子弟教育の理念は草創期、最盛期を通して一貫して「日本人教育」に変わりはなかった」と規定する。また、こうした理念に変化がみられない理由を「移民の保守性の強い民族性」（森脇・中田、二〇〇八、二四三頁）に見いだすわけであるが、理念の不変の是非はともかく、それを「民族性」に還元してしまうと、日本政府の補助をふくむ日本と移民間の双方向的な関係や日系移民子弟教育の内的発展性、ホスト社会との関係性のダイナミズムを見失ってしまうことになる。

日本語教育からのもう一つの成果として、ブラジル日本語教科書についてのいくつかの研究を見ることができる。古杉征己（二〇〇五）「幼少年向け教科書の変遷とブラジル日系社会の日本語教育」[15]は、ブラジルで使用された幼少年向け日本語教科書の系譜と内容の変遷を追ったもので、三〇年代のブラジルで編纂された『日本語讀本』[16]巻一〜八（一九三六〜三七年刊行）についても言及している。これらの『讀本』が普及しなかった点や編纂者の推定など興味深い指摘もあるが、資料的裏付けが乏しく、その点からの補強が期待される。伊志嶺安博（二〇一〇b）「近代における初等教育段階の日本語教科書――ブラジルの日本語教科書の位置づけをめぐって」[17]は、日本の内国植民地、植民地・占領地、海外移住者の児童に対する教育の三種の地域で使用された日本語教科書について考察し、特に、ブラジルの日本語教科書の内容を分析したものである。戦前期ブラジルの日本語教科書である『日本語讀本』巻一〜八については、本書第三章でふれたいと思うが、伊志嶺論文は、それらを近代の日本語教科書全体のなかに位置づけようとし、第四期国定国語教科書の強い影響下で編纂された点について指摘している。

三つ目に、移民（史）研究について述べるが、一世紀を越えるブラジル日系移民の歴史についてさまざまな研究・記述が試みられてきたものの、日系移民子弟の教育については、独自に主題化され記述されることはほとんどなかった。先述したように、教育（史）学や日本語教育史の先行研究でも、日系移民子弟教育中の日本語教育の部分が取り上げられてきたに過ぎない。

移民研究会編（二〇〇八）『日本の移民研究――動向と文献目録Ⅱ 一九九二年一〇月―二〇〇五年九月』は、二〇〇五年九月までの主に日本語によって発表された日本の移民研究について、概要と評価、展望をまとめたものである。このなかの「教育、言語」についての森本豊富の概説を見る限り、日系移民子弟教育に関する研究は、アジア・ハワイ・北米を対象とするものが多くを占める（森本、二〇〇八、九三―九五頁）[18]。沖田行司は、日本人移民の教育史研究について、「一、移民先で創設された日本人学校と日系人社会に関する研究、二、受入先の国家の教育政策および移民政策と日本人学校の変容に関する研究、三、移民を送りだす日本において展開された移民教育論の研究」が考えられるとしている（沖田、一九九七、三頁）。本書で追究するのは、主に一と二であるが、この分野でも十分な蓄積があるとはいえない。ブラジルでは、第二次大戦直前には約五〇〇校から六〇〇校もの日系教育機関が存在したが[19]、それらを対象とした研究は、同じ新大陸の移民研究のなかでハワイや北米を対象とするものと比較して、蓄積も少なく空白領域が多い。また、数少ない先行研究も、例えば、戦前期ブラジルの日系子弟教育は、「日本人の育成を目的とした忠君愛国的教育が行なわれた」（小嶋、一九九八、八五頁）とされるなど、野元前掲論文（一九七四）の一面的かつ一義的な理解を踏襲する面さえ見られるのである[20]。

こうしたなかで、ブラジル日系移民子弟教育にかかわる問題のみならず、日系移民研究全体について、文化人類学者の前山隆の諸研究は他の追随を許さないほど広範で深度の高い成果を示している。それらのなかで、次の著作にふくまれた諸論考は、本書のテーマと特に接点をもつものが多い。

前山隆（一九八二）『移民の日本回帰運動』日本放送出版協会

前山隆編著（一九九六ａ）『ドナ・マルガリーダ・渡辺――移民・老人福祉の五十三年』御茶の水書房
前山隆（一九九六ｂ）『エスニシティとブラジル日系人――文化人類学的研究』御茶の水書房
前山隆（二〇〇一）『異文化接触とアイデンティティ――ブラジル社会と日系人』御茶の水書房
前山隆（二〇〇二）『風狂の記者――ブラジルの新聞人三浦鑿の生涯』御茶の水書房

上記諸論考のなかで、前山（一九九六ｂ）と前山（二〇〇一）において、一九三〇年代前半の日系植民地をモデルとしながら、ブラジルの日系小学校を「天皇崇拝コンプレックス」の核として理解するとらえ方が提示されている（前山、一九九六ｂ、三二七頁　同、二〇〇一、八一頁）。三〇年代前半の日系小学校の本質をとらえたものではあるが、地域的格差や学校間格差を無視した一面的かつ一義的な理解といえ、本章第三節において批判的に論ずる。前山（二〇〇二）『風狂の記者――ブラジルの新聞人三浦鑿の生涯』は、日系移民子弟教育についてもしばしば発言した日伯新聞社主三浦鑿の評伝研究であり、前山の豊富な知識と資料、人的ネットワークを駆使した聞き書きをふまえた大著である。前掲の『ドナ・マルガリーダ・渡辺――移民・老人福祉の五十三年』と並び、実証的にブラジル日系移民指導者の実像に迫ろうとしたものであり、間接的にいく人かの移民子弟教育者あるいは関係者の像も浮かび上がらせている。ただ、実際に学校教育にたずさわった教育者や子どものライフヒストリーについての研究は皆無に等しく、ブラジル日系移民（史）研究において、教育者や子どもの越境という移動性について十分な注意が払われてきたとはいえない。例えば、ブラジル日系人の政治的・文化的中心であったサンパウロ市の子弟教育、その卓越した地位と農村部との格差、それゆえの日系子弟間におけるサンパウロ憧憬、一九三八年外国語教育禁止後の日系子弟教育の変容などの諸課題については、ほとんど主題化されたことがなかった。移民子弟の教育史のなかでも、同じ新大陸のハワイ、北米に比べて、ブラジルを対象とする研究は大きく立ち遅れているといえる。

音楽学者の細川周平は、独自のスタンスで、ブラジル日系人の音楽や文芸活動の研究にたずさわってきた。その対象は、カラオケ、映画、浪曲などの大衆芸能におよび、それらは『サンバの国に演歌は流れる——音楽にみる日系ブラジル移民史』（一九九五）、『シネマ屋、ブラジルを行く——日系移民の郷愁とアイデンティティ』（一九九九）、『遠きにありてつくるもの——日系ブラジル人の思い・ことば・芸能』（二〇〇八）という一連の著作として刊行されている。特に、三つ目の細川（二〇〇八）では、コロニア浪曲と呼ばれるブラジル日系人によって創作された浪曲作品を分析しているが、そこで取り上げられた田村幸重の出世物語は、日本的教育とブラジル公教育を受け、日系二世としての理想的パーソナリティの創出を見る点に、教育による人間形成のメカニズムを見ようとする本書のテーマと共鳴する点が感じられる。さらに、細川は『日系ブラジル移民文学Ⅰ［歴史］』（二〇一二）、『日系ブラジル移民文学Ⅱ［評論］』（二〇一三）を相次いで刊行し、日系ブラジル移民の日本語による文芸諸作品とその書き手について膨大な資料を駆使しながら論じた。そうした書き手の一人である安良田済《あらたすむ》の「ブラジル日系文学者の多くは田舎で教師をしていた経験があるんだよ」という証言（二〇〇九年一二月五日に実施した筆者のインタビューによる）にあるように、日系ブラジル移民文学の担い手と日系移民子弟教育にたずさわった人びととは、自身も子ども移民であった半田（一九七〇）が「インテリ移民」と呼んだ人びとであり、重なり合っている部分が大きい。上記の二著で取り上げられた香山六郎、古野菊生、徳尾渓舟、鈴木悌一、武本由夫らは、いずれも教師経験者であり、彼らに関する記述は移民子弟教育を担った人びとの別の一面を明らかにしている。こうした点に、移民（史）研究ゆえの文学と教育の近接点があると考えられる。

ブラジルのような多くの移民・エスニック集団を有する地域では、一集団の性格や事象をとらえるために、他の集団と比較し、集団間相互の影響関係とともに、全体のなかでの位置づけを確認することが重要である。

ブラジルへの移民の歴史が長く人口的に大きな集団を形成したドイツ系・イタリア系移民子弟の教育については、多くの研究蓄積がある。前者は近代ブラジルに受け入れられた最初の外国人移民集団であり、後者はやや後発ながら最大の集団を形成した。筆者が参照しえたもののなかで、特に重要と思われる論考をここであげておく。

KREUTZ（2000a）"Escolas Comunitárias de Imigrantes no Brasil: Instância de Coordenação e Estruturas de Apoio"[21]（ブラジルにおける移民のコミュニティ学校——連携の懇請と支援の構造）とKREUTZ（2000b）"A Educação de Imigrantes no Brasil"[22]（ブラジルにおける移民の教育）の二論文は、主にブラジル南部のドイツ系移民の教育を研究してきたクレウツが、イタリア系、ポーランド系、日系という他の移民子弟の教育に対象を広げて概説し、それぞれを比較したものである。ドイツ系をはじめとするヨーロッパ系の教育、教育機関がいずれもキリスト教会と不可分な関係にあったのに対して、日系の場合、信仰とは切り離されて教育がなされていた点（ただ、本書で取り上げる聖州義塾のようにプロテスタンティズムを教育の根幹に据えた教育機関の存在は見逃せない）、一九二〇年代から三〇年代にかけて、他のエスニック教育機関がブラジル公教育機関へ転換していくなかで、日系教育機関が突出して増加し、出自集団の言語や性格を強く残している点を指摘する。宇佐見（二〇〇七）「ブラジルにおけるドイツ系移民について」[23]は、ドイツ語文献に依拠しながら、一九世紀から戦前期にかけての教会や学校を核とするブラジルのドイツ系移民コミュニティの全体像を描いている。

ブラジルにおいて、イタリア系は最大のエスニック集団である。MORRETO RIBEIRO（1990）"Escolas Italianas em Zona Rural do Rio Grande do Sul"[24]（リオ・グランデ・ド・スル州農村部におけるイタリア人学校）は、一九世紀を通じて、ブラジル各地の特に農村部に、私立イタリア人学校、イタリア政府補助学校、イタリア系小教区学校の三種の初等教育機関が開かれた点を指摘する。そして、南部三州のイタリア系教育機関の多くは、公立学校のない孤立した地域にエスニック・コミュニティ学校として開かれたが、教師への財政的支援、学校資材、特に本の寄贈、イタリア政府代表者訪問によるイタリア人学校開設と運営に関する精神的奨励など、本国政府による支援が行われていたことを明らかにしている。

また、DEMARTINI, Zelia de Brito Fabri e ESPÓSITO, Yara Lúcia（1989）"São Paulo no Início do Século e Suas Escolas Diferenciadas"[25]（二〇世紀初頭のサンパウロと外国人諸学校）は、対象をサンパウロ州とサンパウロ市に

しぼり、アフリカ系もふくめた移民集団の教育機関の出現と発展、一九三〇年代ヴァルガス政権下での衰退と性格の変容について、それぞれを比較しながら記述している。ただ、日系教育機関を対象とする場合、同論考は、ポルトガル語資料のみに依拠し、日本語資料を排除するのは資料的な面から致命的であり、日系研究者と連携することが解決の一方法となろう。MARCÍLIO, Maria Luiza（2005）*História da Escola em São Paulo e no Brasil*[26]（サンパウロとブラジルにおける学校の歴史）は、植民地時代の一六世紀から二〇世紀末までのサンパウロを中心とするブラジルの幼児・初等・中等教育機関とそれらをめぐる歴史、法制、教育実践、教師養成、外国人移民の影響などについて通史的に整理した論考である。本書第四章と第五章では、対象をサンパウロ市の日系教育機関に焦点化していくが、日系教育機関出現前の外国系教育の状況と一九二〇～三〇年代の変化については、ブラジル全体のなかでのサンパウロ市、そのなかでの日系移民子弟教育の普遍的な点と特異さを明らかにする上で、これらは重要な素材を提供している。SHIBATA, Hiromi（1998）*As Escolas Japonesas Paulistas (1915-1945): Afirmação de uma Identidade Étnica*[27]（サンパウロ州の日系諸学校（一九一五―一九四五）――エスニック・アイデンティティの確立）は、戦前期ブラジルの日系移民子弟教育を概説するとともに、サンパウロ州内陸部マリリア周辺の日系移民子弟教育を取り上げ、その地域的特性と日系アイデンティティ形成について述べ、都市サンパウロとの格差や異なった状況を明らかにしている点で注目される。GARBOSA, Luciane W. Freitas（2004）“Es tonen die Lieder...Um olhar sobre o ensino de música nas escolas teuto-brasileiras da década de 1930 a partir de dois cancioneiros selecionados”[28]（二人の音楽家から見た一九三〇年代ブラジルのドイツ系学校における音楽教育）は、ブラジルのドイツ系教育機関における音楽教育と歌謡集について整理しており、ドイツ系移民子弟教育における音楽教育の重要性もさることながら、第一章で試みるような日系移民子弟教育の唱歌教育との比較の素材を提供している。

　最後に、筆者自身の研究であるが、本書執筆の基礎をなしたもののいくつかにふれておきたい。根川幸男（二〇〇七）「サンパウロ市リベルダーデ地区における戦前・戦中期の日系教育機関」[29]は、サンパウロ市中心部の日系エスニックタウン「東洋街《バイロ・オリエンタル》」の形成において、戦前すでに日系教育機関が集中していたリベルダーデ地区が、そのエリア形成の契機となった点を明らかにしたものである。各日系教育機関については二次資料から得られた最低限の概説にとどまっているが、戦前期の日系子弟教育における都市サンパウロの比重の高さについて知る機会となった。NEGAWA, Sachio (2008) "Políticos e Militares Nikkeis Brasileiros"[30](ブラジルの日系政治家と軍人)、また、根川幸男(二〇〇八)「大和魂とブラジリダーデ——境界人としてのブラジル日系政治家と軍人[31]」は、戦前・戦中期の日系子弟教育機関に学んだ二世たちが、戦後どのような自己形成をなしたかについて、「境界人」(marginal man)という概念を援用しながら、ブラジルの日系政治家と軍人を例に論じたものである。いく人かの日系政治家と軍人の言説、インタビュー資料を検討し、自らの境界性を二言語・二文化人として積極的に活用しながら、ブラジル日系二世としての理想的パーソナリティを形成していく過程とメカニズムを明らかにした。根川幸男(二〇〇九)「戦前期ブラジルにおける日系教育機関——聖州義塾と小林美登利[32]」は、ブラジル最初の日系寄宿舎学校である聖州義塾の成立過程についてやや詳しく述べているが、国立国会図書館所蔵「小林美登利・聖州義塾関係資料」中の主な資料を紹介することに比重がおかれている。NEGAWA, Sachio (2009) "Tipologia e Característica das Instituições Educacionais Nikkeis no Brasil do Período Pré-Guerra"[33](戦前期ブラジルにおける日系教育機関のタイポロジーと性格)は、戦前期ブラジルの日系教育機関を種類別に分類し、それぞれの性格について概観したものである。根川幸男(二〇一二a)「戦前期ブラジル日系移民子弟教育の先進的側面と問題点——サンパウロ市日系子弟の二言語・二文化教育に注目して[34]」は、ブラジル日系移民子弟教育の先進性と問題点についての、一九三〇年代を中心としたサンパウロ市日系コミュニティの言語使用状況と日系教育機関における教育環境の面からの考察である。特に、外務省ブラジル派遣教員留学生の役割、大正小学校や聖州義塾など日系教育機関での教育内容、子どもたちの二言語・二文化生活の三つのトピックを分析し、戦後にトランスナショナルな二言語・二文化人としての「日系ブラジル人」アイデンティティやパーソナリティを創出していくプロセスとメカニズムについて考察した。また、戦前期ブラジルの日系教育機関における二言語・二文化教育環境が、戦後の「日系ブラジル人」パーソナリティの理想型を創り出す要因となりえた点、こうした言語能力や文化リテラシーが、ホスト社会における言語的・文化的資産として活用される点について、大正小学校や聖州義塾といった日系教育機関やその生徒たちの生活など、いくつかの事例を紹介しながら明らかにしている。根川幸男（二〇一二b）「近代における一日本人キリスト者の越境ネットワーク形成――小林美登利の移動と遍歴を事例として」[35]は、根川前掲論文（二〇〇九）で取り上げたキリスト者小林美登利の会津、京都、ハワイ、アメリカ本土、ブラジルにわたる移動・遍歴の足跡を追い、さまざまな〈縁〉を契機に人的ネットワークを形成していく過程とメカニズムを明らかにした。これは従来、国や地域別に研究される傾向の強かった近代日本人移民史を、複数地域を横断する越境史というグローバルな視点で捉えなおす試みであり、ハワイやアメリカ本土で小林が体験した排日運動をブラジルでの教育活動にどのように反映させていくのかという過程を描き出した。根川幸男（二〇一三a）「戦前期ブラジルにおける日系キリスト教教育機関の動向――一九三〇年代前半の聖州義塾を事例として」[36]は、根川前掲論文（二〇一二b）で取り上げた小林美登利と聖州義塾の一九三〇年代の活動を紹介したもので、ブラジル日系子弟教育における小林とキリスト教のプレゼンスの大きさ、永住主義と伯主日従教育をつらぬきつつ発展した同塾の教育実践について明らかにしている。根川幸男（二〇一三c）「ある戦闘的キリスト者の大陸雄飛とブラジルでの教育活動――岸本昂一と暁星学園をめぐって」[37]は、小林美登利とともに、ブラジルの日系キリスト教教育のパイオニアであった岸本昂一についての研究である。明治生まれの一日本人である岸本が大陸雄飛を経てキリスト者となり、ブラジルに移民して教師を天職とし暁星学園を設立・運営するまでの足跡をたどり、一農村青年のキリスト教入信や海外雄飛の意味を考察した。また、彼が展開した戦闘的な教育理念をふまえ、聖州義塾と並ぶキリスト教系教育機関であった暁星学園の教育実践を検証し、戦前期ブラジルの日系子弟教育における歴史的意義を明らかにした。それぞれの論考の成果と今後の課題とした論点については、本書に吸収して取り上げるよう試みている。

では、以上の研究成果と未開拓領域の確認をふまえて、本研究の分析視角と方法について次に述べる。

〇‒三　研究の方法と視角——時代性と地域的格差をこえて

国土が広大なブラジルは、ジェトゥリオ・ヴァルガス(38)が政権を奪取し国民国家形成をめざす諸改革を進めていく一九三〇年代まで州ごとの独立性が強く、教育制度やインフラ整備も地域ごとの相違が激しかった。三〇年代には、ヴァルガス政権下での統一的な教育政策が徐々に進められていくが、その浸透面でも地域差が大きかった。また、日系コミュニティを見ても、サンパウロのような大都市と農村部の格差も大きく、農村部でもレジストロやアリアンサ、バストスといった国策的移住地と自然発生的な小さなコミュニティではさまざまな格差が生じた。日本の移民研究では、例えばハワイのような比較的小さな地域を対象とする場合でも、各島の独自性や地域的格差に注意が払われている(39)。これに対して、ブラジル日系社会を対象とする従来の研究では、しばしばそうした地域性や格差が軽視されてきたといえる。例えば、前山（一九九六b、二〇〇一）は、三〇年代前半の植民地をモデルとしながら、学校を中心とするブラジル日系コミュニティの性格について次のように述べている。

植民地における天皇崇拝の中心は「日本学校」であった。戦後になって「日本語学校」という呼称が一般化したが、戦前には「ニッポンガッコウ」と呼ばれた。（…）日本学校は日本人会によって運営され、そこには必ず「御真影」が安置され、教育勅語が備えられていた。日本学校は子弟教育の場であると同時に、日本人会の集会場であり、青年団・処女会の活動の中心であり、さらには産業組合の事務所であったりした。新年の四方拝、紀元節、入植記念祭、天長節（…）、卒業式などに際しては、生徒だけではなく、植民地の全員が参列して、皇居遥拝（「東方遥拝」とも言って、「日本遥拝」を意味した）、御真影への最敬礼、勅語奉読、君カ代斉唱などの儀式が、大抵の行事に先行して行われた（前山、一九九六b、五三頁　同、二〇〇一、五五頁）。

こうした「日本学校」をめぐって行われた行事を、先述のように、前山は「天皇崇拝コンプレックス」と呼ぶ。このような傾向は一九三〇年代には確かに顕著になり、日系社会においてある程度の普遍性を持ったのも確かである。しかしながら、サンパウロ市の聖州義塾やサンパウロ州内陸部の第一アリアンサ小学校のように、キリスト教的平等主義にもとづき、皇民化に消極的で、「御真影」の奉戴や「教育勅語」奉読を実施しなかった教育機関も存在していた。

先にも指摘したように、従来の戦前期ブラジル日系移民子弟教育研究は、その理念について問い、その変遷を明らかにすることに主眼がおかれてきた。そうした研究では、主にブラジル日系社会の一世世代の指導者や教育関係者の教育観、「日主伯従主義」「伯主日従主義」「和魂伯才主義」といった教育理念の発生と変遷が議論され、現場の教師の考えや体験が取り上げられなかった。例えば、第二次世界大戦前の日本語教育観は「日本とブラジルという二つのナショナリズムの圧力の〈狭間〉というポジションにあった一世たちが二つの国家との交渉のなかで立ち上げてきた子弟（教育）観」だったという指摘（森、二〇〇六、一七頁）や、「日本人として教育するか、ブラジル人として教育するか」という議論、いわゆる日主伯従主義による教育か伯主日従主義による教育かあるいは折衷主義かという議論が主であった（森脇・中田、二〇〇八、二二三頁）とされ、二元論的な教育理念が提示されてきた。ただ、筆者がインタビュー調査などで得た感触からすると、戦前期のブラジル日系人（大多数は一世であるが）は、日本に帰ると言ってはいるがいつ帰るかはっきりとした見通しのない日和見的な人びとが大多数であったと考えられる。したがって、上記のような二元論に還元されないこうした大多数の思いの内実が明らかにされなければならないのである。

こうした諸点を考えると、従来のブラジル日系移民子弟教育のとらえ方は、やはり一面的であり、地域格差や多様性が軽視され、ブラジル日系社会を画一視する一国（一エスニック集団）史観的傾向に支配されてきたといえる。

そうした反面、地域性に留意したいくつかの日系子弟教育研究の論考も発表されている。SHIBATA前掲論文（1998）はサンパウロ州マリリア周辺の日系子弟教育について論じたものであり、中村（二〇〇七）「ブラジル日本人移民の学校教育をめぐって――サンパウロ州バストスの「尋常小学校」（一九二九年から一九三三年まで）」[40]は、一九二〇年代末から三〇年代前半のバストスの「尋常小学校」における日本語教育状況を紹介している。また、DA SILVA e SILVA（2009）*A Educação na Comunidade Japonesa de Santos*（サントス日系コミュニティにおける教育）[41]は戦前期サントスの日系小学校の特性に迫ろうとしており、それぞれの地域性を重視した研究といえる。ブラジル日系移民史におけるもっとも新しい周年史である『ブラジル日本移民百年史第三巻・生活と文化編（1）』に収められた森脇・古杉・森（二〇一〇）「ブラジルにおける子弟教育（日本語教育）の歴史」[42]は戦前から現代までのブラジル日系子弟教育、特に日本語教育の面を取り上げた通史的論考である。日本人移民の活動の舞台である生活世界に即して、戦前期を第一期（コロノ時代一九〇八〜一九二三年）と第二期（植民地時代一九二四〜一九四一年）に分け、時代的変化に留意している。また、サンパウロ市の大正小学校と農村植民地のコチア小学校の事例を並置するなど、地域差にも目配りしている点が見られる。しかし、大正小学校とともにサンパウロ市の代表的日系教育機関であった聖州義塾や暁星学園については言及がなく、農村日系小学校としてはコチア小学校の他に、トレス・バラス、レジストロ、イタペシリカ・ダ・セーラの例が各地の記念誌からわずかに引用されているにすぎない。全体的に、本章第二節であげた森（二〇〇六、二〇〇九）と共通部分が多く、日系植民地に卓越した子弟教育のモデルや理念の変遷の整理に重点がおかれ、各教育機関での教育内容や環境、教師の供給システム、子どもたちの学校をめぐる日常生活に深く立ち入った記述は見られない。

以上の諸研究で明らかにされた戦前期日系社会における子弟教育論や教育理念の変遷が、実際の教育にいかに反映されたのか、また地域や学校間の格差やそれぞれの関係は子どもや教師たちにどのような影響をもたらしたのか、すなわち、時代性と地域的格差をふまえた分析視角の導入が必要とされるのである。

では、これまで見たような先行研究における問題点をふまえた本書の研究課題に対して、どのような方法でアプローチするのが有効であろうか。

本書では、戦前期ブラジルの日系移民子弟教育史を記述するに当たって、基本的には、文献史資料を吟味し解釈しながら史実を確定し積み上げていく実証的方法を採用する。しかしながら、ブラジル日系人は太平洋戦争中、「敵性外国人」として扱われ、日本語は「敵性外国語」として使用が禁止された。これにより、戦中、多くの日系移民子弟教育に関する資料が失われた。特に、日系教育機関は日本語を教える学校としての機能を持っていたため、関係書類や記録の多くが焼却されたり隠匿されたまま失われた。例えば、本書の主要な研究対象となるサンパウロ市の大正小学校は「ブラジル最初の日本人学校」とされるにもかかわらず、戦前・戦後を通して教務日誌、出席簿、成績表など学校関係記録類はいっさい残っておらず、その存在の大きさに比して、痕跡の喪失の大きさには不思議の感に打たれる。しかし、史資料が乏しいからといって、同校の歴史的存在の大きさを考えると、無視することはできない。したがって、本書では、ブラジルで発行された邦字新聞[43]の記事やわずかに残された間接的な文献資料、インタビュー調査によって得られた関係者の証言に拠り、この大正小学校の設立と発展の過程について素描を試みた。

これに対して、同じくサンパウロ市に本拠をおいた聖州義塾は、戦時中経営者家族が記録類とともに農村部に転住したため、多くの史資料が保存され、それらは国立国会図書館憲政資料室所蔵の「小林美登利・聖州義塾関係資料」として閲覧が可能である。また、一九九六年から二〇一三年までブラジルに居住した筆者は、多くのブラジル日系子弟教育機関に学んだ人びとに接する機会を得た。二〇〇七年から二〇一三年の間、断続的に、戦前期から戦中期にかけてそれらの機関に学んだ彼らに質問紙調査を行い、たびたびインタビュー調査を実施することができた。この質問紙は質問数が多すぎたため、一〇〇パーセントの回答例がほとんどなく、集計ができなかったため、統計的調査としては失敗であった。ただ、質問紙の統一された質問にもとづいて、筆者自身が半構造的なインタビューを行うことができたので、結果として、各インフォーマントからさまざまな情報を引き出すことができた。これらのインタビュー資料は、筆者のみならず、ブラジル日系社会にとって、また、日本史やブラジル史研究において大きな財産であり、文献資料の不足を補完する貴重な資料となる。

わずかに残る同時代史料としては、『伯剌西爾時報』『日伯新聞』『聖州新報』などの邦字新聞記事があり、これらを活用する。戦前期ブラジルで発行されていた邦字新聞のうちもっとも網羅的でもっとも多くの号が残存している『伯剌西爾時報』（以下『時報』と略）を主とし、同時期に発行されていた『日伯新聞』（以下『日伯』と略）、『聖州新報』（以下『聖報』と略）に掲載された記事を補助的に利用する。ブラジル日本移民史料館所蔵の諸資料（サンパウロ学校父兄会機関紙である『サンパウロ學校父兄會々報』、ブラジル日本人教育普及会機関誌『黎明』など）、外務省外交史料館所蔵の「外務省記録」中、「海外邦人子弟学校関係雑件」「伯国邦人学校関係雑件」などとして分類される日系移民子弟教育関係の諸資料、国立国会図書館憲政資料室所蔵の日本人移民関係資料、和歌山市民図書館所蔵の『パウリスタ新聞』など戦後ブラジル邦字新聞、日本力行会図書館所蔵資料（『力行世界』『日本語讀本』および『日本語讀本教授參考書』第一巻～第八巻など）は、同じく同時代史料として好ましい素材を提供している。

こうした史資料を活用し、述べてきた課題、特に時代性や地域性（特にブラジル最大の都市として成長しつつあったサンパウロ市と農村部の格差）の問題を克服するために、第二節で取り上げた「越境史」（Transnational History）の視角と枠組みを取り入れる。近年、移民研究においては、「越境史」の有効性が評価されている。これは、本章第二節で取り上げた吉田亮によって紹介され、吉田（二〇〇五）「日本人移民の越境教育史に向けて」において、発展的に提議されたものである。

「越境史」とは、「一国史」に相対する概念で、複数国家・地域の関係・交差の視点から歴史を見直すアプローチ法であり、この視点からすでにいくつかのすぐれた論考が発表されている。[44]「越境史」は、もとは一九九〇年代の米国において一国史や比較史に対する批判から起こった新しい歴史研究のパラダイムである。[45]すなわち、「越境移民」（transnational migration, transmigration）という二ナ・グリック・シラーの提示した概念[46]にもとづき、「地理的越境」にとどまらず、「政治的越境」「文化的越境」という枠組みを用いて一国史的視点に揺さぶりをかける。この越境史的方法による今後の日本人移民研究の検討課題として、次のものが提示されている。

- 日米にまたがる越境教育ネットワークと満州、中南米、南洋などその関連国家・地域への影響。
- 日本人移民の北米、中南米、日本帝国植民地、オセアニア、ヨーロッパなどへの世界的展開、受入国間のクロスナショナルな研究[47]。

本書は、戦前・戦中期のブラジルにおける日本的教育文化の移植と発展について明らかにするに当たり、このような越境史の視角と枠組みにもとづき、第一節で提示したような課題に答えようとする一つの試みとなる。すなわち、こうした越境史的な視角から、史資料の分析と実証的作業を積み上げながら、戦前・戦中期ブラジル日系移民子弟の教育史の記述を試みるものである。

もう一つの視角と枠組みとして、第二節で紹介した小島勝（二〇〇三）『在外子弟教育の研究』を参考にしたい。同書は「海外帰国子女教育問題」を背景にしながら、戦前の各地の「在外子弟教育」の理念と実践について、歴史的・総合的に論じることを目的に実施された共同研究の成果である。対象領域は、ハワイ・アメリカ本土・ブラジル・満洲・東南アジアに及んでおり、類を見ない広い地域を網羅している。分析の対象となる次のようなキーワードだけを見ても、たいへん参考となる分析枠組みをふくんでいる。例えば、国民教育・臣民教育の遂行、在留国本位主義と母国本位主義、在外子弟学校、教育方針、国旗、祝祭日、教科書、教科目（小島、二〇〇三、一二―一六頁）といったものである。

それらのなかでも、小島（二〇〇三）が分析の柱としている「国民教育・臣民教育」という概念、「文化程度」高低観は、ハワイ・アメリカ本土・ブラジル・満洲あるいは南洋と、日本帝国の勢力圏のソトからウチへと比重を移してきた日本人移民の渡航先における日系子弟の教育の性格を比較する上で、重要な判断軸となりうる。指摘される通り「文明国」とされるアメリカと「非文明国」とされるブラジルにおける日本人の教育方針・態度は、概ね対照的といえる。例えば、「御真影」と「教育勅語」の下付について、ハワイ・北米・南米では不可能、満洲・「中国」・東南アジアでは可能であったとし、これらが国民教育・臣民教育実施を計る基準になりうることが指摘されている。確かに「教育勅語」と「御真影」の下付は「帝国臣民」に対して行われるもので、臣民教育の実施の一種の基準になることは首肯しうる。しかしながら、これらの下付が行われた形跡のほとんどないブラジルの日系教育機関で三大節に「御真影」が奉戴され、「教育勅語」が奉読された事実、小学校時代に習った教育勅語を今なお諳んじている二世が少なくないという事実は、追究に値する問題であろう。また、都市学校祝祭日について述べた部分で、「ブラジルでは「三大記念日」として伯国発見記念日（五月三日）・伯国独立記念日（九月七日）・共和国政治宣言（一一月一五日）があり、学校において祝賀式を行うとともに、前日には一五分間その由来について講話をする必要があった」（小島前掲書、一五頁）とする。これは同書の注にあるように、永田稠『在外子弟教育論』（一九三二）に拠ったものであるが、先述した一九三〇年代のヴァルガス政権の諸改革とそれにともなうナショナリゼーションの流れでとらえるべきものであり、それ以前の日系教育機関でこのような講話や式典が行われた痕跡を見出すことは難しい。また、こうしたブラジル・ナショナリゼーション教育が普及するには、日系人の分布は広大で孤立したコミュニティも多く、日本の学校祝祭日もふくめて、その実施にはかなりの地域差があったものと考えられる。移民子弟の教育は、こうした実践の側面からとらえることも重要であり、満洲・中国・東南アジア対ハワイ・北米・南米といった日本帝国の勢力圏のウチ・ソトといった地域差とともに、それぞれの国家内部の地域格差と教育機関そのものの個性も考慮に入れるべきであろう。

さらに、こうしたブラジル日系移民子弟教育の歴史を、「だれの立場で描くか」という記述レベルにおける視角の問題も重要である。この問題を考えるとき、前掲の伊志嶺（二〇一〇a）が、従来日系社会の指導層や教育者、父兄の教育理念など「大人の視点」でしか語られてこなかったブラジルの日本語教育を学習経験者側からの分析を試みたことは、画期的である。本書では、「はじめに」で述べたように、親、教師、子どもという立場が異なれば、学校教育という同じ事象をあつかっても、それぞれの意味は異なってくるという点に留意する。すなわち、教えられる主体としての子どもたちの視点を記述に導入し、特に第六章において、学校をめぐる子どもたちの日常生活世界を再現し、その意味を読み取ることを試みる。

加えて、北米や他地域も含めた移民子弟教育（言語教育）一般を考えた場合、EDWARDS（1985）の「エスニック・コミュニティ母語学校」概念は重要である。「言語の機能にはコミュニカティブな言語運用的側面と象徴的な側面があり、仮に前者に変化が生じ、母語話者が消滅の危機にさらされたとしても、後者は生き残り『集団の表象、象徴、復興の契機』となりうる」（EDWARDS 1985: 17）という指摘の通り、ブラジル農村の移民コミュニティでもエスニック・コミュニティ学校は、文化活動の中心であった。ブラジル日系移民子弟教育では、日本語教育は不可欠な位置を占めたが、「集団の表象」という面からみると、国旗や「御真影」などの存在は大きな比重をもっていた。小島（二〇〇二）が臣民教育の基準とした「御真影」や「教育勅語」は、最敬礼や奉読とその敬聴という子どもたちの身体的行為をともなうものであり、歌や遊戯などの重要性にも注目しながら、その意味と役割についても追究しなければならないと考える。

本書では、第一章 近代日本人のグローバル化と移民子弟の教育、第二章 ブラジルにおける日系移民子弟教育史の概要、第三章 ブラジル日系教育機関の分類とその性格、第四章 都市サンパウロの日系移民子弟教育、第五章 ブラジル日系子弟教育者の人間像とネットワーク形成、第六章 戦前期ブラジルにおける子どもの生活世界、第七章 ブラジル日系移民子弟教育の成果としての二世、以上七つの章にわたって、それぞれのサブテーマについて考察し、戦前・戦中期のブラジル日系移民子弟教育の史誌《ヒストリオグラフィ》を記述していく。すなわち、移民子弟教育を近代日本人のグローバル化のなかに位置づけた上で（第一章）、さらに、ブラジルの移民子弟・外国語学校教育の流れにおける日系移民子弟教育の位置を確かめる（第二章）。特に、先行研究で等閑視されてきた都市サンパウロの日系小学校を内陸農村地帯のそれと対照してとらえ（第三章、第四章）、教師や子どもたちの教育・学校をめぐる思考や生活世界を把握し記述する（第五章、第六章）。また、ブラジルという日本帝国の勢力圏外に移植され、日本的教育文化と異文化（ブラジル文化）との接触によって再創造されたブラジル日系子弟教育の実態を明らかにし（第一章、第三章）、その先駆的要素と限界、戦後に継承された資産、世界史的な意味についても考察をのばしたい（第四章、第七章）。

この史誌を記述していく手順としては、全体（日本人移植民の海外への拡散）から説き起こして細部の地域（ブラジル・サンパウロ市）へ至り、最後に再び全体へ至るという手順で議論を進めていきたい。すなわち、一九～二〇世紀の人びとのグローバルな移動→日本からの移民送り出しとブラジルでの受容→ブラジルの日系移民子弟教育と比較対象としてのドイツ系・イタリア系移民子弟教育→サンパウロ市の日系移民子弟教育→サンパウロ市日系移民子弟教育機関の教育者たち／サンパウロ市日系移民子弟教育機関の子どもたち、というように、全体から一地域、集団から個人へと焦点化していくとともに、個から全体を見通すような視角を保ちつつ、この壮大な歴史的いとなみの一端を明らかにしていきたい。

注

（1）　日本の教育システムや文化的特性を「日本的教育文化」と呼ぶ。本書では特に、戦前期日本で確立した学校教育における教育方法や内容、課外活動、四大節における「御真影」の拝賀、「教育勅語」の奉読、運動会、学芸会、君が代・唱歌斉唱、国民体操、体罰などをふくめた精神的・身体的慣行の総体を指すこととする。

（2）　ブラジルに移住した日本人とその子弟。本書では、文脈に応じて「在伯邦人」「日本人移民」「日系住民」などという言葉を適宜使用する。

（3）「学校」（ガッコー）という呼び名は、現在までのブラジル日系人間に一般に行われているもので、主に日本語教育機関を意味する。単に教育機関としての学校を指すだけでなく、時にコミュニティの政治・文化活動の中心となる場所・空間を意味した。本書では、分析用語としての「教育機関」とともに、適宜この「学校」という資料用語を使用する。

（4）ここで言う「植民地」とは、ブラジルにおける日系自営農を中心とした排他的な日系地域コミュニティ。一九一〇年代中頃からサンパウロ州を中心に現われ、二〇年代に発展、三〇年代にはブラジル各地に広がり、全盛期を迎えた。沼田（二〇〇三）の調査によると、ブラジル全土で二一三五カ所にのぼった。ただ、「植民地」とは日系人たちがそのように呼び習わした言葉であり、もとより日本国の主権が及ぶわけではなかった。

（5）例えば、小島（一九九九）「Ⅱ　第五章日本人学校児童生徒の戦争体験」一〇八―一一八頁、「Ⅴ　第二章子どもの世界――シンガポール日本人小学校児童生徒の異文化体験を中心に」同書三三五―三六五頁。

（6）いずれも教育史学会編（二〇〇四）「教育史学会第四七回大会記録―二〇〇三年九月二〇日〜九月二一日同志社大学」『日本の教育史学』第四七集に要旨掲載。

（7）吉田亮編著（二〇〇五）『アメリカ日本人移民の越境教育史』日本図書センター、三一―二五頁。

（8）例えば、安田俊郎（一九九七）『帝国日本の言語編制』世織書房、多仁安代（二〇〇三）『大東亜共栄圏と日本語』勁草書房など。

（9）野元菊雄（一九七四）「ブラジルの日本語教育」『日本語教育』二四号、一五―二〇頁。

（10）これらの研究成果については、工藤真由美編「言語の接触と混交」（大阪大学リポジトリ）〈http://ir.library.osaka-u.ac.jp/dspace/handle/11094/13219〉においても参照することができる。

（11）『国文学解釈と鑑賞』第七一巻七号、至文堂、六―四七頁。

（12）工藤真由美他編（二〇〇九）『ブラジル日系・沖縄系移民社会における言語接触』ひつじ書房、三一―一二三頁。

（13）前掲注11書、一二一―一二七頁。

（14）工藤真由美他編前掲注12書、一四五―一八八頁。

（15）『人文研』No.6 サンパウロ人文科学研究所、四四―八五頁。

（16）『日本語読本』というタイトルは、多くの海外日本語教科書に見られたもので、本書ではそれらの他の読本と区別するため、『日本語讀本』ないし「ブラジル版『日本語讀本』」、あるいは単に『讀本』という表記を使用する。

（17）中国赴任日本国留学生予備学校日本語教育研究会編『日本語教育論集・国際シンポジウム編』第七号、東北師範大学出版社一九九四―二〇三頁。

（18）ハワイや北米の日系子弟教育機関を対象とする事例研究としては、ICHIOKA（1988）、飯田（一九九一）、沖田（一九九七）、沖田編（一九九八）、坂口（二〇〇一）、吉田編著（二〇〇五）の諸論考、吉田（二〇〇八）などがあげられる。

(19)『時報』一七二〇号（一九三八年一〇月二一日）に「邦人学校四七六校中公認のものは二八三、未公認一九三校」とあり、寺門他編（一九四一）「刊行の辞」には、「同胞の血と汗によつて建設せられた、全伯六百に余る日本語学校の存在（…）」と記されている。

(20) 小嶋（一九九八）は、「ブラジル日系の教育目的の変遷」として、①無学文盲を避けるための教育（一九〇八〜一九二〇年）、②日本国民としての教育（一九二〇年代〜第二次世界大戦）、③日系ブラジル人としての教育（一九四七〜一九八〇年代）、④ブラジル人としての教育（一九九〇年代）の四段階を示している（小嶋、一九九八、八四—八五頁）。ただし、先述したように、小嶋は別稿（二〇〇三）で日本の外務省が常に忠君愛国的教育に否定的であった点も指摘している。

(21) *Revista Brasileira de Educação*, No.15, 159-176.

(22) *500 Anos de Educação no Brasil*, Belo Horizonte, Autêntica, 347-373.

(23)『関西大学人権問題研究室紀要』五四号、一—三六頁。

(24) DE BONI, Luis A.（org.）*A Presença Italiana no Brasil*, Porto Alegre, Torino, Escola Superior de Tecnologia, Fondazione Giovanni Agnelli, v. II.

(25) *Ciência e Cultura*, São Paulo, Sociedade Brasileira para Progresso da Ciência, 981-995.

(26) São Paulo, Instituto Fernand Braudel de Economia Mundial.

(27) São Paulo, Dissertação de Mestrado / USP.

(28) *Revista da abem* V.10, Porto Alegre, 89-98.

(29)『龍谷大学経済学論集——中村尚司教授退官記念号』第四六巻五号、龍谷大学経済学会、一四七—一六三頁。

(30) *Centenário da Imigração Japonesa no Brasil e Cinqüentenário da Presença Nipo-Brasileira em Brasília*, Brasília, FEANBRA, 307-328.

(31) 森本豊富編著『移動する境界人——「移民」という生き方』現代史料出版、五五—八七頁。

(32)『人文研 JINMONKEN』No.7 サンパウロ人文科学研究所、一〇四—一一六頁。

(33) *Anais do ENPULLCJ 2009*, São Paulo, FFLCH/USP, 303-310.

(34) 森本豊富・根川幸男編著『トランスナショナルな「日系人」の教育・言語・文化——過去から未来に向って』明石書店、五四—七五頁。

(35)『日本研究』第四六集、国際日本文化研究センター、一二五—一五〇頁。

(36)『経済学論叢』第六四巻四号、同志社大学経済学会、一七三—一九八頁。

(37)『キリスト教社会問題研究』第六二号、同志社大学人文科学研究所、一九九—二三二頁。

(38) ジェトゥリオ・ドルネレス・ヴァルガス（Getúlio Dornelles Vargas, 一八八二—一九五四）は、ブラジルのリオ・グランデ・

ド・スル州サン・ボルジャの裕福な農園主の子として生まれた。ポルト・アレグレ法科大学を卒業後、政界に入り、州議会議員、連邦議員を経て、一九二六年から翌二七年には大蔵大臣も務めた。一九三〇年の大統領選挙で敗れるが、当時の政治腐敗などの不満を背景に、軍事クーデタを成功させて政権を掌握した。統一国家の建設を目標にサンパウロ州の「護憲革命」を鎮圧、一九三四年に間接選挙で大統領に就任した。

（39）例えば、沖田編（一九九八）には、ハワイ諸島のなかでも特にマウイ島を取り上げ、その地域的特性をふまえた日系移民に関する諸論考が収録されている。

（40）『史苑』六七巻二号、立教大学史学会、六三―七六頁。

（41）*Projeto da Dissertação da UNISANTOS*, Santos/SP.

（42）『ブラジル日本移民百年史第三巻・生活と文化編（1）』風響社、二五一―二七〇頁。

（43）本書では、後述するような『伯剌西爾時報』『日伯新聞』『聖州新報』など、日系人を購読者としてブラジルで発行された日本語新聞を「邦字新聞」と呼ぶが、これらは全発行期間を通じて日本語記事のみで構成されていたわけではない。一九三〇年代には、ブラジル・ナショナリズム政策に対応するかたちでポルトガル語欄も設けられ、一九四一年の「新聞条例」改正によって外国語新聞発行が禁止された後は、『ブラジル朝日』（『日伯新聞』の後身）のように、同年一二月に当局によって停刊を命じられるまでポルトガル語のみで発行され続けた「邦字新聞」もあった。

（44）例えば、吉田亮編著『アメリカ日本人移民の越境教育史』（日本図書センター、二〇〇五）や森本豊富・ドン・ナカニシ編著『越境する民と教育――異郷に育ち地球で学ぶ』（あおでみあ書斎院、二〇〇七）所収の諸論考、吉田亮「一九一〇年代カリフォルニア日本人移民キリスト教会の越境的リーダーシップ」『移民研究年報』第一七号（日本移民学会、二〇一一、三―二一頁）などがある。また、「越境史」という言葉は使われていないが、全米日系人博物館企画の「国際日系研究プロジェクト」（INRP）や蘭信三編著『日本帝国をめぐる人口移動の国際社会学』（不二出版、二〇〇八）も、「越境」的な視点から実施された研究であるといえる。

（45）以下の「越境史」の概略は、吉田亮「日本人移民の越境教育史に向けて」吉田亮編著『アメリカ日本人移民の越境教育史』（日本図書センター、二〇〇五）三―二五頁に拠る。

（46）SCHILLER, Nina Glick et al.（1992）*Towards a Transnational Perspective on Migration: Race, Class, Ethnicity, and Nationalism Reconsidered*. New York, The New York Academy of Sciences.

同書によると、「越境移民」は、複数国家や地域間に経済的、政治的、社会的、宗教的、血縁的、文化的ネットワークを構築・維持し、複数国家や地域に対して複合的な忠誠心や帰属意識を提示、複数文化の習得をし、複合的アイデンティティを形成し、その結果として複数国家や地域形成に対して実質的な影響力を及ぼすという特徴をもつ。

（47）吉田、（45）前掲論文（二〇〇五）、三―四頁。

第一章　近代日本人のグローバル化と移民子弟の教育

行け行け同胞海越えて
遠く南米ブラジルに
御国の光輝かす
今日の船出ぞ勇ましく
万歳、万歳、万々歳

行け行け同胞海越えて
南米の野は広々と
無限の富を蔵しつつ
今日の船出の君を待つ
万歳、万歳、万々歳

行け行け同胞海越えて
強き腕《かいな》に愛国の
血しほを秘めてほほ笑める

君の雄姿を送らなん
万歳、万歳、万々歳

行け行け同胞海越えて
南の国やブラジルの
未開の富を拓くべき
これぞ雄々しき開拓者
万歳、万歳、万々歳

渺茫ひろき大海や
万里はてなき大陸や
何れが宝庫ならざらん
君成功の日近し
万歳、万歳、万々歳

はじめに

これは、戦前期、神戸でブラジルへ渡る移民たちを歓送するために歌われていた「渡伯同胞送別の歌」である。ブラジルとの二国間交流を目的に、一九二六年神戸に設立された財団法人日伯協会の機関誌『ブラジル』昭和二（一九二七）年二月号に歌詞が掲載されている。筆者もブラジル日本文化協会やリベルダーデ商工会の新年会で聴かされいっしょに歌ったことがある。歌詞はまことに勇壮であるが、声を張り上げて歌うのは七〇代、八〇代の高齢男性数名で、一抹のさびしさを感じるのはしかたなかった。この歌はおそらく、二〇年代半ばにアメリカへの移民が禁止され、ブラジルへの移民が国策化されるなかで、作歌されたものであろう。

ただし、ブラジルに渡って行った日本人移民の運命は、ここで歌われたように「万々歳」とはいえなかった。ブラジルが「万里はてなき大陸」であったのは確かであるが、「今日の船出の君を待」っているわけでも、「未開の富」が転がっているわけでもなかった。日本人移民のほぼすべてが最初に入ったのは、ヨーロッパからの先輩移民たちがすでに入植していたコーヒー農場であった。これらのヨーロッパ移民は、日本人の移民がはじまる何十年も前から、「渺茫ひろき大海」（大西洋）を越え、「遠く南米ブラジル」の地にやってきており、「雄々しき開拓者」として、「未開の富を拓くべ」く格闘していたのである。彼等から見ると、日本人移民は、一九世紀から二〇世紀にかけての「移民の世紀」と呼ばれる時期の終りに近い時期に遅れてやってきた新参者に過ぎなかった。新参者が古参者の庇護よりも、しばしば侮りや悪意をもって迎えられるのは世界共通である。国策移民期にブラジルのコーヒー農場に入植した日本人移民の多くも、こうした通過儀礼を経なければならなかった。

本章では、まず第一節において、この「移民の世紀」の世界的人口移動を概観し、日本人の近代海外渡航・移民をそのなかに位置づける。また、そうした近代日本人のグローバル化の過程で、海外居留民や移民の子弟教育がどのようにはじまり、進展していったかを確認したい。第二節では、一九世紀～二〇世紀に世界各地、特にヨーロッパから多くの移民を受け入れたブラジルにおける移民子弟教育や外国語学校の状況をドイツ系・イタリア系教育機関を例に概観する。そして、それらと比べて後発的にはじまった日系移民子弟教育がどのように位置づけられるかを明らかにし、その特徴について考察したい。

一―一　一九～二〇世紀における移民の概観と日本人海外渡航の位置づけ

過去五〇年間で出生国を離れて生活する人びとはほぼ倍増し、国連経済社会局人口部によると、二〇一〇年の国際移動人口は二億一四〇〇万人に膨れあがっている（United Nations, Department of Economic and Social Affairs,

Population Division 2011)。実に、世界人口の三〇人に一人が、国境を越えて移動し、出生国とは異なる国で居住しているのである。国境を越えての移動の理由は、移民、難民、留学、ビジネス、レジャー・観光旅行などさまざまであるが、これに国内移動を加えると、今日の世界では生まれた土地から移動しない人びとの方がむしろ少数派に属するであろう。こうした近代のグローバルな大移動の時代の幕開けは一九世紀であった。

もちろん、ヨーロッパ人の新大陸に向けた移動は、すでに一五世紀末、コロンブスの新大陸「発見」前後からはじまっている。ただ、その数や移動のスピードは、産業革命によってもたらされた動力の革命が進行した一九世紀以降に比べると微々たるもであった。七つの海を支配した海上王国イギリスの場合でも、新大陸への移住者の数は一七〜一八世紀を通じて、約一七五万人に過ぎなかったと推計されている。これに対して、表1–1に見られるように、次の世紀、特に一九世紀後半から二〇世紀前半にかけては、ヨーロッパから五三〇〇万人、アジアから四六五万人という桁違いに多くの人びとが海洋や国境を越えて移動するようになった。一八二〇年代から二〇世紀半ばにかけて、主にヨーロッパからアメリカ、カナダ、アルゼンチン、ブラジル四ヶ国に移民した人びとの数だけでも、ゆうに五〇〇〇万人を越えるのである。(後掲表1–2［三九頁］参照)

一–二–一　ブラジルの歴史と外国人移民

ブラジルがポルトガル人カブラルの艦隊によって「発見」されたのは一五〇〇年だが、期待された金や銀、ダイヤモンドなど貴金属は容易に発見されず、もっぱら海岸部に生えていた赤色染料の原料となるパウ・ブラジル（ブラジルの木）を伐採して本国に送った。こうしてこの新しい土地は、「パウ・ブラジルの地」と呼ばれ、後年ただ単に「ブラジル」と呼ばれるようになった。植民地時代ブラジルの最初の組織的産業開発は製糖業であるが、これはアフリカ系奴隷の労働力に担われていた。後に日本人移民の主な活動の舞台となるサンパウロ州では、一五三二年にマルチン・アフォンソ・デ・ソウザの開拓団がサン・ヴィセンテ（現在のサントス周辺）で甘蔗栽培を行ったが、

表 1-1　ヨーロッパおよびアジアからの移民：送り出し国別統計(1846-1940)　　(単位千人)

	1846~50	1851~60	1861~70	1871~80	1881~90	1891~1900	1901~10	1911~20	1921~30	1931~40	計
イギリス	199	1,313	1,572	1,679	2,559	1,743	2,841	2,452	1,984	252	16,594
アイルランド	–	–	–	175	700	406	309	135	167	10	1,902
スウェーデン	2	17	122	103	327	205	224	86	107	8	1,201
ノルウェー	12	36	98	85	187	95	191	62	87	6	859
フィンランド	–	–	–	–	26	59	159	67	73	3	387
デンマーク	–	–	8	39	82	51	73	52	64	100	469
フランス	11	27	36	66	119	51	53	32	4	5	404
ベルギー	1	1	2	2	25	22	43	28	17	16	157
オランダ	12	16	20	17	52	24	28	22	32	–	223
ドイツ	183	622	634	626	1,342	527	274	91	721	124	5,144
オーストリア・ハンガリー	2	31	40	111	436	724	2,342	788	357	57	4,888
スイス	–	6	15	36	85	35	37	31	50	47	342
スペイン	–	3	7	13	572	791	1,091	1,306	560	132	4,475
ポルトガル	–	45	79	131	185	266	324	402	995	108	2,535
イタリア	–	5	27	168	992	1,580	3,615	2,194	1,370	235	10,186
ロシア	–	–	–	58	288	481	911	420	80	–	2,238
ポーランド	–	–	–	–	–	90	189	183	458	160	1,080
ヨーロッパ計	422	2,122	2,660	3,309	7,977	7,150	12,704	8,351	7,126	1,263	53,084
日　本	–	–	–	–	–	54	132	144	122	91	543
インド	247	975	1,769	2,740	3,006	4,288	3,292	4,570	6,360	2,755	30,002
中　国	–	96	140	741	1,643	2,001	2,729	2,658	4,019	2,022	16,049
アジア計	247	1,071	1,909	3,481	4,649	6,343	6,153	7,372	10,501	4,868	46,594

出典：杉原薫（1999）24-25 頁

製糖工場を設けるために奴隷を輸入し、その労働力を使用した。ブラジルに本格的に奴隷が輸入されはじめたのは一五五〇年以後、初代総督トメー・デ・ソウザの時代で、一八三一年の輸入禁止まで約五〇〇万人の奴隷が存在したと考えられる。一七世紀がブラジル製糖業全盛期だが、その百年間に五二万人の奴隷が存在したとされ、この頃には砂糖の全生産量は二五〇万アローバ（一アローバ＝一四・五キログラム）に達していた。生産された砂糖の流通はポルトガル系ユダヤ商人やフランドル商人が握っており、彼らによって大部分はヨーロッパに輸出された。こうして、一六世紀から、ブラジルの砂糖、アフリカの奴隷、ヨーロッパの工業製品を媒介にして、大西洋に三角貿易が形成され、ヒトとモノの流れは大西洋を中心に動くようになったのである。

ブラジルでは、「発見」から約三百年続いた植民地時代、一部の例外をのぞいて、近代的なインフラ整備は遅々として進まなかった。ブラジルに真の意味での近代化がはじまるのは、ナポレオン戦争の時期である。一八〇七年、ナポレオン一世がポルトガル侵攻を開始すると、ポルトガル王室は貴族・官僚・富裕な商人など総勢一万五〇〇〇人を引き連れ、イギリスの保護の下にブラジルに亡命した。翌一八〇八年三月にリオデジャネイロに到着した摂政ジョアン王子（一八一六年ブラジルでドン・ジョアン六世として即位）は、この地を王国の臨時首都と定めた(1)。それまでのブラジルには、首座都市であったリオデジャネイロでさえも、高等教育機関、士官学校、総合病院、図書館、印刷所など近代国家に必要な諸機関やインフラが整っていなかった。このポルトガル王室ブラジル移転によって、リオデジャネイロに近代化のためのインフラが急速に整備されはじめる。

一八二一年には、ドン・ジョアン六世王の帰還とともに、リスボンに再遷都されたが、ポルトガルがブラジルの統治に軍を送り込んだため、ブラジル側指導層が激怒した。独立派はブラジルに残っていた王太子ドン・ペドロを擁立して一八二二年九月七日に「独立宣言」を行ない、リオデジャネイロを首都としたブラジル帝国（Império do Brasil、一八二二～一八八九年）が成立した。宗主国ポルトガルとの緊張関係のなかで、一八二四年にはポルトガルに絶大な影響力をもつイギリスが独立を承認し、翌一八二五年にはアメリカ合衆国が承認したため、ポルトガルも独立を承認せざるを得なかった。一八二四年三月には、新皇帝ドン・ペドロ一世によって「ブラジル帝国憲法」が制定されたが、同憲法では宗教の自由が認められ、カトリック以外の外国人移民導入に道を開いている。当時のブラジルにおける外国人移民導入促進政策の主要な目的としては、次のような点があげられよう。

一、独立国として、労働力の確保による砂糖・綿・コーヒーなど主要作物の生産性の向上
二、広大な未開地の開拓
三、奴隷制廃止論の高まりをかわし、奴隷に代替する労働力を確保すること
四、南部国境の警備とアルゼンチン、パラグアイとの国境紛争の対処

この間、一八一五年にナポレオン戦争が終結すると、ヨーロッパ内部の移動に加えて、大西洋を越える移民が本格的に始動し、多少の変化はあるものの、第一次世界大戦に至るまで大規模で国際的な労働力の移動が行われた。近代ヨーロッパ史のなかでも、一九世紀には前例のない規模の人口増加が起こった。一九世紀全体を通じて五二〇〇万人がヨーロッパ外へ流出したにもかかわらず、ヨーロッパの人口は、一八〇〇年の一億八七〇〇万人から、一八五〇年の二億六六〇〇万人（四三パーセント増）へ、そこからさらに一九一三年の四億六八〇〇万人（五〇パーセント増）へと増大したのである（山田、一九九八、六一―八頁）。国や地域で増加率は異なるが、農村居住者が九割を占めていた当時では、この人口増加はヨーロッパ各地での農村の流動化を促すこととなった（山田前掲論文、二頁）。一九世紀の百年間に、ヨーロッパから各地へ移住したものの数は四〇〇〇万人を超え、その数は一九三九年までに約七〇〇〇万人に達したといわれている。また、一八二四年と一九二四年の間に。約五二〇〇万人がヨーロッパを離れたが、そのうち三二〇〇万人（七二パーセント）が北米に、一一〇〇万人（二一パーセント）が南米に、そして三五〇〇万人（主として英国から）がオーストラリアとニュージーランドに向かった（山田前掲論文、八―九頁）。その移住

先は新大陸が最大であったが、ほかにオセアニア、南アフリカなどへ拡大され、出移民の送り出しはインド、中国、インドネシア、日本からも行われた。このように一九世紀は、海外移民を含む人びとの移動がグローバル化されたまさに「大移動の世紀」であった。

一八二一年から一九三二年まで、もっとも多くの移民を受け入れたのは新大陸の国々だが、ブラジルはアメリカ合衆国、アルゼンチン、カナダに次ぐ大量の移民を受け入れている（FAUSTO 1999: 275）。四ヵ国それぞれの入国移民数は**表1-2**のようになっている。

ブラジルでは、一八七二年と一八九〇年にそれぞれ国勢調査が実施され、ある程度信頼のおける人口統計が提供された。一八一九年に八〇万人の先住民を含めて約四六〇万人であったブラジルの総人口は、一八七二年には九九〇万人、一八九〇年には一四三〇万人に達した。ただ、後にブラジル最大の商工業州となるサンパウロ州は、一八七二年の時点で人口約八四万人にすぎなかった。その中心都市サンパウロ市も、一八九〇年の時点で人口約六万五千人という小都市であったが、すでにコーヒー経済の中心地へと変貌を遂げつつあった（ファウスト、二〇〇八、一九八―二〇〇頁）。

こうしたブラジルの人口増加に一役買ったのが外国からの移民である。一八一九〜一九四七年の間にブラジルに導入された外国人移民は四九〇万人とされ、このうち一〇万人以上の移民を送出した国はイタリア、ポルトガル、スペイン、ドイツ、日本、ロシアである。なかでも、イタリアからは一九四七年までに一五一万三一五一人がブラジルに移住している（**表1-3**参照）。

同時期、ポルトガルからは一四六万二一一七人、スペインからは五九万八八〇二人、ドイツからは二五万三八四六人、後に詳しく述べるが、日本からも一八万八六二二人の移民が導入された（CARNEIRO 1950: 222）。こうした各国・各地域からブラジルへの入移民の主要国別数を、十年ごと（第二次大戦後は五年ごと）にやや詳しく見たのが**表1-4**である。

表 1-2　各国入移民数（1821〜1932）

国名	入移民数
アメリカ合衆国	3420 万人
アルゼンチン	640 万人
カナダ	520 万人
ブラジル	440 万人

出典：日本移民八十年史編纂委員会（1991）13-14 頁から作成

表 1-3　ブラジルにおける国別入移民数(1819〜1947)

国名	入移民数（人）
イタリア	1,513,151
ポルトガル	1,462,117
スペイン	598,802
ドイツ	253,846
日本	188,622
ロシア	123,724
オーストリア	94,453
シリア・レバノン	79,509
ポーランド	50,010
ルーマニア	39,350
イギリス	32,156
リトアニア	28,961
ユーゴスラビア	23,053
スイス	18,031
フランス	12,103
ハンガリー	7,461
ベルギー	7,335
スウェーデン	6,315
チェコ	5,640
その他	347,354
合計	4,903,991

出典：CARNEIRO（1950）222 頁

表 1-4　ブラジルの主要国別入移民数（1884～1959）

出身国	ポルトガル	イタリア	スペイン	ドイツ	日　本	シリア/トルコ	その他	小　計
1884～1893	170,621	510,533	113,116	22,778	—	96	66,524	883,668
1894～1903	155,542	537,784	102,142	6,698	—	7,124	42,820	852,110
1904～1913	384,672	196,521	224,672	33,859	11,868	45,803	109,222	1,006,617
1914～1923	201,252	86,320	94,779	29,339	20,398	20,400	51,493	503,981
1924～1933	233,650	70,177	52,405	61,723	101,191	20,400	164,586	717,223
1945～1949	26,268	15,312	4,092	5,188	12		29,552	80,424
1950～1954	123,082	59,785	53,357	12,204	5,447		84,851	338,726
1955～1959	96,811	31,263	38,819	4,633	28,819		47,599	247,944

出典：IBGE（2000）*Brasil: 500 Anos de Povoamento,* Rio de Janeiro, (Apêndice: Estatísticas de 500 Anos de Povoamento)：226 頁

ブラジルでは、一八八七年から一九三〇年にかけて約三八〇万人の外国人が到来したとされるが、そのもっとも集中した時期は一八八七年から第一次世界大戦のはじまる一九一四年までで、全体の約七二パーセントに当る二七二万人が入国した（CARNEIRO 1950）。**表1－4**からもその傾向がうかがわれる。すでに述べたように、一九〇八年に開始される日本からの移民は、ヨーロッパの国々に比べてかなり後発ということになる。**表1－4**によると、一九〇四～一九一三年には、一〇〇万六六一七人と、百万人を越える移民が入国している。こうした移民の流れは第一次世界大戦で中断されるが、戦争が終ると、また新たな移民の受け入れがはじまる。一九三三年までの十年間には、さらに七一万七〇〇〇人の外国人移民がブラジルに導入されるのである。このように、ブラジルは、アメリカ合衆国、カナダ、アルゼンチンに次ぐ新大陸の移民国家として成長していくことになる。

一－一－二　ブラジルにおける外国人移民の導入と日本

現在のブラジル、すなわちブラジル連邦共和国（República Federativa do Brasil）は、八五四万七四〇三・五

平方キロメートル（日本の約二二・六倍）の広大な面積と二億六〇八万一四三二人の人口（二〇一六年）をもつ南半球の大国である。天然資源や人的資源に恵まれながら、長年の経済不振から「永遠の未来の国」と呼ばれてきた。しかしながら、今世紀に入ってインフレが終息し、経済が安定、新興工業国ＢＲＩＣＳの一角をなすようになった。二〇一四年にはサッカーのワールド・カップが開催され、二〇一六年には旧首都リオデジャネイロで南米最初の夏季オリンピック大会が開催された。

そんなブラジルの近代化を促進し、産業面で大国ならしめた要因としてまずあげられるのは、コーヒーの生産と輸出である。現在、馥郁たるアロマの香りとともに味わわれているコーヒーは、ブラジルでの大量生産と輸出によって、世界中の家庭やオフィスにもたらされたといってよい。

日本では、福澤諭吉（一八三五～一九〇五）が一八六九（明治二）年に刊行した『世界國盡』においてブラジルを紹介したのが最初であろう(2)。また、一八七八（明治一一）年に発行された久米邦武の『米欧回覧実記』に、すでにブラジルとコーヒーを結びつけて紹介する記事が現れている(3)。一九世紀には、サンパウロを中心にモノカルチュラルなコーヒー産業が勃興していたが、それは奴隷制を前提とする大規模プランテーション農業によって成り立っていた。したがって、一八八八年の奴隷解放令が出されると、コーヒー農園主たちは奴隷に代わる労働力を求めねばならなかった。

このコーヒー産業の中心となったのがサンパウロ地方で、コーヒー生産量は一八五四年にブラジル全体の三四パーセントだったものが、一九〇〇年には六九パーセントとなっていた（CANABRAVA & outros, 1965: 42）。コーヒー栽培によって財をなした産業ブルジョアジーたちは、現在サンパウロ市の経済・金融の中心となっている目抜き通りパウリスタ大通りに広壮な邸宅を建て、「コーヒー男爵」（バロン・ド・カフェ＝Barão do Café）と呼ばれた。コーヒーはブラジルにとって、まさに「金のなる樹」であった。また、後にはじまる日本人移民の間でも、ブラジルは長くこの「金のなる樹」のイメージで語られることとなった。移民会社の代理人が移民を募集する際、コーヒーのことを「金のなる樹」として、ブラジル移民の有利を盛んに宣伝したといわれる。

一方、ブラジルにおいて、一八五〇年には奴隷の輸入が停止されたため、奴隷人口は一八七二年には一五一万人、一八八〇年には約一三七万人と次第に減少した（日本移民八十年史編纂委員会、一九九一、二二頁）。これによって、奴隷の労働力に依存していた各地のコーヒー農園はたちまち労働力不足に陥った。このため、旧宗主国ポルトガルからの移民をはじめ多くのヨーロッパ系移民が導入された。このなかでも、多数を占めたのがイタリア系移民で、先述したように総数は一九四七年までに一五一万三二五一人に達している（表1-3参照）。特に首都リオデジャネイロをしのいでブラジル第一の工業都市となった一九二〇年代のサンパウロでは、二人に一人はイタリア語を解すると言われた(4)。

当時、コロノ（colono＝契約労働者）移民と呼ばれ、コーヒー農場の労働者として入国した移民たちの収入は、最初は歩合制、後には次第に給料プラス出来高制に変わった。彼らは、農場での契約が終わると借地農や自作農に転換したり、都市に就労の機会を求めるものも多かった。また、農場での労働が過酷なため、契約満期以前に逃亡するものも後を絶たなかった。

このコロノ移民は、ヨーロッパではきわめて不評であった。理由は、（元）奴隷である「黒人」と入り混じって働く労働環境、労働そのものの過酷さ、生活内容の貧しさなどさまざまだが、何よりも一般的なヨーロッパ人に耐えられなかったのは、豊かさを求めて海を渡ってきたにもかかわらず、この制度の下では期待したほど報酬が得られないことであった。報酬計算は農場側に都合よく改竄され、巧妙に搾取された。また、一八九七年にはコーヒーの国際相場が大暴落し、コーヒー不況が始まった。ドイツやフランス、またイタリア政府は、ブラジルでのヨーロッパ系移民に対する搾取を見て、移民送り出しをしばしば制限するようになっていた。

このコーヒー不況とヨーロッパからの移民の制限により、ブラジル最大のコーヒー生産州であったサンパウロ州は危機感を募らせた。その結果として、日本からの移民導入に期待をかけるようになり、一八九〇年に同州政府は日本人移民にもヨーロッパ系移民と同様に補助金下付を決定した。すなわち、日本の一般庶民が地球の反対側に位置するブラジルに渡航できる経済的条件が整えられたのである。ただこの時期、日本は国運をかけた日清戦争を直前にしており、政府は移民送出を許可せず、ブラジルへの移民の実現はなお数年を待たねばならなかった。

一―一―三　日本の対外関係と海外移民

四周を海に囲まれた日本列島に住む人びとは、古代よりすぐれた航海術と海外移民の長い歴史をもっている。海によって異国と隔てられた条件が、何よりも水平線の向こうへの想像力と憧憬をかきたてたようである。実際、遣唐使や倭寇、山田長政が活躍したというアユタヤ王国の例を引くまでもなく、この列島に住む人びとは、中世から近世にかけて琉球や中国沿岸、ルソン、ベトナムやシャム（タイ）など東アジアの各地に「日本人町」と呼ばれる海外拠点を築いてきた。江戸時代の鎖国期をのぞいて、いやその鎖国期でさえ、彼らは海を渡って各地の人びとと交流してきたのである。

近代になると、この列島の人びとは海外に対する好奇心と進取の気性によって、さらにこの傾向を強めた。急速に発展したグローバルな交通のネットワークを通じて、新大陸をふくめた世界のあちこちに進出していくことになった。日本人の祖先が新大陸と交渉を持ったのはそう古いことではないが、明治維新がはじまる一八六八年六月には、わずか八三三トンの三本マストの英国籍帆船サイオト号で、後に「元年者」と呼ばれることになる日本人労働者一五三人[5]が早くもハワイへ渡っている。サトウキビ農場の労働者としてであった。また、同年には、グアム島へも日本人労働者四二人が送られている。こうした「元年者」移民は、新政府の許可なく出国し、現地で過酷な条件下で働かされ、その生活が困窮、外交問題にも発展した。そのため、日本政府は海外移民送出を規制するとともに、移民の流れは海外よりも国内（主に北海道開拓）に向けられることとなった。こうした風潮のなかでも、アジア諸国やアメリカ本土に渡り、勉学や労働に従事するものが現れた。アメリカ西海岸への日本人の集団移民は、一八六九年にカリフォルニア州ゴールド・ヒルに渡った会津からの移民が知られる。彼らは「若松コロニー」の名で知られるコミュニティをつくり、茶栽培や生糸生産をめざしていたが、数年で離散したという。その後、苦学生や出稼ぎ労働を目的とした男性単身の渡航が続き、一八七七年にはサンフランシスコに「福音会」というプロテスタント諸派の援助をうけて設立された日系団体が生まれている。この福音会は、日本人苦学生たちの寄宿舎を兼ね、英語を学ぶための夜学校を備えていた（吉田、二〇〇五b、二七―五九頁）。

一八八五年からは、日本とハワイ王国両政府の間に移民送出・受け入れの条約が締結され、ハワイ官約移民がはじまった。欧米諸国につづいて、アジア、太平洋、中南米の国々との間に次々と国交を樹立した日本は、一八九六年にアルゼンチン、一八九七年のメキシコ、一八九九年のペルー、そして一九〇八年のブラジルと、移民労働者たちを送り出していくことになる。これらの移民の現地滞在が長期化するなかで、日本人たちは新大陸のあちこちに自分たちの生活の拠点を築いていくのである。

先に述べたように、ハワイやアメリカ本土への本格的な日本人の渡航は一八八〇年代からはじまる。当時のアメリカへの日本人移民は二つの流れがあった。すなわち、個人渡航者としての「書生」の渡米と出稼ぎ労働者であった。書生は、若い独身男性の一時滞在であるのが一般的で、ハワイや西海岸の都市でスクール・ボーイと呼ばれる家内労働者として働きながら、進んだ知識や技能を学び、日本に帰って立身出世するのが目的であった。一方、もう一つの流れである出稼ぎ労働者はハワイのサトウキビ農場などで働き、給金を貯めて故郷に錦を飾るのが夢であった。彼らのほとんどがアメリカでの永住の意志をもたなかったが、何らかの理由で帰国がかなわなかったり、滞在期間を延長する者も現れた。二〇世紀はじめにはそういう人びとが増え、またそのころ海外渡航熱も高まり、出稼ぎ希望の渡航者も激増した（海外移住資料館、二〇〇四、一六頁）。俗に「からゆきさん」と呼ばれるような日本人娼婦たちの存在も、近代における日本人の海外渡航や進出を考える場合、無視できない人口増加と地域的広がりを見せた(6)。

ハワイがアメリカに併合された一八九八年以降、ハワイやメキシコを経由してアメリカ本土に入国するいわゆる「転航移民」も増加し、二〇世紀はじめの日本人移民はどんどん増加していった。一九世紀の西部開拓時代に中国人労働者の大量流入により、一八八二年の排華移民法によってそれを拒止した経験をもつアメリカの官民、特にカリフォルニア州政府と同州のジャーナリズムはこの事態に危機感を抱いた。安価でよく働く日本人労働者の存在は、アメリカ人労働者の存在をおびやかすと考えられるようになったのである。

同時期、人種問題から端を発した黄禍論の流行から、特にハワイやアメリカ西海岸で排日運動がはじまった。これにより、送り出し側の日本はもとより、州や政府単位で、「日本人の移民問題」が議論されるようになった。サンフランシスコの「学童隔離問題」は、当時の動きを示す象徴的事件である。一九〇六年一〇月、サンフランシスコ学務局によって、日本人生徒を公立小学校から隔離し、中国人学校に編入させるという決議が下された。この年に起こったサンフランシスコ大地震の影響で公立学校の収容人数が足りなくなってしまったからというのが理由であった。この事態を憂慮したこの地の日本人居住者や移民、体面を傷つけられた帝国総領事館は猛烈な抗議運動を展開した。日本本国のジャーナリズムもこの事件に反応し、各地で頻発している日本人経営レストランへのボイコットや日系人襲撃事件などを報道し世論の高ぶりを見せた。こうして、サンフランシスコという西海岸の一都市で起こった問題は日米間の国際問題にまで発展する。この事態に対する合衆国政府の態度は、公立学校から日本人を締め出すという行為が合衆国憲法や日米修交通商条約などの取り決めに抵触するのではないかとの懸念を表明するものであった。結局、当時の合衆国大統領セオドア・ルーズベルト（一八五八―一九一九）がサンフランシスコ市に学童隔離の撤回を命じ、一九〇七年日本人生徒は公立小学校に復学を許されることになる。

これに関連して、ルーズベルト大統領は、一九〇七年三月、大統領令（Executive Order）を発令、ハワイ、メキシコ、カナダからの日本人の転航移民を禁止すると告げる。日本政府も、この「学童隔離問題」は結局のところ排日世論が先鋭化したものであり、移民を制限するしか解決策がないという結論に達した。こうしてアメリカにおける日本人移民排斥の動きが日米国家間の問題に直結することを恐れた日本政府は、翌一九〇八年、「日米紳士協約」(Gentleman's Agreement) を合衆国政府との間で結ぶことになる。これは、外交官や留学生、一般の観光旅行者以外の日本人にアメリカ行き旅券を発給しないという日本政府の約束であり、それまでの一連の排日運動に対する日本側の自粛措置であった。また、カナダ政府との間にも、同様の取り決めで「レミュー協約」を結んだ。この「日米紳士協約」「レミュー協約」によって、北米には表向き新たな移民労働者を送出できないことになった。

一方、先に述べたように、ブラジルではサンパウロ州を中心にモノカルチュラルなコーヒー産業が成長していたが、一八八八年の奴隷解放前後からアフリカ系の奴隷にかわる労働力を求めねばならない背景があった。その代替労働力として、イタリアや旧宗主国ポルトガル、スペインなどからの移民をはじめ多くのヨーロッパ系移民が導入された。一九世紀後半から二〇世紀初頭にかけて、ブラジルへのヨーロッパ移民は増え続けたが、各国政府はブラジルでの労働条件の劣悪さを見て、しだいに移民送り出しを制限するようになっていた。

こうしたなか、日本側において新たな移民送出先として浮上したのがブラジルであった。後述するように、日本とブラジルは一八九五年に国交を樹立し、一九〇八年から移民送出がはじまる。近代日本の移民政策は、常に人口問題の解決策として考えられてきたが、一九二四年にアメリカでいわゆる排日移民法 (Immigration Act of 1924) が成立した後は、一九三二年に満洲国が成立するまで、ブラジルが唯一大量の日本人移民受け入れ国となるのである。第二章で詳述するが、一九二四年の帝国経済会議で海外移民の国策化が決定され、ブラジルへの移民が政府方針として奨励されるようになる。本章冒頭の「渡伯同胞送別の歌」は、このような時代背景を負ってつくられた。こうして、ブラジルへの日本人移民は、戦前の総計で一八万八九八六人に達することになるのである (外務省領事移住部、一九七一、九六頁)。

一―一―四　ブラジルにおける日本人移民の導入

ブラジルが日本人を移民として導入しようとしたのは古く、一八九二（明治二五）年のことである。ブラジルでは、一八八九年十一月十五日に共和主義革命が勃発、帝政が倒れ、第二代皇帝ドン・ペドロ二世はヨーロッパに亡命する。同月中に、テオドーロ・ダ・フォンセッカ元帥（初代大統領）を首班とするブラジル合州共和国（República dos Estados Unidos do Brasil＝一八八九～一九六七年の正式国名）が成立する。新政府は、それまで東洋系移民に門戸を閉ざしていた政令第五二八号を廃し、一八九二年十月十五日、法律第九九七号をフロリアーノ・ペイショット副大統領（後に第二代大統領）が裁可したことによって、新たな展開がもたらされることとなった。この時ブラジル側は日本人と中国人労働者の導入を決定したが、実現にはいたらなかった。ただ、日本・ブラジル両国は国交樹立に大きく傾き、パリにおいて交渉が開始された。一八九四（明治二七）年七月に日清戦争が勃発し、いったん交渉は停滞したものの、戦後の一八九五（明治二八）年十一月五日には、日本側全権曽禰荒助駐仏公使とブラジル側全権ガブリエル・ド・トレド・ピアザ・エ・アルメイダ駐仏公使との間に「日伯修好通商航海条約」がパリで調印された。こうして両国の国交が開始される。

ブラジルと日本の間にこうした外交関係が開かれた背景には、サンパウロ州選出の第三代大統領プルデンテ・デ・モラエスに対する、同州のコーヒー生産者からの強い要望があったことが指摘されている。一八九七年には、最初の日本人移民たちがブラジルのコーヒー農場に送られる計画が持ち上がったが、コーヒー相場暴落という電報のために中止されている。このように、日本とブラジルの国交には、コーヒー生産とそれを支える外国人移民労働者の導入という構図が、その樹立の時点から条件づけられていた。

その後、二〇世紀に入り、日露戦争（一九〇五・二～一九〇五・九）の勃発によって、日本側は移民送出どころではなくなり、再び移民の検討がなされるには、戦争の終結を待たなければならなかった。

日露戦争後の不景気や、先ほど述べた「紳士協約」によるアメリカへの移民の途絶といったような状況から、もっとも理想的な（あるいはもっともマシな）条件が整った新たな移民送出先として選ばれたのがブラジルであった。このように、ブラジルへの移民送出の契機は北米での移民制限にあり、両者の動きは緊密に連動していることが知られる。

ブラジルへの組織的な日本人移民は、よく知られるように一九〇八年の笠戸丸移民からはじまるとされる。高知県高岡郡佐川（現佐川町）出身で元自由民権運動の闘士であった水野龍（一八五九〜一九五一）の皇国殖民合資会社によって実施された事業であった。それ以前に、漂流民や海軍関係者、公使館関係者、少数の自由渡航者や商人がいたことが知られているが、(7) 組織的なブラジルへの移民がはじまったのは、この笠戸丸移民からと見てよいであろう。ただし、この時期、コーヒーは相変わらずブラジルの主要産品ではありつづけたものの、その価格は低落し、少なくとも移民労働者たちにとってはすでに「金のなる樹」ではなくなっていた。

ともかく、一九〇八年四月二八日に神戸港を出港した移民百六十余家族七八一名（他に自由渡航者十二名）は、東シナ海、南シナ海からインド洋、大西洋を越える五十二日間の航海を経て同年六月一八日、ブラジル最大の商工業都市サンパウロの主要外港であり、移民の受け入れ港、コーヒーの積出港でもあったサントスに到着したのである。

第一回笠戸丸移民のひとりで、後に邦字新聞社を起こすブラジル日系ジャーナリズムのパイオニア香山六郎（一八八六〜一九七六）がいたが、彼の編集になる『移民四十年史』（一九四九）によると、船は六月一七日の夜、まずサントス港外に仮停泊して夜明けを待っていた。星の降るような晩だったという（香山、一九四九、三二頁）。日本人移民たちは、この夜生まれてはじめて南十字星を見上げたのかもしれない。

翌六月一八日、サントスに上陸した笠戸丸移民たちは、鉄道で海岸山脈を越えて、サンパウロ市のブラッセル地区にあった移民収容所（現在、サンパウロ州立移民博物館となっている）に入り、はじめて食べるアロイス・コン・フェイジョン（ブラジル産の米にフェイジョン豆のスープをかけたもの）や食後に出る「真っ黒でにがい湯」（コーヒー）に度肝を抜かれた。ここで数日ないし数週間を過ごした後、各地へ配耕（日本人移民の造語で、各農場へ送られ配置されることをこう呼ぶ）されていった。移民収容所の慣れぬ固いベッドの上で見たものは、金のなる樹の夢であったろうか。

こうして、笠戸丸移民からはじまるブラジル日本人移民は、紆余曲折を経て、一九四一年八月以降の太平洋戦争による一時断絶まで、戦前期を通じて継続されることとなる。

一―二　一九～二〇世紀ブラジルにおける教育の状況と外国人移民子弟教育

次に、一九世紀～二〇世紀のブラジルにおける教育の状況を、初等教育を中心に確認するとともに、その時期に大量に流入した外国人移民子弟とその教育および教育機関について整理しておきたい。特に、移民子弟教育や外国語学校の状況をドイツ系・イタリア系の教育機関を例に概観し、そのなかで後発的にはじまった日系移民子弟教育がどのように位置づけられるかを確認する。また、音楽教育・唱歌教育を手がかりに、ドイツ系移民子弟教育と日系移民子弟教育の共通点と相違点について整理し、一九三〇年代末期に両者がブラジル当局から弾圧を受けた理由について考察する。[8]

一―二―一　一九～二〇世紀ブラジルにおける教育状況と外国人移民子弟教育

ブラジルでは一八二二年七月、ポルトガルからの独立についで中央政府が各州の教育事業を司り、初等教育施設の増設を計った。一八二四年三月には、新皇帝ドン・ペドロ一世によって制定された「ブラジル帝国憲法」は第一七九条第三一項において、すべての市民に対し無料で初等教育を施すことを保証したが、これは有名無実で、「当時は（…）授業の計画も方法もなかった」（スミス、一九六二、三三頁）とされる。

一八三六年には、ブラジルの初等・中等教育は各州に移管された。この頃、首都リオデジャネイロに講座制度（liceum）が設置された。ただこの後も、「一般教育が今日までほとんど何の進歩もしなかったのは、一八七一年の資料によって明らかにされている」（スミス前掲書、三四頁）という。ブラジル全体の人口が一〇〇〇万人ほどであった時期に、中等教育を受けていた者は一万人未満で、初等学校に通学していた者も一五万人未満であった。それだけでなく、帝国内にはなお一七〇万人の奴隷が残っていた。ブラジル一九世紀後半の代表的な政治家であったルイ・バルボーザの委員会が一八八二年九月に上院に提出した報告によると、一八七八年の時点で全土に一七万五七一四名の児童に、わずか五六六一の小学校があったに過ぎない。その実情は、アメリカで学校がもっとも整っている都市と比較して七分の一以下で、また北米で学校がもっとも不足している都市と比べても三・四倍以上劣悪であったとされる（スミス前掲書、三五頁）。こうした状況下にあって、移民たちはみずからの力でコミュニティ学校を建設していく。

後にドイツ系・イタリア系移民の移住と開拓で発展し、現在のブラジルでもっとも豊かで教育水準の高い州となっている最南部のリオ・グランデ・ド・スル州（帝政期はサン・ペドロ郡）の例を見てみよう。一九世紀の同州における教育状況は、中岡・川西（二〇〇九）が現地資料にもとづき、次のように整理している。

①一八二二年のブラジル独立以前、マノエル・シメーネス・シャヴィエル（この地方での最初の教師）が、一七七八年に、カピタエア総督ジョゼー・マルセリーノ・ヂ・フィゲレードの支援を受けて、初等教育男子学校をリオ・グランデ（のちに首都ポルト・アレグレに移転）にはじめているが、これが最初の学校。その時、総督と議会は、彼の家（学校を兼ねる）の賃借料の支払いを拒絶。[9]

②一七八〇年と一七八九年に、三人の個人が男子初等学校を首都に開設。

③一七八四年に、一人の個人に免許を授与して、師範学校をポヴォ・ノーヴォ（リオ・グランデの一つの区）に開設。

④一八〇〇年に、二人の個人が初等教育学校を首都に設置。

⑤一八〇一年に、最初の女子初等学校がカピタニアに設置。

これらの記録から、当時のリオ・グランデ・ド・スルでは、初等教育は私設学校で行われたこと、最初は男子だけであったこと、その後に女子の初等学校がつくられていること、師範学校もつくられたこと、当時の政府の支援を受けることもあったようである（…）。このように初等教育では私設学校が先行しているが、中等教育は、公的補助によって創設されている。

⑥ヴィットリーノ・ペレイラ・コエーリョが一七九〇年六月一九日にラテン語の教授に指名され、給料二四〇レースを与えられて、中等教育を開始。

⑦公的初等教育では、一八二〇年一月一四日の決議によって、法にのっとった男子学校一校が首都に用意される。

⑧さらに四校がこの決議によって設置され、サント・アントーニオ・ダ・バトルーリャ、ボン・ジュズス・ド・トリウンフォ、リオ・グランデ、ペロータスに一つずつ配置。しかし、それ以降は、まったく進んでいない。

⑨ブラジル独立の一八二二年に、かろうじて私設初等学校数校と公立学校一校が開設。一つはリオ・グランデ、一つはペロータス、一つはポルト・アレグレのラテン語学校である。ポルト・アレグレの学校では理性哲学学校も開設。

⑩一八三一年に、新しい初等学校が首都、タクアリ、カショエイラ、カサパーヴァ、サン・ジョゼー・ド・ノルチ、リオ・グランデ、ペロータスに設置。しかし、教師がいないために、この年の半ばに初等学校一校のみが開校。中等学校は二校だけで、一校は幾何学の学校で、同年六月一日に設置。

⑪一八三五年に、さらに二校がポルト・アレグレとピラチーニに開設。

⑫一八四五年、郡内の初等教育の公立学校は五九校。学校に登録された生徒数はわずか一九〇〇人。したがって、この時期、リオ・グランデ・ド・スルには公教育はなかった、といっても決して過言ではない。そこで、こうした状況を打破するために、（筆者注―⑬につづく）

⑬教師養成のための師範学校の設置が要求され、一八四五年に、「リセウ（職業学校）」一校の創設を計画。それは首都に存在する公立中等学校を一つにまとめるというもので、学生三〇人のラテン語教室、学生二九人の幾何

学と算数教室、学生三〇人のフランス語教室、学生二人の哲学教室に加えて、英語、地理学、天文学、歴史学、代数学、修辞学、絵画と音楽の各講座を創設し、それらを学年を変えて配置するというもの。この計画は、一八四六年、首都の中心に「リセウ・ドン・アフォンソ」を創設することによって実現。以後、自己の建物がかなわなかったため個人の家で行われている。しかし、その後も郡の公教育はゆっくりとしか進んでいない。

⑭帝政末期、サン・ペドロ郡の庶民教育は、学校三八三、登録生徒数一万四四七六人という数値を示している。その多くは民間教育である。

⑮一八八九年（帝政崩壊）に始まる時期、民間教育は、宗教関係の力によって大きく発展していることが指摘される。

以上の点から、帝政期には公教育は各郡の責任下にあったが、政治的不安定さと資金不足のため、一九世紀中、公教育は十分に行われなかったとされている（中岡・川西、二〇〇九、一四四頁）。

一八八八年、奴隷解放にともなう共和国革命が起こり、ブラジルは共和制に移行する。一八九〇年、臨時政府の政令は、すべての学校において無料で初等教育を受けることができ、しかも宗教とは無関係であることを声明した。こうしたなかで制定された「ブラジル共和国憲法」は、初等教育を各州政府の主管業務とした。これによって、教育政策やその制度の州ごとの格差や地域性が生まれ維持されることになった。二〇世紀の半ばまで、特にブラジル農村部においては、巨大な国土面積が教育普及の大きな足かせになっており、(10)教育の進歩は緩慢であった。多くの学齢期の子どもたちが、数少ない学校に通学するのが困難な遠隔地にまばらに居住していた。全国規模で教育を統一下におく可能性を有していたのはカトリック教会であったが、共和国政府はその共和制イデオロギーから教会との決別を国是としていた。そして、教育普及の速度が加速するのは、ジェトゥリオ・ヴァルガス政権による改革のはじまる一九三〇年代を待たねばならなかった。

ブラジルの人口はここ一三〇年間に一七倍となったが、それがサンパウロ州となると四四倍となり、サンパウロ市の場合は三三一倍に急成長した。後掲の表1-5、表1-6に見られるようなサンパウロ市のめざましい成長は、一九世紀末にはコーヒー経済の成功に由来し、二〇世紀に入ってからは急速な工業化に由来している。

特に、一九世紀末から二〇世紀にかけてのコーヒー経済の成功と産業の発達は、サンパウロに多くの外国人移民を呼び込むこととなった。二〇世紀はじめ、パウリスタと呼ばれるサンパウロ州住民と彼らの居住空間は他の州に比べてより外国人たちに解放されていたといえる。ブラジルはアメリカ大陸でもっとも多くのエスニック学校を有する国であったが（KREUTZ 2000a: 160）、その多くがサンパウロ州とサンパウロ市に集中していた。一九二〇年の人口センサスで、三五・四パーセントのサンパウロ市住民が外国人によって構成され、サンパウロ州全体では一八・一パーセントが外国人で占められていた（ROSSI 2005: 59）。

このように、ブラジルの初等教育政策やインフラ整備は、州ごとに格差や地域性が生じていた。一九〇八年以降にブラジルにやってくる日本人移民は、そのほとんどがサンパウロ州内に展開した。それゆえ、彼らの子弟教育をめぐっては、サンパウロ州の状況と制度によって規制されることとなり、子弟教育の可能性と限界いずれにおいても、こうした多民族的状況によって大きく影響を受けることとなった。ブラジルにおける二〇世紀は、経済成長とともにブラジルの社会構造を変化させ、「学校の世紀」と呼ばれる教育の変革をもたらしたとされるが（MARCÍLIO 2005: 116）、それは一九三〇年代のヴァルガス政権成立以降の変化である。

一-二-二　ブラジルにおけるドイツ系・イタリア系移民の子弟教育

前節でも確認したように、一九世紀にブラジルに導入された外国人移民は大半がヨーロッパからの移民であった。その最初の試みは、一八一八年のバイア州レオポルジーナとサン・ジョルジュ・ドス・イレウス、一八一九年のリオデジャネイロ州のノヴァ・フリブルゴへのドイツ人移民の導入であった。これらは計画が不十分であり、ヨーロッパとは大きく異なる気候条件と大規模農場での劣悪な受け入れ体制のため、いずれも失敗に終わっている。一八

表 1-5　ブラジル・サンパウロ州・サンパウロ市の人口推移（1872-1950）

年　度	ブラジル全体	サンパウロ州	サンパウロ市	サンパウロ市成長比率
1872	9930478	837354	31835	100%
1890	14333915	1384753	64934	207%
1900	17438434	2282279	239820	764%
1920	30636605	4592188	579033	1845%
1940	41236315	7180316	1326261	4425%
1950	51944397	9134423	2198096	7003%

出典："População do Brasil, do Estado e do Município de São Paulo"（MARCÍLIO 2005：94 頁）から抽出

表 1-6　サンパウロ州への外国人移民と国内移民の比率の推移(1820-1950)　（単位パーセント）

時　期	外国人移民	国内移民
1820-1900	99.9	0.1
1901-1905	94.4	5.6
1906-1910	94.9	5.1
1911-1915	95.2	4.8
1916-1920	77.9	22.1
1921-1925	79.7	30.3
1926-1930	61.9	38.1
1931-1935	43.3	56.7
1936-1940	16.1	83.9
1941-1945	3.2	96.8
1946-1950	13.7	86.3

出典："Imigração Estrangeira e Nacional para o Estado de São Paulo"（MARCÍLIO 2005：96 頁）から抽出

二〇年代の帝政期になると新しいタイプの植民地が登場し、その後の移民のモデルケースになるものが現れはじめた。このような新しいタイプでの移民として導入されたのもドイツ人移民であり、一八二四年七月、三七人がリオ・グランデ・ド・スル州のサン・レオポルドに入植した。また、一八二九年五月には、パラナ州のリオ・ネグロにドイツ人移民一七家族が入植した（BIEMBENGUT e GAERTNER 2010: 175）。その後、ドイツ人移民は、リオ・グランデ・ド・スル、サンタ・カタリーナ、パラナというブラジル南部三州を中心に、続々入植していくことになる。このドイツ人移民の成功には、ポルトガル植民地時代の奴隷労働を基盤とする大規模農場経営と一線を画することが、新しいタイプの移民では決定的に重要であったとされた。このため、ドイツ系コミュニティの閉鎖的な風土が生まれることにもなった（宇佐見、二〇〇七、七頁）。一八二四年には、ノヴァ・フリブルゴとサン・レオポルドに最初のドイツ・プロテスタント教会が設立されている。

ブラジルにおける一九世紀中葉までの外国人移民はドイツ系が三一・八パーセントを占め、ドイツ系移民はブラジルへの移民のパイオニア的役割を果たした（宇佐見前掲論文、七頁）。一九世紀後半までヨーロッパからブラジルへ渡る手段は帆船による長く危険な航海を前提としており、このため、出稼ぎ目的で何度も往復するという状況は考えらなかった。つまり、ブラジルに永住すること、自らの力で新しい大地に自らの住居を構え、独立した経済の新天地を確立し、子孫のために新しい故郷を獲得することを目的として移住した者が圧倒的多数であった（宇佐見前掲論文、六頁）。したがって、ドイツ系移民においては、日本人移民に見られたような帰国を前提とする出稼ぎ性は低く、信仰と結びついた彼らの子弟教育は、永住を前提とした植民意識と恒久性の高いものであったことが想像される。

一八九〇年からはじまるもっとも多くの外国人移民が集中した時期、ブラジルでは学校制度がほとんど機能しておらず、民衆の識字率は二〇パーセントにすぎなかった（KREUTZ 2000a: 161）。移民たちは公教育機関における子弟の教育を望んでも、困難な状況であった。かくして、子弟の教育を望む移民たちは、彼らの力でコミュニティ学校を開設し運営していくしかなかったのである。彼らは自分たちで学校をつくり、移民のなかから教師を選び、自分たちの言語や歴史を教えたので、結果として、それらはエスニック・コミュニティ学校となった。その当時のリオ・グランデ・ド・スル州サン・レオポルド郡の執政官の報告では、二三校のドイツ系エスニック・コミュニティ学校に対して、公立学校は三校にすぎず、それらドイツ系学校のうち一校でポルトガル語が教えられているにすぎないというものであった。この地方ではドイツ系移民が大半だったため、逆に州知事は公立校においてもドイツ語で授業することを許可せざるを得ない始末であったという（KREUTZ 前掲論文、161）。

一般に、ブラジルの教育と教育機関の歴史は、外国人移民に主導された彼らのコミュニティ学校に起源をもつとされる。しかしながら、ブラジルでは、すべての移民集団が彼らのコミュニティ学校を有したわけではなく、ドイツ系、イタリア系、ポーランド系、そして日系集団において顕著であった。彼らは主に農村部に展開し、彼らの言語や習慣、エスニック文化を維持する一種の核として、すなわちエスニック・コミュニティ学校としてそれらを創設し維持したのであった。これらのエスニック・コミュニティ学校の特徴は、日系をのぞいて、いずれもキリスト教信仰と結びつきをもっていることであった。宗教色をもたない移民の教育機関もあったが、数は多くはなかった。こうした農村部のエスニック・コミュニティ学校以外にも、主に都市部において、ある程度の私立の外国系宗教学校、男子学校、女子学校が営まれ、これらは彼らの出身国の言語と文化を保持する母体となった。

ドイツ人移民に対して、イタリア人移民は一八七〇年代に開始されるが、一八八〇年代から一八九〇年代には、先の表1−4（四〇頁）で確認できるように五一万五三三人と、ドイツやポルトガルからの移民数を凌駕する勢いを示している。植民地時代のブラジルでは、海岸線に近い地域だけが開発されていたのに対して、ドイツ系移民やイタリア系移民は内陸部まで進出し、内陸部開拓に貢献した。一八五三年、すでにサンタ・カタリーナ州のドイツ系移民居住地域ブルメナウにドイツ人教師のいる「学校」が存在していたことが知られ(11)、一八七七年にはリオ・グランデ・ド・スル州のイタリア人移民居住地域にやはり「学校」が存在していたことが確認されている(12)。

ドイツ系移民の開拓が顕著なサンタ・カタリーナ州では、州内北西部のブルメナウ（一八五〇）、ジョインヴィレ（一八五一）、ブルスケ（一八六〇）に入植が行われ、この州のドイツ系植民地の三角地帯を形成することとなった（宇佐見前掲論文、一二頁）。なかでも中心都市のブルメナウは、イタリア系移民の入植が増加する一八七〇年代以降も、ドイツ系住民が開拓の中心となり、多くの教育機関を設立した。一九〇五年のブルメナウ地域の学校授業の言語別学校数をみてみると、全一一二校中、ドイツ語のみ八一校（七二・三パーセント）、イタリア語のみ一七校（一五・二パーセント）、ドイツ語とポルトガル語五校（四・五パーセント）、ドイツ語とポーランド語四校（三・六パーセント）、ポルトガル語のみ四校（三・六パーセント）、ドイツ語とイタリア語一校（〇・九パーセント）であった。つまりドイツ語を使用している学校は九一校にのぼり、ポルトガル語の学校より圧倒的に多数を占めたのである（宇佐見前掲論文、一五頁）。こうしたエスニック・コミュニティ学校優勢の傾向は、結局、一九三〇年代まで続くこととなった。一九三五年に伯剌西爾時報の記者が南部三州のドイツ系植民地を旅行し、同紙に次のような報告を掲載している。

•南伯三州――独逸植民地への旅（三）
　パラグワス　池田生
何しろ土地は聖州奥地と比較できぬ位劣ってゐる。だから彼等の生活には一くわ千金の夢をみるやうな賭博的略奪農法は行なはない。彼等独逸人は一八二四年七月二十五日（伯国開拓植民祭）にリオグランデ州サン・レオパルドに着き、直ちにハンブルグ、ベイリヨ地帯の開拓、越えて四年、一八二八年六月七日聖カタリナ州サンペードロ・デ・アルカンターラの開拓開□、同年聖州のサンタアマーロ、翌一八二九年十一月六日パラナ州リオネグロの開拓となつて今日まで一百年、遂に南伯三州の実権を把握してしまつたのだ。その間教育問題は独逸教育をほどこし、今日小学生に対する外語教育問題の喧騒な折相変らず徹底的な教育をなしてゐる。（…）一九三五、三、二六（『時

報』一一八七号、一九三六年五月一三日）

現在のブラジルでは、ブルメナウはドイツ系植民都市の典型として知られているが、当地への定着化のなかで、ドイツ本国のドイツ人から自分たちを差異化する「チュート・ブラジレイロ」（Teuto Brasileiro＝ドイツ系ブラジル人）のアイデンティティが次第に培われていくこととなった。次の詩は一九一五年の「在ブラジルドイツ人のためのカレンダー」に掲載されたものである。

わが生家

ルードルフ・ダム

青き水、そこから高く続くのは、
美しき、輝く、優美の大地なり。
原始なる森の衣装もすばらしい、
地上にはこれに優れる土地はなし。
オレンジの林の陰に見えるのは、
あれこそが、わが愛しき生家なり。

緑なる　この草原は　新しく
北国の金髪男児の故郷なり。
大自然　休みも知らず働いて、
すばらしき多くの実り　もたらせり。
花束に隠れるごとく、そこに立つ、

あれこそは、わが愛しき生家なり。

朝が来て、輝く光　射しこめり、
鳥たちは　新しき日に　挨拶す。
森からは　静かな谷を　通り行き
近くへと　響き渡れる、斧の音。
すばらしき朝に向いて、われは出る
それこそは、わが愛しき生家なり。

いそがしく老いも若きも手を伸ばし
たくましく仕事に精出す人ばかり、
畑にも、野原に、牧場、森にても。
流れ出る苦しき汗も心地よい。
幸せな夜が来るとき、帰途に着く、
それこそは、わが愛しき生家なり。

清らかに小川は流れ、風そよぐ、
果物は熟してたわわに実をつける。
日の光　あたりにあふれ、花におう。
心配も苦悩も知らず　日々過ごす。
どこよりも、この土地こそが故郷なり。
これこそは、わが愛しき生家なり（宇佐美、二〇〇七、一五―一七頁）[13]。

この詩に見られるように、ドイツ系住民が定着し、ブラジルで生まれ育った人びとが増加すると、先のドイツ系ブラジル人あるいは地域によって「ブルメナウエンセ」(Blumenauense＝ブルメナウ生まれの人／ブルメナウっ子)としてのアイデンティティが現れる。ドイツ系ブラジル人はドイツ語を母語とし、ドイツ的な習慣のなかで暮していても、ブラジルを故郷とする意識が芽生えてくる。ルードルフ・ダムのこの詩は、そうした意識やアイデンティティを表現している。ダムは、長年ブルメナウで教職にあった人物である。

南部三州のうちサンパウロ州に隣接するパラナ州でも、一九世紀末には、ドイツ系住民がかなりの数になり、ドイツ系教育機関も多く開設された。同州では、一八六九年、州都クリチバに「ドイツ人学校」(設立当初、単にDeutsche Schule＝ドイツ人学校と呼ばれた)が設立された。一八八四年までこの学校は、プロテスタント教会の運営で、牧師たちによって教育が行われた。同校の生徒数は、一八九三年に三四九名、一九一二年に三九〇名、一九一五年に四七九名、一九一六年に四九八名と順調に発展した。後に、中等部を併設したが、第一次世界大戦でブラジルがドイツに宣戦布告した一九一七年一〇月、校名を「コレジオ・プログレッソ」に改名した。同年同月二八日から三〇日にかけて、反ドイツのブラジル愛国主義者たちがドイツ人学校を襲撃し、大きな被害を与えた。そのため、同校は、大戦後の一九一九年七月に再開されるまで、一年半の間、学校閉鎖となった(宇佐美、二〇〇七、二一頁)。

一九二八年、パラナ州のドイツ系教育機関は表1-7の通りである。表1-7によると、計二八校中、少なくとも七校がプロテスタント教会系、四校がカトリック教会系であったことが確認され、多くのドイツ系教育機関がプロテスタント、カトリックいずれかの教会系の学校であったことが知られる。[14] このように、ドイツ系人は、南部三州の農村部に多くの植民都市を築き、そこでエスニック・コミュニティ学校を運営したが、表1-7に見られるように、一八九六年には州都クリチバにもカトリック系の教育機関を設立している。

一方、サンパウロ市における最初のドイツ系教育機関も、帝政時代の一八七〇年代にさかのぼる。現在もサンパ

表 1-7　パラナ州ドイツ系教育機関と生徒数（1928）

所在地	設立年	学校名・設立母体	生徒数	男子	女子	独語生徒数*	生徒の宗派			備考
							新教	旧教	正教他	
クリチバ	1869	ドイツ学校、新教教会	414	265	149		248	166	17	1884 年から教育協会が運営。1917 年から校名はコレジオ・プログレッソ
	1896	コレジオ・ボン・ジェズス	298	298		229	62	199		カトリック系男子校
	1896	コレジオ・ダ・ジビーナ・プロヴィンシア	382		382	345	159	219	4	カトリック系女子校
	1927	工業専門学校	12	12		12	12			15 歳以上の男子生徒への夜間授業
ラッパ	1892	新教教会	36	23	13		26	10		1926 年から教育協会が運営
マリエンタル	1903		56			53		56		カトリック系ヴォルガ・ドイツ人入植地、1903 年からドイツ人教師の教育
リオ・ネグロ	1903	コレジオ・サン・ジョゼ	294			176	39	255		カトリック系
	1923	コレジオ・セーラ・ピコ	130			69		128	6	プロイセンの人文系ギムナジウム準拠の教育(8 クラス)、教員数 16
	不明	(ドイツ系学校)	70			55	54	16		4 クラス
パッサ・トレス	1896		45			30	2	43		
ポンタ・グロッサ	1894	新教教会	50			50	40	10		1928 年から教育協会が運営
カストロ	1896	ドイツ統一会	28			27	19	9		Deubehe Einheit、5 クラス
カシャンブ	不明		21			12	12	7	2	
ケーロ・ケーロ	1882	新教教会	36			29	29	7		ヴォルガ・ドイツ人入植地
パパガイオス・ノボス	1886	新教教会	48			48	47	1		ヴォルガ・ドイツ人入植地
インビトゥーバ	1895	新教教会	40			40	39		1	3 クラス
ボン・ジャルジン	1923	私立学校	22				18	2		
イラティ	不明	教育協会	34				25	7	2	
ヴィクトリア	1927		53			38	31	19		
コンコルディア	1927		18			18		18		
インディペンデンシア	1925		16			16	9	7		
エンカンチラード	1926		32				16	16		
イラセマ・サンタ	1926		16				9	7		
リーニャ・パラナ	1927	新教教会	25				13	2	10	
ヴィクトリア・サンタ	1928	教育協会	31							
ストラス・レイ・デ・アレイア	1927	教育協会「団結」								
エスペランサ	1928		20				9	11		
セーラ・ネグラ	1927		11				6	5		

出典：宇佐美（2007）22 頁　＊独語生徒数とはドイツ語を通常の使用言語とする生徒の数

ウロ市有数の名門私立学校であるヴィスコンデ・デ・ポルト・セグーロ校は、一八七八年九月に当時の名誉ドイツ領事ベルナルド・シュタウゲルとその同志たちによって、市中心部のフロレンシオ・デ・アブレウ通りに「ドイツ人学校」（Deutsche Schule）として設立された。翌一八七九年一月の生徒数は五十二名であった。開校の目的は、「ドイツ系移民の子弟に祖国ドイツの言葉を習得させ、ブラジルの歴史・地理を学習させるため」であったとされる。一八八六年九月一八日には、皇帝ドン・ペドロ二世の行幸を受けているので、当時すでにブラジル当局によって認知されていたことが知られる。一九一〇年代には、市内コンソラソンとバハ・フンダにも分校が設置されていた。その後次第に発展したが、第二次世界大戦時には、ドイツ語教育を放棄せざるをえず、校名も「ブラジル・ドイツ中等学校」（Ginásio Brasileiro Alemão）から現在の校名「ヴィスコンデ・デ・ポルト・セグーロ校」に変更されている（Colégio Visconde de Porto Seguro 2013）。

ブラジルへのイタリア人移民は、表1-4（四〇頁）で確認できるように、一九世紀の最後の二〇年間に一〇〇万人以上が入国したが、一八七七年には早くもリオ・グランデ・ド・スル州[15]のカシアス・ド・スルに「イタリア人学校」（Escola Italiana）が現れている。一九世紀を通じて、ブラジル各地の特に農村部にイタリア系初等教育機関が開かれるが、これらは、私立イタリア人学校、イタリア政府補助学校、イタリア系少教区学校の三種があった。南部三州のイタリア系教育機関の多くは、公立学校のない孤立した地域にエスニック・コミュニティ学校として開かれた（MORRETO RIBEIRO 1990: 555）。これらの学校では移民のなかから教師が選ばれ、コミュニティの成員によって維持された。また、数は多くはないが、リオ・グランデ・ド・スル州のいくつかのイタリア人学校では、領事館を通じてイタリア政府による援助も行われた。こうした政府援助は、具体的には、教師への財政的支援、学校資材特に本の寄贈、イタリア政府代表者訪問によるイタリア人学校開設と運営に関する精神的奨励などであった。

さらに、農村部にはイタリア人入植者たちによって、各地に「カッペラ」（capela）と呼ばれる礼拝堂が建てられたが、このカッペラ運営のために委員会が組織され、小教区学校が設立された。その他にも、イタリア人移民は入植初期から福祉協会、相互扶助協会、医療扶助協会などを組織したが、そうした協会運営の学校も設立された（中岡・川西、二〇〇九）。ただ、こうしたエスニック・コミュニティ学校としてのイタリア人学校は、早い時期に公的教育機関に転換していった（KREUTZ 2000b: 359）。つまり、それらは入植地に公教育機関がなかったからつくられたのであり、公教育機関ができると競合せずに、イタリア人学校を閉鎖する傾向があったことが指摘されている（中岡・川西前掲論文、一四六頁）。これは初期にこそイタリア語やその方言で教育されたが、イタリア語はポルトガル語と同じラテン語系言語であり、言語的適応は他国からの移民に比べて早かったと考えられる。したがって、世代を重ねるごとにイタリア語はポルトガル語にシフトしていき、ブラジルの公教育に同化していく傾向にあったと考えられる[16]。また、ドイツ系移民と異なり、イタリア系移民の場合、コミュニティ統合の中心は、あくまでも教会や先述したカッペラであり、学校には大きな比重がおかれなかったとされる（KREUTZ 2000b: 360）。

一九世紀末にコーヒー経済が打撃を受け、サンパウロ市を中心に工業化がはじまると、イタリア系人たちは都市労働者として同市に流入するようになる。一八九九年のサンパウロ市には、すでに一三四名のイタリア系子弟を有するデウス・エ・パトリア校、六三名を有するヴィットリオ・エマヌエル二世校、三二名のブラジル人生徒と三〇名のイタリア人生徒を有するジョセ・ガリバルティ校などが存在したことが確認されている（MARCÍLIO 2005: 203）。ブラジルきってのイタリア系名門校「ダンテ・アレギエリ」（Colégio Dante Alegheri）は、工業資本家でブラジルにおけるイタリア王国のスポークスマンであったロドルフォ・クレスピ伯爵支援のもと、一九一一年七月、「ダンテ・アレギエリ・イタリア系ブラジル中等学校」（Istituto Medio Italo Brasiliano Dante Alegheri）としてサンパウロ市に設立されている。翌々一九一三年二月には、ジャウー通りの校舎で、生徒数は六〇名で授業がはじめられている。同校は二度の大戦を生き抜き、百年後の今日では、四〇〇〇名の生徒が学ぶ名門私立総合学園として君臨している（Colégio Dante Alegheri 2013）。一九三〇年代末には、ブラジル国民統合の障壁として抑圧された外国語学校であるが、例えば、サンパウロ市のイタリア系教育機関の場合、方言や文化を異にするイタリア各地からの移民子弟にイタリア語を教授することによって、「イタリア系ブラジル人」（Italo-Brasileiro）としてのアイデンティティ形成に貢献した点が指摘されている（FAUSTO 1991: 38）。

一九一三年には、ブラジルにおけるイタリア人学校は三九六校と最大の数値を示しているが、二〇年代になると、ブラジル人や他のエスニック集団と接触の大きかったサンパウロ市では、一八七校から八七校へと半分以下に減少している（KREUTZ 前掲論文：359）。第二章で述べるように、外国語学校閉鎖の進行した一九三八年末の時点で、サンパウロ州内の日系教育機関が二九四校、ドイツ系が二〇校であったのに対し、イタリア系はわずか八校であった。

これに対して、リオ・グランデ・ド・スル州では、第二次世界大戦直前の一九三八年四月においても、なお一〇〇〇校以上の外国系学校があり、そのうち最大のものがドイツ系であったことが伝えられている。

●南大河教育国家管理令――州内独逸人は好感――独領事協力を

（ポルトアレグレ十二日）本日当市駐在独逸領事は本日政庁に出頭、内務長官と最近発布された南大河教育国家管理令に関し会見したが右に対し氏は、

今回の管理令布告は州内の独逸人も好感を以つて迎へて居り、自分としても本令の円満な実施に協力し様と思ふ。

と語つた。因に南大河州には現在一千以上の外国人学校あり、通学子弟も二万五千余名居るが、一番多いのは独逸人学校で、二番目が伊太利人学校である（『時報』一五六五号、一九三八年四月一四日）。

第二章で詳しく述べるが、一九三七年から三八年にかけて、リオ・グランデ・ド・スル州におけるこれらのドイツ系教育機関は、ヴァルガス政権下の外国語学校取り締まりの標的とされており、多くが閉鎖と公教育機関への転換を余儀なくされることになる。

一―二―三　ドイツ系子弟教育と日系子弟教育の共通点と相違点

ブラジル日本人移民の子弟で、サンパウロ大学と神戸大学の教壇に立った斉藤広志（一九一九～一九八三）は、ドイツ系移民と日系移民の共通点と相違点について、次のように述べている。

日系とドイツ系は共通点が多い。（…）第一に言葉が違う。日本語はまるっきりラテン語とは違いますが、ドイツ語もラテン語系ではないのでブラジルに行っても次の日からイタリア人のように話すことができなかった。（…）日本人の場合はもともとクリスチャンでもないしカトリックではございませんでしたが、ドイツ人の場合にも新教、特にルーテル派が多くてカトリックは少なかった。そのために宗教的に、言語的にかなりブラジル社会との間に大きな隔たりがあったという点では日系とよく似ているわけです（斉藤、一九七四、一五頁）。

このように、日系人とドイツ系人の共通点として、ブラジルでの言語と宗教の問題をあげる。次に、両者の相違点について、次のように指摘する。

日系とドイツ系と比べて違うことは、ドイツ移民は最初ブラジル南部の全然開けていない未開発の地域に入植し、しかも五十年、六十年という間隔離され、または孤立した状態で生活した。したがって、自給自足の生活から出発したわけです。しかし、その何十年かの間孤立したということはまた別の面でいうと、それだけドイツ文化の保存に役立ったということでありまして、ブラジルの外社会との接触がきわめて限られたためにドイツ人は本国から担ってきた自分たちの文化を伝えることができた。と同時に、そういう未開地でありますからドイツ人は自分たちで学校を建て、そして同じドイツ人の入植者、つまり移民が学校の先生となってドイツ語を教えた。そうやって何十年かやっている間に、ドイツ本国の文化とも違うし、またブラジル文化とも違うといういわば中間的な文化が生れてきた。(…)

これに比べて日本人の場合を考えると全く条件が違います。サンパウロ州のコーヒー農場に九〇%以上の日本移民が入った。すでに開発された地域に移民が入ったためにそこにはすでに形成されたマーケットがあり、都市化があり、農産物の商品化があった。ですから、初めから日本人はそういうブラジル文化、ブラジル社会の真ん中に置かれて日々それと接触をしながら生活した(斉藤前掲書、一五―一六頁)。

つまり、ドイツ系移民は一九世紀からブラジル南部の未開地に入植し、五〇年、六〇年と隔離されたまま、彼らの言語や文化を伝えてきた。そのうちにドイツ系ブラジル人というアイデンティティや彼らの言語、生活文化が醸成された。これに対して、日本人移民の場合、サンパウロ州のコーヒー農場の契約労働者として、すでにブラジル人やイタリア人、ポルトガル人など他のエスニック集団が地盤を築いたところに入植した。最初から他言語や異文化と接触するなかで生活を開始した。ドイツ系の永住主義に対して、日系は多くが出稼ぎ移民で帰国を前提とした方針であったことも、相違点としてあげられるであろう。

ブラジルの日系移民子弟教育の文脈において、現実はどうあれ、教育は知育・徳育・体育を均衡的に授けることに日本的教育の価値があると考えられていた。特に、体育や唱歌といった情操教育はブラジルの学校教育に希薄なもので、これらは日本的教育の特徴とされた。ただ、こうした情操教育は、前近代からの日本の伝統的教育ではなく、近代化の過程において学校教育のなかに入ってきたものである。

渡辺裕(二〇一〇)『歌う国民――唱歌、校歌、うたごえ』は、日本が近代化のなかで西洋音楽を輸入することによって、「国民」を創成し啓蒙していくメディアとして唱歌が生み出されたことを明らかにしている。また、同書によると、一九世紀は、合唱運動と呼ばれる動きがヨーロッパ各国で大きな盛り上がりをみせた時代であり、イギリスでもフランスでも市民階級を中心に数多くの合唱団が組織されたという。「中でもドイツでは各地で合唱祭と呼ばれる祭典が盛んに開かれ、やがてそれが全国規模のものへと発展してゆく過程は、ドイツという国が統一国家への道を歩み、人々がその「国民」としてのアイデンティティ意識をもつようになってゆく過程と相関していると言われています」（渡辺二〇一〇、四七頁）と、ドイツの国民国家形成における大衆音楽の貢献について指摘されている。同書では、ドイツにおいて学生たちが歌う「学生歌」の伝統がつくられ、一八五八年に刊行された「コメルスブーフ」（kommersbuch）と呼ばれる学生歌集が、改訂版を出し続けて現代に至っていることが述べられている。また、ドイツにとっての一九世紀は、大作曲家たちが次々と登場し、芸術音楽の世界を牽引する「音楽の国」としての地位を確立した時代であった。一方、合唱というジャンルに注目してみると、共同体形成のなかで音楽が不可欠の役割を果たすようになっていくプロセスが同時進行していった（渡辺前掲書、四九頁）。こうした「国民」づくりのための音楽運動は、一九世紀後半になると、東欧や北欧にも広がっていった。また、日本においては、明治開化の過程で音楽や体育の近代化も大きな課題となるが、特に音楽は「国民づくり」のためのツールとして位置づけられる。近代化の過程での西洋音楽の導入は「国民づくり」という目的が強く、日本の小学唱歌などは、ヨーロッパの「国民づくり」のための音楽運動の延長上に位置づけることができるわけである。

表1–4（四〇頁）で確認できるように、ドイツからブラジルへの移民は一九世紀から二〇世紀を通じて滞ることなく続いている。こうした移民の流れのなかで、ドイツで培われた音楽文化や教育的文化が移植されるのは必然であったといえる。こうした点から、ドイツ系エスニック・コミュニティ学校では、音楽教育の比重が高かったと見られるが、歌集や教材などの出版・普及、音楽を通じた「ドイツ系ブラジル人」というアイデンティティ形成の点から、一九三〇年代は重要な画期であったと考えられる。一九二〇年代末にヴィルヘルム・シュリューター、一九三〇年代半ばにマックス・メーシュラーという音楽家がドイツからブラジルに到着し、本格的な音楽教育をもたらした。彼らは各地で合唱団を組織し、公私にわたって、ブラジルのドイツ系住民に音楽教育を施すことに貢献した。また、音楽教科書の編纂や音楽教師の育成を行った。シュリューターは一九三一年に『歌を歌おう――学校と家庭

のためのドイツ系ブラジル人歌集』(*Es tönen die Lider: Dustsbrasilianisches Liederbuch für Scule und Hus*)、メーシュラーは一九三八年に『おいでそして歌おう!――学校と家庭のためのドイツ系ブラジル人歌集』(*Kommt unt singet!: Dustsbrasilianisches Liederbuch für Scule und Hus*)をそれぞれ発行し、それらはブラジルのドイツ系教育機関においてさかんに活用されたという(GARBOSA 2004: 90-94)。

一方、渡辺前掲書によると、二〇世紀のはじめ頃から一九三〇年代にかけて、日本では「近代的な身体」育成のため、音楽と体育の融合した「唱歌遊戯」が開発され普及していく(渡辺前掲書、八〇―一〇四頁)。日本的教育は、知育・徳育・体育が一体となることを理想とし、ブラジルの日系教師や父兄たちにもそのように理解され、文化的なパッケージとして移民とともにブラジルに移植される。一九三一年には、リンスの日系小学校教師であった岩本巌によって、『童謡唱歌教材集』上巻が編纂・発行されている。同書は表紙のみ活字印刷で、本文は手書き・謄写版刷りになっている。発行は、「在伯国唱歌研究会」とあるので、こうした唱歌教育の研究会が一九三〇年初頭にサンパウロ州内陸部の日系小学校教師たちによって組織されたのであろう。上巻には、「君が代」「勅語奉答」「天長節」「明治節」「一月一日」「紀元節」「金剛石」が最初に掲載され、第一学年から第四学年までの計八八曲が楽譜とともに収録されている。下巻は筆者自身未見であり、発行されたのかどうかは確認できない[17]。上巻の「序にかえて」に「上巻には日本祝祭歌、下巻には伯国祝祭歌を巻頭にのせました」とあるので、下巻にはブラジル国歌やポルトガル語の曲がふくまれていた可能性もある。ブラジルにおける天長節で、君が代とともにブラジル国歌が歌われていたのは、邦字新聞などに掲載されたプログラムで確認することができる。

第四章で詳述する岸本昂一の写真アルバムのなかに、一時期教師をしていたサンパウロ州ウニオンでの「行進舞踏」(一九三一)、サンパウロ郊外イタケーラでの「唱歌遊戯」(一九三二)の写真がふくまれている。岸本は、日系人口集中地域であるノロエステ鉄道沿線のいくつかの小学校で教師を務めていたので、やはり一九三〇年代初頭あるいはその前後に、日本の唱歌遊戯や行進舞踏がブラジル日系子弟教育に移植されていたことが確認できる。また、

写真 1-1　御真影が飾られた暁星学園の教室。黒板の「式次第」に「勅語奉読」の文字が見える。(1930 年代後半)（イサク岸本氏提供）

三〇年代初頭から半ばにかけて、日本の長野県立師範学校を卒業した教員留学生たちが日系小学校に着任していくが、彼らは日本の新しい音楽教育の媒介役でもあった。彼らは大正小学校、第一アリアンサ小学校、コチア小学校、サントス小学校などでさかんに唱歌教育を行なったといわれる。特に、大正小学校では、皇紀二千六百年記念式典に向けて、唱歌遊戯が指導されていたという証言を得た（Y・Aさん、A・Yさんによる）。それは「皇紀二千六百年奉祝歌」や「愛国行進曲」などであり、日本とブラジルの小旗や造花を両手に歌を歌って踊りながら行進するものだったという。Y・Aさんによると、こうした唱歌遊戯の指導には、もっぱら同校の坂田忠夫教師が当ったという。坂田は、長野県立師範学校を卒業した教員留学生出身であった。後述するように、ブラジル日系子弟教育における皇民化教育の導入においても、皇民・少国民の意識は「大和魂」や「日本精神」の育成といった徳育的なものだけでなく、「教育勅語」への奉答歌や「御真影」への最敬礼とともに、唱歌遊戯、行進舞踏といった身体的反覆行

為によって、二世世代の子どもたちのなかに内面化されていったと考えられる。

このように、一九世紀のドイツの合唱運動や音楽教育に淵源の一つをもつ日本の唱歌教育は一九三〇年前後のサンパウロ州を中心に展開したブラジル日系子弟教育に導入され、実践されることになった。一方、音楽教育の本家であるドイツからの移民もブラジルに彼らの音楽教育をもたらし、南部三州を中心に導入され実施されていた。こうして考えると、ドイツで起こった「国民づくり」のための音楽運動はブラジルに移植され、同じく日本に移植された運動は移民を介してブラジルに再移植され、そこで同時代的に併存していたことになる。そして、「国民づくり」のための音楽運動という視点から考える場合、第一次世界大戦後、そして三〇年代のブラジルのナショナリズムの勃興は、ドイツ系人にも日系人にも大きな変化を要求するものとなった。次の邦字新聞記事は、ヴァルガス政権の一連の同化政策のなかで、公立、私立を問わず、学校祝賀行事には一律にブラジル国歌を歌うことが義務づけられたことを伝えている。

•7 de Setembro —— 独立記念日には是非「伯国々歌」を学務局から告知

聖市学務局では九月七日の伯国独立記念日に際して私立学校、公立学校共に祝賀式には伯国々歌並に伯国唱歌を入れることを義務なりとし、該プログラムは管轄視学官又は督学官を通じて学務局へ送付せよ、と八月五日を以つて聖市教育委員会を通じて各地小学校宛告知された（『時報』一二三〇号、一九三六年八月二四日）。

この時期、ドイツ系や日系などエスニック教育機関における教育文化は、ブラジル・ナショナリズムの表象を加味して、混淆性を増していくことになる。ただ、ドイツ系音楽教育は、ドイツ語使用の傾向を残していたにせよ、ブラジルを故郷とする「ドイツ系ブラジル人」のアイデンティティ形成の志向性をすでに胚胎していたのである。歌集の編纂や楽器の普及の点において、日系唱歌教育は大きく立ち遅れていたようであるが、ブラジルにおいてドイツ系と並行的に「国民づくり」の音楽教育が実践されていたことは興味深い。ただ、日系唱歌教育の場合、一九三〇年代という時代性を背景に、「日系伯国人」アイデンティティ形成という可能性が模索されながら、一方で皇民・少国民アイデンティティ形成への傾斜が大きくなっていったと考えられる。そして、ドイツ系の場合も、「ドイツ系ブラジル人」のアイデンティティ形成の途上にありながら、次の記事に伝えられるように、三〇年代末においてなお、ポルトガル語のコミュニケーション能力を欠くドイツ系子弟が存在した。

・〝干城〟異変、号令も通訳付きで――リオ市警備隊困った兵隊――メーラ将軍がガミガミ怒鳴らふとも矢ッ張り話せぬ独系伯人

ブラジル語を〝話せぬ兵隊〟百二十三名がゼツリオ大統《ママ》のお膝リオ市警備の任にあたることになつたといふニユースがある。そしてこの話には更におまけがついている。（…）

彼等は、パラナ生れの伯人で、ドイツ語はペラペラだが、ブラジル語ときた日には朝晩の挨拶よう語がやつと、云ふ程度、パラナ軍隊に入営したことはしたが、「みぎむけ」や「左むけ――」も全部通訳付といふすこぶる手間のか丶る干城さんだつたので、さすがのバスコンセーロ将軍も当初はガンガンやかましく怒なりつけたが、しまひにはすつかりあきらめたと云ふ話さへつたへられてゐる（『時報』一七八九号、一九三九年一月一九日）。

こうしたドイツ系住民のモノリンガリズムは第二次大戦直前になっても改善されておらず、この記事のように、国軍に入営する兵士でもポルトガル語を解さない様子が伝えられている。また、三〇年代には、南部諸州のドイツ系住民の間でナチズムの運動が浸透したが、ドイツ系学校の教育現場での次のような極端な例が伝えられている。

・督学官唖然！　児童の答――伯国大統領の名はヒットラー――南大河独逸人学校問題

予て南大河州政府は教育国家管理令を布告し外国人学校の取締に乗り出したが、此の為独逸人学校千二百余校は州教育局に登録を余儀なくされたものである。その後の厳重取締に拘らず頻々として管理令に違反せるもの多しとの密告が舞込むので、監督官を派遣実地調査せしめた結果、尚ブラジル語を知らぬ多数の児童を発見し、中には「ブラジルの大統領はヒットラーなり」「ブラジル国旗はナチス旗なり」等答ふる児童ある事判明した。同州の独逸人学校内にはナチス宣伝本部の形跡充分のものあり、某師範学校長の如きは人種運動のリーダーを為しつゝある事実も判明、州教育局では早速該師範学校長を罷免すると共に新たに伯人教師を任命して今後共不正学校発見の場合はドシドシ閉鎖と決定した（『時報』一六八八号、一九三八年九月一四日）。

ポルトガル語の話せないドイツ系児童はまだしも、「ブラジルの大統領はヒットラーなり」「ブラジル国旗はナチス旗なり」と答える子どもがいたという「事実」は、どの程度信憑性のあるものか確認の手段を持たない。ただ、三〇年代には、南部諸州のドイツ系住民の間でナチズムの運動が浸透したのは事実であり、これは国民国家形成を急ぐヴァルガス政権下で座視すべからざる問題であった。こうした事態が危険視され、ブラジル当局によるドイツ系教育機関や言論機関の弾圧という事態を招いたのである。

本書第二章で詳しく述べるが、太平洋戦争開始後、ブラジルは日独伊に対して国交を断絶、一九四二年一月一九日には枢軸国民に対する「取締令」を公布した。この「取締令」には、第二項として、「当該国国歌を唱し、あるいは演奏すること」が禁止されている。戦時下ブラジルという国民国家において、外国語での教育とともに、外国語で外国国歌を歌うという行為は、十分反国家的な行為と考えられたわけである。これは、先述した音楽を「国民づくり」のためのツールとして位置づけたドイツや日本のあり方と、偶然ながら符合しているといえるのではないか。ドイツと日本両国だけでなく、ブラジルにおけるそれぞれの移民集団の教育においても、音楽は娯楽であるとともに集団統合の象徴、あるいは装置となりえたのであった。

注

（1）一八一五年には、正式に「ポルトガル・ブラジル及びアルガルヴェ連合王国」の首都と定められた。

（2）『世界國盡』巻五に、「人の助を被らず不羈独立の「武良尻」は人口七百七十万、「亜米利加洲」の南方に比類少き一帝国、土地のひろさ較ぶれば人口いまだおおからず（…）」（中川眞弥編（二〇〇二）『福澤諭吉全集』第二巻一三三頁）と記されている。

（3）『米欧回覧実記』第九七巻錫蘭島ノ記に、「珈琲ノ欧州ニ需要セラル、其夥多シキ茶ニ数倍ス。茶ヲ用フル国ハ珈琲ノ消費少ク、珈琲ヲ用フル国ハ茶ノ消費少シ。大抵欧州大陸ハ珈琲ヲ飲料トスル国多シ。白蘭ヲ首トシ、日耳曼ニ盛ンニ行ハル。仏国之ニ次ク。然レドモ上品ノモノ多ク用フ。珈琲ヲ盛ンニ培養スル国ハ、東ニ錫蘭、爪哇（…）西ニ伯剌西ナリ。伯剌西ノ産最モ夥多シ」（久米、一八七八〔一九七五復刻版〕、三三七頁）とある。

（4）二〇〇〇年にブラジル最大のシェアをもつＴＶグローボで、「テーラ・ノストラ」（Terra Nostra ＝われらが大地）というイタリア移民をあつかった連続ドラマが放映され、人気を博した。このドラマのなかでは、幾多の不安を持ちながら移住してきたイタリアの貧しい人たちが、最初に着いたサンパウロの街でイタリア語が通じるのに安心するシーンがある。

（5）「上野景範布哇国渡海日記」一二月一〇日、一二月一一日、外務事務全「ハルリス」ト約定之条、覚〈上野景範関係文書三六〉に「今般百五十人之内病人諸職人其外今日之職業に難堪者共は四十人帰国可為為《ママ》致候事」とあり、同年一二月には、一五〇人となっている（国立国会図書館「ブラジル移民の一〇〇年」: http://www.ndl.go.jp/brasil/text/t001.html）。一四八人という説もあり。

（6）海外の「日本人娼婦たちの存在」について、岡部牧夫（二〇〇二）は次のように述べている。

日本人移民の職業のなかでもっとも特異な存在は娼婦、いわゆる「からゆきさん」である。外務省分類の「芸妓、娼妓、酌婦其他」がそれで、そのほとんどは事実上娼婦だったと考えられる。

娼婦は日本人の移民活動の最初から、むしろそれをリードするように各地に渡っていった。日本は、前渡し金で娼婦を遊郭に拘束する、人身売買同様の封建的公娼制度を第二次大戦後まで維持しており、開国と同時にその娼婦供給のシステムが国外需要を見いだしたのである。貧しい家の娘が、よい出稼ぎの口があると周旋人にだまされ、運送業者の船で密航し、現地の妓楼に売られる、というのがもっとも多いパターンであって、困窮した農山漁村にとっては一種の経済行為でもあった。

娼婦の渡航先はロシア極東、朝鮮、満州、中国本土、東南アジア、オセアニアと広範囲におよび、ハワイや南北アメリカに日本人社会が形成されると、そこにも進出した。その状況を世界的に概観する表をみると、遠くはヨーロッパ、アフリカにもおよんでいる（岡部牧夫、二〇〇二、五七―五八）。

（7）二〇〇七年には、ブラジル日本移民史料館（ブラジル・サンパウロ市）において、特別企画展「笠戸丸以前の渡航者たち――大武和三郎、藤崎商会、隈部三郎を中心にして」が開催され、笠戸丸以前の日本人移民・渡航者たちに光が当てられた。

（8）「ドイツ系」「イタリア系」の定義については、注意を要する。それは、ヨーロッパにおいて国境がしばしば変更されたことと、「ドイツ人」（Deutsches Volk）「イタリア人」（italiano）の定義にも揺れがあることによる。「ドイツ人」「ドイツ系」の定義として、「ドイツ語を母語とするかどうか」が基準としてあげられる場合があり、このなかにはオーストリア、ロシア、ポーランド、チェコスロバキア、スイス国籍の者もふくまれるとする。国境の変更に関してはゼイフェルトが次のように述べる。「（…）一九二〇年になってはじめてポーランド人が現れているが、まだ独立国としてのポーランドが存在していなかった一八七〇年代には、（ブラジル）南部の入植地へポーランド人が入植したという報告が見られる。また、ドイツ系移民の多くは、今日、ポーランドに属する地域の出身であった。彼らはロシアのパスポートを所持していた」（SEYFERTH 1999: 275）。

（9）一五三四年にポルトガル王ジョアン三世はブラジルにカピタニア制（Capitanias do Brasil）を導入し、一五の世襲制カピタニア（Capitão-general に統治される行政区画）に分割された。

（10）ブラジルの都市人口が農村人口を上回ったのは一九七〇年代半ばで、一九六〇年においてさえ、農村人口は全人口の六九％を占めていた（MARCÍLIO 2005: 93-94）。

（11）この地域のドイツ人開拓者であり指導者であったブルメナウ博士による一八五三年一月四日の報告書に、フェルナンド・オスターマンという教師がいたことが記されている。また、同博士の一八五六年の報告書では、オスターマンはすでにブラジルに帰化し、郡政府から給料を受理しながら、初等教育学校に通勤、必要に応じて二つの言語で教えている旨が記述されている（中岡・川西、二〇一〇、一二三―一二四頁）。

（12）一八七七年二月五日付の「トリスタン・アラリッペ郡政府報告書」に、ルイーザ・モレリ・マルチオーロ婦人を旧カンポス・ドス・ブグレスの教師に任命したことが記載されている（中岡・川西、二〇〇九、一四五頁）。

（13）GERTRUDEZ, Scheltzke（2004）*Patria, Heimat, Blumenau.* に掲載されたものを宇佐美（二〇〇七）に再掲、翻訳されたものを引用した。

（14）ただ、ドイツにおける教育機関運営において、プロテスタント、カトリック両教会は対立するのではなく、教育の世俗化に対抗するために、協力関係にあったことが指摘されている（KREUTZ 2000a: 164）。

（15）邦字新聞などの漢字表記では、「南大河州」と記された。

（16）一九二五年に編纂されたイタリア移民五〇年史のなかで、クロセッタは、イタリア人学校がどんどんなくなっていきつつあることを記しているという（中岡・川西、二〇〇九、一五〇頁）。

（17）『移民年表』には、一九三二年の「刊行物」として、「岩本厳によって、『童謡唱歌集』謄写版。リンスで出版」とのみ記されている（サンパウロ人文科学研究所編、一九九六、七二頁）。

第二章　ブラジルにおける日系移民子弟教育史の概要

当時その日暮らしの父兄たちが、学校を盛りたてていた。だが生徒数が少なく経営が困難となる。（…）「じゃが僕たちはがんばった。何としてもこの学校をなくしてはいかん！」と、艶やかな顔を力ませ、「靴…そんなものははかん！　草履さえもはけなかったんだ！……友だちが言っとった。『一生に一度、火熨斗のかかった折り目のあるズボンが履けるだろうか…』と。君、そう言っとったんだ！」（「大正小学校、その〝歩み〟」①、『パウリスタ新聞』六六四九号、一九七五年九月三〇日）

はじめに

一九一〇年代前半から一九四〇年代初頭にかけてのブラジルにおける日系移民子弟教育史を記述するに当たって、本章第一節では、まずいくつかの先行研究や著作において提示された時期区分を検討したうえで、本書で採用する時期区分を提示する。次に、第二節では、第一節で提示した時期区分にしたがい、一九一〇年代半ばから太平洋戦争期まで三十年余りのブラジルの日系移民子弟教育の変遷を、教育機関の発生と発展、教育指導機関の誕生と組織化、その機能の失速などいくつかのトピックをふまえながら概観する。特に、一九三〇年代後半のブラジル当局による外国語教育制限・禁止の過程で、日系移民子弟教育がどのように変化したのかを、武道やスポーツの台頭とそれらの徳育としての活用に注目しながら明らかにする。また、先行研究ではほとんど立ち入ることのなかった太平洋戦争期の日系移民子弟の教育の様子について、個人の日記やインタビュー資料を通じて、断片的、地域限定的ではあるが、それらの一端を再現することを試みる。

二-一　ブラジルにおける日系移民子弟教育史の時期区分

二-一-一　ブラジル日本人移民周年史の時期区分

香山六郎編（一九四九）『移民四十年史』からはじまる周年史やブラジル日系移民研究のけっして薄くない蓄積を見渡しても、時期区分について意識的な研究・著述は、管見の限りごくわずかである。もっとも完備したブラジル日系移民周年史の一つである『ブラジル日本移民八十年史』（一九九一）は、第一部を「日本移民80年のあゆみ」とし、笠戸丸以前からの日本とブラジルの関係史も含めて約一〇〇年にわたる歴史を概観している。すなわち、第一章日本移民のはじまるまで（一九〇八年笠戸丸移民以前）、第二章初期移民から一九二〇年代までの動き（笠戸丸移民から一九二〇年代まで）、第三章国策移民の時代（一九二〇年代半ばから太平洋戦争勃発まで）、第四章移民空白時代と同胞社会の混乱（太平洋戦争中と一九五〇年代初頭まで）、第五章戦後移住時代（一九五〇年代初頭から一九七〇年代末まで）、第六章移民時代の終幕と新しい日系社会の幕開け（一九八〇年代以降）、以上六つの時期に区分し、ブラジル日系移民史を整理している。これは『ブラジル日本移民七〇年史』（一九八〇）の時期区分をほぼ踏襲し、第六章部分を加えたものであり、日本人移民のブラジルへの入国の開始、低迷化、国策化による移民増加、戦争勃発による移民停止、戦後の復活という移民政策の変化と移民数の増減を時期区分の基準としている。ただ、日系移民子弟教育に焦点化してその変遷を追った時期区分ではないので、本研究の時期区分の参考にはなるが、そのまま当てはめることはできない。

以下、いくつかの先行研究や著作において提示された時期区分を検討してみよう。

二－一－二　『幾山河』の時期区分

『幾山河』は、伯国日語学校連合会創立十周年を画して、一九六六年に編纂された同会の記念誌である。「発刊に際して」によると、半世紀にわたるブラジルの日本語教育史を整理し記述することが目的であることが知られる。本書の内容の前半は編纂当時の日本語教育と日本語学校の概況であり、後半は「日語教育に関する重要論文の要約」、すなわち邦字新聞などにかつて掲載された日本語教育に関する文章のアンソロジーとなっている。同書は伯国日語学校連合会という在ブラジルの日本語教育指導機関が編纂しただけに、「コロニア日語教育の歩み」という一章を立て、次のように、戦前の子弟教育指導機関の設立・改組・解散に合わせた時期区分を行なっている。

- 在伯日本人教育会
- 在サンパウロ日本人学校父兄会
- ブラジル日本人教育普及会
- 文教普及会
- 文教普及会解散以後
- 一九四一年（昭和十六年）以後

ここに列記された組織は、戦前期の各時代別に日系移民子弟教育を担った教育指導機関である。在伯日本人教育会が一九二七年に創立されて以来、いずれもがサンパウロ州のサンパウロ市に本拠をおいていた。戦前期ブラジル日系移民子弟教育は、後述するように、学校数が増しその形が整うにしたがって、帝国総領事館と教育指導機関の主導でサンパウロ市にその機能と権能が集中するようになり、中央集権的性格をもつようになる。当時は、富と権力とそれにつながる機会、上級学校進学や就職の機会、あらゆる社会上昇の機会においてサンパウロ市が卓越していた。それゆえ、農村を棄ててサンパウロに出る若者を「バガブンド」[1]と蔑みながらも、人びとはサンパウロを憧憬し、何とかサンパウロに出て生活する（出聖／上聖する）ことを試みるようになる。こうしたサンパウロ市の突出した地位は、移民子弟教育にも大きく反映されていた。サンパウロ市に本部をおいたサンパウロ日本人学校父兄会などの子弟教育指導機関の変遷は、必ずしも大多数の日系教育機関のあった農村地帯の教育のありさまと需要を反映したものではなかったが、上級学校に進学を希望する農村子弟の多くはサンパウロ市に集まったため、それなりに連動しており、地方は中央にならう傾向が顕著であった。また、こうした日系子弟教育指導機関の改組・改革は、ブラジル当局の教育政策の変化に対応するものであった。したがって、子弟教育指導機関の変遷を、ブラジル日系移民子弟教育史全体の時期区分にスライドさせることは、ある程度の有効性をもっているといえる。本書第四章以下で、特にサンパウロ市の教育機関、教育者たちを取り上げるゆえんでもある。

二―一―三 「ブラジル日系の教育目的の変遷」の時期区分

次に、『幾山河』の時期区分に対して、異なった時期区分を見てみたい。小嶋茂は、「ブラジル日系移民と教育――移民史から見た教育問題」（一九九八）という小論において、「ブラジル日系の教育目的の変遷」として、次のように時期区分を試みている。

①無学文盲を避けるための教育（一九〇八～一九二〇年）
②日本国民としての教育（一九二〇年代～第二次世界大戦）
③日系ブラジル人としての教育（一九四七～一九八〇年代）
④ブラジル人としての教育（一九九〇年代）

（小嶋、一九九八、八四―八五頁）

こうした四段階の時期区分の根拠となっている「ブラジル日系の教育目的」を検討してみよう。小嶋は、一九二〇年代から第二次世界大戦までを「②日本国民としての教育」と性格づけているが、もちろんブラジルに生まれた、あるいは育った日系子弟を単純に「日本国民」として「教育」したわけではないし、そうした均一性をもった教育実践ができたわけでもない。子弟を「日本人」として教育しようとする理念が広く存在し、それは日主伯従教育の流れのなかで一九三〇年代に形をとって現われ、「国民教育・臣民教育」の意識とともにしだいに卓越してきたとはいえよう。また、小嶋の時期区分で戦前期に当たるのは①②であるが、これだけでは戦前の日系移民子弟教育史がわずか二区分となり、その発生の時代背景や二〇年代から三〇年代の推移のダイナミズムをとらえきれない。本書では特にこの時期を研究対象とするので、後述するようにもう少しきめの細かい区分をする必要があると考える。

二―一―四　『ブラジルにおける日本語教育史』の時期区分

森脇礼之・中田みちよ（MORIWAKI, Reishi e NAKATA, Michiyo）（二〇〇八）『ブラジルにおける日本語教育史―その変遷と近年の動向／*História do Ensino da Língua Japonesa*』は、序章でも取り上げたように、日本人移民百周年に当たって、戦後の日本語教育の現場で教師・学校経営者として活躍してきた森脇と中田がブラジルの「日本語教育の理念の変遷」を記述しようとしたものである。この書の冒頭には、ブラジルにおける「日本語教育の理念の変遷」が記述されており、それに従って、時期区分がなされている。まず、第一章戦前期（一九〇八～一九四一年）、第二章戦後期（一九四六～一九七〇年代後半）、第三章現代（一九八〇～一九九五年）の三期に分け、さらに、本書の対象となる戦前期を、次のように区分している。

第一節　草創期（一九〇八年～一九二〇年後半）

1．前半期（一九〇八年〜一九一〇年前半）

2．後半期（一九一〇年後半〜一九二〇年後半）

第二節 最盛期（一九三〇年〜〜一九四一年）

そして、同書では、戦前・戦後をつらぬくブラジル日本語教育の理念は「日本人育成」であると規定する。「子弟教育の理念は草創期、最盛期を通して一貫して「日本人教育」に変わりはなかった。変わりがあるとすれば、各期における移民の「日本人教育」への思念の強度の違いである」（森脇・中田、二〇〇八、二四三頁）としている。また、「「日本人教育」という理念に基本的に変化がみられないのは、移民の保守性の強い民族性を維持していたことによる」と説明している。さらに、その子弟教育の「理念」は、「当然移民の生活を内的に支えてきた精神文化、いうなれば「忠君愛国」の思想であり、村的意識から生ずる相互扶助の精神であり、儒教的倫理観という移民と同質的文化を持たせる教育でなければならない」（森脇・中田前掲書、二三九頁）としている。戦前期、特に一九三〇年代の日系子弟教育に「忠君愛国」の思想が導入され、「少国民」的な二世育成の傾向があったことは事実である。しかし、すべての日系教育機関においてそうした「忠君愛国」的な「日本人育成」の教育が行われていたわけではないし、「よき日系ブラジル人」育成を志向する理念も一九二〇年代には顕著に現れていた。同書の問題としては、サンパウロ州のレジストロとコチアにおける当時の「子弟教育方針」についてふれているが、こうした「日本人育成」の理念が、いついかなる教育機関において、どのように実践されたのかについての事例は示されない。「日本人教育」という理念に変化がみられない理由を「移民の保守性の強い民族性」（森脇・中田前掲書、二四三頁）に見いだしているわけであるが、理念の不変の是非はともかく、それを「民族性」に還元してしまうと、日本政府の補助をふくむ日本と移民間の双方向的な関係や日系移民子弟教育の内発的発展性、ホスト社会との関係性のダイナミズムを見失ってしまうことにならないだろうか。この点については後述する。

二―一―五　『ブラジル日本移民百年史』の時期区分

森脇・古杉・森（二〇一二）「ブラジルにおける子弟教育（日本語教育）の歴史」は、序章でも紹介したように、『ブラジル日本移民百年史』第三巻（生活と文化編(1)）の第三章を構成するもので、戦前から現代までのブラジル日系子弟教育、特に日本語教育の面を取り上げた通史的・網羅的論考である。前掲の森脇・中田（二〇〇八）と同様、共同執筆者に森脇礼之が入っているが、時期区分はやや異なっている。「約1世紀にも及ぶ子弟教育（特に子弟日本語教育）を概観する」に当たって、コーヒー耕地、植民地、都市という「日本人移民が生きてきた三つの代表的な生活世界」を中心とし、これら三つを「ブラジルにおける日本人移民が析出してきた生活戦術と密接に関連する時代的区分でもある」としている。これを受けて、第1節戦前期、第2節戦前および戦中、第3節戦後期に大きく分け、さらに、戦前期を第一期（コロノ時代一九〇八～一九二三年）と第二期（植民地時代一九二四～一九四一年）に区分している（森脇・古杉・森、二〇一二、二五四―二五五頁）。また、都市部における日系子弟教育についても、「サンパウロ市最古の邦人小学校」である大正小学校について記述するなど時代的変化に留意し、地域差にもやや目配りしている。日系移民の生活の場である「三つの代表的な生活世界」と時期区分を結びつけた点、特に植民地と都市を区分した点は、両者の地域格差を認識する意味において大きく評価できる。ただ、一九三〇年代に入ってからの日系移民子弟教育をめぐるめまぐるしい動きに対応する場合、第一期と第二期区分に都市という区分を加えても三期区分にしかならず、特に第二期をさらに細分化する必要があろう。

さらに、以上に取り上げた先行研究は、いずれも日系移民子弟教育の一部分である日本語教育に焦点化した時期区分である。しかしながら、先述したように、ブラジル日系移民子弟教育は、ある時期から日本語教育とポルトガル語教育の二重性を有するようになった。したがって、ポルトガル語によるブラジル的教育の側面を考慮して時期区分を考えねばならない。こうした二言語併用教育がはじまるのは大正小学校で一九一九年であるが、農村部の日系小学校でも徐々に一般化していく。本書では、一九二四年の帝国経済会議をもってブラジルへの移民送出が日本の国策化された時点を日系移民子弟教育史の一つの画期とみる。それは、移民国策化の過程で、家族単位の移民が重視されるなかその子弟教育の必要性が認識され、日本政府の支援も強化されたからである。日系移民の子弟教育に日本政府の補助金が常態的に支出されるようになったことは、移民子弟教育そのものの規模や性格を変容させることとなった。すなわち、日系移民子弟教育において、その補助金の利用によって、どの植民地でも「学校」を建てられるようになったこと。その「学校」の存在によって子弟の日本語教育が可能になり、ブラジル滞在の長期化を可能ならしめたこと。そして、その「学校」がブラジル当局の公認を受けることによって、教育の二重化が進んだことである。これらは、日本人移民の契約労働者から独立自営農への移行とともに、ブラジル日系社会にとって大きな変化といえた。

このような理由から、本書では、森脇・中田（二〇〇八）による「草創期」に当たる期間を、さらに①初期移民の時代（一九一〇年代前半～二〇年代前半＝契約移民としての短期出稼ぎ戦術の時代）と②国策移民開始の時代（一九二〇年代半ば～一九二九年＝国策移民開始と日本人移民増加にほぼ対応）に区分する。この点で、本書の時期区分は、森脇・古杉・森（二〇〇二）が戦前期を第一期（コロノ時代一九〇八～一九二三年）と第二期（植民地時代一九二四～一九四一年）に分けるのと共通する。ただ、第二期（植民地時代一九二四～一九四一年）をさらに細分したい。それは、この時期が、一九三〇年代のヴァルガス革命にはじまり、一九三四年の移民二分制限法成立、一九三七年の新国家体制《エスタード・ノヴォ》の確立と、政治史的に見ても大きな変化のうねりのなかにあり、この時期の日系移民子弟教育がその変化に大きく影響を受けたからである。ブラジルと日本の二国間関係や北米との関係、ブラジル国内の外国語教育の制限から全面禁止という状況とそれに対応しようとする日本人移民という関係を見ても、一年ごと、一ヶ月ごとに状況が変わっていく激変の時代である。本書では、こうした状況の変化をかんがみて、一部は『幾山河』の時期区分にならい、一九三〇年代以降を、③父兄会時代（一九三〇～一九三五年＝ヴァルガス革命期とほぼ対応）、④教育普及会時代（一九三六～一九三七年＝移民二分制限以降とほぼ対応）、⑤文教普及会時代（一九三八～一九四一年＝新国家体制開始期とほぼ対応）

と子弟教育指導機関の再組織化に合わせて、三つの時期に区分し、それに日本語の敵性外国語化により日本語教育が抜け落ちた⑥日本語教育の空白時代（一九四二年～太平洋戦争期）を加えてみたい。以上を整理すると、次のように区分することができる。

①初期移民の時代（一九一〇年代前半～二〇年代前半＝契約移民としての短期出稼ぎ戦術の時代）
②国策移民開始の時代（一九二〇年代半ば～一九二九年＝国策移民開始と日本人移民増加にほぼ対応）
③父兄会時代（一九三〇～一九三五年＝ヴァルガス革命期とほぼ対応）
④教育普及会時代（一九三六～一九三七年＝移民二分制限時代以降とほぼ対応）
⑤文教普及会時代（一九三八～一九四一年＝新国家体制開始期とほぼ対応）
⑥日本語教育の空白時代（一九四二年～太平洋戦争期）(2)

ブラジルへの日本人移民は、基本的には太平洋戦争勃発直前の一九四一年八月まで継続するため、常に契約労働者の移民が存在し、また同時にサンパウロ市のようなヨーロッパの大都市に準ずる教育環境で生活する人びとも存在した。農村の小学校設立・経営の母体となった植民地は②～⑥の時代を通じて、常に古いものが消滅し新しいものが誕生していった。したがって、教育機関の発展も地域によってさまざまであり、必ずしも上記の時期区分に適合するかたちで同時的に発展してきたわけではない。むしろ大きな地域格差や発展の跛行性はブラジル各地に拡散した日系移民子弟教育の特徴であり、それらの多様性については以下の各節において、できるだけ網羅的に取り上げていくことを試みる。

二―二　ブラジルにおける日系移民子弟教育の変遷

本節では、一九一〇年代前半から一九四〇年代初頭にかけてサンパウロ州・パラナ州北部を中心に展開した日系移民子弟教育の成立事情と発展の経過について、前節で提示した時期区分にしたがって記述し、それぞれの時期の変化と特徴を概観する。そのうえで、サンパウロ市と内陸農村との地域格差に注目し、先行研究では等閑視されがちであったブラジル日系移民子弟教育の時期と地域による相違について論じる。

二―二―一　初期移民の時代――日系移民子弟教育の開始

ブラジルへの日本人移民は基本的に契約農業移民として導入されたため、日本人は当初、コーヒー農場のコロノ（colono＝契約労働者）として働いた。笠戸丸移民の例を見てもわかるように、各農場には、出身県によるゆるやかなグループ別に、イタリア系やポルトガル系など他のエスニック集団に混在するかたちで配置された。初期の日本人移民が、慣れない風土と気候、労働慣行、言語不通により、しばしば農場側と緊張関係に陥り、逃亡や騒擾事件を起こしたことは周年史などに詳しい[3]。ブラジルへの日本人移民は農業移民であったと同時に家族移民が条件であった。初期の日本人移民は「構成家族[4]」の形態をとることが多かったとはいえ、子どもを同伴している家族は少なかった。この当時のコノロの生活は過酷であり、数年で帰国する意志をもった移民が大半であって、日本人側に子どもを学校に通わせる余裕も意志もなかったように見受けられる。また、コーヒー農場側にも小学校などの教育機関を備えていることはまれであった。

移民の送出国において、すでに学校教育制度が確立している場合、移住先に子弟の教育機関が設けられることはめずらしくない。第一章でふれたように、ブラジルでは、一八五三年、すでにサンタ・カタリーナ州のドイツ系移民居住地域ブルメナウにドイツ人教師のいる「学校」が存在していたことが知られ、一八七七年にはリオ・グランデ・ド・スル州のイタリア人移民居住地域にやはり「学校」が存在していたことが確認されている。これらのドイツ系とイタリア系教育機関は、モノエスニックな農村コミュニティに設立されたものであり、コーヒー農場のなかの日本人移民とは状況が異なっていた。すでに指摘されているように、このコーヒー農場時代は子弟教育不在の時代といってよい（森脇・古杉・森、二〇一〇、二五五頁）。いずれにしても、日本人移民の子弟教育機関の設立は、ドイツ系やイタリア系など旧移民集団より大きく立ち遅れることになる。

ただ、一九一〇年代半ばになると、サンパウロ市やサントス市、さらに各地に散らばった日系集住地のいくつかで、子弟教育機関設立の胎動が起こっている。時系列的に記すと、ブラジル最初の日系教育機関は、一九一五年頃サンパウロ市コンデ・デ・サルゼーダス通りに創立された大正小学校とされている。大正小学校の創設時期については諸説あり、もっとも有力な説は一九一五年一〇月説である。青柳郁太郎編（一九五三）『ブラジルに於ける日本人発展史・下巻』（以下、『発展史・下』）には、「大正四年十月七日サンパウロ市に大正小学校が開設された。蓋しブラジルに於ける最初の日本人小学校である。実に日本人移住開始以来八年目である」（青柳、一九五三〔一九九六、一九四頁〕）と記されている。この『発展史・下』に大正小学校が「ブラジルに於ける最初の日本人小学校」と定義されているのは、戦前からすでにそのような認識が定着していたことが考えられる。『移民年表』もこの通説を踏襲しているが（サンパウロ人文科学研究所編、一九九六、三六頁）、『伯剌西爾年鑑』では、「設立」の項目に「大、七」（伯剌西爾時報社編、一九三三、一一〇頁）、すなわち一九一八年と記されている。これは、同校が私立学校として当局の公認を受けた年をもって設立年としているためであろう。『移民八〇年史』では「移民が始めた日本語学校の最初のもの」（日本移民八十年史編纂委員会、一九九一、七七頁）と記されている。

大正小学校には前史があり、創立時期についてもそれほど明確ではない。『移民年表』によると、一九一三か一四年頃、田頭甚四郎という人物がコンデ・デ・サルゼーダス通りに私塾を開いていたとされる。一九一五年にこの塾を宮崎信造がゆずりうけ、「大正小学校」と名のるようになったという（サンパウロ人文科学研究所編、一九九六、三六頁）。翌年の一九一六年には『日伯新聞』が、一九一七年には『伯剌西爾時報』が創刊されるが、大正小学校についての記事は一九一九年になるまで現れない。まとまった資料としては、「大正小学校、その〝歩み〟」という戦後の邦字新聞連載記事があるのみである。これは、一九七五年九月三〇日から同年一二月一二日まで、『パウリスタ新聞』に一二回にわたって連載されたコラムで、大正小学校草創期の関係者たちにインタビューし、彼らの聞き書きをまとめた貴重な資料である。本章の冒頭の引用は、この記事からのものである。この連載の第一回でも「同校創立以前に一九一二年に渡伯した広島県出身・田頭甚四郎さんがすでに私塾を開き、日本語を教えていた」とされている。これに対し、笠戸丸以前の日本人移民の一人で、同校初代校長であった宮崎と親しかった鈴木南樹（貞次郎）は、大正三（一九一四）年には宮崎がすでに同所で子どもたちを教えていたと証言している（鈴木、一九三三、二一二頁）。自身も教師を経験した半田知雄は大著『移民の生活の歴史――ブラジル日系人の歩んだ道』（一九七〇）のなかで、「大正小学校は一九一四（大正三）年ごろできたが、むろん学校というほどのものではなかった」（半田、一九七〇、一九三頁）とし、一九一四年創立説を記している。[5]一九一四年創立説も一九一五年創立説も明確な一次資料の裏づけはない。後に述べるように、「コロニア一の学校」として、戦前ブラジル日系コミュニティ最初で最高の初等教育機関とされる同校も、その実際の創設時期となると特定が難しい状況である。資料的な問題から述べると、先述のように、大正小学校についての年報、同窓会など記念誌、周年史の類はいっさい存在しない。それらが編纂、刊行された形跡すらないのは不思議の感がある。[6]ともかくも、このブラジル最初の日系教育機関は、一九一五年前後に開かれたのは確かなようである。田頭の私塾がブラジル最初の日系教育機関とされてもよさそうだが、名前が伝わっていないことと、大正小学校が後に「コロニア一の学校」にまで発展したため、その前史はあえて問題にされなかったのであろうか。

このように、ブラジル最初の日系教育機関は長く大正小学校とされてきた。しかしながら、最近、同校を「ブラジル最初の日系教育機関」とすることには疑問も持たれている。それは、サンパウロ州内陸部のグアタパラ耕地に、大正小学校以前に日系小学校が開設されていた可能性が指摘されているからである。[7]同耕地は、一九〇八年の笠戸丸移民の一部が入植した場所で、すなわちブラジルで最も古い日本人コミュニティが形成されたところである。そのような場所で、「学校」がつくられたとしても不思議はない。ただ、それは後の大正小学校のように自治体の学務局によって認定された公認私立学校ではなく、あくまでも移民子弟に読み書きを教える小規模な私塾的教育機関であったと想像される。

大正小学校以前に開かれたとされる日系教育機関は、このグアタパラの例だけではない。『時報』に連載された秋圃というペンネームの人物の自伝的小説「明るい人暗い人」（一九三〇年二月連載）には、大正小学校開設六ヶ月前、日本人移民達の上陸地であるサントスに小学校が開校された様子が、次のように描かれている。

•明るい人暗い人（十一）――彼の舞台に踊る人々

秋　圃

荒むがまゝに顧みる人もなく貧弱汚穢な生活の裡に何時とはなく成人して行くこれ等の子供達も、今自分達の学校が建ちあがるのを見て少しづゝ純真な子供心がきざして来た。太郎は建築場に集まつて来る子供達を眺め、彼等に接近する毎に此の大きな人間建築の事業に献身しやうと決心した。（…）

集まつた金で机を買ひ黒板も買へた。愈々開校式を挙げて授業にかゝつた時には三十人の児童の顔が二つの教室に輝て居つた。年齢も頭脳も不揃ひな児童を二級に分けて、日伯両語の授業をした。学校の基礎が固まるにつけて、在留民の間にも柔かい空気が流れてくるのを覚へた。毎月一回父兄会を開いて学校中心の理想から在留民の融和を計かろうと考へた。其の企ては甘く成功してよく集まつてよく談合する様になつて来た。沖縄県人と鹿児島県人の反目の溝も次第にとれて接近して来た。

サンパウロのコンデの大正小学校はまだ其の時開けて居らなかつた。宮崎氏が学校を設立したのは太郎の此の企てから六ヶ月かの後の事である。毎月三ミルの月謝こそ徴収するが、学校費と云ふものは別にないので、自分の生活は極度に切り詰めねばならなかつた。それでも太郎は感激の涙を流して此の育ち行く大きな人間建築の業に捧げて居つた。サントス駐在の視学官アルフレッド氏が何処で聞き込んだか或日突然に学校に訪ねて来た。一通り授業を視察して色々と訓示したが伯国語を教へて居つたので、氏も非常に喜んで直接公認教師を派遣すると云ふ特典を与へる事を約して帰つた。それから間もなく生徒用の教科書が四十冊から太郎のもとに視学官から届けられた。公認許可の申請書を当時の学務局長オスカルトムソン氏宛に認めて添書さへつけて許可の申請を取計つて呉れたまではよかつたが、学校建築様式がトタン葺だものだから瓦葺にせねば閉鎖すると云ふサントス市庁の厳達が来たのには学校関係者は面喰つてしまつた。サンパウロの総領事館に馳せつくるには時間がない。幸にふとした事から出入して居つた米国領事にかけ込んで一切の善後策を講じて貰ふ事にした。領事は嘗て長崎に駐在して居つただけにいくらか日本を了解して居る。日本語さへ少し分る位だつたので非常に同情して官辺の取りなしを甘くして呉れたので、閉鎖の厄を見ずに当分黙認と云ふ事で納まりはついた（『時報』六四二号、一九三〇年二月一三日）。

内陸のコーヒー農場を飛び出しサントスに流れ着いた主人公「太郎」（筆者注―著者がモデルらしい）が、当時の松村総領事（実在の初代サンパウロ総領事）の慫慂によって小学校をつくり、その日暮らしの生活を送りながら、何とか学校を経営していく様子が回想として語られている。学校の建物がサントスに多く居住していた沖縄県人の協力によって建設されたことやその建築がトタン葺きだったこと、毎月一回父兄会が開かれていたこと、月謝が三ミルレースだったこと、無認可で視学官の訪問と注意を受けたことなど、初期の日系小学校建設と経営を日常的なまなざしでつづった興味深い作品といえる。ここでいう「宮崎氏」とは、前掲の大正小学校初代校長宮崎信造のことで、このサントスの「学校」が大正小学校よりも半年早く開校したことが記されている。グアタパラ小学校の例とともにブラジル最初の日系小学校論争の素材となるものであろう。日系小学校に米国領事が便宜を図るというのも国際港湾都市サントスらしくて興味深い。ただ、この学校は、同市の日系教育機関の草分け的な存在であるサントス・ウニオン小学校（一九二六年創立）やサントス日本人小学校（一九三一年創立）とは系譜的なつながりが確認できない。おそらく、一九一五年前後になると、先のグアタパラの「学校」もふくめて、いくつかの小規模学校が個人によって設立され経営されていたと考えられる。そして、こうした小規模学校は、その時の状況や経営者の事情によって、生まれたり消えたりを繰り返していたのであろう。

この時期の日本人移民はほぼ百パーセント帰国を望んでいたから、学齢期の子どもを帯同する日本人移民の集団のなかで、農作業の合間に日本語の読み書きを教える動きがあったことは自然であろう。記録として確認はできないが、誰かの家の一室や倉庫の片隅、あるいは青空の下で、固有の教室、校舎をもたない「学校」が開かれていたとしても不思議ではない。グアタパラやサントスの例はそんななかの一つだった可能性がある。

『移民年表』から日系小学校設立の記事をひろっていくと、大正小学校に続き、一九一六年にはサンパウロ州南部イグアペ郡に桂小学校（公認は一九一八年）が、一九一七年には旭小学校（サンパウロ州内陸部ノロエステ鉄道線カフエランジア駅平野植民地、七月一五日創立）、アグア・リンパ小学校（同州ノロエステ鉄道線アラサツーバ駅、八月三一日創立）、ノーバ・エスペランサ小学校（サンパウロ市近郊コチア郡コチア植民地、九月二一日創立）が開校している（サンパウロ人文科学研究所編、一九九六、三八―四〇頁）。『移民年表』には一九一八年開校の記述はないが、マット・グロッソ州の州都カンポ・グランデに入植した日系人によって、同年にヴィスコンデ・カイルー小学校が設立されている。一九一九年創立としては、ボア・ビスタ小学校（同州ノロエステ鉄道線グァイサーラ駅ボア・ビスタ植民地、五月一日創立）、東京植民地小学校（同州パウリスタ鉄道線モツーカ駅東京植民地、八月一日創立）、ボン・スセッソ小学校（同州ノロエステ鉄道線プロミッソン駅上塚植民地ボン・スセッソ区、八月一五日創立）、ブレジョン小学校（同州ソロカバナ鉄道線アルバレス・マシャード駅ブレジョン植民地第一区、一二月一六日創立）が記載されている（サンパウロ人文科学研究所編前掲書、四四頁）。大正小学校をのぞいて、すべてが日本人移民が入植したサンパウロ州内陸地方の日系植民地に設立されており、開拓前線の前進とともに教育機関が生まれているのが理解できる。特に、バウルーからマット・グロッソ州境に向って延びるノロエステ鉄道沿線は後発のコーヒー生産地帯であり、日本人移民が集中して契約移民として入植した。こうしたなかでも、日本人移民の集住地で子弟教育の動きが現れてきたらしい（**地図2―1 日系教育**

機関分布図参照)。

こうしたブラジルにおける最初期の日系子弟教育機関成立を一九一三年から一九一五年頃と考えると、一九〇八年の第一回笠戸丸移民から五〜六年後にはそれらが出現しはじめたことになる。ハワイや北米の場合と比較してみても、早い時期に「学校」が開設されたことが知られる。例えば、ハワイの場合、一八八五年二月に第一回ハワイ官約移民がホノルル到着しているが、七年後の一八九二年に福田清次郎がマウイ島に日本語学校を創設し、その後一八九三年に神田重英がハワイ島に日本語学校創設、一八九五年に五味環がマウイ島に日本語学校創設、一八九六年に奥村多喜衛がホノルルに日本人小学校(後のハワイ中央学院)を創設したことになっている。アメリカ本土シアトルの場合、ワシントン州に日本人移民が現れるのは一八八〇年代といわれているが、同州のシアトルに日本語学校創立されるのは一八九八年とも(小島、一九九九、四六六頁)、一九〇二年七月ともいわれている(坂口、二〇〇一、一六八―一六九頁)。カナダの場合は、カンバーランド・ユニオン炭鉱に契約移民一〇〇名が送出されたのが一八九一年で、スティーブストンに日本人漁夫四〇〇名が進出したのが一八九五年であるのに対して、子弟教育は、晩香坡教会での日本語教育開始が一八九八年、バンクーバー最初の日本語学校である「共立国民学校」が創立されたのは一九〇六年一月である。最初の移民から教育機関設立まで、七、八年から北米太平洋岸では十数年が経過しているのが知られる。こうした北米での日系子弟教育機関成立の遅れは、これらの地域への初期の移民が単身男性中心だったことと関係していると考えられる。これに対して、ブラジルの場合、先述したように、最初から家族移民(初期にはいわゆる構成家族が多数を占めていたとしても)が一応前提とされており、北米と異なり短期の貯蓄が困難であったことによる滞在の長期化などによって、学齢期児童の存在が比較的早くから問題となっていたことが理由としてあげられる。また、日系教育機関の設立は、各地域の日本人の代表・連絡機関、すなわち日本人会の設立とおおむね重なっており、日本人会設立の目的が子どもたちの教育機関の設立であることが多かった。

戦前期、もっとも多くの日本人移民を導入したのは、当時の主要コーヒー生産地帯であるサンパウロ州北西部の

地図 2-1　日系教育機関分布図（1920 年頃）

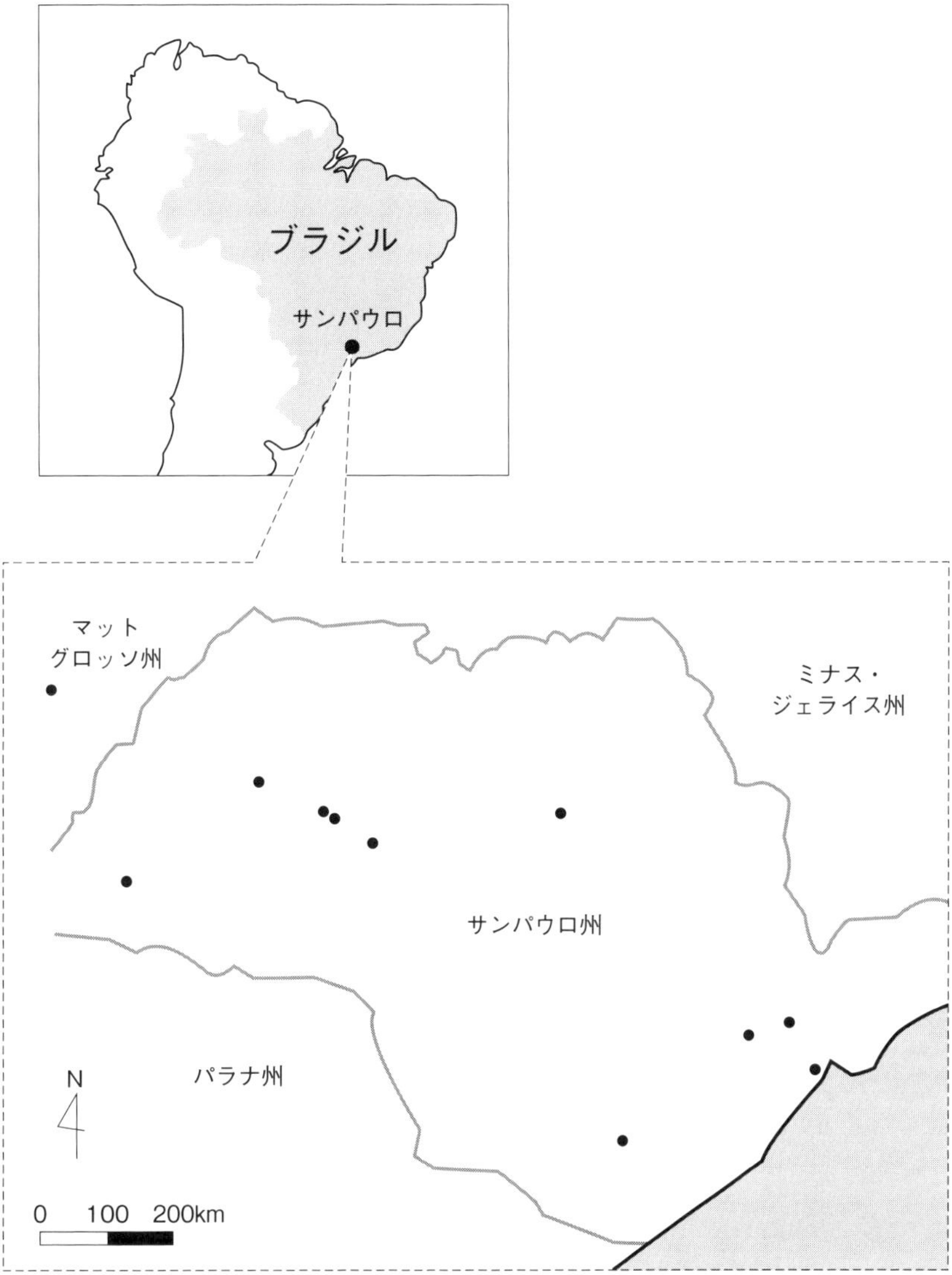

ノロエステ鉄道沿線地帯であった。同地方における一九一〇年代後半の日系移民子弟教育の状況は、邦字新聞『伯剌西爾時報』に掲載された「みすゞ」（同紙記者輪湖俊午郎の筆名かと思われる）による報告（一九一八年四月二六日）によってうかがい知ることができる。これは、ノロエステ鉄道沿線の中心都市リベロン・プレト周辺四八ヶ所の日本人入植耕地の調査報告である。調査対象となったのは、同地域の日本人八八〇家族で、七歳から一五歳までの学齢児童総数は四五〇名に達したという。記者はこのなかで、彼ら児童が「前記四百を越ゆる学齢児童中通学者僅かに四十（二十余人は伯人学校へ、十三人はサンタ、ガブリエラ耕地内に設けられし河瀬権之丞氏経営の小学校へ）に充たざる」という就学状況におかれていたことを報告、「子孫を度外視して植民の発展を期すべからず」と、必要な移民子弟の教育が満たされていないことを慨嘆している。

輪湖は後に、この時の体験をもとに、その著作『バウルー管内の邦人』（一九三九）のなかで、この地方の日系移民子弟の教育状況について、以下のように述べている。

大正七年の初頭、当時私がブラジル時報の編集に携わって居た頃、自身の興味からリベロン・プレトを中心とした邦人家族の子弟教育に関し、之が調査の為め、四十余日を費し行脚したことがあります。即ち其頃日本人は、未だ珈琲園移民の域を脱せず、従って多く此地方に在住して居たからであります。調査耕地は四十数ヶ所、一千家族近かったのでありますが、日本語教育などして居る所は一ヶ所も無く、而かも父兄の希望は、如何にしてブラジル語を習得せしむるかにあったのですが、此ブラジル学校さへ大耕地を除く外は、殆んど存在しなかったのであります。其の時の私の結論は、児童教育を中心とする以上、一日も早く土地を所有せしめて集団せしむる外上策はないと云ふ事でありました。もともと出稼ぎに来たのであり、又当時の境遇は望んでも許されなかった点もありますが、先づ以て子弟教育に関する限り、及ばぬ事と諦めて居る者が大部分で、稀には全く無関心の如く見ゆる人々もあったのであります（輪湖、一九三九〔一九九九、五一―五二頁〕）。

一九一〇年代後半においても、サンパウロ州内陸部のコーヒー生産地帯の教育状況はこのような停滞した有様であったことと、子弟の言語についての父兄の希望がブラジル語（筆者注―ポルトガル語）習得にあったという指摘が注目される。かといって、自分たちの子どもが現地語モノリンガルになることを望んではいなかったであろうから、この時期、日本語を習得した上でさらに第二言語としてポルトガル語の習得が望ましいと考えられていたということであろう。

まず、一九一〇年代から二〇年代にかけて、「奥地」と呼ばれたサンパウロ州内陸地方に日系教育機関が創設されていくのは、原生林を開拓した「植民地」と呼ばれる独立自営農中心の集団地がつくられるのにともなっていた。(8) こうした植民地が形成されると、二～三年後には小学校が創設されているという（日本移民八十年史編纂委員会、一九九一、七七頁）。特に、日本人移民も建設に加わったノロエステ鉄道沿線に日系人口が増加していくと同時に、多くの植民地が形成され、それにつれて小学校も設立されていった。『移民八十年史』は、そうした様子を次のように記している。

旧コーヒー地帯を〝橋頭堡〟とした日本移民は、一九二〇年代を迎えるとサンパウロ州内奥地に向って激しい勢いで〝西進〟を開始する。一九一〇年代に〝飛び石〟のように幾つかの植民地が始められ、また同じ耕地に入った者同士の小さいグループを作っての進出がアララクワラ線やドラデンセ線の一部にもあったが、一つの勢いといった形で開拓前線が広がっていくのはまずノロエステ鉄道の沿線であった（日本移民八十年史編纂委員会前掲書、五七頁）。

先ほど名前をあげた一九一〇年代に設立された日系小学校、旭小学校、アグア・リンパ小学校、ボア・ビスタ小学校、ボン・スセッソ小学校など、多くはノロエステ鉄道沿線地方に設立されている。（地図2―1 日系教育機関分布図〔九一頁〕参照）それにも関わらず、先の輪湖の指摘のように日本語教育の存在感が乏しかったのは、この時期には相対的に日系教育機関がごく少数でささやかなものであったことを示している。このノロエステ地方に日本人移民が集中した理由として、当時のコーヒー生産地帯であったこと、州内その他のソロカバナ線、パウリスタ延長線両鉄道よりも、鉄道が早く開通した点が理由としてあげられている。この鉄道がサンパウロ州とマット・グロッソ州との境であるパラナ河まで達したのは一九一〇年である（日本移民八十年史編纂委員会前掲書、五七頁）。沿線のコーヒー農場で働く日本人だけでなく、農場を飛び出した多くの日本人がこの鉄道工事現場でも働いた。後にノロエステ鉄道は州境を越えて、マット・グロッソ州まで延伸し、州都カンポ・グランデとその周辺に入植した日系人によって、一九一八年にヴィスコンデ・カイルー小学校が設立されている。

その他、日本人移民が早く進出した地方にサンパウロ州南部のイグアペ郡がある。この地方には、一九一三年から日本人の入植がはじまった。前年に半官半民の植民会社東京シンジケートがサンパウロ州政府から無償譲与された五万ヘクタールの土地のうち、最初に日本人三〇家族が入植したのは、ジプブーラと呼ばれた地域であった。この植民地は、その建設に力を注いだ桂太郎首相を記念して、「桂植民地」と名付けられた。先述したように、一九一六年には桂小学校が開校している。ブラジル当局の目から見た当時のイグアペ郡の「日本人学校」の様子が「サンパウロ州教育年鑑」（*Anuário do Ensino do Estado de São Paulo*）（一九一七）に報じられている。

日本人たちはイグアペ郡のリベラ渓谷に米をつくるために入植した。この地域にブラジル学校は一校もなく、彼らは自分たちの学校をつくり、コロノの中から教師を間に合わせている。我々の会議で、本年、この地方に学校を設立することを決定したが、それらが設立されるのは来年であろう。この地域には日本人教師によって指導される純正な日本人学校があり、そのただなかに（ブラジル公立の）学校を設立することは大きな困難をともなうであろう。日本人の子どもたちはブラジル生まれでブラジル人として出生登録がなされているにもかかわらず、彼らの学校で彼ら固有の言語を話し、親たちから家で聞くのと同じ日本の歴史や伝統を学んでいる。それゆえ、ブラジルの公立学校には通わないであろう（Diretoria Geral da Instrução Pública（1917）*Anuário do Ensino do Estado de São Paulo*, 131 拙訳）。

ここで批判的に例に上げられたリベラ渓谷の「純正な日本人学校」とは、おそらく前掲の桂小学校のことであろう。サンパウロ州におけるこのような自国語教育中心の傾向は、日系教育機関だけでなく、イタリア系やドイツ系の教育機関においても顕著に見られたことが指摘されている（ROSSI 2005: 59-63）。ただ、こうした時期、日系小学校で教えられた内容は、日本語の読み書きや簡単な算術程度のもので、ブラジル当局から見て「反国家的」な、一九三〇年代に顕著になるような「国民教育・臣民教育」の忠君愛国的なイデオロギー色はまだ希薄であったと推測される。

二―二―二　国策移民開始の時代――植民地での「学校」設立の促進

日本では、一九二四年の帝国経済会議[9]の結果として、移民の保護奨励が政策化し、ブラジルは移住奨励地となり、ブラジルへの移民は国策に転じた。すなわち、移民奨励策として政府によるブラジルへの渡航費の全額補助が実施されるようになり、一九二三年に八九五人に落ち込んでいたブラジルへの移民数（『発展史・下』、二九九頁）は、翌年から急上昇に転じるのである。これは、一九二四年にアメリカでいわゆる排日移民法が可決され、条件付きながら続いていたアメリカへの日本人移民が再渡航者をのぞいて全面的に禁止されたことと表裏をなす。ブラジルへの移民国策化を移民子弟教育との関連で考えると、同年に外務省の移民保護奨励費が新設され、産業施設費、公益施設費、医療費とともに、教育施設補助費が支給されることとなった。ブラジルの帝国公使館は一九二三年、すでに大使館に昇格されていた。ブラジルへの日本人移民受入れは、先述したように原則として農業移民であり、家族単位であったので、移民数が増えるとともに当然学齢期の子どもも増え、教育機関設置への期待も高まることになる。先述したように、国策移民の到来にさきだって、ブラジルでは初期移民の間で独立自営農への転換と日系植民地の建設がはじまっていた。移民の増加によって、こうした植民地建設も進んでいくことになる。実際、都市部に限らず、移民一世の親たちにとって、滞在が長期化するにつれ、子弟の教育は切実な問題となっていった。ブラジルのコーヒー農場や植民地で学校にも行かず、現地労働者の子どもたちといっしょになって走り回っているわが子たちを見て、「カボクロになる」[10]という心配を募らせた。『移民八十年史』では、ブラジル日系移民一世の親の意識を次のようにまとめている。

集団地（植民地）が形成されると、直ちに作られるのが日本人会である。相互の親睦と協力を計り共通の問題の解決のために連絡して当たることを目的としたが、一番大きな目的あるいは事業としたのは子弟の教育の問題であった。幼くして伴って来たもの、ブラジルで生まれたものを何とかして日本人の子供らしく育てたい、やがて日本へ帰った時に困ることのないくらいに日本語の素養と日本的な知識・精神を授けて置きたい、というのは親としての移民の誰もの願いであった（日本移民八十年史編纂委員会編、一九九一、六〇―六一頁）。

つまり、当時はまだブラジルの日本人移民には出稼ぎ意識が強く、あくまでも早期蓄財と早期帰国を望んでいたが、反面、子どもたちの「カボクロ化」への懸念から、日系子弟の「帰国」を前提にした「日本人」になるための教育も必要とされたのであった。「日本人」になるための教育とは、まず親たちが考える「ちゃんとした日本語」を話し、読み書きすることでもあった。したがって、植民地では子どもたちに日本語を教育する「学校」が必要とされた。

『移民八十年史』では、こうした植民地での「学校」の創立の手順を次のように述べている。「原始林の開拓で集団地が形成されるとそこは何々植民地と名づけられ、日本人会、次いで男女青年会が組織され、子弟に日本語を教えるための学校が作られる」（日本移民八十年史編纂委員会編前掲書、五九頁）。そこには、原生林を開拓して集団地を形成したため、周囲に通学可能な教育機関がなかったことや数年ないし十数年働いて貯蓄し日本に帰国するという出稼ぎ戦術のため、子弟に日本語教育を施すことが必要であったことが説明されている。一九二〇年代から日系人が集中したサンパウロ市や内陸部のリンス市など都市部の日系教育機関創立の際にも動員される説明原理である。

まず、農村、特に一九一〇年代から二〇年代の移民初期では、ブラジルにおいて強調されてきたほど日本人移民が「教育熱心」であったという証拠はなく、子どもも十歳くらいになれば、立派な労働力であった。この頃の日系小学校の状況として、「殆ど一人の教師が読み書き算術を主として教えた。生徒の数も年齢もまちまちであったし、十歳にもなると開拓地では一つの労働力としてアテにされる状況だったから通学も農繁期には飛び飛びというのが普通であった」（日本移民八十年史編纂委員会編前掲書、七八頁）とされている。サンパウロ州南部のレジストロでは、父親が私塾の教師をやりながら、長女は学校にも通わず、野良仕事をしていた例なども報告されている。たとえ学校に通学していても、半日の課程が終れば、家に帰って仕事を手伝うのを常としていた（H・Yさん、一九二三年生まれ、からの聞き書きによる）。そうした家庭内外の労働はしばしば早朝から深夜におよんだ。これに対して、都市部在住の子どもたちは基本的にこうした労働から解放されていたが、この時期はまだ総体的にごく少数者であった。

従来の先行研究では、農村地域の「学校」の場合、上記のような、「原生林への入植→開拓→日本人会の設立→学校の設立→日本人会の運営」というモデルで説明され、それはサンパウロ市のような都市の日系教育機関にも敷衍されてきた。あるいは、大正小学校の場合、一九一五年創立という「事実」だけが示され、その創立の要因・原理についてはふれられなかった。ここでは、サンパウロ市のような都市の日系教育機関の場合、農村とは成立要因・原理をいささか異にすることについて述べたい。少なくとも、原生林を開拓して集団地を形成したため、周囲に通学可能な教育機関がなかったという説明は、サンパウロ市の場合、当てはまらない。特に、日系集住地であったコンデ・デ・サルゼーダス通り界隈はサンパウロ市の中心部に近く、一九一〇年代初頭には、すでに少なくとも周辺に四つの公立小学校が存在していたのである。(11)

では、都市部、特にサンパウロ市中心部において日系教育機関が必要とされた要因は何か。数少ない資料とインタビュー調査の結果から読み取れる目的・条件をあげてみると、次のようになる。

- （ブラジル人・外国人との接触が多いなかで）日本語を教授すること
- 日本式のしつけを授けること
- 父母・祖父母との日本語コミュニケーションが円滑になること
- 父母・保護者と教師との日本語でのコミュニケーションが可能であること
- ブラジル公教育機関に入学させる方法がわからない
- 都会人（文明人）としての教養や立ち居振舞いを身につけること

このように、サンパウロ市における日系教育機関が必要とされた理由として、ブラジル人・外国人との接触が多いなかで日本語を学習することや都会人（文明人）としての立ち居振舞いを身につけることもあげられる（H・S氏からの聞き書きによる）。

グラフ2-1（一〇六頁）は「ブラジルの日系教育機関数の推移」であるが、これを見ても明らかなように、一九二〇年代後半から、急激に日系教育機関数が増えていく。

先に述べたように、ブラジル移民は家族移民が条件であったので、年月が経つにつれて、学齢期の子どもの数も増え、学校数も増加の一途をたどることになる。大正小学校が開校して以来一九二六年末までに設立された日系小学校は六一校とされている（『発展史・下』、一九四頁）。この時期になると、日本政府からの補助金も支給されるようになり、日本人移民も子弟教育に支出する経済力をともなってくるということも、この学校数増加の条件となっている。こうした日本人移民の増加とそれにともなう日系教育機関の建設ラッシュは、北米と同じくホスト社会の反発を生むことになった。前山（一九八二）は、ブラジルにおける排日運動の最初のピークを一九二三から二四年としているが（前山、一九八二、八八頁）、それに先だって問題は顕在化していた。例えば、日本の外務省外交史料館に所蔵された資料のなかに「学校関係雑件」として、次のような記事が見られる。これは、一九一七（大正六）年一二月五日に、当時のブラジル臨時代理公使野田良治から外務大臣本野一郎宛に送られた公電の写しである。

通公第一一三号
在伯　臨時代理公使　野田良治
外務大臣法学博士子爵本野一郎殿

日本学校開設に関する質問書伯国下院に提出セラレタル件
伯国聯邦下院議員中新聞紙上に何等かの目新しき記事の掲載せられたるを発見する毎に其の事件の大小軽重に論なく且当該記事の真偽如何を問はず直ちに政府に対し質問書提出の奇癖を有する為、頗る著名となれる「リオデジャネイロ」州選出の一青年議員「マウリシオ・デ・ラセルダ」（Maur’e cio《ママ》 de Lacerda）氏より客月二九日を以て日本学校開設に関する一の質問書を下院に提出せり。
右質問書提出の動機は其の前日本汽船「タコマ」丸入港し当日の夕刊新聞 A Noticia が同港入港に関する記事中に同船にて日本教師数名渡伯せる旨を報道したるにありて同氏質問の要旨は「サンパウロ」州日本人植民地（複数を用ひたり）における日本学校開設を防止する為め如何なる処置を執りたるかに関し政府の報告を求む」といふにあり（外務省記録「学校関係雑件」通公第一一三号）

この記事から、ブラジルにおける「日本人の不同化」の原因が日本人学校にあると考えられていたこと、それに批判的な当局者が存在したことが知られる。また、ブラジル議員からのこうした質問状の背景としては、第一次世界大戦によるブラジル・ナショナリズムの高揚が考えられる。

こうした日系教育機関と教師・学童数の増加、それにともなうブラジル社会からの反発や教育方針の統一の欠如に対応する教育指導機関設立の要求は、日系社会内部からもたびたび現れていた。教育方針の統一の欠如については、日本人移民のこの時期の子弟教育観として、あくまでも日本帰国を前提とする人びととブラジル永住を目的とする人びととでは異なっていた。例えば、日本語とポルトガル語、日本的教育とブラジル公教育のどちらに比重をおくかという点において、「日主伯従論」「伯主日従論」といった相違が現れてきたことを知ることができる。

こうした状況を背景に、一九二七年三月一四日〜一六日には、在サンパウロ帝国総領事館の赤松祐之総領事の提案で日系教育機関の教師や教育関係者を集めて、「教育に関する中枢機関設立に関する相談会」が開かれた。その結果、「在伯日本人教育会」という教育指導機関が発足した。第六章に後述するが、一九二一年にはすでに堀口九萬一公使の日系教育機関への補助金支出の提言がなされており、それから六年が経過している。同会は、各学校代表者および教員を会員とし、日系子弟教育の中枢機関として方針を統一し、その改善を図ることを目的とした。また、サンパウロ州を中心に一〇ヶ所に支部を設け、各支部から選出された理事によって理事会を組織し、会務を実施することとし、仮事務所を総領事館内においた（『発展史・下』、一九九頁）。赤松総領事は、アメリカで排日運動がさかんとなった一九一〇年代にオレゴン州ポートランドの領事館でその問題と対峙した経験があり、在伯日本人教育会設立もブラジルの排日状況をふまえた動きとしてとらえることができる。ブラジルへの移民が国策化した状況下で、最大の日本人移民受入れが見込まれるサンパウロ州において、広い地域に拡散した日系人の動きを把握・統制し、排日運動を惹起することを避け、なおかつ移民子弟の教育を円滑ならしめることをねらいとしていたことが推測される。しかしながら、「各地に散在せる理事相互間の連絡不十分で、その上中央に於ける統制も意の如く行はれず、之が成績を挙ぐること甚だ困難なる状況を示すに至つた」（同書、一九九頁）と指摘されるように、この指導機関は目立った成果をあげることのないまま、赤松総領事の帰国を迎えた。日本の本州とほぼ同じ面積をもつサンパウロ州に散在し、しかも移動性の高い日系人の動きを把握することは至難であったし、たとえ帝国の出先機関としての権威と補助金支出の権限を有していたとしても、そうした移民たちをコントロールするのは容易ではなかったのである。赤松はのちに、ホノルル総領事を経て、一九三九年に外務省によって東京に設立された北米日系留学生教育機関「敝之館」[12]の顧問となり、二世教育に引き続き関わっていくことになる。

二―二―三　父兄会時代――日系移民子弟教育の発展と排日

赤松祐之の後、サンパウロ総領事を引き継いだ中島清一郎は、日系移民子弟の教育事業も継承することとなった。中島総領事は在サンパウロ市有志および赤松の提唱で設立された在伯日本人教育会メンバーによる教育相談会をサンパウロ市日本倶楽部において催し、一九二九年八月には、これを引き継ぐ形で、「サンパウロ日本人学校父兄会」（以下、適宜「父兄会」と略す）を設立させた。この組織は、同年九月三日、「Liga dos Amigos da Escola Japonesa em São Paulo」という社団法人として登録され、同年一〇月二一日に従来の教育会を解散し同時にその財産・負債および業務一切を引き継ぎ、日系移民子弟の教育の改善と普及に努めることとなった。伯剌西爾時報社社長の黒石清作が副会長となり（会長は欠）、木村末喜を事務局長として雇用するとともに、大正小学校新校舎のあったサン・ジョアキン通り六七に事務所を設置した。黒石清作は、前述のようにアメリカ西海岸で邦字新聞発行にたずさわった人物で、終始一貫してブラジル永住論者であった。また、事務局長となった木村末喜もアメリカ留学経験を有し、この人事が北米での排日経験を意識してものであったことが推測できる。

日系教育機関、特に小学校はその後もますます増加し、一九三一年六月現在で、総数一二二校、生徒数五〇〇〇名、教師数一九〇名（内訳は、日本人一三〇名、ブラジル人七〇名）に達した（『発展史・下』、一九九頁）。また、一九三二年四月の統計では、「日本人小学校」は未公認のものも含めると一八五校にのぼり、教師数は日本語二一一名、ポルトガル語一四一名を数えるほどになった（日本移民八十年史編纂委員会、一九九一、一一八頁）。日本人移民が増え、内陸部の開拓が進むとともに、教育機関数、教師、学童数が急増している様子が知られる。こうした状況から、父兄会は、一九三五年四月、サンパウロ州を中心として各地に三六の部会、特殊地域一ヶ所を設置し、日系小学校のすべてを同会に所属させるよう指導した（『発展史・下』、一九九頁）。父兄会の一九三四年頃の会務は、次のようになっている。

イ、庶務

- 各種学校補助金の下付申請及受領手続き
- 学用品の供給及購入事務
- 教師の就職斡旋
- 教育会其他教育事情等に関する応答
- 各種学校紛擾調停
- 各地学校財産の保管
- 一般教育行政に関する注意、指示
- 各地学校視察
- 学童体格検査
- 修学旅行に関する周旋、案内
- 学校事情調査、諸表作製

ロ、教科書編纂
ハ、正教員養成
ニ、サンパウロ学院経営
ホ、寄宿舎経営
ヘ、機関誌発行
ト、葡語通信教授
チ、講習会開催
リ、教育映画班
ヌ、学術講演会
ル、図書館（サンパウロ日本人学校父兄会編、一九三四、一―二頁）

以上、サンパウロ日本人学校父兄会の管轄する事業がひじょうに多岐にわたっているのが知られる。本節では、これらの事業すべてについて詳述する余裕はないが、同会が「イ、庶務」中の「各種学校補助金の下付申請及受領手続き」「学用品の供給及購入事務」「教師の就職斡旋」という事務を掌握したことに注意を喚起しておきたい。すなわち、日本政府からの補助金下付の窓口となり、教師の就職斡旋という人事権を握り、機関誌を発行したことは、サンパウロ市と地方の日系教育機関との連絡が緊密化しネットワーク化されるとともに、日系移民子弟教育行政の中央集権化が進んだことを意味する。同会の前身である在伯日本人教育会が果たせなかったブラジル日系移民子弟教育の中枢としての機能を、徐々にではあるが、この機関が掌握し、子弟教育における中央（サンパウロ市）と地方（農村部）の階層化がはじまったことが知られる。

このように、順調に発展していくかに見えたブラジルの日系移民子弟教育であるが、一九三〇年代になるとさまざまな問題が顕在化してくる。日本ではこの時期、世界大恐慌や満洲事変を経て軍部が台頭し、特に一九三一年の満洲事変以降ナショナリズムがさかんになる。ブラジルでも一九三〇年に政権を奪取したジェトゥリオ・ヴァルガス大統領のもと、ナショナリゼーション運動が高揚する。こうした運動と連動したブラジルにおける排日運動の第二次のピークは、一九三三から一九三四年とされている（前山、一九八二、九〇‐九一頁）。この時期におけるブラジル排日運動の最大の推進者であったミゲル・コウト博士（一八六五—一九三四、ブラジル医学士院会長、国会議員、新憲法制定審議会メンバー）は、一九三四年二月一六日の新憲法制定審議会の席上で次のように演説している。

繰り返しますが、私の問題にしているのは、何も移民の問題ではありません。国家の存亡そのものにかかわる問題なのであります。もし諸君が、適切な時期に、あらゆる局面に細心の注意をくまなく払うのでなければ、早晩、ブラジルは、日本の領土と化してしまうでありましょう。（…）ここが、やがては西洋における日出る国（日本）と化してしまうのであります。このことは、とうの昔に、あちらの人間の頭の中では既成の事実なのであります。かれらはここにやって来て、たちまち支配権をぶち建ててしまうのです。宜しいか、諸君、主人らが今やって来ているのです、そう君たちの主人らが（前山前掲書、九一頁）。

軍国主義・侵略主義の性格をもつ日本帝国がブラジルを植民地化しようとしている、という言説は、この時期ジャーナリズムでもしばしば報道された話題であった。

一九三〇年代のナショナリズムはさまざまな形でブラジル社会や国家体制を変容させるが、移民たちにとっては同化の促進・強制という形で現れることになる。例えば、日本人移民にとってもっとも大きな影響としては、一九三四年の新憲法制定によって、「外国移民二分制限法」が成立し、一年間に入国できる移民数が制限されてしまったことである。これは一種のクォーター制で、過去五〇年間にブラジルに定着した当該国人の総数に対し、毎年そ

表 2-1　最盛期における対ブラジル日本人移住（1923〜1934 年）

年	移民数	全外国人移民入国数に対する割合	備　考
1923	895	1.1%	第 1 次排日運動
1924	2,673	2.8	北米での日本人移民締出し
1925	6,330	7.7	
1926	8,407	7.1	
1927	9,084	9.3	
1928	11,169	14.3	
1929	16,648	17.3	世界恐慌
1930	14,076	22.5	
1931	5,632	20.5	（世界恐慌の影響）日中戦争の開始
1932	11,678	37.1	第 2 次排日運動開始
1933	24,494	53.2	
1934	21,930	47.6	移民制限法（排日法）通過

出典：前山隆（1928），83 頁

の百分の二（二パーセント）を受け入れの限度とすることを定めた法律であった。この比率によると、日本人移民の入国定数は毎年二五〇〇人程度に制限されてしまう。この当時移民送出国のイタリアやドイツからブラジルへの移民数が激減しているのに対して、一九三三年には日本人移民が約二万五〇〇〇人を数え、これがこの年にブラジルに入った全外国人移民数の五〇パーセントを越えるにいたった（表2-1参照）。この点を考えると、「外国移民二分制限法」は日本人移民を狙い撃ちにした一種の排日移民法であったことが理解される。

表2-1によって明らかなように、一九三〇年代前半、もっとも多くの日本人移民が子どもたちをともなって入国し、ブラジルで生まれた日系子弟に加え、学齢期の児童が急増したことになる。当然、これらの子どもたちを受容する教育機関も増加し、拡大化することとなった。グラフ2-1を見てわかるように、一九三四年頃には、ブラジルの日系教育機関数は約二八〇校を数えるまでになっている。父兄会は、こうした日系移民子弟教育の拡大とブラジルのナショナリゼーション政策に対応する役割を担うが、その対策として、前掲の「ハ、正教員養成」、「ニ、サンパウロ学院経営」、「ト、葡語通信教授」、「チ、講習会開催」に力を入れることになる。特に、ブラジルのナショナリゼーション政策の一環として、一九三二年四月にサンパウロ州政府が「外国人ニシテ私立学校管理者又教職者タルハ、必要ナル他ノ資格ノ外、

グラフ 2-1　日系教育機関数の変遷

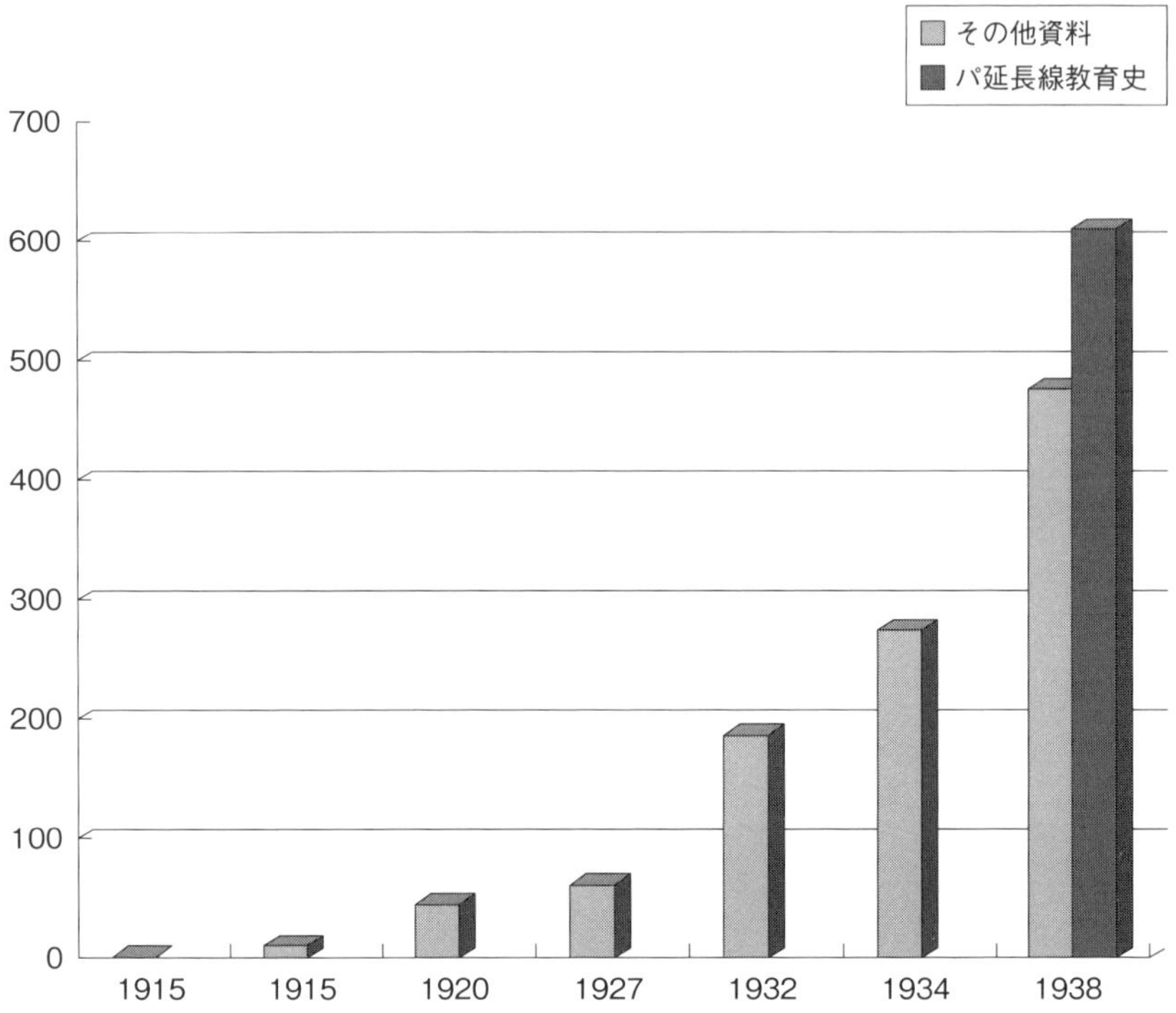

出典：ブラジルの日系教育機関数の推移（伯剌西爾時報社（1932）、サンパウロ日本人学校父兄会（1934）、伯剌西爾時報（1938）、寺門他（1941）、青柳編（1953）などから作成）

葡語ニ熟達セルコトノ証明ヲ要ス」（私立学校監督部条例第一二条）を制定し、「葡語の力に乏しき同胞教育界に対しては、殆ど恐慌的脅威を感じ居る」状況になった。このため、父兄会では夏季休暇を利用して教師のポルトガル語講習会を開催することとなった（サンパウロ日本人学校父兄会、一九三四、一三頁）。邦字新聞には、次のような講習会開催の記事と広告が掲載されている。

•サンパウロ日本人学校父兄会主催、第三回葡語夏期講習会
在伯同胞小学校教員諸君の為め、第三回夏期講習会を左記の通り開催致しますから奮つて御出席下さい。教師以外の特志家の出席をも歓迎します（『時報』一一三六号、一九三五年一一月二〇日）。

•（広告）サンパウロ日本人学校父兄会主催
第三回葡語夏期講習会
一、学科及講師
葡語　元督学官　アラボ・デ・アルバリヨ氏
元視学　ジヨゼ・デ・ベネデツトデユトラ氏
バストス第一小学校校長・伯国法学士　木下正夫氏
七十二時間
—科外講義—
教育学（六時間）タボン小学校訓導　岡本省一氏
国語教育（同）元秋田師範訓導・前東京明星学園訓導　五十嵐重虎氏
図画教育（同）前宮崎県妻中学校教諭　小畑　稔氏

—科外講義—
国語教育の趨勢に就て　文部省図書監修官文学博士　佐野保太郎氏
伯国教育界の現状　サンパウロ師範大学社会学教授　アンテノール・ロマノ・バレット氏
国語の本質と国語教育の任務　東京高等師範学校教諭　野村　基氏
公民教育の基調　法学士　葛岡唯雄氏
題未定　医学博士　高岡専太郎氏
同　総領事館勧業部主任農学士　江越信胤氏
同　総領事　市毛孝三氏
同　副領事　菱川敬三氏
同　文学博士　佐藤清太郎氏
▽期日　自一月四日—至一月三十日（二十七日間）
▽会場　サンパウロ日本人学校父兄会講堂
▽申込期日　十二月二十五日まで
▽費用　旅費自弁滞在費として日当四金千補助（但し現職員に限る）
▽持参品　一、カルチリヤ・プロエンサ、二、レイツーラ・プリンスイオイアンテ（プロエンサ）三、レイツーラ・プロエンサ巻一、四、葡語講義録（父兄会発行）以上受験料、高等科は葡語教課書不要、此の外雑記帳、エンピツ、紙類及各自の旅券
▽汽車賃割引　団体にて駅へ申込まるる場合は五割引の特典あるに付遅くとも出聖五日前に交渉されたし。
十二月十日（『時報』一一四三号、一九三五年一二月一四日）

この広告から、当時の日系教師として何が求められていたかを知ることができる。二二時間のポルトガル語講習

だけでなく、国語教育や図画教育に関する講義など教師としての総合力を高める目的があったことが知られる。また、ブラジル人の元督学官や視学官が講師として呼ばれたのは、当局の外国系教育機関への監視に対する対策もふくまれていたと推測される。父兄会に付属された補修教育機関「サンパウロ学院」でも、ポルトガル語、フランス語、英語などの補習科をおいている（外務省通商局、一九三二、一四九―一五〇頁）。第四章で取り上げる農業移民出身の教育者岸本昂一も、この父兄会のポルトガル語講習会でスキルアップを図ったことが明らかになっている。

この父兄会時代、日系教育機関数、教師、学童数が急増したことは前述した通りだが、教育内容も「読み書き算術」程度から、バストス中央小学校のように日本の尋常小学校六年の課程や高等小学校二年の課程まで備えた教育機関が現れた。先の大正小学校も一九三四年には、尋常六年と高等二年の課程をそなえるまでに発展している。同会による教員の就職斡旋制度がはじまり、不完全ながら教師の供給システムが機能するようになった。また、正教員養成では、一九二八年から信濃海外協会を通じて日本からの派遣留学生を受け入れ雇用することになるが、第一回留学生は一九三二年にブラジル師範学校を卒業したため、わずかながらブラジル・日本双方の教員資格をもつバイリンガル教員が現れたことになる。日本語の教材・教具も、増便された移民船によって定期的に輸入されるようになった。一方、ブラジル国内のナショナリズムの高まりと移民の同化政策から、ポルトガル語修得の必要性と比重が増したため、日系教育機関においても、当局の公認を受ける必要が生じた。州や郡の公認とともに、ブラジル人教師が供給され、ブラジル正規の義務教育機関としての役割を果すものも増加した。すなわち、教育の二言併用語化・二重化が進行したのもこの時期の特徴といえる。

一九三二〜三三年に実施された調査によると、ブラジルにおける日系小学校数は一八五校にのぼる（伯剌西爾時報社編、一九三三、一〇八頁）。次のように、一九三〇年代初頭の日系小学校について、『伯剌西爾年鑑・後編』（一九三三）に掲載されたその内訳にしたがい、まとめたものが表2-2である。

このうち、ブラジル人教師を欠く学校が五一校、ブラジル人教師のみの学校が一一校、日本人・ブラジル人教師併用の学校が一二三校とされている（伯剌西爾時報社編前掲書、一〇八頁）。公立、私立、あるいは未届校を問わず、多くの日系小学校で、日本人教師とブラジル人教師による二重教育、すなわち二言語教育が行われていたことが知られる。同書には、次のような記述がある。

> 各校日本語部教授様式は概ね日本式で六学年制を以てし、中には高等科以上を設けて居るものもある。学科目は国語、修身、算術、地理、歴史、理科、体操、唱歌で、教科書は日本の国定教科書に依る為め、伯国で生れた児童に説明しても諒解されぬ事が多いという。葡語部は学制科目すべて聖州教育令によつて行はれ両部の授業は午前と午後に別けて行はれてゐる（伯剌西爾時報社編前掲書、一〇八頁）。

これによって、各校に「日本語部」と「葡語部」があり、先述のような日本語とポルトガル語の二重教育が普及しつつあったことが知られる。今日でこそ

表 2–2　ブラジルにおける日系小学校（1932）

公認の有無	校数	教員数（日本人）	教員数（ブラジル人）
州立	24	22	23
州立私立併設	23	27	23
私立	54	75	46
未公認	27	34	13
郡立	18	18	20
郡立私立併設	10	11	15
未届	31	24	1
合計	185	211	141

『伯剌西爾年鑑・後編』（1933），108 頁から作成

二言語《バイリンガル》教育は肯定的な意味でとらえられることが多いが、それは両言語の担当者が緊密な情報交換や協力に基づいてなされることが前提である。したがって、この日本人教師（日本語）とブラジル人教師（ポルトガル語）による二重教育は、当時の教育現場では負の効果ももたらした。すなわち、日本人教師（日本語）とブラジル人教師の間に対立が生じただけでなく、学習者である子どもたちにも葛藤や相克を生じさせたことがしばしば指摘されている。

茲に注意すべきは日本人教師と伯人教師との教授法、児童訓育に対する理想、規律訓練の方法等が異る為め児童は

往々にして午前に一方の教師に受けた訓導を午後他方の教師により全然覆へされ異れる様式に依り訓練さるる為遂に去就に迷はしめられひいては日伯両教師間の反目を来す如き現象を屢々見る事である（伯剌西爾時報社編前掲書、一〇八頁）。

森脇・古杉・森（二〇一〇）は、こうした二重教育・二言語併用教育に、「ブラジル性と日本人性を巡る相克や葛藤の内在」を見ている。すなわち、「ハイフン付のブラジル国民を否定する国民観をもつブラジル人教師と、ブラジル（人）性と日本（人）性の相克を調停する〈日主伯従主義〉という立場をとることでハイフン付の〈ブラジル国民〉＝日系―ブラジル人を作ろうとした移民一世側との葛藤、あるいはポルトガル語という言語に対して実用的技術的機能を、日本語という言語に対して人格形成機能を分担させようとした移民のバイリンガリズム観に内包された矛盾や相克」があった点を指摘している。こうした矛盾を克服する手段をもたなかったことやその相克に積極性を見いだせなかった点は、この時期のみならず、戦前期を通じてのブラジル日系二言語教育の限界であったといえる。ただ、森脇・古杉・森（二〇一〇）では、こうした二重教育の場を「植民地における二元的教育機関＝〈小学校〉」とし、日系植民地における特徴としている（森脇・古杉・森、二〇一〇、二八六―二九一頁）が、同様の教育はサンパウロ市の大正小学校、聖州義塾、聖フランシスコ学園など都市部の学校でも実施されており、植民地に特有な教育形態とはいえない。大正小学校では、すでに一九一九年からこの形態の二重教育がはじまっているので、都市、植民地を問わず、この時期の日系小学校に現れた特徴だったといえよう。

二―二―四　教育普及会時代――日系移民子弟教育の最盛期

一九三五年以降、先の「外国移民二分制限法」が施行され、日本からの移民受入れが制限されるようになった。ただ、移民入国数の減少と学齢期の子ども人口は必ずしも比例せず、それまでに受け入れた日本人移民の子どもが

表2-3　サンパウロ州小学校および日系小学校の増加と増加率

年	小学校数	増加率（%）	日系小学校数	日系小学校増加率（%）
1932	27,662	—	185	—
1933	29,533	7	—	—
1934	30,733	11	287	55
1935	33,251	20	—	—
1936	33,561	29	—	—
1937	38,829	40	—	—
1938	38,649	43	467	63

出典：Ministério da Educação e Saúde/ IBGE (1943) *O Ensino no Brasil em 1938, Serviço de Estatística da Educação e Saúde*, Rio de Janeiro, XVIII、『伯剌西爾年鑑・後編』(1933) などから作成

つぎつぎと誕生し成長することによって、学齢期児童はむしろ増加する傾向にあった。グラフ2-1（一〇六頁）を見てわかるように、一九三八年頃には、ブラジルの日系教育機関数は約五〇〇校を数えるまでになっている。ブラジル派遣教員留学生出身教員だけでなく、ブラジル生まれの二世バイリンガル教員も供給されるようになっていた。こうした「ブラジル人教師」の日系社会内部からの供給は、前節で述べた日本人教師（日本語）とブラジル人教師（ポルトガル語）による二重教育・二言語併用教育のもたらす矛盾を、教師と子どもの両面からある程度緩和することになった。ブラジル・ナショナリズムの高まるなかで、この時期が「ブラジル日本語教育の最盛期」ということができる。

この時期、「移民二分制限法」によって、入移民数が制限されたにもかかわらず、学齢期児童は増え続け、日系教育機関も増加し続けた。こうした日系教育機関の増加がいかに急速であったか、表2-3サンパウロ州小学校および日系小学校の増加と増加率と比較してみるとより明確になる。

こうした過程で、日本人移民の存在やその子弟教育というものが、ブラジル当局にどう映っていたのだろうか。前掲の前山（一九八二）の指摘にもあったように、ブラジルにおける排日運動の第二次のピークは一九三三から一九三四年とされている（前山、一九八二、九〇―九一頁）。それに続くこの時期は、排日運動が緩和されたわけではなく、一九三四年制定の新憲法の解釈をめぐって、連邦政府主導の移民同化政策として、より法制的・組織的に国家的規模で推進されることとなった。学校その他の外国系機関における式典においても、次のようにブラジル

地図 2-2　日系教育機関分布図（1932 年頃）

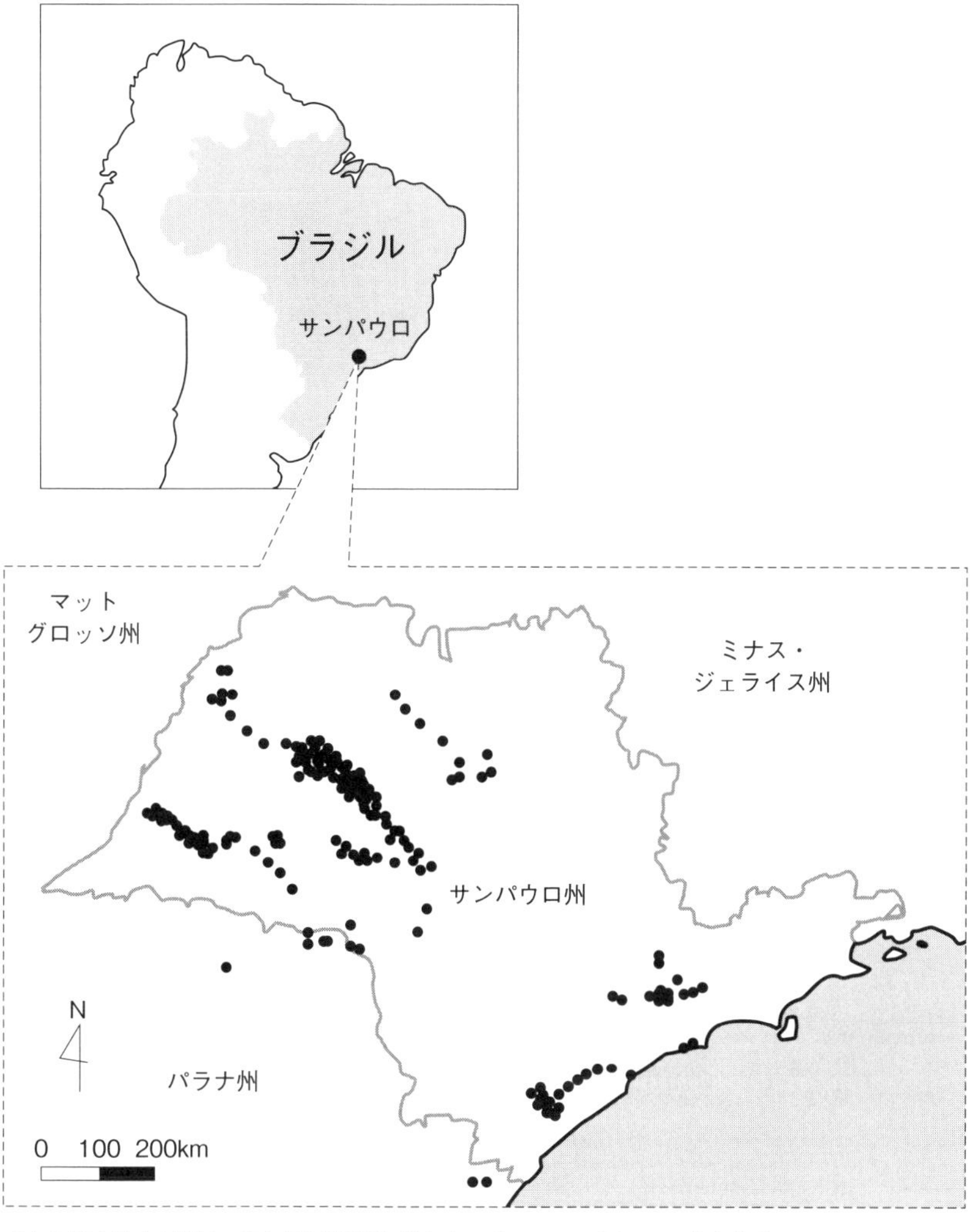

「在伯邦人設立小学校一覧」『伯剌西爾年鑑』（1933）110-117 頁により筆者作成。

ノロエステ鉄道やパウリスタ鉄道沿線に日系教育機関が集中しているのは首肯できるとしても、モジアナ鉄道やセントラル鉄道沿線にそれらがほとんど確認されないのは奇妙である。この一覧には「昭和七年四月サン・パウロ日本人学校父兄会調査」という注記があり、あくまでも父兄会が当時把握できた範囲にとどまることに注意を要する。掲載 185 校中、「未公認」とされているのは 19 校にすぎず、ほとんどはブラジル当局の公認校である。したがって、当時の日系植民地には必ずあったとされる「学校」がすべて把握されているわけではないと考えるべきである。

国旗を外国国旗の上位に掲揚することを定めている。当時のブラジル・ナショナリズムの高揚を、このような実務化の様相において見ることができる。

・国旗の掲揚方に関し大統領令発せらるる―必ず伯国旗は上位に

伯国内に於ける国旗並に其の他の旗の掲揚方に関して、去月廿三日発布せられたる大とう領令第七六三号が廿九日官報を以て公報せられた。その内容は左の如くである。

第一条　伯国領土内ニ於テハ伯国々旗ト併揚スルニ非サレバ半旗ト雖モ外国々旗ハ之ヲ掲揚スルコトヲ得ズ。

但、外国大公使館及領事館ニ於テハ此限リニ非ズ。

（二）公ノ事由ニ依リ外国々旗ヲ半旗トシテ掲揚スベキ場合伯国々旗モ亦半旗トシテ之ヲ掲揚スベキモノトス。

（…）（『時報』一一八八号、一九三六年五月一五日）

「国旗」については、ヴァルガス大統領は興味深い行動をとっている。それは、一九三七年一一月にリオデジャネイロ市内のルセル海岸カモンイス広場で各州の旗を焼却（火葬 cremação）し、「ブラジルの旗は唯一国旗のみであり、ブラジルには大きな州も、小さな州もなく、あるのは大国ブラジルのみ」と演説したことである（住田、二〇一六、三一九―三四〇頁）。ナショナリゼーション政策は、外国人移民だけでなく、共産主義者やファシスト、各州の利益代表者などをターゲットとし、ブラジル全体において進められていた。

ただ、実際、この時期の日系小学校の卒業写真を見ると、天井から縦にブラジル・日本両国旗を垂らし左右に併置している様子が見られる。どちらかを上下にするという差を設けないための措置であろうか（写真2―1参照）。上からの法令に対して、さまざまな対策が講じられていたことが想像できる。移民コミュニティの場合、そうした対策の拠点となっていたものの一つがエスニックな教育指導機関であった。

写真 2-1　大正小学校高等科卒業式（1930 年代後半）。天井から日伯両国旗を垂らし左右に併置している。（アリセ山田さん提供）

こうした新しい状況をふまえて、一九三六年三月、先のサンパウロ日本人学校父兄会を解体・改組し、「ブラジル日本人教育普及会」（以下、「普及会」と略す）が設立される。同会の機関誌『黎明』第一巻第一号（一九三七）掲載の「在伯日本人教育会の創立よりブラジル日本人教育普及会改組まで」には、その設立の経緯が記されている。先述したような在伯日本人教育会の創立から父兄会への改組が記された後、次のように述べる。

然るに、昭和十一年三月十九日の（筆者注――父兄会の）総会決議によって、「ブラジル日本人教育普及会」と改称し、従来の会長をやめて専務理事を置き、各地に連絡機関として部会を設け、会員は一定の会費を納める維持会員、各地の日本人学校父兄会又は之と類似の団体代表者を以てする賛助会員、及び役員会の推薦に依る名誉会員の三種に分たれた。越えて本年七月六日臨時総会を開催し、次の綱要を依つて会の組織を変更した。

一、各学校経営者を普通会員とし、一定の標準に依り会費を納付せしめ、また普及会の事業に賛同して所定の会費を納付する者を賛助会員とすること。而して普通会員の会費は当分普及会より配布する学校維持費の一部を振替えて之に充当し、賛助会員の会費は一口に付月額五「ミルレース」年額前納の場合五十「ミルレース」とし、幾口にても加入し得ること丶すること。
二、会員中より評議員二十名を選任して重要な事項を審議決定する機関とし、評議員会に於て会長及び理事を選任すること
三、会長の下に事務長一名を置き、会長は会務を総理すると共に主として渉外事務に当り、事務長をして事務を統括せしめ又適当の地（六ヶ所位）に支部を設け各主事一名を配置して事務を処理せしめること
従来の部会を廃し、その地域を一区として、大体一名の学務委員を置き、普及会の事務を取扱はしむると共に、該区域内の学校経営団体をして学校協議会の如き自治組織の下に関係事務を処理せしめること。而して学務委員が右自治組織に加はつて其の代表者となり、又は全く自治組織の外に立つて之と連携を保つは之を任意とすること。

この度の改組は総て自治的に取扱ふべきものとした点に深い意義を存し、実に在伯邦人の子弟教育の上に一歩大きな前進を為したものと云ひ得よう（『黎明』第一巻 第一号、一九三七、四五―四七頁）

この記事からは、どのような理由で父兄会から教育普及会へ改組されたのか明らかではない。先述したように、ホスト社会からの同化圧力のなかで緊迫する教育状況に対応するためではあるが、具体的にどのように対応したのであろうか。最初に会員の種類を分け、会費納入の規定を明らかにしているのは、父兄会に会費徴収に関する問題があったからであろうか。この当時、ブラジルにおける日系教育機関は、サンパウロ州一円とパラナ州北部、マット・グロッソ州の一部に広がっており、交通不便な場所も多く、全会員校からの会費の徴収は容易ではなかったはずである。各学校を普通会員として、「会費は当分普及会より配布する学校維持費の一部を振替えて之に充当」することにしたのは、実際会費を普及会が肩代わりすることによって、各学校の加入を容易にするとともに、それら

に対する影響力の行使を目論んだものとも考えられる。また、維持会員や賛助会員をおくことは会の財源を確保する意味もみられ、父兄会に比べて、経済力の強化を図ったと考えられる。また、同誌に掲載された新役員の構成は次のようなものであった。

次で、同月二十三日第一回評議会を開催して下に掲げる様に、役員を選任すると共に事務長及各支部主事の任命を見た。本会はこの新機構によつて、邦人子弟教育の基礎を固くせんことに努めてゐる。

役　員

会長　古谷重綱

理事　多羅間鉄輔、菅山鷲造、藤田克己、矢崎節夫

評議員　安瀬盛次、岩本一郎、君塚慎、佐藤清太郎、下江涼太郎、菅山輝吉、菅山鷲造、多羅間鉄輔、中野巌、芳賀仁吉、花城清安、馬場直、藤田克己、古谷重綱、日沖剛、間崎三三一、村上誠基、矢崎節夫、安田良一、脇山甚作、（五十音順）

事務長　石井繁美

第一支部

主事　五十嵐重虎（兼任）

学務委員

サン・パウロ区　鮫島直哉　聖西区　矢野枡治

ジュケリー区　今西照夫　モジ・ダス・クルーゼス区　松村兼作

サントス区　上原直勝　レジストロ区　松村栄治
アントニーナ区　高島廣一　ノーヴア・アジア区　城間善吉
モジアナ区　田中国義　モーロ・アグード区　西　傳助
カタンヅーバ区　前田末廣　モツカ区　山田曽市

第二支部
主事　九鬼　隆（勤務プ・プルデンテ）
学務委員
バストス区　山岸又次郎　ジヨゼ・テオドロ区　杉義夫
プ・ウエンセスラウ区　鍵本信重　パラグアスー区　山田登幸
プ・プルデンテ区　粟津幾太郎

第三支部
主事　九鬼　隆（兼任）
学務委員
アヴアレー区　積田三郎　オウリニヨス区　戸根寅太郎
カンバラ区　上野米蔵　ロンドリーナ区　花田　恵
トレス・バラス区　西村市助

第四支部
主事　五十嵐重虎（勤務バウルー）

学務委員
バウルー区　阿部一一　ドアルチーナ　村上達三
ヴエラクルース区　中平三夫　マリリア区　野村秀吉・沖周一郎
ポンペイア区　吉山市五郎

第五支部
主事　葛岡唯雄（勤務リンス）
学務委員
カフエランヂア区　副島恵祐　リンス区　吉住勝彦
グワヰサーラ区　佐藤由　プロミツソン区　鈴木季造
ペンナポリス区　馬場益吉

第六支部
主事　葛岡唯雄（兼任）
学務委員
ビリグヰ区　島貫武雄　アラサツーバ区　安田　巌
佐々木廓吉
チエテ
アリアンサ区　古関徳弥　グワラ、ペス区　瀬ノ上保生
ヴアルパライーゾ区　粥川正三　カンポグランデ区　山城興昌（『黎明』第一巻 第一号、一九三七、四五―四七頁）

会長に元外交官で駐アルゼンチン特命全権公使であった古谷重綱、理事筆頭に元バウルー領事館領事であった多羅間鉄輔を据えたのは、帝国総領事館や日本の外務省、ブラジル官憲との関係を円滑ならしめることにあったと想像される。さらに想像をたくましくすると、彼らを通じて日本政府からの補助金増加をねらっての人事だったかもしれない。各地に支部をおくとともに専任の主事をおき、各部会の連絡をはかり、中央（サンパウロ市）と諸地方の連絡を緊密化しようとした。父兄会に比べて、さらに組織化と中央集権化が進んでいる。父兄会役員に当の学校経営者や教師がいなかったのに対して、彼らが役員に加えられた。ここに記されたすべての人物についての調査ができたわけではないが、理事の矢崎節夫、評議員の花城清安、馬場直、安田良一、第一支部サントス区の上原直勝、ノーヴア・アジア区の城間善吉、第二支部パラグアスー区の山田登幸、第三支部アヴアレー区の積田三郎、第五支部グワヰサーラ区の佐藤由、第六支部ビリグヰ区の島貫武雄、カンポグランデ区の山城興昌など、現役教師や教師経験者が多数採用されており、父兄会に比べてある程度は地域の教育現場の発言力が反映されるようになったと考えられる。次の『幾山河』の記事は、一九三七年七月の臨時総会以降、そうした変化が現れたことを述べている。

翌年（昭和十二年）七月六日、臨時総会が開かれ更に組織の変更を見た。当時の事情について記した多羅間鉄輔氏の文はその真相を伝えている。氏は「教育普及会の改組は当然といってよかろう。今迄の普及会が殆んど名目だけに止まり、実際に会としての働きができないような極めて窮屈な組織であったのに比べると、随分よくなったと云ってよい。第一に学校経営者が会員に加えられたは当然の事ながら、それができただけでも大いに効果がある」「今迄全く云いたいことも云えなかった村の衆も意見が述べられる」と云っている。又、お役人が世話を焼きすぎて文句が多かったのが過去の普及会の癌であった事を認めながら、教育事業は手前勝手にやるべきではなく統制を図るのは当然だといっているが、当時の特色をよく現わしたコトバである（伯国日語学校連合会、一九六六、一〇九頁）。

その他、機関誌の『黎明』を見ると、各号に映写機使用の解説が連載されており、教育巡回映画など視覚教材・教具の普及につとめていることが知られる。

こうした普及会活動のなかでも、もっとも注目すべき事業は、ブラジル日本語教科書の編纂である。これは前掲の父兄会時代にすでに計画されていたもので、ブラジル日系教育界の悲願ともいえた。普及会では、古野菊生らが中心となり、一九三六年から三七年にかけて、『日本語讀本』全八巻と『日本語讀本教授参考書』全八巻が編纂・刊行されている。これらはポルトガル語の翻訳をそえ、州当局の認可を経たもので（『発展史・下』、二〇一頁）、ブラジル日系小学校において広く利用されることが期待された。[13]

この『日本語讀本』編纂の過程は、つまびらかではない。一九三五年、教育普及会は二世向け『日本語讀本』の編纂を古野に依頼したとされるが（古杉、二〇〇四）、「古野は教科書編纂の助手として日本の文部省から招聘を受け日本へ帰国するものの、一年も経たないうちにブラジルに戻ってきた」といわれる（安良田、二〇〇五、二一〇頁）。以上の議論を受けて、伊志嶺は、ブラジルから識者を招聘するものの、補助金を下付していた日本側（文部省）が作成の主体になって、この教科書が編纂されたと推測している（伊志嶺、二〇一〇、二九八頁）。確かに、この教科書は全巻日本で印刷されている。[14]編纂の主体をブラジル、日本いずれにおいたかを判断するかは難しいが、「伯国の初等教育状態視察」のために、文部省の教科書編纂の専門家である佐野保太郎がブラジルに招聘されている（『伯剌西爾時報』一九三五年一〇月二日）のが注目される。[15]これは、次の記事のように、「在伯同胞第二世用教科書編纂等の用務」を帯びてのことであった。

• 佐野保太郎氏出聖

既報伯国の初等教育状態、並に在伯同胞第二世用教科書編纂等の用務を帯びて先月三十日来伯した文部省図書監修官佐野氏は、リオの仕事も片付き、去る六日出聖、七日の月曜は朝から当地総領事館に詰め来聖の挨拶を述べ直に教科書編纂の話を進めた（『時報』、一九三五年一〇月九日）。

この記事を見る限り、教科書編纂の主体としての比重は日本側（文部省）の方が高かった印象を受ける。ただ、佐野はこの教科書の紹介記事のなかで、「かの地に居る教育関係の日本人たちと会合して、教材に対する意見を聞いた」（佐野、一九三七、八五）などと、ブラジル日系教育者との意見交換について何度かふれている。また、筆者の調査では、ブラジル派遣教員留学生出身で、当時コチア小学校校長であった清水明雄が、「あの教科書には、私もいくつか書いたし、二木はもっと書いた」と証言している。二木というのは、やはりブラジル派遣教員留学生の一人であった二木《ふたつぎ》秀人《ひでと》のことであり、当時大正小学校の教員であった。後述するように、この教科書中いくつかの教材はブラジルの初等読本教科書 *Leitura do Principiante*[16]（初版一九二六年発行）を出典とするもので、その翻訳や翻案作業を考えると、現地教師の手が加わっていないとは考えにくい。以上のことから、この教科書は、佐野ら日本側識者の指導のもと、教育普及会の古野や現役教師の清水、二木らを執筆陣に加え、両者が協働の上で編纂を進め、印刷・発行は日本においてなされたのではないだろうか。また、この教科書編纂の動機には、国定教科書の内容とブラジル日系学童のおかれた状況とのズレという問題とともに、次の佐野の指摘のように、国定教科書購入のコスト高という問題もあったことが知られる。

●目に映じた二世教育の現状、鋭いところを一ッ──教科書の値が高い──佐野図書監修官語る

文部省図書監修官佐野保太郎氏は別項記載の通りリオの視察を終つて六日午後出聖し、目下常盤旅館に投宿中であるが、同氏は大要次の如く語つた。

（…）

又当地で発売されてゐる日本の教科書は大変高い様に思ふが、之なども調べて行きたいと思つてゐる（『時報』一一

二四号、一九三五年一〇月九日）。

こうしたコスト高にもかかわらず、実際、ブラジルにおける日系移民子弟の日本語教育に使用された教科書は、日本の国定教科書が中心で、主に『尋常小学国語読本』巻一～一二（一九一八年編纂のいわゆる「ハナハト読本」）や『小学国語読本』巻一～一二（一九三三年編纂のいわゆる「サクラ読本」）が各地に普及した。[17]岡崎（一九五〇）は、ブラジルで一九三〇年頃から二十年間、いわゆる「日語学校」とも呼ばれていた日系小学校（戦後は日本語学校）において使用されてきた教科書について、戦前の国定国語教科書が七〇パーセント、戦後の検定教科書が三〇パーセントであり、ブラジル『日本語讀本』はほとんど使用されていなかったと記している（岡崎、一九五〇、五三―五四頁）。では、教育普及会時代、ブラジル日系教育機関では実際どんなことが教えられていたのであろうか。第三章で取り上げる聖州義塾やコチア小学校をのぞいて、一般小学校の教務日誌などが残っていないので、その詳細と全体像を知ることは困難である。ただ、ブラジル日系移民子弟教育において使用された教科書の内容を検証することによって、その教授内容の一端を知ることは可能であろう。

ブラジルでもっとも使用された国語教科書である『小学国語読本』全一二巻（一九三三年編纂）の巻一の最初の単元は「ハナ」で、内容は有名な「サイタ、サイタ、サクラガサイタ」である。戦前の日系小学校に通ったインフォーマントに教科書について尋ねると、次のように「サイタ、サイタ、サクラガサイタ」という言葉を覚えている例が多い。

私は、読本は五の巻まで習ったかしら…覚えているのは、「サイタ、サイタ、サクラガサイタ…」かな。先に先生が読んで、それからSさん、読みなさいって。それで、大きな声出して読むのよ。男の子は、なんかいたずらして、よく先生にゲンコツもらってたわね（S・Uさん、一九二八年、パラナ州ガビオン・ペイショット生まれ）。

ブラジルの日系小学校の教授法・教授内容を一般化することは困難であるが、一九三〇年代前半までは、教師は通常日本で教育を受けた者であったので、日本と同じあるいは日本に準じた授業内容であったと考えられる。では、「外国移民二分制限法」によって後続移民が減少し、ブラジル・ナショナリゼーション政策によって外国語教育が制限・禁止されていく三〇年代後半にはどのような変化が起こったのであろうか。

先述したように、戦前ほとんど使用されなかったとされる教育普及会編纂の『日本語讀本』であるが、その内容をさぐることは、当時の日系子弟教育がどういった方向を志向していたのかを知る手がかりにはなろう。本節では教科書分析には深く立ち入る余裕はないが、その教材内容の一端をかいま見て、普及会時代の日系子弟教育の志向性をうかがってみたい(18)。

『日本語讀本』巻一の最初の単元は「ハナ」で、国定教科書『尋常小学国語読本』巻一の最初の単元「ハナ」と共通しているが、挿絵には桜とともにブラジルの花イッペイが色刷りで描かれている。この教科書の教師用虎の巻である『日本語讀本教授参考書』には、「日本に於ては、昔から、花といへば櫻を思ふのが常である」としながらも、「伯國に於ては、日本の櫻に相當すべきもの、即ち國花と称すべきものはないが、まあ、それに近いものとして、ここにはイッペイを選んだのである。〔改行〕本課はイッペイと日本の櫻の美とを配合したもので、伯國民としての感情と日本國民としての感情が融一的に表はされてゐる」(ブラジル日本人教育普及会、一九三七、一頁)と解説されている。伊志嶺(二〇一〇b)によると、『日本語讀本』は、形式や内容面からみると、前掲『小学国語読本』(一九三三)を参考にし、「日本精神と他国精神との融合」という、言語習得に加えて日本(日本人の生活習慣や思想)理解を目的にした教科書であった(伊志嶺、二〇一〇、三〇〇頁)。そして、こうした「日本的教育」と「ブラジル的教育」の融合は、次の『日本語讀本教授参考書』各巻冒頭に示されるように、この読本全体をつらぬく「編纂の方針」であった。

本書は、立派な日系伯国市民の養成を目的とする日本語学校教育の趣旨に基づき、日本語学校国語科教科書に充てる目的を以て編纂したものである。本書を編纂するに企図する所は、児童をして日本語を学習習得し日本文化を吸収させることによつて、日本精神と伯国精神との融和を図り、より高き伯国文化を創造させる点である（『日本語讀本教授参考書』巻一、一九三六、一頁）。

この『日本語讀本』は総単元数一九五課のうち、かなりの素材が日本の国定国語教科書から採られているが[19]、なかには、「リオ、デ、ジャネイロ」（巻三）、「ブラジルの発見」（巻五）、「ジョゼ、ボニファシオ」（巻六）、「アンシェータ」（巻八）などブラジルの歴史上の事件・偉人の伝記も記載されている。例えば、ブラジルがアルゼンチン、ウルグアイとともに戦ったパラグアイ戦争（一八六四〜一八七〇）の英雄「ラッパ兵ジェズース」を取り上げた単元（巻五）などは、日本の国定教科書との関係を考える上でなかなか興味深い内容となっている。

将軍の命令を受けたジェズースは、さつそくラッパを口にあてて、
　進め―
吹きかけた時、たちまちとび来つた敵のたまはジェズースのうでをつらぬきました。ラッパは口をはなれました。けれどもそれはただちょっとの間で、
　進め、進め
勇ましいひびきは血のしたたるうでからささへたラッパから全軍につたはりました。やがてまた今一つのたまがジェズースのうでをつらぬきました。けれどもジェズースは、まだしっかりとラッパをにぎってはなしませんでした
（『日本語讀本』巻五、一〜四）。

これは一見ブラジルの英雄を顕彰する意図のように見えるが、戦前の教育を受けた日本人にとってはなじみ深い内容となっている。すなわち、下記のように修身教科書に掲載された日清戦争の英雄「ラッパ卒キグチコヘイ」の物語と酷似しているのである。

キグチコヘイハ、イサマシク　イクサ　ニ　デマシタ。

テキノタマ　ニ　アタリマシタ　ガ、シンデ　モ、ラッパ　ヲ　クチカラ　ハナシマセンデシタ（『尋常小学修身書』巻一、一七、チュウギ[20]）。

この「ラッパ兵ジェズース」掲載には、「恐らく編集趣味に相当くはしい説明があらうと思ふ」といわくありげな説明があり（佐野、一九三七、九七）、その背景に曲折があったことをうかがわせる。ブラジルの対外戦争の英雄を取り上げることによって、ブラジル当局による同化圧力への対応とともに、日本のナショナリズムの影響を受けた一世世代への配慮という、両者を調停する編纂者たちの努力が読み取れるのではないだろうか。あるいはまた、桜とイッペイの美の並置によって、「日本的教育」と「ブラジル的教育」の融和という理想のもとに、第四章で取り上げる小林美登利が思い描いたような一種のコスモポリタニズム、「大和魂をもったよき日系ブラジル市民」育成への希求が背景にあるとも考えられるのである[21]。

なお、この『日本語讀本』の最終単元は、次のような「ブラジル開拓の歌」（巻八）で終わっている。

第二十二　ブラジル開拓の歌

大天地《おほあめつち》に照りわたる
朝日（を）仰ぎて、今日もまた
誓ふ楽しさ、ほこらしさ（よ）。
日のごと（く）、正しく、明らけく、
たゞましくらに進みなん。
家の為、はた国の為、
此の世の為に、人の為に。

ブラジル（の）大野（は）、風（が）清く（ふいて）
笑みて咲きたる（一）草に木に、
花の楽しさ、ほこらしさ（よ）。
つちかひ、草取りいつくしむ
我が真心に実のるとて。
家の為、はた国の為、
此の世の為に、人の為に。

一日の務（が）終りたる
夕日（は）笑むごと（く）、さとすごと（く）
はゆる楽しさ、ほこらしさ（よ）。
ふるさと遠くも渡り来て、
此の誓をば破らんや、
家の為、はた国の為、

この単元の「教材解説」には、「雄々しくも颯爽たるブラジル開拓の歌である」（ブラジル日本人教育普及会、一九三七、一六頁）とし、「朝は、朝日が輝きわたる無限の大天地。その天地に立つて朝日を仰ぎ、大ブラジル開拓を誓ふ楽しさ、そしてその誇らしさを思へ」と、当時ブラジル日系人の大半が従事していた農民としての生活を讃え、それを楽しく誇らしいものとして賛美している。何度も繰り返される「家の為、はた国の為、此の世の為に、人の為に」については、「我が家のためだ、我が帝国のためだ、又ひろくこの世の中のためだ、全人類のためだ」と解説されている。「国の為」が「我が帝国のためだ」とされている点については邦人発展主義の論理がかいま見えるが、「ひろくこの世の中のためだ、全人類のためだ」と結ぶところに、今ある生活、すなわちブラジルの大地を耕すという行為が全人類のためになるという一種のコスモポリタニズムを見ることができる。この教科書編纂の時点で、教育普及会が考えるブラジル日系住民が取り得るべき態度を表したというべきであろう。

二―二―五　文教普及会時代――日本語教育制限と武道・スポーツの興隆

ブラジルでは、ヴァルガス政権確立以降、一連の政治・社会改革が進められたが、一九三七年一一月には、クーデターによって新国家体制《エスタード・ノーヴォ》と呼ばれるヴァルガス大統領の独裁体制が確立した。この新国家体制《エスタード・ノーヴォ》は、革命による独裁体制の確立と国家の統一を推し進め、表面上は民衆の政治参加を強調し、国民共通の意識としての「ブラジリダーデ」、すなわちブラジル的な民族中心の政策を実施することであった（住田、二〇〇〇、一二七―一二八）。ブラジルは従来、州ごとの独立性が強く、外国人移民とその子孫たちが独自の言語や文化と特有のコミュニティを維持していたが、この政策はそういった状況を強力な独裁体制の下に、「一つの言語、一つの国家」としてのブラジルという国民国家に統一しようとするものであった。ナショナリゼーション政策が進められるなかで、移民の同化政策が実施され、外国系住民の「ブラジル化」がさらに推し進められることになる。連邦政府は、一九三八年から翌三九年にわたり、外国人入国法、同施行細則、外国人団体取締法、外国語出版物取締法、外国系ブラジル人の同化促進に関する法律令（法律の効力を有する大統領令）などを相次いで制定実施し、外国人の入国、活動、教育その他に関して、大きな制限を加えることとした（『発展史・下』、二〇〇頁）。

こうしたなか、外国語教育の制限と外国語学校への弾圧は、ますます厳しくなっていった。教育に関しては、外国人入国法第一六章八五条において、国内すべての農村学校においては、各科目の教授はポルトガル語をもって行うこととし、この条の属項として、次のような補足規定が設けられた。

属項第一、本条に謂ふ所の学校は、生来のブラジル人常に之を教授すべし
同　第二、この学校に於ては、十四歳未満の者に外国語を教授することなかるべし
同　第三、初等教育用の書籍は、必ずポルトガル語を以て著述すべし
同　第四、初等科中等科の教科目に於て、ブラジル国の歴史及地理の教授は之を義務的とする（Câmara dos Deputados Web-Site）(22)

邦字新聞では、これらの移民同化とその一環として行われた外国語教育を制限する諸法令を「国粋化法」と呼んで恐れ、この状況を「教育非常時」と叫んで読者の注意を喚起した。日系移民子弟教育にもっとも大きな影響を与えたのはこの外国人入国法第一六章八五条と補足規定であった。これによると、農村での一四歳未満の者への外国語教育を禁止している。すなわち、人口比率からすると農村における初等教育が大多数を占めた日系教育機関の日本語教育が禁止されたことになる。ただ、この「農村」がどの範囲を意味するのかが明確に定義されておらず、日系社会の指導者や教員、父兄たちはこの地域の解釈がゆるやかに行われることに、わずかに期待をかけていた。と

ころが、一九三八年八月には、サンパウロ市とサントス市を除きその他は農村地帯と決定し、この期待は裏切られた(23)。同年五月、マットグロッソ州では「麻州では視学が小学校の便所の隅まで調べ上げ邦字入りの紙片一切を押収」、パラナ州で日系小学校児童の持ち物検査が行なわれた。リオ・グランデ・ド・スル州では「独逸人学校狩り」と呼ばれるドイツ系教育機関への弾圧が続いており、総領事館や教育普及会、各学校でも対応に追われた。『伯剌西爾時報』一〇月二一日号は、「運命の十二月二十九日」と外国語学校前面閉鎖の日を予告して慨嘆している。

こうした日本語教育の危機的状況に対応するため、先の教育普及会は、一九三八年一〇月に定款の一部を改訂し、「ブラジル日本人文教普及会」(以下、「文教普及会」と略す)と改称・改組した。文教普及会への改組の目的が、こうした「教育非常時」に緊急対応することにあったことはいうまでもない。

日本語教育禁止の事態に動揺したのは、教育指導機関の指導者たちや教師たちだけでなく、一世である父兄たちもそうであった。ここで特に、父兄たちが日本語教育不在によって懸念したことは何だったのか。もちろんポルトガル語へ傾斜していく子どもたちとコミュニケーション不全となることも懸念されたが、それ以上に懸念されたのは、「だれが親孝行を教えるのか」という問題であった。半田(一九七〇)は、学校から日本人教師が消え、ブラジル人教師だけになると、「彼らは日本人の倫理の中心となっている忠孝の道の思想を子どもたちにうえつけることができないではないか。ブラジルでは忠義は教えられないとしても、孝行は教えられないものであろうか。移民たちにとって孝行思想は、生活のささえとなっているものであった」(半田、一九七〇、六二二―六二三頁)と述べている。この「孝行思想=生活のささえ」という考え方は、もちろん道徳的な意味ももつものであったが、それだけではなかった。それは、「パトロン(大農場主)になる」という経済的成功や「錦衣帰国(24)」という中長期のブラジル移民の生活戦略の前提となるものであった。半田(一九七〇)は続いて述べる。「日本人の強みは、その家族制度にあると移民たちには考えられた。家長の命令一下、家族全員が協力して働くことであった。「毛唐はまずかかあが反対する、子供たちも勝手なことをいって親父のいうことをきかない。あれじゃ、裸一貫の移民が成功してパトロン

（大農場主）になることはむずかしい」というのである」（半田、一九七〇、六一三頁）。すなわち、日本語教育（＝徳育）不在によって「孝行思想」が崩れてしまうと、経済的成功や「錦衣帰国」という戦略の前提である日本人特有の家族制度が崩壊してしまうと考えたわけである。つまり、日本語教育（＝徳育）不在は、移民の生活戦略に関わる経済的問題でもあったのである。したがって、移民一世世代である父兄たちも必死にならざるをえなかった。

ただ、ここで注意すべきは、禁止されたのは外国語教育たる日本語教育であって、日系移民子弟を対象とする学校教育そのものが否定されたわけではないことである。しかし、従来の先行研究や周年史、日本語教育史研究では、日本語教育の禁止が直ちに日系子弟教育衰退という図式的理解がなされてきた印象を受ける。また、その後の日系子弟教育がどのように変容したのかについて、十分明らかにされているとはいえない。例えば、『移民七〇年史』では「法令に従う限り、子弟に日本語を教えることはこの時点でもはや不可能」（ブラジル移民七〇年史編纂委員会編、一九八〇、七四—七五頁）であるとし、『移民年表』でも、一九三八年一二月二五日の項に「この日をもってブラジル全国の外国語学校、主として日・独・伊等の学校が全面的に閉鎖される」（サンパウロ人文科学研究所編、一九九六、八九頁）と記されている。『アメリカ大陸日系人百科事典（日本語版）』（二〇〇二）では、こうした論調を踏襲し、「一九三八年には、すでに枢軸国（日本、ドイツ、イタリア）系の学校がすべて閉鎖されてしまいました」（二宮、二〇〇二、一七一頁）と記している。また、森脇・古杉・森（二〇一〇）でも「一九三八年一二月には、ブラジル全土の外国語学校に閉鎖命令が交付され、サンパウロ州内では二九四校、ブラジル全土では四七六校の日本語学校が閉鎖に追い込まれることになった」（森脇・古杉・森、二〇一〇、二七二頁）と記しており、太平洋戦争勃発後から戦中の日系子弟教育の状況については、コチア小学校や地方日系コミュニティの記念誌の記事を抽出し列挙しているのみである。

確かにこの時期、特に一九三七年から一九三八年は「教育非常時」という邦字新聞の見出しに象徴されるように、各地で日本語やドイツ語教育に対する制限・弾圧が進行した。しかし、これら移民子弟の語学教育が制限され、ポルトガル語教育へ一言語化する中で、日系子弟教育全体が、あるいは日本的教育文化、特に徳育の実践はただ衰微したただけなのだろうか。実際には、大正小学校やコチア小学校、聖フランシスコ学園などはポルトガル語によるブラジル公教育に移行しつつ戦時中も存続しており、第三章において詳述する聖州義塾も一九四二年一〇月に強制立ち退きに遭うまで活動を続けている。中学校や商業学校など日系の中等教育機関は、一九三九年になってから産声をあげている。日系人は日本語教育の手段を失っても、決してその子弟教育機関を失ったわけではなかった。日系移民子弟教育の歴史を多面的に把握しようとする場合、日本語教育が禁止された後の日系移民子弟教育そのものの変質を問わねばならない。すなわち、そこで何が変わり、何が変わらなかったのかが問われねばならないのである。

邦字新聞記事などからかいま見えてくるのは、教師や父兄たちの嘆きがある一方で、大和魂や日本精神の涵養を目的とする日本的教育がいくつかの方法で活性化していた形跡さえあることである。それは、野球、陸上競技、武道など体育を通じた「健全な」子どもの育成（「健全な」と判断される中には大和魂や日本精神の涵養が含まれていた）と「銃後運動」の名のもとに実施されたいくつかの活動である。特に、前者は、一九三七年から一九三九年という日本語教育の危機的時期に、それと入れ替わるようにブラジル日系社会全体を巻き込みながら組織化・活性化していくのである。

ただ、こうした日本語教育弾圧下にあって、多くの一世移民が子どもの将来を懸念し悲観したのは事実である。邦字新聞には、次のように、一九三八年八月の新教育令への反応として、「孫の行く末」を思うという短歌が掲載されている。

〝新教育令を憂ひて〟として奥地某老人から一首
何事も外に悩みはあらねども
唯思ふかな孫の行く末（『時報』一六六三号、一九三八年八月一四日）

作者は「某老人」となっており詠み人知らずであるが、ブラジル渡航後一〇年、二〇年を経た老移民を想像できる。「何事も外に悩みはあらねども」という言葉から一応の社会的・経済的達成感を得た人物とみてよいと思われるが、日本語教育禁止によって、かわいい孫の将来がどうなるか懸念している様子がうかがえる。農村の日本人父兄たちが示した懸念として、日本語を話せないと「カボクロになる」というものがあった。先にも確認したように、「カボクロ」（caboclo）とは、田舎の貧しい農民、数代に渡って不便な場所で、ほとんど商品経済の外にあって、自給自足的な生活をしている者（半田、一九七〇、五六一―五六一頁）で、日系移民の間で蔑称として使われたものであった。次の会話は、伯剌西爾時報社から発行されていた児童教育雑誌『子供の園』の広告中に出てくるものであるが、こうした懸念を端的に表している。

或奥地の畑で父達は語る
A：どうも金が儲からないで困るよ、それよりもっと困る事がある、今度の法律で日本語の教育が殆んど絶望な事だ。俺達の子供はどうせカボクロになるのかなア！
B：尤もな話だ。金は時期が来れば儲かるが教育は時期が過ぎたら駄目だからね。併しそう悲観は無用だ。俺は前から子供等に「子供の園」といふ雑誌を読ましてゐる。子供はドウセ（筆者注――Doce＝甘いお菓子）よりも此雑誌を待焦がれて居つて面白く読耽る。それで知らず知らずの間に日本語の勉強が出来、自然と日本精神が入つて来た。葡語も適当に交へてあるので一挙両得の勉強になるよ。君もとつて子供に与へ給へ。
A：そうか、い丶ことは判つたが此不景気の際金がか丶るだらうなあ。
B：ノンテペリーゴ、一冊たつた三ミル（毎月一回発行）だから一日ウントストンですむ。一年なら三十ミルだ。
（…）

子供の園発行所

聖市　伯剌西爾時報社（『時報』一六八四号、一九三八年九月八日）

「日本人は彼らの生活に進歩がないことを見て「カボクロ」みたいになるな」というのを子供たちへのいましめとした」（半田前掲書、五六九頁）という。つまり、自分たちの子どもが、カボクロのように進歩のない田舎の貧しい農民になりさがってしまうという懸念が、日本語教育を一面でささえていたといえる。もちろん前掲の広告のように、教育雑誌を購入して読ませれば解決する問題ではなかった。

こうした日本語教育弾圧下にあって、日系教育機関や父兄たちが示した対応策は次のようなものであった。

(1) ポルトガル語によるブラジル公教育に一元化する

(2) 法令を無視して学校での日本語授業を続ける

(3) 一一歳以上の子どもへの外国語教育が認められているサンパウロ市・サントス市の教育機関へ子弟を転校させる

(4) 子弟を日本への留学させる

(5) 巡回指導への転換（非合法行為なので隠れて行わなくてはならず、十分な時間もとれず、非効率）

(6) 家庭学習の奨励（奨学舎という寄宿舎を設け、そこで隠れて日本語を教授することも含む）

日本語教育を継続する方法としては、(2)〜(6)が打開策と考えられた。文教普及会が奨励したのは、主に(5)と(6)の方法であった。次の邦字新聞記事をみると、一九三九年一月の時点でも、地域・学校によって受け取り方はさまざまであったことが知られる。

•立ち直つた教育陣、〝嵐〟の跡を見る
一児童の切なる希ひを〝日本語教育が無くなつたら〟の作文に託していぢらしき祈りを捧げたにも拘らず、邦ご教育の運命は昨年来をもつて悲劇的終末をつげた。

「その後に来るもの」は和魂伯才か日主伯従か？　教育十字路にたつて何れかの一つをえらばざるを得なくなつた父兄と教師―茲に台風一過後のマリリア方面の教育たて直し工作をのぞく。

育まん〝未来の栄〟―巡回教授に全力を傾注！

マリリアでは市内日伯小学校は愈々新学期をもつて巡回教育を実行、佐藤校長以下三名が之に対することゝし各所に四名の児童を招集二時間宛五ヶ所巡回の予定である。之に伴つて教師の増員上授業料値上問題あり、児童十二ミルを決定せる処、百二名の児童が僅七十名に減少し□が佐藤校長としては最後の一人となるも努力するとの元気さである。

尚校舎は文けう会の指令に依る奨学会説とクラブとの青年層の指導機関に利用すべしとの二説に別れてゐる。因に植民地方面は大体従前通り之を実行すべく目下史学官《ママ》に対し交渉中であるが、大体了解するらしき模様。

ベーラクルーズ駅では最ごの一日まで学校けう育を従前通り続行する決心で万一の場合は之を巡回教育に変更すると。

ポンペイア駅は植民地は従前通り学校における邦ごけう育を実施し、市内ポンペイア中央校は大体大竹夫妻、八十島けう師夫妻、中家教師の五名が万場一致を以て従らいの百六十名を巡回けい育の形の下に邦ごけい育を実行、校しやは之を大竹校長に保管方を一任する事とし之を奨学舎として地方より遊学の児童の寄しゆくやに充てる事として日会之をよく援助することを約して新学期を待機中である（『時報』一七九五号、一九三九年一月二六日）。


ここでいう「嵐」というのは、「教育非常時」とともに邦字新聞がしばしば使った「国粋化の嵐」のことで、ブラジル当局による外国語教育の弾圧を指している。この記事にもあるとおり、マリリアのように巡回教育に切り替えたところ（前掲(5)の例）や、ベーラクルーズやポンペイアなど地域によっては法令を無視し、「従前通り」日本語教育を継続する学校（前掲(2)の例）もあり、外国語教育の実質的な禁止の受け取り方と対応はさまざまであったことが知られる。

『コチア小学校の50年――ブラジル日系児童教育』（一九七八）は、コチア小学校教師であった石原辰雄によって編述された同校の記念誌であるが、戦前から戦中、戦後にかけての同校の「重要日誌」を掲載する貴重な資料である。同書によると、日本語教育継続のため、聖西地区小学校父兄連盟[25]では、一九四〇年八月に教科書確保のため、日本の国定教科書三ヶ年分を共同購入している（石原、一九七八、五二頁）。この聖西地区小学校父兄連盟に所属するコチア小学校はブラジル最古の日系小学校の一つであるが、前掲(1)を装いながら(2)の方策をとった例である。一九四〇年の同校「重要日誌」に「教科書は各学年共修身、読方、算術、地理、歴史、理科、唱歌、図画それに全科詳解等であったが、その選択は各校随意である。コチア小学校では全科目、各学年の必要数を購入した」（石原前掲書、五二―五三頁）とあり、一九四〇年八月の時点では、修身を含む日本の全科目を引き続き教授するつもりであったことを示している。一九三九年一二月まで同校の校長を務めた清水明雄は、「当時のコチアはね、風が吹けば埃だらけ、雨なんか降ったら泥だらけで、視学なんか億劫がってなかなかやってこなかったもんだ。たまにやってくるとね、こりゃ袖の下がほしいんだなって、そこは以心伝心ってやつでね…私が辞めるまでは、普通に授業を続けていたよ」と、近郊農村の日系小学校の実情を証言している（筆者のインタビューによる）。同じく一九四〇年の「重要日誌」には、「学習指導法」として、次のように記されている。

学級担任制を主とし、学科担任制を加味す。午前八時より同十一時五十分迄、伯語学校（州立）四年制にて、卒業したるものに対しては伯語補習教育をなす。

正午より午後四時迄日本語学校（私立）

日本語学校教科目

修身、読方、綴方、算術、地理、歴史、理科、体操、唱歌、図画、伯語、伯地、伯歴、裁縫（石原前掲書、五〇頁）

「伯語学校（州立）」というのは同じ校舎で併設していたブラジル公立小学校である。ここでは、先述したような日本語教育とポルトガル語教育の二重教育が太平洋戦争時まで継続されていたことが知られる。また、コチア小学校ではこの年になっても、八月になるとリオデジャネイロへ修学旅行が実施されていた。もちろんすべての日系教育機関が、ブラジル公教育機関として生き残ったわけではなかった。「戦時中、聖西地区連盟十三校の中残って何とか学校としての命脈を保って来たのは僅か一、二校に過ぎなかった」（石原前掲書、五三頁）と記されている。

前掲(3)のように、サンパウロ市やサントスの教育機関に子どもを転校させることも、日本語教育を継続させる一方策であった。サンパウロ市の日系教育機関では、一〇歳未満の児童への外国語教授禁止にどう対処するかが大きな課題であった。前年にせっかく刊行された『日本語讀本』も三年生以下には使用できなくなったのである。大正小学校では、次の記事に報じられたように、この問題解決のために「新案」が採用されたという。

●〝窮すれば通ず〟で新案日語教授法生る—大正小学校で直ちに採用

一昨夕聖市日本倶楽部内の日会事務所で開催された日会移管後第一回の大正小学校生徒父兄懇談会は定刻の七時を遅れること約一時間午後八時からヤット招集者の宮坂会長が出席、宮坂会長の挨拶から始まつて矢崎学務委員、石井教普会事務長、両角校長の日会に移管するまでの経緯等の話があつて懇談会に移り協議事項は

近時特に厳しくなつたグルツポ三年生（十歳）以下の外国語教授禁止に対する大正小学校の授業方法に入つた。前記に対する日会の対策としては読本を使用せぬ日語教授法を出席父兄に披瀝して承諾を得たが、この授業方法は最

後の時間を当て口答の日語教授を行ふといふのである。なほこの他に既報の日会評議員会で決定した大正小学校父兄の日会入会勧誘もあつて午後十一時に散会した（『時報』一五四一号、一九三八年三月一七日）。

これによると、「新案」とは、教科書を使わず口答で日本語教授を行うというものであった。『移民年表』には、「但し一つの試みにすぎなかった」（サンパウロ人文科学研究所編、一九九六、八七頁）とあるので、どの程度実行に移されたのかはわからない。過渡的な一施策であったといえよう。実際、日本語教育の実施は次第に困難さを増した。ただ、ここで注意を要する点は、一九三七年一一月のヴァルガス政権下の新国家体制確立から太平洋戦争中における団体活動や教育の制限・弾圧は、日系人や日本語教育に対してのみ行なわれたものではなかったことである。自由主義者や共産主義者、労働組合の活動家、急進的ファシストであったインテグラリスタ党員など、体制の確立・維持に不利益と見られるすべてのものの活動が制限され、弾圧された。また、太平洋戦争中の「スパイ容疑」などによる逮捕・強制収容も、日系人に対してのみ行なわれたわけではなく、イタリア系やドイツ系人や団体に対しても行なわれた。一例をあげると、当時の邦字新聞に「南大河にナチス本部発見—宣伝文書押収」という記事があり、リオ・グランデ・ド・スル州にナチス党のブラジルの本拠があり、宣伝文書が押収された旨を伝えている（『時報』一五八〇号、一九三八年五月六日）。この一九三八年は、次の記事のように、サンパウロ州やパラナ州の日系教育機関に先行するかたちで、ブラジル南部諸州のドイツ系教育機関がきびしい取締りを受けた(26)。

● 違犯学校の摘発続く—南大河州に続いて近く聖州にも及ぶか

外国人学校国家管理令が布告された後の打撃は何と云つても南大河州方面のドイツ人学校が一ばん大きく違犯学校はドシドシ教育局から閉鎖が実行され、新たにその跡へ学校が建設されて行くと。まだ聖州はこれほどひどくはないが、農村学校の外国人教師更迭が指令された今日、違犯学校へは南大河州同様の措置が執行されるのも遠くないだらうと外字紙が報じてゐる（『時報』一六〇五号、一九三八年六月八日）。

こうした傾向に日系社会は大きな衝撃を受けたが、同様の措置は同年中にサンパウロ州の日系教育機関にも及び、事実上日本語教育が禁止されることになる。

しかしながら、大正小学校のようなサンパウロ市の日系教育機関ではそれ以前から日本語とポルトガル語の二言語・二文化教育の実践が積み重ねられており、言語環境も農村と比べてはるかにポルトガル語の比重が大きかった。一九三九年の大正小学校では、皇紀二千六百年記念式典の準備が進められていたが（Y・Aさんの証言による）、言語使用状況としてはポルトガル語を主言語とするブラジル人としての意識も育成されていた。このように、大正小学校においてさえ、すでに「日本語離れ」がはじまっていたという（P・Y氏ほかの証言による）。

一方、前掲(4)のように、日主伯従主義的な考えを持っていた父兄は日本語教育に比重をおいた二重教育が困難となり、子弟の「帰国」、「日本留学」という選択肢が現実性をもつのもこの時期の特徴である。一九三九年初頭の『日伯新聞』には、次のように二世学童たちの日本留学の増加を伝える記事が掲載されている。

•教育国粋旋風の祟り―可愛い子供の教育は日本で―第二世の帰国者続出

日本語学校は一律閉鎖の運命に直面し、今更ながら家庭教育の強化だ、さあ巡回教授で行かうといつても、現在北パラナ地方で続出する幾多の不祥事事件のように、地方官憲の非道な圧迫干渉を覚悟しなければならない。

あれやこれや思ひあぐみ「よきブラジル人を造るため日本語教育」に見切りをつけた父兄達は、子弟を続々日本に送り返している。最近のベノス丸、サントス丸、リオ丸の三船で、ブラジル生れの第二世で、父兄とともに或は単身で日本に帰つた者は七十余名の多数に達してゐる有様である（『日伯』一六〇二号、一九三九年一月一一日）。

同じく邦字新聞の『伯剌西爾時報』にも、この傾向に拍車がかかった様子が次のように伝えられている。

•日伯繋ぐ渡し舟—目立つ二世の留学

学校に於ける日本語教育が絶望となつてからと云ふもの、日本へ留学する第二世の数がメッキリと増えて来た。昨年十二月だけでも聖市総領事館で旅券の査証をうけた拾五件のうち大部分はこれら日本へ留学する第二世達であつたと云ふ。伯国に骨を埋めんとする決心がどんなに堅くとも矢張り自分の子には『日本教育』を授け度いと云ふ親心の現れがこの数字だ。

割りきれぬ親心、矢ッ張り教育は日本で……

聖市総領事館管内の昨年十二月度の事実証明査証は一五七件、其の他再渡航証明書が七件、外国人旅券査証が十五件、旅券下付が六件であつたが、外国人旅券査証十五件中大方は伯国籍を有する邦人第二世で何れも未だ見ぬ父母の国へ留学を志すものである（『時報』一七九七号、一九三九年一月二八日）。

『移民年表』には「ブラジルより引き揚げる帰国者多数（ナショナリズム旋風によって多くの同胞がブラジルを離れた）」（サンパウロ人文科学研究所編、一九九六、九一頁）とあるが、「引き揚げ者」の多くが一〇歳前後の子どもだったと、A・A氏は回想する。氏は、一九三〇年サンパウロ市生まれ。一九三九年一月、母の付き添いで日本留学。東京の開進第三小学校に入学するも、ブラジルに残った父が急逝したため、急遽帰国した。帰国のため乗船した復航の移民船には、日本に帰国・留学する子どもたちでいっぱいだったという。また、T・M氏は、一九三〇年高知県生まれ。四歳の時家族でブラジルに移住した。サンパウロ市近郊のヴァルゼン・グランデで小学校四年生まで過ごした後、一九四〇年二月、一〇歳の時に兄とともに帰国した時の様子を次のように証言する。

ヴァルゼン・グランデで尋常四年までやったんですが、親父が日本に勉強に行けってね。二番目の兄貴もいっしょでした。サントスから乗船したもんでびでお丸には、自分と同じように日本に留学する子どもたちが乗っていました。四〇人ほどだったと思います。竹内、中平、松原と…にぎやかでしたね。船の中で小学校を開いて、あの馬場謙介さん（筆者注―サンパウロ州モツーカ近郊生まれの二世。東京第三師範学校卒業後、商社マンを経てジャーナリストとなる。）が先生をやっておられました。馬場さんにはいろいろお世話になって…パナマ運河を通るとき、アメリカの大砲がこっちをずーっと向いたままだったのを覚えています。高知に着いてから、親戚を頼って波介尋常小学校に編入しました。

T・M氏は、戦争勃発でブラジルへ戻れず、終戦を高知で迎えることになる。

こうした状況にあわてた教育普及会は、一九三八年一〇月の時点で、次のような教育懇談会を開催している。

•〝頭脳〟を総動員して―〝時代の旋風〟吹き募る―教普会〝防風〟に大童―視聴を浴びて「教育懇談会」開く

運命の十二月十九日以降の事態に備へ予め之が対策を構究すべく教育普及会主催非常時〝教育懇談会〟は、各方面の〝頭脳〟を総動員して一昨夜午後七時から日本クラブに於て開催された。

当夜の出席者は左の如くで総領事館側からは坂根総領事、淀川領事、野替副領事出席、民間側からは木下弁護士、下元健吉、菅山鷲造、渋谷信吾、両角大正校々長、三浦鑿、黒石清作の諸氏で、それに教普会から石井事務長、阿部三郎、同太両課長が出席して慎重議を練つた結果各人の意見の帰する処は、

一、現在の事態静観内にあつて対策を練る

一、最悪の場面に直面したら学校本位の従来の教育制を一擲して、家庭本位、或は村塾体形を以て日本語教育の存続を図る

一、右は法令に抵触せぬ範囲で行ふ
大体以上の如きもので何れも日本語教育の絶対必要性を認めたが、第三項の如く巡回教授方法をとるとすれば、最悪の場合に到達しようとも、邦人教員は失職よりの運命より免れ得るし却て増員の必要さへ生じてくるとさへ謂はれてゐる。

巡回指導を全からしめんが為にはシネマ、幻灯、印刷物等々を配給すると云ふ教普会の方針であるが、之が資金捻出の法方《ママ》としては同会の莫大なる冗費を削り之れに当る事になつたと仄聞される。

とまれ同夜の会合は当初期待された如き名案は一つとして出ず失望せしめられたが、主権の発動によつて斯く至つた事態だとすれば、望む方が無理かもしれぬ（『時報』一七二二号、一九三八年一〇月二三日）。

この「教育懇談会」は、総領事や領事などの他に、サンパウロ市の教育関係者を動員して対策が話し合われたものである。先の教育普及会から文教普及会への改組は、この懇談会が契機となっているのは明らかである。その効果について、記者の筆致は悲観的だが、一応次の点が確認されている。

- 日本語教育の絶対必要性を認める
- 家庭教育や村塾教育で日本語教育の存続を図る
- 巡回教授で日本語教育の存続を図る

ただ、前掲のような記事を見ると、文教普及会の巡回教授案は、日本語教育の継続云々より、教師の失職予防のための方便という一面すら読み取れる。さらに各地で実施にいたった巡回日本語教授であるが、次の一連の記事のように、当局の取締りによって早くも問題を生じている。

・雑記帳

（…）

◇

パラナ州某方面からの情報に依ると外国人学校に関する当局の監視厳しく、日本語なども巡回教育すら不可能になつてゐると云はれる。

（…）（『時報』一六九九号、一九三八年九月二七日）

・邦語教育全滅に瀕す―視学官の態度極めて強硬―〝アバレーの嵐〟益ます猛る

巡回教授も相成らぬ

最後の瀬戸際に立つてゐる邦語教育問題の打開策に就て奥地邦人は寄々の協議を重ねてゐるもの丶さすがに名案とてなく、焦燥の色漸く濃いものがあるが、茲にアバレー管内も同様の状態下に置かれてゐる。

アバレー視学官の態度が余りに強硬で、折角の〝脱け道〟たる巡回教授は絶対許さずみつけ次第違犯として摘発するとまで言つてをり、文字通り邦語教育は全滅に瀕する訳である。

同視学官は近日中にアバレー市発行の伯字紙に詳細を発表、セラリヤ、マッシヤード、カフエペッリヨ、フロレンテ、協和、ニカイル、自由、東洋、サンタクルース等の各邦人学校に赴きその場で邦語教育の廃止を命じ、伯国小学校に取りかえる方針であると語つてゐる（『時報』一七二六号、一九三八年一〇月二八日）。

一九三九年に入ってからは、学校協議会長会議なるものが開かれ、続けて日本語教育の絶対必要性を認めている。

•学校協議会長会議

各代表の総合的意見は児童に智、徳、体を施す上に於て、日本語教育は絶対に必要である点に一致してをり、如何なる障壁に直面するも必ず此れを打開して、目的を貫徹し、優秀なる日系伯人を社会に送り出さうと云ふ意を示された。

その他、児童教育に関連して母性の尊重、母性教育の再認識が叫ばれ、全村民皆教師の意気で行かなければならぬと云ふ意見が発表された。

〈子弟教育の目的と方法〉

第二日目、野村事務長より普及会概況報告があつた後、葛岡学務課長より、前日の会議を根本とする子弟教育の目標と方法に就て詳細、熱烈なる意見が発表された。

「学校協議会々長会議に於ける申合せ」

一、子弟に日本人の正しき性格を維持啓培せしむるためには、日本語教育は絶対必要なるを以て、伯国々法に抵触せざる範囲に於て其徹底を期す。

二、伯国学校には積極的に通はせしめ、将来伯国社会に於て活躍、貢献し得る人物を養成することに努む（『黎明』第三巻二号（一九三九）、一七―二〇頁）。

ただ、「伯国学校には積極的に通はせしめ、将来伯国社会に於て活躍、貢献し得る人物を養成する」という方針は、日本語教育がいよいよ不可能になった際の前掲(2)「法令を無視して学校での日本語授業を継続」から(1)「ポルトガル語によるブラジル公教育に一元化」への転換をささえる理由となったと考えられる。

徳育としての武道・スポーツ

くり返すように、ブラジル日系移民子弟教育における日本語教育の衰退は、そのまま日本的教育の消滅を意味したものではない。先述のように、ブラジル日系小学校の多くは日本語教育とポルトガル語教育の二重性を有していた。また、体操や唱歌、裁縫など、一般のブラジル義務教育にはない科目は一種の日本的教育の特徴とされた徳育の役割を果たしており、日本語教育が禁止された後も継続された。半田（一九七〇）は、当時を振り返って次のように記している。

教育の制限令によって、子孫への明るい希望をうばわれるようになると、一方では、青年会などの活動が、まるでこれに代わる教育法でもあるかのように盛んになってくる。スポーツに気分のはけ口を求めると同時に、弁論大会などには、自分たちとはぜんぜん関係のない大陸進出論がさけばれたり、軍部追従者の「満洲は日本の生命線なり」などの論で鬱積をはらしたりする（半田、一九七〇、六一三頁）。

ここで重要だと思われるのは、「子孫への明るい希望をうばわれ」た、すなわち日本語教育が禁止されたことによって、青年会などを中心に、少年スポーツ活動がさかんになったとされることである。以下、武道とスポーツに焦点化し、教科教育によらない日系移民子弟教育の発展過程を明らかにしていきたい。

ブラジル日系社会においては、戦前から相撲、柔道、剣道などの武道、野球、陸上、テニスなどのスポーツ活動が活発であった。なかでも野球は青少年から中年まで広い年齢層におけるコロニア・スポーツの花形であった。サンパウロ市の日本人街コンデ・デ・サルゼーダス通りの坂下にあったグランドで、青年チームと一四歳以下の少年チームの試合が行われたのは、一九二四、五年ごろであり、当時の少年チームのいでたちは半ズボン姿に豚革の手縫いのグローブ、手製のバットであったという（『パウリスタ新聞』、一九七五年一〇月二日）。同じくサンパウロ市の聖州義塾では、一九二五年の開塾時に剣道場が併設されていたという。

こうしたブラジル日系社会における武道・スポーツの台頭は、移民たちのふるさと日本におけるそれらの流行を反映していた。現在「夏の甲子園大会」で知られる全国中等学校優勝野球大会の第一回大会は、大阪朝日新聞社の主催で一九一五年八月にはじまり、一九二四年からは甲子園球場で行われるようになって、人気が沸騰した。一九二六年には、神宮球場が完成し、東京六大学野球大会がここで開催されるようになり、野球人気沸騰に拍車をかけた。こうした野球人気は、学生を中心に選手層を広げるとともに、新聞やラジオでの報道を通じて、日本全国に観客層を増やしていった（坂上、一九九八、一四─三〇頁）。当時、野球をはじめとする全国規模の各種スポーツ大会を計画し、後援するようになったのは、新聞社である。一九二〇年代半ばから、先の全国中等学校優勝野球大会のほかに、大阪毎日新聞社が春の全国選抜中等学校優勝野球大会を、さらに一九二七年から神宮球場で都市対抗野球大会を開催するようになる。その他、同社が一九二七年に主催した主な全国レベルのスポーツ大会だけでも、全日本庭球トーナメント、日本オリンピック大会、全国中等学校庭球大会、全国女子中等学校庭球大会、全国中等学校競泳大会、全国学生相撲大会、女子三団体競技大会、全国中等学校蹴球大会地方予選など多数にのぼったという（坂上前掲書、三二頁）。一方、武道の方は、一九二九年に宮内省主催で「御大礼記念武道大会」が開かれ、一九三〇年からは全日本柔道選士権大会がはじまっている。こうした武道・スポーツの振興には、青少年の左傾化を牽制するため、スポーツによる「思想善導」という政府の政策も背景にあった（坂上前掲書、八二─一〇〇頁）。

先述したように、戦前期ブラジル移民の多くは、一九二四年の日本の海外移民国策化から外国移民二分制限法がブラジルで成立する一九三四年までに渡航しているが、この時期は日本におけるスポーツの大衆化の時期と重なっていた。すなわち、武道やスポーツを直接・間接に経験し、その熱狂的気分を抱えた人びとが移民として入ってきたのである。

こうした影響を受けて、ブラジル日系移民社会における武道やスポーツ活動は、日本人移民二五周年の一九三三年あたりから組織されはじめ、三〇年代半ばからブラジル日系社会全体を覆う規模の大会が開かれるようになった。少年スポーツでも、一九三三年に第一回全伯少年陸上競技大会、一九三四年に第一回全伯選抜少年野球大会が開催されている。また、一九三三年に伯国柔剣道連盟が設立され、毎年柔剣道大会が開かれるようになったが、この大会には少年部が設けられ、二世世代への武道普及が企図されていた。ブラジルのナショナリゼーション政策が進行する三〇年代半ばから日本語教育が禁止される一九三八年にかけて、日系少年スポーツも組織化が進められ、コロニア・スポーツの花形とされた野球・陸上競技を中心に一九三九年、一九四〇年と、むしろ活性化していく様相さえ見られる。そして、こうした日系社会のスポーツが組織化、大規模化する背景に、日本と同じように、新聞社による直接開催や後援があったのである。

次に、邦字新聞などから、この時期の少年スポーツ大会の記事をひろって整理してみよう。表2-4は、『伯剌西爾時報』、『日伯新聞』といった邦字新聞、『移民年表』、『ブラジル野球史・上巻』（一九八五）から記事を抽出したもので、地方大会や親善試合をふくめると、さらに多くの少年スポーツや武道大会が行われたものと推察される。そして、こうして行われた少年スポーツ大会には、日系各小学校の教師たちが指導と組織化に貢献した。

日本語教育禁止へ向かうなか、一九三八年九月に発表された次の邦字新聞の社説は、「教育非常時」にあって、スポーツを奨励する内容となっている。

・社説　体力総動員のスポーツ奨励

一

毎年、九月七日の伯国独立記念祭を中に挟んで、聖市で全伯運動競技を催すこと、近年邦人社会の年中行事の一

	8	汎アラサツーバ野球大会 日本柔道使節小谷澄義七段、佐藤吾六段ブラジル訪問、第7回全伯武道大会、第1回パ延長線武道大会	伯国柔剣道連盟	各地で演武と指導を行う この月、伯国柔剣道連盟会長にM.ミランダ氏就任
	10	第2回少年オリンピック大会に日系少年少女参加		
1940	1	紀元二千六百年記念明治神宮体育大会に二世をふくむブラジル日系代表選手6名を送る 伯国柔剣道連盟モンソン支部武道大会 伯国柔剣道連盟リベロン・アレグレ支部武道大会		選手のうち何人かは少年スポーツ時代から活躍。この月に紀元二千六百年記念で多くの大会が開かれる
	2	斉藤魏洋他日本人水泳選手らブラジル訪問		4月までブラジル各地で指導
	5	全伯日系小学校野球大会地区予選開始		
	6	サンパウロ地方少年野球大会、親善少年野球大会		この年の全伯日本人小学校野球大会は中止
	9	第8回全伯武道大会	伯国柔剣道連盟	
1941	6	第4回全伯日本人小学校野球大会	ブラジル朝日新聞	7校で決勝が争われ、ビリグイ優勝
	9	第9回全伯柔剣道大会	伯国柔剣道連盟	戦前最後の大会

出典：『伯剌西爾時報』『日伯新聞』など邦字新聞各紙、『移民年表』『ブラジル野球史・上巻』（1985）から記事を抽出し作成

表 2-4　ブラジル日系少年武道スポーツ大会（1933 年以降）

年次	月	事項・大会	主催	備考
1933	6	伯国柔剣道連盟、サンパウロで発会式		1933 年はブラジル日本人移民 25 周年に当たり、さまざまな行事が行われた
	9	在伯邦人スポーツ連盟誕生		
	11	第 1 回全伯少年野球大会	リンス青年会	
		第 1 回全伯少年陸上競技大会	互生会	
1934	4	第 1 回全伯選抜少年野球大会	サンパウロ青年会	内山領事杯設けられる
	9	第 2 回全伯少年陸上競技大会	互生会	11 団体 176 人参加
1936	11	パ延長線少年野球連盟設立		
	11	全バストス少年陸上大会		
1937	6	第 1 回全伯日本人小学校野球大会	日伯新聞社	4 校参加、バストス優勝
	10	第 1 回少年オリンピック大会に日系少年少女参加	旧サンパウロ教育普及会部会	小学校 11 校、226 人参加
	12	教育普及会野球部設立、汎ソロ少年野球大会		
1938	1	伯国柔剣道連盟仮道場開設、同連盟機関誌「武徳」特別増大号発刊	伯国柔剣道連盟	
	2	伯国柔剣道連盟サンパウロ市に道場新設、門弟大募集	伯国柔剣道連盟	
	3	ブラジル武徳殿設立計画	伯国柔剣道連盟	
	4	学童陸上大会地方大会案	教育普及会地方支部	
		第二世に道場開放し剣道教授	伯国柔剣道連盟	
	5	全伯少年陸上競技第 1 回サンパウロ地方大会	教育普及会地方支部	
		第 2 回全伯日本人小学校野球大会	日伯新聞社	38 校参加
	6	第 2 回全伯日系小学校野球大会		10 校参加
	8	全伯少年陸上競技第 1 回サンパウロ地方大会、第 6 回全伯武道大会・全伯少年剣道大会	教育普及会地方支部 伯国柔剣道連盟	有段者合せて七十七段といふ盛況
	9	第 1 回パ延長線少年陸競大会		
1939	1	大正小学校・ヴァルゼングランデ小学校野球対抗戦 子供の園盃ポンペイア野球大会 パラナ州国際植民地第 1 回剣道大会		ヴァルゼングランデ勝利
	5	全伯日系小学校野球大会地区予選開始		
	6	第 3 回全伯日本人小学校野球大会決勝戦		アリアンサ優勝
	7	南部忠平ブラジル訪問		12 月までブラジル各地で指導

つとなつて来たやうである。本年も八月十四日、十五両日の「全伯武道大会」を先頭に「全伯野球大会」、「全伯邦人陸上大会」が行はれ、一昨十一日には其打留めとも云ふべき「日伯対抗陸上競技大会」がチエテ競技場で盛大に催されて終焉を告げた。

二

運動競技は青年の生命とも云ふべきもので、之に由つて元気を振ひ興し、精神の修養を計るものであるから、青年の在る所運動競技無かるべからざるが裡にも、ブラジルの如く気候常に温暖にして刺激少き場所では、特に運動を旺盛にし競技に依つて元気を鼓吹する事緊要であるが、それが先覚者の努力に依り各競技共に回を重ねる毎に非常なる進歩を現し、殊に体位向上に効果的と云はれる陸上競技に於て著しく進展の度を示し、一昨十一日の「日伯対抗競技」に於て日本人側の優勝を見たるは吾等の歓喜絶頂に達せざるを得ないのだ。

三

運動競技はフエア・プレーに依つて競技者の人格を陶冶し、且つ体位を向上せしむるが裡にも、柔、剣道は我が国の武士道に合致し、互に技を競ふ間に自然精神の修練がつむのであるから、伯国に於ける吾等の第二世に民族的大精神を吹込むには、柔、剣道を人格高き師範を通じて教へ込むを、教育的に見て最も効果的だと思ふのだ。然し青、少年に対する運動競技は、競技者其の人の体質、趣味に関係するものなるが故其種類を狭く限定せず、指導者は成るべく自由に種目を選定せしむるを可とするが、柔、剣道だけは民族精神啓発上第二世には普遍的に教へ込むを必要とすと吾人は叫ぶのだ。

四

如上の如く、運動競技は青少年に取り、体位、精神の向上から必要欠くべからざるものである。(…)(『時報』一六八七号、一九三八年九月一三日)

ここでは、一九三八年になって、全伯武道大会や全伯野球大会、全伯邦人陸上大会が実施され、日系スポーツ界が活性化していることを評価した上で、ブラジルのように気候温暖で刺激が少ない場所では、「特に運動を旺盛にし競技に依つて元気を鼓吹する事が緊要」であると指摘している。運動競技による人格陶冶と体位向上が期せられるとともに、「柔、剣道は我が国の武士道に合致し、互に技を競ふ間に自然精神の修練がつむのであるから、伯国に於ける吾等の第二世に民族的大精神を吹込むには、柔、剣道を人格高き師範を通じて教へ込むを、教育的に見て最も効果的だと思ふのだ」と、スポーツに加えて、武道教育の必要性を訴えている。そして、こうした青少年の武道・スポーツ活動に、「民族精神啓発」を期待している。同年には、第二回全伯日本人小学校野球大会、第二回全伯日系小学校野球大会、第六回全伯武道大会・全伯少年剣道大会が実施され、一九三八年九月には、第一回パ延長線少年陸競大会が開催されている。さらに、エスニック集団対抗の少年スポーツ競技大会として、前年一九三七年一〇月には、第一回少年オリンピック大会が開催されており、日系二世の少年少女が多数参加した（『時報』一七一〇号、一九三八年一〇月九日）。これはブラジルチームや他のエスニック集団チームに対抗することによって、ナショナリズムがスポーツ対抗競技において高揚する場となった。なお、少年オリンピック大会は一九三九年一〇月に第二回大会が行われ、この時も多くの日系子弟が参加している。

前節で述べたように、日本的教育、特に徳育は、親子のコミュニケーションを円滑化するだけでなく、家族を維持し、「錦衣帰国」の目的達成のために不可欠であると多くの移民一世には考えられていた。したがって、日本語教育が禁止されると、それに代わる徳育として、銃後運動（第五章で詳述）とともに、武道やスポーツが脚光を浴びるようになった。これらの大会には選手たちだけでなく、応援にも多くの子どもや親たちが動員され、ブラジル日系人としての一体感を形成するだけでなく、グランドの片付けや掃除に参加することで、道徳教育の性格が加味されていた。徳育の手段として日本的教育の文脈で通底していた銃後運動とスポーツは、次のような新聞広告に見える運動器具の販売戦略においても同列におかれていた。

（広告）銃後の鍛へスポーツで

謹賀新年

美津濃の新着荷品

少年用　野球具一式

少年用　ラッキーボール　一〇ミル也

青年野球用　中学ボール　二二ミル也

◆斯道発展の為め値上致しません

次期着荷予定品

少年用　剣道具一式

青年用　剣道具一式

（…）

聖市　藤平商会（『日伯』一五九六号、一九三九年一月一日）

この時期における、こうした徳育の手段としての銃後運動とスポーツの通底は、次のような邦字新聞記事にも見える。

• 邦人スポーツ界一年の回顧―誇る赫々の戦果、銃後の健康・火を吐く気魄

（…）この秋に当り、青年スポーツの持つ役割も亦平時に比して一層の崇厳さと敬粛さがなくてはならぬ。スポーツの至上のものは即ちその高貴な精神であり、運動精神による体位向上の合理化であると確信する。パラダイスと目された伯国に於いても、最近国粋化が絶叫され、稍もすれば我らは白眼視されんとする悪情勢にある時、ひとり

スポーツのみは国境なく、これら白眼の前にて堂々大和民族の優秀性を中外に鮮明することが出来る。即ちスポーツは各方面の門を閉ざされた邦人発展の一通路と見ることができる（『日伯』一五九六号、一九三九年一月一日）。

ここではスポーツが、徳育としての役割だけでなく、日系人がホスト社会へ向かって、「大和民族の優秀性」を表明する手段であることを述べている。上掲の広告と記事は、いずれも『日伯新聞』一九三九年元日号に掲載されたものであるが、同じ号に「少年野球―非常時下使命益々重大」という記事が掲載され、同社がスポンサーでもあった全伯野球大会、全伯少年野球大会の経過を評するとともに、次のような意見を載せている。

（…）予選より大会に至るまでの少年戦士の奮闘ぶりを見る時、ただ感激あるのみであった。母校の名のために、名誉のために、己れを殺して九人が一塊となつて闘ひ抜き、然る後、神の裁きを受ける雄々しい少年の精神こそは教育の非常時が絶叫されてゐる折柄とてこれが対策の一道を見出し得たかの感を深くし、大いに意を強くした。本年は所謂学校教育はほんの一部に限られ、他は全滅となつたが、目下の情勢よりして、我らはこれに代るべき教育体勢にこの野球道を結びつけることに成功すれば、決して悲観すべき何ものもないと固く信じたのであった。（『日伯』一五九六号、一九三九年一月一日）

「教育の非常時」とは、日本語教育禁止の事態を意味することはいうまでもないが、野球が日本語教育の担っていた徳育に代わる教育手段になりうるという意見である。牽強付会といえなくもないが、日本語教育禁止と多くの日系教育機関閉鎖によって、追いつめられた状況で、必死に出口を模索する痛ましくもたくましい姿が浮かび上がる。当時の写真を見ると、野球の試合で少年たちがお互いに向き合って礼をしている姿が写っている（写真2-2参照）。上記新聞記事に「野球道」とあるように、このスポーツに武道と通底する精神性が見出されていたことが知

写真2-2　野球の試合で少年たちがお互いに向き合って握手の礼をしている。（渋谷信行氏提供）

られる。「野球道」という言葉と野球を武士道のような精神性と結びつける考えは、すでに「学生野球の父」と呼ばれた飛田穂洲の「純正野球道」に内在していたという[27]。飛田は、一九一九年から一九二五年まで早稲田大学野球部監督を務め、同部の黄金時代を築いた。彼は「学生野球」と「職業野球」を区別し、「われわれの野球精神は常に真剣であれ」と述べ、「最後まで戦うというのが日本の武士道精神として伝統的に信じられている」と、修養としての野球を説いている[28]。先述した大正小学校校長の竹下完一は、この飛田時代の早大チームに所属し、飛田の影響下で球技を磨いたはずである。

この大会の主催者は日伯新聞であったが、当時の日系子弟教育指導機関であった文教普及会が後援、同会の野村忠三郎事務局長は前年まで八年間『日伯新聞』の編集長を務めていた。野村は教師の経験もあり、少年野球振興にも深く関わっていたので、こうしたスポーツを通じた徳育の継続という考えは、少なくとも当時の日

系子弟教育界の一部を代表するものであったと考えられよう

これらの記事が書かれた一九三九年から四〇年にかけては、陸上競技の南部忠平、柔道使節の小谷澄義七段、佐藤吾六段、斉藤魏洋他日本人水泳選手らがブラジルを訪問、各地で指導にたずさわり、日系社会のスポーツ振興に拍車をかけた。全伯日本人小学校野球大会、全伯柔剣道大会（少年部をふくむ）は、太平洋戦争開戦直前の一九四一年まで開催されており、日系社会統合の核としての役割も果たした。ただ、一九四一年七月から八月にかけて、日系社会を統合するメディアであり、少年スポーツ大会のスポンサーでもあった邦字新聞が次々と停刊し、ささえを失った日系スポーツ組織は衰退し、太平洋戦争勃発によって、活動を停止することになったのである。

こうした武道・スポーツを介した教育の他に、インタビュー調査において、多くのインフォーマントたちが強調したのは唱歌の思い出である。唱歌は、日本的教育の特徴とされた情操教育の一端を担うもので、ブラジルの日系移民子弟教育でも重視されたと考えられる。一九三八年、三九年頃、大正小学校に学んだ日系子弟たちは、山田ルイザ先生のピアノに合わせて、「唱歌ばかり歌わされていた」（N・S氏）と証言する。また、一九三九年には、坂田忠夫先生の指導で、皇紀二千六百年記念式典に合わせて、記念歌を歌いながら踊る演舞の練習を続けていたという（Y・Aさん）。武道、スポーツとともに、音楽教育も、徳育の一端を担うと考えられていたことは想像に難くない。実際に、前掲の『日本語讀本教授参考書』には、多くの唱歌が取り入れられ、日本語教育と相互補完されることが計画されていた形跡がある。次の記事のキロンボ小学校「童夢クラブ」のように、音楽活動を続け、サンパウロのラジオ局「ラジオ・ツピー」において公演を行なうグループも存在した。

●放送局も力こぶ—童夢クラブの聖市公演、早くも内外人の関心昂ぶる

「ドイツ人の植民する処楽器と花鋏を忘れない」—と云ふ言葉をある本の中から見出して感激した南聖キロンボ植民地小学校教員松村俊明君が貧しく潤いのない村キロンボで一粒の種を蒔いてより早や五年、一挺のマンドリンが

二挺になり三挺になるに伴れて技倆もメキメキと上達を遂げて行つた。斯して生れできたのが今では会員六十余名を擁する「童夢クラブ」である。（…）（『時報』一七九五号、一九三九年一月二六日）

以上述べたように、全面閉鎖された日系小学校があった一方、州学務局指定のカリキュラムとポルトガル語によるブラジル公教育を続けた大正小学校（一時「ピラチニンガ小学校」と改称）やコチア小学校（一時「モイーニョ・ヴェーリョ小学校」と改称）のように日本語教育を継続した教育機関も存在した。また、この時期、文教普及会が奨励した巡回教授が現れるとともに、子弟の日本帰国や留学という手段に訴える父兄も少なくなかった。さらに他方で、日本的教育の特徴とされた徳育が、武道やスポーツ、音楽といった分野で活性化し組織化されたことは、この時期のブラジル日系子弟教育における積極的な一面として注目されるのである。

二―二―六　日本語教育の空白時代（一九四二～太平洋戦争期）

ナショナリゼーション政策が強化され、日系教育機関が生き残りをかけて子弟教育のあり方を模索するなか、一九四一年一二月七日（ブラジル時間）、ついに太平洋戦争が勃発する。真珠湾攻撃を受けて、アメリカは米州二一カ国の外相をブラジルの首都リオジャネイロに招集、「第三回汎米外相会議」を開催した。アメリカの積極的な働きかけの結果、一九四二年一月から三月にかけて、中立国アルゼンチン、チリをのぞく多くの南米の国々が日独伊三国に対して国交断絶を宣言した。ブラジルは連合国の一員としてドイツ・イタリアに宣戦布告し、アメリカ軍はブラジル北部のナタールに航空基地を建設、アフリカ戦線やドイツの通商破壊戦に対処することになる。

こうした汎米外相会議の決定、日独伊との国交断絶を受けて、サンパウロ州保安局は同年一月一九日、次のような「取締例」を公布した。

サンパウロ州政府保安局による禁止項目

　ブラジルの日・独・伊との国交断絶に当たり、本州居住当該国民に対し、以下の事項を禁止する。

一、如何なる者も当該国国語にて記されたものを頒布すること

二、当該国国家を唱し、あるいは演奏すること

三、当該国独特の敬礼をなすこと

四、多数集合の場あるいは公衆の場において、当該国国語を使用すること

五、当該国政府要人の肖像を人の集まる処、あるいは公衆に展示すること

六、保安局より発給の通行許可書（Salvo Conduto）なくして、一地域から他地域に旅行すること

七、私宅内といえども、私的祝祭の名義をもって集合すること

八、公衆の場に於いて国際時局に関し、討論あるいは意見の交換をなすこと

九、九以前に正当な許可書を取得しているとも、武器を使用すること、また武器弾薬あるいは爆薬製造に使用し得べきものを売買すること

一〇、保安局に予告なくして、転居すること

一一、自己保有の飛行機を使用すること

一二、保安局より許可される特別許可なくして空路旅行すること

　これらは主に、外国語の使用と外国人の移動・活動の自由を制限したものであった。日本語はブラジルにおける敵性外国語となり、その教育はおろか、公然と日本語を話すことすら完全に禁止されることになる。

　こうしたブラジル当局の措置は、日系移民子弟の教育にどのような影響を及ぼしたのだろうか。森脇・古杉・森（二〇一〇）では、「三〇年代半ばから一連の日本語教育に関する制限と三九《ママ》年一二月の日本語教育禁止措置は、総

じて言えば、この時期から戦後の五〇年代初頭までの間に学齢期にあった二世たちの日本語からポルトガル語への言語シフトを促進させる基底的な条件として作用」（森脇・古杉・森、二〇一〇、二七三頁）したことを指摘する。日常言語としての日本語からポルトガル語への言語シフトは、大正小学校出身者の証言にもあったように、サンパウロ市のような都市部を中心に、それ以前からすでにはじまっていたと考えられる。こうした二世層においては、「ブラジル・ナショナリズムは日本語の喪失を早め、ポルトガル語へのシフトを加速化させるように機能したが、さらに重要なことは、こうしたナショナリズム下で、ブラジル人教育を受けた、これらの二世は戦後の勝ち負け問題、排日的感情の醸成もあって、言語を含めて自らの日本人性を否定し、ブラジル・ナショナリティを内面化し、志向的にブラジル人になろうとするポジションを出現させることになったのである」（森脇・古杉・森、二〇一〇、二七三頁）と指摘される。このように日本人性を否定した日系子弟が現れ、戦後のブラジル社会で活躍したのは事実である。しかし、問題は、この「志向的にブラジル人になろうと」した日系子弟のなかにも日本語能力の高い人びとが多く存在することであり、日本語教育が完全に否定され禁止された戦時中に、彼らはいかにしてポルトガル語と平行しながら、日本語を学んだり、保持していたのかということである。

戦時中の日本語教育をめぐる状況については、森脇・古杉・森（二〇一〇）でも一節がさかれているが（森脇・古杉・森、二〇一〇、三一〇―三一八頁）、内容はほとんど前掲『コチア小学校の50年――ブラジル日系児童教育』（一九七八）からの引用であり、その他の地方日系コミュニティ記念誌の記事を抽出し列挙しているにすぎない。

まず、日本語の学習者であった当の二世たちは、日本語教育禁止についてどのような実感をもったのだろうか。彼らが次のような感想を漏らしていることは無視できない。

とにかく、日本語が嫌いでね。ブラジル人なのに、なんで日本語勉強しないといけないのかと思ってました。もう日本語を勉強しないでいいと聞くと、まあ嬉しくてね。せいせいしましたよ（H・A氏）。

Ｈ・Ａ氏は一九二五年リオデジャネイロ州ペトロポリス生まれ。父の大正小学校赴任とともにサンパウロ市に移り、同校に学んだ。同時に、カンポス・サーレス小学校でポルトガル語教育を受けていた。次のＰ・Ｙ氏は一九三八年サンパウロ市生まれ。戦中最後の年に大正小学校に入学し同校で学んだ。

私たちはすでにその頃ね、自分たちはブラジル人だっていう自覚をもっていたんですよ。日本語の禁止なんて、そう大きな問題ではありませんでした（Ｐ・Ｙ氏）。

こうした子どもの本音ともいえる感想を聞くと、日本語教育禁止を悲壮な歴史的・民族的悲劇として描いてきたブラジル日本語教育史、ひいては日系移民史の再考を試みないわけにはいかない。

戦時中のブラジルでは、アメリカやカナダのように強制収容された例はごく少数であり、ブラジル国籍である二世はあくまでもブラジル人として扱われたが、公的学校教育は完全にポルトガル語によるブラジル的教育のみとなった。日本語で書かれた多くの記録は、この時に隠匿されたり処分されたりした。したがって、この時期の日系子弟の教育状況を伝える日本語の一次資料は、個人の日記や戦後の証言などをのぞいて存在しない。それらのわずかな資料や証言から推測できる戦時中の日系子弟教育の状況を記しておきたい。

一九三八年から太平洋戦争中にかけての日本語教育禁止とともに、コミュニティ母語学校としての機能を担っていた多くの日系教育機関が閉鎖されたのは確かなようである。これは視学官や当局の取締りを受けたことと、日本人教員が辞職して去ったこと、日本語教育が不可能となったため学校維持組織である日本人会や父兄会に維持費が集まらなくなったことなど多くの要因があった。こうした状況にもかかわらず、太平洋戦争中はおよそ次のような形で日系子弟教育自体は継続されたと考えられる。

- ブラジル公教育機関として継続
- 奨学舎への改組
- 巡回教授
- 家庭教育

ただ、ブラジルで出生した日本人の子どもたちは国籍的にはブラジル人であったので、彼らは学校教育を受ける権利があり、彼らに義務教育を与えることは義務でもあった。したがって、戦時中も、日系移民子弟の教育は停止していたわけではないのである。以下において、上記四つのタイプの教育の実際を、数少ない資料と筆者が得られたインタビュー資料によって確認しておきたい。

ブラジル公教育機関として継続

日系教育機関が、ブラジル公教育機関、すなわちグルッポ・エスコラールあるいは農村小学校として継続された例である。戦前の大正小学校関係者の証言を集めた「大正小学校その〝歩み〟⑦」には、戦時中から戦後にかけての同校の様子を伝えている。そのなかで、戦時中同校の運営を担った山田ルイザの証言である。

四年間の戦争のさなか、西江校長と、山田ルイザ教諭は、授業をしながら常にそばに簡単な〝身の廻り〟品を置いていた。

〝いざ〟という時のためだった。（…）（『パウリスタ新聞』六六五五号、一九七五年一〇月八日）

ブラジル人である二世教師運営によるブラジル公教育機関になったとはいえ、日系教育機関の経営は常に緊張をはらむものだったことを物語っている。当時の生徒数は二四〇人余とされており、これを戦時中の平均とすると、生徒数は全盛期といわれた一九三〇年代後半と比べてそれほど減少しなかったことになる。二人の女性教師は、午前と午後に分け、一クラス六〇人の生徒を受け持ったという。山田は記者に対して、当時の様子について「子供たちはおとなしく、よく勉強もしてくれました。（…）エエ、そんな時、二クラスの生徒みんなに歌を教えました。ふつうのブラジルの歌、民謡なども…」と語っている（『パウリスタ新聞』一九七五年八月一〇日）。先にもふれたように、山田がピアノやオルガンを弾いて歌を教えてくれたという記憶は、筆者のインタビュー調査でも、多くの同校出身者から確認できた。例えば、H・K氏は次のように記憶をたぐりよせる。

ルイザ先生がね、オルガン弾いてたくさんの歌を教えてくれた。そう、「故郷の空」とかね。ブラジル語だったかな。確か日本語で歌ったかねえ。（H・K氏）

ただ、「やさしいルイザ先生」に対して、次のように、「怖い、厳しいヨネカ先生(29)」と証言する同校出身者は多い。

そりゃ、すごいスパルタ教育ですよ。当時の試験はインスペクトール（視学官）が来てフィスカ（監督）するんだけど、落第するのは日本人の恥だって、絶対落ちないようにって、ヨネカ先生には本当にしぼられた。棒で叩かれた子もいた…（P・Y氏）

「エスコーラ・ピラチニンガ」と校名をかえ、ブラジル公教育機関となった同校でも、恥の文化に裏打ちされた日本的教育文化はなかなか払拭できなかったようである。

先述したように、コチア小学校もまた、「エスコーラ・モイーニョ・ヴェーリョ」と改名しながら、ブラジル公教育機関として継続しているが、同校の「学校・寄宿舎重要日誌」によると、一九四二年から四三年の間にも公教育の間をぬって、何とか日本語教育を継続しようとする試みが見られる。一九四二年一〇月一日の日誌には、「本日より新教授法採用（児童には日本語の教科書やカデルノ（雑記帳）など使用させず、教師が話をしながら新出文字などを板書して、児童には筆順など手真似で書かせ、又、修身のお話などは各受持教師が裏のカンポ（広場）を使用するなど」（石原、一九七八、五六頁）と、一九三八年三月に大正小学校で採用された教授法が試みられている（第三章一節参照）。ただ、一九四三年に入ってからの同校「日誌」をみると、「五月十日、視学ロムロ・デ・メーロ氏来校。私立学校日語授業の有無を実地に検分さる」、「七月十三日、グルッポ校（公立）のイボネ先生二学年の教室で、日語授業に関する証拠物件（日語読本や日語のカデルノ）を得んとして、児童のカバンを調べたが、証拠物件は発見されなかった」、「十月三十日、視学ロムロ・デ・メーロ氏来校」（以上、石原前掲書、六一頁）と、視学官やブラジル人教師によってしばしば日本語教育の継続を疑う査察が行われたことが知られる。同年一一月一二日の日誌には「マルビーナ先生[30]より、本校日語授業に関し、誰かが学務局に密告した者があると知らされた」（石原前掲書、六一頁）とあり、日系人の影響力の大きかったコチアでも、こうしたブラジル人の密告や監視に留意しなければならない環境におかれていたことを示している。このためか、「九月十三日、本日よりグルッポ校使用の四教室は、私立校で使用せぬことにする」、「九月十九日、本日より旧寄宿舎の一室を教室として使用することにす」と、日本語教育の場を隔離している。一九四四年に入ってからは、ポルトガル語教員として、春成マリア、梶本イラセマの二世教員を雇用している点からも、教育の比重はしだいにポルトガル語へ移され、日本語教育は隔離・隠蔽されるようになったことが知られる。

以上は、サンパウロ市と同市近郊の例であるが、内陸農村地域においても、ブラジル公教育機関において日系子弟の教育が続いていた例は随所に見ることができる。例えば、有限責任ブラジル拓植組合（ブラ拓）の直営移住地の一つバストスにおける戦時中の日系子弟教育ついては、次のように報告されている。

児童教育に関する父兄の態度は前述のように、若干浮腰的気分があるが、一人の例外もなく伯国小学校に通学させている。そればかりか、伯国小学校後援会を組織し、或は伯人教師優遇の途を講じて、一般普通教育の普及に努めつつある。これは教育による同化態度の表現と観られている（水野、一九五五、一一七頁）。

これは、「一移住者の気分」という表題が付けられているが、バストス産業組合からブラ拓本部へ提出された報告書の一部である。したがって、多少公式見解的な傾向がないではないが、子どもたちを一人の例外もなくブラジル小学校に通学させており、その小学校の後援会まで維持されているのは、教育不在を心配する父兄たちの気持ちが強かったことが考えられる。また、ブラジル小学校とはいえ、もとはブラ拓によって設立され、父兄たちによって維持されてきたもので、自分たちの学校という意識も強かったのであろう。それゆえ、コチア小学校同様、日本語教師によって日本語教育が非公式ながら継続されていたことも推測される。

奨学舎への改組

次は、各地の日系小学校が奨学舎と呼ばれる寄宿舎に改組され、日系児童・生徒のブラジル公教育機関への通学拠点として機能しながら、そこで秘密裏に日本語教育が行われた例である。

先の清水明雄は、一九三九年一二月にコチア小学校校長を退職して一時帰国後、サンパウロ市近郊のモジ・ダス・クルーゼスに移り、戦時中は養鶏のかたわらモジ奨学舎の舎監を務めたという。清水は当時の様子を次のように証言する。

モジ奨学舎は、ほとんど外務省（筆者注―日本の外務省）と、それから父兄がお金を出して建てたんですよね。安部さん（当時モジ日本人会会長）に頼まれてね、何十人か日本人の子どもを預かっていた。子どもたちは田舎からやってきて、町の学校に通うんですよね。そこでね、時々日本語を教えていた。寄宿舎のなかは日本語（筆者注―日本語で会話するということ）。教科書？　日本語の本はね、いつだったかな、安部さんの、会長さんの家にみんなもってきて、穴を掘って埋めました。僕は三年半ほどやったかなあ…父兄がお金を出さなくなったんでね。もう教師は辞めようと思った。それでも、安部さんは「自分の孫たちには日本語教えて欲しいって…」、安部さんの家の敷地に僕らの家と鶏小屋建ててね、そこで教えていた。(31)

学校教育から寄宿舎教育への転換といえる。こうした奨学舎は、モジ・ダス・クルーゼスだけでなく、レジストロ、イビウナ、コチア、ロンドリーナなど各地に建設されている。コチア奨学舎については、前掲の石原（一九七八）にやや詳しい資料が掲載されている。ここには、奨学舎の誕生について、「一九三九年に至り、ブラジル日本人教育普及会は、当局に憚り、文教普及会と改称すると同時に、各地の日語小学校の名称も奨学舎と改めて連絡を続ける事になった」（石原、一九七八、五二頁）と記されている。また、清水の証言に出てくる教科書や日本語書籍の処分についても、次のように記している。

コチア小学校は古くから日語学校として周囲の人に知られていたため、何時官憲の訪問を受けるか知れなかったので、戦時中使用するため購入した教科書、それに以前からあった日本語の書籍は全部何処か別の処に移管する必要に迫られた。これらの書籍を四十数個のトマテ箱（石油箱）（筆者注――トマテはポルトガル語の「トマト」）に詰め、数キロメートル離れた一農家（学校関係者）のしかも畑の中の農産物収納小屋の中のトマテの空箱の下積として保管されたのであった（石原前掲書、五三頁）。

こうした奨学舎は、日本語教育、あるいは日本語だけでなく、日本式のしつけや礼儀作法を日系子弟に伝える教育機関として戦後も継続している。ちなみに、戦中「もう教師は辞めようと思った」と独白する清水は、戦後州内陸部イビウナの奨学舎舎監となり、十数年をその地の教育者として過ごすことになる。

巡回教授

巡回教授は、一般家庭や倉庫などに集まった子どもたちを教師が巡回しながら、主に日本語を教えた教授法である。

日系三世であるチズカ・ヤマザキ監督のブラジル映画「ガイジン2」では、戦時中のとある日系コミュニティの出来事として巡回教授のシーンが登場する。子どもたちが集まって教師が読本を開いて日本語を教えているところへ、視学らしいブラジル人が監視に来る。そうすると、教師も子どもたちもあわてて読本やノートを床下に隠し、手作りのブラジル国旗を机の上に並べて、あたかもブラジルの祭日を祝う準備をしているふうを装うのである。このように、戦時中になっても数少ない日本語教育の手段として、多くの地域で巡回教授は続けられていた。

ソニー本社に技術研修に行ったこともあるというエンジニアのH・K氏（一九三六年生）は戦中世代。ポルトガル語時代の大正小学校に学びながら、巡回教授で隠れて日本語を習った。

当時、僕らの先生はね。一枚一枚ばらばらにした教科書をズボンのベルトに細工をして隠して、シネイロ（筆者注——ぞうり）履いて手ぶらでやってくるんだね。警察に質問されても、いかにも散歩中ですみたいな顔して。そして、今日はどこそこ、明日はどこそこと当番を決めて、けっして一ヶ所に決めずに子どもたちの家を順々に回って、日本語を教えていく。そんな時代だったね。

サンパウロ州南部イグアペ郡のキロンボでは、次のように巡回教授を行っていたというお話を聞いた。

今日はAちゃんの家、明日は組合の倉庫とか、順繰りに集まるの。子どもが五〜六人ずつかな。教科書とかカデルノとかは床下に隠しておいてね。先生は手ぶらでやってくるのよ。それで日本語の読み書きを教えて、漢字もね。鉛筆持つまねして、そらで書いたりとかね（筆者注──空中で文字を書くまねをする）。一時間か二時間ぐらいかな。毎日じゃなかったよ。雨降ったりしたら、出られない日もあるし。先生も何キロも歩くのたいへんだしね（レジストロ在住、K・Kさん）。

巡回教授は先述のように、地域によって実施にばらつきがあり、たとえ実施されたとしても、官憲の目を盗んでのことであった。したがって、授業も不定期であり、一回の時間も一〜二時間が限度であった。こうした巡回教授は戦後になっても、日本語教育が公的に認められるまで、多くの地域で続けられたという。

家庭学習

巡回教授と補完関係にあったと考えられるのが、次に述べる家庭学習である。家庭学習は、日本語教育が禁止される以前からも、特に学校教育が完備されていない地域において広く奨励されていた学習法である。最初の読み書きは、父親から習ったという戦前生まれの子弟も多い。サンパウロ市の日本移民史料館やレジストロ史料館、ボツカツ日本語学校、またバストスやロンドリーナの一般家庭などで実施した調査でも、戦前の国定教科書とともに、多くの『早稲田中学講義録』を見ることができた。日本国内での中学講義録の需要は大きく、『早稲田中学講義録』の購読者は大正末期に一五万人達していた（菅原、一九九四、六五頁）。『早稲田中学講義録』は、家庭学習で日本の旧制中等学校程度の教育内容を勉強する通信教育教材であるが、ブラジルにもかなり普及していたことが知られる。パラナ州カンバラで育ったA・U氏は、カンバラ小学校を卒業後、地元のジナジオ（中等学校）に通いながら、『早稲田中等講義録』で日本語を勉強したことを記憶している。「この（講義録の）おかげで、私はまああ恥ずかしくない日本語を読み書きできるようになりました」とA・U氏は語っている。

戦時中、とどこおりがちな巡回教授を受けながら、あるいはその巡回教授すら受けられることもなく、子どもたちは日本語学習を続けたようである。

筆者の手元に、ある日系少女の「日記帳」がある。本書にもしばしば証言を引用している大正小学校卒業生のY・Aさんから託されたものである。書き手のY・Kさんは、Y・Aさんの亡くなった友人で、一九三〇年に東京で生まれ、二歳の時に父母とともにブラジルに移民した女性。ちょうど戦時中に当たる一九四二年、彼女が一二歳の頃から日本語で日記をつけはじめ、一九五三年二月まで二二冊の日記が残っている。その一冊目は、一九四二年五月三一日から八月一一日までのもので、「Caderno」（ノート）と表紙に印刷されたA5判サイズ、四〇ページの薄いノートである。表紙には、次のように青インクで記されている。

Y子ノ日記（筆者注――表紙には実名が記されているが公表を避ける）
神生四十年
五月三十日ヨリ
八月十一日マデ
他綴方三篇
Y子（十二歳）

「神生四十年」というのは、「神生紀元」という、Y・Kさん一家の入信していた宗教の暦数である。その内容は日本語練習帳を兼ねた日記らしく、大学ノートのような罫線の入ったページにほぼ毎日鉛筆でびっしり文字が記されている。ところどころきれいな赤字で漢字やかなづかいのまちがいが訂正されている。また、欄外にはさまざまな落書きが記されている。例えば、一九四二年六月一八日の日記は次のように記されている。

六月十八日晴のち雲り（［曇］と赤字で訂正。以下、（　）内は訂正）
今日は昼まで天気で昼から雲（曇）つてきました。私はまずアルモッサーを山へもつて行きました。山から帰つて来てアルモッサーをしてせんたくをしました。あら（洗）ひものし、なつぱをあら（洗）ひました。そしてトマカフェーを持つて行きました。そして帰つてトマカフェーをして、べんきやう（勉強）をしました。それから水をくんで来てごはん（御飯）をかけ、それからパパイのトマバンニヤのお湯をかけました。そして御飯をおろすとパパイたちが帰つて行ろ（ゐら）つしやいました。それからおいの（祈）りをしてジヤンタをた（食）べました。それからポンをねつてべんきやう（勉強）をしました。

拙い筆致ながら、画数の多い旧漢字も使用しており、農村部の子どもの生活がよくうかがえる。文中に出てくる「山」というのは、ブラジル日本人移民の用語で「農地」の意味である。この頃、Y・Kさん親子はサンパウロ市郊外のサンタ・アマーロで、父親が炭焼きをしながら暮らしていたはずだという（Y・Kさんの夫H・Kさんによる）。「トマカフェー」は「コーヒーを飲むこと」であり、転じて軽食の意にも使われる。「アルモッサー」は昼食、「パパイ」はお父さん、「トマバンニヤ」は風呂を浴びること、「ジャンタ」は夕食である。家の仕事や農事を手伝える年齢に達した農村の子どもたちの生活の慌ただしさについては、第六章で詳述するが、記者のY・Kさんは母親がおらず、一二歳ながら年長の娘として、炊事洗濯、水くみ、妹や弟の面倒とかいがいしく母親の役割をこなしている。文中の「べんきやう」は日本語かポルトガル語か明記されていないが、日本語の日記を書くことも「べんきやう」にふくまれていたのであろう。

また、七月二八日の日記は次のように記されている。

七月二十八日晴

今日は四日も続いて天気です。今日はK子（筆者注―Y子の妹）のおたんじようびです。私はトマカフェーの後であめを作つて上げた。

私はアルモツサーを持つて行つて帰つて来てアルモツサーを食べてしまふとパパイが帰つてゐらつしやつた。そしてK子に一の巻のさいたををしえてやりました。私はフエジヨンを引いてあんこを作つてトマカフェーの支度をしてパパイに持つて行つていただいた。それから洗濯をしてトマカフェーをした。そしてあめをこしらえた。それから勉強した。勉強をすまして御飯をかけた。

妹の誕生日にフェイジョン（ブラジル産の豆）を轢いてあんこを作ったり、あめを作ってあげたりしている様子がほほえましい。ここで注目されるのは、「K子に一の巻のさいたををしえてやりました」という部分である。妹に教えた「一の巻のさいた」というのは、国定国語教育書『小学国語読本』巻一の第一単元「サイタ、サイタ、サクラガサイタ」のことであろう。この日記を読む限り、巡回教師が訪れた様子はみられないが、綴り方を兼ねた日本語日記を書いて誰か（父親か）に添削してもらい、幼い妹に読本を教えてやっている様子がうかがえるのである。慌ただしい毎日であるが、八月八日の日記に「私は昼からどこにも行かなかつた。みつえさんたちが来たのであそんだ（…）」とあるのは、五月三一日から八月一一日までの日記で彼女が遊びについて記した唯一のもので、少しほっとさせられると同時に、母を亡くした農村少女の生活のきびしさを思わずにはいられない。そして、当時のブラジル農村では、彼女は例外ではなかったのである。

このY・Kさんの「日記」は五三年初めまで断続的に続くが、戦後ブラジルにおける日本語教育の復活に関わる事実が記されている。戦時中炭焼きをしていた彼女の父親が、戦後、次の記事のように教師の職を得るのである。


（筆者注―一九四六年）三月十六日　土曜日　きり雨
昨晩隣の外人と鈴木さんとが大げんくわをし、鈴木さんはだいぶんひどいけがまでしたやうである。夜中の二時頃まで外人たちはがやがやとさわいでゐた。鉄砲を何ぱつも撃ったりして、とても恐しかった。外人は実に無てつぽうだから恐しい。うっつかりした事は言へない。（…）

十二時にお父様がサンターマーロから帰っていらっしゃった。あちらの教師の話がきまって、あさって引越になりました。早くきまって何より有難いことです。（…）

引越が出来てうれしい事だ。早く早く明日になってあさってになれ。

向に行ったら又かわった気分が味はれることでせう。一生懸命に勉強しやう。


父の仕事が決まり、町へ引っ越しすることの喜びがあふれている。続いて、「三月十九日」には次のように記されている。

三月十九日　火曜日　晴
（…）あの時からくらべると今は本当に楽な事です。これもみんな霊界のお母様のお導でなくてなんでせう。深く深く感謝し奉ります（…）
これから親子水入らずで生活出来て、こんな嬉しい事はありません。これからは先生の子としてなほ恥かしくない子供になりたいと思います。

「これからは先生の子としてなほ恥かしくない子供になりたいと思います」という言葉がなんとも健気である。ここで彼女の人生が、ブラジル日系移民子弟教育の大きな流れとふれ合うのは、一九四七年にサントアマーロ地区（サンパウロ市郊外）で日本語教育を復活させる運動が始まったとされることである（モラレス松原、二〇一二、九九頁）。彼女の父は、戦後のブラジルで復活した最初の日本語教師かもしれないのである。

このように、Y・Kさんの「日記」は戦中期ブラジル日系二世の言語生活の実態を知るとともに、戦後の日本語教育機関復活の具体的な過程を可視化する可能性を持っているのである。

以上、太平洋戦争に突入して以降の日系移民子弟の教育について述べてきたが、戦争終結後すぐに公的な日本語教育が復活したわけではない。アメリカの場合、陸軍四四二戦闘団などの二世部隊の活躍によって戦後日系人への再評価が生まれるが、ブラジルでは排日機運は緩むどころか、勝ち組のテロを含む激しい活動によって、逆に日系人への評価はよりきびしいものとなっていた。一九四八年八月にエウリコ・ガスパル・ドゥトラが新大統領に選出されるとともに開始された新憲法制定議会では、新憲法の第一条に「年齢及び出身地の如何を問わず、日本人移民の入国を一切禁止する」という条文を盛り込む議案が提出されており、激しい議論を経た票決ではわずか一票差で否決されるというきわどい結果を招いている（移民年表、一〇三頁）。日本語教育が本格的に復活するのは、勝ち負け抗争が終息する一九五〇年代初頭を待たなければならなかった。

注

（1）「バガブンド」（vagabundo）とは、もとは「放浪者」の意味であるが、ブラジル日系社会の文脈で使われる場合、「放蕩者」「役立たず」「根性なし」というようなニュアンスで使われた。

（2）ただ、本書では便宜上このように時期区分したものの、異なった時期区分を当てはめる可能性を否定するものではない。半田（一九七〇）も指摘するように、一九二七〜一九三四年は「渡伯移民全盛時代」であり、この時期には最も多くの日本人移民がブラジルに入国した。そして、彼ら新移民は、半田のいう「新日本ムード」「新日本文化」と呼ばれる祖国の新傾向をもたらした。昭和天皇即位後の四月二九日を天長節とする学校行事、青年団とスポーツ、弁論大会、映画といった関東大震災後に普及した大衆文化や慣行などである。したがって、②③の時期を学校慣行の新傾向導入の時期と区分することも可能である。

（3）例えば、『移民八〇年史』四一―四三頁など。

（4）ブラジルに導入された日本人移民は、一二歳以上の労働力を三人以上ふくむ家族移民が条件であったため、日本の戸籍法を利用し養子縁組などによって人工的に構成された家族。

（5）半田知雄は、一九〇六年、栃木県生まれ。一九一七年に契約移民として父母とともにブラジル渡航。聖州義塾を経て、サンパウロ美術学校に学んだ。日系画壇の重鎮として活躍するとともに、サンパウロ人文科学研究所を創立し、ブラジル日系移民の研究にも貢献した。

（6）筆者は多くの同小学校出身者にインタビューの際この件について質問したが、いずれも否定的な答えしか返ってこなかった。

（7）「グァタパラに最古の日本人学校?＝「コロニア史が変わる」＝1枚の写真から判明か＝亡妻が結んだ不思議な縁」（『ニッケイ新聞』WEB版二〇〇九年四月四日）では、次のように、大正小学校以前に「日本人学校」が存在した可能性を指摘している。「従来、コロニア最古の日本人学校は一九一五年に聖市コンデ街に開設された大正小学校と言われてきたが、先週、広島県から送られてきた一枚の写真により、実はグァタパラ耕地にあった日本人学校である可能性が出てきた。子供たちと一緒に平野運平らしき人物も写っている。入り口には「――巴羅小学校」との表札も掲げられており、少なくとも一九一三年以前から活動していたようだ。その写真の持ち主の女性は、移住後に広島県に帰国して専門学校を立ち上げ、地元の名士にまでなった成功者で、さらに話題を呼びそうだ」。

（8）『移民八十年史』によると、日本人移民の植民地形成への動きは、一九一〇年代に入ると、間もなくはじまった。日本人移民の植民地形成には、次の五つの型があるという。①自然発生的に移民がある地域に小集団を形成し、それをきっかけとしてその地域に土地を移って来る者が増え、大集団地を形成するに至るもの。②奥地開発の波に乗って広大な面積の原始林の分割売り出しがはじめられ、あるまとまった広さの土地が計画的にさらに小さく分割譲渡されて集団地をつくるもの。③日本の民間資本が土地を購入、あるいは無償譲渡を受けてこれを分譲、日本直来または現地の希望者を入植させたもの。④植民地とは呼べないが、綿作がさかんな時期には、一地帯に集団的に借地して集まり、植民地的様相を呈した地方で、日本人会、青年会、学校などが組織されたもの。⑤連邦あるいは州政府が造成する植民地へ入植して、日本人集団地を形成するもの（日本移民八十年史編纂委員会、一九九一、五一―五二頁）。

（9）　帝国経済会議は、清浦圭吾内閣（一九二四年一月六日～六月七日）時代、震災恐慌下の日本経済の復興を図るため、清浦首相を中心に、民間の経済学学識経験者・専門家をはじめ帝国議会議員や関係各省次官局長など約一八〇名を議員として、一九二四年四月から六月にかけて開催された官民合同の大型経済審議会（原口、一九九七、九頁）。

（10）　「カボクロ」（caboclo）は、「ブラジルにおいては、赤銅色の肌を持った先住民、通常白人と先住民の混血を指す」と説明されている（*Dicionário do Aurélio on-line.* 〈http://dicionariodoaurelio.com/caboclo〉）。転じて、ブラジル日系人の間では、「田舎の貧しい農民、数代に渡って不便な場所で、ほとんど商品経済の外にあって、自給自足的な生活をしている者（半田、一九七〇、五六一―五六二頁）で、農村の下層労働者。無学・無教養で上昇志向のない人びととして表象されている。筆者自身、実際に、「子どもを学校に行かないとカボクロになる」「自分の子どもはカボクロにしたくない」などといった使われ方を聞いた。

（11）　グルッポ・エスコラール・マリア・ジョゼ（Grupo Escolar Maria José）（一八九六年創立）、グルッポ・エスコラール・ダ・リベルダーデ（Grupo Escolar da Liberdade）（一九〇四年創立）、グルッポ・エスコラール・デ・サン・ジョアン（Grupo Escolar de São João）（一九〇七年創立）、グルッポ・エスコラール・ド・カンブシー（Grupo Escolar do Cambuci）（一九〇八年創立、一九二五年以降、「グルッポ・エスコラール・カンポス・サーレス」に改称）の四校が、コンデ界隈から通学可能範囲にあったことが確認される（Centro de Referência em Educação Mario Covas 制作年不明〈http://www.crmariocovas.sp.gov.br/neh.php?t=001〉）。

（12）　粂井（二〇一〇）によると、「敝之館は、アメリカが日米通商条約廃棄を通告した一九三九（昭和一四）年の夏に、募集を開始し、同年一二月一日に、「第二世養成所」として、東京市中野区高根町12に、館長熊崎量治、主事柳悦之、顧問赤松祐之、学生一六名（女性二名）で開校した。学生は、サンフランシスコ出身者四名、ロサンゼルス出身者四名、ホノルル出身者三名、ポートランド出身者二名、シアトル出身者一名、カナダのバンクーバー出身者二名である。同校には、敗戦で自然消滅するまでに、五回生まで約七〇名が在籍した。四、五回生は卒業に至らなかった」（粂井、二〇一〇、二頁）。

（13）　古野は、早稲田大学仏文科卒。元『伯剌西爾時報』記者で、日本語文芸誌『地平線』創刊者の一人。詩人でもあり、一九三〇年代半ばから五〇年代にかけてブラジル日本語文学の指導的立場にあった（細川、二〇一二、一二〇頁）。ブラジルでの教師の経験もあり、一九七一年に日本帰国後、京都外国語大学教授に就任している。

（14）　巻一、三、五、七は凸版印刷株式会社、巻二、四、六、八は単式印刷株式会社で印刷。

（15）　佐野保太郎（一八八七～一九五〇）は、東京帝国大学文学部卒業後、文部省入省。旧制山形高等学校校長を務めた後、一九四一年には高知高等学校に校長として赴任している（篠山市ウェブサイト）。ブラジルへの招聘は、山形高等学校を辞任した後、高知へ赴任する前と考えられる。佐野は、先に見たサンパウロ日本人学校父兄会主催の第三回葡語夏期講習会でも講師を務めており、「国語教育の趨勢に就て」という講演を行っている。

(16) *Leitura do Principiante* は、アントニオ・フィルミーノ・デ・プロエンサ(一八八〇～一九四六)編著。一九二六年に初版が発刊され、一九五六年まで八七刷四三万五〇〇〇部が刊行されたブラジルの代表的ポルトガル語初等読本教科書(Gazoli, 2008)。

(17) 二〇〇七年一二月に筆者が調査したサンパウロ州ボツカツ日本語学校所蔵の戦前期使用教科書でも、『日本語讀本』は不完全なものが二冊あったのみで、国語教科書はすべて『尋常小学国語読本』と『小学国語読本』であった。

(18) 以下の記述は、根川(二〇一六a)の概略である。

(19) 伊志嶺(二〇一〇b)によると、日本の国定教科書と同じ内容は、一九三課中八七課で、四五パーセントとなっている(伊志嶺、二〇一〇b、三〇〇頁)。

(20) 海後(一九六二)二二五頁。

(21) ただ、純日本的な教材が排除されたわけではなく、「モモタロウ」(巻一)、「サルトカニ」(巻二)、「牛若丸」「一寸ぼうし」「浦島太郎」(以上、巻三)、「ヤマタノオロチ」「少彦名のみこと」「天孫」(以上、巻四)、「神武天皇」「日本武尊」(以上、巻六)などの童話・神話が取り上げられ、巻八の第一単元には、「明治天皇御製」の短歌一〇首が掲載されている。この教科書には、ブラジル・ナショナリズムが高揚する三〇年代において、ブラジル当局に対する配慮が見られるが、満洲事変で活躍した軍用犬「金剛」と「那智」の活躍を描く「犬のてがら」が取り上げられるなど、日本の軍国主義的な内容が完全に排除されたわけではない点も確認できる。

(22) 法令の和訳は、『発展史・下』二〇〇頁による。

(23) 『日伯新聞』一五九六号(一九三九年一月一日)には、「▲移民法本極り!開けて口惜しや施工細則、聖市サントスを除きその他は農村地帯と決定。日本語学校全滅の有様」と報道されている。

(24) 「錦衣帰郷」から造語された日本人移民の用語。経済的成功を収めて日本に帰国するということ。

(25) コチア小学校など、サンパウロ市近郊西部地域の日系小学校一三校からなる連合組織。

(26) 邦字新聞は、一連のドイツ系教育機関の取締りを「南大河州の独逸人学校狩り益々猛烈となる。ひと事ぢやない」と伝えている(『日伯』一五九六号、一九三九年一月一日)。

(27) 桑田真澄・佐山和夫『野球道』、ちくま新書、二〇一一、五四—五八頁。

(28) 飛田穂洲「野球清談」『飛田穂洲選集』第三巻、ベースボールマガジン社、一九八六、二七—二八頁(「野球は無私道なり」東海出版社、一九四〇を採録)。

(29) 正式な氏名は西江米子(にしえ・よねこ)だが、当時の生徒たちによると、彼女は「よねこ」と呼ばれるのを嫌い、自らは「よねか」と名乗っていたという。

(30) マルビーナ・デ・カストロ(Malvina de Castro)は、一八九八年一一月五日サンパウロ州イタペシリカ・ダ・セーラ郡生まれ、一九一七年Escola Normal Primaria do Braz（師範学校）を卒業した後に転住した人物（森脇・古杉・森、二〇一〇、二九五頁）。コチア小学校初期から務めるブラジル人教師で、日系子弟の教育に理解があったという。

（31）余談ながら、ここでいう「安部さんの孫」のなかに、ジュンジ安部（一九四〇〜）がいたという。ジュンジはのちに実業家となり、一九七二年モジ・ダス・クルーゼス市議会議員に当選。サンパウロ州議を経て、二〇〇九年に連邦下院議員に当選している。

第三章　ブラジル日系教育機関の分類とその性格

ブラジルの法規どおりにやったとしても、田舎の日本人植民地などには、なかなかおちつくブラジル人教師は少なく、給料も安かったので、植民者が生活費を補助することが多かった。（…）その上、日本人教師だって、そうたやすくみつかるわけがなかった。初期のまずしい農村（植民地）で、日本で中学以上の教育をうけた若い元気な先生などめったになく、はじめは植民地内で読み書きのできる主婦などが半日くらい時間を都合して学校の先生をやったし、また、重労働にむかない年輩のインテリが午前中だけを教え、午後は自分の畑をたがやす、というようなこともあった。とにかく、貧乏な初期移民たちは学校はホッタテ小屋でガマンしたとしても教師の生活を充分ささえる力はなかったのである（ブラジル日本移民七〇年史編纂委員会、一九八〇、三〇七―三〇八頁）。

はじめに

ブラジルの日系教育機関には、どのような種類の学校があったのであろうか。第二章では、提示した時期区分にしたがって、主に初等教育機関（小学校）と教育指導機関の変遷について概略を述べてきた。ただ、邦字新聞に掲載された入学募集広告などを見ると、実にさまざまな種類の教育機関があったことが知られる。本章では、第一節で、戦前期ブラジルの日系教育機関を種類別に分類した上で、それらの性格とそこで実施された教育内容について概説する。また第二節では、遠隔地ナショナリズム(1)や「国民教育・臣民教育」という概念を手がかりに、第一節で見た日系教育機関、特に日系小学校において、それらがどのように現れ、どのように実施されたのか、天長節と「御真影」、「教育勅語」の導入を検討しつつ明らかにする。さらに、ブラジル日系小学生の皇紀二千六百年祭奉祝作文を検討することによって、ブラジルの日系移民子弟教育はどのような「皇民」あるいは「少国民」を生み出していたのかという問題を取り上げる。そして、そうした皇民／少国民育成が、「祖国」日本やその植民地、帝国の勢力圏外の他の地域とどのようにつながっていたのかという問題を考察したい。

三―一　ブラジル日系教育機関の分類

戦前期ブラジルにおける日系諸教育機関を種類別に分けるとすると、おおよそ次のような分類が可能であろう。

①小学校
②中等学校
③実業学校
④私塾
⑤女学校
⑥寄宿舎・ペンソン（下宿屋）
⑦洋上小学校

実際の個々の教育機関のなかには、③と⑤、③と⑥などの機能が重なるものもあった。ここに示した分類は、当時の日系人や筆者が接したインフォーマントがもつ分類基準を参考にした。以下、これらの教育機関の性格とそこで実施された教育内容について概観してみよう。

三―一―一　小学校

日本語教育が禁止される一九三〇年代末のブラジルには、先述のように、およそ五〇〇校から六〇〇校もの日系教育機関があったことが知られるが、それらの大部分が初等教育機関、すなわち①の小学校であった。一口に小学校といっても、時期と地域によって大きな格差があった。それは、丸木小屋のような校舎で日本語の読み書きだけを教えただけの農村のコミュニティ学校から日本の正規課程のカリキュラムに準じて尋常科六年だけでなく高等科や補習科をそなえた本格的な小学校まで、さまざまなタイプの小学校が存在した。まず、ブラジルの初等教育機関の種類を確認した上で、いくつかの日系小学校の事例を紹介していこう。

戦前もっとも多くの日系人が集中していたサンパウロ州には、一九二〇年代半ばに次のような初等教育機関（escola primária＝日本の小学校課程に当たる）が存在していた。[2] これらはまず、「都市学校」（escola urbana）と「農村学校」（escola rural）に分類される。このうち都市に設けられるもので、一学年から四学年まで小学校課程全科を完全に備えたものは「グルッポ・エスコラール」（grupo escolar）と呼ばれた。これは距離二キロメートルの半径内に少なくとも四〇〇名以上の学齢児童がいるところでなければ設置できない。そして、八学級以上を有し、各学年生徒数は少なくとも三〇名以上を要するものであった。グルッポ・エスコラールは、日系人の間では「グルッポ」と通称され、本書でもそのまま使うが、和訳するなら正則小学校とすることができる。卒業すると、「ディプロマ」（diploma）と呼ばれる初等教育修了証を得ることができる。日系子弟にインタビューをしていると、時々「私はディプロマを持っているのよ」と誇らしげに語る人がいるが、これはこのグルッポでブラジルの正則の初等教育課程を修了したことを意味する。他に、都市と農村両方に存在したものに、「合同学校」（escola reunida）と「単級学校」（escola isolada）があった。両者とも、距離二キロメートルの半径内に一六〇名以上の学齢児童数がいるところに設置され、少なくとも四学級を有する必要があり、一学級には少なくとも三〇名以上を要することが決められていた。このうち一学級だけ独立している学校を単級学校とする。また、収容生徒の性別によって、男子生徒のみを収容する「男子学校」(escola masculina)、「女子生徒のみを収容する女子学校」(escola feminina)、男女両生徒を収容する「混合学校」(escola mista)があった。ここでいう都市学校とは、サンパウロ市内にあるもの、他の郡市で家屋税のかからない場所にあるもの、治安区の本部にあるもので、その他は農村学校とされている。これらの初等教育機関の修業年限は、グルッポ・エスコラールは四年、都市の合同および単級学校は三年、農村学校は二年であった(外務省通商局、一九三二、五四—五七頁)。

サンパウロ州には、「農村集団地ニ於テ学校ヲ中心トシ半径二キロノ区域ニ学齢児童(七歳乃至十二歳)三十人以上アル場合ニハ適当ナル家屋ヲ求メテ之ヲ州立小学校ニ指定シ教育局ヨリ教員ヲ派遣シテ所定ノ教育ヲ授クル義務ヲ有ス」(3)という規定が設けられていたが、十分に機能していなかった。一九二〇年のブラジル国勢調査では、同州の不就学者は七〇・二パーセントにのぼっており、また一九二五年連邦下院でのジェトゥリオ・ヴァルガスが引用した同州一五歳以上の非識字率は五八・五二パーセントであったという(外務省通商局、一九三二、五四—五七頁)。したがって、多くの日系植民地において、移民たち自身が学校、特に初等教育機関を設立することとなり、その結果必ずしも上記の分類に当てはまらない学校も現れた。

本書第二章第二節でも述べたように、日系植民地開拓初期に建てられた小学校は、日本語の読み書きを教えるコミュニティ学校がほとんどであった。農村地帯に最初の頃建てられた小学校というのは、写真3-1(一八一頁)のような、大概パルミット材(4)を使った簡易な丸木小屋で、壁のすき間から日が差すような建築だったという。こうしたコミュニティ学校は、「ムチロン」(mutirão)と呼ばれるコミュニティ総出の共同作業で造られた。

一九二〇年代、植民地初期の頃の小学校について、半田(一九七〇)は詳しく記している。

入植二年目、二、三十家族の植民地で、学校をたてることにしたとしたとしよう。村のものが総出で(むろん男たちだけであり、家族しだいで、あるいは家長だけ、ときには青年もまじる)、休日か日曜を利用して、一室だけのものをたてるのである。

敷地はどうするか、これは「植民者のロッテ」内を臨時に利用させてもらうか、寄付してもらうかする。（植民地によっては、土地売出しの際あらかじめ敷地としてきめてあるところもある）。もらうといっても日本人会は法人として登録しているものなどごく少ないから、法的に所有者となることはできない。だから、たいがい利用させてもらうほうが多い。場合によっては、いくらか借地料を払う。

さて、場所が決まれば、金のかかるものは屋根瓦である。瓦だけはタダというわけにはいかない。だから金がなければサッペー屋根ということになるのであるが、それではあまりにおそまつだというので、瓦だけは奮発する。一戸あたりに五ミルとか一〇ミルとかをださせる。当時としてはいたい出費であったがやむをえない。こうしてできあがる学校なるものは、二、三十人の生徒がはいったならいっぱいになるような小屋である。（…）

まず大工の心得のあるものが動員される。どこの植民地にも一人か二人はいるものである。図面をひいてもらって必要な材木を集める。数名の青年も加わって近くの開墾地で材木を集める。材木はタダで、運搬は多くの人間の肩をつかう。かくて骨組ができあがる。大工には日本人会のほうから「寸志」を送る場合もあるが、子供の親だったりすると金をうけとらないものも多い。そこで棟上げには、少しよけいピンガを買い、御馳走も奮発しようということになる。

瓦をあげたり壁をぬったりは、むろん総動員のときのやる。こまいは、山からきってきた椰子の木を割ってこれを縦にならべ、細い木を横にシッポー（蔓）でしばりつける。壁土には、日本式に藁かサッペー（芽《ママ》）をきざんだ「スサ」をまぜてこねる。泥は裏表から二回ぬるが漆喰はぬらない。

むろん天井板などは張らない。下は土間だから、突きかためる。窓は、小さい小屋なら両わきに二か所ずつ、あるいは三方にわけてつけることもある。大きい校舎なら六か所から八か所つけなければ充分明かりがとれない。掘立て小屋に大きな窓はあつかいにくいから小さくするので数がふえる。もし雨が降りこんだり、日ざしがつよくて不便だと思えば、蝶つがいを上方だけにつけて戸を棒でつき上げるようにする。ガラスなどはないのだから、日よ

写真 3-1　ロンドリーナ中央区小学校開校式（1933）（沼田信一氏提供）

け雨よけにこれがいちばんむいているのだ。机は土の中にうめた棒に板をうちつける。腰かけだけはうごかせるように板だけにする。これも少し金がかかる。それに黒板、先生のテーブルと椅子。まだ教壇などはつくらない（半田、一九七〇、三〇六―三〇七頁）。

そしてこうした学校は「大、小によって三日から五日かかればできあがる」（半田前掲書、三〇七頁）としている。半田は父が植民地の教師で、自分自身も教壇に立った経験があるので、小学校についの記述は微に入り細をうがっている。

ちなみに、**写真3-1**は、サンパウロ州隣のパラナ州ロンドリーナに一九三三年に設立されたロンドリーナ中央区小学校の開校式の集合写真である。ロンドリーナでは、前年に開拓がはじまり、日本人移民も分譲された土地を購入し入植している。開校式の晴れの日で子どもたちは靴を履いているが、ふだんは裸足で走り回っているのがふつうであったという。最後列は初代教師の佐藤先生夫妻で、奥の丸木小屋は二人の教員住

写真 3-2　ロンドリーナ中央区小学校新校舎（1938）（沼田信一氏提供）

宅だったということである。内陸部の農村地帯では、教員住宅や農地を提供でもしないと、本章の冒頭に引用したように、なかなかよい先生には来てもらえなかったといわれている[5]。このロンドリーナ中央区小学校は、その後日本政府の補助金を受け、五年後の一九三八年には木造ながら立派な校舎を新築している。写真3-2は、その新築記念時に撮影されたものである。

一九三〇年代になると、日本政府の補助金や日本人会の維持会費、寄付などを集めて、本格的な校舎が建築されるようになった。サンパウロ州内陸部バストス移住地の第一小学校は、一九三一年に建築費用一三〇コントスを投じて建設された「破格に壮麗な」校舎であったとされる。木骨コンクリート作りで、平屋の普通教室、中庭、教員室のある二階建て管理棟、他に特別教室として音楽教室、階段状になった理科教室が完備され、全校生徒を収容できる講堂も付属していた。また、後には「文庫」と呼ばれる図書室も作られ、一周二〇〇メートルのトラックも整備されていた（中村、二〇〇七、六六頁)。

次に都市部の小学校について述べる。第一章でも述べたように、ブラジル日系最初の小学校は、一九一五年一〇月にサンパウロ市のコンデ・デ・サルゼーダス通りに創設された大正小学校とされている。同校については第四章で詳しく述べるが、最初は教師一人、生徒三人の小規模な「寺小屋《ママ》方式」の学校として出発している。「寺小屋方式」とは、当時の「学校」を形容するのによく見られる表現で、一般家屋に間借りし、一人の教師が年齢もばらばらの子どもたちに読み書き算術などを教えるという超複式教室を指していると考えられる。最初期の頃は、修業年限も決まっていなかったようである。初期の宮崎校長時代の一九一九年頃までの大正小学校もこれに当たる。同小学校の場合、その後次第に発展し、一九二九年一〇月、サンパウロ日本人学校父兄会(以下、適宜「父兄会」と略す)の協力と総領事館の全面的支援により、新校舎を建築し移転した。新たに購入した新校舎は、一階に八教室、職員室、二階には父兄会の寄宿舎を備えていた。一九三六年には、校舎がさらに増築され、「コロニア一の学校」と呼ばれるにふさわしい設備を整えている。

こうした日系小学校の修業年限は、最初まちまちだったものが、四年制、六年制となり、やがて高等科二年や一年制の補習科を設ける小学校も現れた。また、これも第二章で述べたように、郡や州の公認を受け、農村小学校やグルッポ・エスコラールとして、日本とブラジル双方の課程の二重教育を行う小学校も現れ、それが三〇年代末までは常態となった。先述のバストス移住地の第一小学校は、一九三三年にグルッポ・エスコラールとして州の公認を受けている(中村、二〇〇七、六七頁)。日系小学校の課程は、ブラジル小学校よりも数年長いのが一般的であった。

その他、日系小学校では一般的であった男女共学について述べる。先述したように、ブラジル初等教育機関には収容生徒の性別によって、男子学校(escola masculina)と女子学校(escola feminina)の区別があった。例えば、ブラジル・ドイツ系学校の一九三六年の統計によると、全州で一三四五校のドイツ系教育機関があり、五万六五九六名の児童生徒が学んでいた。そのうち、男女別学が前提のプロテスタント系学校が計七〇五校、カトリック系学校が計四五一校、男女両生徒を収容する混合学校（escola mista）は一六九校で、約一二パーセントにすぎなかった（IBGE, 2008）。これに対して、日系小学校は、カトリック系の聖フランシスコ学園が男女別学であったことが知られているだけで、初等教育では他のすべてが混合学校といってよかった。ブラジル日系社会の教育指導機関であったサンパウロ日本人学校父兄会が一九三二年に実施した調査「日本人小学校児童男女別統計」によると、合計九七校中すべてが共学であり、男子二二五四名に対して女子一八三五名となっている（伯剌西爾時報社編、一九三三、一一七―一一八頁）。主な小学校の男女数を見てみると、大正小学校で男子七四名対女子五八名、ノーバ・エスペランサ小学校（コチア小学校）で男子八六名対女子七八名、バストス第一小学校で男子一三三名対女子一一〇名、パラナ州の北巴小学校で男子三〇名対女子一九名となっており、おおむね男子の方が少し多い。これは初期の植民地の限られた条件で男女別々の教室をつくる余裕がなく、教師も一人が普通であったことによるとも考えられるが、三〇年代になって比較的立派で大きな校舎が建造されるようになり、教師数が増えてからも男女共学は変わらなかった。一九二九年に校舎を新築し、三〇年代には三〇〇人ほどの生徒数を数えた大正小学校でも、一九六六年の閉校までずっと共学であった。[6] また、邦字新聞や父兄会の機関誌などを見る限り、「(二世は) イロハを学ぶ前にもう色気づく」という懸念の表明が見られる一方、男女別学にせよといったような提案も見ることはできない。これには、いくつか理由が考えられるが、まず当時の日本の尋常小学校では共学が一般的であったこと、次に初期の植民地の限られた条件で男女別々の教室をつくる余裕がなかったこと、ドイツ系のようにキリスト教会と一体化した教育機関がごくわずかであったことなどがあげられる。さらにいうと、ブラジルの初等教育機関では女子教員が大多数であったのに対して、日系教育機関は男子教員の方が多かった。[7]「在伯邦人設立小学校諸統計」によると、一九三二年の日系小学校教師中、男子教員一八七人に対し女子教員は三九人であった。男女比はほぼ五対一で、男子教員の方が圧倒的に多かったことになる。男女共学と男子教員の数の優位は、ブラジル日系小学校の一特徴として指摘しておきたい。

三―一―二　中等学校

次に、②の中等学校について述べる。日系中等学校については資料が乏しく、詳しいことは明らかではない。資料が乏しいのは学校数が少なく、それらも設立後すぐに太平洋戦争期に入り、日系教育機関としての歴史がごく短期間であったことにもよる。『ブラジルに於ける日本人発展史・下』によると、一九三〇年代末において、少なくとも三つの日系中等教育機関が存在したことが確認できる。すなわち、プレジデンテ・プルデンテ商業学校、プレジデンテ・プルデンテ中学校（Ginágio São Paulo）、バストス中学校（Ginágio Duque de Caxias）の三つ（それぞれ一九三九年創立）である（青柳編、一九五三、二〇一―二〇二頁）。プレジデンテ・プルデンテ商業学校を中等学校に分類したのは、卒業時に中等学校としての修了証書が得られたとされることによる。これらのうちプレジデンテ・プルデンテ中学校については、もともとアントニオ・ソアレス教師によって教授されていた私立中学であったこと、一九三八年頃に経営権が同地の日本人会に移ったことが知られる。ただ、同校はサンパウロ州教育局の法規に則った純然たるブラジル私立中等学校であった。したがって、生徒のほとんどが日系子弟であっても、科目や課程はブラジルのものであったという（以上、プレジデンテ・プルデンテ中学校出身のR・N氏の証言による）。

また、バストス中学校の創立記事は邦字新聞中に見いだせなかったが、『伯剌西爾時報』に次のような一九四〇年一月の同校の閉鎖を伝えた記事が見られる。

●〝州に移管せよ〟―閉鎖中のバストス中学を繞る話題

建設費百五十コントスを投じ邦人集団地の存在としては諸設備の優秀なることに於いて奥ソロ随一を誇つてたバストス中学校は去る十一月中旬突然其筋の命に依り閉鎖せねばならなくなつた。視学官の言ふ表面の理由は

一、生徒同士は始終学校構内にて日本語を話合ふ
二、教材に日本製日本語入の地球儀、人体模型等を用ゐる
三、重要品納入庫には伯国旗はなく日本国旗はある
といふ風で本国の延長か直属の植民地の如き観あり、この教材では現政府の強調してる「伯国に来た者は伯国に従へ」と云ふ精神に反するので、止むを得ず閉鎖の方針に出たのだとのことだ。

同校は現在予科生徒三十余名、本科一年級生徒三十余名を収容し、生徒全部は今以て学年末進級試験を受けること能はず途方に暮れてゐるが、学校は当分再開の見込み立たず、サンパウロ其他へ転校手続きを取るべく準備している者もある。(…)

〝楽観してゐます〟―ブラ拓側の話

(…)(『時報』二〇八二号、一九四〇年一月一七日)

この記事から読み取れることは、バストス移住地とその経営主体である有限責任ブラジル拓植組合(記事中の「ブラ拓」)を中心として設立された私立中学であったこと。大金一五〇コントスを投じて建設され、奥ソロカバーナ地方随一を誇る「諸設備の優秀な」学校であったこと。一九三九年一一月中旬に、当局の突然の命令によって閉鎖されたこと。閉鎖の時点で、予科生徒三〇余名、本科一年級生徒三〇余名を収容していたことなどである。閉鎖の理由としては、生徒同士が終始日本語でコミュニケーションしていた点、日本語入りの教材・教具を用いていた点、重要品納入庫にブラジル国旗はないのに日本国旗はある点などで、「本国の延長か直属の植民地の如き観あり」と批判されている。先述のように、ヴァルガス政権による新国家体制のもと、ブラジル・ナショナリズムの高揚による移民同化政策が推進されるなか、当然の処置というべきであろう。ブラ拓は日本の海外移住組合連合会のブラジル側出先機関であり、バストスはブラ拓の経営する日系移住地の一つであった。ブラ拓は、一九三〇年代後半、

「愛土（Gozar a Terra）運動」を推進し、日本人移民の永住とブラジルの国土を愛する運動を演出していた。それにもかかわらず、日系エリートであるはずの中学進学者達のコミュニケーション手段が日本語であったのは、少なくとも子弟教育の面においてこの運動が表面的なものであったことを示している。そして、「学校は当分再開の見込み立たず」と記されている。

一九三〇年代後半においても日系中等教育機関の数が少ない理由は、この時期まだ多くの日系二世層が中等教育の学齢期に達せず、また経済的理由で小学校卒業後に中等学校に進学できる者がまれであったことが考えられる。この時期の日系中等教育機関については、文献・インタビューともに調査が不十分で、今後の調査・研究にまたなければならない。

三―一―三　実業学校

③の実業学校は、実用的な専門科目や技術を教授する教育機関であるが、いくつかのユニークな例が見られる。農村部に設立された日系小学校のなかには、一九三〇年代になると、実業教育を行うものが現れる。例えば、サンパウロ州南部のイグアペ植民地の中心であるレジストロ市に設立されたレジストロ補修学校がそれに当たる。同校は別名「農業補修学校」と呼ばれ、日本語教育、ブラジル地理・歴史などの一般教養とともに農業技術など実業科目があった。②の中等学校の部分でふれたプルジデンテ・プルデンテ商業学校は、ソロカバナ鉄道沿線のプルジデンテ・プルデンテ日本人会が従来の小学校に加えて、一九三八年に既設の私立中学の経営権を取得したものである（日本移民八十年史編纂委員会、一九九一、一一九頁）。

サンパウロ市ピニェイロス地区には、暁星学園という日系実業学校があった。岸本昴一（一八九八～一九七七）という新潟県出身の教師によって設立された寄宿舎学校であるが、初等教育部門のほかに勤労科という部門を設けていた。これは、農村出身の貧しい少年少女たちを寄宿舎に収容し、同校付属の洗濯・縫製工場で働かせながら授業を受けさせ、夜学へ通わせたりするコースであった。この暁星学園と創立者の岸本については、本書第五章で詳述したい。

一九二九年には、アマゾン地域にも日本人の入植がはじまる。一九三〇年に上塚司（一八九〇〜一九七八）によって東京で設立された国士舘高等拓殖学校（一九三二年に神奈川県生田村に移転し「日本高等拓殖学校」と改名）は、アマゾン河中流域パリンチンスにあったヴィラ・アマゾニア研究所に学生を送り、開拓の実習・実務に従事させた。崎山比佐衛（一八七五〜一九四一）は、一九一八年に東京世田谷に海外植民学校設立したが[8]、一九三二年に一族や支持者を率いてアマゾン中流域のアマゾナス州マウエスに入植した。そして、同地に海外植民学校の分校を設立する計画を持っていたが、マラリアの猖獗と彼の死によってこの計画は頓挫した。実現すれば、キリスト教主義とアマゾン地域の開拓実務を学ぶ実業学校となるはずであった[9]。

そんななかで注目されるのは、エメボイ実習農場[10]である。これは、日本で中等教育を受け、永住目的をもった青年たちを受入れ、農業の実地教育を授けながら、ブラジル農業の将来的な指導者を育成するというユニークな農業専門教育機関でもあった。この実習農場は、ポルトガル語やブラジル史を含む二年間の育英事業が目的の一つであり、「学校」という名が付かなくても教育機関に分類してよかろう。増田秀一（作家・俳人、俳号恒河）の労作『エメボイ実習農場史』（一九八一）の記述によって、やや詳しく同実習農場について記しておきたい。

エメボイ実習農場設立に当たっては、当時の海外興業株式会社（以下、海興）社長であった井上雅二（一八七六〜一九四七）の強い意向がはたらいており、日本政府（特に拓務省）によって設立された。実習場長として現地で実習生たちの育成に当たったのは、井上に抜擢された松本圭一[11]である。サンパウロ市郊外エメボイの町から八キロ、総面積一〇四アルケール（約二五〇町歩）の敷地内に、「美麗を尽せる」と形容されたレンガ造りの建物が並んでいた。場内には、実習農場のほか、経済農場、養豚場、養鶏場、教室棟、指導員宿舎、寄宿舎（南廸寮）、倉庫、道場、付属小学校があり、場内発電がはじまってからは洗濯機なども備えていた。また、一九三四年四月には、実習場内に私立小学校「エスコーラ・ミスタ・デ・レサッカ」が創立され、翌一九三五年二月には、エメボイ日本語小学校が開校しており、経営母体は異なるものの初代教師は実習農場の三期生である丸山昌彦が勤めた（増田、一九八一、九二―九三頁）。このことから、同実習場は複合的な教育機関であったといえる。

では、実習場生たちの実生活はどのようであったのか。増田前掲書には「五時起床。六時朝食。夕六時、十時半消燈。概して午前七時頃ヨリ学科。午后農場作業―午后五時頃迄」（増田前掲書、一二二頁）と記されている。学科としては、ポルトガル語、ブラジル歴史、地理のほか、ブラジル農業一般、畜産学、遺伝学、肥料学、数学、物理学、化学、測量などが教授された。ブラジルでは、日本人はよく「農業の神様」と称賛されたが、こうした教育機関におけるたゆまぬ努力と後継者育成の結果ともいえる。当時としては最高の環境で農業を学ぶ場であったから、衣はドロで汚れていても、心は錦の気分であったろう。食住においても当時の日本の日常生活と比較して、むしろ恵まれていたといえる。日本直来の実習生が苦労したのは、ポルトガル語であった。ポルトガル語の授業では、厳格であったという日本人の妹尾講師の他に、会話講師としてエメボイ町の郵便局長の息子アンドロニッコ・ペレイラ・バルボーザらが招かれた。当時ブラジルの教育機関では定期的に視学官が訪問し教育実践について監察していたが、同実習場ではオルランド・ブラーガ視学官が終始有益な助言を行っていたことが知られる（増田前掲書、八九―九〇頁）。日系子弟教育の歴史を発掘する場合、しばしば日系人の教育熱心さや自律性が強調されるが、非日系ブラジル人の関与や協力は無視できない。

このようにユニークな教育機関であったエメボイ実習場だが、海興の「財政窮乏」を理由に一九三六年八月をもって閉鎖されてしまう。わずか五年間の短い期間であったものの、四期にわたり一七一名の卒業生が送り出された。彼らは、農業のエキスパートとして、サンパウロ州を中心に北はペルナンブコ州、南はリオ・グランデ・ド・スル州までブラジル各地へ雄飛して行った。こうした卒業生たちはブラジル日系社会の指導者として活躍した者もあるが、一時的に日本語教師職に就いた者が多くいたことは興味深い。卒業生の中には、先の増田秀一、井上哲朗（スマトラ農民錬成所幹部、戦後現地の独立運動に加わり「日本人ターザン」と呼ばれる）（細川、二〇一三、一〇〇頁）、大河原正恭（スール・ブラジル農協アチバイヤ農事試験場長）、深谷清節（世界学生柔道選手権ブラジル代表監督）、橋本梧郎（ブラジル植物学の泰斗）、斉藤広志（社会学者、サンパウロ大学教授・神戸大学教授を歴任）らをあげることができる。同実習場が短命ながらブラジル日系子弟教育史のなかで光彩を放っているのは、彼らのような戦後日系社会を牽引していく指導者たちを輩出した点である。

三―一―四　私塾

④私塾は、その名の通り私的な教育機関であり、生徒数も数人から数十人の小規模なものが多かった。また、法的には未登録なものが多く、文書としての記録は少ないが、移民の口碑のなかにはしばしば登場する重要な存在といえる。

私塾というと、第四章で取り上げる聖州義塾を思い浮かべるが、同塾は日本の私塾の伝統と気概を受け継ぐものの、法的には設立当初からミッソン・ジャポネーザ・ド・ブラジルというブラジル宗教法人の一部をなし、私塾・教会・寄宿舎が一体となった教育機関であるので、ここで述べる私塾とは趣を異にしている。ブラジルの日系教育機関の歴史のなかで、「寺小屋《ママ》方式」（寺子屋ではない）という言葉がしばしば使われるが、正規の師範教育を受けていない教師一人が日本語の読み書き、算術程度を教え、生徒は数人ないしせいぜい十数人といった超複式授業のイメージで語られる。都会では住居の建物の一室、農村では教師の家あるいは倉庫の一隅、さらに野外の一角などで開かれていた。先の大正小学校も、もとは田頭という青年がコンデ界隈の一室で子どもたちを集めて読み書きを教えていたことや、宮崎信造校長になってからも最初は教師一人、生徒三人の私塾として出発したことが思い起こされる。初期の日系小学校は当局に届け出をしない未公認のものがほとんどで、こうした私塾から多くの小学校が発展してきた。何度か引用したコチア小学校も教師一人、生徒七人からはじまっている。

戦前期のブラジル日本人移民の多くが居住したのは内陸の開拓地であり、街や学校があっても、居住地から数十キロも離れており、通学手段もないところが多かった。そのような場所では、しばしば父兄のうちの適当な人物か新来の青年が私塾を開いたという。サンパウロ州南部のレジストロでインタビュー調査を行ったが、その時H・Yさん（一九二二年生まれ）のお父さんが病気で身体を壊し、農作業ができなくなったため、家に近隣の子どもたちを集めて読み書きを教えていたという。授業料はほとんど取らず、家でつくった野菜をもってくる子どももいたという。私塾の規模は小さいながらもさまざまで、授業料も定まらなかった。日系人の間で「もぐりの学校」とも呼ばれ、未公認校として戦前期ブラジルの日系教育機関の底辺をなしていたといえる。日系集団のあるところ、必ずこうした私塾があり、生まれたり、消滅したりしていたことが想像される。

他の移民集団では、時代的に日系集団より大きく先行するかたちで、ブラジル南部諸州のドイツ系コミュニティが類似した私塾形式の教育機関が運営されていたとされる。一九三八年から三九年に外国語教育禁止にいたった時期、文教普及会による対応策で、村塾形式の日本語教育が提唱された。この時期に編纂された『パ延長線教育史』（一九四一）に記載されている至誠学舎なども、そうした村塾形式の教育機関であったことが推測される。記録には残っておらず、それらの詳細を知るのは困難であるが、三〇年代末の外国語教育禁止時代から太平洋戦争後にかけて各地で多くの未登録の私塾が営まれたことが想像される。

三―一―五　女学校

⑤の女学校もユニークな例といえ、ブラジルでは一九三〇年代に裁縫女学校という形で出現する。カナダやアメリカ本土には、日系の女子中等教育機関は発達しなかったとされ、この意味で、ブラジルにおいて特徴的な日系教育機関といえるであろう。ただ、ブラジルでは先に見たように、初等教育でも男子学校（escola masculina）と女子学校（escola feminina）の別があったので、ことさら日系教育機関に限られた例ではなかった。

例えば、サンパウロ女学院は、赤間みちへ（一九〇三〜二〇〇五）とその夫赤間重次によって、一九三〇年四月に開設された「裁縫教授所」を前身とする。裁縫技術と検定準備教育ということでは③の実業学校に分類されてもよい性格と機能をもっていたが、移民やインフォーマントの間では、「女学校」「裁縫学校」「花嫁学校」などと呼ばれ、実業学校とは明らかに区分されている。サンパウロ女学院はじめいくつかの女学校は、創立から数年間のうちに多機能化し、実業学校の枠内にとどまらなくなる。同学院では、一九三五年には、日本語小学部・検定準備科・実科高等女学部を次々と設置した。なかでも実科高等女学部の設置には、「時代の要求に応じて（…）単に裁縫技術の教授だけでなく、将来社会の教育界にその一端をになえる指導者の養成を期し、在伯邦人社会に於ける女子中等教育事業に先鞭をつけた」（佐藤、一九八五、七二頁）と、日系女子教育史における画期として指摘されている。一九三七年には、また、この年の四月には校誌『學友』（第三号から『學友会誌やまと』に改称）が創刊されている。一九三七年には、ポルトガル語部を新設し、ブラジル私立学校令にもとづく私立学校として公認され、ポルトガル語名を「エスコーラ・パルティクラル・アカマ・サンパウロ」（Escola Particular Akama São Paulo）とし、日本語名を「サンパウロ女学院」に改称した。付属寄宿舎大和女学寮をそなえ、一九三八年の時点で、在校生七〇名であったことが確認できる。

このサンパウロ女学院の他にも、同じリベルダーデ地区のガルヴォン・ブエノ通りに、郷原ますえ（一九〇三〜一九九八）（一九三二年創立）日伯実科女学校があり、ライバル校として人気を二分していた。同校も校友誌『姉妹』を刊行していたことが確認できる。また当時、料理研究家の佐藤初江（一九〇一〜没年未詳）が同じくリベルダーデ地区のトマス・ゴンザーガ通りに設立したサンタ・セシリア割烹学校があり、上記二校と合わせて、日系人の間で「三大花嫁学校」と呼ばれた。これらの女学校が「花嫁学校」と呼ばれたのは、ここで日本語と日本式礼儀作法をしつけられた女性たちは、日系社会の指導者たちの花嫁予備軍的な存在と位置づけられたからである。また、これらの女学校に併設された高等女学部では日本の高等女学校カリキュラムに準拠したたいへん高水準の教育が行われていたことが知られる。紆余曲折はあったものの、上記の両女学校は、ブラジルの学校法人として大戦を生きのびた。特に、サンパウロ女学院は、戦後ピオネイロ学園として総合学園化し、現在は幼稚園・小学校から高校まで八〇〇余名の生徒を有するサンパウロ市の有力私立学校として存続している。

三―一―六　寄宿舎・ペンソン

ブラジル日系移民子弟教育のなかで、⑥の寄宿舎が教育機関として果たした役割ははかりしれない。半田（一九七〇）は、「日本人会の仕事の第一が教育事業であることは植民地の章でもかいたが、地方都市においては寄宿舎を経営して、主としてブラジルの学校に通わせたり、共同生活のなかでの団体訓練をほどこしたり、日本語を教えたりした」（半田、一九七〇、五〇四頁）と、その重要性を指摘している。経営母体は、地方日本人会や個人有志、学校付属のものなどもあった。「キシュクシャ」はつい最近まで日系人の間で使われた言葉であったが、個人経営で規模の小さいものは、ペンソン（pensão ＝下宿屋）と呼ばれる場合もあった。

かつて世界最大の日系エスニックタウンとして知られた東洋街のあるサンパウロ市のリベルダーデ地区は、「日系ペンソンの街」としても知られていた。内陸部からサンパウロに出てきた移民子弟は、このエリアの寄宿舎やペンソンで共同生活をし、学校に通っただけでなく、多くは寄宿舎・ペンソンのなかで日本語の読み書きを習い、しつけられるのあった。『移民七〇年史』には、「わが移民社会でわすれてならないものは、多くの寄宿舎又は寄宿制度の教育機関であって、これは家庭的フンイキの中で、日本的教育をほどこそうとした移民社会独特のものであったろう」（ブラジル日本移民七〇年史編纂委員会、一九八〇、三一〇頁）と記されている。第四章で取り上げる聖州義塾は一九二五年に開塾した寄宿舎学校の先駆けとして知られていた。寄宿舎の成り立ちや生活については、先の半田（一九七〇）のなかで生き生きと描かれている。

写真 3-3　サンパウロ市の日系寄宿舎有鄰館（1936）（ウーゴ明氏提供）

寄宿舎といっても、はじめは舎監夫婦が二人ですべてをやった。男の先生は日本語を教え、体操をやらせ、遊戯やスポーツを指導し、はき掃除の監督もした。それから奥さんは料理から寝室の世話、小さい生徒には洗濯もしてやったし、ときには寝小便のあと始末もしなければならなかった。（…）生徒たちは、小学校の上級生（主として四年生）、それから中学の予備科（プレパラトーリオ）、さらに中学生というところである。はじめは年齢も十二、三歳から十五、六歳くらいまでで、朝はみな一定時刻に起きるようにし、食堂でカフェーを飲む。むろん、先生も奥さんもみないっしょである。それから生徒たちは、ブラジルの学校へでかける。午前の組と午後の組があるから、午後の組の子供たちのためには、午前中一時間か、二時間、勉強の時間をもうける。勉強のあとでは、遊戯か体操をやらせる。午後は午前ブラジルの学校へ行っている生徒を指導する。土曜日は、植民地の親もとへ帰るものもあれば、残ったものは夜シネーマへ行きたいというものもあるだろう。小遣は、

先生からうけとる。先生は親たちから託された金を生徒にわたし、これを帳面につけておく。日曜日は自由に外出をゆるす（半田、一九七〇、五〇四―五〇五頁）。

地方都市に設立された寄宿舎としては、一九三〇年、ノロエステ鉄道沿線リンス市に創立されたリンス学園がその代表的なものといえる。同学園は日本政府の援助を受けて設立された寄宿舎学校であり、七〇名ほどの収容能力をもっていた[12]。日本の小学校課程の科目を教授しただけでなく、ブラジル私立学校としても公認を受け、後に夜学も併設、地方教師の講習会の講習会場にも当てられ、総合学園化している。一九二〇年代末から三〇年代にかけて、サンパウロ市にはいくつかの寄宿舎が開かれていった。第四章でも紹介するように、一九二八年には、大正小学校と同じ敷地にサンパウロ日本人学校父兄会の寄宿舎が開設されている。一九三七年には聖市寄宿舎組合が設立され、同組合加入の寄宿舎としては、先の聖州義塾の他、青雲寮、有隣館、大和女学寮といったものが見える（聖市寄宿舎組合、一九三七）。一九二八年から三九年の外国語教育禁止にいたる時期になると、「奨学舎」と呼ばれる寄宿舎が各地に設立された。これらは地方の日系小学校が改組されたり、新築されたりしたものである。そのなかでは、日本語教育や日本式しつけ教育がなされることが多かった。

先に男女共学はブラジル日系小学校の一特徴として指摘したが、寄宿舎やペンソンでは男女の居住区域が分けられているのが一般的であった。大和女学寮のように女子のみを受け入れる寄宿舎もあった。聖州義塾のようなキリスト教系の寄宿舎はもちろんのこと、一般の寄宿舎でも生活空間の男女区分はかなり厳格であり、それが父兄への信用につながったという。ただ、食事は男女同じ部屋でとり、いっしょにピクニックやバイレ（ダンス）へ行くこともあった（有隣館に住んでいたH・A氏による）というから、男女寮生がまったく没交渉であったということではないらしい（写真3-3参照）。

三―一―七　洋上小学校

最後に、移民船内で実施された⑦の「洋上小学校」あるいは「船内小学校」というべきものがあった。[13] これはブラジルの日系教育機関とはいえないが、日本の小学校とブラジル日系小学校をつなぐ越境性の高い機関として紹介したい。

ブラジル移民は基本的に家族移民であったため、多くの子ども移民（ブラジルで労働力とみなされたのは一二歳以上）が含まれていた。また、ブラジルへの航海は、第一回の笠戸丸で五二日間、インド洋からアフリカ喜望峰回りだと約四五日から二ヶ月の期間を洋上で過ごさなければならなかった。この長い航海の期間を利用して、移民船内で開かれたのが洋上小学校であった。これらの小学校は、船長が校長、事務長が教頭、船客のなかから教師経験者や高学歴者を見つけて教師とし、「学校」が開かれた。例えば、若狭丸なら「若狭丸小学校」、さんとす丸なら「さんとす村小学校」というように、船の名前を取って命名されていた。ブラジル到着前には校長名で修了証書まで配布されていたという。一九二〇年代半ば頃から大阪商船、日本郵船いずれの船でも行われていた。次の記事は、『力行世界』に掲載された日本力行会員による船内小学校に関する報告である。

船中の小学教育

在伯　石井末松

永い間住みなれた日本を後したのは昭和六年十月三十日でした。正午頃にはあの神戸の移民収容所を出てリオデジャネイロ丸に乗り込んだのは午後二時頃でした。（…）

斯うして私共もブラジルへの航海を続けました。種々の船中生活は他の人々が通信するでせうから私は船内に於てどの移民船にも出来る小学校の事に就いて少しばかり紙面をかりて皆様のご参考に思ひます。

四五十日と云ふ長い間幾人かの就学期にある子供達を遊ばして置いては凡ての点に於て悪影響があると云ふので

二三人の同志が相集まり子供達の為めに学校を初め様ではないかと云ふ事に一決し移民監督其の他の方々とも相談もし十一月二日午後一緒に参集食堂にて愈々開校式を挙げたのです。その順序は私の司会で最初に君が代の合唱、挨拶と開校の詞を校長の小林進氏にして頂き、次に監督の谷口先生の祝辞があつて一先づ閉ずる事にしました。で各組の先生は幼稚部が清水シン姉、立花カナエ姉、尋一が市村正雄氏、尋二三四を林壽雄氏（力行会員）、尋五六石井末松（力行会員）高等は南孫一の諸氏でありました。

その日に入学した児童数は全部で九十五名でした（『力行世界』三三〇号、一九三二年六月号）。

幼稚園から高等小学校まで、六人のにわか教師が教務に当たったことが知られる。らぷらた丸第二三次航海の船内新聞「船内ニュース」（商船三井社史編纂室所蔵）には、「らぷらた小学校が明日より開校されます」というお知らせが回覧され、尋常一年生から高等科二年生まで一八名の児童・生徒がいたことが知られている。山田廸生（一九九八）『船にみる日本人移民史——笠戸丸からクルーズ客船へ』は、移民船から移民史をとらえ直した好著だが、移民船らぷらた丸の第二三次航（一九三六）で開校された「らぷらた尋常高等小学校」を例に、洋上小学校について次のように紹介している。

「らぷらた丸」第二三次航では、高等科併設の「らぷらた尋常高等小学校」の開校式が、神戸を出て四日目に特三食堂で行なわれている。開校式は開式の辞に始まり、『君が代』斉唱、宮城・伊勢神宮遥拝、校長訓示、教師紹介、来賓祝辞、閉式の辞と続く立派なもの。来賓には田崎・上塚の両名士、それに舟の事務長が招かれた。現職の大学学長と国会議員が祝辞を述べているのだから、洋上ではあるがなかなか豪勢な開校式だった。校長にはこの航海では輸送監督が当たっている（山田、一九九八、一八二—一八四頁）。

このように、移民子弟の教育は、少なくとも大正末期に入ってからは、ブラジル渡航によって断絶するのではなく、日本の出身母村の尋常・高等小学校から洋上小学校を経て、ブラジルの日系教育機関まで連続していたということが知られるのである。日本からブラジル、ブラジルから日本という、両国を往還した子どもたちの教育機会や日本的教育の連続性と越境性を考える場合、洋上小学校の存在は軽々に扱うことはできない。

以上、戦前期のブラジルには、実にさまざまな日系教育機関が存在したということが確認でき、日系移民子弟教育の多様さと奥行きの深さを知ることができる。

三―二　ブラジルにおける日系移民子弟教育の性格

ブラジルに日本人移民が増加し、その子弟教育が発展していく一九三〇年代は、満洲事変以降の日本帝国の勢力圏の拡大に合わせて、海外日本人の間でもナショナリズムが勃興する時期であった。本節では、越境史的な視点から、戦前期ブラジルの日系コミュニティを帝国の勢力圏外に現れた一種の日本の「飛び地」としてとらえる。その上で、「国民教育・臣民教育」という概念を手がかりに、日系移民子弟教育における遠隔地ナショナリズムの発現と皇民化／少国民化の様相を明らかにしようとする。具体的には、ブラジル日系社会における天長節の展開を検証しつつ、それが日系小学校の行事としてどのような意味が付与されていくのかを考察する。また、ブラジル日系小学生の皇紀二千六百年祭奉祝作文を検討することによって、ブラジルの日系子弟教育がどのような「皇民」あるいは「少国民」を生み出していたのかという問題を取り上げ、日本語教育を媒介とする一種の解釈共同体[14]としてのグローバルな日系子弟教育圏の一部を構成していたことを明らかにする。

三―二―一　ブラジル日系移民子弟の国民教育・臣民教育の展開

小島勝は、その編著『在外子弟教育の研究』(二〇〇三)の序章で、第二次世界大戦前の在外子弟教育の全体像を把握する際の主要な柱として次の四つをあげている。すなわち、①日本の近代教育の主柱である国民教育・臣民教育の遂行と制限、②経済・労働問題に関わる「移民」および「移植民」政策、③日本の近代化と連動した「文化程度」の高低観、④日本軍の侵攻にともなう戦時体制である（小島、二〇〇三、一一頁）。これらは、本書で対象とする時代に海外に移植された日本的教育文化を構成する要素でもあったといえる。ここでいう「国民教育・臣民教育」は、「国民」あるいは「臣民」育成のための教育であり、指摘されるように、その遂行は、近代日本の学校教育の主柱であったといえる。そうした「国民教育・臣民教育」遂行の装置として重要な役割を果したのが「教育に関する勅語」（以下、「教育勅語」）と天皇の肖像写真である「御真影」であり、国民・臣民の言語としての日本語、「教育勅語」の理念を学ぶための「修身」教育であった。

この「国民教育・臣民教育」は、朝鮮や台湾などの植民地において当然強く現れたが、日本帝国の勢力圏外にある移民（住）地においても、時としてさまざまな形で試みられた形跡がある。それは、皇国史観を基礎とし、在外子弟教育の柱の一つであった「文化の高低観」（日本文化を高い文化、外地の文化を低い文化とする）や後述する「邦人発展主義の論理」とも容易に結びつくことができた。そして、植民地や満洲といった日本帝国の勢力圏では当然のことながら、勢力圏外にあったハワイやアメリカ本土の日系子弟教育においても一時的に試みられものであった。

ハワイへは一八八五年から日本人の官約移民がはじまっていたが、同地がアメリカ合衆国の属州となった一九〇〇年以降も各地に日系教育機関が設立された。そのため、しばしば日系子弟の教育方針が問題となり、現地領事館を通じて文部省への問い合わせが続いた。そうした事態を受けて、日本政府では当時の文部次官沢柳政太郎が、一九〇六年九月、外務次官珍田捨己に「海外在留民ニ対スル帝国政府ノ教育方針」を発信した。その要旨は「在外帝国臣民ノ教育ニ付テハ日本国民タル精神ヲ失ハシメス、日本人ノ特徴ヲ益発展サセルベシ」とし、また「小学校令ヲ標準トシ、日本国民トシテノ品位団結ノ説明ニハ特ニ力ヲ用ヒ、式日集合等ニ於テモ成ルヘク母国ノ観念ヲ喚起スルニ注意スルコトト相成リタク」（…）という日本国内の教育方針を踏襲し（沖田、一九九七、一六六頁）、「国民教育・臣民教育」を遂行しようとしたものであった。坂口満宏（二〇〇一）『日本人アメリカ移民史』は、アメリカの日系子弟に対する「国語教育」を、第一期（一八九〇年代～一九一〇年代）、第二期（一九二〇年代～一九三〇年代半ば）、第三期（一九三〇年代半ば～一九四二年）に分け、第一期を「いかにして日本式教育をおこなうか」を模索した時期としている。アメリカ太平洋岸の日系教育機関のなかでは、ワシントン州シアトルに設立された国語学校がもっとも古く、その創立は一九〇二年七月にまでさかのぼるとされる。すなわち、この第一期に当たる時期、ハワイでは排日を憂慮する人びとによって文部省方針と異なる自主的な教育方針を確立したが、ワシントン州やカリフォルニア州などアメリカ本土の日系教育機関では、先に見た日本政府の「海外在留民ニ対スル帝国政府ノ教育方針」を受けて、「国民教育・臣民教育」が遂行されていったことが知られる（坂口、二〇〇一、一六七―一七二頁）。

では、ブラジルの日系移民子弟教育において、こうした「国民教育・臣民教育」はいかに展開したのだろうか。『移民七〇年史』は、戦前期の日系移民子弟教育の性格を次のように総括している。

かえりみれば、第一次欧州大戦から、戦後数年の間、即ちブラジルでは一九三〇年、日本では満州事変までは、同化主義や四海同胞主義が通用する時代であったが、そのころでも出稼ぎ移民たちは、教育勅語を根本とした日本的教育をのぞんでいたのである。家族制度によって一家の団結を尊重していた時代だったので、忠孝のうちでも、孝の思想は生きていたのであった。また天長節（天皇誕生日）は年に一度のもっとも重要な祝日だったので、祝賀式には教育勅語を「奉読」し、そのあとでは運動会をもよおして一日を同胞一同がたのしんだのであったから、教育といえば、教育勅語の思想にしたがうことに、誰もうたがいをはさむものはなかった（ブラジル日本移民七〇年史編纂委員会、一九八〇、三一一頁）。

この部分を執筆した半田知雄の言はたびたび引用しているが、彼は、父の己子次がサンパウロ州内陸部のリンス郊外で日系小学校の教師を務めていただけでなく、自身も教師を経験した。一九三〇年代になってからは父兄会の教師講習会の講師を務め、子弟教育について発言し関与しつづけた。いわゆる移民知識人の一人として、戦前・戦後を通じてブラジルの日系移民子弟教育に密着していた人物といえる。この回想から、一九三〇年代の前半、満洲事変前後までは、同化主義や四海同胞主義と矛盾しないかたちで、「教育勅語」の説く修身的道徳観、特に「孝」の思想が重んじられ、それを保証する天皇の存在が移民の素朴な心のよりどころとして存在していたことがうかがわれる。この後の変化について、半田は続けて次のように述べる。

　ところが、満州事変ごろから、日本の国粋主義がこのブラジル同胞社会に流れこみ、小学校の先生たちの日本領事館との接触が緊密になるころには、二世だって日本人ではないかという議論もおこって来て、日主伯従思想が強化され、永住的感情もぐらつくのであった（ブラジル日本移民七〇年史編纂委員会前掲書、三一一頁）。

この満洲事変後の一九三三年、一九三四年は、年間二万人を超えるもっとも多くの日本人移民がブラジルに入国した時期であり、日本のナショナリズムや軍国主義の洗礼を受けた世代が日系社会に入ってくることとなった。同時にこの時期は、日本政府からのブラジル日系社会に対するさまざまな補助金も増加し、その影響力も相対的に大きくなったと考えられる。

一方、同時代の日本の状況を見てみると、一九二七年の金融恐慌、一九二九年の世界大恐慌とそれに続く一九三一年の満洲事変、一九三七年の日中戦争への突入と、めまぐるしく変化していく。政治学者の丸山真男は昭和初期から太平洋戦争のはじまる頃の日本の時代や世相の変化のめまぐるしさについて、自分の体験をふまえて述べている。すなわち、「昭和初期はまだ大正デモクラシーの余韻があった時代」とし、昭和六年と昭和一三年を比べて、「そのころは、一年一年がちがっていた。一年の差でももうかなり雰囲気がちがうのですから、十年となると、体験がまるでちがうのです」と述べ、「だから、一九三〇年代のことを語るには、毎年毎月、いつだったかを確定することが非常に大事になってくるわけです」（丸山、一九八六、二七頁）と指摘している。こうした三〇年代における年ごとの変化というのは、移民をとりまく状況にも反映されていたはずで、ブラジルに渡航した人びとへのナショナリズムの浸透と彼らの子弟教育の時代的変化についても、三〇年代日本のドラスチックな変化と重ねて検証していく必要があろう。

先にもふれたように、前山（一九九六b、二〇〇一）は、ブラジルの日系小学校を「天皇崇拝コンプレックス」の核としてとらえているが（前山、一九九六b、三一六―三一七頁、同、二〇〇一、八一頁）、本書ではこれについて一国史的史観による画一的な理解であると批判した。しかしながら、前山の指摘するような性格をもつ日系小学校が、特に三〇年代のブラジルには多く存在したことも事実であった。本書での批判は、キリスト教主義にもとづく第一アリアンサ小学校や聖州義塾のように、必ずしも「天皇崇拝」という皇民化を受け入れなかった教育機関が存在したことなど、日系小学校の性格が画一的で単純ではなかったことを主張するところにある。前山の指摘が当てはまるような、「国民教育・臣民教育」の遂行機関としての性格を濃厚にもっていた日系小学校ももちろん多く存在した。

では、こうした日本のナショナリズム、あるいはその教育分野での伝達手段である「国民教育・臣民教育」はどのような形で行われたのであろうか。日本帝国の植民地では、当然それは強力に遂行された。例えば、朝鮮の場合、「教育ハ教育ニ関スル勅語ノ旨趣ニ基キ忠良ナル国民ヲ育成スルコトヲ本義トス」（「朝鮮教育令」第二条）とされ、「教育勅語」の精神による「忠良ナル国民」育成が志向されている（稲葉、二〇一〇、八頁）。駒込（二〇〇七）は、日本帝国下での教育をロシア帝国、ハプスブルグ帝国と比較し、植民地における「御真影」や「教育勅語」の導入と日本語教育・歴史教育の実施によってそれが促進された点を指摘する。すなわち、「君主制という点では天皇の肖像写真が多くの学校にかかげられ、歴史教育は歴代天皇の事跡で埋め尽くされたほか、祝祭日に天皇崇拝のための学校儀式も挙行された」と、「御真影」、歴史教育、学校儀式がその重要な要素として導入された点を指摘する。そして、「西洋のキリスト教のような「「普遍的」と見える宗教が不在だったことは、文化的統合の基軸として日本語の普及に過大な期待がかけられる一要因となったと考えられる」（駒込、二〇〇七、二〇―二一頁）と、日本語教育の比重の大きさを指摘している。では、これに対して、ブラジルのような日本帝国の勢力圏外の国・地域の場合、「御真影」「教育勅語」の位置づけはどのようなものであったか。

戦前期の海外の日本人にとって、「御真影」や「教育勅語」への希求が日本国内やその勢力圏より切実だったことは、次の邦字新聞記事が伝える例をみても理解できる。これは、大正末期、メキシコ辺境の日本人移民たちからの嘆願書が宮内省に伝達され、「御真影」下賜が決定した例である。

●メキシコの邦人団へ御真影下賜

この程在メキシコ日本人団から一木宮相あて御真影下賜の嘆願書が来たので、宮内省では直にこの旨を陛下に言上した処、可然取計らへとの御言葉があつたので宮相はその由を幣原外相に通達し、外務省に下賜してある御真影を複写し外務省を通じて右団体に下賜する事になつた、この団体といふのは僅に二十有余名からの小団体であるが、遠く異郷にあつて御真影すら拝することを得ない事を悲しみ帝国の三大節等には新聞並に雑誌の口絵等にある両陛下並に摂政同妃殿下の御写真を切り抜き、これを御真影代りとして拝賀してゐたものであるといふ（『時報』四六九号、一九二六年一〇月八日）。

日本帝国の勢力圏を離れ、「遠く異郷にあつて御真影すら拝することを得ない事を悲し」むことは、当時の日本人の感覚としてはごく一般的なことであり、個人の心のよりどころ、集団の統合の象徴として求められたことは、当然のことと考えられる。

ブラジルの日系子弟教育における日主伯従主義は、帰国を前提とした短中期の出稼ぎ戦術を背景として生まれたのは確かであるが、ヨーロッパ系移民におけるキリスト教のような、普遍的かつブラジルで認知された宗教が不在であったことが、コミュニティ統合の必要性からも「御真影」という崇拝の対象、「教育勅語」の奉読という行為や日本語教育の実践への期待としてより強く表れたと見てよかろう。コミュニティ学校の設立は、ブラジル南部諸州のドイツ系コミュニティにおいてもさかんに行われたが、彼らは学校とは別にキリスト教会というコミュニティ統合の場を有していたため、日系植民地の小学校が担ったような教育と儀礼と娯楽と、時に政治の場を兼ねるような多様な役割を教育機関に期待しなかったのではないかと考えられる[15]。

日本の学校教育における「御真影」と「教育勅語」の導入は、日露戦争以前に初等教育機関において制度化されている。一九〇〇年の「小学校令施行規則」以降、小学校でも「御真影」の奉戴と「教育勅語」の奉読は義務化され、天長節および紀元節などの三大節は学校儀式として整備されていた（佐藤、二〇〇五a、八―九頁）。一九〇八年からはじまるブラジルへの日本人移民は、こうした日本的教育文化をパッケージとして持ち込んだことになり、やがて、祝祭日におけるコミュニティの儀式（娯楽や政治と統合された）として現れる。例えば、天長節は戦前期のブラジル日系人にとってもっとも重要な祝日であったが、その行事の多くは日系小学校を会場として執り行われた。コミュニティの成員が集合できるスペースは、長らく小学校しかなかったことと、小学校がコミュニティ統合の象徴であったことによる。

ブラジル日系コミュニティにおいて、いつ頃から天長節が執り行われたのか、また学校儀式として実施されたのかを判断することは、「御真影」や「教育勅語」の導入時期を特定するのと同様に難しい。日本人移民の生活基盤がコーヒー農場にあった頃は、他の集団と雑居していた上、農場側の統制もあり、日曜日でもない限り、日本人だけが労働を休んだり、集まって式典を行うというのは難しかったと想像される。天長節の組織的な挙行は、やはり日系植民地という日本人コミュニティが生まれてからのことであろう。ブラジル日系植民地としてもっとも古い桂植民地（一九一三〜）では、一九一五年一一月に「桂人会」という自治組織を結成し、その会務として、「イ、祝祭日を決定挙行、当日は在留者全部集合して祝賀及余興をなす」（レジストロ六十年史刊行員会、一九七八、一五頁）としている。当時の日本人が集まって、祝祭日のなかに天長節を入れないはずはないので、これはもっとも古い例の一つと考えられる。桂植民地には、一九一六年に桂小学校が開校しており、子弟教育がもっとも早くはじまったコミュニティでもあった。桂植民地のあったサンパウロ州南西部のレジストロ地方には、一九一〇年代後半、多くの日系植民地が創設され、一九一九年に全レジストロ地方を包含した自治組織「共拓会」が発足した。「八月三十一日の天長節の佳節にその発会式をあげた」（レジストロ六十年史刊行員会前掲書、一八頁）とあり、すでにこの地方の日系植民地で天長節が定着していたことが知られる。この地方には、桂小学校の他に、第一部から第五部までの区画ごとに小学校が設けられたが、一九二二年の同会役員の改選に当たって、「従来植民地一本にして催して来た天長節祝賀会其他の催し事を各部が部内小学校に於て行うこと」が決められた（レジストロ六十年史刊行員会前掲書、二一頁）。天長節と小学校がセットで考えられていたことが知られる。

一方、サンパウロでは、一九二四年に同市在留民の天長節祝賀会を、中央同士会、ミカド運動倶楽部とともに大正小学校後援会が発起人となり執り行うことが記事になっている（『時報』三六六号、一九二四年一〇月一七日）。また、祝賀会の会場はアクリマソン公園となっているが、祝賀会について議論する在留民会は一〇月一九日に大正小学校において実施されている（『時報』三六七号、一九二四年一〇月二四日）。このように、一九二〇年代中頃になると、同小学校がサンパウロ日系住民の集会場として利用され、同校後援会は日系住民の公的機関に準ずる役割を担うようになってきたことが知られる。

他地方における天長節式典の導入は、いつ頃からになるであろうか。やはり一九一〇年代後半に日系植民地が生まれたサンパウロ市郊外のコチアでは、一九二五年の小学校の「重要日誌」に、はじめて元旦の「拝賀式」、八月三〇日の「天長節」の記事が見える（石原辰雄編、一九七八、八―一一頁）。また、『時報』には、次のように、堀岡元吉の「ジユキア線の今昔」という一九二五（大正一四）年一月一六日の記事が掲載されている。

（…）省みて来る年々の天長節に御真影を拝賀してピンガの乾杯を以て忠君愛国の心を表明する事を怠らない我日本民族、愛国心の一手販売家たる我同胞中に彼の伊太利人の心を以て本国へ送金せる士あらば私は如何に之を誇りとするでせう（『時報』三七九号、一九二五年一月一六日）。

ジュキア線は、サンパウロ州の国際港サントスから南西、州南部へ向けて延びる鉄道線である。この記事には、「天長節に御真影を拝賀して（…）忠君愛国の心を表明する事」が「省みて来る年々」とされていることから、この鉄道沿線の古い日系コミュニティでは、天長節の「御真影」拝賀とピンガによる乾杯というお祝いが何年も前から行われてきたこととして記憶されていたのであろう。『移民年表』によると、大正小学校が創立されたとされる一九一五年一〇月には、ジュキア鉄道セードロ駅に赤嶺新野栄や山城柳吉が「移転」したことになっている（サンパウロ人文科学研究所編、一九九六、三七頁）。この「移転」というのは、契約農民としてこの地域に入植したということであろうか。ジュキア鉄道沿線は海岸線に近いバナナなどの果実や米作地帯であり、鉄道延伸工事にも多くの日本人が働いた。次のように、一九二六年五月には、ジュキア鉄道沿線にすでに五校の日系小学校が開校し、さらに一校の設立が計画されていたことが知られる。

・天恵の大富有地（南聖殖民地）案内
四、教育
教育問題は又た最も重要なものでサントス、ジユキヤ間在留者は多大なる寄付金に依り既に五校の開設を見る次第でありますが、是れまでの父兄の状態は多く借地農なりしが故一定の学校に於て一定の教育をするを得ざりし憾みがありました、そこで私共は此大切な教育を完全ならしむる為め当殖民地内に学校を建設することも考慮中に置いてゐるのであります（『時報』四四八号、一九二六年五月一四日）。

この時期になると、子弟教育機関の有無がその植民地の優劣の基準になりつつあったのが知られる。この地方に入植した日本人たちがいち早く天長節の儀式を導入したことは想像に難くない。また、それが日系コミュニティの総員によって行われたお祝いだったとしても、多くの人びとを収容する空間のあった学校に集まり、学校行事として行われたことは自然ななりゆきであったであろう。

ただ、初期の天長節は、日本の学校儀式としてのそれとは異なり、「御真影」といってもせいぜい新聞雑誌の切抜き写真を奉じ、周辺の日本人が農事を休んで集まり、運動会や学芸会を催すとともに、大いに飲み食いするという娯楽性が強いものであったと考えられる。半田（一九七〇）は、ブラジル移民初期の天長節について次のように記している。

> 大正年代には、天長節と天長節祝日とがあった。八月三十一日は天長節、十月三十一日は天長節祝日であった。なんでも日本どおりにやるのが本式と考えている人間も多かったが、ときには早く飲みたくてたまらない人間もいた。（…）
> まだ、入植祭などは、どこでもやっていなかった。新年はたいがい、純然たるたのしみにあてられていたが天長節だけは、式があり、むろん、飲み食いもあったが、運動会があって、ときには相撲から芝居までやった。一年中でいちばんたのしい日だったのである（半田、一九七〇、二五八頁）。

この行事は日本から導入したものであったが、ブラジル移民初期の天長節の場合、やはり異文化接触の場を提供することもあったらしい。次の記事もジュキア鉄道沿線における日系小学校の教育に関する報告であるが、非日系子弟との混合教育や第四章で述べるような「二言語・二文化状況」の出現さえ見て取れる。

● 高岡ドクトルのジユキア線出張―見上げた小供教育振り

高岡ドクトルは同仁会からトラホーム取調べに廿二日帰宅しての話に「ジユキア線は沖縄県人の活動地であるが、一体何う云ふ具合にやつてゐるかを観たいと思つて行つて見ると、比較的良く遣つてゐるやうで大体安心をした、殊に小供の教育に至つて邦人と伯国人及びその他の国人とが融和し日本人の造つた学校に外人の小供が来て学んでゐると云ふ有様で、廿一日の晩セードロ小学校で催ふした小供の学芸会などは他の模範として可いと思つた、マア童謡劇と云はうか芝居と云はうか日本人の小供は流暢な葡語でパ、ガヨや舌切雀を演じて抜けると、次に伯国人の女の子が上手な日本語で浦島太郎を唄つたので一同をアツと言はせたが実に甘いものいだつた、其の晩の会は午後六時半から十一時頃迄で集つた人々は二百人にも達したらうが仲々盛会であつた」(『時報』四五四号、一九二六年六月二五日)

先に引用した半田が「第一次欧州大戦から、戦後数年の間、即ちブラジルでは一九三〇年、日本では満州事変までは、同化主義や四海同胞主義が通用する時代であった」とし、「教育勅語」を中心とする修身教育と同化主義、四海同胞主義が矛盾なく並存していたことを指摘しているように、日系人とブラジル人、非日系住民の文化やナショナリズムが対立することなく、それぞれが並存あるいはゆるやかに接触しつつ教育がなされていたことが記されている。この当時の天長節は、次のパラナ州北部の田舎の小植民地の例も示すように、娯楽的要素の強い素朴で牧歌的なお祝いの性格が強かった。

・天長節

北パラナ　F子

その日はうららかに晴れ渡って居た。冷たい秋風があつい太陽の真下を絶へずすぎて、如何にもブラジルの気候らしいのどかさである。上作と言はれて居る葉ぶりのよいフエジヨンの岡の学校は今日の佳き日を、お祝ひするための植民地の人達でうづまつて居た。

紙で作られた旗が日本の国旗を中心にして、色とりどりに美しく風に舞つてゐる。瓦屋根の学校の中からもれ来る—今日の佳き日の—の祝歌も音調のそろはないながらも、只管に故国が忍ばれて涙ぐましくさへなるのであつた。運動会—学校前の広場で、元気よく走り回る子供達を見つめてはしばし大人達も日頃の苦労を忘れてはしやいでゐる。夜は又大人達同士のゑん会もあると言ふ。

こうした何のおもしろ味も無い山の中で家族一同が、はしやぎまはる事はほんとうに佳い事の一つだと思ふ。まして今日は天長節である。形通りの儀式ばかりで過される日本の天長節にくらべれは、ずゐ分親しみ深いうれしい日である。日のくれるころ私達は家路に向つて居た。

「おもしろかつた—ぼく—」

「ぼく—うれしかつた—ずゐ分—」弟達は方に手をかけつ、歩いて行く。小さい長い影が絵のやうに可愛い、。ガランとした人気の無い家々には日の丸の旗が、留守番顔してひるがへつて居た。

たのしかりしフエジヨンの植民地もやうやく暮色に、つ、まれて行く。平和であれB村よ……（『時報』五〇〇号、一九二七年五月一三日）

ここには、ナショナリズムといった意識とはそぐわない、娯楽性の高い素朴な天長節の様子が描かれている。もちろんこの当時、ブラジルの領土を征服ないしは植民地化しようと考えた日本人移民などはおよそ存在しなかったであろう。しかし、第五章で取り上げる小林美登利が批判したように、「此処に新日本を建設する」という考えをもち、次のようにそれを広言していた日本人移民も存在したようである。

我等は断じて「此処に新日本を建設する」等と云ふ不心得極まる考を懐くものではありません。伯国並に伯国人が我等を遇する事の寛大親切であればある程、我等は日本人の有する最善最良の美質を発揮して、伯国の為に尽さんとするのみであります（「再び聖州義塾設立趣意に就て四」『時報』二七〇号、一九二二年一二月八日）。

ブラジル日本人移民を画一化して理解することには危険性がつきまとうが、そのなかには、外国であるブラジルに「新日本を建設する」という気概をもって開拓に臨んだ人びとがあったことも事実であろう。日本人移民が自分たちの自作農中心の農村コミュニティをしばしば「植民地」と呼んで疑わなった点もふくめて、その「植民地」の学校で「御真影」を拝賀し、「教育勅語」の奉読を行なうことは、ごく自然な行為とされていたのであろう。自らが購入し開拓した土地を「おらが土地」とする所有意識の上で、戦前期ブラジルの日系コミュニティ、特に閉鎖的な農村コミュニティでは、それらの成員の意識の上で、日本の一種の「飛び地」としてとらえる傾向があったことがうかがえる。こうした植民地は、文化的に当時の日本の強い影響下にあり、「御真影」「教育勅語」といった象徴や天長節という儀礼的行為によって、たえず日本との関係の強化と再確認が行われていたと見ることができる。そこには、また一方で、子弟教育の場としての学校における、天長節、「御真影」、「教育勅語」といった象徴を通した遠隔地ナショナリズムの発現も見られたのである。

このように、天長節を通して、ブラジル日系コミュニティの統合過程を考えると、一九二八年前後が一つの画期になるのではないかと考えられる。一九二八年にはブラジルへの日本人移民がはじめて年間一万人を超え、翌一九二九年には一万五〇〇〇人を超えた事実は、当時の日本人の間に拡大した天長節がブラジルにも移植され、日系コミュニティで共有されたことを想像させる。一九二八年一一月に行われた「昭和の御大典」は日本帝国をあげての一大行事であったが、ブラジルでは日本人移民開始から二〇年ということもあり、日系コミュニティにとっても大きな画期であった。昭和のはじまりによって、天長節が四月二九日になったことも、以前のものとは異なる意識を与えたことであろう。この一九二八年前後の天長節関係の邦字新聞記事を比較すると、先に引用したように、以前には単純素朴な天長節の様子が散発的に描かれているのに対して、この年以後は関係記事が増え、日系小学校を中心に「学校儀式＝コミュニティの式典」としての天長節が整えられていく動きがあったと推測される。こうした一九二八年以降の天長節の普及は、以下のような各地の式典挙行を伝える邦字新聞記事によっても知られる。

●去る四月二十一日チラデンテス記念祭を兼ね小学児童の卒業式、開校一周年記念並に天長節祝賀会を挙行せしに就きましては左記各位より多大の御同情と御寄付とを戴き幸ひにして盛大を得ました事を感謝致します。（…）（『時報』五五三号、一九二八年五月一八日）

●天長節拝賀式
リンス駅コケラール植民地にては四月廿九日の天長節拝賀式挙行後日本人会の役員改選を行ひ左の諸氏が当選した。
　会長　原　仙助
（…）
尚ほ小学校には開校以来吉加江薫氏熱心に教鞭をとりつゝ、あり四十家族の邦人子弟の為めとて学務委員バウルー領事館に出頭校舎新築補助の出願をした（『時報』五五四号、一九二八年五月二五日）。

●天長節を記念に同胞の面目一新

本日は、昭和第三次の天長節である。天長節は、毎年一度必ず逢遭する、吾々に取つての嬉しい大祝日である。別けても本年は、今上陛下即位御大典後最初の天長節であるだけに、吾々に一層意義深く、且つ悦しく感ぜられるのである。

（…）

即ち天長節は皇室の祝典ではあるが、この日は、刑戮を停め宴を賜ひ、慶情を天下に及ぼし給ふのであるから、帝徳の興隆するに伴れ、事や愈々広く益々深きに到達するものである。現に見る処の天長節は、皇室の御繁栄と陛下の御高徳とに依り愈々広く、一万二千マイルの外に在る吾々も亦皇恩に浴するを得るのであるから、天長節は我が帝国に取り、民族に取り愈々益々意義深きを加ふるものと云ふべきである。

然らば何う云ふ事を為すか。これは人々各々立場を異にするから、一概に之と限定する訳にはいかないが、吾人の見受くる処では、在伯同胞の多くは、物質の方面では年々向上するに反し、精神方面では退歩するの傾きがあるやうであるから、これを一つ、記念深き天長節を動機に矯正し、精神方面をも亦物質方面と相対峙して、向上せしむるやう心掛けねばならぬのである。

次にお互ひの、最も気を付けねばならぬ事は健康である。何人も「生命あつての物種ね」と云ふことを知つてゐるから、生命を大切にすべき筈であるが、何う云ふものか我が同胞は、足一度び海外の土を踏むと、全く別人の如く功利主義の信者となり、生命も健康も考慮する処なく、只一直線に粗食に甘んじて働き通ほすを常とするのであるが、これでは到底身体が続くものではなく、結局中途で斃れざるを得ないと云ふことになるから、之も天長節を記念に考ふるべき大切なことなのだ。

最後に、も一つ注意せねばならぬ事は子孫の教育である。之は現在も行つてゐる事ではあるが、まだまだ徹底したとは云ひ得ない。若し今の儘にして措くならば、我が子孫は漸次退歩して、祖父の地位を保つ事さへ困難である。故に之も今日の目出度い天長節を機会に、一同申合はせて励行すべきことである（『時報』六〇一号、一九二九年四月二九日）。

●各地の天長節

△第二上塚植民地では天長節の前日、廿八日ビラ・サンパイオのグラウンドで同植民地の四セツソン及モーロ・レドンより参加して青年の大運動会を催した。（…）

夜は、余興の芝居を校庭でやつたが、例年程の出来でなかつた運動会中に、小学児童を集めて羽高氏から新任の伯人教師オルガ・ベネヂツタ、ローザ・カンジタ・サンパイオ両嬢は居並ぶ百三十余名の日伯児童を見回つて新任の挨拶をなし、茲に長らく閉鎖されてゐた小学校も再び門を開いて我等の第二世は教育される事になつた。同植民地内アリアンサ区小学校には既に伯人教師が在任してゐる。

（…）

△此の他各地集団地でも天長の佳節を祝ふ集りがあり、殊にビリグヰ植民地アグアリンパ小学校の芝居は植民総出の近来にない賑ひで、玄人はだしと云ふ素適な芝居を見せた（『時報』六〇三号、一九二九年五月九日）。

『時報』六〇一号の記事に記されたように、天長節を、「在伯同胞の多くは、物質の方面では年々向上するに反し、精神方面では退歩するの傾きがある」という状況を反省し、「子孫の教育」をふくめ、特に精神面を「矯正し」、「向上せしむる」機会としてとらえている。第一章で確認したように、一九二七年一二月にブラジル最初の日系子弟教育指導機関である在伯日本人教育会が設立され、翌々一九二九年八月にサンパウロ日本人教育父兄会に改組されるという、日本政府公館による日系子弟教育の統制という動きを考えても、この時期に「学校天長節」とも言うべき行事が整えられていったことは興味深い。

満洲国建国の翌一九三三年には、日本人ブラジル移民二五周年を祝賀したが、この年の一一月三日（明治節＝明治の天長節）に、ブラジル最初の日本人移民生存者叙勲が行われた（サンパウロ人文科学研究所編、一九二九、七四頁）。

天長節／明治節という儀礼において、日本帝国の象徴である勲章が、移民を臣民として位置づけ、その周縁に再配置したといえる。このように、天長節は、一九二〇年代末以降、他の三大節とともに、「御真影」「教育勅語」を日本帝国の象徴、あるいは「国民教育・臣民教育」の装置とし、帝国総領事館を通じて、日本帝国と日系コミュニティ／日系小学校を連続させ紐帯を強めていくエスニックな新伝統行事としての性格を濃くしていった。

では、こうした戦前期のブラジル日系コミュニティにおいて、天長節をはじめとする四大節に不可欠とされた「御真影」「教育勅語」はどのような経路で入手されたのであろうか。宮内庁書寮部に保管される「御写真録」は明治以来、海外も含めて各地の団体、教育機関に「御真影」が下付された記録である。しかしながら、戦前のすべての記録に当たっても、大使館や領事館など日本政府の出先機関をのぞいて、ブラジル各地の日本人会や教育機関に直接下付された例を見つけることはできなかった。先述したように、戦前期に教育を受けたブラジル日系二世で「教育勅語」を諳んじている人はめずらしくなく、領事館所在地からかなり遠隔の地域でも、「御真影を拝した」「御真影を家に飾っていた」と証言する人は少なくはない。戦時中の一九四五年一月には、「天皇陛下御真影」を購入したという記録さえ存在する（西川、二〇〇七、一五六頁）。ブラジル日系人はどのようにして、こうした「御真影」を手に入れていたのであろうか。

日本では、教育勅語公布以後、天長節や紀元節の「御真影」拝賀に「教育勅語」が付加され、一八九一年制定の「小学校祝日大祭日儀式規定」（先述したように、一九〇〇年以後は「小学校令施行規則」）以降は、法規上の強制をともなって義務化された。これにともない、「御真影」の複写奉掲が許可され、原則として「御真影」下付の対象とされなかった公立尋常小学校でこの「複写御真影」が儀式用として用いられるようになった（佐藤、二〇〇五a、八頁）。ブラジル日系コミュニティおよび各教育機関で用いられた「御真影」も、やはり「複写された御真影」であったと考えられる。ただ、先の「複写御真影」が宮内省を通じた厳密な許可手続きによって行われるのに対して、ブラジルではそうした手続きを取った形跡が見られない。おそらくは、渡航の際に持ち込んだ皇室関係の記念写真帖や雑誌の口絵写真そのものを再利用、あるいはそれらをさらに複写したものではなかったかと推測する。昭和の御大典（一九二八）の際には、サンパウロ市の日系商店から次のような「御大典記念皇族御写真」や「今上天皇皇后両陛下御尊影」が発売されている。

・（広告）御大典紀念品発売
皇太后太夫／御歌所々長　子爵　入江為守閣下題字
大礼使嘱託　国府種徳先生謹話
池上秀畝画伯装丁
御大典紀念／皇族御写真　金枝玉葉帳
御写真六十余枚、御逸話其他記事百三十頁余
実業ノ日本社謹製定価十一金千（書留送料共）
御大典紀念　大阪朝日新聞社謹製
今上天皇皇后両陛下御尊影
縦一尺二寸、横一尺六寸、定価一葉参千
（…）
輸入元　中矢商店
郵函二九九五（『時報』五八四号、一九二八年一二月一九日）

ブラジルでは、「御真影」が写真店で販売されていたという証言もあり、日本やアジアの植民地とは異なった遠

隔地ゆえの大らかな普及が見られたようである。

先に、一九二八年頃から、ブラジル日系小学校を中心に「学校儀式＝コミュニティの式典」としての天長節が整えられていったと推測したが、この学校行事としての天長節整備の背景にはこうした複写御真影の作成・販売・普及があったことが想起されるのである。複製技術時代を反映して、「複写された御真影」は、戦前期のブラジル日系移民子弟たちに崇拝の対象（あるいは統合の象徴）を可視化することによって、「国民教育・臣民教育」の重要な装置としての役割を果すことになった。戦前期の日本では、「御真影」「教育勅語」とともに、それらを保管する奉安庫・奉安殿の建設も普及したが、ブラジルではそこまでは普及せず、多くは校長室で管理されていたという（清水明雄氏の証言による）[16]。サンパウロ州内陸部ゴイヤンベの日系小学校で学んだ子弟の例であるが、三〇年代後半、小学校の門前を通るときは、必ずお辞儀をすることになっていたという。それは、学校には「教育勅語」が保管されているということで、このような習慣になっていたということである。「日本の学校とかかわりませんよ」というのが、その学校に学んだH・H氏（一九二三年生まれ）の説明であった。これはあくまでも三〇年代後半の例であるが、学校への敬意が「教育勅語」の存在に由来するなら、学校はまさに「国民教育・臣民教育」の装置をそなえた文化化エージェントというべきであり、遠隔地ナショナリズムのもとにコミュニティの成員が統合される空間であったといえる。

三―二―二　ブラジル日系移民子弟の皇民化教育の様相

戦前期ブラジル日系移民子弟の「国民教育・臣民教育」をより一歩進んだ皇民化教育の側面から考える場合、天長節など四大節の挙行とならんでもう一つの重要なトピックは、国籍と兵役義務の問題である。戦前期ブラジル、特に内陸部の日系子弟の多くは、日本・ブラジルの二重国籍者、あるいは日本の領事館にのみ届出を行った日本国籍者であり、この意味では日本帝国の兵役義務を有していた。帝国総領事館や各地領事館による「徴兵検査猶予手続き」についての案内は戦前期を通じてどの邦字新聞にも頻繁に見られたものである。（逆に、地元の役所に出生届出や選挙人登録を行うことを奨励する記事もしばしば見られる。）

こうした国籍や兵役に関わる「皇民」アイデンティティをめぐる言説や意識は、ブラジルでは特に一九三〇年代に入って拡大して行く。三〇年代、特に満洲事変以後、邦字新聞の第一面は大陸での戦果や日本における銃後の守りに関する記事で占められるようになる。例えば、アメリカ二世の「皇軍兵士」としての出征の記事に、ブラジル二世も「故国」の戦争を意識させられた。重要なのは、ブラジル生まれの二世であっても、男子の場合、日系子弟は「徴兵検査猶予手続き」を意識せねばならなかったし、女子は銃後を守るという意識をもたねばならなかったということである。これはひとえに、日系教育機関での修身教育や四大節の儀礼行為と相乗効果を持ちながら、それらの変質をも促し、個々の日系子弟に「日本人」すなわち「天皇の赤子＝皇民」であることの自覚を強いることにもつながっていった。

こうした自覚は、ブラジルでは、日系子弟の従軍志願、国防献金への応募、慰問袋の発送というような行動となって現れる。例えば、次のような記事は、「非常時」や「急を告げる戦局」、「皇軍の活躍」を知って、勇躍志願して「母国」に向かう日系子弟の決意や皇軍兵士への思いを慰問袋に託す乙女らの姿勢を伝えている。

・空軍の活躍に胸打たれ一青年従軍を志願―支那全土を睥睨する航空隊入りが希望

支那空軍を足下に蹴散らし四百余州を翼下におさめ、我皇軍の活躍、世界列強を驚嘆せしめ国民のそらへ向つた関心は一躍今次事変を契機として未曾有の発展ぶりを示したが、此処ブラジルからも初の航空たい志願者がきのふ総領事館に現はれた。当人井戸義雄（二三）君はわが空軍の決死的活躍に胸を躍らしてゐたが重なる空軍の殊勲の報にゐたたまらず遂に意を決して父母の許しを得、従軍志願を思ひ立つたものである。

なほ義雄君の原籍は香川県木内郡井戸村大字川西四四八二で一九三五年にチエテ移住地に入植後、アリアンサに転居したもので、現在は聖市近郊のサンタマーロのコレヂオ・アドベンチスタに在学中である(『時報』一五一八号、一九三八年二月一七日)。

•慰問袋百個—ウニオン女子青年会員総出で作成

ノロエステ線リンス駅—ウニオン植民地女子青年会で、慰問袋を全会員総出で作成し、きのふ百個総領事館に送付し、来月総領事館ではこの健気な乙女心に感激しすぐさま母国行の手続をとつた(『時報』一五一八号、一九三八年二月一七日)。

これらのブラジル日系移民子弟の銃後運動については、第六章で詳述する。

一九三七年に日中戦争がはじまると、ブラジル邦字新聞でも「非常時」という言葉が日常的に使われるようになる。戦争という国難、非常事態に当たって、ブラジル日系人の間でもいかにして貢献できるかということが「皇民」の意識を計る基準となった。「祖国」あるいは「国難」をめぐる日本語の解釈共同体ともいうべきものが、日本帝国の植民地、勢力圏の満洲などとともに、ブラジルという非勢力圏にあった日系社会をより強く覆っていくことになるのである。

では、ブラジルの日系移民子弟教育は、どのような「皇民」あるいは「少国民」的日系子弟(二世)を生み出していたのだろうか。戦前のブラジルの日系子弟教育は、単なる日本語教育ではなく、「日本人をつくるための教育」であったとしばしば語られる。これは、満洲事変以降、日本のナショナリズムが高揚し、それがブラジル日系社会に伝播し、本書の時期区分でいえば、④教育普及会時代以降の性格の一端を形成したものであるといえるであろう。

一九四〇年の皇紀二千六百年記念式典は、ブラジル日系人の間でもそうした遠隔地ナショナリズム高揚のピークであった。一九二〇年代から三〇年代にかけてブラジル移民を推進した日本力行会では、一九四〇年に『皇紀二千六百年記念・日本民族小学生作品集』を編纂・発行している。内容は、朝鮮・満洲・中国・南洋・ハワイ・アメリカ本土・カナダ・ブラジル・ペルー・アルゼンチンなど外地・外国の日系子弟と内地の日本人児童生徒から集められた図画、書道、綴り方の作品集である。これらの作品は銀座の松坂屋で展覧会も行われ、優秀者には記念品が贈られた。同書に掲載されたブラジル日系小学生の綴り方作品は三一点、尋常小学四年生から高等小学二年生までの優等、一等、二等、選外佳作が収められている。内容を読んでみると、一九三九年頃のブラジル各地の日系人の生活が小学生の視点で描かれていて、たいへん興味深い。これらの作品の内容から、日本・日本人を賞賛するような「日本人性の発現」、それと重なるが皇恩や皇軍の武運長久を祈るといった「皇民化教育の影響」、ブラジルを賛美する言説（主に国土の広大さや自然の美しさ）を拾い上げ、整理したのが**表3-1『日本民族小学生作品集』ブラジル日系児童生徒入選作文一覧**（二二〇頁）である。

三一作品中、ブラジルを賛美する記述が見られるのは一〇作品にすぎないのに対し、日本・日本人を賞賛するような「日本人性の発現」は一九作品に見られ、「皇民化教育の影響」は一〇作品に見られる。例えば、次の作文は、サンパウロ州内陸農村の日系植民地に住む小学五年生男子のものである。

日本のお友達へ

ブラジル国パウリスタ線東京植民地小学校五年　長場謙爾

今日先生から二千六百年祭のお話をき丶ました。僕はブラジルで生れましたが日本人であることを大へんありがたいと思ひました。

ブラジルは今ちようど夏です。大そう暑う御座います。今はどちらを見ても畠はみんな植付してあります。もう早蒔の芽が出て青々として居ます。僕達の住んでゐる所はサンパウロ州パウリスタ線、モツカ驛から三粁ばかり離

表 3-1 『日本民族小学生作品集』ブラジル日系児童生徒入選作文一覧

タイトル	学年	入選カテゴリ	日本人性の発現	皇民化教育の影響	ブラジルの賛美
ニッポン号を迎へて	6年	優等	○		
父	不明	一等	○	○	
草取の手伝ひ	5年	選外佳作			
棉まき	不明	選外佳作			
日本のお友達へ	5年	選外佳作	○	○	○
月夜	6年	選外佳作		○	○
ブラジルの農村生活	5年	選外佳作	○		○
お父さんの心配	4年	選外佳作			
草取	不明	選外佳作		○	○
お土産	6年	選外佳作			
私達の町	4年	選外佳作	○	○	○
私達の植民地	4年	選外佳作			○
楽しかった日曜日の一日	6年	選外佳作			
花畠	4年	選外佳作			
日本号	6年	選外佳作	○	○	
コーヒーの花	5年	選外佳作	○		○
綿の話	6年	選外佳作	○		
ブラジルだより	6年	選外佳作	○		
学校帰り	6年	選外佳作			
昨日の一日	5年	選外佳作			
兵隊さんの手紙	不明	選外佳作	○		
ブラジルの小学生	6年	選外佳作	○		○
日本	6年	選外佳作	○	○	
ブラジルだより	高1	優等	○		○
在伯日本人第二世の叫び	高1	一等	○		
ブラジルの私達	高2	二等	○	○	
僕たちの懐しい学校	高1	三等	○		
競技会の朝	高等	選外佳作	○		
アンシエータ	高1	選外佳作			○
先生の訓育に咽びて	高1	選外佳作	○	○	
日本の友へ	高等	選外佳作	○	○	

＊日本力行会（1940）での掲載順。高1＝高等科一年、高等＝高等科で学年不明

れた植民地です。名は東京植民地といひます。

　みんな百姓をしておられます。その中でも蚕を飼つてゐる家も七八軒あります。一年中で今が一番忙しい時です。僕の家に牛豚が三十頭余りゐます。毎日ミリヨをやります。又マンジヨツカも掘つて来てやります。とてもおいしそうにしてどの豚も争つて食べます。豚の入つてあるかこひの中にパイネイラといつて綿の木の大木なのが沢山植えてあります。きれいな桃色の花が咲きます。（…）

　僕達の植民地では天長節四月二十九日、ブラジルの独立記念日、九月七日をお祝ひして運動会をしました。此の日には皆集ります。お父さんやお母さん達まで皆一生懸命走つて一日愉快に過します。此の他の学校では新年、紀元節、明治節、をお祝ひします。僕は今日本語の五年生です。

　朝八時から晝までブラジル語を習つて晝から日本語を習つてゐます。日本語は主に修身、算術、読本を習つてゐます。先生やお父さん達から日本のお話をきく度に僕も一度日本へ行つてみたいと思ひます。そうして日本の美しい景色や櫻を見て富士山へも登つてみたいと思ひます。僕はまだ新聞がよく読めませんが先生や《ママ》日本の兵隊さんの強いことを聞く度に僕も兵隊さんに負けぬやうに一生懸命勉強してお国の為につくしたいと思つて居ます（日本力行会編、一九四〇、一八三頁）。


教師から皇紀二千六百年の訓話を聞き、「ブラジルで生れ」たが「日本人であること」に誇りを感じるという、日本人性の発現からはじまる。「ブラジルで生れ」たことが、「日本人であること」と矛盾なく語られている点が注目される。ナショナル・アイデンティティとエスニック・アイデンティティが矛盾なく共存しているのである。第三段落ではブラジル農村の牧歌的ともいえる生活が描写され、第四段落では日系植民地らしい四大節に加えて、ブラジル独立記念日が祝われている様子が描かれる。また、第五段落前半では、ポルトガル語と日本語の二重教育を受けていることが記される。さらにその後半では、教師によって「日本の兵隊さんの強いこと」が子どもたちに語られ、その「兵隊さんに負けぬやうに一生懸命勉強し」なければならないと指導されていたことが知られる。それとともに、最後に「お国の爲につくしたいと思つて居ます」の「お国」とは、この文脈から考えるとブラジルではなく、日本のことであることから、素朴な感情ながら皇民化教育の影響が読み取れるのである。この作文が応募された一九三九年の時点で、「日本語は主に修身、算術、読本を習つてゐ」ると、当然のごとく日本語学習が行われていた点も注目に値する。同書に掲載されたブラジル日系子弟の作文をもう一例検討してみよう。

日本

ボアビスタ小学校　六年　佐藤富美子

日本！日本私達外国に住む者にそれは何といふなつかしい言葉でせう。私がこのブラジルに来たのは、私がまだ一年生のときでした。それだから今の私には日本のことがあまりよく判りません。（…）

学校で御習ひしたり、お父さん、お母さんから御きゝしたりした日本と言ふ国はほんとうに好い国です。あの偉い乃木大将、東郷大将を持つ国、日本！楠木正成正行があつた国、神代この方一度も敵の国から征められたことなく二千六百年間皇位にすこしもゆるぎなき、世界に比なき日本帝国。美しく強く正しい国、この日本の子供に生れた私達はほんとうに仕合はせです。私達はこのよい日本の子供と生れたそのことだけでも大いに自慢してい、事だと先生から御聞きしました。日本の国は今悪い支那の国と戦争をしてゐます。そして悪い支那人を片つ端から目覚めさせてよい支那の国として日本がもり立て、行くのだそうです。併しそのために日本はどんなに尊い犠牲を払つてゐるか知れません。ことにその戦のために尊い命をなくしたり、けがをなされたりした軍人さんやその御家族の方にはどんなに感謝しても感謝しきれないのです。（…）

日本！日本！ほんとうになつかしい名です。世界一強い国、世界一景色のよい国、正義の国明治天皇の在しました国、富士山を持つ国、日本こそはほんとうによい国です。私は外国に居てもこのよい日本の国を自分の祖国に持つことにこの上ないうれしさと有難さを感じます（日本力行会編、一九四〇、一九七―一九八頁）。

小学六年女子による作文であるが、全体が日本賛美の言葉であふれ、皇民化教育の影響が露骨で、愛国作文の見本のような作品である。現在六年生である作者がブラジルに来たのが一年生の時と記されているので、この作文を記している時点より五年前にブラジルに移民したことになる。つまり、彼女とその家族は一九三四年、満洲国成立後間もない頃にブラジルに来たことになり、父兄ともども日本のナショナリズムの影響を濃厚に受けた世代に属する。それだけでなく、「このよい日本の子供と生れたそのことだけでも大いに自慢してゐ事だと先生から御聞きしました」とあるように、この作文からは、当の小学校において強い皇民化教育が行われていたことが知られるのである。

小学生の作文は、作者が積極的に主題と題材を選んで書くというより、教師や父兄によって書かされる性格の方が強いと見ると、一〇〇パーセント作者の思いの発露とはとられないが、小学生ゆえに、その意識の素直な表明ともとることもできる。この作文に付された評語には、「日本のよき点をすらすらと記してある。誰でも感じてゐることでせうが、こんなに纏められたのは珍しい」（日本力行会編、一九四〇、一九八頁）となっているので、こうした過剰ともいえる愛国作文は日本ではめずらしくなかったのであろう。

こうした遠隔地ナショナリズムが濃厚な作文に対して、次のようにブラジルの自然を賛美し、それを日本にはないものと、日本を相対化する姿勢が見られるものもある。

ブラジルの小学生
ブラジル共和小学校六年　北野与吉

私はブラジルにすんで居る者で小学六年生です。ブラジルは常夏の国で気候も大変暖いので馴れれば非常に住みよい所です。（…）ブラジルは何処へ行つても珈琲園です。丁度青海の様に見へます。珈琲の花の満開はうす白く成つて珈琲の花の香ひがぷううんとして其の景色と言い有様と言い口や筆では言い尽せないと思ひます。日本では此言ふことはほんとうに見られ無い事で有ると私は思ひます。私達の学校は植民地の中央に有ります。そうして私達の家から学校まで三キロ程離れて居ます。此の頃此方は雨が多く珈琲園や牧場森林到る処が青々として見るからに心地よく感じられます。私達は毎朝露を踏んで学校へ行きます。私は日本語の傍らブラジル語も学んで居ります。ブラジル語の時間は日本人や、ブラジル人で生徒が大変多く賑やかです。

私達は日本語とブラジル語を学んで居ますから尚一層力を入れて勉励し日本の小学生に負けぬ様に勉学し又日本人として大和魂を養はふと思ひます（日本力行会編、一九四〇、一九八頁）。

最後の段落の「日本の小学生に負けぬ様」という内地との競合の意識や言説は、ブラジル日系人に広く流布しており、前掲の作文でも「兵隊さんに負けぬやう」という表現となって現れている。前掲の作文と同じく遠隔地ナショナリズムの発現が見られ、「日本人として大和魂を養はふと思ひます」という部分に皇民化教育の影響が見られないではない。ただ、この作文の主題はブラジルの日系小学生の生活と生活環境の肯定的な評価とその紹介に比重があり、日本人性の表明といった比重は小さいといえよう。また、ここでも二言語教育のことにふれられているが、非日系ブラジル人との共学が「生徒が大変多く賑やかです」と肯定的にとらえられている。

以上のような作文は、次に引用したような一九三〇年頃のブラジル日系児童の作文とは、主題が違うとはいえ、明らかに異なった傾向を示しているといえる。

ガビヨン
リンス・パナイ小学校

第五学年　西島　豪

私の家にはガビヨンが一羽飼つてありました。何時も屋根の上にとまつて居ました。それが大そう人になれていてガビヨンと言つてよびますと、すぐ飛んで来て私たちの頭や肩にのつたり、そばにあるパイネイラの枝にとまつたりして居ました。ガビヨンは肉や虫を食べますので最初は豚や鶏を殺した時は肉を食べさせたり、毎日虫を取つてくはせて居ました。後には自分でえさを取つてくふやうになりましたので、私がえさを取つて食べさせなくてもよかつたのでした。私は毎日学校から帰つてからはガビヨンをだいて歩くのが一ばん好きでした。或日の事でした。それがかはあいさうに私がお父さんと二人でリンスにいつた留守に隣のチイグレがくひ殺しました。これをお母さんがおつしやつた時にはびつくりしました。それからしばらくの間は淋しくてなりませんでした（『時報』六七九号「小供の欄」、一九三〇年一〇月三〇日）。

「ガビヨン」（gavião）というのは、ポルトガル語でワシやタカなど猛禽類のことで、この作文は小学生と鳥の素朴な交流とペットの死による悲しみが主題となっており、日本人性の発露や皇民化教育の影響といったものは見られない。

最初の三つの作文は、皇紀二千六百年（一九四〇）を記念して日本力行会によって編纂された海外日系小学生の作品集に収録されたものである。書き手はブラジル生まれのブラジル市民である日系小学生であるが、皇紀二千六百年というナショナリズム発揚の機会をとらえた気張りや教師の指導があったと想像され、またそのような傾向の強い作品が選択されたとも考えられる。小島（一九九九）は、フィリピンの日本人小学校において展開された教育理念を分析し、そこから「邦人発展主義の論理」を抽出している。「邦人発展主義の論理」とは、「一時的な出稼ぎではなく外国に定住し、しかもその土地に現地化することなく日本精神を堅持した状態を保持すること」（小島、一九九九、二二七頁）であり、「日本精神を堅持した者の定着こそが、「発展」であった」（小島前掲書、二四七頁）と指摘されている。前掲の作文が皇紀二千六百年という主題にもとづいて書かれた点を差し引いて考えることが必要だが、一九三〇年代末期から太平洋戦争にかけては、ブラジル当局の同化政策に対する反発から、日系人間において遠隔地ナショナリズムがもっとも強化された時期と考えられた。そして、日系児童の教育の場でも、「邦人発展主義の論理」が強調され、皇民化および少国民化が学校教育の場でも推進された結果、子どもたちもそれに同調していく傾向が見られたことが知られるのである。

では、こうした傾向はブラジル日系子弟だけに見られたものなのであろうか。これらは、例えば、同時代のアジア各地に居住した日系移民子弟たちの愛国作文と比較してみると、その表現に大きな共通点があることに気づくのである。

比島第二世の心構

バギオ日本人小学校　寺岡捷

私達は日本に於ける人と変わりなくこゝの日本人小学校で立派な日本の教育を受けたのである。即ち、六箇年或は八箇年、日本人精神の養成に懸命となり今日では大体此の大和魂なるもの、観念は把握してゐる積りである。いざ国家の一大事となれば生命をも投げだすといふ祖国愛を持つてゐる。親は両方そろつてか又は一方が日本人である、その子としての私どもは立派な日本人の血を受けついでゐることは何の疑もない。従つて我々は第二世としての日本人として特異な眼を以て見られるには当らないと思ふ。しかしこゝに我々第二世として考へなければならない大事なことがある。（…）それは私達は将来此の比律賓に帰化して、第一世の方々の成し得なかつた事業を完成することにあるのではなからうか。『日本精神を失はぬ比律賓人となれ。』これが我々第二世に与へられた大使命を果す活路ではなからうか（富田編、一九四〇、五頁）。

これは、フィリピンのルソン島北部バギオに設立された日系小学校の児童、おそらく高等科生徒の作文である。したがって、前掲作文のブラジル日系児童より年齢的には二歳ほど上になる。一九四〇年のフィリピンは、太平洋戦争における日本軍のフィリピン占領以前、日本帝国の勢力圏外の地域であり、その点日本の主権のおよばなかったブラジルと状況は似ているといえる。しかし、大東亜共栄圏の構想のなかには「外南洋」と呼ばれたフィリピンもふくまれており、同校が在外指定学校であったこともあり、皇民化への圧力はブラジルよりも大きかったと想像される。「第二世」という内地日本人との差異を意識するとともに、「大和魂なるもの、観念は把握してゐる積り」であり、「国家の一大事となれば生命をも投げだすといふ祖国愛を持つてゐる」と断言している点に、皇民化教育の成果が現れているといえる。実際に、太平洋戦争中、フィリピンの日本人小学校出身者は日本軍に協力し、戦争末期には悲惨な「戦死」を遂げた者も多い。ただ、最後に「『日本精神を失はぬ比律賓人となれ。』これが我々第二世に与へられた大使命」と結んでいるところは、内地の少国民とは異なった役割を自覚している点として注目される。

国民精神について

六年　魚住春恵

私は此の様な崇高な民族精神を持った国の国民として生まれた事を、心から嬉しく有難い事だと何時も感謝してゐますが、心の何処かに自分は海外生まれの第二世であるといふことが一つの淋しさとして浮かんで来ます。アメリカでも何所でも第二世は一般に日本で生まれて日本で教育された人よりも、いくぢがないといはれてゐます。しかし新嘉坡に生まれた私達丈はどうぞ日本国民として、恥しくない健全な国民精神の持主である様一生懸命修養し頑張らなければならないと思ひます（新嘉坡日本小学校編（一九三八）『在南児童教育』第二〇号、一一三頁）。

これは、英国領シンガポールに設立された新嘉坡日本小学校の児童作文である。一九三八年のシンガポールは、フィリピンと同じく太平洋戦争における日本軍の占領以前、日本帝国の勢力圏外にあったが、大東亜共栄圏の構想のなかにふくまれていた。また、同校も在外指定学校であったため、皇民化への圧力はブラジルよりも大きかったと想像される。ここにも、「第二世」という内地日本人との差異を意識し、「一般に日本で生まれて日本で教育された人よりも、いくぢがないといはれてゐます」という評価を引きつつ、「日本国民として、恥しくない健全な国民精神の持主であ」ろうと努めている。ここでいう「国民精神」は「日本精神」と同義語とみられ、遠隔地ナショナリズムを背景とした「邦人発展主義の論理」の発現が見られるのである。

先に引用したブラジルの日系子弟の作文は、「日本の兵隊さんの強いことを聞く度に僕も兵隊さんに負けぬやうに一生懸命勉強してお国の為につくしたいと思つて居ます」などという記述に、遠隔地ナショナリズムの一端をうかがうことができる内容となっている。前掲の作文が書かれた一九三九年には、サンパウロ市の大正小学校でも「皇紀二千六百年奉祝曲」が振付けや踊りとともに練習されていたという（Y・Tさんの証言による）。また、同じ時期、本書第六章で詳述するように、ブラジルでも銃後運動がさかんに行われた。これらのことを思い合せると、ブラジル日系教育機関でも、少なくとも意識の上では立派な「皇民」あるいは「少国民」が育成されようとしていたことが知られるのである。

森脇・古杉・森（二〇一〇）では、一九二〇年代から三〇年代にかけて、邦字新聞など日本語活字メディア、日本語教育、日本人会などのネットワークを通じて、ブラジル日系人の間に、「在伯同胞社会」という日本語共同体が成立したことが指摘されている（森脇・古杉・森、二〇一〇、二六六―二六八頁）。日本語を通じた一種のエスニックな解釈共同体であるが、それはブラジル日系社会だけでなく、日本とその植民地、満洲あるいはフィリピンやシンガポールなど外地日系社会につながっていく広がりをもっていた。一九三〇年代後半の日中戦争期から太平洋戦争にいたる時期のブラジル日系移民子弟は、ブラジルと日本という二つの国のナショナリズムのはざまで人間形成を行った世代である。その過程での苦悩や矛盾、相克をかかえながら、彼らは戦争の時代へ突入していくことになるが、植民地やフィリピンやシンガポールなど日本帝国の勢力圏外に生きる日系子弟と通底する言葉や感情をはらんでいた。二つのナショナリズム、二つのアイデンティティを調停する過程において、子弟教育の面で「祖国」日本やその延長上の大東亜共栄圏のあり方に強く同調していく傾向も現れた。すなわち、ブラジルの日系小学校がフィリピンやシンガポールの日系小学校と同じく、一種の解釈共同体として、グローバルな日系子弟教育圏の一部を構成していたことが確認できるのである。それは「大和魂」や「日本精神」といった観念をめぐる「邦人発展主義の論理」を背景とし、日本語教育を媒介とするものであったと考えられよう。そして、それは、日本帝国の植民地、満洲などの勢力圏に連鎖しながら、太平洋戦争の推移とともに、ホスト社会から他者としてのまなざしを受けつつ、ブラジル日系社会という非勢力圏における日本の「飛び地」をより強く覆っていくことになるのである。

注

(1)「遠隔地ナショナリズム」(long distance nationalism) とは、ベネディクト・アンダーソン (二〇〇五) によると、グローバル化に対応したナショナリズムであり、故郷離脱によって生じる移住先や一時滞在先から出身国・地域の民族運動や独立運動に共鳴したり支援したりするイデオロギーとされ、きわめて政治的な概念として用いられている (アンダーソン、二〇〇五、一二四—一二六)。アンダーソンの『比較の亡霊』(糟谷啓介他訳、作品社、二〇〇五) では、「遠距離ナショナリズム」の訳語が用いられているが、ここでは訳語としてより通用していると考えられる「遠隔地ナショナリズム」を使用する。深沢 (二〇〇八) は、この概念を援用し、「ブラジルに住む日本移民にとっては日本や日本民族という存在が、「想像の政治共同体」として脳裏に刻み込まれ、実体としてはブラジルの領土に住みながらも、精神的には日本の飛び地ともいえる状況を作っていた」とし、その背景として、日本語メディアと日本語学校、ブラジル当局の同化の強要などをあげている (深沢正雪「百年の智恵＝移民と日本精神＝遠隔地ナショナリズム」第三回〜第四回、『ニッケイ新聞』WEB版、二〇〇八年七月二三日、七月二四日)。

(2) 以下の小学校の分類については、サンパウロ州の一九二六年九月一四日付州令第四〇一号とその一部が一九二七年法律二二六九号に改正されたものにもとづき、『伯国教育状況視察報告』(外務省通商局、一九三二) としてまとめられた報告に依拠するものとする。

（3）濱口光雄「一九三一年七月八日、在留邦人ノ設立スル学校ニ関スル件」JACAR（アジア歴史資料センター）Ref. B04012172900 在外日本人各学校関係雑件／在米ノ部／「リベロンプレート」管内日本国民学校（外務省外交史料館）。

（4）「パルミット」（Palmito）は、「椰子の幹」（*Dicionário do Aurélio on-line.*〈http://dicionariodoaurelio.com/palmito〉）を意味し、入手と加工が容易なため、開拓初期にはよく利用された。

（5）『移民七〇年史』には、「ブラジルの法規どおりにやったとしても、田舎の日本人植民地などには、なかなかおちつくブラジル人教師は少なく、給料も安かったので、植民者が生活費を補助することが多かった。（…）その上、日本人教師だって、そうたやすくみつかるわけがなかった。初期のまずしい農村（植民地）で、日本で中学以上の教育をうけた若い元気な先生などめったにいなく、はじめが植民地内で読み書きのできる主婦などが半日くらい時間を都合して学校の先生をやったし、また、重労働にむかない年輩のインテリが午前中だけを教え、午後は自分の畑をたがやす、というようなこともあった。とにかく、貧乏な初期移民たちは学校はホッタテ小屋でガマンしたとしても教師の生活を充分ささえる力はなかったのである」と記されている（ブラジル日本移民七〇年史編さん委員会編、一九八〇、三〇七―三〇八頁）。

（6）ただ、同校生徒の多くが同時に通っていた州立グルッポ・カンポス・サーレス小学校では男女別学であった。

（7）清水明雄氏のご教示による。

（8）崎山比佐衛と海外植民学校については、吉村繁義（一九五五）『崎山比佐衛傳――移植民教育とアマゾン開拓の先覚者』海外植民学校校友会の大著があり、貴重な史資料も掲載している。また、世田谷の海外植民学校本校の校舎・敷地の変遷などについて、木村孝が詳しい考証を行っている（「調査サブノート――海外植民学校本校の顛末、その発足から終焉まで」〈http://homepage3.nifty.com/baumdorf/KimuTaka/HalfMile/SgTenmatsu.htm〉）。さらに、二〇一四年より、松原征男、崎山ひろみ、木村孝、大熊智之らによって、『海外植民学校と比佐衛』（私家版）が創刊。二〇一六年三月現在、五号までが刊行され、比佐衛と同校について詳しい考証を行っている。

（9）二〇一五年九月のサンパウロとマウエスでの調査によると、分校設立には至らなかったが、戦後アマゾン下流のルゼイアで、崎山の後継者と目された神園敞らが、崎山の孫世代に当たる子どもたちに読み書き算術と聖書を教えた。さらに、五〇年代には、神園は子どもたちを率いてサンパウロに出て、洗濯業を営みながら、子どもたちを中高等教育機関に通学させた。

（10）正式名称は「サンパウロ農事実習場」、ブラジル名は"Instituto de Prática Agrícola de São Paulo"である。

（11）松本圭一（一八八六～一九七六）は、東京帝国大学農科大学を卒業した農学士で、海老名弾正から洗礼を受けた熱心なキリスト者であった。大学卒業後、宮崎県児湯郡茶臼原にあった岡山孤児院農場学校の責任者として赴任、実地教育に当った。一九二一年にジュネーブで開かれた第三回国際労働者会議に日本代表として出席、一九二四年には大原農業研究所の客員研究員としてペルー、チリ、アルゼンチン、ブラジルなどを視察し、南米開発を研究した。一九二六年に家族や茶臼原農場学校時代の教え子ら一〇家族六〇名とともにブラジルに渡航。ブラ拓嘱託などを経て、エメボイ実習場設立とともに場長に就任している。戦後、「養鶏の松本さん」としてブラジルの養鶏指導に多大な貢献をなしたほか、果樹の品種改良で功績をあげ、一九六六年にはブラジル農畜産界の功労者に与えられる山本喜誉司賞を受賞している。

(12)　一九三二年の時点では、六二名を収容していた（サンパウロ日本人学校父兄会、一九三四、二四頁）。

(13)　洋上小学校については、山田（一九九五、一九九八）に詳しい記述があり、根川（二〇一三b）でもそれについてふれている。また、根川（二〇一五）は、移民船が移民の「世界学習」による文化化の空間であったとともに、ブラジルの日系小学生にとって、疑似日本体験のための教育装置として活用されたことを明らかにしている。

(14)　「解釈共同体」とは、あるテキストに対する読みの戦略・手法を共有する集団や共同体のこと。本書では特に、日本語や戦前期日本の教育システム、文化を理解し実践する集団や共同体を指す。

(15)　こうした意味で、第一章二節でふれたような、一九三〇年代後半のドイツ系教育機関へのナチズムの浸透は、強力な政治的意図をもって行われたと考えられる。

(16)　『移民七〇年史』には、「日語学校には天皇の写真を収めた〝奉安庫〟を持ったものもあり、〝天長節〟には「教育に関する勅語」の奉読も行われていた」（ブラジル日本移民七〇年史編さん委員会編、一九八〇、七〇頁）とあるので、こうした施設をもった教育機関も少数ながら存在したのであろう。

第四章　都市サンパウロの日系移民子弟教育

六つの時から十三歳まで、大正小学校に通いました。
尋常科から高等科までね。
そのあと戦争がはじまって…
でも、私の人生のなかで、あの頃みたいに楽しいことってなかったですよ。
（Y・Tさん、一九二八年サンパウロ市生まれ）

はじめに

戦前、日本人移民は農業移民としてブラジルに渡り、一九四〇年になっても九割が農村地帯に居住していた。それゆえ、ブラジル日系移民研究の多くが農村地帯とそこに住む日系人を対象とし、モデルを抽出してきた。すなわち、コーヒーや綿をつくる農民がブラジル日系人の代表的な姿であるという理解が強かったと考えられる。そこには、半田（一九七〇）の次の記述に見られるように、サンパウロのような大都市に生活する日系人が、一つの「例外」として考えられてきたからではないだろうか。

農民として渡来しながら、農業を放棄してサンパウロ市に出てくるものは、一般農業者からは、まるで異端者のように見られていた。一九二四年のイシドウロ革命のころでさえ、サンパウロへ出てくるもの、特に独身青年は、バガブンドの汚名をきせられた。サンパウロ市は、ブラジルの農村生活に幻滅を感じたものの集まるところであったにちがいない（半田、一九七〇、一六八頁）。

しかし、サンパウロの都市化が進み、帝国総領事館（一九一三）や海外興業株式会社サンパウロ支店（一九一九）、在サンパウロ日本人学校父兄会（一九二九）などが現れるにしたがって、そうした認識にもじょじょに変化が訪れる。移民たちの目と耳であった邦字新聞社もサンパウロ市に集中していた。日本人移民は、ブラジル滞在が中長期化していくにつれ、ブラジル社会での子弟の教育と社会上昇を考える必要に迫られた。ブラジル社会で上昇していくには、日本同様学歴が必要であったが、それにはまず中等学校へ進学する必要があった。そして、その中等学校に進学するにしても、多くの選択肢を有している場所はサンパウロ市しかなかったのである。一九二七年の在伯日本人教育会設立以降、日系移民子弟教育の指導機関は常にサンパウロ市におかれてきた。その後、サンパウロ市には、必然的に「もっとも優秀な教師」、「めぐまれた子ども」たちが集まってくるのである。こうしたサンパウロ市の卓越した地位と上昇機会（少なくともそれがあると信じられていたこと）を考えると、これまで等閑視されてきた同市の日系移民子弟教育について注意を払わないわけにいかないであろう。

本章では、第二章、第三章のブラジルにおける日系移民子弟教育史の概観と教育機関の分類、教育の性格分析に続いて、都市サンパウロに設立された日系教育機関とそれらをめぐる諸事象を対象として取り上げる。本章第一節では、「ブラジル最初の日本人学校」とされ、「コロニア一の学校」に成長していく大正小学校、第二節では、ブラジル最初の寄宿舎をそなえたキリスト教的教育機関である聖州義塾を取り上げ、それらの創設と命名の由来、発展過程、機能（役割、性格、経営主体）、教師、分校設立、太平洋戦争直前の様相について論じたい[1]。また、第三節では、大正小学校や聖州義塾が生まれ発展した時期のサンパウロ市の言語環境、特にそれらが全盛期を迎える一九三

○年代を中心に、文献資料や日系移民子弟へのインタビュー資料にもとづいて明らかにし、サンパウロ市の地域的特性や彼らの二言語・二文化教育の実態、また彼らが戦後にトランスナショナルな二言語・二文化人として活躍する条件について考察したい。

四―一　サンパウロの日系移民子弟教育機関1――大正小学校

第二章でも記したように、ブラジルで最初に生まれた日系教育機関（「教育機関」と呼ぶには、あまりにも素朴な姿であったが）は、サンパウロ市の大正小学校とされる。同校は、市中心部に近い「日本人街」コンデ界隈の中心コンデ・デ・サルゼーダス通りの坂下に、一九一五年一〇月七日に産声をあげた。「コロニア最初の学校」と呼ばれ続けてきた大正小学校だが、先述のように、日系コロニア団体につきものの記念誌や回顧録、戦前・戦後を通して教務日誌、出席簿、成績表など学校関係記録類はいっさい残っていない。したがって、本節では、わずかに残された文献資料や関係者たちの証言、邦字新聞記事、写真資料に拠り、この大正小学校の設立と発展について時系列的に概略を述べ、その性格や歴史的意義について述べたい。

四―一―一　大正小学校の創立

第二章で述べたように、大正小学校の創設時期については諸説あるが、一九一五年前後に開かれたのは確かなようである。同校以前に、田頭甚四郎の私塾や、サントス、内陸部のグァタパラにも私塾的な日系教育機関が存在したらしいことは先に述べたとおりである。「ブラジル最初の日系教育機関」を特定するのは困難であるが、サンパウロ市の日系教育機関で校名が残っているものとしては、大正小学校が最も古いと考えてよさそうである。(2)

ここでは、大正小学校が生まれた背景や発展過程についての素描を試みるが、第二章でも引用した「大正小学校、その〝歩み〟」という、『パウリスタ新聞』連載記事（一九七五年九月三〇日から同年一二月一二日まで）に一部を依拠

地図 4-1　サンパウロ市中心部日系教育機関分布図

し、筆者自身が関係者・卒業生から得たインタビュー資料で一部を補いながら、描写を進めていきたい。

大正小学校の誕生についての物語は、次の通りである。

一九一五年頃のブラジル日系人口は一万五〇〇〇人余。後に「日本人街」として知られるコンデ界隈には、内陸部の農村を飛び出して来た日本人が職を求めて集まっていた。大正小学校は、当時叩き大工だった菅譲二宅に下宿していた宮崎信造、橋本重太郎、西本徳右衛門（あるいは徳左衛門）、藤井吉之助の四名の発起人により、コンデ・デ・サルゼーダス通り三八番（現在の三〇八番）のイタリア人エドワルド・マルチェリ氏宅の階下に「寺小屋《ママ》式日本語学校」として始められた。同年の一〇月七日のことで、同校の家賃は一〇ミルレースであり、月謝は二ミルレース(3)であったという(4)（「大正小学校、その〝歩み〟①」『パウリスタ新聞』六六四九号、一九七五年九月三〇日、以下、この記事については「その〝歩み〟」＋連載回数と略す）。

「大正小学校」の命名の由来について、どの資料にも記述はないが、創立年とされる一九一五年が大正四年であり、当時の日本人にとって西暦より和暦の方が一般的であったことを考えれば、祖国の元号に合せて「大正」が冠せられたのは自然な成り行きであろう(5)。

草創期の大正小学校は、何度か廃校の危機をくぐらねばならないほど、生徒数も少なく、経営基盤もあやふやであった。笠戸丸以前のブラジル渡航者であり、宮崎校長とも親交のあった鈴木貞次郎（一八七九〜一九七〇）は、その著『ブラジル移民の草分け』（一九三三）のなかで、初期の同校の状況を次のように描写している。

> 大正小学校の位置はコンデの坂を降って行くと右側で、木村清八の向側の引込んだ平屋建の一間を借りたものであった。生徒数は最初が三人、それから五人となり、七人となった。月謝が月三ミルであった。室の借賃が二十ミルレースであったから、生徒数が七人に増加した時でも、漸く室代を支払ふに過ぎなかった（鈴木、一九三三、二一四頁）。

その後、同校はコンデ・デ・サルゼーダス通り三八番から何度か場所をかえながら、かろうじて継続されていった。当時、同小学校に学ぶ子どもの親たちというのは、日雇い大工や家政婦、臨時工、料理人、家具職人などその日暮らしのコンデの住民たちで、農民が圧倒的多数であった日本人移民の間でも「筋目がよい」とはいえない人びとであった。彼らが貧しいなかでやりくりしながら、学校の経営を支えていた。生徒数が少なく、しばしば経営困難となった。同校初期の経営は、宮崎の犠牲的精神とコンデ界隈の日本人父兄たちの献身によって成り立っていた。「当時その日暮らしの父兄たちが、学校を盛りたてていた。だが生徒数が少なく経営が困難となる。菅さん（後に同校後援会メンバー）らは、わずか四十レースの金を貰うためにあちらこちらの家の門を叩いて歩いた。寄付金一ミルレースが最高額である。そんな折、藤崎商会[6]から五十ミルレースの寄付金があり、関係者を喜ばせたこともあったという。他の人たちと同様、菅さんは当時日雇い大工・日当はわずかばかりだ。それでも経営困難な学校を救おうと、「おい！おまえ家庭奉公に出てくれんか！」と、夫人に頼んだこともあった」（その〝歩み〟①）という。家賃あるいはスペースの関係からか、一九一六年一月に同じコンデ・デ・サルゼーダス通り五一番に移り、同年六月に同じ通りの四八番に戻っている。四八番は「青年会会場」だったというが、どのような施設であったかは詳細が伝わっていない。脆弱な経営基盤ながら、コンデの日系住民たちが自分たちのコミュニティ学校として大切に守ってきた様子が見て取れる。

一九一八年一二月二三日、サンパウロ州学務局長オスカル・トンプソンから「百ミル～五百ミルの罰金または、二十四時間以内に閉校を命ず」という通達を受けるが、これを何とか切り抜けたという。この罰金刑は、学務局に届け出をせずに運営をしていた無認可経営のためであったかと考えられる。どのような経緯であったのか資料は沈黙しているが、一九一九年には学務局に届け出をし、サンパウロ州の公認私立学校となった。

こうした不安定な経営基盤を補強するため、翌一九二〇年一月には大正小学校後援会が設立されている。後援会創立について、『移民年表』では「一九一九年一月二九日私立学校公認となる。一九二〇年一月二三日後援会創立、発起者は鮫島直哉、加来順太、木村清八、長谷川庄太郎、山田勘市、松本勧美、岡本専太郎、山田隆治、隈部維高等」（サンパウロ人文科学研究所、一九九六、三六頁）。「その〝歩み〟②」では、発起者は「鮫島直哉を中心に菅譲二、岡本竜太郎、木村清八、山田隆次、長谷川庄太郎、加来順太、山田勘市、隈元維高、松本勧美、中山忠太郎、梅田久吉、中矢熊太郎の十三氏ほか藤崎商会が先駆けて運動を始めた」（『パウリスタ新聞』六六五〇号、一九七五年一〇月一日）となっており、一月二三日に五〇人余で設立総会が開かれ、発起者中の鮫島直哉を初代会長に選出したことが記されている。ここに名前があがっている発起人はいずれもコンデ界隈の住人であり、この当時同校がこのエリアの日系コミュニティ学校としての性格を有していたことが知られる。

四―一―二　大正小学校におけるブラジル公教育の開始と宮崎校長の死

コンデ界隈の日系コミュニティ学校として出発した大正小学校は、一九一九年に正規の私立学校として認可された。つまり、日系コミュニティ学校としての性格を残しつつも、ブラジルの私立小学校としての体裁を整えたわけである。この認可とともに、同校はポルトガル語教育を取り入れた。その頃の教授科目は、日本語、ポルトガル語、歴史（ブラジル史）、計算というものであった。私立学校認可とともにポルトガル語教育やブラジル歴史が取り入れられた理由は、当時のサンパウロ州教育令第五章（私立学校令）にもとづくと考えられる。この法令は、以下のようなものである。

- 一九二〇年サンパウロ州修正法令（法令一七五〇、一九二〇年一二月八日、第五章　私立学校）

　教師及び学校責任者は次の責任を負う。

（a）国民の祝祭日

（b）外国語を除いて各科目は国語（ポルトガル語）で教授されること
（c）政府によって定められた授業数のポルトガル語、ブラジル地理・歴史を教授すること。ポルトガル語科目は生来のブラジル人かポルトガル人によって教授されること。また、ブラジル地理・歴史は生来のブラジル人かその能力を認められた者によって教授されること。（…）（第二条二項）
（私立小学校において）一〇歳未満の者に外国語を教授することを禁ず（第二条四項）。[7]

同校最初のポルトガル語教師は、エスコーラ・セイテ・デ・セテンブロというブラジル公立小学校の校長を務めていたアントニア・サントス女史であった（その〝歩み〟②）。この通称「ドナ・アントニア」については、同校出身者の間に多く逸話が語り伝えられている。例えば、同校初期の卒業生である田村幸重（後にブラジル連邦下院議員）との師弟愛は、本書第七章で詳述するように、「コロニア浪曲」と呼ばれるブラジル日系人作の浪曲にも歌われたほどであった（細川、二〇〇八、四三七—四三九頁、根川、二〇〇八、六三—六四頁）。同校が私立公認学校として認可された背景には、彼女の存在があったと推測できる。

半田（一九七〇）には、ブラジル私立学校として認可された数年後の大正小学校の校舎について、わずかな記述がある。本章二節で述べる聖州義塾の最初の日曜学校が同校で行われた時の記述である。

まだ大正小学校の宮崎信造先生も健在の頃、小林さんが北米から来た年の一九二二年五月十九日、大正小学校の校舎において最初の日曜学校がおこなわれた。そこは、コンデの坂を降りきったところの商店づくりの家で、ヨロイ戸をあけたてしてはいった。裏の方には数家族の日本人が住んでいた（半田前掲書、五八一頁）。

大正小学校初代校長[8]となった宮崎信造は、コンデの住民と苦楽をともにし、草創期の同校を献身的に支えた人物であるとされる。しかしながら、この人物については不明な点が多い。『日本ブラジル交流人名事典』（一九九六）では、生没年は「不詳〜一九二四（大正一三）年六月」「最初の日系人小学校教師」（パウリスタ新聞社、一九九六、二四四頁）となっている。福岡県の出身で、日本で中学教師の後、東京外国語学校スペイン語科に学んだ。内田定槌公使の料理人として、第一回笠戸丸移民以前の一九〇七（明治四〇）年五月にブラジルに渡航した。当時リオ・デ・ジャネイロ州ペトロポリスにおかれていた日本公使館に勤務。第一回日本人移民がドゥモン耕地で起した騒擾事件の時には、その解決に奔走、皇国殖民会社出張所書記、藤崎商会店員などを経て、大正小学校の教師になったということである（パウリスタ新聞社前掲書、二四四―二四五頁）。「その〝歩み〟②」には、「リオ・デ・ジャネイロからきたばかりの宮崎信造氏が、職を求めてブラブラしていた時、田頭さんから誘われて教職を譲りうけ、日本語教育を始めたものと言われている」とも記されている。半田（一九七〇）によると、宮崎は、「ずんぐりして丈夫そうな体格、武士は食わねど高楊枝式に、いつも着ふるした黒っぽい洋服に、油じみた中折れ帽をきちんとかぶっていた」という風体で、「明治時代の漢学の先生みたいな風格」があったという（半田、一九七〇、一九四頁）。厳格で時々生徒たちに雷を落としていたという逸話も伝わっている。当時校舎の隣に住んでいたという芳賀貞一（一九一六年サンパウロ市生まれ、元弁護士・同小学校卒業生）は、「時々、学校から生徒を叱りつける、宮崎先生のブラーボな声が僕の部屋まで聞こえてきたものです」と証言している（その〝歩み〟②、『パウリスタ新聞』六六五〇号、一九七五年一〇月二日）。反面、「本当に子供が好きで（…）、長い歳月一日のごとく教鞭をとっていた」という。一九二四年六月四日、胃癌のため死去。(9) 享年四九歳、死ぬまで独身だったという（その〝歩み〟②）。

当時の邦字新聞には、宮崎の訃報が次のように掲載されている。

• 熱心な先生 宮崎信造氏逝く―鼻琵琶の隠し芸―

苦しい生活を意ともせず率先して大正小学校を設け、在留邦人子弟の教育に十年一日の如く力を尽した宮崎信造氏は数月前から胃腸に不快を覚え、診断の結果膵臓腫瘍と云ふのでインスチチユート・パウリスタに入院切開手術を行つたが遂に効なく、冬も半ばの四日の冷たい朝まだき、四十九歳を一期として鬼籍に入つた、葬儀一切は大正小学校。後援会が取り切り、同日午後四時同病院出棺アラサ墓地に埋葬されたが、永く育英の道につくした氏を慕つての会葬者夥しい数に上り、数十台の自動車が連なつたのは在留邦人間今迄にない盛儀だつた。殊に故人の訓育を受けたいたいけな男女生徒の一隊が会葬したのは涙をそゝるものであつた。墓地で氏の友人の一人は語る。「同君は福岡の人で、内田公使が伯国赴任の時伴われて来た」。外国語学校西語科専修科を出て、割烹学校で和州料理を習つたりした。酒も飲んだが大酒ではなく、バナ、なぞ二十本も平げると云う健啖家だつた。低回趣味が好きで、よく紅い燈の街を低回してゐたもんだ。隠芸は鼻琵琶で宴会等には罪もなく皆を笑はした。それも先頃総領事官邸でやつたのが最後だつたろう。と目をしばた、けば地上の枯葉がカサコソと寒い風に吹ころがされて行く…（『時報』三四七号、一九二四年六月六日）

この記事を書いたのは、『伯剌西爾時報』社主の黒石清作（後に同校後援会役員）かその周辺にいた記者で、伯剌西爾時報社もコンデの大正小学校の近くにあり、宮崎をよく知る者だったと考えられる。孤高を保ちつつ、どこかユーモラスであり、子ども好きであった宮崎の人柄がよく現れている。一九二四年六月は、アメリカで「排日新移民法」がクーリッジ大統領に裁可署名され、ブラジルでも前年に「レイス移民法案」が提出され審議されていた時期で、排日機運が高揚するなか、宮崎は死を迎えたことになる。この記事では、死因は膵臓腫瘍となっている。同じ紙面に、大正小学校後援会から会葬者への「御礼」、中央同士会から「謹告」が出ている。宮崎が「最初の日系人小学校教師」であったかどうかの事実関係はさておき、よほど慕われた人柄だったらしく、翌一九二五年五月には、次のように一周忌の読経法会が、大正小学校後援会員および同校生徒一同墓参の後、同校内で執り行われている。

・故宮崎信造先生の一週忌で読経法会
来六月四日は大正小学校創設者故宮崎信造先生の一週忌に相当するので、大正小学校後援会員及同校生徒一同は同日午前十時に揃つて墓参をなし、午後七時から同校舎内で故人生前の知己旧友等が集まつて其霊前に読経法会を催す由。(『時報』三九八号、一九二五年五月二九日)

一九二四年六月の宮崎の死後間もなく、吉原千苗《ちなえ》が校長として赴任している。第二代校長の吉原という人物については、宮崎同様によくわかっていないが、初期の聖州義塾の教師をしていたこと、塾長の小林美登利から洗礼を受けたキリスト者であったこと、一九三〇年代に同塾サンターナ分校の校長となっていることなどが断片的な記録から知ることができる。吉原については、本章二節の聖州義塾の部分で後述する。

もっとも、同年七月には「イシドーロ革命」が勃発し、サンパウロ市は革命騒ぎに巻き込まれ、一時期市は革命軍の手に落ちた。これは当時の支配的オリガルキーを代表するアルトゥール・ベルナルデス政権打倒をかかげ、退役将軍イシドーロ・ディアス・ロペス指導のもとに、陸軍の青年将校たちが起した革命であった(ファウスト、二〇〇八、二六〇頁)。サンパウロ市をめぐって革命軍と政府軍に戦闘が起こり、校舎が市中心部に近かった大正小学校もこの動揺に巻き込まれたと想像できる。「砲撃市内各所に爆発—官軍が撃たねば革軍も撃たぬ、領事団の奔走」(『時報』三五三号、一九二四年七月一八日)、「官軍の攻勢は守勢に変る—電車々庫を攻撃、一般情勢変化なし」(『時報』三五四号、一九二四年七月二五日)という『時報』記事をはじめ、邦字新聞には緊迫したものものしい記事が掲載されている。学校の冬季休暇の時期とも重なっているが、七月から八月にかけては、授業どころではなかったかもしれない。

このように、大正小学校は、一九一〇年代末にサンパウロ州教育局によって認可され、サントス女史によって国語(ポルトガル語)や歴史が教授されるようになった。また、一九二〇年一月には経営母体として同校後援会が発足、ブラジルの私立小学校としての体裁を整えた。同校が「ブラジル最初の日系教育機関」であったかどうかはさておき、帝国総領事館のお膝元であるサンパウロ市にあって、日本政府の補助の恩恵を受けた最初の日系教育機関の一つであったことはまちがいなかろう。

ブラジル日系教育機関への日本政府の補助は、一九二〇年代初頭にはじまると考えられる。第二章でもふれたように、『移民年表』などでは、一九二七年一二月の在伯日本人教育会という連絡組織の発足をもって、日本政府当局からのブラジル日系社会の教育への関与がはじまるとされる（サンパウロ人文科学研究所、一九九六、五九頁）。しかしながら、外務省記録によると、以下のように、一九二〇年には全権公使堀口九萬一から外務大臣内田康哉に対する、サンパウロの帝国総領事館を通した各学校への補助金交付の上申が行われ、在伯日本人教育会発足に先立って、一九二〇年代初頭には、日本政府が介在しはじめていたことが知られる。

> 乃チ此種ノ植民地ニ於イテハ近隣ノ者数十家族申合セ小学校ヲ設立セシムル様「サンパウロ」帝国総領事館ヲシテ指導勧告セシメ而シテ愈々彼等ガ小学校ヲ設立セントスル場合ニハ一校ニ付金五千円内外ノ標準ヲ以テ我政府ヨリ一時限リ補助金ヲ下付セラルルコトト願度候。□□奨励金補助セラルルニ於テハソノ外ノ経費ハ当該植民地等側ヨリ□金シテ兎ニ角土地相応ノ校舎ヲ建築スルコトヲ得ルナル可シ（JACAR: Ref.B04011517100 在外日本人学校教育関係雑件／国民学校教育費補助関係第一巻二、一九二〇年（外務省外交資料館））。

ここには、「□金シテ兎ニ角土地相応ノ校舎ヲ建築スルコトヲ得ルナル可シ」とあるが、実際、一九二〇年代から三〇年代にかけて、多くの日系教育機関がこの補助金交付を受けて、校舎その他の設備を整えている。次の記事をみると、日本政府からの補助金が、二〇年代前半のこの頃すでに下付され、学校の新築、改築、校具購入などに使用されていたことが知られる。一九二五年頃になると、在留日本人は四万人といわれ、学齢期の日系子弟数も増え、次のように「教育大会」を起すように求める意見が邦字新聞に現れる。

•「在伯邦人間に教育大会を起せ」A・S生

我が同胞が、此の伯国に移住し始めてから、早きは既に十六七年にもなり、其の人数も今や四万を超へ、サンパウロ州は勿論、其の他の州にも集団地多く、従つて産業の発達にも大に見るべきものあるは慶賀すべきである。又年々増加し行く学齢児童に対しても教育に熱心な父兄達は、最寄最寄に申し合はせて学校を建て教育を施しつゝあると共に、我が政府も教育補助金を下付して、学校の新築、改築、校具購入等に力を与へつゝあるは吾人の等しく感謝する処である。(…)

我が政府が折角補助金を下付して呉れても、肝心な在留民が之を使用するに其の途を誤つたり、児童が習つても直ぐ忘れてしまうやふな難解な文字や、応用の利かぬ事柄を教うる事は、労して効なしと云ふよりは、寧ろ害あつて益なしであるから、吾人は一日も早く教育大会を起して、教育の方針を確定する事を、一般同胞に訴へざるを得ぬ(『時報』三六〇号、一九二四年九月五日)。

校舎や教具など教育インフラが整えられるのはありがたいが、ブラジルにおける子弟教育の方針が確定しないために、その効果が望めずむしろ害をなしているという指摘である。日本政府による補助金の交付はあっても、子弟をどのように教育し指導するか、あるいはどういう二世を育成するかという教育方針が不在のため、「教育に熱心な父兄達」のレベルでは不満が噴出している様子が見て取れる。第一回移民から一五年ほど経過した頃だが、大部分の移民が所期の目的、すなわち帰国できるほどの十分な貯蓄を達成できていなかった。多くの子どもたちが学齢期に達するようになり、その必要性からサンパウロ州内のあちこちに「学校」が設立された。第二章一節で引用した輪湖が慨嘆したような教育不在の状況から一部は脱出しつつあったが、まだこの時期、個々の教育機関あるいは教師が対症療法的に、日本語の読み書き（一部ではポルトガル語も含めて）、算術程度を子どもたちに施しているに過ぎなかった。こうした状態への不満と打開への希望が、子弟教育の指導機関設立への志向となっていく。

このようなニーズを受けて、翌一九二五年一月、次の記事に報ずるように、総領事官邸で教育に関する最初の懇談会が催されている。

・初めての教育懇談会

一

去る二十七日の夜、アベニイダ・アンジエリカの総領事官邸で、教育に関する懇談会の催しがあつた。集まる者二十数名で、此の人々主として衛生講習会に出席のため出聖した、地方の有力家並に小学校教員であつただけに、一種特別の趣きがあつたやうである（『時報』三八一号、一九二五年一月三〇日）。

ここに記載されているように、教育懇談会は、衛生講習会出席のため地方の日系コミュニティ指導者や教師たちがサンパウロ市に出てきた機会を利用し招集したものであったが、子弟教育をテーマとした汎サンパウロ州的な集まりとしては最初のものであり、日系子弟教育の「行政」の中心がサンパウロ市に集約されていく契機の一つとなった。

四―一―三　大正小学校の発展１（一九二〇年代）

コンデ時代の大正小学校の環境

大正小学校がコンデにあった時代、一九二四年頃のコンデ・デ・サルゼーダス通りの様子はつぎのように描かれている。

雨にぬれたコンデ街の急な石畳を、自動車がうなり音をあげて、往来している。それを見た子供らは、手を叩いて「それ！がんばれ!!それ！がんばれ…」とはやしたてる。貧しいながら、子供らの表情は明るかった。十一月ごろから年を越えて、三月までの雨の多い時期には、雨水は激流と化し、コンデ街の坂道をいきおいよく流れていく。下の裏町は、一メートルほどの水に浸り、一時的な池沼となる。毎年馴れきった住民は怒りも忘れ、悠長にボートを操る光景が、あちこちに見られた。晴天の日には、一斉に家々の軒下にコルション（筆者注――ベッドに敷くクッションのこと）、毛布などが乾かされ花やかなものだったという（その〝歩み〟③、『パウリスタ新聞』六六五一号、一九七五年一〇月二日）。

また、当時のコンデ住民で大正小学校児童だった芳賀貞一氏は当時を懐かしんで「…そうでした。三メートル半ぐらいの長さの丸い柱に、油をよく塗り、誰が一番高い所まであがれるか、競争したものでした」と回顧している（前掲「その〝歩み〟③」）。この頃、コンデ・デ・サルゼーダス通りに日本倶楽部のテニスコートができ、「上町族」と呼ばれた領事館など日本政府の出先機関やわずかな成功者たちがテニスを楽しむようになった。また、坂を下りきったところにあったスダンというメーカーのタバコ工場敷地で、最初の野球の試合が行なわれたりした。ブラジル日系社会における少年野球の隆盛と教育との関係については、本書第二章第二節で論じたところである。

一九二五年頃の大正小学校の授業料は、一人五ミルレース。兄弟など二人以上の場合は一人三ミルレースと改正されていた（前掲「その〝歩み〟③」）。この頃の邦字新聞に現れる大正小学校関係の記事として興味深いのは、サンパウロ在留民の天長節祝賀会を、中央同士会、ミカド運動倶楽部とともに大正小学校後援会が発起人となり執り行っている点である（『時報』三六六号、一九二四年一〇月一七日）。第三章でも述べたように、天長節祝賀会はブラジル日系コミュニティにおいて最大の年中行事であり、たいてい日系小学校を会場に行われた。サンパウロ市在住日本人コミュニティの場合、学校以外に帝国総領事館というコミュニティの核があったので、同館の指導および日系住民との緊密な連携のもとに執り行われた。祝賀会の会場はアクリマソン公園（大正小学校のあったリベルダーデ地区の隣接区にある公園）となっているが、祝賀会について議論する在留民会の集会は一〇月一九日に大正小学校において実施されている（『時報』三六七号、一九二四年一〇月二四日）。このように、この頃になると、同小学校がサンパウロ日系住民の集会場として利用され、同校後援会は同市日系住民の代表者たちが名を連ねていたこともあり、サンパウロ市在住日本人コミュニティの公的機関に準ずる役割を担うようになってきたことが理解される。翌年の天長節祝賀会の打合せも、下記の記事のように同小学校を会場として行われている。

・謹告
本年の天長節祝賀会の事で御相談致度く御多忙の処恐入りますが来る十一日（日曜）午後七時までにコンデ街大正小学校へ御集りの程御願致します
大正十四年十月七日
　聖市在留有志
聖市在留同胞諸賢（『時報』四一七号、一九二五年一〇月九日）

たびたび引用している「その〝歩み〟」にも、「四月二十九日の「天長節」は、コロニアにとって唯一の楽しみの日であった。「ほとんどのコロニアが、アクリマソンの公園に集って、盛大に運動会を催しました」と回顧されている（「その〝歩み〟③」）。

また、この頃になると、邦字新聞にブラジル日系固有の子弟教育論が現れはじめる。たとえば、次の「日伯親善之秘訣」と題する論説の第六項は子弟教育論である。タイトルのように、「日伯親善」を目的とする教訓的記事であるが、内容は、日系子弟の教育はブラジルの教育令に準拠すべきであり、補習教育によって「祖国鉄赤心の深奥」（日本人としての愛国心、あるいは日本精神ということであろうか）を注入する必要ありとする素朴な伯主日従教育論となっている。

• 日伯親善之秘訣
　　福川為然
箇条書きにする事次の如し（…）
（六）吾人の子弟の教育は、純伯国の教育令に遵拠せん事を各々心がくる事、こは児童環境心理より推理して甚だ自然の事と信ぜらる、只補習教育によつて祖国鉄赤心の深奥をして子弟の骨身に注入せしむる事は健全なる国民を作る事に於ていやしくも伯国人士にして国家哲学観念に透徹せる者たる以上は深くこの事に首こうすべき事と信ず
（『時報』三七七号、一九二五年一月一日）。

一九二〇年代の大正小学校の人事は、まだ日本人教師とブラジル人教師それぞれ一名の体制でこぢんまりと行われていた。一九二五年のいつの頃か、「一年足らずで辞め」た吉原千苗にかわって、竹下完一校長が着任している。この竹下は、第二章でふれたように、早稲田大学野球部の出身で、ブラジル日系野球の選手として活躍しただけでなく、少年野球の育成にも力を尽くした。彼の着任がいつ頃と断定できないのは、教師の辞令などの記録類が残っておらず、間接的な資料によってしか教員人事を確認できないからである。この年の九月に開塾を準備していた聖州義塾の事業日誌である「聖州義塾日誌」には、吉原が一九二五年の秋頃（三〜四月頃か？）に同塾の塾員（職員）として入っている記述があるので、一時期大正小学校と兼任していたのであろうか。竹下の名が同校校長として出

てくるのは、邦字新聞『伯剌西爾時報』によると一九三〇年二月からである。ブラジル日本移民史料館の移民船の「乗船者名簿データベース」で調べると、一九二四年五月一六日サントス着のメキシコ丸で竹下が渡航していることが知られる。出身都道府県は東京となっている。同じメキシコ丸に竹下姓は他にいないので、単独移民であったことが知られる。この竹下は、教師としてより野球選手として知られたようで、聖州野球連盟監修（一九八五）『ブラジル野球史・上巻』には、次のように「竹下完一略歴」が掲載されている。

一九二四年五月十六日二十一歳の竹下はサントスに上陸した。彼は北米渡航の希望で、早稲田大学政経科に二年在学したが、方針を変え渡伯、最初グァタパラ耕地に入耕する（聖州野球連盟、一九八五、四九頁）。

一九二四年五月に二一歳であったということは、一九〇三年生まれということになろうか。早稲田大学に在学したというから、東京在住であったことがわかるが、出生地などは明らかではない。「最初グァタパラ耕地に入耕」ということから、契約労働者として移民したことが知られる。同書によると、同年の一〇月三一日に出聖、たまたま道で声をかけた日本人から第一回鮫島旗争奪戦ミカド対レジストロの野球試合を観に行くことを誘われ、その日のうちにミカド倶楽部に入部したという。

コンデ街四九番にあった大正小学校は、宮崎信造が初代校長、二代目は吉原千苗であったが、彼が三代目となったのはその翌二十五年。一九三三年大正小学校が現在の文協の地に新築移転するまでの八年間、数多くの日系子弟が彼の指導を受けたのである（聖州野球連盟前掲書、四九―五〇頁）。

竹下がいかなる理由で大正小学校の教師になったのかは明らかではないが、先述のように、吉原千苗が一九二五年に辞職していることから、その後任に迎えられたと推測される。二二歳と若く、野球選手であり、当時数少なかった大学進学者のインテリ移民であったことも大きかったであろう。野球選手としては、「一九二五年の第二回鮫島旗戦対レジストロに遊撃手として出場、九対八で勝ち、第二試合には彼が投手、西郷隆治が捕手で二十三対十一で大勝、以後ミカドの主戦投手として活躍した」（聖州野球連盟前掲書、五〇頁）という。八年間と長く大正小学校の校長職にあったが、一九三三年に辞職した理由は明らかではない。後述する大正小学校の移転と何らかの関係があったのかもしれない。竹下は、エルメン・ガールダ女史というグァタパラ耕地で知り合ったブラジル人の小学校教師と結婚したが、「当時の日系社会では真に珍しく、周囲から奇異の目で見られた」（聖州野球連盟前掲書、五〇頁）という。戦後は、日本映画の翻訳をし、「竹下の語学力はここにフルに活用されて、現在までに実に千三百本のフィルムの葡語訳をした」というから、ポルトガル語には定評があったようだ。彼の校長時代、大正小学校のブラジル公教育を担っていたサントス女史とも円滑なコミュニケーションができたと考えられ、八年間の長きにわたって務めたという点では、父兄会や同校後援会、コンデ日本人街の住民たちとも仲良くつきあえたのであろう。

本書第二章でも述べたように、一九二四年から日本政府によるブラジル移民の渡航費補助がはじまり、一九二〇年～二三年に激減した日本人移民数が再び増加に転じる。ブラジル行きの南米東岸航路は政府指定航路となり、二〇年代後半には日本郵船、大阪商船の移民船が定期的にサントスにやってくるようになった。一九三〇年代半ばまで移民数は急増し、ブラジル移民は家族移民であったこともあって、学齢児童も増えていくことになる。(10) サンパウロ市とその近郊にも日本人移民が増え、一九二六年になると、次の邦字新聞記事に見えるように、市郊外（現在は市内の一地区）に当たるモルンビー地区に日系の小学校が創立されている。

・モルンビーへ小学校を建てる

既報の如く当市近郊サント・アマロ郡モルンビーに著作をしてゐる邦人三十二家族は学齢に達した子供も多くな

つたので愈々小学校建設に決し先般来寄付金を募集してゐたが、同地方農場主は敷地として二ロッテ半を寄贈したので、早速建築にとりかゝり間もなく落成することになつてゐる。因に同地小学校建設委員長は宮田勝衛氏、会計は籠原藤助氏で寄付金事務を担当してゐる（『時報』四三四号、一九二六年二月五日）。

定期航路となった日本〜南米間の移民船は、移民だけでなく多くの日本商品をもたらした。この頃、子どもたちの使う教科書、教師の使う教具類も、日本からの移民船によってもたらされるようになった。下記の新聞広告には、一九二五年一一月、大阪商船カナダ丸によって入荷した尋常小学国語読本（巻一〜高等小学巻四）をはじめ、修身、算術、理科、歴史、国史、地理などの教科書、世界地図や掛図、硯、墨など各種といった教材・教具類が含まれており、「帝国天皇御歴代御尊影」まで輸入され、サンパウロ市の日系商店で販売されていたことが知られるのである。

•「カナダ丸便新入荷御案内」
大正十五年度国定教科書
黒表紙
尋常小学読本巻一／文部省
白表紙
尋常小学国語読本巻一／文部省
　右読本何れも尋常小学巻一より高等小学巻四迄
其他修身、算術、理科、歴史、国史、地理、地理付図等
◆教師用全部

尚児童自習参考書として尋常小学三年より高等小学二年迄の全科正解
硯、墨、等各種
改造世界全図
掛図表装軸付（縦横四尺角）
日本総図
世界総図
図集掛図組
動物大図
熱帯植物図
掛軸
帝国天皇御歴代御尊影
親らん聖人御掛軸（…）
直輸入商　中矢商店（『時報』四二三号、一九二五年一一月一三日）

第二章で述べたように、一九二七年三月にはサンパウロ総領事であった赤松祐之の提唱で在伯日本人教育会が設立された。同年一二月末の大正小学校の生徒数は四九名とされ（前掲「その〝歩み〟③」）、やや増加していることが知られる。

大正小学校の移転

こうしたなかで、一九二八年三月には大正小学校後援会総会において、次のように、経営母体のサンパウロ市日本人会への移管（ただし経営権移管はこの時には行われず）、新校舎敷地購入・修築・移転の協議が行なわれている。

•大正小学校後援会総会

聖市大正小学校後援会にては二度流れて、三度目の総会を去月廿八日に同小学校内に開き、出席者四十余名にて種々協議の結果、同小学校経営を新設の日本人会に移すに当り敷地買入れ新校舎修築等を具体的に取極めべき必要ありとして、左記の委員を挙げ之に一任した。

委員　鮫島直哉、山田隆治、高岡専太郎、蜂谷専一、梅田久吉、菅譲一、黒石清作

尚ほ後援会役員は総て重任日本人会へ引移しと共に同会解散と決した（『時報』五四二号、一九二八年三月二日）。

この新校地・新校舎への移転計画は、同校が翌一九二九年一〇月、サン・ジョアキン通り[11]に移転することによって実現した。「その〝歩み〟③」には、「日本政府の全面的補助と、父兄会とが協力し合ってサン・ジョアキン六七番地へ今までよりさらに大きい建物・土地を購入した」とされ、「その〝歩み〟④」にも、「日本政府の全面的補助と、父兄会とが協力し合って新たに購入した新校舎」という記述があり（『パウリスタ新聞』六六五二号、一九七五年一〇月三日）、あたかも日本政府とその出先機関の総領事館や同館の主導で設立されたサンパウロ日本人学校父兄会によって、建物・土地の購入、同校の移転が行なわれた印象を受ける。手持ちの資料を見る限り、一九二〇年一月に結成されていた同校の経営母体である大正小学校後援会（同校児童の父兄やコンデ界隈の有力者たちによって構成される）や教師たちの影が薄い。実際の児童たちの父兄のなかで、上記「父兄会」メンバーに名をつらねているのはわずかであった。

確かに、この一九二九年八月には中島清一郎総領事の指導のもと、在伯日本人教育会が在サンパウロ日本人学校父兄会（Liga dos Amigos das Escola Japoneza em São Paulo〔以下「父兄会」と略す〕）に改組され、半官半民の教育指導機関としてブラジル日系移民子弟教育を改革するような一連の取り組みが行なわれている。移転先の大正小学校と同じ建物内に父兄会事務所と同会寄宿舎が設置されたことから、大正小学校新校舎購入・改築・移転も、総領事館と密接な関係を保ちつつ父兄会の影響下で行なわれたことが想像できる。

しかしながら、邦字新聞に記載された次のような記事からもうかがわれるように、『日伯新聞』や『伯剌西爾時報』といった邦字新聞社後援のもと、サンパウロ在住有志によって、次のような演芸会が催され新校舎設立基金が集められていたことは注目されてよいであろう。

- 大入り満員の呑洲浪花ぶし

日伯、時報両新聞社後援の大正小学校々舎建設費募集の南米呑州出演々芸会は母国趣味の娯楽に飢へた当地の事とて大当り満員で流石に広きルア・ド・アルモ二二五番二階の大ホールも立錐の余地なきほどの盛況で寄付金も七百ミル以上に達し、此の種始めての企てとしては成功であったと、尚ほ当夜の浪花節は三席共大当り喝采で加勢役の男女両名の琵琶も相当に良く勝田氏の独吟も愛嬌たっぷりで聴者を喜ばせた（『時報』五三八号、一九二八年二月三日）。

大正小学校校舎建設のため、浪曲を中心とする演芸会が開かれた模様を伝えた記事である。同じ号に同校後援会の「大正小学校々舎設立基金募集演芸会決算報告」という記事も掲載されている。演芸会自体は盛況で「寄付金も七百ミル以上に達し」とあるが、会場費や呑洲への謝礼など支出が四五七ミルレースに達し、差し引き残額が二四七七〇〇レースと報告されている（『時報』五三八号、一九二八年二月三日）。

同年九月には、次の記事のように、サンパウロ市の日系婦人団体「水曜会」によって、大正小学校や同じ敷地内に設立される父兄会寄宿舎のためのチャリティー音楽会が開かれている。

•婦人「水曜会」主催の日本人学生寄宿舎後援音楽会—来る十月廿七日の日曜日にサンパウロ州の首府サンパウロ市に在留する邦人はせめて教育問題に於てなりと広い意味で力を尽して見たいと云ふ希望が此の度「サンパウロ日本人学校父兄会」の設立に依つて実現される事となつたが、これには当地唯一の婦人団「水曜会」も是非お援けしませうと云ふので、来る十月廿七日（第四日曜日）を期し後援会を催ほし同胞間に広く入場切符を売り捌き、これから上つた金で学生寄宿舎や大正小学校で用ひる諸器具を買つて寄付しやうと、目下その催ほしのプログラム作成や、会場の準備に就き委員会合協議しつ、あるとは婦人団体に相応した良い企てである（『時報』六二二号、一九二九年九月一九日）。

次の園遊会プログラムに見られるように、こうしたイベントには同校生徒たちも出演し、集金に一役買っていたことも知られるのである。

•「水曜会」主催園遊会演芸プログラム

（…）

◇プログラム

第一部（午後一時半）

一、唱歌（サウダソン）

大正小学校生徒　田村ミネ子

中野文子

村上ハクエ
藤原ヨシコ
二、詩（ヴイヴア・バンデイラ）
大正小学校生徒　明石光子
三、童謡（流れ星）
高岡つや子　米倉まり子
斉藤まり子　金城恵美子
「指導者」久保さち子
四、独唱（未定）　入江一清
五、琵琶歌（橘中佐）
六、詩（サアムバ）
大正小学校生徒　田村ミネ子
中野文子
村上ハクエ
藤原ヨシコ（…）（『時報』六二六号、一九二九年一〇月一七日）

水曜会は同種の音楽会や園遊会を何度か開いたようで、これは父兄会寄宿舎だけでなく、「大正小学校で用ひる諸器具を買つて寄付しやう」とあるように、同校インフラ整備への寄付という事業も含まれていた。『時報』掲載の決算報告によると、水曜会活動では寄附金および芳名金額は累計五コントス八〇〇ミルレースにのぼっている（『時報』六二九号　一九二九年一一月七日）。

敷地家屋買入れの費用は、次の記事のように、手付金が五〇コントス、残金が九五コントスとあるので、水曜会のチャリティーイベントだけで手付金の一割は稼ぎ出したことになる。

•サンパウロ日本人学校父兄会の敷地家屋買入済―大正小学校も近く移転
去る七月十日、五十コントスの手付けを入れ売買契約を為したサンパウロ日本人学校父兄会（Liga dos Amigos das Escola Japoneza em São Paulo）並びに大正小学校の家屋及び敷地は愈々去る十六日に残金九十五コントスを支払ひ登記済みとなつたので、近く大正小学校をコンデ・デ・サルゼーダスから新買入地に移転せしむるの一方、父兄会では此所に事務所を置くと同時に青年寄宿舎を成るべく速かに実現せしむべく歩を進めるとの事である（『時報』六二二号、一九二九年九月一九日）。

大正小学校の新校舎敷地購入と改築・移転など、費用のかなりの部分は日本政府からの補助金でまかなったとしても、同校後援会や日系婦人会などもある程度の費用を集めたことも確かなようである。これらの記事を掲載したのは、総領事館寄りの「御用新聞」と呼ばれ、社長の黒石清作が父兄会の副会長でもあった『伯剌西爾時報』であった。つまり、『時報』にこのような記事が掲載されるということは、日本政府／総領事館が影響力を行使したのは確かであるが、大正小学校後援会をはじめとする在サンパウロ日系住民の一定の影響力も認めざるを得なかったことを表わしている。

こうして大正小学校は、次の記事のように、一九二九年末から三〇年にかけて新校舎の改築を終え、移転することになる。

•父兄会・小学校共に改築竣成―いよいよ授業を開始

既報の如くサンパウロ日本人学校父兄会と大正小学校とは同一敷地内に建物を有ち、父兄会、小学校共に自己の会計を以て改築工事を為しつゝあつたが、愈々それが茲に竣成を告げ、父兄会は差当り三、四十名の寄宿生を収容するに充分なる設備を整へ申込に応じつゝある（…）

大正小学校も亦同校後援会の援助で一棟を新築し校舎建築令に基き理想的教場を設け、十数年にして始めて児童に肩身の広さを覚ゆる校舎で教育を受けさしめ得るは、独り後援会の誇りとするのみならず児童並に父兄の歓喜大なるものとして来る二月の開校式には大いに祝ふと云つてゐる（『時報』六四〇号、一九三〇年一月三〇日）。

校舎移転といっても、移転先は同じリベルダーデ地区内の歩いて一〇分ほどの距離である。新たに購入した新校舎は、階下に八教室、職員室、二階は学校父兄会の寄宿舎を備えていた（前掲「その歩み④」）。次の邦字新聞記事によると、もともとは個人住宅を購入し改造したものということである。

・日本人父兄会の立場と其の事業

一

本紙の是れまで屢々報道したやうに、さきに創立された「サンパウロ日本人学校父兄会」は、本年九月三日、伯国法律に準拠し正式に登録を了し、敷地及び家屋を、聖市サン・ジョアキン街六七番に買求め、既に書記長兼寄宿舎監督（夫婦者）及び書記一名を雇入れ、着々同会の目的に向つて歩を進めつつあるのであるが、此の「サンパウロ日本人学校父兄会」は、聖市の「大正小学校」と同一場所に存立する為め、世間一部の人々から誤解を招けるを遺憾とする。（…）

四

元々現在の建物は、家としては相当立派ではあるが、住宅として造られたものであるから、学校の教場としては勿論光線の入り具合が悪く、視学官も是れでは困まると云ひ、生徒に対しても良くないと云ふ処から、大正小学校は後援会の意思を以て裏庭に人棟を新築し、一階を教場と教師寝室に充て、二階を寄宿舎延長に当つることにしたので、茲に寄宿舎と大正小学校とは、会計の別個なると同様、建物も大体に区別され、来年の二月から小学校の児童は新校舎で教授を受くること丶なり、寄宿舎は三月頃から父兄会の手に依り開始されること丶なるのである。(…)
(『時報』六三二号、一九二九年一一月二八日)

大正小学校および父兄会寄宿舎の敷地家屋売買契約から新築・移転と授業開始までの経緯をまとめると、次のように整理できる。

一九二九年七月一〇日　五〇コントスの手付けを入れ敷地家屋売買契約
一九二九年七月一六日　残金九五コントスを支払い登記済み
一九二九年七月一六日以降　校舎改築工事
一九三〇年二月一日　新校舎開校式および授業再開

次の記事のように、上記の開校式とは別に、校舎新築落成式が一九三〇年二月九日に行われている。

・大正小学校後援会と校舎新築落成式
前号報道の如く去る九日午後二時からサンジヨアキン街六七番に新たに建てられた大正小学校舎新築落成式に兼ねて同校後援会総会を開けるが、定刻に至るや鮫島会長の案内で一同後庭に集まり、生徒六十余名は竹下教師の命の下に行儀正しく整列し、父兄たる後援会員は其両側に立つて鮫島司会者の挨拶、海本副領事及び黒石本社長の祝辞演説に耳を傾け、終つて記念写真の撮影と菓子袋の分配とに与かつたが、可愛らしい小供の嬉々として走り戯むる様はとても楽しいものであつた。

斯して落成式が済んでの後で茶を酌み菓子を摘みながら後援会の総会を開けるが、一同思ひ思ひの意見を吐露して之で溜飲が下つたと散会したのは日の暮れ方であつたと（『時報』六四二号、一九三〇年二月一三日）。

宮崎信造校長から第三代校長である竹下完一氏の名が、邦字新聞にはじめて登場する記事である。

大正小学校のサンジョアキン通りへの移転の前年、一九二八年三月には、次のように、市中心部から近いリベルダーデ大通り一四九番で聖フランシスコ学園開校式が行われている（『時報』五四三号、一九二八年三月九日）。

•特設放送塔
□加教学園生る　予て公告のあつたやうに「聖フランシスコ・シヤヴイエル学園は聖市リベルダーデ街一四九番に宏壮な一棟を借り受け既に開校の運びに至れるが、該学園は主として日本人子弟を預かり寄宿せしめて親代わりに家庭的教育を施しつゝ本人希望の学科をそれぞれ授けるので一般に評判が宜い」（『時報』五三九号、一九二八年二月一〇日）。

聖フランシスコ・シヤヴイエル学園は、ベネディクト会サン・ベント修道院長ドン・ミゲル・クリセ神父（Padre Miguel de Cruce、生没年不詳）、イエズス会士でリベルダーデ地区にあるサン・ゴンサーロ教会所属のイタリア人神父ギード・デル・トーロ師（Padre Guido del Toro、一八七六〜没年不詳）、日本人神父中村長八（一八六五〜没年不詳）らによって、日系子弟のカトリック教育を目的に設立・運営された。カトリック超教派の私立教育機関であり、戦前期の生徒はほとんど日系人であった。一九三〇年一二月には、イピランガ地区の新校舎に移ったが、一九三五年月にリベルダーデ広場一四三番に女子部が創立された。同学園女子部は、一九三七年にガルヴォン・ブエノ通り二九八番に新校舎が設立され、規模も大きくなった。一九四一年には、通学生が三二〇名に達したという（カトリック教義研究会、一九四九、五一頁）。次節で述べる聖州義塾もガルヴォン・ブエノ通り八五番にあり（地図4-1［二三五頁］参照）、大正小学校新校舎から歩いて五分もかからない距離であった。コンデ界隈の日本人街のエリアを越えて、その周辺に日系教育機関がゆるやかな足並みで形成されていく様子が見てとれる。

四-一-四　大正小学校の発展2（一九三〇年代）

一九三〇年代になると、ブラジル日系社会内でも子弟教育への関心が高まり、サンパウロ市の日系人も増え、あわせて大正小学校の活動も活発化したせいか、邦字新聞にもようやく同校関係の具体的な記事が現れはじめる。大正小学校では、一九三一年三月に従来の一部教授制を午前午後の二部教授制に改め、教員数を増やすことを同校後援会の総会で決定している（『時報』六九八号、一九三一年三月一二日）。一九三一年一〇月に、サンパウロ総領事館管内で行われた調査によると、大正小学校は、「教員数三名、児童数（一年～六年）八八名」となっている（外務省通商局、一九三二、一七三頁）。教員数が一名増え、三名となっていることが知られる。「その〝歩み〟④」には、「大正小学校がサンジョアキン街に移転（一九二九年十月）したころ、小使いをしていた明恵《あきえ》三《ぞう》氏（現在日本在住）が、翌々年の三一年ごろ、教師として就任。のちもっとも古い教師として慕われた」（『パウリスタ新聞』六六五二号、一九七五年一〇月三日）と記されており、この時増員された教員が同氏であったことが知られる。

また、一九三二年四月に行われた父兄会の調査によると、同校の経営は大正小学校後援会、年限は六年。生徒数は一三〇名と増えているが、教師数は日本人男性二名、ブラジル人女性一名の計三名のままである（伯剌西爾時報社、一九三三、一一〇頁）。ブラジル人女性教師は、先述したアントニア・サントス女史であることが、竹下校長ら

写真4-1　発展期の大正小学校の教師と生徒（1932）。アントニア・サントス教師（前列左から二人目）と竹下完一校長（真ん中）、明恵三教師（右から二人目）（ウーゴ明氏提供）

と撮影された当時の写真から知られる。この写真には、先の明恵三氏も写っている（写真4-1）。ちなみに、この年の一月から、サンパウロ州学務局によって、「二月一日から授業開始」が定められている（『時報』七五六号、一九三二年一月二八日）。個々の小学校の発展とともに、同州内でも小学校の制度・服務規程が整備されていく。ブラジル日系教育機関の「二月一日授業開始制」導入については、第六章において詳述する。

この頃の同校の人事や人間関係を伝える資料は、邦字新聞記事とたびたび引用する「その〝歩み〟」をのぞいて皆無と言えるが、次の記事は同校の教師人事をめぐって起った問題を伝えるめずらしい内容となっている。

・大正小学校後援会

同会幹事会は去る十八日開催され、同校雇人秋某の進退に付き議する所あつたが、此の問題については父兄会側大いに妥当を欠いて居たと云はれて居るが先にも同校竹下教師の居室を取り上げんとした事実あり、又同教師を馘首せんとして後援会側の猛烈なる反対に会ひうやむやに立消にしたる事等あり。事毎に意見の衝突を来し後援会幹事連中には父兄会側を横暴と憤慨するものあり、又後援会会長鮫島氏を弱腰と非難するものあり、サンパウロ日本人学校父兄会を全然分離せよ等と云ふもの等あるので、将来一悶着免れまいと（『日伯』六六一号、一九三〇年一月三〇日）。

この記事中の「同校雇人秋某」とはおそらく明恵三のことと考えられるが、竹下校長と明教師の人事を巻き込んで、同校後援会と父兄会の対立があったことをうかがわせる。こうした記事が掲載されるようになったのは、同校がコンデの日系コミュニティ学校からサンパウロ市日系コミュニティにおける公的教育機関としての性格を増したことを印象付けるとともに、同校近くに本社をおく邦字新聞社としても「われわれの学校」としての意識を持ちはじめたことが想像される。邦字新聞記者の子どもたちも、おそらく大正小学校で学ぶようになっていたのであろう。この頃、サンパウロ市日系コミュニティの会合や催しは、しばしば同校で行われている。

ここで名があげられている竹下完一校長は、一九三〇年代前半のある時期に唐澤実雄校長に交代するのであるが、これも辞令などが残っていないため、はっきりした日付がわからない。一九三二年七月二五日から二六日に大正小学校においてサンパウロ日本人学校父兄会主催で行われた教員会議を伝えた記事に竹下校長の名が見え、次の校長の唐澤氏の名も上塚第二小学校の代表として記されているので、この時点ではまだ校長の交代は行われていなかったことが知られる。

• 教育研究の教員会議―父兄会に得せしむる所多かつた

さきに報道の如くサンパウロ日本人学校父兄会にては、去る廿五日と六日の両日大正小学校教場にて第一回教育研究会を開けるが出席者意外にも多数にて五十七名に上り（…）

今回の出席教員の校名並に姓名を挙ぐれば左の如くである。

パルメイラ小学校　横山十五
（…）
カンバラ寄宿舎　尾関保助
（…）
大正　竹下完一
同　明　恵蔵
（…）
義塾　小林美登利
同　小林登次郎
同　多田栄一郎
聖公学園　岸本昴一
（…）
上塚第二　亀井祐次
同　唐澤実雄
（…）
ガルサ中央　浅見鉄之輔

計五十七名（『時報』七七三号、一九三二年三月二八日）

サンパウロ日本人学校父兄会「在伯日本人学校一覧表」（一九三四）の「大正小学校」の教員欄には、「唐澤実雄（正教員）、赤間重次（北大水産科出）、明恵三（中学出）、増田しう（尋准教員）、アントニア・サントス（検定）」と五人の教師の名が記されている。したがって、同一覧表が作成された一九三四年四月には、唐澤が校長に就任していたことになる。おそらく、竹下校長と唐澤校長の交代は、学年が終わる一九三三年一二月から新学年がはじまる翌一九三四年二月の間に行われたものと考えられる。

唐澤実雄は、一八八六年一一月三日生まれ。長野県上伊那郡高遠町の出身。「小学校正教員の資格を得て、一九一九年渡伯」（信州人のあゆみ刊行員会編、一九九六、一四五頁）となっており、次のS・Iさん（一九二〇年サンパウロ州ゴイヤンベ生まれ）の証言は、唐澤の移動を裏付ける。S・Iさんは、サンパウロ州内陸部のゴイヤンベの上塚第二植民地小学校に通っていたが、一九三三年、数人の同窓生とともに、校長の唐澤に連れられてサンパウロに出て父兄会寄宿舎に入り、大正小学校に通学するようになったという。彼女は一九三五年に高等科を卒業するまで同校に通うが、その記憶にある同校の教師は、唐澤先生、赤間先生、明先生の三人だという。赤間先生というのは、前掲「一覧表」の赤間重次のことで、第三章第一節でふれた女学校サンパウロ裁縫女学院を夫人みちゑとともに設立した人物である。この当時、一時期大正小学校で教檀に立ったものと考えられる。サンパウロ裁縫女学院は、一九三〇年代末まで、大正小学校と同じサン・ジョアキン通りに校舎があったので、出講するには便利であったにちがいない（地図4―1［二三五頁］参照）。前掲「一覧表」では、唐澤は「正教員」と記されているので、すでにブラジルに帰化し、ブラジル教員検定試験に合格していたものと考えられる。いわゆる「免状を持った先生」である。同「一覧表」には、「修業年限／学科目」の欄に「尋常六ケ年、高等二ヵ年小学校全科目」とあり、生徒数も二二〇名となっている。生徒数が急増し、それに対応するように教師陣やカリキュラムも整備されてきている様子がうかがえる。

ただ、一九三五年にはブラジル師範学校で正規の課程を終えた両角貫一校長が赴任し、唐澤校長の任期はわずか一年ほどで終わる。「その〝歩み〟④」には、唐澤・両角両氏の交代のいきさつが次のように記されている。

あまり知られていないが、両角校長の前に唐沢実雄氏（イタケーラ在）が校長をしていた。「何か事情があったように思う…」と当時を回想して坂田忠夫（六二、聖市ドミンゴス・デ・モラエス街七七〇）氏は語る。時の菱川敬三・会計領事は強く両角氏を推せん。大正小学校は総領事館の補助と、父兄会の後援で維持されていた。「両角氏を校長にしてくれ…。さもないと、領事館からの補助はないものと思ってくれ…」という〝圧力〟があった、と関係者の談もある（前掲その〝歩み〟④）。

ここに現れる菱川敬三領事は、一九三四（昭和九）年五月副領事としてサンパウロ在勤を命じられている。[12] 両角新校長は第一回ブラジル派遣教員留学生出身であり、日本とブラジル両国の師範学校を卒業した正規教員として期待されていたことがうかがえる。同期留学生で当時第一アリアンサ小学校の教師であった清水明雄は、菱川領事が日系小学校の人事にしばしば介入してきたことを指摘している。[13]『在伯長野県人会創立三五周年記念・信州人のあゆみ』（一九九六）の両角の紹介欄には、「総領事館の命令で、聖市の大正小学校の校長として赴任」（信州人のあゆみ刊行委員会編、一九九六、一四四頁）とある。ブラジルの私立学校である同校の人事に外国の総領事館が介入するのは奇妙であり、越権行為でもある。ただ、同書の刊行は両角の校長就任から六〇年が経過しているが、編集陣に、第二回教員留学生で当時父兄会の嘱託をしていた二木秀人と、同じく第二回教員留学生で後にサンパウロ総領事館職員となる柳澤秋雄が加わっているので、内容にはある程度信憑性があると考えられる。先述した新校舎建設でも総領事館経由で日本政府から多くの補助金が下付されており、同校の充実もこうした補助金に負っていたことを考えると、総領事館は暗黙の影響力を行使し、大正小学校の教員人事に介入したと推測できる。

唐澤は、その後父兄会寄宿舎の舎監をやっていたという先のS・Iさんの証言がある。それを裏付けるように、一九三九年の帝国教育会から教育功労者として表彰された時の肩書は、「日本人教育普及会寄宿舎々監兼日本語教師」（『発展史・下』一九五三、二〇六頁）となっている。帝国総領事館からの圧力で校長職を追われた唐澤であるが、同じ敷地内にあった父兄会寄宿舎の舎監に転職したのである。総領事館が教員人事にも大きな影響力を行使したと同時に、父兄会や普及会もある程度の調整能力を発揮したことが知られる。

唐澤校長辞任の詳細は明らかではないが、こうして大正小学校は、一九三五年新学期から、第五代目の校長として、両角貫一校長を迎えることとなった。両角とブラジル派遣教員留学生制度については第四章で詳述するが、両角校長就任と同時に、第二回ブラジル派遣教員留学生の坂田忠夫、柳澤秋雄、二木秀人の三人も正教員として同校に迎えられた（前掲「その〝歩み〟④」）。日本からの教員派遣（留学）と現地での有資格者供給のシステムが一応機能することとなるのである。

両角時代の同校の写真を観察すると、竹下校長時代の写真に写っていたアントニア・サントス先生の姿が見えなくなる。彼女について、「のちに師範学校を出ていなかったために、大正小学校を辞めさせられている」（前掲「その〝歩み〟②」）とあり、辞職の時期は明らかではないが、正規教員である両角校長以下が着任した時期ではなかったかと推測される。三〇年代半ばには、先述の明教師や赤間教師、さらにブラジル師範学校を卒業した複数の教師が派遣されるようになり、授業や課外活動も充実する。サントス先生の担当していたポルトガル語科目も、やがては同校卒業生の二世教員が担当するようになる。サントス先生の辞任は、教師の資格をきびしく問うようになったヴァルガス政権の教育改革と関係していると考えられる。第二章で述べたように、外国人移民の同化政策を推進したヴァルガス政権だが、生粋のブラジル人教師を失職させることになったとしたら、皮肉な結果といわざるをえない。

一九三六年八月には、次の記事に見られるように校舎が増築された。生徒数の増加によるものと考えられる。

• 大正小学校増築着手

聖市大正小学校増築に対し予て出願中であつたがこの程許可を見たので直ちに工事に着手した。尚増築は三教室で、この他に従来の校門は児童の登校に便ならしめるやうに改正をなす筈（『時報』一二二一号、一九三六年八月三日）。

両角校長時代になると、この校舎増築とあわせて、大正小学校はにわかな発展を遂げることになる。「その〝歩み〟④」によると、一九三七年か三八年頃の状況として、「教諭九人、日本語（カタ仮名）を主として、習字、ソロバン、図画、体操、「修身」など、母国の学科とほとんど違わない授業が行われた」とされる（前掲「その〝歩み〟④」）。同校出身者の話を聞くと、「日本とまったく同じ教育でした」という誇らしげな言葉がよく出てくる。日主伯従教育どころか日本の教育そのままの印象を受けるが、もちろんそんなことはありえなかった。彼らの語りからも、それだけではなかったことがうかがい知れる。「ポルトガル語は、香山先生や福川先生が教えておられました」としばしば名前があげられるのは、同校卒業生の二世の女性教員たちである。ちなみに、香山先生とは、笠戸丸移民の一人でこの頃邦字新聞『聖州新報』の社主であった香山六郎の三女静子女史、福川先生とは帝国総領事館勧業部職員であった福川薩然の娘イゼリ女史である。福川女史は後に、第二回教員留学生出身で同校の同僚でもあった柳澤秋雄と結婚することになる。

この頃の教育インフラ整備の一環として、サンパウロ日本人学校父兄会蔵書の各地への配給・分置が、次のような記事に見える。

•何がお好き？──文芸物が筆頭、修養本がその次ぎ──読書は一般に熱心
▽図書室の窓を窺く
父兄会図書部調査の昭和十年度下半期（十年十月より十一年三月）図書の動きは大体左の如くである。
図書配給先は甲（サンパウロ一）（リンスほか三）丙（サントスほか七）寄託部会（父兄会地方部会を指し廿一ヶ所）の四部門に分れ、蔵書数は甲二、〇四〇、乙二、九一六、丙四、六五一、部会五、八七五で総計一五、四八二冊で

以上は単行本でほかに雑誌類は四部門を通じて八、〇九五あり、両方を合算して二三六七九部他に予備二三三二冊があり、現在青年文庫と児童文庫の二つに分け児童は大正小学校内に設置し聖市日本倶楽部から分離している。(…)いま聖市に於ける閲覧者数をみると最大は小学生三五二名、最小は医師の一七名で、同じ学生でも中学生一八八、上級学生九三名に別れてゐる。一番多く読まれるのは文芸物が多く次いで修養物等が可成り多い由である。(…)

(『時報』一二三二号、一九三六年八月五日)

この記事中に、総数約二万四〇〇〇部にのぼる蔵書を「現在青年文庫と児童文庫の二つに分け児童は大正小学校内に設置し」とあるように、児童書の多くを大正小学校内に所蔵し、同校生徒が閲覧するのに便宜を図っている。同小学校は、図書センターとしての機能も担うようになる。閲覧者数の最大は「小学生三五二名」とされ、場所柄このうちの大部分が同校生徒であったことが推測される。

課外活動、とりわけスポーツの隆盛も同校の発展の大きな条件になっていた。天長節の運動会への同校の参加は二〇年代から見られるが、本格的な部活動としてのスポーツ振興は、両角校長時代からであると考えられる。大正小学校の頭文字「T」のマークの入ったお揃いのユニフォームを着た陸上競技部の集合写真(写真4–2)が残っている。この写真には「一九三五年」という書き込みがあり、陸上競技部の大会の記念に撮影されたことが知られる。この写真には、同じユニフォームに身を固めた両角校長と第二回派遣教員留学生出身の坂田、柳澤の二氏も写っており、まだ師範学校卒業前ながら、この時期にはすでに両氏が同校で教鞭を取っていたことが知られる。「その〝歩み〟④」には、同校教師の一人であった柳澤氏によって課外活動の様子が次のように回想されている。

「文協の裏の広場で、僕は陸上競技部、坂田は野球部を受け持った」「校庭のそばに、竹やぶがあり、十本の太い椰子の木があったなァ…。二木は一生けんめい校庭造りをしていたな」という柳沢教師の回想が残されている(前掲

写真4-2　大正小学校陸上競技部（1935）。両角貫一校長（二列目右端）、坂田忠夫（前列右端）、柳澤秋雄（前列左端）、明恵三（最後列左端）各教師が見える。（ウーゴ明氏提供）

「その〝歩み〟④」）。

コンデ界隈のエスニック・コミュニティ母語学校として出発した同校は、こうして教師陣、教科、教育空間、教育システム、学校式典、課外活動と、教育機関としてのインフラと機能を充実させていき、ブラジル日本語教育のモデル校的存在となっていった。「その〝歩み〟⑤」に、「一九三九年ごろ、そろいの制服を身にまとった生徒たちは、勉学にスポーツにうちこんでいた。コロニア・日本語学校四百校余のなかで、同校はもっとも権威ある学校となる。同校に催しごとがあるたびに、総領事館の領事らが出席、大使らも度々訪れた」（『パウリスタ新聞』六六五三号、一九七五年一〇月四日）と記されている通り、サンパウロ市日系コミュニティの公的機関としての性格を強めていく。教師一名、生徒三名ではじまった創立当初と比べると隔世の感がある。また、天長節をはじめとする四大節など主要行事も、同小学校では領事らの立会いのもとに執り行なわれた。すなわち、コンデ日本人街のコミュニティ学校からサンパウロ市日系コミュニティの文化的・精神的統合の中心として、公的性格を強めていったのである。次のような邦字新聞の同校での四方拝式や紀元節祝賀式挙行の記事は、同校のそうした性格が強まった事実を裏付けるものである。

●大正小学校の四方拝式
聖市大正小学校ではけふ一日午前九時に同校講堂に於て厳粛なる四方賀拝式典を挙行した（『時報』一二八二号、一九三七年一月一日）。

●大正小学校の紀元節祝賀式―十一日午前九時より
聖市大正小学校では来る二月十一日午前九時より同校講堂に於て紀元節祝賀式を挙行する（『時報』一五一一号、一九三八年二月九日）。

第二章でも述べたように、一九三〇年代半ばから後半は、ブラジルのナショナリズム政策により、外国語教育が制限されていく時期に当たっており、一九三八年には小学三年生（一〇歳）以下の児童に外国語教授が禁止された。こうした当局の措置への教授法上の対抗策も、第二章で取り上げたように、大正小学校で研究されている。すなわち、三年生以下の授業には、読本を使用せず、口頭のみで日本語教育を行うというものであった。

●〝窮すれば通ず〟で新案日語教授法生る――大正小学校で直ちに採用
一昨夕聖市日本倶楽部内の日会事務所で開催された日会移管後第一回の大正小学校生徒父兄懇談会は定刻の七時を遅れること約一時間午後八時からヤツト招集者の宮坂会長が出席、宮坂会長の挨拶から始まつて矢崎学務委員、石井教普会事務長、両角校長の日会に移管するまでの経緯等の話があつて懇談会に移り協議事項は近時特に厳しくなつたグルツポ三年生（十歳）以下の外国語教授禁止に対する大正小学校の授業方法に入つた。前記に対する日会の対策としては読本を使用せぬ日語教授法を出席父兄に披瀝して承諾を得たが、この授業方法は最後の時間を当て口答の日語教授を行ふといふのである。なほこの他に既報の日会評議員会で決定した大正小学校父兄の日会入会勧誘もあつて午後十一時に散会した（『時報』一五四一号、一九三八年三月一七日）。

ブラジル日系移民子弟教育の連絡・統合・指導機関としてのサンパウロ日本人学校父兄会（一九三四年にブラジル日本人教育普及会に改組）は、大正小学校と別組織であったが、先述のように、設立時から同じ場所におかれていた。同会は一九三八年三月二一日にガルヴォン・ブエノ通り一二七番に移転するが（『時報』一五四一号、一九三八年三月一七日）、三〇年代を通じて大正小学校と同じ敷地内におかれたことは、同小学校を「ブラジル最初の日系教育機関」「州都の一流校」「帝国総領事館の御膝元」として、その権威と公的性格を高めていく大きな要因となったと考えられる。

四―一―五　ピニェイロス分校の設立

戦前から戦中にかけて、サンパウロ市とその周辺には、いわゆる「コンデ界隈」同様、「日本人街」と言われたいくつかのエリアがあった。日本人街としては、コンデ界隈がもっとも古く、規模も大きく、大正小学校もそこで生まれた。サンパウロ市中心部のやや北寄りに市立中央市場があり、一九三〇年代にはその周辺にも主に市場に関係する日系人口が集中していた。「中央市場《メルカード》界隈」とか、通りの名を取って「カンタレーラ街」と呼ばれていた。こうしたなかで、「コンデ界隈」についで日系人口が集中していたのはピニェイロス地区（Pinheiros）であり、三〇年代初め頃には二〇〇人ほどの日系人が居住していたとされている（半田、一九七〇、五七三頁）。

ピニェイロス地区は、サンパウロ市の中心から約七キロメートルで、古くからソロカバやパラナ方面への街道沿いの宿場町を形成していた。一九世紀からは市西部の農産物を供給するための重要な拠点で、特に同地区にあったピニェイロス市場は、一九二〇年代前半からサンパウロ郊外コチア方面の日系小農家によって生産されたバタタ（ジャガイモ）やフェイジョン（豆）を出荷するための重要な拠点となった。当時のピニェイロス市場の様子は、次のように描写されている。

アルブケルケ州統領時代一九一〇年に開設されたもので、当時はコチア、ウナ、ピエダーデ、エメボイ、イタペセリカ、カタピクイーバなどから小農や農夫が数多く集まっていたので、人呼んで〝カイピーラ市〟といわれたものである（コチア産業組合中央会刊行委員会、一九八七、一六頁）。

このピニェイロス地区に、日本人街が形成される大きな契機となったのが、日系のコチア産業組合の倉庫建設である。先のピニェイロス市場には次のような問題点があった。「既に日本人だけの出荷物で充満し、一度雨でもあると生産物は大半はびしょ濡れとなって相場の暴落を招き、一日の間に二三ミル五〇〇、一週間に四二ミルの差を以って上下したこともあった」（コチア産業組合中央会刊行委員会前掲書、一六頁）。そこで、このエリアに「倉庫の絶対必要性」が高まってきたという。また、日系農民たちは、肥料商や仲買人とのトラブルも常にかかえており、自分たちの生活を守るために結束する必要があった。一九二七年一二月にコチアをはじめ、ジャガレー、モーロ・グランデなどサンパウロ近郊農村の日系ジャガイモ生産者らによって、「有限責任株式会社コチアバタタ生産者産業組合」が設立された。後に南米最大の農業協同組合となるコチア産業組合（COPER COTIA）の誕生である。この組合の事務所と倉庫がピニェイロス地区のバタタ広場にできたことによって、雑貨商、飲食店などの日系商店、旅館・ペンソンが店を開けるようになった。一九三三年には、同エリア最初の日系団体であるピニェイロス青年会が創立され、同年尚武館という柔道場も開かれた（ACEP 2005: 18）。日系人の居住も、カルデアル・アルコベルデ通り、テオドーロ・サンパイオ通り、ピニェイロス通りなど、サンパウロ中心部へ向かって広がっていくこととなった。

出稼ぎ意識の強かった当時の日系人の教育ストラテジーについてはすでにふれたが、エスニック・コミュニティ学校としての教育機関の存在は、集住地すなわち日本人街をつくる大きな条件となり、大正小学校もこうした役割を果たした。新潟県出身の岸本昂一によって市中心部に近いコンソラソン通りに創設された暁星学園が、一九三四年に新校舎および寄宿舎をピニェイロス地区のミゲル・デ・イササ通りに新築し移転してきた（暁星学園編、一九三九、一七頁）。同学園と創立者の岸本については第五章で詳しく述べるが、全日制の教育部や寄宿舎の他に「チントゥラリア・アウローラ」という洗濯店を経営し、学資に乏しい日系子弟をそこで雇用し夜間に学ばせる「勤労科」という独自のシステムを持っていた。「アウローラ」というのは、ポルトガル語で「暁」とか「夜明け」の意である。三〇年代半ばの同学園については、邦字新聞に次のような運動会の記事が掲載されている。

● 暁星学園運動会

既報聖市ピネイロスの暁星学園では創立五周年き念運動会を八月二日同校カンポで催ほした。とう日は市ない各学校生徒も参かし互に欣然一体となつて、主催しや暁星校生徒の手によつて秩序とよう制が保たれて万事進行せられて行つた。同校生徒によつて組織された音楽隊のメロデーに乗つて女生徒の明朗な行進舞踊と、男生徒の清新潑剌たる体操は衆もくをひき市ない及びきん郊からの観覧しやでピネイロスは時ならぬ賑はいを呈した。

尚ほ暁星学園では現在生徒数百六十名で、三名の日語教師、一名の武道教師によつて私学としてとく色を発揮すべく躍進をつづけつつありと（『時報』一二二二号、一九三六年八月五日）。

一九三〇年代の急速なサンパウロ市の発展は、ソロカバやパラナ方面への街道沿いの宿場町ピニェイロスを市域に飲み込んでしまうものとなった。一九三八年、サンパウロ市日本人会はピニェイロス地区の日本人会と合併し、「日本人会連合会」となった。会長は有限責任ブラジル拓植組合専務理事であった宮坂國人、副会長は蜂谷専一、専任理事に菅山鷲造といった事業家が就任した。[14]「同校の経営大正小学校後援会（鮫島直哉会長）から、サンパウロ日本人会連合会へと移管されていった」（前掲「その〝歩み〟④」）とあるように、この時期、大正小学校の経営はサンパウロ市の日本人会へ移管された。

一九三八年三月、このピニェイロス地区に大正小学校ピニェイロス分校が建設され、サンパウロ州内陸のバストスから来た田中夫妻によって授業がはじめられたとされる（ACEP 2005: 20）。ピニェイロス分校設置は、先のサンパウロ市とピニェイロス地区日本人会の合併および経営の連合日本人会移管と軌を一にしていると見ることができる。連合日本人会は、この分校建設に六五コントスを用意している。『時報』に「工事遅延のピネイロス分校をめぐり、聖市日会に再び暗雲低迷―一昨日開催された役員会―二評議員の発言権停止も解除」（『時報』一五二三号、一九三八年二月二三日）という分校建設の遅延をめぐり連合日本人会責任問題を問う記事が出ており、また、「ピネイロス区分校建築費赤字は虚報」という記事では、次のように同会専任理事の菅山が会計報告を載せている。

・ピネイロス区分校建築費赤字は虚報

既報の大正小学校ピネイロス区分校建築にからまる赤字問題は当時の会計監査菅山鷲蔵氏によつて次の如き会計状況が発表された。

予算　　六五コントス

支出　　六〇コントス

以上の通りで尚五コントスが日本人会に残つてゐるから、赤字は全く無いといふ訳である（『時報』一五二八号、一九三八年三月二日）。

こうしたなか、『時報』の同年三月一一日の記事に、ピニェイロス分校の入学受付開始を告げる次のような広告が見える。

・（広告）大正小学校ピネーロス分校入学受付開始広告
一、開校　一九三八年三月廿一日（月）午前八時
（…）
四、入学金　一名五ミルレース
五、授業料　一名十二ミルレース
希望の向は出生証明書（ナツシメント）御持参の上保護者御出頭相成度候
一九三八年三月十一日
サンパウロ日本人会（『時報』一五三六号、一九三八年三月一一日）

入学金一人五ミルレース、授業料一ヶ月一二ミルレースというのは、どの程度の額であったか。一九一五年の開校当時の月謝が三ミルレースであったものが、二三年を経て四倍になっている。当時の物価を知るために、「時報商事月報第三号（一九三八年三月一日）」を見てみると、次のようになっている。

◆学用品教材類
▲白墨　一箱百本入　一、五〇〇(15)

▲鉛筆　コレジヤル　一函六本入　六五〇$
（…）
▲原稿用紙　百枚　二、五〇〇
（…）
▲教材
世界全図　二〇、〇〇〇$
南米全図　軸付　二〇、〇〇〇$
（…）
◆食料品
白米　カテテー一俵　九五$
小麦粉　メーデ　六〇、〇〇〇$
　　　リリー　五七、〇〇〇$
（…）
◆日本食料品
味の素（五〇瓦）　五、〇〇〇$
（…）
◆日本薬品
仁丹ローズ（十銭型）　一、〇〇〇$
同　銀粒（廿銭型）　三、〇〇〇$
（『時報』一五三〇号、一九三八年三月四日）

白米を基準にすると、六〇キロ入りの一俵が九五ミルレース。一ヶ月の月謝が白米約七・五キロ分に相当しているのは、現代的な感覚からすると、私立学校としてはかなり安価と言えないだろうか。

「その〝歩み〟④」によると、「一九三八年三月二十一日、ピネイロス（現在のピラチニンガ文化体育協会）に、同校分校の開校式が行なわれた。日本語教育が最も盛んな時代であった」（その〝歩み〟④）とあるように、同年二一日にはこの分校の開校式が行われた。次の『時報』記事は同校開校式の様子を伝えている。

●ピネイロス分校が開かれ父兄の喜びも又一入―昨日、目出度く式を終り

新学期を控えて工事を急いでゐた大正小学校ピネイロス区分校は既報の通り教室だけを先づ完成して昨日午前九時半から未完成の同校講堂に於て開校式を行つた。日会側からは蜂谷副会長に菅山、明穂其他の役員全部出席、入学児童及び其父兄を合計して約六十名が参列し蜂谷副会長の開会の辞から式次は開始された。次いで菅山氏の建築経過報告、両角大正小学校々長の挨拶、視学アダベルド・モラエス・デ・ローザ氏挨拶、古谷教普会理事長の答辞、父兄代表富川富與氏挨拶があり、蜂谷副会長の閉会の辞で午前十一時半式を閉じた。式後校庭に植えられた記念樹の始植祭があつて一同記念撮影をして散会した―なほ先生は大正小学校からわかれた坂田、西江の両氏が担当する

（『時報』一五四五号、一九三八年三月二二日）。

新たに同校の経営母体となったサンパウロ日本人会連合会の蜂谷専一副会長が、菅山鷲三、明穂梅吉ら役員、古谷重綱教育普及会理事長らとともに、挨拶に立っている。また、サン・ジョアキンの本校とともに、この頃夜間部が開設され、次のような募集広告が『時報』に掲載されている。

●（広告）

大正小学校本校夜間部
ピネイロス分校夜間部
　入学受付広告
一、一九三八年三月二十七日ヨリ三十日迄毎日午後二時ヨリ同六時迄
（…）
三、教科　一、日本語科　普通科　補習科
　　　　二、伯語科
（授業上幻灯、映画等ノ利用ニ付教育普及会ニ於テ特ニ便宜ヲ供セラル）
四、授業開始　一九三八年四月三日
（…）
六、授業料　各科共ニ伯貨五金千
（…）
一九三八年三月十七日
　サンパウロ日本人会経営
　大正小学校本校夜間部
　ピネイロス分校夜間部（『時報』一五四三号、一九三八年三月一九日）

この記事から知られるように、授業に幻灯や映画が利用され、ビジュアル教材も工夫されている。こうした試みは本校でも行われていたようで、邦字新聞に「授業の合間にシネマで教育を―大正小学校の夜間教授―偶には名士の講演を行ふ」という記事が掲載されている（『時報』一五四一号、一九三八年三月一七日）。ピニェイロス分校の規模

は、先の開校式の記事に「入学児童及び其父兄を合計して約六十名が参列し」とあるように、せいぜい三〇から四〇名ほどだったようで、本校に比べると小規模校であった。

先に述べたように、一九三〇年代半ばから後半は、ブラジルのナショナリゼーション政策により、外国語教育が制限されていく時期に当たっており、外国系教育機関はさまざまな制約が課されることとなった。しかしながら、この時期は学齢児童が急増した時期でもあり、第二章で述べたように、「戦前における日本語教育の最盛期」であったとされている。

実際、この年から翌年にかけて、ブラジル日系教育機関は外国語教育の禁止によって、大きな打撃を受けることになる。先述したように、一〇歳以下の児童への外国語教授禁止法令のため、授業は日本語教育からポルトガル語、ブラジルの地理・歴史への比重が移されていった。一方、「その〝歩み〟⑥」によると、教師たちは、同校へ〝心ひかれる想い〟で、ひとり、またひとりと辞めていったという（『パウリスタ新聞』六六五四号、一九七五年一〇月七日）。こうしたなか、一九四一年一〇月には、新校舎増築が実現する。ピニェイロス分校の開校、新校舎増築という事実が示すように、当局による同化政策下にあっても、日系子弟教育がないがしろにされわけではなく、むしろインフラ的には強化されつつあったことが知られる。

ただ、翌々一二月には太平洋戦争が勃発し、翌一九四二年一月にブラジル政府は日本との国交断絶にふみきった。大正小学校校の経営母体であるサンパウロ日本人会連合会も活動停止を余儀なくされ、経営は同校の二世教員であった西江米子と中山蒼、坂本靖ら同校維持組合に移管された。これまで約七年間校長を務めた両角は、明、坂田、二木ら一世教員たちとともに同校を去ることとなった。

くり返すが、この大正小学校は「コロニア一の学校」、すなわちブラジル日系社会一の学校と呼ばれた。ある教育機関の評価をする場合、その評価基準はさまざまであろうが、どんな人間を育成したかということは、一つの有力な基準となろう。そのような意味では、大正小学校は創立以来、戦前期に学んだ生徒だけをみても、戦後のブラジル日系社会を牽引していく多くの二世指導者を輩出している。筆者が把握しているだけでも、本節で引用した芳賀貞一（弁護士）や田村幸重（弁護士・ブラジル連邦下院議員）、平田進（ブラジル連邦下院議員）、芳賀マリア（ブラジル日系初の女性弁護士）、野見山千鶴子（婦人科・小児科医）、山西ジュリア（エスペランサ婦人会副会長）、田名網能（公認会計士、ブラジル会計士協会創立者）、脇坂ジェニー（サンパウロ大学教授）、加藤英世（エンジニア、日伯援護協会副会長）、横田パウロ（ブラジル中央銀行理事）などの名があげられる。こうした出身者たちを見ても[16]、同校の歴史的意味の大きさは明らかとなろう。

四―二　サンパウロの日系移民子弟教育機関２――聖州義塾

聖州義塾は、一九二二年九月に小林美登利によってサンパウロ市に設立された教会・学校・寄宿舎が一体となった教育機関である[17]。小林については本書第五章で詳しく述べるが、会津に生まれ、同志社卒業後、アメリカで教育を受けたプロテスタントの牧師であり、同塾はキリスト教精神にもとづく全人教育という独自の教育方針を有していた。聖州義塾は、前節の大正小学校と並び、戦前期サンパウロ市の日系教育機関を代表するものであり、出身者から多くの人材を輩出した。前節で確認したように、大正小学校に関する資料が皆無に近いほど乏しいのに対して、同塾については豊富な資料が残されている。以下、同塾の創立と発展の経緯、一九四二年一〇月の立ち退きまでを時系列的に見た上で、教育機関としての性格や理念、教育内容、日系移民子弟教育史における歴史的意味を考察したい。

四―二―一　聖州義塾の創立と授業開始の経緯

聖州義塾の起源は、小林美登利が一九二二年五月一九日にサンパウロ市の大正小学校の教室を借りて開始した夜学校にさかのぼる。同塾の機関誌に掲載された「聖州義塾略史」には、「聖市コンデ街ノ大正小学校ヲ借リ英、葡両語ノ夜学ヲ開ク」（『聖州義塾々報』第六号一九三五、以下、適宜『塾報』と略す）とあり、小林がブラジルではじめた最初の教育活動がこの夜学校での英語・ポルトガル語教授であったことが知られる。同年九月七日に発表された「渡伯の使命と其計画　聖州義塾設立趣意書」には、同じく大正小学校において開かれていた日曜学校についての記述があるので、夜学校開校に続いて日曜学校を開始したことが知られる。ブラジル最初の日系寄宿舎学校である聖州義塾が、サンパウロ市最初の日系教育機関である大正小学校において開かれたことは興味深い。この後も、両者の校史はところどころで交差していく。

小林美登利がハワイ、アメリカ本土を経てブラジルに到るのは一九二一年一二月であるが、それはブラジルへの日本人移民がはじまって、約一二年半の歳月が経過していた。ブラジル全体の日系人口もその頃にはまだ三万人ほどで、短期の出稼ぎストラテジーから中長期滞在のストラテジーへ転換しつつあった時期に当たっていた（前山、一九八二、三五—三六頁）。また、ブラジル政府の日本人移民受け入れ条件が家族単位であったこともあって、学齢期の子ども人口の増加とともに子弟教育をめぐるさまざまな問題が徐々に噴出してくる時期でもあった。前節でも述べたように、サンパウロの帝国総領事館を通した各学校への補助金交付の打診がはじまっており、在伯日本人教育会発足に先立って、ブラジルの日系移民子弟教育に日本政府が介入しはじめたのがこの頃である。

実際、一九二〇年代から三〇年代にかけて、多くの日系教育機関がこの補助金交付を受けて、校舎その他の設備を整えている。聖州義塾開塾から数ヶ月前の一九二五年五月には『伯剌西爾時報』に次のような記事があり、サンパウロ市において向学心のある日系移民子弟を受け入れるべき寄宿舎や夜学の需要が高まっていたことを示している。

●青年の好学心を満足させるには（上）

一

写真 4-3　聖州義塾初期の日曜学校と小林美登利（後列右から二人目）（1920 年代前半）（小林眞登氏提供）

日本から新らしく来る青年や、地方不便な場所に居る青年等から、学資は無いが、是非聖市に出で、勉学して見たいから何か好き方法は有るまいか、と問合せ来る向きも段々あるが、本社も之に対し、今の処良き方法の見出し得ぬのに困じてゐる。北米辺りであると、経済的関係からスクールボーイ働きなるものがあつて、昼間若しくは夜間学校へ通学する者には至極便利に出来てゐるが、ブラジルには未だそれが無いので、好学青年には気の毒である。

二

目下ブラジルに在る我が青年の勉学希望の程度は、故国に在る青年のやうに、肩書き欲しさの大学教育ではなく、実際の必要から来る会話及び読書位ひであるから、強ゐて昼間学校に通学せずとも、昼働いて夜間学校に通ひ得れば其の目的を達し得る訳である、所が此の昼働夜学の希望は、今日の場合ひ極めて少数青年の外其の目的を達し得ない状態であるから、何とか社会方面で方法を講じて遣らぬと、青年の伸び行く途が杜絶されるのである。

三

尤も在伯邦人の第二世が、順序を踏んで小学から中学、中学から大学と進んで教育を受けて行くには、父兄はそれ相応学資を準備して、之が充実を図るの要は勿論であるが、成績優秀にして遣らせれば必ず大成する見込みあるも、父兄が学資に乏しいとか、又学資が有つても都会に遊学させるには監督を要するとか云ふ者に対しては、聖市若くは其の他必要の場所に公立寄宿舎を設け、適当な保護監督の下に、夫れぞれ希望の学校へ通はせると云ふ事は、我が政府としても亦吾々在留民としても、当然考慮し、実行せねばならぬ緊要問題である（『時報』三九四号、一九二五年五月一日）。

前節で確認したように、一九一〇年代にはサンパウロ市に居住する日系人は「バガブンド」と蔑まれ、農村の日系人からはまともな人間とは評価されなかった。ところが、この頃になると、特に青年層からサンパウロに出て社会上昇の機会をうかがう者が現れる。こうした状況を受けて、「それ等好学青年に対し如何にして勉学せしめるかを、徹底的に方法を講じて遣ること」として、当時求められたものの一つがサンパウロ市遊学のための足場となる日系寄宿舎であった。聖州義塾は、その需要に応えた先駆け的機関と位置づけることができる。

以上のように、小林がブラジルに到着し、サンパウロ市に聖州義塾を設立・運営をはじめた時期は、第二次出稼ぎストラテジーと呼ばれる中長期的な〈出稼ぎ〉戦術に転換した時期とされ（森脇・古杉・森、二〇一〇、二三五頁）、サンパウロ州内各地に日本人独立自営農を中心とする植民地が建設されるようになった。一方、サンパウロ市には、後に有限責任ブラジル拓植組合（ブラ拓）とともに「御三家」と呼ばれる帝国総領事館、海外興業株式会社サンパウロ支店など日本政府の出先機関が集中していた。また、前節で確認したようにコンデ界隈を中心に日本商店も店を開き、日系人口も増加し、「日本人街」を形成しつつあった。ある程度の富を蓄積し、子どもたちをサンパウロ市へ遊学させようとするものも現れたが、日本語が通じ子どもを安心して託すことができるような寄宿舎はまだなかった。特に、当時のサンパウロ州では、中等教育以上の機関はサンパウロ市に集中しており、地方には初等教育機関でさえも完備しないところが多かった。サンパウロ市に寄宿舎をそなえた日系子弟教育機関としての聖州義塾を設立する条件は整えられつつあったといえる。

聖州義塾の設立の経緯とその性格を確認するため、まず一九二二年九月七日の『時報』二五七号に発表された

「渡伯の使命と其計画　聖州義塾設立趣意書」（以下、「聖州義塾設立趣意書」と略す）を検討してみよう。以下に、部分を引用する。

渡伯の使命と其計画　聖州義塾設立趣意書
小林美登利
神は我母の胎出でし時より我を選び置き我を異邦人間の伝道者たらしめんとし給ふた。とは信仰の偉人使徒パウロが己が使命を自覚したときの実懐であります。人は必ずや何等かの使命を帯びて此世に生れ来るもので、之を自覚することに依て始めて我等の人生々活に意義と価値とを斉すものであると信じます。身甚だ不肖ではありますが私も亦此使命の観に生きんとして今此広漠たる南米の一角に立って我面前に開展して居る精神的事業に向って渾身の力を注がんとして居ります。
私は数年間かの排日旋風の渦巻く布哇や北米に生活して、目の当り其苦い経験を嘗めて来た者でありますが、私は如何にして彼の難問題を未だ排日気分の薄い此南米に於て解決を試みんとして、今既に其実行に取掛かつて居るものであります。私の目下着手して居る仕事は日曜学校と夜学校でありますが、何れも始めての企であるに拘らず意外な好結果を得まして益々盛況に向はんとして居ります。殊に面白いのは日曜学校の方で小さい乍も日伯合同の国際的なもので各国人の子供を一緒にして国境を超越した真のコスモポリタン的に彼らを訓練して居るのであります。難解な人種的辟見に根ざした排日問題などは此処まで深く踏込んで始めて其根本的解決が見出さるべきであると思ひます。

この「聖州義塾設立趣意書」によると、「神は我母の胎出でし時より我を選び置き我を異邦人間の伝道者たらしめんとし給ふた」という使徒パウロの言を高らかに引き、一九二二年九月七日ブラジル独立記念の日、聖州義塾の設立宣言がなされた。といっても、すぐに学校、教育機関として機能しはじめたわけではない。後述するように、実際の開講は約三年以上も後、一人目の入塾生堀岡カルロスの入った一九二五年一〇月からである。

聖州義塾の「設立」「開始」をめぐっては、いくつかの資料が異なった記述をしている。『移民年表』では、一九二五年九月七日の出来事として、「小林美登利、ガルヴォン・ブエノ街八五番（現四〇九番）に聖州義塾開設」（サンパウロ人文科学研究所編、一九九六、五四頁）となっており、同塾の「開設」を一九二五（大正一四）年九月七日としている。また、先にも見たように、『移民七〇年史』では、この塾についての紹介のなかで「聖州義塾（一九二五年開塾）」（ブラジル日本移民七〇年史編纂委員会、一九八〇、三一〇頁）と記されているのみである。『移民八十年史』によると、同塾創立の経緯は次のようなやや詳しいものになっている。

一九二一年、伝道目的でアメリカから渡伯した、プロテスタントの小林美登里《ママ》は翌二二年五月一五日、コンデ街の大正小学校で第一回日曜学校を開催し五〇名ほどの参集者を得た。同年九月七日の独立百年祭にはキリスト教的教育機関「聖州義塾」の設立宣言を行い、二年後の独立記念日にはサンパウロ教会の設立に至っている（日本移民八十年史編纂委員会、一九九六、四二五—四二六頁）。

以下、同塾の事業日誌である「聖州義塾日誌」や機関誌『塾報』、邦字新聞などからいくつかの記事をピックアップし、同塾の授業や生活環境、「設立」「開始」をめぐる状況を確認してみよう。「聖州義塾日誌」第一冊は、一九二五（大正一四）年一〇月一日から筆が起されている。

実際に前掲の「聖州義塾設立趣意書」は「一九二二年九月七日　伯国独立百年祭当日発表」となっており、「聖州義塾設立」は、小林によって一九二二年九月七日と認識されていたことが知られる。また、「聖州義塾事業経過」（『塾報』第一号）によると、「聖州義塾事業ハ一九二二年五月一九日（不肖渡伯ノ半歳后）当サンパウロ市コンデサルゼーダス街ナル大正小学校ヲ借リ受ケ葡語及ビ英語ノ夜学ヲ開始シタルニ起源ス」とあり、小林のブラジルにおける教育事業はすでに一九二二年五月一九日から開始されていたことが知られる。先に確認したように、『塾報』第七号（一九二六年九月七日）に掲載された「聖州義塾略史」にも、「一九二二年五月一九日、聖市コンデ街ノ大正小学校ヲ借リ英、葡両語ノ夜学ヲ開ク」と記載されている。

小林が後に聖州義塾として開塾する「一大建築物」の設立計画を早くから（少なくとも一九二二年九月の時点で）もっていたことは、この「聖州義塾設立趣意書」から知られる。ただ、この設立宣言直後の時点では、その前途は洋々というわけにはいかなかった。「（前略）勿論之には相当の資金を要するのでありますが、私は最初成るべくは之を在伯同胞からは募らずして、故国の富豪有識者に一肌脱いで貰ひ度ひ希望から、幸いに先般来伯せられた日本実業団の人々に訴へ」たところ、「元より一行の人々は悉く斯る事業の必要を認め、其趣意に対して一人の不賛成者も無かつた」にもかかわらず、「イザ金を出すと云ふ事になれば容易な事では動くべくもなく、漸く一コントの寄付を残されたに過ぎませんでした」（『時報』二六三号、一九二二年一〇月一日）と、この事態を嘆いている。義塾設立資金についての経済的裏付けや見通しがほとんどなかったことがこの記事から明らかである。この時点での援助としては、「エルヴエッテャの教会は毎日曜十名内外の教師を送つて、私の日曜学校を助けて呉れる外に更に毎月五十釬宛の補助を以て援助して呉れる事になりました。其外聖州義塾設立資金募集にしても目下伯人側の有力者が大に奔走して呉れていますが、私は所要の資金の半は之を外人側から得られる事と信じて居ります。それで他半を若し在伯同胞の有志家中より特殊な寄付として仰ぐ事が出来れば此上ない幸と思ひます」と述べ（前掲『時報』記事）、その郵送先を掲載している。

このように、聖州義塾設立事業は、最初ブラジル側、特にプロテスタント教会の有力者や篤志家の寄付に支えられる形で開始された。こうしたなかで、一九二三年一一月二七日にその母体としてブラジル法人「ミッソン・ジャポネーザ・ド・ブラジル」（Missão Japonesa do Brasil）が設立されている。（「聖州義塾略史」）同法人は、ブラジル・

プロテスタント教会の重鎮エラズモ・ブラガ教授（Erazmo Braga）、マッケンジー大学ポルトガル語文学部長マタテアス・ゴメス・ドス・サントス教授（Matateas Gomes dos Santos）らの尽力によって、在ブラジル日本人伝道の目的で設立されたものであった。聖州義塾と同法人の関係は、「第一条　聖州義塾ハミッソン・ジャポネーザ・ド・ブラジルノ教育的方面ノ事業ヲ代表スルモノニシテ其趣意及ビ目的ハ伯国独立百年祭当日公表シタル聖州義塾設立趣意書ニ準拠スルモノトス。第二条　聖州義塾ハミッソン・ジャポネーザ・ド・ブラジルナル一財団法人ノ支配下ニアリ、凡テハ同委員会ノ決議ニ依リテ決セラル」（「聖州義塾規則書」大正一四年九月七日）とされている。同年には、設立発起人により、次のような「聖州義塾開始ニ就テノ説明書」が発表された。

「聖州義塾開始ニ就テノ説明書」

一、開始

一千九百二十二年九月七日ノ伯国独立百年祭ヲ紀念ニ宣言イタシマシタ聖州義塾設立ノ儀ハ同胞諸兄姉ノ溢ル、御同情並ニ御後援ト不肖私ドモ過去満三ヶ年間涙血ヲ注イダ努力ノ結果、設立宣言満三周年目ノ今日、愈々開始ノ運ビニ至リマシタコトヲ嬉シク思ヒマス。然シ開始ト申シマシテモ決シテ始メカラ大ゲサナコトヲ企テルモノデハナク、最初ハ殆ンド寺小屋式ニ始メテ漸次実力ニ従ヒ拡張シテ行クツモリデアリマス。

六、開校式

本来カラ申マスト開校式ハ本九月七日ニ挙行スベキデアリマスガ、ソレハ到底不可能ナコトデアリ、且ツ一文デモ無駄ナ費用ヲ節約シタイ考カラ来ル十二月下旬ノクリスマス当日ニ延期スルコトニ致シマシタ。ソシテ取アヘズ実行ニ取掛ルコトニシ、来年二月ノ新学期ニハモウ伯人学校ニ入学出来ルモノモ出シ度イ希望デアリマス。開校式ニハ改メテ御案内申上マス（JACAR: Ref. B40121708OO 在外日本人学校関係雑件／在米の部／聖州義塾（外務省外交史料館））。

以上の記事から、聖州義塾は一九二五年九月七日をもって「開始」（開塾）と計画されていたが、入塾者もなく、開校式も同年一二月のクリスマスに延期されていることが知られる。次の「日誌」の記事にあるように、翌一〇月一日に堀岡カルロスが入塾し、やっと一人の生徒を得た。

聖州義塾開始　大正一四年一〇月一日

一〇月一日（木）曇、小雨、寒

義塾愈々本日ヨリ開始ス。

高常太郎君ハコージュネーロトシテ既に九月七日ヨリ入舎ス。爾来主任ト共ニ内部ノ準備ニ奉仕ス。永島正夫、吉原千苗ノ両君ヲ昨秋コレジョエヴァンジェリコヨリ移□ス。吉原君風邪ニテ臥床ス。

◎本日堀岡元吉氏令息カルロス君入塾ス。

ただ、この日に授業を行った記述はないから、実際の授業は一〇月二日の記述に見えるように、翌日から開始されたことが知られる。（大正小学校第二代校長だったはずの吉原千苗の名がここに見える。）

一〇月二日（金）快晴　絶好ノ日和

午前六時起床。一〇分間体操、深呼吸

午前七時茶。葡語ニテ読本及ビ算術。日本語ハ日誌ヲ書カス。

(…)

午后八時ヨリ葡語初学級ヲ開始ス。生徒ハ古賀、伊藤、扇浦ノ三名。ソレニ、堀内カルロス。ランゼルペスターナノ初メヨリ初ム。

この日、上記の堀岡カルロスとともに、「古賀、伊藤、扇浦ノ三名」が生徒として加わっている。設立後に発表された記事と合せて考えると、小林のブラジル渡航と聖州義塾設立と授業開始は、次のように整理することができるだろう。

一九二一年一二月二四日　小林、ブラジル到着。その後、間もなく『伯剌西爾時報』で宗教欄を担当しはじめ、マッケンジー大学でポルトガル語を専攻

一九二二年五月一九日　大正小学校で英語・ポルトガル語の夜学開始

一九二二年九月七日　「聖州義塾設立趣意書」発表

一九二三年一一月二七日　法人ミッソン・ジャポネーザ・ド・ブラジル設立

一九二四年九月七日　サンパウロ教会創立宣言

一九二五年秋頃　永島正夫、吉原千苗入舎

一九二五年九月七日　「聖州義塾開始」(計画)

一九二五年一〇月一日　堀岡カルロス入塾し、「聖州義塾開始」

一九二五年一〇月二日　授業開始

なお、聖州義塾「開始」予定日であった九月七日に下記の「聖州義塾規則書」が発表された。

「聖州義塾規則書」（大正一四年九月七日）

第一条　聖州義塾ハミッソン・ジャポネーザ・ド・ブラジルノ教育的方面ノ事業ヲ代表スルモノニシテ其趣意及ビ目的ハ伯国独立百年祭当日公表シタル聖州義塾設立趣意書ニ準拠スルモノトス

第二条　聖州義塾ハミッソン・ジャポネーザ・ド・ブラジルナル一財団法人ノ支配下ニアリ、凡テハ同委員会ノ決議ニ依リテ決セラル

第三条　聖州義塾ハ前途ニ高遠ナル理想ヲ有スレドモ目下ノ事業トシテハ先ヅ寄宿舎ヲ主トシ学科ノ教授ヲ従トナス

第四条　聖州義塾ニ入塾セントスルモノハ塾則ヲ厳守シ且ツ主任並ニ教師ノ指導ニ従フト共ニ塾生トシテノ体面ヲ汚スベカラズ

第五条　聖州義塾々生ハ禁酒禁煙ヲ実行シ且ツ堕落ノ巷ニ出入セザルコトヲ誓フベシ

第六条　聖州義塾ニ入塾シ得ルモノハ十才以上ノ学生トス。但シ女子部ノ監督ヲ得ル迄当分男子学生ノミヲ収容ス

第七条　聖州義塾ニ入塾セントスルモノハ健康体ノモノタルベシ。伝染病若シクハ長期ノ病ニ罹ル場合ハ塾内ニ留ルコトヲ得ズ

第八条　聖州義塾生ニシテ医療又ハ薬品等ヲ求ムル場合ハ自弁トス

第九条　聖州義塾ニ入塾セントスルモノハ毎月塾費ヲ前納スルモノトス。因ニ当方一ヶ月ノ塾費（寝食、月謝、洗濯代ヲ含ム）百二十ミルニ規定ス

第十条　聖州義塾ニ入塾セシモノハ寝台及ビコルションヲ提供セラルレドモ敷布、毛布、枕等ハ寄宿生各自ノ自品ヲ使用スルモノトス

第十一条　聖州義塾ニ入塾セントスルモノハ在聖市ノ邦人ニシテ責任ヲ帯ビ得ル資格アルモノ一名ヲ保証人ニ立ツルヲ要ス

第十二条　聖州義塾内ニ於テ塾生及ビ塾員以外ノモノ、宿泊並ニ飲食ヲ禁ズ。但シ特別ノ場合ハ此限リニアラズ
第十三条　聖州義塾ノ規則ニ違反スルモノハ退塾ヲ命ズルコトアルベシ
第十四条　聖州義塾規則ハ適宜改訂増補ヲナシ得ルモノトス
大正十四年九月七日　伯国サンパウロ市
「聖州義塾」（JACAR: Ref. B4012170800 在外日本人学校関係雑件／在米の部／聖州義塾（外務省外交史料館））

第一条の「聖州義塾ハミッソン・ジャポネーザ・ド・ブラジルノ教育的方面ノ事業ヲ代表スルモノニシテ」、第二条の「ミッソン・ジャポネーザ・ド・ブラジルナル一財団法人ノ支配下ニアリ、凡テハ同委員会ノ決議ニ依リテ決セラル」とあるように、組織としては、同ミッションのキリスト教伝道組織としての体裁をとっている。小林のブラジル渡航は日本人伝道が動機でもあり、教育機関としての発展を期するにしても、異国のブラジルで基盤が脆弱な外国系寄宿学校がブラジル人プロテスタント知識人たちの協力を得ることは有力な後ろ盾となったことであろう。「凡テハ同委員会ノ決議ニ依リテ決セラル」とあるが、「日誌」を見ても、ブラジル人メンバーが同塾の経営について介入した形跡は見られず、同法人自体は形式的なものであったことが知られる。

また、「聖州義塾開始ニ就テノ説明書」に記された九月七日当時の教職員は次の通りである。

七、教職員
聖州義塾ノ教職員ハ左ノ通リ定マリマシタ
校長　マケンヂー大学国文科長　ドトール・マタテアス
主任　小林美登利
教師　サンパウロ法科大学　パウロ・ラベロ

同　マケンヂー大学　永島正夫
同　マケンヂー大学　吉原千苗
同　日本師範（訓導）　小林登次郎
講師　サンパウロ商科大学　杉山英雄
同　サンパウロ法科大学　ジョリオ・ネーヴェ（JACAR: Ref. B04012170800 在外日本人学校関係雑件／在米の部／聖州義塾（外務省外交史料館））

開塾当初、生徒は集まらなくても、教職員は日本人とブラジル人のスタッフをそろえて人材を充実させていたことが知られる。マタテアス博士は、マケンジー大学国文科長であるとともにミッソン・ジャポネーザ・ド・ブラジルのメンバーであり、彼を校長として頂くことによって、同塾の権威を高めるとともに、あくまでもブラジル側の機関であることを性格づけようとしていることがうかがえる。一九三〇年代にナショナリゼーションの諸法規が成立すると、ブラジル日系教育機関は二世らブラジル国籍者を経営者として登記しなおすという対応策をとることになるが、同塾の人事は偶然ながらそれらに先行する事例となった。（もっとも、三〇年代のそうした時期になると、小林自身はすでにブラジルに帰化していた。）教師の一人として名があがっている小林登次郎は、小林の実弟で、一九二二年に兄に呼び寄せられブラジル渡航。福島県立師範学校を卒業した正教員資格者で、剣道二段の腕前であった。杉山英雄は、小林自身も記者を勤めた『伯剌西爾時報』の記者で、後に編集長も勤めた。ただ、「聖州義塾日誌」を見る限り実際に授業を担当したような記録はなく、臨時講師的な扱いだったものだろうか。永島正夫については、「聖州義塾日誌」に「塾員」の一人として塾内に住み込んでいることが記されているため、基幹的な教職員であったことが知られるが、現在のところどのような人物か判断する資料を持たない。

上記の「聖州義塾開始ニ就テノ説明書」に戻ると、これには次のような塾生募集広告が添付されている。

◎聖州義塾々生募集
一、開始期　十月一日ヨリ寄宿生ヲ収容ス
二、入塾者　十才以上ノ男学生二十名ヲ募ル
三、在塾費　月百二十ミルレーストス
四、学科目　葡ト日本語
但シ日本語ハ随意トシ補習教育ノ意味デ実力ヲ付ク

一コント（conto(s)）は一〇〇〇ミルレース（milreis）に相当。一九一四、五年頃の日雇い労働の月給一五ミルレースであったとされる（前掲「その〝歩み〟①」）。同じ「説明書」の「九、毎月経営上ノ予算」を見ると、次のように、この一人塾費一二〇ミルレースを元に予算が立てられていたのが理解できる。

九、毎月経営上ノ予算
一、収入金二コントス四百ミルレースノ塾費ヲ納ムル二十名ノ学生アルモノトシテ
二、支出
（一）食費総額金壱コント五百六十ミルレース也
但シ一人前六十ミル平均ト見テ生徒、塾員合計二十六名ノ食費
（二）家賃　金六百三十ミルレース也
（三）ガス、水、電灯代　金二百ミルレース也
（四）給料　金四百ミルレース也

（五）雑費　金五十ミルレース也

「差引不足金」として「四百四十ミルレース也」が計上されているが、「右不足額ハ特志家ノ寄付及ビ「市民」ニ依ル後援者ヨリ求ムル方針デアリマスガ、マサカノ場合ハ基本金ヲ以テ補フコトニナッテ居リマス」（JACAR: Ref. B40121708OO 在外日本人学校関係雑件／在米の部／聖州義塾（外務省外交史料館））と説明している。

授業開始三日目には、次のように義塾教育の根幹の一つである撃剣（剣道）の稽古が開始されている。

一〇月三日（土）快晴
午前六時起床。一〇分間体操、撃剣打込ノ練習
午前七時茶。葡語読本、算術。日誌ハ日本語。（…）（日誌一〇月三日（土））

また、以下の一〇月四日の記述にあるように、大正小学校での日曜学校も続けられていたことがわかる。

一〇月四日（日）快晴
午前六時起床、七時喫茶。
少シ早ヤ目ニ朝食ヲナ□ケテ教会ニ至ル（…）
午后四時大正小学校ニ於ケル日曜学校ニ行ク。（日誌一〇月四日（日））

この日の日曜学校には、アルヴァロ・アラメーダ・バーロスやドナ・イザベリッタらのブラジル人の名が見える他、塾の教師の永島や四七名の生徒が出席したことが「日誌」の記述から知られる。

表 4-1　聖州義塾「時間割」

時　刻	科　目
午前 7 時—8 時	葡語、算術
8 時—9 時	葡語習字及書取練習
9 時—10 時	葡語自習
10 時—11 時	葡語（読方、訳、文法説明）
12 時	アルモッソ（筆者注：昼食）
◎日本語ハ午后ヨリス、読方、作文、日誌	

出典：「聖州義塾日誌」第一冊 1925 年 10 月 8 日より作成

これらの記事や後に続く記事を見ると、義塾の初期の授業は、月曜日から土曜日、もっぱらポルトガル語による葡語読本と書き方、算術に限られ、日本語は日誌を書かせそれを「訂正」するのみにとどまっている。

授業開始第二週目の一〇月八日（木）の「日誌」には、「本日ハ左ノ通リ時間割ヲ定ム」とし、表 4-1 のように授業の時間割が記されている。

ポルトガル語教科書としては「ランゼルペスターナ」[18]「ブラガセリース」[19]などの名があがっている。少々気になるのは、「吉原君風邪ニテ臥床ス」（一〇月一日）、「永島君、小川君、及び風邪ノ気味」（一〇月一六日）など、教師も生徒もしばしば病気になっている点である。当時のサンパウロ在住日系人の食生活や生活環境が必ずしもよくなかったということをうかがわせる記述である。

義塾の開校式が同年のクリスマスに延期されたことについてふれたが、当のクリスマスは「日伯合同日曜学校」として開催され、盛会であったことが次のような記事で知られる。

• 広いメソジエスト教会いつぱいの賑ひ

気遣はれた雨も降らなかつた二十七日夜既報の如く小林美登利師経営の日伯合同日曜学校のナタールのお祭りがリベルダーデ街のメソジエスト教会で催されたが、あの広い教会が子供連れの日伯人で満員。少し遅く入つたものは座る場所がなくて後へキツシリ立つと云ふ大盛況だつた。諸商店寄贈の玩具のプレゼンテに子供も大人も大喜び、各教会からも応援に来たゝめプログラムが多くて、日伯児童のいろいろな余興は参集者一同大喝采で時の過つも知らず閉会したのは夜半だつた（『時報』三七七号、一九二五年一月一日）。

同じ小林牧師主催のクリスマス聖誕祭は、『日伯新聞』には、「大盛況のクリスマス──可憐な日伯児童が手を携へて唄ひさざめく」という見出しで、「（…）日本人長田某氏の葡語演説から聞き始めたがどうしてどうして中々ウマイもの、それから日本人ブラジル人の子供が入替り立ち替り物真似やら唱歌やらをやつて退ける所そこに人種の差別もなければ国家のちがひもなく混然として一団になつている所は如何にもうれしかつた。番数も進みまして小林美登利、相沢青年、揮旗夫人の尺八琴の合奏で千鳥の曲を演ずると満場水を打つた様バンブーからあんな微妙な音が出るかなとブラジル人は驚いて了まつた、ヤソ教を好むにせよ好まぬにせよ小林氏の此の催しは確かに領事館あたりでやる天長節などより数等日伯親善に効能があることだけは確かである」（『日伯』四〇三号、一九二五年一月一日）、と記されている。後者の記事では、辛口批評で人気を博していた『日伯新聞』が手放しで誉めている。また、年を越して一九二六年二月には、懸案であった塾生数も増え、塾内が手狭に感じられるようになったことが伝えられている。心配された経営の見込みもようやく明るみが見えはじめたのかもしれない。

•「聖州義塾近況」
一時時報から彼此云はれた小林美登利氏の聖州義塾は其後黙つて着々進行只今は収容塾生十数名既に家が手狭を感ずるやうになつたと（『日伯』四五九号、一九二六年二月一九日「雑報」）。

開塾初期の義塾教育の「成果」として、「聖州義塾便り」（一九二六）には、成績優秀者一一人が取り上げられている。この成績優秀者たちは義塾草創期の入塾者たちであり、下元健郎、サカエ米田、川原潔などをあげることができる。この一九二六年の時点で、下元はカンポス・サーレス小学校の第三学年、「品行百二十点、学科百二十点」で優等賞、川原潔はオズワルド・クルース中学準備科に在学中で、やはり「品行百二十点、学科百二十点」となっている。後に、下元は弁護士、米田と川原は医師と、日系都市エリートを代表する存在になっていくが、この時点ですでに頭角を現しつつあったことが知られる。

一九二〇年代前半のブラジルでは、第二章で述べたように、サンパウロ州各地に「植民地」と呼ばれる日系農村コミュニティが形成されつつあった。子弟に読み書きを教える「学校」も現れてきていたが、その数はまだまだ少数にとどまっていた。サンパウロ市の日系コミュニティも「コンデ界隈」を中心に徐々に成長していたが、まだ大きな勢力となるにはいたっていなかった。このような状況のなか、一九二五年九月七日、小林はサンパウロ市ガルヴォン・ブエノ通り八五番に聖州義塾を開塾するのである。小林が、その伝道と教育の拠点をサンパウロ市においたのは、すでに多くの日本人が中等以上の教育機会のある同市に子弟を送る志向性を感じ取っていた証左であろう。実際に、「創立一年後には入塾生満員となり、希望者は更に増加傾向を示す」（日誌一九二六年九月七日）と記されており、定員二〇名を上回り、さらに増加傾向にあったことを記している。寄宿舎経営と教育事業が軌道に乗るとともに、一九二七年には聖州義塾後援会も発足し、経済的な支援体制も整ったことが看取される。

四-二-二　聖州義塾の名称と性格

命名の由来

聖州義塾の命名の由来については、管見の限りでは説明が見当たらず、小林の遺族にも確認したが、はっきりとしたことはわからなかった。ちなみに「聖州」とは、日本人移民の造語で、サンパウロ州の漢語的表現である。手がかりとしては、慶応義塾や東奥義塾、研成義塾など、「〇〇義塾」という名称は当時日本の私塾として一般的であったこと、第五章で述べるように、創立者の小林がアメリカ本土やブラジル渡航の前にハワイのホノム義塾に奉職していることなどが思い当たる。日本の歴史は連綿たる私塾教育の伝統を持っており、大阪大学医学部の前身が緒方洪庵の適塾ということを考えると、官立学校もまた私塾の伝統の上に創られてきたことは否定できない。小林がそのようなことを意識していたかどうか確認できないが、私塾／私学こそ日本的教育文化の一つの源と言ってよいであろう。小林は自身が同志社出身であり、アメリカ留学中にエール大学やハーバード大学、プリンストン大学など名門私立大学を歴訪し、それらの教育に感銘を与えられたことを語っている。義塾を将来ハーバード大学やマッケンジー大学、同志社のような私立の総合学園化の計画を表明しているが、そうした私学的伝統への自負があったと推測できる。

まずブラジルはカトリック教国とはいえ、法律で一応「宗教と教育の分離」が定められていた[20]。次章でも詳述するように小林は、あくまでもキリスト教、しかもプロテスタントの精神による教育を根幹と定めていたことが、この機関を特徴づけている。「〇〇小学校」としなかったのは、寄宿舎と語学塾を基盤とし正則の課程を持たなかったことと、将来北米のカレッジのような中高等教育課程を設ける計画があったことが理由であろうと考えられる。

義塾の性格と教育実践

聖州義塾は、その「趣意書」に記載されたように「教会と学校と寄宿舎の三つを兼ねた」教育機関として設立され、小林は寄宿生たちと寝起きをともにし、ポルトガル語や英語、日本語を教え、剣道を稽古し、祈りとともにキリスト教主義にもとづく全人教育を実践した。こうした実践は、明治期に設立された日本の「ミッション・スクール」のいくつかの性格を踏襲するものであった。明治期「ミッション・スクール」の特徴は、①少人数で教師と生徒が生活を通して相互に交わりながら学ぶ「塾」的全人教育の方法、②外国人教師を含む教師陣による外国語教育の実践（これは地理や数学など他教科も外国語でもって教授された、後述する「二言語・二文化教育」につながる）、③女子蔑視の著しい時代において男女平等教育の実践、④西洋式音楽による讃美歌を歌うための音楽教育の実践、⑤西洋風の家事、家事衛生、育児、洗濯、裁縫、調理法、テーブルマナーといった家政科の導入などであった（坂口、一

九九六、一〇一―一〇二頁)。

自身も聖州義塾で学び、生活した経験のある半田知雄は、同塾の日曜学校について次のように記している。

小林さんの仕事の手はじめは、コンデ街の日曜学校であった。まだ大正小学校の宮崎信造先生も健在の頃、小林さんが北米から来た年の一九二二年五月十九日、大正小学校の校舎において最初の日曜学校がおこなわれた。そこは、コンデの坂を降りきったところの商店づくりの家で、ヨロイ戸をあけたてしてはいった。裏の方には数家族の日本人が住んでいた。

開会の午後四時までには室内は満員、古い記録によると男の児三三人、女の児十五人、伯人の青年男女が二〇人ほど、さらにブラジル人の教会から応援にきた人十五人、日本人の大人が男三七人という盛大さで、生徒たちが各組に別れてお話をきくなど、とても不可能だったので、讃美歌の練習とかんたんなお話を、日本語やポルトガル語できくだけだった。小林さんが長老教会関係の人であったために、エルヴェチア街の教会から多くの牧師さんや学界の信者達が来てくれた。天文学者のエリェゼル博士、文法学者のエドアルド カルロス ペレイラ博士などが見えていたことを思い出す。日伯合同の集会としては前代未聞のものだったろう(半田知雄(一九九〇)「わが師わが友――小林美登利牧師と木下正夫君」『日伯毎日新聞』一〇二七六号、一九九〇年五月一日)。

教育機関としての義塾の性格を考える場合、「聖州義塾設立趣意」当初の小林の次のような記事が参考になるであろう。

在伯同胞間に於ける焦眉の問題は、何と云つても語学の研究と児童の教化問題であると思ひます(「再び聖州義塾設立趣意に就て三」『時報』二六九号、一九二二年一二月一日)。

こうした義塾の教育方針は、「語学に堪能にして当地法律習慣に通暁し、独り在留日本人社会のみならず広く外人間に於て政治的社会的経済的に発言権を有するが如き有為なる多数日系市民を作ることが最も肝要」（金田、一九三六、八―九頁）とするような、一九三〇年代のアジア地域で論じられた在外子弟教育論を先取りするものだったといえる。ただ、金田の主張では、現地社会への適応教育には「日本精神」の教化が前提とされており、聖州義塾の教育理念は現地社会への適応教育と武道を通じての日本的徳育を実践する点において類似しているものの、あくまでもキリスト教教育を基盤としていた点において異なっている。

また、大正小学校が「コロニア一の学校」「日本と同じ教育」などと賞賛され、その内実はどうあれ、日本に帰国しても学習の遅れを生じない点において評価されたのに対して、義塾は小林が永住主義者であったこともあり、日本帰国後の適応への配慮にふれた点などは資料のなかに見当たらない。小林が義塾開塾に先立って刊行していたポルトガル語通信教育と評論を兼ねた機関誌に『市民 O Cidadão』というタイトルをつけたように、理念的には、ブラジルに永住しよきブラジルの市民となることが目的とされていた。それゆえ、義塾ではポルトガル語や英語教育を行ないつつ、パウリスターノ中学やマッケンジー大学はじめブラジルの中等高等教育機関に学ぶことが奨励されたのである。

一九二八年六月、小林は義塾拡張資金募集のため、一時帰国を決心する。この一時帰国と越境ネットワークを駆使した日本での活動については第五章で詳述する。二二七日間をかけアマゾンを遡行し、パナマ、アメリカ、ハワイを経て日本に帰国し、滞在数ヶ月中義塾拡張資金募集に奔走した。この結果、晩年の渋沢栄一らの知遇を得、三井・満鉄・鐘紡・大阪商船・日本郵船・森村商事など日本財界から約二万五〇〇〇円という多額の寄付を獲得し（『聖州義塾塾報』第一号）、柳田富美と結婚して一九二九年一〇月にブラジルに戻ったのであった。

四―二―三　聖州義塾の拡張・発展

聖州義塾の計画から設立、小林の日本帰国までを同塾の草創期とするなら、一九二九年末の彼のブラジル再渡航以降は同塾の拡張・発展期といえる。小林は、一九二九年一〇月に日本で結婚式を挙げたばかりの新妻の富美、義塾の留守をあずかる弟登次郎の新妻（久保）ふみ、母ミサ、福島女子師範学校を卒業したばかりの妹トミをともなって再渡航した。多額の寄付金と生涯の伴侶を得て、教師の陣容を整え、意気揚々とブラジルへ向かったと考えられる。反面、彼自身が記しているように、「同年十月（主任留守中）に隣家（ガルボンブエノ街八七）を借り受けて事業の拡張をなす。之れ一面入塾希望者の強請に依るものなりしと雖も門戸の拡大は濁流の浸入をも招き、且つ塾員間の不統一は甚だ面白からざる結果を招致するに至れり」（『聖州義塾々報』第一号）と、彼自らが記すように、留守中に義塾経営上の問題が持ち上がっていた。「門戸の拡大は濁流の浸入をも招き」というのは、塾生数増加によって好ましからざる生徒が入ってきたこと、「塾員間の不統一」とは、留守を任せた教師の弟登次郎、吉原千苗、永島正夫らの間に何らかのトラブルが生じたことをうかがわせる。小林は、翌一九三〇年を「我義塾事業に取りまして精神的にも物質的にも画期的時代とも云ふべき年」（前掲書）とも記している。彼は新しいスタッフとなるはずの女性たちを連れてブラジルへ戻るとともに、義塾改革の大鉈を振るわねばならなかったのである。以下、一九三〇年代に発行された義塾の機関誌『聖州義塾々報』や邦字新聞などの記事から、同塾の改革の内容を見てみよう（図4―1　聖州義塾組織図参照）。

小林の再渡航前後から三〇年代前半における聖州義塾の新しい活動として注目されるものを年表風に整理すると、次のようになる。

一九二八年一〇月　（小林の留守中）隣家賃貸

一九二九年一二月　小林らサンパウロ到着、聖州義塾後援会を解散

図 4-1　聖州義塾組織図

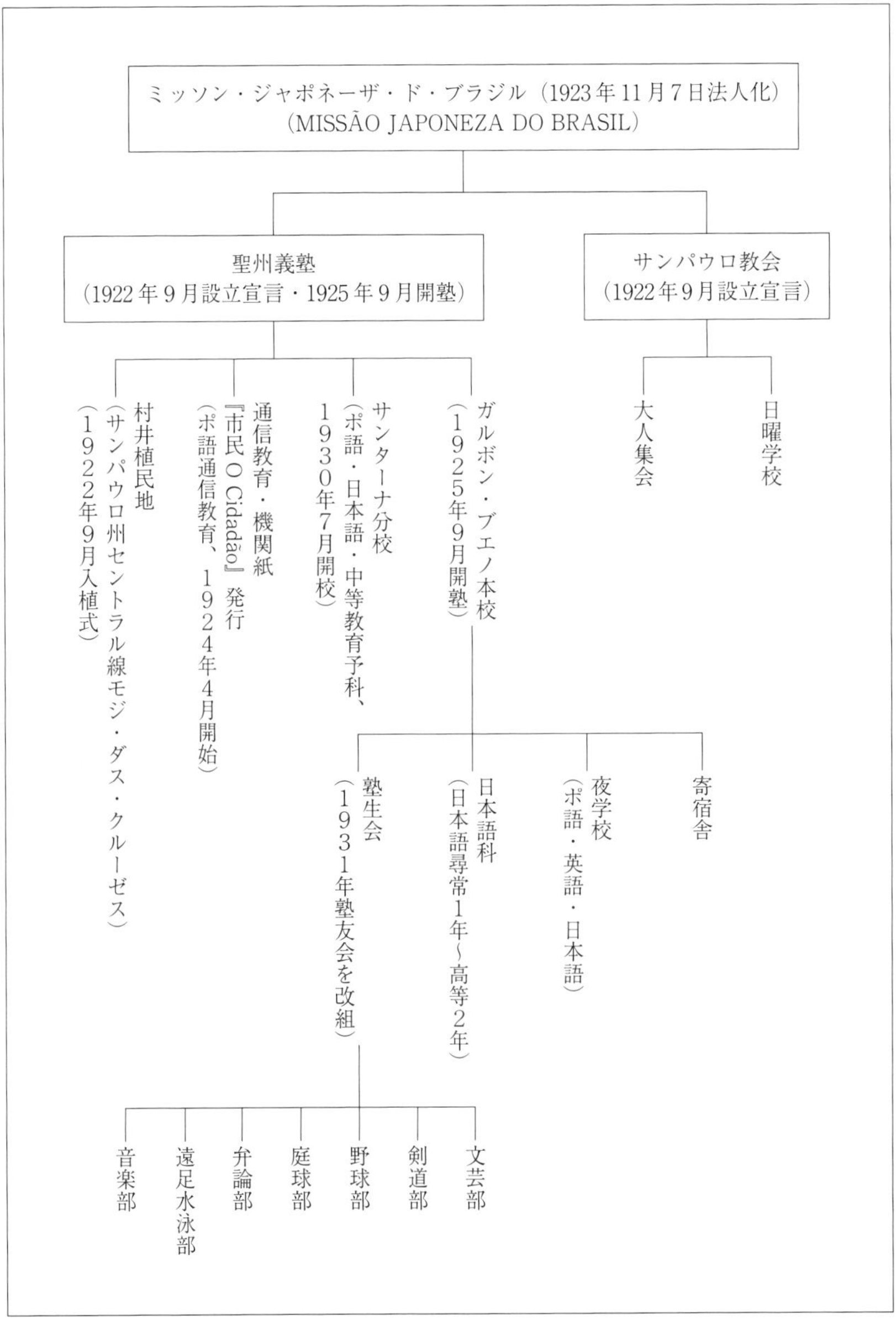
ミッソン・ジャポネーザ・ド・ブラジル（1923年11月7日法人化）
（MISSÃO JAPONEZA DO BRASIL）
聖州義塾
（1922年9月設立宣言・1925年9月開塾）
サンパウロ教会
（1922年9月設立宣言）
ガルボン・ブエノ本校（1925年9月開塾）
サンターナ分校（ポ語・日本語・中等教育予科、1930年7月開校）
通信教育・機関紙『市民 O Cidadão』発行（ポ語通信教育、1924年4月開始）
村井植民地（サンパウロ州セントラル線モジ・ダス・クルーゼス）（1922年9月入植式）
大人集会
日曜学校
寄宿舎
夜学校（ポ語・英語・日本語）
日本語科（日本語尋常1年～高等2年）
塾生会（1931年塾友会を改組）
文芸部
剣道部
野球部
庭球部
弁論部
遠足水泳部
音楽部

一九三〇年七月　サンターナ分校設立
一九三〇年九月　『聖州義塾々報』発行開始
一九三一年　聖州義塾塾生会発足
一九三一年九月　村井植民地の開拓開始
一九三二年五月　サンターナ分校独立
一九三二年六月　サンパウロ教会を義塾より分離
一九三三年九月　伯国柔剣道連盟の創立
一九三五年六月　同志社校友会伯国支部設立
一九三五年一二月　ブラジル社団法人「ソシエダーデ・エドゥカチーヴォ・ド・インスティテュート・ニッポブラジレイロ」設立

まず、後援会の解散について、『塾報』には次のように報告されている。

一九二九年十二月十一日、小林塾長ハ故国ニ於ケル運動結果略ボ目的ノ半ヲ全フシテ、全家族ヲ引ツレ帰伯ス。同時ニ壱万弗償却ノ道ハ立チタルヲ以テ後援会ハ解散セラリタリ（『塾報』第七号）。

同塾の後援会は、一九二七年一一月に海本副領事ほか、大河内辰夫、杉本芳之助、村上眞一郎らブラジルの邦人有力者によって設立されたが、小林の到着とほぼ同時に解散されている。アメリカの森村商事支配人村井保固から低利で融資された「壱万弗償却ノ道ハ立チタル」ことが解散の理由とされている。当時の邦字新聞にも、後援会の会計である歯科医師の村上眞市郎の名で、次のように後援会解散の謹告が出されている。

・聖州義塾後援会員に謹告

拝啓今般小林主任帰国運動の結果目前の急務なる隣家購入並に壱万弗reference低利資金償却の二問題のみは漸く之を解決することゝ相成候に付き同氏より目下財界不況の折柄強いて此の上御援助を受くるに忍びざれば一先づ中止呉れよとの申出有之候ため役員合議の上従来の聖州義塾後援会は一時解散すること、致し申候此段会員諸彦に御通告申上ぐると共に今日迄の皆々様の御同情並に御後援に対し深く感謝の意を表し申候　敬具

昭和五年一月十六日

聖州義塾後援会員役員一同

聖州義塾後援会収支決算報告

収入

一、金弐拾壱コントス六百弐拾五金千也

但し五拾金千口　四百参拾二口半分

支出

一、金六コントス八百八拾参金千六百レース也

内訳

（…）

右の通り相違無之候也

昭和五年一月十六日

聖州義塾後援会々計　村上眞市郎（『時報』六三九号、一九三〇年一月二三日）

本節では、義塾の経済事情の詳細について考察する用意はないが、上述した寄付金と塾生の増加により脆弱であった義塾の経営が強化された点は注目される。小林自身詳細は記していないものの、義塾の経営基盤が整ったことにより、改革の大鉈を振るうに当たって、総領事館や邦人有力者らうるさ型の介入を避けるためではなかったかと推測する。とにかく、後援会は解散され、義塾は経済的にも自力で歩みはじめる。

さらに、義塾改革の過程で注目されるのは、ガルヴォン・ブエノ通り八七番にあった隣家買収による敷地・舎屋の拡張である。これは、一九二八年に「寄宿生百名を突破し」たことを受けて、小林が日本に帰国する以前に持ち上がっていた懸案であった。小林が日本帰国の途上にあった同年一〇月に、隣家を借り受けることが決定している。これを進めたのは、当時塾長代理であった弟の登次郎と後援会の面々によるものであろうか。こうして義塾は空間的に塾生の収容数を大幅に増加させたことになる。本章第一節で確認したように、大正小学校もこの時期は拡張期に当たり、一九二九年新校舎に移転している。こうした動きは、ブラジル日系住民の都市化と在サンパウロ日系人の漸増、すなわち同市における学齢児童の集中・増加という現象のなかで連動していたということができよう。

聖州義塾では、これに加えて、教師陣の増加と刷新が行われている。一九三一年五月頃の同塾のスタッフは次のようなものであったことが知られる。

日本語、英語葡語教師　小林美登利（同志社、オーボルン神学校）
日本語、葡語教師　小林登次郎（日本師範、聖市商業学校）
日本語教師　小林　富美（東京女子大学）
日本語教師　小林　フミ（同志社専門部）
同　小林　トミ（日本師範学校）
臨時音楽、日本語教師　岩上　節子（幼稚園主任）

助手（葡語教師）　川原　潔（官立ジナージオ四年）[21]
（外務省通商局、一九三二、一〇六―一〇七頁）

前掲の一九二五年開塾当時のメンバーと比較すると、ブラジル人教員が一人もいなくなり、すべて日系教員、で構成されていることが知られる。（ただし、一九三四年のサンパウロ日本人学校父兄会編「在伯日本人学校一覧表」では、マリア・フランサという師範学校卒のブラジル人女性が教員として記載されている。）上記スタッフのなかには、「幼稚園主任」「臨時音楽、日本語教師」として岩上節子という女性と当時中学生であった塾生の川原潔が加わっている。この二人をのぞいて、ほぼすべて小林の親族で固められている。小林がともなった女性たちは、当時きわめてめずらしい高学歴女性たちであった。妻の富美は女子大学卒、登次郎の妻ふみは日本ですでに姫路高等女学校での教職にあり、妹トミは福島女子師範学校を卒業していた。すでに義塾の教職に就いていた登次郎は福島県立師範学校の出身であり、いずれも当時のブラジル日系社会では十分な「教師有資格者」としてみなされる条件を備えていた。当時の大正小学校がアントニア女史をのぞいて専門教育者とはいえない教員三名で運営されていた点と比べると、英語や音楽、幼児教育の導入など、同塾の先進性が目立つのである。

では、このように改革が進む義塾の外部からの評価はいかなるものであったか。『伯国教育状況視察報告』（一九三二）[22]では、「第四章　在伯邦人児童の教育施設」において、在ブラジル日系教育機関の校舎・寄宿舎の分類・評価を行っている。特に、校舎については、「教育施設の皆無の所」、「普通の住宅を学校に代用して居る所」から「一切新式で講堂を有し運動場を有し職員住宅に至る迄先づ以て申分なきもの」まで八種類に分類している（外務省通商局、一九三二、九二―九五頁）。概ね在ブラジル日系教育機関の施設や教材・教具については評価が低く批判的であるが、一定の水準を超え、寄宿舎を有する事例として、リンス学園、サンパウロ学院、聖州義塾の三つを紹介している。改革三年目の義塾が、他の二校と並んで、ブラジルの代表的な日系教育機関と目され、評価されていたとい

える。(23)

四-二-四　聖州義塾塾生会の発足とその活動

小林のブラジル再渡航と義塾改革の時代背景としては、一九二九年一〇月に世界大恐慌とその波及、翌一九三〇年のヴァルガス革命、一九三一年には満洲事変勃発と、ブラジルと日本をとりまく世界は激動の時代に入りつつあった。経済的不況は両国に大きな打撃を与えたが、同時期にブラジルへの日本人移民は急増し、上述したように義塾事業の拡張をもたらした。

こうした三〇年代の変化が、義塾の学習者（義塾では「塾生」と呼ばれた）、すなわち教育の受け手たちにどのような影響をもたらしたのかを確認しておきたい。注目されるのが、塾生の増加である。家族移民が前提であったブラジルへの移民は、学齢期の子どもたちの増加も意味した。第二章でも述べたように、ブラジルへの日本人移民は、一九二四年に日本の国策化し、同年アメリカへの移民の途が閉ざされたこともあり、その後徐々に増え続けた。小林の帰国した一九二九年には年間一万五〇〇〇人を突破し、一九三〇年から三一年には大恐慌の影響で減少するものの、一九三二年に再び一万人を超える。続く三三年、三四年と年間二万人を超え、ブラジル全体の邦人数も二〇万人の大台に載ることになる。

聖州義塾の「塾生名簿」（*Registro dos Alunos do Instituto Nippo-Brasileiro*）などから、一九三一年の寄宿生は三二名、通学生は二八名であったことが知られる。当時の塾生をリストアップしてみると、表4-2のようになる。

彼らは義塾で日本語を学ぶとともに、ブラジルの中高等教育機関に通い、二言語・二文化環境におかれていた。この表を見ると、寄宿生は、サンパウロ市近郊のコチア、モジダスクルーゼス、西はマットグロッソ州との州境近いアラサツーバやプレジデンテ・プルデンテ、南はレジストロと、ほぼサンパウロ州内全域を覆っている。また、はるかアマゾナス州のマウエス（アマゾン河中流域）からの寄宿生もおり、広範囲な地域から塾生が集っていたこと

表 4-2　聖州義塾寄宿生名簿

氏　名	出身地	所属学校（1931 年 3 月現在）
安瀬 愿	サンパウロ州 N.E. 鉄道アラサツーバ	伯国小学校 2 年生
権藤敏雄	サンパウロ州 N.E. 鉄道グァイサーラ	伯国小学校 3 年生
星野伯雄	サンパウロ州 N.E. 鉄道グァイサーラ	伯国小学校 3 年生
吉田鶴吉	サンパウロ州 N.E. 鉄道タラマ耕地（バウルー）	伯国小学校 3 年生
畑中徳三郎	サンパウロ州 S. 鉄道バストス	伯国小学校 3 年生
松本日出夫	サンパウロ州 S. 鉄道バストス	伯国小学校 4 年生
内山良文	サンパウロ州 N.E. 鉄道グァイサーラ	伯国小学校 4 年生
本田 亨	サンパウロ州 N.E. 鉄道グァイサーラ	
田中一美	サンパウロ州 S. 鉄道ジュケリー	
□□太郎	サンパウロ州 S. 鉄道バストス	
黒羽孫一	サンパウロ州 N.E. 鉄道アラサツーバ	伯国商業学校 1 年生
武藤昌敏	サンパウロ州 N.E. 鉄道リンス	伯国商業学校 1 年生
畑中忠雄	サンパウロ州 S. 鉄道バストス	伯国商業学校 1 年生
一ノ瀬 弘	サンパウロ州 N.E. 鉄道アラサツーバ	伯国商業学校 2 年生
畑中浄治	サンパウロ州 S. 鉄道バストス	伯国中学校 1 年生
榛葉如是	サンパウロ州 S. 鉄道バストス	伯国中学校 1 年生
弘田正実	サンパウロ州 S. 鉄道コチア	伯国中学校 1 年生
片岡宮雄	サンパウロ州 S. 鉄道 P. プルデンテ	伯国中学校 2 年生
宮崎徳雄	サンパウロ州 S. 鉄道コチア	伯国中学校 2 年生
佐藤 忠	サンパウロ州 N.E. 鉄道タラマ耕地（バウルー）	伯国中学校 2 年生
米田 栄	サンパウロ州セントラル鉄道 M. クルーゼス	伯国中学校 3 年生
菅山 守	サンパウロ州ジュキア鉄道レジストロ	伯国電気学校 1 年生
佐藤清一	サンパウロ州 N.E. 鉄道アラサツーバ	伯国電気学校 2 年生
川原 潔	サンパウロ州 S. 鉄道モンソン	伯国中学校 5 年生
児玉 巌	サンパウロ州セントラル鉄道 M. クルーゼス	伯国中学校 1 年生
小西謹次郎	サンパウロ州 N.E. 鉄道リンス	伯国中学校予科生
森野久雄	サンパウロ州セントラル鉄道 M. クルーゼス	在塾葡語専修
斉藤良雄	アマゾン州マウエス	在塾葡語専修
佐藤トミ子	サンパウロ市	伯国職業学校 1 年生
松原マツエ	サンパウロ州 N.E. 鉄道リンス	伯国裁縫学校
久保幸枝	サンパウロ州ジュキア鉄道レジストロ	伯国師範学校 1 年生
片岡千代子	サンパウロ州 S. 鉄道 P. プルデンテ	伯国師範学校 3 年生

この他サンパウロ市内からの通学生 28 名、N.E. 鉄道はノロエステ鉄道、S. 鉄道はソロカバーナ鉄道。
出典：Instituto Nippo-Brasileiro（1925 年 9 月〜）、聖州義塾（1931）『聖州義塾々報』第二号に拠り作成。

が知られる。
小林は寄宿舎内で規律ある生活を営むことを課すとともに、彼らの「自治的精神」の育成も奨励している（外務省通商局、一九三二、一〇八頁）。その方法として注目されるのは、「塾生会」を発足させ、義塾の活動内容を拡大したことである。具体的には、剣道をはじめとする武道・スポーツ活動の充実、図書の充実をあげることができる。ブラジル帰国後の事業拡大を見込んで、小林が日本滞在中に運動具や図書を購入していたことが、以下の『塾報』第二号の「会計報告」から知られる。

帰伯ノ費用
一　金壱千六百弐拾五円也　全家族ノ渡航費（母ヲ除キ全部教師）
一　金弐百五拾七円也　書籍類購入費
一　金参百参拾五円也　運動具（剣道、野球、庭球、バスケットボール）
合計金弐千弐百拾七円也

こうした物的充足を背景に、一九三一年には、文芸部、剣道部、野球部、庭球部、弁論部、遠足水泳部、音楽部が発足している。義塾の諸資料や新聞記事を見ていると、これらの武道・スポーツのなかでも特にさかんだったのが、剣道部と野球部、それに陸上競技部であったことが読み取れる。野球部は小林のブラジル再渡航以前から活動をはじめていたようで、次のような邦字新聞記事からその動向の一端を知ることができる。

• 義塾一三A—一一アサヒ
去る二日午後よりカンポグリセリオに於て義塾対アサヒの野球あり義塾かつ（…）（『時報』六〇七号、一九二九年六月

写真 4-4　聖州義塾の剣士たちと小林美登利（二列目左端）（1930 年代前半）（小林眞登氏提供）

六日）。

・ノロエステ遠征の聖州義塾野球団成績
五月十六日から同二十三日まで義塾は六戦し、二敗四勝、六割の勝蹟を残した。
試合成績は次の如くであった。
十六日（日）リンスにて　義塾敗
アリアンサ対第一戦　一六対〇（…）
（『時報』六一一号、一九二九年七月四日）。

後者の記事では、義塾野球部がノロエステ鉄道のリンスにまで遠征して、同鉄道線地方のチームと試合を行っていたことが知られる。

こうした活動のなかでも、小林自身が剣道家であったことから、一九二五年の開塾以来、剣道はさかんに行われていた。ここでは、塾生会のメンバーと活動について、剣道部を例に検討してみよう。

小林は、ブラジルという異国において子弟に武道教育を行うことの効用を次のように説いている。

一、武道ハ体育なき伯国教育の欠陥を補ひ、子弟に強健なる身体を養はしむるに大なる効果がある。（…）三、武道ハ礼節を重んじ、長幼の序、師弟の関係等に於て実地訓練をなすを以て礼儀作法等に欠くる所の多い第二世に対して此の欠陥を矯正するに有効である。武道ハ軽佻浮薄に流れ易き第二世に対して質実剛健の精神を涵養し優秀なる日系伯国市民たらしむる原動力となる（『塾報』第四号）。

小林の考えでは、武道は「体育なき伯国教育の欠陥を補」い、また「礼儀作法等に欠くる所の多」く、「軽佻浮薄に流れ易」いとされる「第二世」の体育・徳育教育として有効と考えられていたことが知られる。義塾の寄宿舎生活についての記述で、「朝六時起床、直に撃剣体操、朝拝＝聖書の輪読、祈禱をなして喫茶」とあるように、「撃剣」すなわち剣道の稽古は、起床後まず行われる重要な教育であった。サンパウロ州政治社会警察の資料には、太平洋戦争勃発後の小林の証言が記録されており、義塾における剣道、野球などの練習は一九四一年末まで行われていたことが確認できる（Superintendência de Segurança Política e Social、一九四二年一一月九日）。

こうした活動のなかで注目されるのは、剣道部によって一九三一年に開催された第一回紅白試合である。『塾報』第二号の「運動部便り」には、下記のようにこの時の参戦メンバーと試合結果が掲載されている。

紅軍：片岡宮雄、内山良文、榛葉如是、野村丈吾、吉田鶴吉、宮崎徳雄、一ノ瀬弘、佐藤清一、畑中浄治、森野久雄（副将）、川原潔（大将）、白軍：安瀬愿、星野伯雄、本田亨、権藤敏雄、弘田正美、桑原次郎、黒羽孫一、畑中徳三郎、武藤昌敏、高畠清（副将）、小西謹次郎（大将）（『聖州義塾々報』第二号、傍線部筆者）。

表4-3　聖州義塾出身の日系二世リーダー

氏　名	生年月日	出身地	入塾年月日	事　績
高畠　清	1910年3月	東京都墨田区	不明	1928年8月渡伯、エンジニア・弁護士、アマゾニア産業法律顧問、南米銀行スザノ支店長
川原　潔	1912年9月7日	SP州S.鉄道バレビー駅第2モンソン植民地	1931年2月1日	ブラジル日系最初の医大進学者、医大4年時に夭折
畑中忠雄	1914年9月22日	SP州N.E.鉄道グアタパラ耕地	1931年2月1日	サンパウロ州バストス市長（ブラジル最初の日系自治体首長）
内山良文	1919年7月20日	SP州ガイサーラ	1931年2月1日	弁護士、SP州議（2期）、南米銀行取締役、日伯文化連盟会長
野村丈吾	1920年3月3日	SP州レジストロ	不明	歯科医、SP州議（1期）、連邦下議（5期）、外交委員会委員長

出典：Instituto Nippo-Brasileiro（1925.9〜）、SILEG（2007a）、遺族・関係者からの聞き取りなどに拠り作成

これらの塾生たちのなかには、いずれも戦後のブラジル日系社会を牽引していく錚々たる人物たちが含まれている。紅軍の畑中浄治と白軍の畑中徳三郎の長兄であり、この時期の野球部長として活躍した畑中忠雄（義塾の剣道の選手でもあった）を加えて、現時点でその後のキャリアを確認しうる人物（下線を引いた）を表4-3に整理してみた。

彼らのうち、紅軍次鋒の内山良文は陸上部でも活躍。後に弁護士、一九五八年にサンパウロ州議会議員に当選、州議を二期務め、日伯文化連盟会長、日本語普及センター副理事長などを歴任している。紅軍四番手野村丈吾は歯科医から連邦下院議員。白軍副将高畠清は弁護士、アマゾニア産業法律顧問、戦後南米銀行スザノ支店長、汎スザノ文化協会顧問。紅軍大将の川原潔はブラジル日系人として最初に医科大学に進学し将来を嘱望されながら夭折した人物であり、先の教師陣でも確認したように、この当時中学四年生でありながら、助手としてポルトガル語を教授していた。また、野球部長の畑中忠雄とは、国策移住地バストスの支配人であった畑中仙次郎の長男であり、戦後日系人初のブラジル地方自治体首長（バストス市長）となった。このように、第一回紅白試合出場者は、後のブラジル政界、法曹

界、実業界、教育界などで活躍した日系子弟が目立つのである。

さらに、一九三〇年代後半の日系二世の人間形成を考える場合、無視できないものとして、聖市学生連盟（Liga Estudantina Nipo-Brasileira）の設立と活動がある。同連盟は、一九三四年一〇月、二世学生の親睦と団結を目的にサンパウロで結成された日系学生エスニック組織である。同連盟は機関誌『学友』（主に日本語）と *GAKUSEI*（ポルトガル語）を発行し、サンパウロ市の中高等機関に学ぶ二世学生の組織と啓蒙に努めたが、結成メンバーの半数以上が聖州義塾出身者であった。すなわち、「設立趣意書」の起草者を確認すると、石丸省二、石田登、畑中忠雄、川原潔、由永靖夫、高畑清、高橋勝、塚本彰美、柳沢秋雄、二木秀人、斉藤勇、佐藤忠、木村博、下元健郎、新工善一（——線は聖州義塾寄宿生および出身者）であり、学生連盟の設立メンバーの半数以上が聖州義塾出身者であったことが知られる[24]。また、学生連盟会員、特に役員や機関誌寄稿者の多くは聖州義塾の寄宿生および出身者であり、同塾の塾生会の運営に関わっていた人物が多かったことが知られる。たとえば、『学友』第四号では三二編中一五編、*GAKUSEI* Nº18（1937年10月）では一五編中三編、『学友』第八号では三三編中一〇編が聖州義塾出身者および関係者によって執筆されている（根川b、二〇一六）。

それだけでなく、学生連盟はさかんに武道・スポーツ・弁論活動を奨励したが、連盟役員と聖州義塾出身者は野球や剣道の試合で多くのメンバーが重複している。たとえば、「サンパウロ市学生軍対老童軍野球試合」という一九三四年一一月に行われた野球試合のメンバーの重複は次の通りである。

下元◎、宮崎△、武藤△、佐藤◎、畑中◎、弘田△、柳沢〇、塚本〇、坂田〇（〇は学生連盟メンバー、△は義塾メンバー、◎は学連・義塾両属）[25]

表4-4は、学生連盟一九三五年度役員と聖州義塾・スポーツとの関係を表したものである。

表 4-4　学生連盟 1935 年度役員と聖州義塾・スポーツとの関わり(26)

役職	氏名	義塾寄宿経験	義塾通学経験	剣道経験	野球経験	弁論経験
会長	高畠　清	○		○		○
副会長	キヨシ川原	○		○	○	○
書記	ケンロー下元	○		○	○	○
書記	二木秀人	?	○	○		○
書記	ヒロシ木村					○
会計	高橋　勝	○		○		○
会計	由永靖夫	○				
編集部長	高畠　清	○		○		○
弁論部長	塚本彰美					○
運動部長	柳澤秋雄	?	○	○	○	○
運動部長	石丸省二	○		○		○
代議員						
O. クルス	石田　登					
エスタード	石丸省二	○		○		○
D. ペドロ	ヒデオ松本	○				○
パウリスターノ	ヒロシ木村			○		○
A. ペンテアド	高橋　勝	○		○		○
S. アルベルト	メイジ内山					
プラサ師範	ヨネコ西江					○
ブラス師範	ユミ子高岡		○			○

表4−4からうかがえる学生連盟役員と塾生の関係は、なかば混在し、野球や剣道、弁論活動をともにする仲でもあった。学生連盟という組織にしても、その機関誌発行のノウハウにしても、同じ釜のメシを食う寄宿舎の先輩後輩・友人・同窓生、そのまた友人や兄弟姉妹といった関係という、きわめて緊密なネットワークのなかから生まれたものであったことが想像される。

以上の点から、『学友』、*GAKUSEI* 発行の学生連盟メンバーと聖州義塾出身者は、宗教（キリスト教）やスポーツを介して、次のような点で関連していると考えられる。

- 学生連盟会員、特に役員や機関誌寄稿者の多くが聖州義塾出身者や関係者。
- 学生連盟メンバーと義塾剣道部や野球部のメンバーが相当数重複。
- 一九三六年度学生連盟役員は寄宿舎や学校ごとに代議員を選出（義塾をはじめとする日系寄宿舎文化や人間関係が連盟の運営に強く影響ことが想像される）。

こうした点を考えると、学生連盟の前駆的組織として聖州義塾塾生会があり、少なくとも連盟の初期は義塾出身者が塾生会のシステムを受け継ぎながら連盟を運営していたという推測がなりたつ。聖州義塾は、二世エリートの組織化や都市化にも大きな役割を果たすことになるのである(27)。

四−二−五　聖州義塾サンターナ分校の分離独立

サンターナはサンパウロ市北部、現在は地下鉄駅が開通し住宅街が広がっている。しかし、一九二四年一九二〇年代には、人家もまばらな草ぼうぼうとした丘陵であったという。小林美登利は、一九二四年九月七日、十数名の青年たちとこの地で「サンパウロ教会設立宣言」を行った。義塾の歴史の中で記念すべき場所である。設立宣言の頃には、小林家が住居をもとめ、現在も娘さんがこの家に暮らしている。一九三〇年七月には、ここにサンターナ分校が設立され、本校の吉原千苗《ちなえ》舎監が分校主任（義塾では「校長」という名称は使われず、小林自身の役職も「主任」となっていることが多い）として赴任している。

第一節でもふれたように、吉原の経歴については詳しい資料を持たない。『ブラジル邦人人名録』によると、明治三四（一九〇一）年七月、長野県上水内郡栄村字日高の生まれ。大正七（一九一八）年七月讃岐丸でブラジル渡航。この『人名録』発行の一九五〇年代末の職業は「ポプラール銀行常務取締役」であり、家族構成は「妻ワンダデ・モウラ、一男」となっている（遠藤・山下、一九五九、七四五頁）。ブラジル渡航後数年の足跡はつかめないが、おそらくサンパウロ州内のどこかの農場にいたのであろう。先述したように、一九二四年六月に大正小学校初代校長であった宮崎信造の死後、吉原は第二代校長に着任するが、一年足らずで同校を辞めたとされる（『パウリスタ新聞』一九七五年一〇月二日）。「聖州義塾日誌」の一九二五年一〇月一日記事に、「永島正夫、吉原千苗ノ両君ヲ昨秋コレジヨエヴァンジェリコヨリ移□ス」とあるので、同年の四月か五月頃に開塾前の義塾に入っていたことが知られる。また、吉原は、小林から洗礼を受けたことが小林家に残る記録から知られ（小林の三男成十氏のご教示による）、当時のブラジル在住日本人としてはきわめてめずらしく、ワンダ・ダ・モウラというブラジル人女性を妻としていたことが注目される。当時のブラジル日本人移民は帰国を前提としていた者がほとんどで、文化・習慣を異にするブラジル人や外国人移民との通婚はまれであった。ブラジル人との結婚や小林の片腕として働いた点から、彼が永住主義者であったことが容易に想像できる。彼の妻ワンダは、一九三〇年七月にサンターナ分校が設立された時、吉原とともにポルトガル語教師として勤務することとなる（外務省通商局、一九三二、一二九頁）。前掲「聖州義塾開始ニ就テノ説明書」に記された一九二五年九月七日当時の記録では「マッケンジー大学」となっているので、有資格教師であったと想像できる。

このサンターナ分校で興味深いのは、日系児童より多くの非日系児童を受け入れた点である。吉原によって報告

表4-5　サンターナ分校父兄国籍別生徒数（昼間部）

	日本人	伯人	葡人	伊人	独人	西人	其他	合計
男	9	9	16	3	7	4	3	51
女	8	7	9	6	6	3	2	42
計	17	16	25	9	13	7	5	93

出典：外務省通商局（1932）から転載

されているように、最初に入学した日系児童たちが減少した後、「外人子弟にして入学を希望するものの漸く多きを加へ、かくて教室の狭きを感ずるに至れり」（外務省通商局前掲書、一二九頁）という状況に至った。さらに、「革命騒動[28]」に引続き大不景気にて入学生少なき覚悟しつつ、本年一月五日新学期を開始せしに、同胞子弟の激減に引替、外人子弟の入学するもの益々多く、目下昼間部五十数名、夜学部廿数名の現在生を見るに至れり」（外務省通商局前掲書、一三二頁）と報告されている。日系子弟が減少する一方、「外人子弟」（ブラジル人や非日系移民子弟）が増加したことが知られるのである。また同校は昼夜二部制をとっていたが、一九三一年現在における昼間部の父兄の国籍別人数が表4-5のように報告されている。

これによると、一九三二年当時、全児童九三名[29]に対して、日系子弟は男女合わせてわずか一七名であり、比率は一八パーセントに過ぎない。これは、小林や吉原の予想を越えて、同校が意図せざる状況ながら、多国籍的で多言語的な教育環境を生み出したことを意味する。

一九三二年三月一〇日付で公認私立学校として認可を受け、同年五月には「エラズモ・ブラガ校」（Instituto Erasmo Braga）と命名され、本校から独立する。校名の「エラズモ・ブラガ」は上述したようにブラジル長老派教会の実力者の名で、義塾の母体となるミッソン・ジャポネーザ・ド・ブラジル設立時に大きな貢献をなした人物である。こうして、ガルヴォン・ブエノ通りの義塾本校が日系二世教育に集約していくのに対して、サンターナ分校は一般のブラジル私立小学校として発展していくことになる。

四-二-六　聖州義塾の立ち退き

こうして聖州義塾の事業はその後順調な発展をしていくかに見えたが、第二章でも述べた一九三七年に始まったヴァルガス政権の新国家体制《エスタード・ノヴォ》下のナショナリゼーション政策によって外国語教育が規制され、やがて禁止された。ただ、義塾の場合、多くの塾生がバイリンガルとして育ち、サンパウロの中高等教育機関に学んでいたため、日本語教育の禁止は他の日系教育機関のように致命傷とはならなかったと考えられる。しかしながら、太平洋戦争の勃発によって決定的となった日系人を含む枢軸国系住民への当局の弾圧はのがれることができなかった。サンパウロ州保安局によって、一九四二年一月に、「ブラジルの日独伊との国交断絶に当たり、本州居住当該国民に対し、以下の事項を禁止する」という「取締令」（第二章でも引用）が布告され、敵性外国人とされた日系人の活動は大幅に制限されたのである。このなかでも、「1　如何なる者も当該国国語にて記されたものを頒布すること」「2　当該国国家を唱し、あるいは演奏すること」「3　当該国独特の敬礼をなすこと」「4　多数集合の場あるいは公衆の場において、当該国国語を使用すること」「7　私宅内といえども、私的祝祭の名義をもって集合すること」「8　公衆の場に於いて国際時局に関し、討論あるいは意見の交換をなすこと」などという規定は、義塾の活動を制限したであろうし、竹刀や木刀をもって行われる剣道の稽古や試合は、「9　以前に正当な許可書を取得しているとも、武器を使用すること、また武器弾薬あるいは爆薬製造に使用し得べきものを売買すること」に抵触した可能性がある。

この「取締令」後の小林の動向を見ると、一九四二年一月三一日に伯国柔剣道連盟を解散。同年一〇月、サンパウロ社会保安局（Delegacia de Ordem Social）により、聖州義塾本校・サンパウロ教会に立退き命令が出される。次のようなサンパウロ州政治社会保安局の記録により、一九四二年一〇月には聖州義塾およびサンパウロ教会は閉鎖の上立ち退きとなったことが確認される。

> 敬愛なるサンパウロ州政治社会保安局署長殿　謹んで報告いたします。（…）ウンベルト・プリモ通り二三六番およびガルヴォン・ブエノ通り四〇七番に位置する寄宿舎の所有者である日本人、フランシスコ青木と小林美登利に、

それぞれの施設を閉鎖し立ち退きするよう通達いたしましたことを閣下に報告いたします（Seção de Ordem Social, São Paulo: 28 de outubro de 1942、原文ポルトガル語、拙訳）。

これにより、義塾はいったん閉鎖のやむなきに至った。小林はブラジル国籍を取得していたにもかかわらず、立ち退きに遭っている。彼が「真の意味の伯化」を提唱し、ブラジルへの永住と寄与を説いたことを考えると、皮肉と言うしかない。この後、小林は家族とともにサンパウロ市郊外のアメリカノポリスへ移り、終戦を待つことになる。

四―三　サンパウロ日系移民子弟教育における二言語・二文化教育

ブラジルは一九世紀後半から多くの外国人移民を受入れたが、二〇世紀に入って急速に商工業都市として成長したサンパウロ市はこれらの移民とその子孫たちの多くを吸収することになった。一九二〇年の調査では、サンパウロ市人口五七万九〇三三人に対して、二〇万五二四五人（三五・四パーセント）が外国人であり（DEMARTINI e ESPÓSITO 1989: 982）、イタリア系、ポルトガル系、アラブ系、ユダヤ系、日系などが混在する多言語・多文化都市としての様相を呈していた。第一回笠戸丸移民（一九〇八）が到着して数年、一九一〇年前後のサンパウロ市には、すでに十数人の日本人がいたことが知られている。そして、「一九一三年、竹村第三回移民船第二雲海丸と東洋第二回移民船若狭丸とが三月に入港した。聖市の邦人界は一日々々と賑やかになつた」（香山、一九四九、一九九頁）と記されているように、年を追うごとに同市の日系コミュニティは大きくなっていった。サンパウロ市で発行されていた邦字新聞『日伯新聞』（一九二四年三月二八日）によると、一九二四年の同市の日系人口は、約一〇〇〇人とされた。

サンパウロ市におけるこうした多言語・多文化環境は、二つの言語、二つの文化（あるいは多言語・多文化）のはざまに生きる「二言語人《バイリンガル》」「二文化人《バイカルチュラル》」(30)と呼ばれる人びとを生みだしていった。移民子弟の言語習得の面から見ると、彼らのおかれた言語環境に共通する点は、移動性や越境性とともに、複数文化体験やダブルリミテッド(31)、母語喪失の危険性などさまざまであるが、ホスト国の公教育とエスニック教育機関という学校間の越境をともなう移民子弟たちの二言語・二文化化への期待や志向もまた大きな共通点といえる。こうした期待や志向性は、戦前期ブラジルの日系移民子弟教育のあり方にもさまざまな影響を及ぼしたが、バイリンガル教員の採用や二言語教育の実施など、現代の言語教育を先取りするような先進的要素も一部には見られた。

本節では、そのような戦前期日系移民子弟教育の先進的要素を発掘し、その歴史的意義について考察したい。すなわち、ブラジル日系移民子弟教育のもっとも充実する一九三〇年代に力点をおきながら、実際の教育の状況、とりわけ二言語・二文化化傾向が強かったと見られるサンパウロ市日系コミュニティの言語状況と日系教育機関における教育環境を、文献資料やインタビュー資料を通して明らかにしたい。特に後者については、ブラジル派遣教員留学生の役割、大正小学校や聖州義塾など日系教育機関での教育内容、子どもたちの二言語・二文化生活という三つのトピックを概観し、ブラジル日系移民子弟教育におけるサンパウロ市の地域的特性や二世世代が戦後にトランスナショナルな二言語・二文化人としての活躍する条件について考察したい。

四―三―一　サンパウロ市日系コミュニティの言語状況

ブラジルはそもそもポルトガルの植民地を起源とする国であり、ポルトガル語が国語（公用語）である。言語学的には、ポルトガル語は、イタリア語やフランス語、スペイン語とともにインド・ヨーロッパ語族のロマンス語に属し、日本語とは音韻・表記・文法・語彙とも大きく異なる言語である。ブラジルに入国した外国人移民は、ドイツ系を除いて、同じロマンス語系諸語を母国語とするイタリア系、ポルトガル系、スペイン系移民が多くを占めていた。彼らは言語的に不自由さをほとんど感じないばかりか、サンパウロ市のイタリア語のように、逆に現地のポルトガル語に大きな影響を与えさえした。彼らラテン系人《ラティーノ》と異なり、ほとんどが日本語以外の言語を解さなかった日本人移民は、当然のごとく言語生活ではいちじるしく不利な立場に立たされた。本書でしばしば引用する半田（一九七〇）『移民の生活の歴史』でも伝えられる初期移民のコーヒー農場での苦痛や騒擾事件、滑稽な誤解は、農場側の奴隷遺制や収奪システム、契約の曖昧さ、農業移民としての不適性、習慣の相違にも大きな原因であったが、農場主側との言語的不通に負うところも多かった[32]。日本人／日系人のポルトガル語の訛りや拙さ（それが現実を反映していないにしても）は、現代のブラジルでもモノマネやからかいの対象になるほどである。このように、日系移民子弟の教育は、母国語の特殊性において、他の移民集団と異なった傾向を帯びることを運命づけられていた。

一九二〇年代から日本移民が急増する三〇年代にかけて、ブラジル日系人口の大部分を占めた内陸農村部の植民地では「共同体（セミ）バイリンガリズム」が成立していたとされる。「共同体（セミ）バイリンガリズム」とは、ポルトガル語をカマラーダやコロノ[33]と話す分には不足はないとしても、本を読むというようなことはないレベルで、「2つの言語を不充分ながら操ることで異文化の中での生活をスムーズにする」レベルのバイリンガリズムとされる（森、二〇〇九、六七頁）。ここでは、「移民一般の親たちの子弟教育観」として、「日本語修得、そして日本語を通じての〈徳育教育〉〈修身教育〉を相対的に重要視しながら、現実の生活のうえで必要なポルトガル語を習得させるという〈日主伯従主義バイリンガリズム〉」（森前掲論文、五七頁）とも指摘されているので、セミリンガル化やダブルリミテッドを含む日・ポ両語の二言語併用が成立していたということであろう。初期サンパウロ市在住日系人の言語状況も、こうしたレベルから隔たるものではなかったと想像される。

しかしながら、サンパウロ市在住日系人は主に商業やサービス業に進出したため、ブラジル人との接触とポルトガル語の必要性は、排他的な内陸の日系植民地とは比較にならないほど大きかった。こうしたポルトガル語話者との接触や必要性の高さ、生活様式の多様さから、一九二〇年代から三〇年代のサンパウロ市日系コミュニティにはさまざまなレベルの二言語・二文化状況が成立していたと考えられる。特に、日系子弟たちは日本語が第一言語として確立する前から、ブラジル人や非日系移民子弟と接触した。次のような資料や証言から、子どもたちに日本語・ポルトガル語間の言語シフトが起こり、後者が日常語として優勢言語《ドミナント》になっていった状況が想像できる。

子供たちが、どやどや走ってとおる。日本人、黒人、白のブラジル人、イタリア人、みないっしょだ。ブラジル語の勉強にかよう連中である。日本人の子供たちは、午後宮崎信造先生に日本語をならう（半田、一九七〇、一八六頁）。

これは、一九二〇年頃サンパウロ市中心部のコンデ界隈での子どもたちの状況を描いたものである。午前中はポルトガル語の教育を受け、午後は大正小学校に通学しながら日本語を学習したことを示すものであろう。意図せざる結果ながら、二言語教育がすでに日常化し、「黒人、白のブラジル人、イタリア人、みないっしょだ」とあるように、子どもたちが多言語的な環境におかれていたことが知られる。次は、コンデ界隈で生まれ育った一人の日系子弟の回想である。

言葉の点で見れば、芳我貞一弁護士（筆者注——一九一六年サンパウロ生まれ）は当時すでに両親との会話の基本がポルトガル語だったことを覚えている。ただ怒られる時だけ、バカタレなどの日本語が飛び出した（YOKOTA 2008: 24）。

また、同じくコンデ日本人街に生まれ、大正小学校に学び、後に日系最初の連邦下院議員となる田村幸重氏（一九一六〜二〇一一）にインタビューした時の次のような証言も、ポルトガル語の優勢言語化の傾向を裏付けている。

Q：当時のコンデの子どもたちはポルトガル語でしゃべって遊んでたんですか。それとも日本語ですか。
A：ノン、そりゃ、ポルトゥゲスだよ。(…)家に帰っても兄弟でポルトガル語。お父さんにポルトガル語で答えて、「日本語で言え」って叱られた(田村幸重氏への筆者のインタビュー)。

一九二六年には、上記の芳賀氏、田村幸重氏を含む四〇数名の日系児童たちが聖ゴンサロ教会の公教要理のクラスに通っていた。このことと、この年に行われた彼らの集団洗礼のきっかけをつくったのが彼らの遊び友達であったエルシリア・アントニーニというイタリア系の女の子であった(前山、一九九六b、一二一―一三一頁)ことなどから、コンデ界隈の子どもたちの世界では、ポルトガル語を共通語としながら、多言語的環境で日常生活を送っていたことが知られる。

一九三〇年代になると、サンパウロ市の日系人口もさらに増え、次に記されているように、「日本人街」コンデ界隈は隆盛をきわめる。

このころのサンパウロ市の邦人社会も、一九一四～一五年時代のまずしさから、おいおいぬけだして、コンデの住民たちも「坂を上がって」コンセリェイロ・フルタード[34]全盛時代となり、コンデ・ド・ピニャール、タバチングェーラ、イルマン・シンプリシアーナ[35]へとのびていった。(…)そして、最も日系人口の密集していたのはコンデ・デ・サルゼーダス街を中心として(…)、いわゆるコンデ界隈であって、ここには約六百人の日系人がいた(半田、一九七〇、五七二―五七三頁)。

一九三三年にサンパウロ市の郡部で農業する日本人四〇〇家族二七〇〇人、市部が六〇〇家族三〇〇〇人に達していた。そのサンパウロの市部に住む日本人は、幾らかの例外的なケース(藤崎商会、蜂谷商会など)を除けば、一九一七年から一九一八年ころに地方から出て来た者がリベルダーデ区コンデ・デ・サルゼーダス街付近に集まり日本品、日用雑貨、食料品などを売る店が何軒も並び、他に旅館、洋服店、理髪店、薬店、医師、飲食店までもできて一寸した日本人街を形づくっていった（日本移民八十年史編纂委員会、一九九一、一二七―一二八頁）

こうしたサンパウロ市日系人の繁栄は、一九二〇年代後半から一九三〇年代前半にかけて多くの日本人移民が入国したことも一因である。この新移民のなかには、満洲事変以降の日本のナショナリズムの影響を受けた者も多くふくまれ、またその影響下で発展した国粋主義的な言説も多く輸入された。そのため、日本人移民の間では遠隔地ナショナリズムへの傾斜から、子弟の日本語教育重視の傾向が生まれた。一方、三〇年代に入ってからは、ヴァルガス政権のナショナリズム政策による同化圧力によって、移民子弟の間でポルトガル語が優勢言語となる傾向はさらに強くなった。日系子弟の言語はこうした二つのナショナリズムのはざまで動揺することになった。

サンパウロ市在住の日本人（親世代＝一世）は、商業・サービス業従事者とともに、総領事館や移民会社、新聞社社員や教師、医師などの専門職といったリベラルな知識層も多く、永住・同化論に裏打ちされた〈伯主日従主義〉の影響力が大きかった。伯主日従主義とは、戦前期の子弟教育観の一つで、永住と同化を前提とし、「ブラジル教育の重視と徳育教育を中心とする日本語による補習教育という教育方針」とされる（森脇・古杉・森、二〇一〇、二七六頁）。サンパウロ市におかれたブラジル日系子弟教育の指導機関であるブラジル日本人教育普及会は、一九三七年に「伯国教育令の遵奉」「伯国教育の徹底」を二大原則としている。こうした大人同士の空中戦をよそに、日系子弟（二世）たちは「現実には、子孫は益々ブラジル的になりつゝある」（半田、一九三九）と観察されたように、ポルトガル語とブラジル文化により傾斜しつつも、彼らの間で二言語・二文化化が進むこととなった。次のY・Aさんの事例は、そうした傾向を裏付けている。

Q：Y・Aさんの子どもの頃って、子ども同士では何語で話してたんですか。

A：学校で友達と何語で話していたかって？カンポス・サーレス[36]ではブラジル語。大正小学校はね、やっぱしブラジル語よね。家では日本語話してたけど…お父さんがね、あんたたちは外に出たらブラジル語なんだから、家ではちゃんと日本語で話しなさいって…でも、弟や妹たちとは、やっぱりブラジル語よね（Y・Aさん（一九二七年サンパウロ市生まれ）への筆者のインタビュー）。[37]

ここに見えるのは、家庭のウチ・ソト、公教育機関と日系教育機関での言語間・文化間の越境である。サンパウロ市の日系人の子どもたちは、多かれ少なかれこうした複雑にからまる言語・文化間の越境を日常的に繰り返していた。

その後、一九三八年にヴァルガス独裁政権による新国家体制が確立すると、移民の同化政策はさらに促進された。ブラジル・ナショナリズムの高揚による同化圧力によって、外国語教育への統制はさらに強くなった。すでに述べたように、一九三八年八月には「外国人入国法」が制定され、その一六章で国内すべての農村学校において各科目の教授はポルトガル語によることが規定された。また、同法の属項第八五―一として、一四歳未満の者への外国語教授が禁止された。[38]これに対して、サンパウロ、サントスは一〇歳未満の者への禁止にとどめられた（青柳、一九五三、二〇〇頁）。このように大部分の日系人が居住していた農村部での日本語教育が禁止されたのに対し、サンパウロ市ではさまざまな制約はあったものの、法律に保証される形で初等教育での日本語教育が継続された。[39]サンパウロ市の言語状況の特性は、こうした教育の場でも現れていた。ただ、こうした延命も長くは続かず、一九四一年一二月、太平洋戦争の開始とともに日本人は「敵性外国人」とされ、日本語教育と使用は完全に禁止されることになった。

ただ、次のP・Y氏の証言のように、この日本語使用禁止の前からサンパウロ市日系子弟の高学歴化の進行にと

表 4-6　戦前期サンパウロ市日系コミュニティの言語状況

	子ども	成人	主な出来事
1910～ 1920 年代	日本語に傾斜したバイリンガリズム ↓ 急激にポルトガル語に傾斜したバイリンガリズム	日本語に傾斜したバイリンガリズム ↓ 徐々にポルトガル語に傾斜したバイリンガリズム	1915：大正小学校創立 1919：大正小ポルトガル語授業開始 1925：聖州義塾開塾 1929：サンパウロ日本人学校父兄会設立
1930 年代	・生活言語：ポルトガル語の優勢言語化 ・学習言語：「発展維持型」「豊かにするバイリンガル教育」による高度な二言語化、高学歴化の進行	生活言語としてバイリンガル化が進行する反面、国粋主義的イデオロギーによる「和魂伯才論」、日主伯従的教育論へのゆれ戻しと永住・同化論への分化	移民数の増加 サンパウロ遊学増加 1936：ブラジル日本人教育普及会設立 1938：新国家体制開始、10 歳未満者への外国語教育禁止
1940 年代前半	日本語教育禁止：ポルトガル語へのモノリンガル化、さらなる高学歴化の進行	日本語使用禁止：反動としての国粋主義化と永住・同化論への分化進行	1941：太平洋戦争勃発

もない、言語使用の面でポルトガル語へのモノリンガル化への傾斜は相当進んでいたと考えられる。

Q：先生の子どもの頃って、近所の子どもたちと何語で話してたんですか。
A：そりゃ、もうポルトガル語ですよ。ニホンジン（筆者注――ブラジル国籍の二世も含む）が日本語話すと（警察に）引っ張られたしね。僕のお父さんもポルトガル語、よく話したよ。お母さんはダメだったけどね（P・Y氏（一九三八年サンパウロ市生まれ）への筆者のインタビュー）。

このように、一九三〇年代は、言語使用と接触において相当な複雑性を持った時代であったが、その複雑さゆえに、人口稠密エリアである大都市サンパウロでは、ポルトガル語をベースとしながら、すでに高度な二言語・二文化人を出現させる条件が整いつつあった。サンパウロ市在住日系人のバイリンガリズムは、ポルトガル語の高いコミュニケーション能力、洗練を要し、それは二つの文化に適応する異文化への適応力もともなうものであったはずである。一九一〇年代から四〇年代にかけてのサンパウロ市日系コミュニティの言語状況の流れを表4‐6のように仮説的に整理しておく。

少なくともここで言えることは、一九三〇年代のサンパウロ市日系コミュニティの子弟教育においては、さまざまな条件から、日ポ両語を習得し二文化に適応した二言語・二文化人を志向するとともに、実際にそうした子どもたちを生み出す状況が現れていたということである。

四‐三‐二　戦前期サンパウロ市日系教育機関における教育環境

以上に述べたような日系二言語・二文化人を志向し出現させた条件は何か。以下、この問題を学校教育の面から考察する。特に、当時のサンパウロ市日系教育機関における教育環境について、（1）バイリンガル教員の導入、（2）日系教育機関での教育内容、（3）子どもたちの二言語・二文化生活の三つの面から考察してみたい。

バイリンガル教員の導入

戦前期ブラジル日系教育機関では、教員の派遣・養成については移住者のなかから需要をまかなってきた。しかし、師範学校を卒業した者など移民のなかにはなかなかおらず、有資格者教員への希求は高かった。父兄の立場から見ると、「よい先生」「頼りになる先生」は常に渇望されていた。

こうした需要に応える手段の一つとして、一九二〇年代末から三〇年代の前半にかけて、信濃海外協会[40]の主導で「ブラジル派遣教員留学生」という制度が生まれた。これは第二章でもふれたように、日本の師範学校卒業者をブラジル師範学校に留学させ、ポルトガル語習得とともにブラジルにおける正規教員の養成をめざした制度で、信濃海外協会が主体となり、主に長野県内の師範学校卒業者から留学生を選抜、外務省が支援し、一九二八年以降ブラジルへ派遣した。この制度は、「外務省ブラジル派遣教員留学生」と、「外務省」を冠せられて呼ばれることがあるが、もともとは信濃海外協会が立案、長野県立師範学校卒業生から選抜しブラジル師範学校に派遣した留学生であり、全員が長野県人であった。というのは、一九二四年に開拓がはじまった同じく信濃海外協会直営のアリアンサ移住地の小学校に、有資格教員が必要とされたためであった。ブラジル師範学校卒業後は「正規教員」として、このアリアンサ移住地小学校の幹部教員となることが期待されていた。ブラジルの日系教育機関に日本人正規教員を配置し、サンパウロ州やブラジル当局との摩擦を避けるための措置でもあったが、結果的に、日ポ両語のバイリンガル教員を養成することとなった。また、彼らは資格や能力の面から校長や幹部教員として各校へ配置され、言語的・文化的「架け橋」としての役割を果した。信濃海外協会が率先してこうした制度を生み出した背景には、理想的な移住地建設の条件に教育機関の充実が入っていたことによる。同協会の発起人の一人であり、アリアンサ移住地建設に貢献した輪湖俊午郎は、一九二〇年六月の計画段階において、同じく同協会発起人であった永田稠、北原地価造と理想的移住地建設を話し合った際、教育機関の充実を説いている。

ブラジル派遣教員留学生制度の実例については、第五章で第一回教員留学生として派遣された両角貫一を事例として紹介するが、この制度がサンパウロ市日系教育機関の教育環境を特徴づけることになる。なぜなら、一九三〇年代半ば、これらの留学生三人のうち長田イサムをのぞく二人がブラジル師範学校を卒業後、サンパウロ市とその近郊に集中配置されることとなったためである。二人のうち、清水明雄は一九三二年州立カンピーナス師範学校を卒業し、第一アリアンサ小学校に赴任するが、一九三五年にはサンパウロ市郊外のコチア小学校に転任することになる（清水氏からの聞き書きによる）。同年、両角は、坂田忠夫、二木秀人、柳澤秋雄という第二回留学生出身者とともに大正小学校に配置される。このブラジル教員有資格者のサンパウロ市とその周辺への配置は、「外国語の学校の取締りは日に日にきびしくなるので、サンパウロの中央にどうしても有資格教員をおく必要に迫られていた」（二木、一九九六、一四四頁）という第二回留学生二木秀人の回想にその理由を見いだすことができる。ヴァルガス政権下で、外国語学校への当局の監視が特に厳しかったサンパウロ都市圏教育機関でブラジル師範学校を卒業した正規教員として外国語教育制限に対応させるためであったと考えられる。

こうして、大正小学校には、一九三五年前後に四人の元教員留学生が配置された。ただ、この教員留学生制度は教員養成に時間とコストがかかりすぎ非効率であるという理由から、第一回一九二八年三月～一九三三年（三名）と第二回一九三二年一二月～一九三八年（三名）の二回だけで終わっている。

この教員留学生という制度にかわって導入されたのが、ブラジル生まれの二世教員の日本留学制度である。この二世教員日本留学生で名前が判明しているのは西江米子と小川マリアという二人の女性教員であり、彼女らも当然日ポ両語のバイリンガルであった。ただ、彼女ら第一回日本留学生派遣が一九三九年中であり、その約二年後には日本とブラジルが国交断絶したこと、彼女ら以外の例が資料にも現れないことを考えれば、その後この制度も消滅したものと推測される。西江は、二年後の一九四一年にはブラジルに戻って大正小学校に勤務したらしく、一世教員が去った戦時中はブラジル生まれの彼女が同校の校長を務めている。第二次世界大戦中、ポルトガル語のモノリンガル教育によって継続した大正小学校を守ったのは、前節で述べたように、この西江校長と同校出身のやはりバイリンガル二世教員であった山田ルイザであった（前掲「その〝歩み〟⑦」）。同校の歴史のなかでもっとも困難な時代は、二人の若い二世女性教員によって乗り越えられたのである。そして、このようなバイリンガル教員の配置は、サンパウロ市日系コミュニティの子弟教育の志向性を反映するとともに、子どもの二言語・二文化化を促進する要因となったのである。

日系教育機関での教育内容

ブラジル日系子弟の二言語・二文化化を促進した要因として、一九三〇年代に入ると、独自のブラジル日系移民子弟向け教科書が編纂されるようになる。これは、当時のブラジル・ナショナリズムの台頭を背景に、外国語教育への制限がはじまったことによる。初等教育でブラジルの地理・歴史を教授することが必修となったため、『ブラジル地理』（一九三二）、『ブラジル歴史』（同）、『Nossa Pátria わたしの國』[41]（一九三二）といった日本語の教科書が編纂されることになった。これらは、ブラジル最初の日本語の活字版教科書であると考えられる。いずれも大正小学校と同じ敷地内におかれた在サンパウロ日本人学校父兄会で翻訳・編纂されている。次のような『わたしの國』の目次を見てみると、日本語で記述されながら、その内容はブラジルの歴史や道徳を学ぶものであったことが知られる。

「わたしの國」目次

第1幸福な王様／第2狩猟者／第3散歩／第4百姓とその子供／第5百姓とその子供（續）／第6浮浪者／第7工業家／第8ペードロおぢさん／第9讀方の時間／第10パルマーレス（逃亡奴隷の村）／第11不都合な食客／第12野心（一）／第13野心（二）／第14ペードロ伯父さん／第15マダレーナ／第16四月二十一日／第17植物園で／第18博物館／第19休暇／第20うまく用いられた授業／第21小学校で／第22パンテオン（一）／第23パンテオン（二）／第24奴隷／第25ブラジル共和國／第26國旗（一）／第27國旗（二）

こうした教科書の使用はサンパウロ市だけではないと思われるが、大正小学校と同じ敷地内にあったサンパウロ日本人学校父兄会で編纂されたことなどから、お膝元の大正小学校で使用されたことは想像に難くない。『わたしの國』の内容は「幸福な王様」や「パルマーレス」[42]などブラジルの歴史や文化に関するトピック、「パンテオン」や「国旗」などブラジル・ナショナリズムに傾斜した教材となっている。こうした二文化教育とともに二言語教育が行われたサンパウロ市の日系教育機関として、ここでも大正小学校と聖州義塾をとりあげたい。

大正小学校の事例

大正小学校は、本章第一節でも確認したように、創立最初、初代校長の宮崎信造が日本語の読み書きを教える

「寺子屋式」の私塾としてはじまり、一九一九年一月には正式な私立学校として認可された。同年一二月にはアントニア・サントス女史がポルトガル語教育をはじめ（半田、一九七〇、一九三頁）、以後日ポ両語の二言語教育が実施されたことも確認した。バイリンガル教員の導入は、先述したように一九三五年に両角貫一（第一回ブラジル派遣教員留学生）が校長として赴任。以後、第二回留学生の三人も教員として配属された。一九三二年の新法令の施行以後、外国語教育の制限が強化されるなか、彼らは正規教員としてサンパウロ中央での活躍が期待された。また、一九三〇年代末から四〇年代になると、西江米子、山田ルイザら二世女性のバイリンガル教員も配置された。

この大正小学校では、卒業生の所持していた教科書や証言から、日本の国定教科書を使用した修身、国語（日本語）、唱歌、ソロバン、図画、体操など、日本の学科とほとんど共通した授業が行なわれたことが知られる。一方、一九二〇年代以来ポルトガル語での公教育も続けられており、前述の山田ルイザ教師による、すべての板書がポ語で埋められた「História」（歴史＝ブラジル史）の授業風景の写真が残っている（写真4－5）。また、先の派遣留学生出身である清水氏は、体操の号令はポルトガル語で行っていたと証言している（清水氏へのインタビューによる）。残念ながら、大正小学校の科目表は現存していないが、同じく派遣留学生出身日本人教師である清水氏が校長をしていた一九三七年のコチア小学校（サンパウロ郊外）の科目表が残っており、参考にすることができる。

本年度（筆者注——一九三七年度）学科目

修身、読方、綴方、算術、歴史、地理、理科、唱歌、体操、図画、裁縫、農業、葡語、伯地、伯歴

「参考」ブラジル公立学校学科目（修業年限三年）

葡語、算術、地理、歴史、唱歌、体操、図画（石原、一九七八、四一頁）

これによると、修身、読方、綴方、算術、日本歴史などの日本の尋常・高等小学校科目とともに、ポルトガル語、

写真 4-5　山田ルイザ教師による História（歴史）の授業風景（1940 年頃）（アリセ山田さん提供）

伯地（ブラジル地理）、伯歴（ブラジル歴史）といったブラジル公立学校学科目も教授されていたことが知られる。

また、大正小学校に通う子どもたちは、三〇年代になると、同校の筋向いにあった州立カンポス・サーレス小学校にも通学する者が多くなり、午前中は日本語（一部ポルトガル語）、午後からはポルトガル語というような二言語教育の環境におかれることとなった。大正小学校では、ポルトガル語による授業は二世教員が担当していたため、日本的教育文化の影響下にあったわけであるが、カンポス・サーレス校では完全なブラジル的教育文化の影響下におかれていたことになる。すなわち、両校に通う日系子弟は、単なるダブルスクーリングではなく、学校間越境による二言語・二文化教育環境におかれていたといえるのである。[43]

聖州義塾の事例

聖州義塾は、本章第二節でも確認したように、

表4-7　聖州義塾基督降誕祭プログラム
（場所：フロリアノペイショット街12基督青年会館、時間：1922年12月23日（土）夜七時半、司会者：エリエゼル校長・小林美登利）

執行順序	出し物	出演者
第一部		
1	序楽	タマル嬢
2	開会之辞	司会者
3	クリスマス讃美歌	会衆一同
4	御話、歌、暗誦、対話、此の部二十数番	日曜学校生徒
5	クリスマスの話（英語）	森山泰（夜学校生）
6	合唱（三回）	伯人女子唱歌隊
7	日語讃美歌（二回）	日本人青年団
8	演説	マタテアス博士
9	祝辞	藤田サンパウロ総領事
10	挨拶	小林美登利
11	祈禱	
第二部		
1	柔道投型	西郷隆治（四段）・小林美登利
2	バイオリン独奏	藤井廣治
3	剣舞	堀田
4	伯国の偉大（葡語）	曲尾良顕（夜学校生）
5	伯国国歌	会衆一同
6	クリスマス贈品分配	

出典：小林美登利「基督降誕祭（一）」『伯剌西爾時報』271号、1922年12月10日より作成

一九二二年九月に小林美登利によってサンパウロ市に設立を宣言された教会・学校・寄宿舎が一体となった教育機関である。小林は同志社大学卒業後、アメリカで教育を受けたプロテスタントの牧師であり、同塾はキリスト教精神にもとづく全人教育という独自の教育方針を有していた。その「目的」は「我等ハ民族ヲ代表シ異人種接触ノ第一線上ニ於テ活動シ得ル人格力量並ビ有スル有為ノ人物ヲ養成セントス」（『聖州義塾々報』第一号、一九三〇年九月七日）と規定され、またその教育内容としては設立当時に、「在伯同胞間に於ける焦眉の問題は、何と云つても語学の研究と児童の教化問題であると思ひます」[44]と述べられている。ここで「異人種接触ノ第一線上ニ於テ活動シ」というのは、ブラジルのような多人種・多文化社会で二言語能力や異文化への適応力をもって活躍する人材を育てるとともに、その実践として「語学の研究」すなわち日ポ両語の教育に比重がおかれたことを意

味する。このような二（多）言語教育（特にポルトガル語）重視の傾向は、本章第二節であげたような表4-1（二九六頁）の同塾の「時間割」からも明らかである。この傾向は、同塾の宗教行事にも表れていた。

表4-7は、一九二二年一二月二三日に開催された聖州義塾の「基督降誕祭」プログラムである。「基督降誕祭」は言うまでもなくクリスマスの儀式であり、義塾では毎年末に行われた重要行事であった。一九二二年の「基督降誕祭」は、「5　クリスマスの話（英語）森山泰（夜学校生）」「6　合唱（三回）伯人女子唱歌隊」「7　演説マタテアス博士」というプログラムを見てもわかるように、スピーチや讃美歌が英語、ポルトガル語、日本語と三言語で進められている。また、柔道の投型、剣舞など日本武道の披露もあり、二言語・二文化（多言語・多文化）教育への志向が見られるのである。

このような二言語・二文化（多言語・多文化）教育を支えたのは、英語・ポルトガル語に通じた小林自身や、一九二〇年代後半から三〇年代に教員として勤務していた木下正夫（ブラジル日本人最初の弁護士）や斉藤正隆（ポルトガル語で演説ができたといわれる）、半田知雄というバイリンガル教員やマリア・フランサというブラジル師範学校出身の教員がそろっていたこと、併設された教会や日曜学校でブラジル人教師たちと接触の機会があったことなどがその要因として考えられる。また、同塾では、小林自身が剣道家であったことから武道が奨励され、日本語・日本文化保持とともに、ブラジルでの武道普及という志向が見られた。

ただ、これらの教育機関で行われたバイリンガル教育は、イマージョン教育や双方向的バイリンガル教育のように方法的にプログラムされたものではなく、親やコミュニティの言語である日本語保持とホスト社会の多数派言語であるポルトガル語習得という必要性によって両言語が並行的に教授された結果、生まれたものといえる。

子どもたちの二言語・二文化生活

先述のように、一九三〇年代に大正小学校に通学していた多くの日系子弟は先のY・Aさんのように、同時に州立カンポス・サーレス小学校でブラジルの公教育も受けていた。N・S氏（一九二四〜二〇〇八）もまた、カンポス・サーレス小学校とともに大正小学校に学んだ。インタビューから得られた一九三五〜三六頃の氏の生活を大まかな表にすると、表4-8のようになる。

表4-9は、本章一節でも証言を取り上げたS・Iさん（一九二〇年サンパウロ州ゴイヤンベ生まれ）へのインタビューから得られた彼女の大正小学校時代（一九三四、五年頃）の生活である。

N・S氏もS・Iさんも、二つの学校を中心とした二言語併用生活を送っていたことが知られる。このように、当時のサンパウロ市の日系子弟は、日・ポ両語の使用や接触場面がモザイク状に複雑に組み合わさった言語環境にあり、家庭の内外や学校間越境による二言語・二文化併用生活から、非言語コミュニケーションもふくめた二言語能力を獲得していったと考えられる。このような二言語教育は、特に大正小学校では高等科でも引続き実施されていたので、家庭で用いられる日本語の喪失をふせぐといった現状維持型にはとどまらず、日本帰国後の上級学校へのスムーズな進学やブラジルにおける日系コミュニティの維持と発展をめざした「発展維持型」、あるいは日本語を通しての「日本精神」の体得などそれ以上を求めた「豊かにするバイリンガル教育」としての性格を有していたといえよう。(45) ブラジル日系子弟の間でダブルスクーリングの例は農村部でも多く見られたが、一日じゅう二言語・二文化環境で学習するというのは、農村の重労働から解放されたサンパウロ市日系子弟の特権であった。

本章では、二言語教育の種類や質に関する議論には立ち入らないが、戦前期ブラジル日系子弟教育の先進的側面を見る上で、サンパウロ市の日系教育機関で培われた言語能力や異文化への適応力が、戦後において一種の資産として継承・活用された点を指摘しておきたい。戦後の二世世代の言語能力や異文化への適応力の活用の検証については今後の課題となるが、一例をあげておくと、ブラジル進出日本企業での現地社員として働いた日系ビジネスマンの存在が注目される。彼らは進出企業の単なる通訳としてだけでなく、渉外、経理、人事などさまざまな分野で活躍し、まさに「架け橋」としての役割を果した。先のN・S氏も長らく日本とブラジルの合弁企業で現地社員と

表4-8　N.S.氏の学校生活（大正小学校尋常科時代1935～36年頃）

曜日	午前	午後	夕方以降
月	カンポス・サーレス小学校（ポ語）	大正小学校（日本語・一部ポルトガル語）	野球練習
火	カンポス・サーレス小学校（ポ語）	大正小学校（日本語・一部ポルトガル語）	野球練習
水	カンポス・サーレス小学校（ポ語）	大正小学校（日本語・一部ポルトガル語）	野球練習
木	カンポス・サーレス小学校（ポ語）	大正小学校（日本語・一部ポルトガル語）	野球練習
金	カンポス・サーレス小学校（ポ語）	大正小学校（日本語・一部ポルトガル語）	聖州義塾（剣道）
土	大正小学校（日本語・一部ポルトガル語）	野球練習・試合	—
日	野球練習（たまに）聖州義塾日曜学校（日本語・ポルトガル語）	（試合前は）野球練習	—

表4-9　S.I.さんの学校生活（大正小学校尋常科時代1934～35年頃）

曜日	午前	午後	夕方以降
月	カンポス・サーレス小学校（ポ語）	大正小学校（日本語・一部ポルトガル語）	父兄会寄宿舎（日本語補習）
火	カンポス・サーレス小学校（ポ語）	大正小学校（日本語・一部ポルトガル語）	父兄会寄宿舎（日本語補習）
水	カンポス・サーレス小学校（ポ語）	大正小学校（日本語・一部ポルトガル語）	父兄会寄宿舎（日本語補習）
木	カンポス・サーレス小学校（ポ語）	大正小学校（日本語・一部ポルトガル語）	父兄会寄宿舎（日本語補習）
金	カンポス・サーレス小学校（ポ語）	大正小学校（日本語・一部ポルトガル語）	父兄会寄宿舎（日本語補習）
土	大正小学校（日本語・一部ポルトガル語）	—	父兄会寄宿舎（日本語補習）
日	—	—	父兄会寄宿舎（日本語補習）

して働いた。本節にあげた芳賀弁護士は総領事館の顧問弁護士として活躍、また田村幸重氏は連邦下院議員時代にイシブラスなど日本からブラジルへの大型プラント輸出の受入れに尽力した。こうした「資産としての言語」[46]は、個人の運用能力として雇用機会を広げビジネスを円滑化するだけでなく、言語的・文化的多様性を価値としてみなす多文化主義の考え方を先取りする可能性をもっていた。

以上述べてきたように、日本人移民は、ブラジル滞在が中長期化していくにつれ、ブラジル社会での子弟の教育と社会上昇を考える必要に迫られた。ブラジル社会で上昇していくには、日本同様学歴が必要であったが、それにはまず中等学校へ進学する必要があった。そして、その中等学校に進学するにしても、多くの選択肢を有している場所はサンパウロ市しかなかった。こうした状況から、サンパウロ市の日系教育機関にも、自然に「もっとも優秀な教師」、「めぐまれた子ども」たちが集まってくることになる。したがって、一九二〇年代から、日本人移民の間で、出聖／上聖すること（サンパウロ市に出ること）の重要性が認識されることになった。こうしたサンパウロ市の卓越した地位と上昇機会（少なくともそれがあると思われていたこと）を考えると、これまで等閑視されてきた同市の日系移民子弟教育について注意を払わないわけにいかない。

サンパウロ市の日系教育機関の代表は、まず大正小学校といえる。同校は、一九一五年前後にコンデの日本人街に創立され、一九一九年には私立学校として当局から認可を受けた。同校の創立者で最初の校長であった宮崎信造の死後、一九二四年に吉原千苗、翌年竹下完一と校長が代わっていったが、ポルトガル語教師アントニア・サントス女史の協力もあって次第に発展した。一九二八年には日本政府の補助金とともに、父兄会や同校後援会の努力で資金を集め、一九二九年にはサン・ジョアキン通りに新校舎を購入・改築して移転し、「州都の名門校」、「総領事館のお膝元の学校」「在外指定校並み」にふさわしいインフラを整えた。一九三〇年代前半には、生徒増加に対応するため、従来の一部制を午前・午後の二部制とし、教員数を増加、父兄会の文庫を設置するなど、さまざまは改革が行われ、同校はコンデ日本人街のコミュニティ学校からサンパウロ市日系コミュニティの公的教育機関へと性格を変えていった。この頃には、尋常六年に加えて、高等科二年の課程を備えるに至っている。内陸部のゴイヤンベ小学校から転任した唐澤実雄校長の後、一九三五年には第五代校長として、第一回信濃海外協会ブラジル派遣教員留学生出身の両角貫一を迎えるとともに、第二回留学生であった、坂田忠夫、二木秀人、柳澤秋雄を採用した。これら教員留学生出身の有資格のバイリンガル教員が集められたことは、外国語学校の統制・制限が進むヴァルガス政権下の同化政策に対応する意味もあったが、日本・ブラジル双方の師範学校教育を受けた教師たちの着任は同校のカリキュラムや運動、文化など課外活動を活性化させることとなった。また、一九三八年には、サンパウロ市郊外ピニェイロスに分校が設置された。このように、両角校長時代に同校は最盛期を迎えることとなったが、一九三八年の農村学校における外国語教育禁止にともない、日本語による教育が制限され、やがて禁止されることとなった。一九四一年には新校舎も完成するが、同校の経営は二世教員らに移管され、両角校長以下日本人教員は退職、戦時中は二人の女性二世教員によって運営された。

一方、聖州義塾は、一九二二年九月（開塾は一九二五年）に小林美登利によってサンパウロ市に設立宣言された教会・学校・寄宿舎が一体となった教育機関であり、ブラジル最初の本格的な日系寄宿舎学校である。小林は、ハワイ、アメリカ本土で神学教育を受けた牧師であり、同塾はミッション・ジャポネーザ・ド・ブラジルという日系人への伝道を目的とした機関の体裁をとり、ブラジル・プロテスタントたちの協力のもとに運営されていた。また、初期の教師陣は、小林の他にマタテアス博士やパウロ・ラベロら著名なブラジル人教師が名を連ねていた。したがって、寄宿舎生活や教育方針もキリスト教にその根幹がおかれていた。また、小林が剣道家であったために塾内にブラジル最初の剣道場が設けられ、武道教育が実践された。一九二八〜二九年、小林は日本へ一時帰国し、義塾拡張資金を募集してブラジルへ戻り、義塾改革に乗り出した。それは、隣家購入によって塾舎を拡張し、連れ帰った新妻らを教師に当て、塾生会を設立し塾生の自治のもと、剣道、野球、文芸、庭球、弁論、遠足水泳など課外活動を充実させるものであった。また、一九三一年にはサンパウロ郊外に村井農場を開き、学資のない子弟に半農半学の道を開く準備をはじめた。さらに、翌一九三二年には、サンパウロ市北部のサンターナに分校を設立した。このように、聖州義塾も一九三〇年代に次第に発展を見せ、サンパウロ州一円、遠くはアマゾンからも入塾者が現れた。小林自身がブラジルに帰化した永住主義者であり、同塾は一九三五年にはブラジル社団法人となっており、ブラジル・プロテスタントの有力者たちの後援も得ていたので、当局の同化政策の影響を受けることは少なかった。ただ、日本とブラジルの国交が断絶した後の一九四二年一〇月には、サンパウロ社会保安局により、聖州義塾本校と教会に立退き命令が出され、二〇年の歴史に一旦幕が下ろされることとなった。

こうして、太平洋戦争の勃発により、大正小学校は事業の縮小、聖州義塾は立ち退きを余儀なくさせられたが、両機関とも、戦後のブラジル日系社会を牽引していく多くの二世指導者を輩出している。こうした出身者たちを見ても、二つの日系教育機関の歴史的意味の大きさは明らかである。

第三節では、ブラジル日系子弟教育の状況を一九三〇年代に力点をおきながら、当時のサンパウロ市日系コミュニティの言語状況と日系教育機関における教育環境の面から考察した。戦前期サンパウロ市の日系子弟の間では、家庭外におけるポルトガル語話者（ブラジル人や非日系移民子弟）との接触によって、日本語・ポルトガル語間の言語シフトが起こり、比較的早い時期に後者が優勢言語になっていた。同時に、バイリンガリズムへの親の期待や志向性、ブラジルの公教育機関と日系教育機関との学校間越境によって、二言語能力や異文化への適応能力を習得していった。

同市の大正小学校や聖州義塾など三〇年代の日系教育機関においては、日ポ両語を習得し日本とブラジルの二文化に適応した二言語・二文化人が志向されるとともに、実際にそうした子どもたちを生み出す、①バイリンガル教員の導入、②バイリンガル教育の実践を支える教育内容、③子どもたちの二言語・二文化生活という条件が整いつつあった。日系の子どもたちの生活に即していうと、彼らは二つのナショナリズムのはざまで、日ポ両語の使用や接触場面がモザイク状に複雑に組み合わさった言語環境を生きていた。これはとりもなおさず、日常的に言語的・文化的越境を繰り返すことを意味していた。彼らはこうした越境生活により、二言語能力や二文化に適応するリテラシーを獲得していったと考えられる。

このように、戦前期サンパウロ市の言語・文化状況や日系教育機関における二言語・二文化教育が、戦後の日系ブラジル人の「架け橋」的役割とそれを支える能力を創り出す要因となったといえる。また、こうした言語能力や異文化への適応力は、戦後のホスト社会（ブラジル社会）において資産として活用されることになった。すなわち、戦前期ブラジルの日系教育は「忠君愛国的教育」という単純な性格ではなく、二言語・二文化化によって、戦後に積極的意味をもつことになる日系ブラジル人の言語的・文化的資産を生み出すという先進的側面を有していた。これは、現代の多文化主義の考え方や在日外国人子弟教育のめざすべき方向性とも通じる先進的事例として意味づけられるのである。

注

（1）　大正小学校と聖州義塾は、第三章でも述べたように、「少年スポーツの華」と呼ばれ、汎日系社会的娯楽であった野球でもパイオニアであり、ライバル同士で会った。

（2）　森脇・古杉・森（二〇一〇）でも、大正小学校を「サンパウロ市最古の邦人小学校」（森脇・古杉・森、二〇一〇、二九一頁）としている。

（3）　後掲の鈴木（一九三三）では、三ミルレース（鈴木、一九三三、二一四頁）、半田（一九七〇）では、四ミルレースとされている（半田、一九七〇、一九三頁）。記憶や資料上の混乱ともとれるが、そもそもこの時期、月謝の額はそれほど厳格ではなく、取れる者から取っていたことも考えられる。

（4）　ミルレース（Milreis）は当時のブラジルの通貨単位。大正小学校が開かれた一九一五年頃、フォード車が一三〇〇ミルレース、日雇い労働の月給一五ミルレース、上質の肉一キロが四〇〇レースであったという（前掲「その〝歩み〟①」）。邦字新聞などの漢字では、「釬」と表記される。

（5）「在伯邦人設立小学校一覧」（一九三二）を見ると、校名に元号を冠した日系教育機関は、大正小学校の他に、ノロエステ鉄道沿線リンスに、昭和小学校がある。

（6）一九〇六年にサンパウロ市に進出した仙台に本店をおく日系商事会社。主に日本の雑貨、食品を取り扱った。

（7）Assembleia Legistrativa do Estado de São Paulo. *Lei 1.750, de 08 de dezembro de 1920: Reforma a Instrução Publica do Estado.* 〈http://www.al.sp.gov.br/repositorio/legislacao/lei/1920/lei%20n.1.750,%20de%2008.12.1920.html〉

（8）前掲の「サンパウロ州修正法令」の存在を考えると、この時期の形式上の同校校長は、サントス女史の名で登録されていた可能性がある。

（9）後掲の新聞記事では死因は膵臓腫瘍。

（10）前山（二〇〇一）によると、一九二四年より日本政府がブラジル移民全員に渡航費補助をするようになって移民数も増加し、それまでは「構成家族」による甥・姪や他人の「子分」が主体であったが、その頃から実子を含めた本来の家族も増加した（前山、二〇〇一、二一四頁）。

（11）現在、ブラジル日本文化福祉協会ビルのある場所である。

（12）外務省外交史料館柳下宙子氏のご教示による。

（13）清水氏からの聞き書きによる。

（14）有限責任ブラジル拓植組合（Sociedade Colonizadora do Brazil Limitada）は、一九二九年四月、日本の海外移住組合連合会によって、ブラジルに設立された日系国策企業。通称「ブラ拓」と呼ばれた。

（15）単位はレース。

（16）一時的な在籍者もふくむ。

（17）同塾の開塾は一九二五年とされるが、一九二二年九月に「設立趣意書」が発表され、同年に日曜学校と夜学校が開校されているので、本書ではこの年をもって設立年とした。同塾の成立過程については、根川（二〇〇九）を参照。

（18）ブラジルのジャーナリスト・教育家・政治家ランジェル・ペスターナ（Rangel Pestana、一八三九―一九〇六）の編纂したポルトガル語教科書。

（19）ブラジルのプロテスタント牧師・教育家のエラズモ・ブラガ（Erasmo Braga、一八七七―一九三二）らが編纂したマッケンジー大学のポルトガル語教科書シリーズ。

（20）一八九〇年、ブラジル合州共和国臨時政府の政令では、すべての学校において無料で初等教育を受けることができ、しかも宗教とは無関係であることを声明している。

（21）ジナージオ（ginásio）とは、ブラジルの中等学校のことで、当時の普通課程の場合、五年制であった。

（22）　日本力行会会長であった永田稠が一九三一年五月に行ったブラジルの在外子弟教育実地調査の報告を、外務省通商局第三課が翌一九三二年二月に印刷したもの。
（23）『移民七〇年史』は、聖州義塾を取り上げ、次のように記している。「ここに宿をとり生活しながら、ブラジルの学校に通学させていた聖州義塾（一九二五開塾）はプロテスタント精神のもとに日常生活の訓練から学業をすすめていた特殊教育機関ともいえる。ここからも多くの人物を出している」（ブラジル日本移民七〇年史編纂委員会、一九八〇、三二〇頁）。小林の死後約二〇年を経た後も、多くの日系社会のリーダーたちを輩出した教育機関として記憶にとどめられていたことをうかがわせる。
（24）　この記事が掲載された『学友』創刊号（一九三四年一〇月）は管見の限り残存せず、この部分は青柳（一九五三、二〇三二〇四より引用した。
（25）『伯剌西爾時報』一九三四年一一月二一日記事と聖州野球連盟監修『ブラジル野球史・上巻』（伯国体育連盟、一九八五）との照合によって確認。
（26）　Instituto Nippo-Brasileiro. *Registro dos Alunos do Instituto Nippo-Brasileiro.*（1925.9～）聖州義塾『聖州義塾々報』第四号（一九三二）、聖市学生連盟“Lista Relativa dos Socios Inscriptos”（1935）に拠り作成。
（27）　聖州義塾と聖市学生連盟との関係については根川（二〇一六b）参照。
（28）　一九三〇年のジェツリオ・ヴァルガスによる革命と考えられる。ヴァルガスは同年一一月に政権を掌握し、一九三四年大統領就任。
（29）　生徒数の合計と合わないが、資料の数字通りとする。
（30）「二言語人」（バイリンガル bilingual）「二文化人」（バイカルチュラル bicultural）とは、それぞれ二つの言語、二つの文化が併存し、全体としてはある種の統合性を有する状態、あるいはそのような状態にある個人を指す。本書で「二言語・二文化人」と併記するのは、ブラジル日系人のパーソナル・モデルとして、それらの二つの言語を自由に駆使し、二つの文化に通暁した能力をもつことが期待されていることによる。本書では、「「バイカルチュラリズム」（biculturalism）とは、端的に言えば、在来文化ないし伝統文化と新来文化ないし異文化とが、ある種の緊張関係をはらみつつ併存し、全体としてはある種の統合性を示す文化的状態を指す用語である」（江淵、二〇〇二、一頁）という定義に依拠する。
（31）　ここでは、母語と第二言語の両方において、年齢相応のレベルに達していない状況とする。
（32）　第一回笠戸丸移民の農場での騒擾事件については、半田（一九七〇）の「コーヒー農場における第一回移民」「第一回移民の経験―いわゆる「失敗」の原因について」（半田、一九七〇、三八―六八頁）に詳しく描かれている。
（33）　カマラーダとは農村地帯で雑役に従事する不定期労働者、コロノとはコーヒー農場などの契約労働者で、いずれも貧しく無教養なものとされた。
（34）　先のコンデ・デ・サルゼーダス通り付近の街路名。地図4-1（二三五頁）参照。

(35) いずれもサンパウロ市中心の街路名。これらの街路で日本人街「コンデ界隈」を形成した。
(36) サンパウロ市内にあった「グルッポ」と呼ばれる四年制州立小学校。
(37) ブラジルで通用するポルトガル語に対する日系人の表現。
(38) Câmara dos Deputados, "Decreto-Lei nº 406, de 4 de Maio de 1938", Legislação Informatizada-Câmara dos Deputados: 〈http://www2.camara.leg.br/legin/fed/declei/1930-1939/decreto-lei-406-4-maio-1938-348724-publicacaooriginal-1-pe.html〉
(39) 「農村地帯にあらざるサンパウロ市・サントス市境界内に於ては、州教育令に依る取締を受けるだけで、十歳以上でブラジル語を理解する児童に対し、公然と外国語を教授して差支へないのである」(青柳、一九五三、二〇一頁)とされた。
(40) 「海外協会」とは、海外移民を多く送り出していた県で、海外思想の普及、移民の支援などを目的として生まれた非営利の民間団体である。一九一五年の広島県植民協会(後に広島県海外協会と改称)をはじめとし、引きつづいて防長(山口)、熊本、一九一八年に和歌山、一九一九年に香川、一九二〇年に岡山で設立された。一九二二年の信濃海外協会は七番目の設立だが、ブラジルの日本人移住地建設を目的につくられた海外協会は信濃が初めてだった(木村快「アリアンサと信濃海外協会」〈http://www.gendaiza.org/aliansa/lib/0804.html〉)。
(41) ブラジルの教育者ジョゼ・ピント・エ・シルヴァ(José Pinto e Silva)の *Minha Pátria*(1925)の翻訳版。
(42) 一六世紀から一七世紀にかけて、ブラジル内陸部に営まれた逃亡奴隷や先住民たちの共同体。
(43) 先述したように、当時、カンポス・サーレス校はじめ多くのサンパウロ市の公立校でさえ男女別の教育が行われていたのに対して、大正小学校では男女共学が実施されていた。こうした点も日系教育機関の先進性と見ることができるかもしれない。
(44) 小林美登利「再び聖州義塾設立趣意に就て三」『伯剌西爾時報』二六九号、一九二二年一二月一日。
(45) 「発展維持型」は「維持型バイリンガル」の一種であり、「生徒が家庭で使っている言語の技能を十分に伸ばし、多数派言語と両方で、あるいは少数派言語で読み書きを身につけさせることを目ざしている」。また、「豊かにするバイリンガル教育」は「現状維持型の教育以上のものを目ざし、個人や集団が少数派言語を使用することによって、文化複合主義や民族集団の社会的自治に結びつくものである」というベーカー(一九九六、一八二頁)の定義に従う。
(46) 社会が多言語の存在と個人の多言語能力を資産としてとらえること。母語運用力が確立している移民子弟の存在は、当事者だけでなく在留国にとっても大きな資源となり得るという考え方(庄司、二〇一〇、三七頁)。

その頃、私は週刊紙ブラジル時報社のうすぐらいポロンで解版工として働いていた。一九二二年は田舎から出て来て二年目であった。一階のへん集室の方からは、毎夕尺八の音がひびいてきた。十七才の少年も追分には感動した。さらに「天然の美」は大正初年頃の日本人にはなつかしい曲であった。

私は尺八の音にひかれて、その笛の主にまみえるようになった。尺八の音はむしろ私をひそかにさそっていたのだと云えるかも知れない。その人は小林美登利（こばやしみどり）さんと云った。(…) 彼はキリスト教の牧師さんで、福島県の出身、剣道三段、自ら三十才の青年と称していた。京都の同志社の神学部を出てからアメリカに渡りプリンストン大学の神学科を卒業したのだという。アメリカの同胞についても知るところがあったらしく、植民地の邦人達が物質欲にのみ走って、精神生活をかえりみないのを悲しんで、ここに宗教と教育の基礎をすえるために一生をささげるつもりで来たのだということであった。剣道できたえたガッシリした体格で背はなみより少し高く、セイカンな感の人であった。私は当時、相棒として同じ工場に働いていた一少年とともに、夕飯後はいつも、小林さんの自室にしのびこんで尺八の音にききほれ、また、讃美歌をおそわった。天然の美や蛍の光から、だんだん本来の讃美歌にうつったのである。彼は一曲をふきおわると尺八をテーブルの上におき、讃美歌の内容について話し出すのであった。今思い出してみると、これが私たち同胞に対する説教のはじめだったろう。その歌詞はうろおぼえであるが

さまよえるものよ
たちかえりて
あまつふるさとの
父をみよや
血潮のながるる
み手をひろげ
いのちをうけよと
まねきたもう

彼は身をもって十字架上のキリストを示すように両手をひろげ、血潮のながるるみ手をひろげ命をうけよ…と説くのであった。私は説教の内容よりも、青年牧師が目をかがやかせて、両手をひろげた姿にみとれていた。二人の少年を前にした小さな一党は、さながら教会の内部のような雰囲気をかもしだしていた。

彼は、われわれを尺八や讃美歌によってキリスト教的フンイキにみちびいたばかりでなく、昼休みには必ずピンポン室へ連れ込んだ。さあ行こう手を引っ張るようにして。(…)

私がながながと小林さんについて書いて来たのは単にわが師の思い出をつづるためばかりでなく、戦前の出稼ぎ移民が、あけても暮れても金、金に狂奔していた時代に、精神生活と教育の基礎をきづくことに生涯奮闘努力した人がいたということをコロニア史の中に主要な一ページとして加えようとしたからである。(…)

私は自分の生涯をふりかえってみて、あの師この友のあったおかげで、『サンパウロへ出ればみなヴァガブンドになる』と云われたコロニアにあって、えかきとしてはいつまでも未熟な男であるが、人間として間違った道をたどらなかったことは全くこの二人のおかげだったと思う(半田、一九九〇)。

はじめに

ブラジルの日系教育機関は、いずれもその創立時や発展期に特徴ある個性的な教育者を擁していた。第四章で紹介した大正小学校、聖州義塾などサンパウロ市の日系教育機関もその例にもれない。しかしながら、従来の研究ではそれらの教育者について詳しく明らかにされているわけではない。

ブラジルへの日本人移民は一九〇八年にはじまり、一九三三年の移民二五周年以来たびたび周年史や記念出版物が発行されているが、それらのなかで教育者の評伝はほとんど見られない。例えば、聖州義塾創立者の小林美登利については、『移民四十年史』『移民七〇年史』『移民八十年史』のいずれにおいても言及されているにもかかわらず、わずかに概略について知ることができるのみである。[1] 最新の周年史である『ブラジル日本移民百年史第三巻文化と生活編（1）』（二〇一〇）では、戦前から現代までのブラジル日系子弟教育、特に日本語教育の面を取り上げた通史的論考に一章が当てられているが、小林についてはある日系小学校の父兄懇談会の講師として名が記されているのみである。[2] 越境史や移民子弟教育史の面で、小林美登利と聖州義塾は、ハワイ・北米との関連性においてもきわめて重要な研究対象となり得るにもかかわらず、現在まで学術的な論究がほとんどなされなかったといえる。[3] 暁星学園を創立した岸本昂一や第一回ブラジル派遣教員留学生で大正小学校校長として同校の全盛期を築いた両角貫一などについても、周年史などで名前があげられるのみで、越境史や移民子弟教育史の側面から研究された例がない。彼ら三人は同時代の日本人移民であるとともに、サンパウロ市に本拠を据えた教育者として、当然ながら関係を持っていたはずである。それだけでなく、小林はプロテスタントの牧師であり、岸本は熱心なキリスト者として知られ、両角もキリスト教団体である日本力行会の会員であった。戦前期サンパウロ市の代表的日系教育者が三人ともキリスト者であったことは、たとえそれが少数者であったとしても、ブラジル日系移民子弟教育の性格を考える上で、重要な要素であると考えられる。したがって、本章では、小林美登利、岸本昂一、両角貫一の三人に着目し、彼らのライフヒストリーを通して、移民教育者としての人間像に迫るとともに、キリスト教とのかかわりを手がかりに、越境の過程で形成したネットワークについて検証したい。

本章では、彼らの人的ネットワーク構築の検証に当たって、特に、〈縁〉という概念を活用する。〈縁〉とは、個人に外在した間接的で与えられた原因・理由によって形成され維持される関係で、多くは特別な対人関係に対して用いられる。「ネットワーク」が複数者間相互のつながりや関係性の体系という意味合いが強いのに対して、〈縁〉は必ずしもそうではなく、ある個人が一方的にある他者との関係を想像する、あるいは思い込むことによっても生じるつながり、またはそうしたつながりがあるという意識としておきたい(4)。この意味で、〈縁〉はネットワークを形成する契機となるものである。この〈縁〉の下位概念として、本章では、地縁・学校縁・武道縁・信仰縁・エスニック縁(5)などのさまざまな〈縁〉概念を用いる。これらの〈縁〉を活用した日本人キリスト者の越境ネットワーク形成の過程とメカニズムを明らかにするとともに、従来国や地域別に研究される傾向の強かった近代日本人移民史をハワイやアメリカ本土、大陸といった複数の地域を横断する越境史というグローバルな視点で捉えなおす試みとしたい。

さらに、これら三人の教育者の言説・活動を通じて、彼らのブラジル渡航の動機や経過を明らかにする。特に資料が豊富な小林と岸本については、キリスト教と武道教育をふくめたそれぞれの教育理念や実践について明らかにした上で、両角も加えた三人の特徴を考えてみたい。

五―一　ブラジルの日系子弟教育者1――小林美登利

小林美登利については、第四章二節でいく度かふれた。本節では、まず小林の人物像・略歴を確認しながら、日本、ハワイ、アメリカ本土、ブラジルでの移動・遍歴の足跡を、彼自身の手記、遺族の覚書きや聞き書き、邦字新聞の記事、郷土史家の論考などをもとに、会津時代、同志社時代、ハワイ・アメリカ時代、ブラジル渡航後、一九二八～一九二九年の一時帰国期と一九三〇年代の義塾拡張に分けてたどってみる。そのなかで、彼のような一地方青年のキリスト教入信とハワイ・アメリカ本土への渡航、ブラジル移民へ至る動機を確認するとともに、その間に出会った人物[6]とのネットワーク形成の過程とメカニズムを検証したい。さらに、そうした越境ネットワークを基盤として生まれた聖州義塾と小林の活動の歴史的意味について考察したい。

五―一―一　会津時代

小林は、一八九一年四月八日、福島県大沼郡田川村（現・会津美里町）佐布川に、父清八、母ミサの長男として生まれた[7]。小林の下には、一八九七年一月に弟登次郎、一九〇五年一〇月には妹トミが生まれている。

父の清八は郵便配達夫で、多くの田畑を持たない小林家は貧しかった[8]。小林の幼少時、東北地方の農村は想像もつかないほど貧しく、一九〇二年に凶作、その翌年に暴風雨、さらに一九〇五年も凶作、また日露戦争による増税が重なった。凶作時には娘の身売りも多くあったという。一九〇六年五月には霜害で、大沼郡では村によって五割以上の桑園に被害があった。このような惨状の中で、彼の家庭もまた「赤貧洗うが如き」状態であったという。こうした人力では抗し得ない自然災害と貧困が、後に彼を信仰と海外雄飛へ向かわせる因子として働いたことが想像できる。しかし、貧しいなかにも、小林は向学心旺盛で、地元の高田尋常小学校、同高等小学校に学んだ後、一九〇六年、旧制会津中学校に入学する[9]。当時の小林については、佐布川の自宅から会津若松城下の中学まで「二里余の道を高下駄で通学、洗いざらしの着物に短い袴をつけ、教科書とメッパを包んだ縞の風呂敷を左肩からわき下に背負い、剣道の長い竹刀を左手に握っていた姿」が伝えられている（五十嵐、一九九一、一八二頁）。小林は生涯武道に親しんだが、とりわけ剣道に力を入れ、中学四年生の時、剣道大会で七人抜きを達成している（福島県立会津高等学校学而会、一九〇七、一四六頁）。後述するように、小林は武道縁によっても越境的な人的ネットワークを形成している。

会津は同志社の創立者の一人である山本覚馬、山本の妹で新島襄夫人八重の故郷であり、同志社と縁の深い土地であった。一八七五年の同志社英学校創立は、当時京都府顧問であった山本の支援によるところが大きい。キリスト教の浸透も早く、一八八六年一月には、杉田潮（安中教会牧師）と星野光多（高崎教会牧師）によって若松、喜多方において演説会が行われ、同年三月には本六日町に講義所が開かれている（会津若松教会創立百周年記念事業百年史編集委員会、二〇〇一、三〇七頁）。一八八九年一〇月には、会津若松に初代牧師山岡邦三郎のもと日本組合若松基督教会が開設された（会津若松教会創立百周年記念事業百年史編集委員会前掲書、七二頁）。小林たちの中学時代、元自由民権運動の闘士で同志社出身の兼子重光牧師が伝道に当たっており、何人かの会津中学の生徒たちも洗礼を受けていた。兼子は同教会の第三代牧師（一八九五年着任）で、この時期は会津若松地方における「大挙伝道の時期」とされている（会津若松教会創立百周年記念事業百年史編集委員会前掲書、八八―八九頁）。

小林は、中学時代に彼の人生の指針を決めた二つの出来事について、後に次のように記している。

> 僕が中学に入った動機は軍人になろうというのであった。元来会津は尚武の精神が盛んなところで教会に通う連中の中にも柔剣道の錚々たる人物が多かった。その中で特に光っておったのは柔道の遠藤作衛兄であった。僕が中学に入ったのも海軍兵学校が目的で、理想の人物は東郷大将であった。（…）何分武道は飯よりも好きであったので、降っても照っても道場を欠かしたことはなかった。僕と遠藤兄との関係はすでにこの道場から始まるのである。しかし日露戦争後の日本の内情は甚しく変化して行った。そしてそのとき、僕の心に大きな変化を与えた二つの事件が起った。何れも明治四十年の出来事で、一つは幸徳秋水一派の大逆事件、もう一つは北米加州に勃発した排日運動であった。前者は日本の要求するものはもはや軍人ではないということを悟らしめ、後者は日本人の海外発展について覚醒を与えたのである（小林、一九五六、六―八頁）。

この文章は、中学卒業後四五年を経て記された回想であり、大逆事件を明治四〇年（一九〇七）と誤って記すなど

写真5-1　外国人宣教師、兼子重光牧師（二列目左から三人目）と小林美登利（二列目右端）ら会津中学校生徒（吉田真理氏提供）

注意を要するが、これによると、中学時代の小林に「大きな変化」が訪れたという。一つは海軍兵学校志望であった彼が軍人への道を放棄したこと。もう一つは、早くも「海外発展」への志向を持ちはじめたことである。カリフォルニア州の排日運動がその契機となり、「海外発展について覚醒を与えた」と説明されている。一九〇六年末には、同州で「日本人学童隔離問題」が起こり、翌年にかけて排日運動が激化、日本の新聞も連日そのことを伝えた（若槻、一九七二、六八―七六頁）。後述するように、小林はブラジル渡航後、アメリカの排日運動を強く意識しつつ、その日系移民子弟に対する教育理念を形成し展開することになる。この時の「海外発展について覚醒」がどういうものであったかは不明であるが、排日に対する疑問や義憤がその契機になったことは想像に難くない。小林の中学時代の写真に会津若松を訪れた宣教師らしい外国人男女を取り囲んだものがあり（写真5-1参照）、彼が当時から宣教師を通じて「海外」の知識や情報にふれていたことが想像される。ま

た、同志社出身の兼子牧師や中学の先輩の遠藤から、アメリカ人教師や留学経験者の多い同志社の雰囲気を聞いていたと想像され、アメリカの排日に関する情報とともに、海外発展や移民について関心をもつようになったものと考えられる(10)。

後年牧師になり、その教育理念の根幹にキリスト教を据えることになる小林も、最初からその教義になじんだわけではなかった。彼はキリスト教に出会ったばかりの当時のやや屈折した心境を、「ただ教会は精神修養をするところだと聞いて出席してみたが、教会内の空気は我々が道場内で質実剛健な修養鍛錬をするのとは大分勝手が違っておった」と正直に告白している（小林、一九五六、六―七頁）。彼が教会に通うようになった理由として、先の遠藤の存在が大きな要因とされている。

> 教会が僕を引き付けたただ一つのものがあった。それは遠藤兄のような、僕が平素尊敬して止まない人物が何人かおることであった。基督教の何たるかを解せぬまでもこんな偉い人々が出席しておるのであるからそこには何か訳あるに相違ない、これは僕も一つ真剣に研究してみようという気になったのである（小林、一九五六、七頁）。

こうして小林は一九〇八年九月一二日、剣道仲間の羽金政吉、田村精元、君島利、曽川順吾とともに兼子牧師によって受洗する（五十嵐前掲論文、一八二頁）。地縁・学校縁・武道縁が重なって契機となった明治期地方青年のキリスト教入信の一事例として、たいへん興味深いものである。

五―一―二　同志社時代

会津中学校卒業後の一九一一年四月、小林は同志社神学校に進んだ。彼の同志社進学は、キリスト教入信同様、遠藤の強い推奨が働いている。当初志望の海軍兵学校や多数の有名校のある東京を飛び越して、学資も十分持たぬまま会津から遠隔の地である京都の同志社に進学した動機とはいかなるものであったのだろうか。彼は次のように回想している。

確か明治四十三年の冬休みの時であったと思う。すでに同志社に入学しておられた遠藤兄が帰郷されて僕を見るや否や「今度帰って来たのは君を同志社神学校に入れるためだ！」とのことであった。（…）中学卒業後は大体海外発展ということに決めておったときなので折角の親切な先輩の勧説も直ちに応諾する気にはなれなかった。しかしこの敬愛する先輩がわざわざ京都から僕のために帰って来たということに知己の恩というか絶ち難い友情というか、いい知れない感激を覚えると共にそこには見えざる神の導きを感じない訳にはいかなかった。それに今真剣に研究しつつある基督教について更に専門的に学べる同志社神学校に入学出来るのである。特に山紫水明、平安朝一千年間の日本文化を遺す憧れの「京都」が我が心を引付けたことも少々ではなかった（小林、一九五六、七頁）。

この回想によると、小林は遠藤の誘いに「神の導き」を感じつつ、キリスト教への探究心、まだ見ぬ京都への憧れによって同志社進学を決心したことになっている。また、中学卒業後の進路として「海外発展」、すなわち留学か移民を考えていたことが記されている。同志社在学中も「物質的にはいつもピイピイで家郷からの学資など一文も望めぬばかりか、却って反対に京都ＹＭＣＡからの月給五円のなかから、会津中学に通っておった弟の月謝を送った位である」（小林、一九五六、八頁）と記されていることから、「海外発展」の道を選んだとしても、働きながらの留学を考えていたことが想像され、後年のアメリカ生活では実際にそうしている。当時の決心がこの回想の通りだとしたら、ここには、彼の一生を特徴づける未知の土地に対するあくなき好奇心と放浪癖がすでに顔をのぞかせているといえよう。

小林が学んだ時期の同志社は、第七代社長原田助の時代（一九〇七年一月〜一九一九年一月）であった。原田とそれを継ぐ海老名弾正総長時代の同志社は、学校としての大発展期であった（同志社社史資料センター、二〇〇八、三三頁）。原田は後に渋沢栄一と小林を結びつけることになるが、この点については後述する。小林が同志社入学の二年目を迎える一九一二年二月、新島の遺志であった同志社大学が認可され、神学校は神学部に改組される。注目すべきもう一つの点は、国際主義を掲げた原田によって、内外の著名人による国際色豊かな科外講演がさかんに行われるようになったことである。小林の入学した一九一一年度の講演をいくつか拾ってみると、石黒猛次郎（同胞教会牧師）「実地神学」、マクドウエル（アメリカ美以教会監督）「修養上の四大要素」、シドニー・ウエッブ（ロンドン大学教授）「英国に於ける社会問題」、ハミルトン・ホルト（インディペンデント主筆）「世界の連合」他、セオドール・リチャード（ハワイ伝道会社会計士・雑誌フレンド記者）、フォート（アメリカ共和党ニュー・ジャージー州前知事）など、多種多様なテーマと顔ぶれである（上野、一九〇七、七七三頁）。また、当時の『同志社時報』には、海外滞在中の卒業生たちからの通信が逐次掲載されていた[11]。これらによってもたらされた新知識や海外情報は、小林らの「海外発展」への思いをさらに刺激したことであろう。こうした点から、同志社進学は「海外発展」からの方向転換ではなく、小林にとって、「海外発展」を容易ならしめるもう一つの選択であったことが知られる。小林は、先の遠藤や田崎健作（後の本郷弓町教会牧師）、清水安三（桜美林学園の創始者）らと親交を結んだ。また、学業のかたわら剣道部員として活躍、卒業までに三段に昇段している。武道の実践は、趣味やたしなみというだけでなく、小林の活用する〈縁〉の一つとして越境ネットワーク形成にも大きな役割を果たすことになる。

小林の放浪者としての性格は、この同志社時代から顕著になってくる。すなわち、一九一三年の北海道への無銭伝道旅行がその例である。この旅で小林は、天塩の山奥にあるアペシナイ、ポンピラなどのアイヌ人集落を歩いて回った。翌年には、九州を旅行。岡山孤児園が宮城県茶臼原に営んでいた農場を訪ねている。茶臼原農場は農学者である松本圭一が場長を勤めており、後に小林はサンパウロ郊外エメボイ実習農場長としてブラジルに赴任した松本と旧交を温めることとなる。

こうして、一九一六年三月一八日、小林は同志社大学神学部を主席で卒業し、同日行われた卒業式には神学部を代表して答辞を述べた。卒業論文の題目は、彼の後の人生を予見するかのような「パウロの異邦伝道」であった(12)。

五―一―三　ハワイ・アメリカ時代

同志社大学卒業後、小林は横浜からハワイに渡ることになる。外務省外交史料館所蔵の「外国旅券下付表」によると、小林の旅券は左記のように、一九一六年三月二九日、京都府庁から下付されている。旅券番号は、第三一六五六六号、旅行目的は「伝道事業ノタメ」となっている。

旅券番号	氏名	身分	本籍地	年齢	現住地	旅行地名	旅行目的	下付月日
第三一六五六六	小林美登利	戸主小林清八長男	福島県大沼郡高田町字高田二千九百六十一番地	二十四年三ヶ月		布哇	伝道事業ノタメ	三月廿九日

『同志社時報』の「個人消息」欄にも「小林美登利君、布哇伝道の為め赴任の同氏は六月二日ホノル、に安着、翌日更に布哇島ホノムへ出発の予定なりと来報あり」とある(13)。中学時代から「海外発展」の夢を抱き続けてきたという小林は、この時のハワイ到着の感動を一九一六年六月二日の手帳に次のように書き記している。

> □□ホノルルガ見エタ　ホノルル、ホノルル、嗚呼、、、余が十数年来アコガレシ夫地ナリ。船ハ□□□□極メテ容易ニ上陸セル。
> 直ニ川崎旅館ニ入ル。奥村牧師ノ世話ニナル。諸々案内セラル(14)。

ホノルル第一日目、奥村多喜衛の出迎えを受けている。この時期の奥村は、マキキ教会の主任牧師として活躍するかたわら、寄宿舎奥村ホームを経営していた（中川、二〇〇〇、八二頁、一〇六―一〇七頁）。翌日、小林は曽我部四郎の待つハワイ島へ向かう船に乗りこんでいる。奥村も曽我部も同志社神学校で学んだ小林の先輩である。奥村はオアフ島で、曽我部はハワイ島でそれぞれ日系子弟の教育にたずさわっていた。特に、曽我部はハワイ島ヒロ郊外の小さな町ホノムで、伝道とともに、教会・学校・寄宿舎が一体となったホノム義塾を経営していた。以後一九一七年三月末まで約一〇ヶ月間、小林はこの曽我部のもとで教会役員を務め、ホノム義塾の教師を兼ねることになる。[15] 小林のホノム赴任は、同志社という学校縁・信仰縁を通じて国際的なプロテスタント伝道組織ハワイアン・ボード（Board of Hawaiian Evangelical Association）のネットワークに接続した結果、可能になったものであろう。

翌一九一七年四月、小林はアメリカ本土に渡る。曽我部牧師とフランク・S・スカッダー牧師よりカリフォルニア州バークレーの太平洋神学校のC・S・ナッシュ校長宛の推薦状を手にし、同年五月七日同校に入学することになったという。[16] こうして小林は以後約一年間、この太平洋神学校を拠点としたようであるが、ここでも学校縁・信仰縁によるネットワークが活用されている。小林自身が比較的早い時期に記した、ハワイ以降、アメリカ本土移動・遍歴の行程は以下のようなものである。

大正五年の春、余は同志社大学を卒業すると共に直に横浜を出発して布哇のホノル、に上陸した、爾後約一ヶ年間、布哇在住同胞の実生活に親しんだ上転じてカルホルニアに渡り、先進的に排日問題の原因を探らんが為め身を一個の労働者と化してロッキー山以西の重なる所を歴訪し、東、ネバダ、ユタ州より北アイダボ、オレゴン、ワシントン諸州を巡り、進んでアラスカに到り、此処にて多年の宿望なりし南北アメリカ縦断の目的を貫徹すべく徐々に太平洋沿岸を下りつ、メキシコの国境に迄及んだが如何せん当時未だ戦争状態中の事とて出国を許されず、止むなく方向を転じて東に向ひ、遂に米大陸を横断して東部の人となり、勉学の傍らニウヨーク市を中心とする米東部在住日本人の実情を親しく見聞（…）。[17]

まず、太平洋神学校入学後、「先進的に排日問題の原因を探らんが為め身を一個の労働者と化してロッキー山以西の重なる所を歴訪し」と記されている点について検討したい。小林の海外渡航の動機の一つがアメリカでの排日問題への関心にあったことは先述した通りであるが、一九一三年にはカリフォルニア州で「外国人土地法」がすでに成立し、同州では日本人の土地所有が禁止されていた。小林がアメリカに滞在していた時期は第一次世界大戦中に当たり、同じ連合軍側に立って戦っていた日米間の関係は相当に好転していたが、一方でアメリカ政府は冷静に排日政策の準備を進めつつあった（若槻、一九七二、一五五―一五六頁）。一九一七年、アメリカ連邦政府は新しい「移民法」の草案を明らかにしたが、そのなかには日本人を含む全アジア人（中近東を除く）を「帰化不能外国人」とする項目が含まれていた。

こうした排日問題に対処すべく、一九一五年から一九一七年に連続して日本から著名なキリスト教指導者を招いて北米太平洋沿岸の日本人移民啓発のための諸運動が行われた。例えば、小林が学資を稼ぐべくカリフォルニア州各地で肉体労働に従事していた一九一七年八月、山室軍平はサンフランシスコを振り出しにロスアンゼルス、バンクーバーなど太平洋沿岸の一七市村をめぐり、計三八回の集会で一万四三五〇人の会衆に説教を行った（坂口、一九九一、二五六―二六一頁）。小林はこの山室の説教をどこかで聴いたかもしれない。このような日本人側の努力にもかかわらず、翌一九一八年一一月、第一次世界大戦が終わると、カリフォルニア州を中心に排日運動が再燃することになった。一九二〇年には、「インマン法」と呼ばれる日本人の土地所有・借地を禁じたさらに厳しい土地法が成立し、同様な動きはワシントン、アリゾナ、デラウェア、テキサス、ルイジアナ、ネブラスカ、オレゴン、アイダボ、モンタナの諸州に広がっていった（若槻、一九七二、一六一―一七〇頁）。

この間、小林は、ロッキー山下にモルモン教徒のコミュニティを視察したり、学費を稼ぐためアラスカの銅山で工夫として働いたりしている。同志社の同窓生であった田崎健作は後に「米国の移民局で十二指腸虫だとのことで三週間ぶちこまれ、金はなくなる、ほとんど絶望のとき、友人小林美登利君がとつじょとして現われ、やがてふたりでアラスカ労働にでかけた」と当時を回想している（田崎、一九六四、二〇二―二〇三頁）。当時アラスカはアメリカの準州になったばかりでゴールドラッシュ期に当たり、二人が金になる職を求めて転々とし、一攫千金を求めてやってきた荒くれ男たちに混じって立ち働いた姿が想像される。田崎は後に、小林を「一風変わった会津武士の面影を持った人物で、名は体を表すどころか、ミドリ等とはまったく正反対なブルドーザーのような人」と評している（五十嵐前掲論文、一八四頁）。このように北米遍歴の中で、小林は各地で排日運動を目にし、それを肌でもって感じたことであろう。

こうした移動・遍歴の後、小林は一九一八年九月にニューヨークのオーボルン神学校に入学、勉学の傍らアメリカ東部在住日本人の実情を親しく見聞したという。一九二一年四月にオーボルン神学校卒業。しかし、すぐにブラジル渡航が実現したわけではなかったらしい。やはり小林の手になる「聖州義塾成立ノ由来」に記された経過を見てみよう。

元ヨリ我ガ志ス処ハ伝道並ニ教育等ノ精神的事業ニシテ物質的ニハ常ニ甚ダ逆境ニアリ。特ニブラジルノ如キ新開地ニ於ケル我等ノ事業ノ困難ハ云フ迄モナキコトナレバ渡伯ニ際シ先ヅアメリカンミッショナリーボードトノ連絡ヲ付テ其後援ノモトニ出発セント試ミタルモ余ノ建言ハ殆ンド同ボードノ顧ミル処トナラズ。カクアルカラハ須ク自ラノ信仰ニ依テ雄々シク立ツニ若カズト覚悟ヲ定メ早速紐育ノ中央ニ於テ一個ノ労働者トナリ鋭意南米行ノ資金調達ニ奮闘シ大正十年ノ五月ヨリ十一月ノ末迄ニ既ニ南米ニ於ケル数ヵ年間ノ戦闘堪エ得ル費用ヲ貯蓄スルコトヲ得タリ。(18)

ここには、ブラジルを「我ガ全生涯ヲ奉ゲテ活動スベキ天地」と早々と永住を決意し、当初はアメリカン・ミッショナリー・ボード（American Board of Commissioners for Foreign Missions）という国際的伝道組織の支援をあおぐも果せず、自力でブラジルでの活動資金を調達すべく、一労働者としてニューヨークで働いたことが回想されている。小林がアメリカン・ミッショナリー・ボードに学校縁・信仰縁を感じ支援を求めたのは、母校同志社と同組織の緊密な関係を考えると当然と思われるが、ここでは同組織のネットワークへの接続が成功しなかったことが知られる。

The Missionary Review of the World vol. XLV には、小林のブラジル行きの事情が次のように記されている。

　ブラジルには三万人の日本人が、仏教も含めていかなる宗教的指導者もなしに居住しているということが報告されている。ニューヨークの若き日本人キリスト教徒である小林美登利は、このことを耳にし、日本に帰国する代わりに、彼の同胞への宣教のためブラジルに行くことを決心した。彼は、一九一六年に同志社を、そして、一九二一年にオーボルン神学校を卒業している。彼はアメリカン・ボードにブラジル日本人宣教への指名を申し込んだものの、同ボードの規則は同国人を宣教師に任命するのを阻んでいる。それで、彼は彼自身の出費で、独立して仕事を始めることを決心した。(19)（以上拙訳）

　かくして、一九二一年一二月七日、小林は約五年間を過ごしたアメリカを後にしてハドソン河口をエオラス号でブラジルへ向けて船出した。彼は、この出港直前、村井保固（一八五四～一九三六）という人物に出会った。村井は森村組の現地法人「森村ブラザーズ商会」のニューヨーク総支配人で、小林のブラジル行きの志に感銘を受け、協力を約束したという。出港間際に小林が受け取った村井の手紙には「イエス、キリストを通して熱心に神様に願ひます。何卒此青年の希望を満たし、あなたの御心を此青年を通して行はしめ給え！常に彼と共に居給はん事を願ひあげます アーメン」と記されており、それまで南米行きについて冷淡な反応しか受けなかった小林を感激せしめたという（小林成十、二〇〇八）。第四章でもふれたように、村井もまた熱心なキリスト者であり、これ以後、小林のよき理解者・支援者となった。聖州義塾開塾後に一万三〇〇〇円の寄付や米貨一万ドルの低利融資を行なっている[20]。小林は村井を義塾の最大の恩人と考えたようで、村井が亡くなった一九三六年の『聖州義塾々報』第七号を「村井保固翁記念号」とし、その死を哀悼している。信仰縁、エスニック縁による新たな越境ネットワークの成立と理解できる。

五―一―四　ブラジル渡航と聖州義塾の設立

小林がアメリカを後にしてブラジルへ向かった理由について、彼自身が後に次のように記している。

> 前後六年間布哇及び北米に於ける実地体験の結果略ぼ排日の原因の何れにあるかを確むると共に今後の日本人発展地は北米にあらずして南米にあることを痛感し此新天地に於て我等は再び北米に於ける二の舞を踏まざらんことを希ひ、之が為め大いに精神的啓発事業を起す必要を感じ大正十年単身独力を以て渡伯す[21]。

ここには、彼がブラジルに渡った理由が北米の排日問題に起因し、今後の日本人移民受け入れ先として北米はもはや期待できず、その代替地として南米を期待したことが説明されている。この「新天地」において自分たち日本人が「再び北米に於ける二の舞を踏まざらんことを希ひ」、彼の言う「精神的啓発事業を起す」ことがブラジル渡航の動機であるという。この「精神的啓発事業」が、北米で起った悲劇を南米で繰り返すことなく、南米を「大和民族発展の地」ならしめるという、排日予防啓発を含む伝道と教育事業であったことは後の小林の活動が証明している。

こうして小林は、一九二一年一二月二二日にブラジルの首都リオデジャネイロに到着、念願のブラジルの土を踏んだ。同月二四日には、サンパウロ市に到着している。当時同市で発行されていた邦字新聞『伯剌西爾時報』には、

「小林美登利氏来聖」という記事が記載されている。

大正五年京都同志社大学神学部を卒りて後北米オーボルン神学校に遊び優等の成績にて同校を出で布哇太平洋沿岸の基督教伝道に従事されたる小林美登利氏は旧臘二十七日来聖上地旅館に投宿されたるが氏の語る所に依れば先輩西原清東氏を先づ訪問し夫れより邦人集団地を巡回視察する都合なりと（『時報』二二一号、一九二二年一月一日）。

このように、ブラジル到着がわざわざ新聞で報じられている点から、小林が単なる一移民として考えられていなかったこと、翌一九二二年二月から同紙でコラム執筆を担当しはじめている点から、彼は同紙社長の黒石清作とも何らかのネットワークを持っていたと考えられる。(22)『時報』は、サンフランシスコの安孫子久太郎のもとで邦字新聞発行にたずさわっていた黒石が経営に当たっていた。黒石自身がアメリカ生活の経験があるだけでなく、妻豊子はアメリカ生まれの二世であった。

『時報』二二二号「人事往来」には、「小林美登利氏、西原清東氏を訪問の為め旧臘西原農園に赴かれたる同氏は三日帰聖再び上地旅館に投宿」（『時報』二二二号、一九二二年一月六日）とある。小林はまず、北米の人的ネットワークにより、アメリカからブラジルに移っていた西原清東を訪ねたわけである。(23)西原は、高知県出身で、元自由民権運動の闘士。キリスト者であり、同志社の第四代社長をつとめた。その後アメリカに渡り、テキサス州で米作に成功した後、一九一八年、単身ブラジルに渡ったのである。西原はうちつづく排日運動にいやけがさしてアメリカを去ったとされているが（若槻前掲書、一八八頁）、小林は、この訪問で、同志社の元社長で、同じく北米から新天地ブラジルをめざした先輩である西原に接近し、何らかの助言を得たものと想像される。ただ、西原のもとには長くは滞在せず、サンパウロ市に戻り、『時報』記者として働くようになった。ブラジル到着後まず西原を訪ね、黒石の元で働き始めた点は、同志社という学校縁・信仰縁と在米経験日本人としてのエスニック縁による越境ネットワークが活用されたと考えられる。本章冒頭に掲げた半田知雄の回想は、その頃伯剌西爾時報社で植字工として働いていた彼が、はじめて小林と出会った時のことを伝えている。

また同年、小林はサンパウロ市にあったプロテスタント長老派教会系のマッケンジー大学に入学し、ここを活動拠点に新たなネットワークを築くことになる。[24] 本書第四章第二節で述べたように、聖州義塾初期の設立者や委員には、同大学の教員やメソジスト教会有力者が名を連ねている。同大学ではポルトガル語を専攻するかたわら、自身も謄写版刷り雑誌『市民 O Cidadão』を刊行している。同誌は、日本人移民向けのポルトガル語通信教育と啓蒙を目的とした雑誌で、その印刷はマッケンジー大学の謄写版刷り印刷機を借りて行っていたという。[25]「市民」(Cidadão) というタイトルには、後述するような新しい日系ブラジル市民の創造という小林の思いがこめられていたにちがいない。

小林は、第四章でも確認したように、ブラジルでの新たな活動拠点として一九二二年九月七日に「聖州義塾」の設立を宣言する。すでに同年五月には、大正小学校の一室を使って日曜学校と夜学校を開校していた。また、一九二四年九月七日には十数人の青年同志たちとサンパウロ市郊外サンターナの丘で「サンパウロ教会」というブラジル最初の日系プロテスタント教会の創立宣言を行い、その後伝道・布教に努めた。このサンパウロ教会創立宣言は、十数人の青年同志たちとともにサンターナの丘という丘陵で行われた点において、著名な熊本バンドの「花岡山の誓約」に酷似している。

「花岡山の誓約」は、熊本洋学校に学ぶ三五人の青年たちが、一八七六年一月、熊本城外花岡山に於いて集会を開催し、賛美歌を歌い黙禱と聖書朗読を捧げた後、「奉教趣意書」に誓約したことである。この青年たちは、宮川経輝、金森通倫、横井時雄(同志社第四代社長)、小崎弘道(同志社第二代社長)、吉田作弥、海老名弾正(同志社第八代総長)、徳富蘇峰らで、熊本洋学校閉鎖後に同志社神学校に移り、新島襄の薫陶を受けた。彼らは「熊本バンド」と呼ばれたが、小林が師事した原田助も熊本出身で、彼らの直接後輩に当たる。小林が在学した時代、「花岡山の誓約」はなかば伝説化していた同志社創設の物語であったと考えられる。

「サンパウロ教会設立宣言」の「十数人の青年同志たち」がいかなる人物かを知る資料を持たないが、弟の登次郎や塾員の吉原千苗、永島正夫ら、小林が中心になって開校されていた日曜学校や夜学校に集まる若者たちであったと想像される。先の半田や河合武雄ら義塾初期の日本生まれの寄宿生たちもそのなかにあったかもしれない。「花岡山の誓約」を知る小林が、それを踏襲してこの創立宣言を行ったことは十分に想像しうることであり、母校同志社や日本の教会との縁を儀礼的行為によって確認・強化しようとする点に日本的プロテスタンティズムの性格を見ることができるかもしれない。この時、小林自身は三四歳の独身青年であり、新天地ブラジルで希望に満ちた生活を送っていたことがうかがわれる。そして、一九二五年九月七日には、サンパウロ市中心部に独立の建物を借り受け（後に購入）、聖州義塾を開塾した。小林はブラジル渡航当初から徹底した日本人移民の永住・同化論者であり、教会と塾の設立記念日をブラジルの独立記念日である九月七日に重ねた点に、彼のブラジルに対する並々ならぬ期待と同塾に対する意気込みが感じ取れる。また、同塾は、サンパウロ市で最初に寄宿舎を備えた日系教育機関であり、先述のサンパウロ教会を併設し、またブラジル最初の剣道場を備えていた。戦争による一九四二年一〇月の強制立ち退きまで、多くの日系移民子弟を受け入れ、日系社会を牽引していくリーダーたちを輩出したことは、第四章で明らかにしたとおりである。

ただ、この時点での小林と聖州義塾は、ブラジル当局、ホスト社会、ブラジル日系社会、そして日本の出先官憲としての帝国総領事館の間で微妙な均衡の上に成り立っていた。小林を中心とする「聖州義塾／サンパウロ教会」と「マッケンジー大学／ブラジル・プロテスタント教会諸派」の関係は、越境ネットワーク形成の点から注目に値する。つまり、小林は、キリスト教徒としての立場をつらぬくことで、ブラジル当局やホスト社会の日本人移民反対論者の批判をかわし、排日問題の惹起を危惧する総領事館の支持を受けつつ、移民父兄に対してはキリスト教会を通じたブラジル知識階級（実は反主流派のプロテスタント）とのネットワークが強調された。父兄の立場からすると、ブラジル知識階級とのネットワーク化が、同塾に子どもを託すのに頼もしく思えたことであろう。ただ、同じキリスト教徒でも、カトリック教国ブラジルにおけるプロテスタントへの圧迫は相当きびしいものであった（MATOS 2008: 120-132）。したがって、小林を中心とする「聖州義塾／サンパウロ教会」と「マッケンジー大学／ブラジル・プロテスタント教会諸派」の指導者たちの接近は、エスニック・マイノリティである日本人移民と宗教的マイノリティであるブラジル・プロテスタントたちの、ブラジル社会におけるマイノリティ同士の協力関係であったことが知られる。

次に、聖州義塾の歴史やその事業を展開するに当たっての小林の理念について述べるとともに、彼の越境ネットワークを拡大させることになった排日予防啓発運動との関連において、その歴史的な意義について触れておきたい。小林がアメリカの排日運動とブラジルにおけるその予防啓発を意識しつつ自らの教育事業を企図したことは、ブラジル到着数ヶ月後『時報』に発表した「排日解決策」（『時報』二三二号、一九二二年三月一〇日）などからも明らかであるが、聖州義塾設立との関連においては、次の「渡伯の使命と其計画　聖州義塾設立趣意書」により明確化される。第四章でも引用したが、もう一度確認しておきたい。

> 神は我母の胎出でし時より我を選び置き我を異邦人間の伝道者たらしめんとし給ふた。とは信仰の偉人使徒パウロが己が使命を自覚したときの実懐であります。人は必ずや何等かの使命を帯びて此世に生れ来るもので、之を自覚することに依て始めて我等の人生々活に意義と価値とを斉すものであると信じます。身甚だ不肖ではありますが私も亦此使命の観に生きんとして今此広漠たる南米の一角に立って我面前に開展して居る精神的事業に向って渾身の力を注がんとして居ります。
>
> 私は数年間かの排日旋風の渦巻く布哇や北米に生活して、目の当り其苦い経験を嘗めて来た者でありますが、私は如何にして彼の難問題を未だ排日気分の薄い此南米に於て解決を試みんとして、今既に其実行に取掛かつて居る

ものであります。私の目下着手して居る仕事は日曜学校と夜学校でありますが、何れも始めての企であるに拘らず意外な好結果を得まして益々盛況に向はんとして居ります。殊に面白いのは日曜学校の方で小さい乍も日伯合同の国際的なもので各国人の子供を一緒にして国境を超越した真のコスモポリタン的に彼らを訓練して居るのであります。難解な人種的辟見に根ざした排日問題などは此処まで深く踏込んで始めて其根本的解決が見出さるべきであると思ひます（…）

私の布哇及び北米に於ける経験上移住地の精神的事業は只学校とか教会とかで単独で活動することが出来ませんのでどうしても教会と学校と寄宿舎の三つを兼ねた一建築物が必要なのであります。此度聖州義塾を設立致します理由も全く之が為めで此事ハすでに着手して居ります日曜学校及び夜学校の為に一日も早く実現せねばならぬ急務であります。

以上ハ私が当地に於ける畢生の事業として漸次実行に取掛る積りでありますが、元より何処までも基督教の主義精神に依て理想あり人格あり手腕ある有為の人材を養成するにあるハ云ふまでもなく、私ハ断じて死んだ宗教などハ説かない積りであります（『時報』二五七号、一九二二年九月七日）。

これは義塾設立に当たって『時報』に発表されたその「聖州義塾設立趣意書」であるが、小林はこのなかで「異邦人間の伝道者」である「使徒パウロ」に自らをなぞらえ、南米での「精神的事業」をその使命としている。この「精神的事業」を具体化したのが聖州義塾の事業であるが、それには「難解な人種的辟見に根ざした排日問題」を解決するため、日本人とブラジル人が共同でその実現に当たるべきことが強調されている。この「設立趣意書」発表の後、同年一一月から一二月に『時報』に連載されるのが「再び聖州義塾設立趣意に就て」であり、この連載中、「真の意味の伯化」という理念が提示される。「伯化」とは「ブラジル化」、すなわちブラジルへの同化を意味する語であるが、在米日系人の排日予防啓発運動の一環であった「米化」に対応する造語である。その意味するところを「再び聖州義塾設立趣意に就て」の記述からさぐってみると、「真の意味の伯化」とは、日本民族の「最善最良の美質」を保持しそれを発揮しつつ、建設途上にあるブラジルにおいて日本人移民が「最も優秀なる伯国市民となる事で」あり、「忠良無比の伯国市民たる事を事実を以て示す」ことであるとする。小林独自の永住論・同化論の表明である。さらに彼は、それが「現在の日本人を以て満足し得ないと同時に、現在の伯国並に伯国人を以て満足するものでは」なく、「同時に進化でなければなら」ないと述べている。(26) つまり、「真の意味の伯化」とは、選択的な文化化によって、日本とブラジル両者の美質を身につけたハイブリッドな新しい日系ブラジル市民を創造することであった。この新しい日系ブラジル市民は「優良新進な伯国民と共に理想的新伯国の建設に参与」するはずのもので、同時にブラジルこそがそのような理想郷建設にふさわしい国であると説明されている（小林前掲「再び聖州義塾設立趣意に就て四」）。小林の文章は、時に飛躍があり、抽象的でわかりにくい点もあるが、以上の記述から、聖州義塾は「真の意味の伯化」実現のためのエージェントであり、そこにはキリスト教の世界同胞主義と日本民族の伝統・美質を融合した越境的な教育理念と実践により、排日問題とその予防啓発運動を止揚した理想的国家建設と市民創造への志向性を見ることができる。言いかえれば、「越境移民」としての理想的モデルがここに示されているのである。

このような永住論・同化論にもとづくホスト社会との協調をとなえた理念が表明された背景として考え合わせねばならないのは、当時のブラジル最初の排日運動の勃興である。ブラジルの排日状況については、本書第二章でもふれたが、一九二一年に黒人種の入国を禁止する法案が提出されたのに続き、一九二三年一〇月にはフィデリス・レイス議員によって、黄色人種の新たな入国を制限する「レイス移民法案」が連邦下院に提出された。(27) これに合わせ、ブラジル医学士院長であったミゲル・コウト博士は、日本人移民がブラジル国家の崩壊を狙う膨張主義計画の一員であると批判した。ブラジルでもこうした排日運動が展開されつつあった時代背景を思い合わせると、「真の意味の伯化」という理念表明の歴史的な意義がいっそう明確となる。小林は一九二三年四月から五月にかけて、

『時報』に「来るべき問題」を連載し、「遠からず北米に於けると同様なる忌はしい問題が我等の身辺に襲ひ来たる様な懸念を起さしめて止まない」という警告を発している。[28]小林は、この論説を発表した理由を「北米にある二十数万の我同胞が嘗めつゝある排日の苦杯を我等に再び此南米に於て繰り返し度くないと云ふ微衷に外ならない」とし、海外の日本人移民が「性急狭隘頑固不自然な島国根性」により拝金主義に陥って短期的な移民に邁進し、ホスト社会で孤立することを戒め、ブラジル人と協調しながら精神面において豊かな理想を求めることを薦めるのである。[29]しかしながら、十数年後に排日移民法である「外国移民二分制限法」が成立することにより、不幸にも小林の懸念は現実となった。

「真の意味の伯化」という表現は、その後小林自身が継続して使用した形跡が見えず、ブラジル日系社会でも普及することはなかった。ただ、聖州義塾がその発展拡張によって一九三六年に先述のミッソン・ジャポネーザ・ド・ブラジルと分離した時も、「然し其の組織の変更ハ何等聖州義塾設立の趣意に変更を与へるものではない」と説明されており、[30]その理念は戦前期を通じて継続したものと考えられる。いずれにしても、小林と聖州義塾の事業が、その後のブラジルにおける排日予防啓発や伯化運動の先駆をなしたことは否定しがたい。

五―一―五　一時帰国と聖州義塾の拡張

第四章でも述べたように、一九二八年六月、聖州義塾の基礎が一応できあがると、小林は塾の運営を弟登次郎や吉原千苗らに任せ、義塾拡張の資金募集のため一時帰国の途についた。サントスを出港し、船で大西洋岸を北上。ベレンからアマゾン河を遡行し、アンデスを越え、ボリビアを経て、ペルー太平洋側に出てまた北上。パナマ、サンフランシスコ、ハワイを経由して日本に帰国するという二二七日間におよぶ冒険旅行であった。この旅の初期、アマゾン河口のベレンで、その地に住む柔道家前田光世（通称「コンデ・コマ」、一八七八〜一九四一）と出会うことになる。武道縁・エスニック縁によるものであるが、小林のネットワーク形成にとって小さくはない出来事であった。前田は、小林らが一九三三年にブラジル最初の日本武道普及組織「伯国柔剣道連盟」を設立する時これに協力している[31]。また、帰国途中のハワイでは、奥村多喜衛と再会し、当時奥村がホノルルで発行していた『楽園時報』に「南米より帰布して」を寄稿し、「金十弗」を寄付している[32]。この時期、奥村は排日予防啓発を含めた日系人の米化運動の中心を担っており、ブラジルとハワイという新旧二つの日本人移民受け入れ先における日系社会や子弟教育のあり方について積極的に二人の間で意見が交換されたものと考えられる。

日本に着いたのは、一九二九年二月一日。約一三年ぶりの故国であった。日本滞在は九ヵ月におよんだが、この訪日の前半の足取りはつかめていない。ただ、この滞在中に日本本土だけでなく、満洲、朝鮮に足を伸ばしたことが知られる[33]。この帰国中のできごととして注目されるのは、小林が最晩年の渋沢栄一の知遇を得たことである。渋沢の「古河虎之助外十一名宛」書簡の次のような控えが残っている。

拝啓、炎暑之候賢台益御清適奉賀候、然者唐突ながら此一書相添御紹介申上候ハ、小林美登利と申人にて、現に南米伯国サンパウロ市に於て聖州義塾と称する学校を設立し、在留邦人の少年子弟に邦語又は葡国語を以て普通教育を施し、同時に寄宿舎事業をも兼営致居候処、深く将来の事共を考慮し同義塾拡張之必要を感せられ、其経営方法之調査並資金募集之為め、目下帰朝中之由に御座候、老生ハ従来小林氏とは何等之縁故無之候得共、爾来毎〻に来訪せられ、其実状をも詳知致し殊に小林氏之親友にして現に布哇に在住して我か加州移民之事に注意せられ、且日米関係委員会之一人たる原田助氏より、今般詳細なる通信有之、右小林氏之事ハ原田氏曾而京都同志社在勤之際より熟知別懇之間柄に有之候由にて、其人格を老生まて証明有之、小林氏希望之事業も都合よく成功候様、充分之助力を勧誘致来候次第に御座候

右等之通信によりて聖州義塾、即小林氏経営之事業も稍其要を提し候様相考へ候へとも、一方伯国移民之将来に付てハ実に憂慮之点多々有之現に米国加州に於ける既往の経験に徴するも、殷鑑遠からさるは御同様熟知の事柄に有

之候間、何卒出来得る丈注意して之を現在に助力致し、他日之憾無之様致度ものに御座候、就而小林氏御紹介申上候間参趨之節は御引見の上、事情御聴取被下何分の御賛助被下度候
右御紹介旁得貴意度如此御座候　敬具
　昭和四年七月三十一日
　　（朱書）
　　自署セラル丶ニ付御氏名ハ打タヌコト　　渋　沢　栄　一
男爵　古河虎之助　殿　　原　邦　造　殿
　服部金太郎殿　　堀越角次郎　殿
男爵　森村市左衛門殿　　今井　五介殿
男爵　大倉喜七郎殿　　武藤　山治殿
　大川平三郎殿　　男爵　団　琢磨殿
　　日本郵船株式会社
　大橋新太郎殿　　各務　鎌吉殿
　稲畑勝太郎殿――本文同文左ノ追書ヲ加フ
尚丶京都並に神戸地方には、特に御懇意の方も無之候に付、貴台に於て夫々小林氏の希望相達し候様、御厚配被下候ハヽ、仕合に御座候
添て申上候(34)

渋沢は日本財界の代表者として、日米関係委員会や太平洋問題調査会を通してアメリカでの排日問題に取り組んだが、その苦い経験がブラジル移民へと関心を向かわせることになった。一九一三年に開発が開始されたサンパウロ州南部のイグアペ植民地は、ブラジル最初の日系民間資本による移住地であるが、渋沢が中心になって日本での

募金に協力している。[35] ブラジルの日本人移民に、排日運動を惹起した北米の轍を踏ませないための処置である。渋沢は「老生ハ従来小林氏とは何等之縁故無之候得共」と記しているが、同志社との縁は浅くはない。同志社英学校創立時に多大の募金に応じ、また資金の運用に対して献身的に協力した（沖田、二〇〇七、三六六―三六八頁）。小林の方は渋沢を見たのは初めてでなかったかもしれない。それは、小林が同志社に入学した一九一一年の五月二一日、同志社公会堂において渋沢と森村市左衛門[36]が講演を行っており（同志社社史資料センター、二〇〇八、四〇頁）、小林はこれを聴いたかもしれないからである。ただ、講師であった渋沢側は、一学生であった小林を知る機会はなかったのであろう。

上記の資料からもわかるように、この時小林を渋沢に紹介したのは、小林の在学時に同志社社長であった原田であり、当時ハワイ大学東洋学部長であった原田は、渋沢とともにアメリカでの排日問題に取り組んだ同志でもあった。上記の資料は、渋沢が古河虎之助や大倉喜七郎ら日本を代表する財界人に宛てた小林の紹介状であるが、ここには、小林をブラジル・サンパウロ市の聖州義塾において日系子弟教育に当たる教育者であると紹介し、「一方伯国移民之将来に付てハ実に憂慮之点多々有之現に米国加州に於ける既往の経験に徴するも、殷鑑遠からさるは御同様熟知の事柄に有之候間、何卒出来得る丈注意して之を現在に助力致し」と、アメリカ・カリフォルニア州での排日問題のような事態がブラジルで起こるのを回避する目的で小林を支援するよう依頼している。これは、渋沢や原田が先の奥村多喜衛らとともにアメリカで取り組んだ排日予防啓発運動や日米親善活動に連動する試みであり、小林の越境ネットワークが渋沢らの越境ネットワークに接続することによって、拡張し強化されることを意味した。

こうして、小林は渋沢と面談すること五回、一九二九年七月三一日、海外興業株式会社社長の井上雅二、海外植民学校校長の崎山比佐衛ら他の海外移民事業関係者とともに東京飛鳥山の渋沢邸での晩餐会に招待され、上記の紹介を取り付けることになる（渋沢青淵記念財団竜門社、一九六一、二六六頁）。結果として、渋沢はじめ三井・満鉄・鐘紡・大倉・森村組など日本財界から合せて約二万五〇〇〇円という多額の寄付を獲得することになり、これが一九三〇年代に入ってからの義塾拡張（隣家の買収・改装などによる塾生受け入れの増加）の資金となるのである。[37]

この帰国中のもう一つの大きな成果は、第四章でもふれたが、生涯の伴侶を得たことである。富美は同志社時代の級友柳田秀男の妹で、同志社女学校を経て、日本女子大に学んだ才媛であった。結婚式は一九二九年九月二五日であった（小林成十、二〇〇八）。小林は同年一〇月、サントス丸移民輸送監督に就任。新妻を伴って、一二月一一日にブラジルに戻った。富美は小林の生涯にわたって付き添い、七人の子どもをもうけ、義塾の教師ともなり、ブラジル同志社校友会という学校縁を通じた越境ネットワーク形成にも関わることになる。学校縁・信仰縁が血縁ネットワークに接続したわけである。

以上で取り上げた時期以後、一九三〇年代にかけての小林と聖州義塾の活動については、第四章で取り上げた通りである。三〇年代の小林の事業は、初期の労苦が報われるかのごとく順調に発展していったかに見える。しかし、三〇年代は日系子弟教育が最も充実しながら、ブラジル・ナショナリズムの台頭によって、その理念・内容が激しく動揺する時代でもあった。ブラジル政府のナショナリズム政策によって、三〇年代末には日系をはじめ多くの外国系教育機関が閉鎖される。それでも聖州義塾は継続し、やがて太平洋戦争勃発を迎えるが、翌一九四二年一〇月、当局によってサンパウロ市中心部から立ち退きを命ぜられる。[38]こうして、聖州義塾設立宣言から二〇年に渡る小林の事業は、いったん中断のやむなきに至るのである。

なお、一九三九年、小林は、在外日本人教育関係の功労者として、他の三〇名のブラジル日系教育関係者とともに帝国教育会から表彰されている（『発展史・下』、二〇四―二〇七頁）。

五―二　ブラジルの日系子弟教育者２――岸本昂一

戦前期ブラジルの日系寄宿舎学校として特筆すべきものに、聖州義塾とならんで暁星学園があった。暁星学園は、新潟県出身の岸本昂一によって創立・運営された教育機関であった。小林美登利がハワイ、アメリカ本土を経由してブラジルに渡航したのに対して、岸本は大陸[39]での生活を経て、ブラジルに渡航している。小林の場合、先述したように、ハワイやアメリカでの留学・生活と排日経験がブラジル行きへの動機となっているが、岸本の場合、大陸での経験がブラジル渡航とその後の活動にどのように関係しているのだろうか。

ブラジル渡航以前の海外体験以外にも、小林と岸本はいくつかの共通点がある。まず、両者ともキリスト者であり、それを自らの行動の基準としたこと。武道の経験があり、教育の一環としてそれを実践したこと。また、著述をよくし、自分の教育論や活動をさかんに発表していることなどである。岸本は自分の学園に曠野社という出版社まで設け、『曠野』(後に『曠野の星』)という活字雑誌を発行していた。

岸本昴一のライフヒストリーについては、その著書『移民の地平線』(一九六〇)の一部に自伝が、また、彼の死後刊行された松田時次(一九九八)『ブラジルコロニアの先駆者 岸本昂一の生涯』に評伝が記されている。それだけでなく、サンパウロ市の岸本家には、彼の写真アルバム(以下、「岸本家アルバム」と呼ぶことにする)や愛用の品の数々が遺されている。本節では、両著の記述や写真を検証しながら、遺族や関係者へのインタビュー調査の成果も合わせて、太平洋戦争頃までの岸本の足跡をたどり、彼のライフヒストリーについて以下に整理しておきたい。また、キリスト教と武道教育をふくめた岸本の教育理念や実践について明らかにし、小林と比較しながら、その歴史的意味を考えてみたい。

五-二-一　海外雄飛

岸本昂一は、一八九八(明治三一)年九月、新潟県北蒲原郡鴻沼村大字西塚ノ目(現在の同県新発田市本町四丁目)に、父常太郎、母ナカの長男として生まれた(パウリスタ新聞社、一九九六、八六頁/松田、一九九八、一八頁)。鴻沼村の属した北蒲原郡は、越後平野の北部に位置し県下有数の米の産地であり、一九四〇年一〇月に新発田市に編入されている。新発田市は旧新発田藩の城下町であり、新発田城跡には一八八四年から一九四五年の終戦まで陸軍歩兵第一六連隊[40]が駐屯し、軍都としての趣きをかもしだしていたという。同連隊は一九一九年にシベリアへ派兵しており、後述するように岸本は一兵士として従軍している。

岸本の下には、次男卓二、三男豊三、四男徳四郎と二人の妹が生まれた。岸本家はこの地方の上流農家に属したといわれ、三人の弟たちは、卓二が県立新発田中学校（現新発田高等学校）、豊三は加茂農林学校（現加茂農林高等学校）、徳四郎は新発田中学校を経て新潟師範学校と、上級学校に進学し卒業している。岸本家は、四人兄弟のいずれもが中等学校以上に進学していることから、当時のこの地方の農家としては、かなり裕福な部類に属していたことが知られる。筆者が岸本の生家（二〇一二年八月時点で現存）を訪問し観察した限り、家屋敷は大きく木組みも立派で、この地方に代々続く豪農の雰囲気を伝えていた。また、近所に住むB氏は岸本と父親同士が同級生ということで、「あの家はみんな学校の先生だから」という言葉で、岸本家の兄弟の知的水準の高さを評していた。

岸本は、島塚尋常小学校を卒業した後、一九一一年四月に開校したばかりの北蒲原郡立新発田農学校（現在の県立新発田農業高等学校）本科に進学した。同校は前年に文部大臣より認可されたばかりで、彼は第一期生であった。初代校長は、山梨県立農林学校から着任した工藤斎であり、同校長は校訓を「知行合一」と定め、午前中は学科、午後は実習とし、実践的な教育を重視したとされる（新発田市史編纂委員会、一九八一、三七〇頁）。同校は質実剛健をモットーとし、伝統的に柔道が強く、後に岸本は暁星学園でも柔道を正課とし、男子寄宿生・勤労生に皆柔道の稽古を義務づけている。

裕福な農家の長男に生まれ、しかも地方の農家の後継者養成機関であった農学校を卒業したのであるから、当然生家を継ぎ農業に従事することが期待されていた。ところが、この農学校在学中に最初の転機が訪れる。岸本が同校在学中、三年間のドイツ留学を終えた三宅於菟松教諭が帰国、校長として赴任し、帰国記念講演会を行なった。その際、講演内容にすっかり刺激され、心中に海外雄飛への炎が燃えたという。岸本はこの時の気持ちを後にその著『移民の地平線』のなかで次のように記している。

此の校長の熱弁を講堂の隅つこの方に息を殺して聴いていたわたしは、「よしつ、おれが行く、男子青年の日に立たざれば何れの日にか立つ、事の成敗は眼中になし」と青年の純情一途の心で、心中に叫び、拳を固く握りしめて居た（岸本、一九六〇、六七―六八頁）。

この三宅講演では、特にシベリアへの雄飛が奨励されたという。

岸本が新発田農学校に在学した時期は、小林が同志社に在学した時期とほぼ重なっている。大正の自由主義が台頭し、青少年の間に海外雄飛が強く志向された時代であった。特に、岸本が同校を卒業した一九一四年に第一次世界大戦が始まり、青年たちの目は欧州、そして世界へ向けられていく。

一九一四年、新発田農学校を卒業した岸本は、ひとまず農家の長男として家業を手伝うことになる。また、親のすすめにしたがって、一九一八年一〇月、近郷の農家の娘はぎ乃（旧姓清野）と結婚した[41]。『移民の地平線』によると、海外雄飛の夢は、結婚してからもますますふくらむ一方で、この「結婚して間の無い時」に、非常手段に訴え家出同然で満洲に渡航することになる。家出決行前、新妻にひそかに胸中をうちあけたが、彼女は義理の両親のもとで留守をすることを決意し、夫の海外雄飛に同意したという（岸本、一九六〇、六八頁）。

岸本は、まずロシア語を勉強するため日露協会学校のある北満洲のハルビンに行くことにした[42]。そして、一九一八年一〇月三一日にハルビンに到着したことになっている[43]。日露協会学校は昼間部と夜間部があり、最初の一年間は夜間部に入学し、二、三年は昼間部で勉強していく方針で、まず就職運動に乗り出したという。その時の様子を彼は次のように記している。「一人の知人もいない彼は、北満の広野の町を日本人の経営する会社や商店を片っ端から訪れて就職運動に奔走した。三井物産、三菱商事、松浦商会、小寺洋行、加藤公司などの大会社、商社から、場末の三文商店に至るまで足を棒にして歩き廻ったが、支那語もロシヤ語も出来ない彼を使ってくれるところはなかった」（岸本、一九六〇、六九頁、松田、一九九八、二二頁）最後に訪ねた満洲製粉の所長夫人に食事を饗された後、所長から、海外で仕事をするには語学が唯一の武器であり、自分の会社では八割が支那人であるから、支那を話せることが絶対必要条件であることを告げられる。また、支那人を使うには威圧ではなく友愛精神で接するべきであり、「支那人と一緒にゴロ寝をするだけの気持ち」が必要だと諭される。打ちひしがれて宿へ帰った岸本は、宿代を催促に来た主人に、就職活動が不首尾であったこと、明日から苦力となり「支那人やロシヤ人と一緒に生き、死んで行く覚悟」について語る。

同じ時期に海外雄飛を実行した青年でも、小林は、留学と就職運動に教会や同志社の学校縁・信仰縁をたくみに活用したが、岸本の場合、まだこの時点ではそうした〈縁〉が機能しておらず、彼の直情径行による最初の挫折が強調されている。

さらに、『移民の地平線』によると、岸本の話を聞いた宿屋の主人から、彼は陸軍の相澤大佐なる人物を紹介される。「此のハルビンにも一千人の日本人が居るのぢやが、頭の出来る奴は腹がない。腹の出来た奴は頭がない」と嘆く相澤は、岸本に惚れこみ、彼を現地採用の軍属に任じる。仕事は、ハルビン陸軍倉庫の第一号倉庫から第十号倉庫までの責任者であった。やがてこの相澤大佐の取り計らいで、岸本は日露協会の露語科にも通うようになったという（岸本、一九六〇、七三―七四頁）。

岸本が入学したという日露協会学校は、一九〇七年発足の語学学校で、設立当初は外務省所管の旧制専門学校であった。一九二〇年五月に「日本各地で一期生の入学試験が行われた。（…）そして同年九月二四日、各県で選抜された学生は東京市麴町区内幸町の日露協会本部に集まり、閑院宮載仁親王から親授された校旗が壇上に掲げられるなか、日露協会学校の開校式が行われた」（芳地、二〇一〇、四二頁）とあり、同校の開校が一九二〇年であったことが述べられている。同書には、日露協会が一九一五年に哈爾濱商品陳列館を開いたことに加えて、当時すでにロシア語の講習所も開いていたことを記しているので（芳地前掲書、四二頁）、岸本が学んだのはこの講習所であったとも考えられる。満洲事変後の一九三二年四月には「ハルビン学院」と改称、一九四〇年三月には満洲国立大学ハルビン学院となった。一九四五年八月には、日本の敗戦、満洲国瓦解にともない解散している。多くのロシア語・中国語の専門家を輩出したが、岸本と同時期に、杉原千畝（一九〇〇〜一九八六、後の外交官）、井上満（一九〇〇〜一九五九、後のロシア文学者）が同校でロシア語を学んでいたはずである。杉原は、外務省の官費留学生として一九一九年一〇月に同校入学、岸本がブラジルに旅立った後の一九二三年三月に特修科を卒業している。彼は卒業と同時に同校の教師となった。井上満もまた一九一九年に同校入学、一九二四年に卒業している。

以下、『移民の地平線』の岸本の回想にしたがい、日露協会学校時代の体験を検討してみよう。

日露協会学校は日露間の貿易を担う人材養成を目標とし、自主独立の精神を重んじた。学生達は夏休みを利用してシベリヤに入って行く者、蒙古の旅に出る者、いろいろだったという（岸本、一九六〇、七五頁）。最初の夏休み、岸本は松花江を下ってシベリアと北満の国境地帯を騎馬旅行を試みた。彼は臨江という国境の町で、近隣の高安村というところに中国人に嫁いだ日本人女性が住んでいることを聞き、彼女を訪ねていく。そこで菊江という女性から、子供たちに日本語を教えることを請われる。また、彼女から、周りのものから子どもたちが混血児だと変な目でみられないよう日本語を教えなかったこと、それを後悔していることを打ち明けられる。これに対して岸本は、「言葉は親子の意思を通じさせる単なる道具ではなく、言葉の中の民族の精神が作られてゆくことは事実ですね。（…）御主人の国の支那と、母の国の日本とを繫ぎ、両国のためになる子供に何故成さうとしないのですか？その為にも、やはり日本語を勉強させるべきでしたね」（岸本、一九六〇、七七―七八頁）と忠告する。この記述にしたがうと、後に一九三〇年代のブラジルで展開していくような「言葉に民族の精神が宿る」という言説を、彼はすでにもっていたことになる。こうして岸本はこの一家と仲良くなり、菊江の娘の日本語の家庭教師を務めるようになる。この後、日本人に反発心をもつ菊江の息子を改心させたりするが、『移民の地平線』の日露協会学校時代の回想は突然このあたりで終わり、「母危篤直ぐ帰れ」の電報に接し日本に呼び返されたことになっている。岸本は驚いて帰郷するが、母はぴんぴんしており、夫もいない身で婚家に献身する嫁にも両親にも申し訳がなく、一計をめぐらして彼を呼び戻したことを告げる。結果として、彼はハルビンに戻ることを断念することになる。松田（一九九八）の「岸本昂一の略歴年表」（以下、「略歴年表」と略）でも、一九二一年に「母危篤の報に接し急遽帰国」となっている（松田、一九九八、三四八頁）。この「母危篤」の電報と帰国の顚末を、彼は「鵬翼折れて空しく故山に帰る」と表現しているが、ここで疑問が残る。軍属とはいえ、陸軍倉庫の管理というのは、当時の表現にすると「御国の為」の仕事であり、軍の機密にも預かる責任をもつ。それが「母危篤」を理由にしても簡単に辞職できるのかということである。彼を見込んで倉庫管理の仕事に就けた相澤大佐との関係も不明瞭である。電報のやりとりなどによって可能であったのかもしれないが、手持ちの資料にも、遺族からの聞き取りでも、このことについて手がかりになる情報はない。『移民の地平線』のハルビン時代の記述は、四〇年余りを経た後の回想だけに、年月日時、前後関係が不明瞭な部分が多い。岸本の「海外雄飛」は、事実この通りであったのであろうか。

五－二－二　もう一つの海外雄飛

岸本昂一の「海外雄飛」には、実はもう一つの物語が存在するようである。それを彼自身の遺した写真アルバムと遺品から紐解いてみよう。

岸本の三男イサク氏の元には、「陸軍歩兵上等兵岸本昂一　大正四年乃至九年戦役ノ功ニ依リ勲八等白色桐葉章及金四百参拾円ヲ授ケ賜フ」という勲章授与証および勲章そのものが保存されている。また、岸本自身もブラジル行きに当たって、『移民の地平線』に次のように記している。「長男である私は分家すると云う名儀で家督相続権を全部、弟の名儀に法定手続きを済ませ、一坪の土地一厘の金さへ貰わない分家となつて、妻と子を抱え文字通り路傍に放り出されたのである。幸いにしてシベリア出兵当時の戦功に依り勲八等白色桐葉章と共に四百三十円の論考賞があつたのと、妻の嫁入の際の衣装を四百円で売り払ひ、これを旅費にしてしまつた」（岸本、一九六〇、九七頁）。

つまり、これらのことを勘案すると、岸本は軍属としてではなく、「陸軍歩兵上等兵」として、「大正四年乃至九年戦役」に出役し論考賞を得たことが知られるのである。

岸本家アルバムには、岸本の軍服姿の写真が数枚残されており、これらをみると、彼の「海外雄飛」のもう一つの物語がほのみえてくる。まず、写真5-2-1は単身撮影したものであるが、襟章に「16」と見え、肩の階級章は上等兵を表わす三つの星が見える（写真5-2-1参照）[44]。明らかに明治四五年制定の帝国陸軍軍装であり、階級章があることから、正規の帝国陸軍第一六連隊兵士であり、軍属とは考えられない[45]。また、同アルバムには、「零下四十度ノ雪ノシベリヤニ鉄条網ヲ張リテ屯ス　クノリンゲ駅　大正八年十二月」（写真5-2-2参照）、「大正九年四月九日、敵に包囲せられたる孤立無援のスパスカヤより浦潮に向はんとする刹那の光景」（写真5-2-3参照）、「スパスカヤよりスワヤンカ方面への追撃戦」（写真5-2-4参照）と、岸本自身が万年筆で書き入れたとされる写真がある。新発田の第一六連隊は、一九一九年一〇月にシベリアに派兵され、スパスカヤをふくむハンカ湖東南岸方面で戦っている。これらの点からすると、岸本は新発田連隊の正規兵として出役し、シベリアに転戦したことになる。一九一九年一〇月の時点で彼は満二一歳になったばかりであり、現役兵としての年齢にも合っている。さらに、「初年兵教育係リトシテ内地返還　シベリア・スパスカヤ市ニテ　大正九年九月」（写真5-2-5参照）と書き入れられた日本兵の集合写真があり、前列左から二人目に岸本自身が写りこんでいる。他に、やはり日本軍兵士の集合写真で、岸本らしき人物が前列真ん中で金筋の入った階級章（兵長あるいは伍長か）をつけた軍服姿で写っている。こうした点から、岸本のもう一つの海外雄飛の物語は、新発田連隊の一兵士としてシベリア出兵に参加し、一九一九年から一九二〇年頃スパスカヤ方面に駐屯し転戦、一九二〇年九月頃内地に「初年兵教育係」として召還されたことを意味するようである。この一兵士としてのシベリア出兵参加と初年兵教育係としての帰還については、『移民の地平線』には一言もふれられていない。ただ、同書のブラジル渡航後の部分に「シベリヤのスパカヤ《ママ》市で十字砲火を潜つたことがあり、北満で馬賊の襲撃を受けたことなどもあつて、多少弾雨の道を歩いた」（岸本前掲書、一〇一頁）

写真 5-2-1　軍服姿の岸本昂一（イサク岸本氏提供）

写真 5-2-2 「零下四十度ノ雪ノシベリヤニ鉄条網ヲ張りテ屯ス　クノリンゲ駅　大正八年十二月」（イサク岸本氏提供）

写真 5-2-3 「大正九年四月九日、敵に包囲せられたる孤立無援のスパスカヤより浦塩に向はんとする刹那の光景」(イサク岸本氏提供)

写真 5-2-4 「スパスカヤよりスワヤンカ方面への追撃戦」(イサク岸本氏提供)

写真5-2-5「初年兵教育係リトシテ内地返還　シベリア・スパスカヤ市ニテ 大正九年九月」（イサク岸本氏提供）

と記されており、シベリアで戦火をくぐったことが確認される。

以上のように、岸本が後年記述した書物と岸本家アルバムの写真および彼自身の書き入れと対照した場合、「渡満→軍属として服務→留学」と「応召→シベリア出兵」という二種のライフストーリーが浮かび上がってくるのである。満洲留学の後、一時帰国中に動員され、シベリアへ出兵したという想像もなりたたなくはないが、だとすると岸本はなぜそれについて記さなかったのか。先の勲章授与証では勲八等白色桐葉章と「金四百参拾円」が授与されたことになっており、相当の軍功があったものと考えられるが、それについても岸本は沈黙している。太平洋戦争中にブラジルが連合国側に立ち、日本人が敵性外国人とされたことは何度も述べた通りであるが、岸本は戦時中に当局によって逮捕されている[46]。また、戦後は勝ち組・負け組の抗争が続き、その後ブラジル当局といわゆる負け組によって勝ち組は排除されていくが、その対立は長く尾を引いた。『移民の地平線』が発行された当時、終戦から一五年が経過していたとはいえ、正規の兵士として従軍したことを公言することをはばかる意識がはたらいたのではないだろうか。満洲留学の物語は、シベリア出兵の体験を踏まえつつ、後年徐々におきかえられ、整序されていったものではないかとも考えられる。

五-二-三　帰郷と挫折、キリスト教との出会い

岸本は後に熱烈なキリスト者として知られるようになるが、いつ頃キリスト教にふれたのかは明瞭ではない。ただ、『移民の地平線』に記された次のエピソードからは、その端緒がハルビン時代（あるいはシベリア時代）にあることが想起される。

> 日本民族の夢を北の国に成し遂げようとして、ロシヤ語の勉強をしている裡に赤色の旋風は次第に広がつて、共産党の血の粛清は文字通り屍の山、血の河と化し、何時平和の光が訪づれるものやら前途の見透しがつかなかつた。此の時分、陸軍倉庫の古雑誌の中から力行世界の一部が出て来た。内容を一読し、日本に斯うした力強い機関のあることを知り、非常に嬉しく思つた、其の中に会長の南米一巡の記事を熱読し、世界は広いナアと思つた。斯うした先覚者の足跡から民族発展の舞台が南へ移動拡大されつゝある事を知ると同時に、私は自己の針路に対し再検討して見なければならなくなつて来た（岸本、一九六〇、九一頁）。

引用文中の『力行世界』は日本力行会の機関誌である。同会は、ドイツ再洗礼派の牧師島貫兵太夫が設立した東京労働会に起源をもつ、青年の苦学力行による海外渡航を支援する団体であった。引用文中の「会長」というのは、後に日本人のブラジル移民に大きな影響力を持ち、サンパウロ州内陸奥地にアリアンサ移住地を建設する同会の第

二代会長永田稠である。ここに記された「南米一巡」の記事は、永田が一九二〇年三月に北米に渡り、同年六月にブラジルの首都リオデジャネイロを振り出しにサンパウロ州やミナスジェライス州を歩き回って日本人移民の可能性をさぐった旅行記である。永田自身がキリスト者であり、『力行世界』には、こうした最新の南米移民情報や各地の力行会員の消息だけでなく、キリスト教や聖書の解説などが掲載されていたため、岸本は自然にキリスト教に親しみを抱いたのではないだろうか[47]。また、彼が「日本から最も近いヨーロッパ」と呼ばれたハルビン、あるいはシベリアにいたとすれば、ヨーロッパ文化、ことにキリスト教にふれる機会は十分にあったことが想像される。

当時のハルビンでは、「クレスチェーニェ」と呼ばれるロシア暦のクリスマスに、ハルビンのロシア人たちは厚い氷を割り、松花江の水を聖水として身体に振りかける氷上洗礼式を行った。この日は町中のロシア正教寺院の鐘が一斉に鳴り、「キリスト蘇り給えり」と聖歌が流れ、石畳の舗道には色をつけた卵やお菓子を手かごに詰めたロシア女性達が行き交ったという（芳地、一九九九、五四―五五頁）。ともかく、松田（一九九八）の「略歴年表」によると、岸本は一九二〇年九月に日露協会学校ロシヤ語科の二年生を修了したことになっている（松田、一九九八、三四八頁）。

こうして、岸本はこの永田による『力行世界』の「南米一巡」の記事にふれて衝撃を受け、彼の表現を借りると「北から南え《ママ》の転回」を遂げたことになる。大陸から故郷に帰った後の彼は、この時の境遇を「故郷の山河に蟄居半歳」と表現し、「此の間に村の青年団長に祭り上げられたり、親父の名代で立派な肩書のお歴々と宴会に出されたりして次第に動きがつかなくなるやうな気がして来た」（岸本、一九六〇、九二―九三頁）と回想する。一九二一年一月には、萩乃との間に長女松枝が生まれていた。そんな帰国後の故郷で鬱々とした日々のなか、岸本はキリスト教会に通いはじめたという。彼のキリスト教への入信当初の様子は、次のように描写されている。

> 此の頃から私は教会へ通い出した。北越の野も山も谷も雪に埋もれた厳冬の夜、新発田キリスト教会に通ひつゞ

け、熱烈な求道の精神に燃えていった。キリスト教の世界観によって、自分の使命が将来とおして海外にあると自覚するようになっていった。斯くて幾十度か、両親及び親族の間を駆け廻って海外行きの許可をしてもらうべく懇願してみたが、徒に嘲笑罵倒を浴びせられるばかりで問題にならなかった（岸本、一九六〇、九三頁）。

以上の回想によると、岸本は帰郷後、日本力行会入会までの間に新発田にあった教会に通い、キリスト教に傾倒したことになる。

岸本が通いつづけたという「新発田キリスト教会」は、どの教会・教派であったのか。岸本家に残るアルバムで、彼が一九五八年に帰郷した時の写真の中に新発田教会を訪れたものがあり、若い頃彼が通ったのが、この会衆派の教会であったことが知られるのである。

新発田には、明治維新後、早い時期にキリスト教伝道が行われた。最初に新発田にキリスト教（プロテスタント）を伝えたのは、新潟県で医療伝道を展開したT・A・パームである。パームは一八七五年に新潟で伝道を開始し、一八七七年一月から地方伝道を開始した。彼は中条訪問の帰途、新発田に足を止め、旅館の一室で治療と説教を行ったという。このパームの帰国後、前節でもふれたアメリカン・ボードの北日本ミッションが一八八三年一〇月から越後伝道を引き継ぎ、O・H・ギューリックとR・H・デイヴィスが新潟に在留しながら、時折、新発田へ出張を試みた。新発田教会の創立日については「関係資料は一切ない」ということであるが、一八八八年八月に同志社神学校出身の原忠美を初代牧師として迎えている（本井、二〇〇六、三三六頁）。こうしてみて見ると、プロテスタントの新潟伝道と新発田教会は、アメリカン・ボードおよび同志社の影響が強く、信仰縁的には、同志社出身でアメリカン・ボード系の太平洋神学校で学んだ小林美登利とネットワーク上のつながりを持っていたことになる。また、「キリスト教の世界観によって、自分の使命が将来とおして海外にあると自覚するようにな」ったという強い使命感も、小林と共通する点である。

五―二―四　日本力行会入会とブラジル渡航

帰郷後、キリスト教会に通うようになった岸本の心をとらえたのは、永田稠日本力行会会長の日本民族南進論とブラジル行きであった。しかし、彼の前には旧家の両親や親族との〈血縁〉が大きな問題となって横たわった。彼は当時の親族との確執を次のように回想する。

永い間旧家としての伝統を傷付けられ、親族や村人から笑われるのが、何よりも辛いというのである。両親の心の内を思い、妻の立場を想うと彼の心は暗くなるばかりだった。そこで遂に教会の牧師に心情を語り意見をきいた。牧師は、これに対し「神の意志は完全であるが、親の意志は完全ではない。我等は神の意志に従うべきである。真理のために人類の大きい理想に向って進む場合は、家を出るのも止むを得ないことだ」と言つて祈つてくれた（岸本、一九六〇、九三頁）。

こうして岸本は、キリスト教によって海外雄飛を「使命」と自覚し、教会の牧師によって「神の意志」を悟り、方向を指し示されたのであった。彼は先の教会の牧師の説く「神の意志」にしたがい、一九二二年三月、出奔同様に上京、力行会への入会を果たす。その時のことを、「私は遂に永田会長の理想に触れ、新しい世界に民族の先駆者たらんとして愈々ある夜十時ごろ、行李一個を携へて小石川の力行会の門を叩いた」（岸本、一九六〇、九三頁）と回想している。

当時の力行会は、本章第三節で詳述するが、アメリカとブラジル一巡を終えて帰国したばかりの永田稠やブラジルから来日した輪湖俊午郎を中心に、組合運営による新しい移住地建設の計画を進めていた。その準備の一つとして、一九二二年一月に岡田忠雄長野県知事を総裁に担ぎあげ、信濃海外協会を発足させていた。この移住地建設計画は紆余曲折を経た後、一九二四年末から開拓のはじまるアリアンサ移住地(48)として結実する。

しかし、ブラジルへの道は平坦ではなかった。岸本の力行会入会後、驚いた父が連れ戻しに来る。当時の日本の農村にあって、父（＝家長）の命令は絶対であった。一時帰郷した岸本は、親族会議にかけられ糾弾されたという。

伯父さんは、静かなおとなしい人でした。親戚がいっぱい集っていたところで、家のお寺もあるのに、なんでヤソに入ったのかって、怒られておったということです。伯父さんは、ずっとうつむいたまんまで、ほとんど何も言えなかったと聞いています（岸本の弟卓二氏の長女Ａ・Ｋさん）。

親族のすべてが反対を唱え、「此の家柄から斯かる危険思想の人物を出すとは…と云つて慨嘆落涙する人もあつた」という。結局、岸本は分家するという名目で家督相続権をすべて弟名義にし、「一坪の土地一厘の金も貰わない分家となつて、妻と子を抱え文字通り路傍に放り出された」（岸本、一九六〇、九七頁）と回想する。勘当と言ってもよい扱であった。その後、妻子とともに上京し、力行会で三ヶ月ほど過ごした後、永田会長からブラジル行きを命じられる。先に述べたように、シベリア出兵当時の戦功による四三〇円と妻の嫁入衣装を売り払った四〇〇円を旅費に当てることにした。岸本のブラジル渡航までの過程を検討すると、もろもろの〈縁〉をネットワーク化するのではなく、それらを断ち切っていく方向性が目につくのである。

一九二二年九月一三日、ブラジルに向けて、大阪商船しかご丸で妻、長女の松枝と渡航する。外務省外交史料館所蔵の「外国旅券下付表」によると、岸本一家の旅券は下記のように、一九二二年七月一日、兵庫県庁から下付されている。旅券番号は、第一九〇五九五号、旅行目的は「契約移民」となっている。つまり、ブラジルで「コロノ」と呼ばれる底辺の契約農民として渡航するのであった。

旅券番号	氏名	身分	本籍地	年齢	保証人又ハ移民取扱人ノ氏名若クハ社名	旅行地名	旅行目的	下付月日
一九〇五九五	岸本昂一 妻　萩之 長女松枝	戸主	新潟県北蒲原郡鴻沼村大字西塚ノ目一ノ三七八	二三、一一 二一、一一 二、六	海外興業会社	伯剌西爾	契約移民	七、一

岸本家アルバムには、「シカゴ丸甲板上デ小林登次郎兄　大正十一年七月渡伯ノ途次」というキャプションの写真があり、兄小林美登利の呼び寄せでブラジルに向かう小林登次郎と同船したことが知られる。甲板で「SHIKAGO MARU」と書かれた浮き輪を背に浴衣の着流しで腰掛ける二人が写されている。当時の移民の言葉でいうと「学校出」の「インテリ移民」である二人の青年は、ブラジルでの夢を語り合ったのであろうか。登次郎との〈縁〉は〈同船者縁〉というべきであろうか。後述するように、岸本は聖州義塾で一時期教師をすることになるので、この〈縁〉はのちに活用されることになる。なお、一九四五年のしかご丸同船者会の記念写真で、岸本は登次郎と隣同士で写っており、二人の交流が戦後まで続いたことをうかがわせる。

こうして一九二二年にブラジルに渡った岸本一家は、『移民の地平線』によると、レジストロ、セントラル鉄道沿線、サンパウロ郊外などを転々として放浪したという（岸本、一九六〇、一〇八頁）。力行会という広い移民ネットワークをもつ組織に属していたので、多少その〈縁〉を頼ってあちこち動いたと想像されるが、岸本の回想を見る限り、それがうまくはたらいた形跡が見いだせない。一度はサンパウロ州内陸部ノロエステ鉄道沿線ゴンザガの上塚植民地をめざすが、それは何らかの〈縁〉を頼ってのことではなく、「日本人植民地建設の上塚周平氏の偉業に憧れて」と説明されている（岸本前掲書、一〇八頁）。しかし、岸本一家はここにも長くとどまらなかったようだ。その後、ボラ植民地にコロノとして入植し、一契約農民として生活をはじめた。そこでは二年間のコーヒー栽培の請負契約で働き、最初は食うや食わずの生活が続いたらしい。農場主との諍いでピストルをつきつけられたり（岸本前掲書、一一一頁）、大凶作に遭ったりと、他の農業移民同様の辛酸を舐めている。また、ここで病気にかかった長女松枝を医者にみせることもできないまま亡くしている（岸本前掲書、一一五頁）。

こうした辛苦の後の一九二五年、ついにボラ植民地で五アルケルの土地を購入し、自作農に転身した。岸本はこの時の気持ちを「これでブラジルの百姓も落第せずに済んだだけでなく、将来の生きてゆく自信も与えられて来、新移民当時の此の苦難の道が後日の私を形成していってくれる大きな土台石となつたのである」と回想している（岸本前掲書、一一六―一一七頁）。コロノから自作農への転身は、大きな階層上昇であった。同じ移民教育者でも、前節でみた小林との違いは、岸本がこうした一介のコロノとして、農村での底辺の経験を有している点であり、まず農業移民としての立身の道をたどった点であろう。

五―二―五　学校教師となる

当時の移民知識人の多くがそうであったように、岸本も農業のかたわら日本語を教えはじめた。岸本家アルバム写真によると、彼が最初に教鞭をとったのは同じくノロエステ鉄道沿線のボラ植民地の小学校であったと推定され、岸本と子どもたちの集合写真に書き入れられた日付は「一九二八年八月八日」となっている（写真5―2―6参照）。ボラ植民地で教育をはじめたのは、先述したように自作農となり、精神的・経済的余裕が生じたことも契機となっているであろう。当時のコロノ契約農民は移動が多かった。その後、一九三〇年には、同じ内陸部の都市リンス近郊のウニオン耕地でも日本語学校を開き、当時の農村地域の多くの日本語教師がそうであったように、半農半教の生活が続いた。

岸本家アルバムでそれに続くのは、「聖州義塾ノ日本語教師時代（一九二九年）」という手書きのキャプションのついた写真（写真5―2―7参照）である。一九二九年というと、彼がウニオン耕地に移る前である。これを裏付けるように、松田（一九九八）に「時あたかもノロエステ線沿線での全学校が一時閉鎖されることになったのを機会に、

写真 5-2-6　「ボラ小学校時代」（1928）（イサク岸本氏提供）

写真 5-2-7　「聖州義塾ノ日本語教師時代」（1929）（イサク岸本氏提供）

彼は妻子をボラ植民地に残し、単身サンパウロ市に出て、アルバイトに日本語教師をしながら自らも葡語の勉強をしていた」（松田、一九九八、五二—五三頁）と記されている。写真と照合した結果、「単身サンパウロ市に出て、アルバイトに日本語教師をし」というのが、聖州義塾で日本語を教えることであったと考えられる。先述したように、岸本はブラジル渡航時、しかご丸で小林美登利の弟登次郎と同船しており、彼との交流は戦後まで続いていたと述べた。前節でもふれたように、この当時、小林は日本へ一時帰国しており、登次郎は兄不在の聖州義塾を任されていた。岸本が頼ったのか登次郎が呼び寄せたのかは明らかではないが、同船者としての〈縁〉に、キリスト者としての〈信仰縁〉もあって、義塾に寄宿し、日本語を教えながらポルトガル語を学習していたものと考えられる。登次郎の兄美登利が一九二九年一〇月、約九ヶ月間の日本滞在の後ブラジルに再渡航し、義塾改革をはじめたのは第四章で述べた通りである。この改革の時期の義塾スタッフに岸本の名はないので、彼のサンパウロ滞在と義塾での日本語教育は、おそらく農閑期のごく短期間であったと考えられる。ただ、この時期の義塾の状態について、「同年十月（主任留守中）に隣家（ガルボンブエノ街八七）を借り受けて事業の拡張をなす。之れ一面入塾希望者の強請に依るものなりしと雖も門戸の拡大は濁流の浸入をも招き、且つ塾員間の不統一は甚だ面白からざる結果を招致するに至れり」（『聖州義塾々報』第一号）と小林自身が記しているように、寄宿希望者が急増し、それにともない問題も生じていた。義塾にいた岸本は、こうしたサンパウロ市での寄宿希望者のニーズについて認識を新たにしたことであろう。

内陸に帰った岸本は、リンス市のウニオンで公立小学校の教師にひとまず応募することになる。「申込者三十余名あり、日系人の彼にはほとんど合格の見込みはないものとあきらめていたところ、ウニオン市在住の知友、浅見氏の市への働きかけにより採用されることとなった」（松田、一九九八、五三頁）と、その任用の経緯が記されている。この「浅見氏」とは、「ブラジル野球の父」と呼ばれる移民ジャーナリスト浅見鉄之輔のことであり、彼も聖州義塾出身であった。このように、小林と岸本というブラジル日系社会の二大教育者のネットワーク、聖州義塾と暁星学園という二大寄宿舎学校の歴史は、ところどころで交錯しているのである。

岸本は一九三三年、サンパウロ市コンソラソン通りに寄宿舎学校「暁星学園」を創設するが、一九三〇年頃からサンパウロに移転する前後までの生活については、先の岸本家アルバム写真とともに、ある程度邦字新聞の記事によって知ることができる。『時報』には、一九三〇年五月のできごととして、サンパウロ州北西地方のニュースを伝える「ノロエステ欄」に次のような記述がある。

ウニオン植民地小学校公認

（…）教師は伯人マリサル・カマルゴ氏と日本人岸本昴一氏とで、学校責任者は日本人会長内山吉蔵氏であるとのことである（『時報』六七二号、一九三〇年九月一一日）。

これは、岸本らが教えていた私設未公認の小学校だったものが、私立小学校として正式に公認されたことを伝える記事である。このウニオン植民地で岸本は聖書の研究会を行なっていたことが、当時同植民地に居住していたK・M氏の証言で明らかになっている(49)。また、この植民地の学校の休暇中、学校をもたない他の日系植民地の教師をつとめていたことも次にように記されている。

◆読者欄◆

・夏期休暇を利用し児童教育の実行

マリ、ア駅カスカツタ植民地　父兄会々長　山下春一

パウリスタ延長線マリ、ア駅カスカツタ植民地は、日本人入植以来五年の星霜を経過せるが、其の間幾多可憐なる児童は、空しく学齢期を逸せんとするの恐れあるので、父兄等の悩みも少なからざるものであつた。所が今回十二

月一日から一月三十日の二ヶ月間諸学校の休暇の際を利用し、ノロエステ線リンス駅ウニオン公認小学校教師岸本昂一氏が態々当植民地に来り、毎日午前中二十三名の児童に対し献身的努力を以て教育される事となつたので、父兄は涙ぐましい程の感激を以て感謝と喜悦とに満ちてゐる。（…）（『時報』六八六号、一九三〇年一二月一八日）

『時報』は、岸本のこうした献身を称えるとともに、「茲に於て私は望む。ブラジルに於ける教育家達は一ヶ月でも、二ヶ月でもよい、奥地の未だに恵まれざる農場又は植民地に入つて、岸本氏に倣つて先鞭を着けられたる教育の実行を、出来得るだけ多方面で試みられんことを」と、農村における教育不在の解消を呼びかけている。

五―二―六　上聖と暁星学園の設立

岸本は一九三一年末、それまで勤めていたウニオン小学校を辞任、次の記事のように教え子一〇数名をともなって、サンパウロに移転することとなった。

•ウニ《マ》ヨ《マ》ン小学校補習科新設
リンス駅ウニオン小学校では来学期から小学部を終へた児童の為め補習科を設け、尚ほ必要な課程を授ける事になつた。因に岸本教師は辞任して聖市へ十余名の教へ子を伴ひ行き私塾を開く由（『時報』七四七号、一九三一年一二月一八日）。

この記事によると、彼がこの時点ですでにサンパウロに私塾を開設する意志を持っていたことが知られる。ちなみに同年三月に出された日本の外務省の報告書（調査は前年の一九三一年）には、ウニオン小学校は日本人教師一名にブラジル人教師二名、生徒数八七名と記され、生徒数からみると、比較的大きな小学校となっていたことが知られる（外務省通商局、一九三二、四三頁）。

では、岸本はなぜ発展しつつあったウニオン小学校教師の職を捨て、サンパウロ転出に踏み切ったのか。松田（一九九八）の伝えるサンパウロ転出の経緯は次のようなものである。

　こうして岸本昂一は、ノロエステの植民地で約十年間、教師としての経験を重ねている間に、コロニアの農民たちから、「子供をサンパウロに出して勉強させたいが何とか（岸本）先生の力でわれわれの子供を預って面倒見てもらえないか」という切実な要望が相次いで出てきた（松田、一九九八、五六頁）。

『ニッケイ新聞』記者の暁星学園卒業生らへの取材による岸本の上聖と学園創立の経緯は次のようなものであり、この記事の教師同伴上聖を裏づけている。(50)

　岸本昂一さん（新潟出身、一八九八〜一九七七）がリンス近くのウニオン植民地の小学校教師をしていた当時、聖市で教育を受けさせたいが、つてがないし、資金もないという要望をたくさん聞いた。ピニェイロス区に暁星学園を創立したのが三二年。実際は三三年から学費を払う寄宿生を受け入れ、そこで日本語などを教える形で一期生の教育がはじまった（『ニッケイ新聞』WEB版、二〇〇五年一二月八日）。

　すでに述べたように、当時のブラジルにおいて農村からの上聖すなわち州都サンパウロに出ることは、子どもにとっては上級学校への進学の、教師にとってはよりよい条件をもつ学校への転職の有効な手段であった。岸本らもこの上聖遊学の流れに掉さしていく。ブラジル日系社会の文脈における上聖の意味をもう少し掘り下げて考えてみよう。

前山（一九九六b）は、ブラジル日系社会の立志伝中の人物中尾熊喜の評伝的研究のなかで、「ステータス」という概念を通じて、次のように二種の社会について述べている。「すべての社会には構造というものがあり、構造はその社会の成員のステータス（地位 status）と役割（role）とから構成されている。個人のステータスは家柄・人種・身分など個人の出生以前にすでに決定されている要因によって主として決定される場合と、個々人の資質・能力・努力・教育程度などによって獲得されたそれぞれの能力による場合とが考えられる。個人の努力によってステータスの変更しやすい社会は《開放的社会》と呼ばれ、《閉鎖的社会》に相対する」（前山一九九六b、四三一頁）。また、前山（一九九六b）は、「移民は「エンシャーダ」（鍬）一本になぞらえられ、三人の稼働力のある家族は、「エンシャーダ三本」と数えられた」（一九九六b、二一〇頁）と、戦前ブラジルの農本主義について述べている。どちらも岸本の上聖の動機を考える場合、示唆的である。

筆者がブラジルで研究活動をはじめた一九九〇年代の後半でも、農村出身の日系人の間では、まだ「エンシャーダを何年引いたか」（農業を何年経験したか）で人の価値を判断する基準が生きていることを聞いた（例えば、H・S氏（一九一一年生まれ、一九二八年ブラジル渡航）やS・N氏（一九一八年生まれ、一九三三年ブラジル渡航））らへのインタビューによる）。コロノとして借地農から農民生活を経験した岸本は、そうした農本主義的価値観の世界にどっぷりとつかって生きていた。ボラ、ウニオン時代は学校教師になったとはいえ、半農半教生活で、農民である父兄たちに雇用され、棒給は彼らの懐から出ていた。ブラジル日系教育機関の教師が一般農民より一段下にみられがちであったことは、この点にも由来する。教師である岸本にとって、教師が独立した職能として優位性をもち得ない日系植民地は、上記の《閉鎖的社会》であった。サンパウロ市で教師になることは、こうした農本主義的価値観の世界から脱却し、より《開放的社会》に属する都市的価値観の世界、つまり教師が独立した職能として優位性をもつ世界に転出することを意味していた。岸本に即していうと、それは病気のわが子を医者にみせられず、みすみす死なせてしまうような貧しい境遇からの脱却も意味していた。聖州義塾で臨時的に教師を勤めることによって、岸本はそれに気づき、自らの人生の転換の可能性に賭けたといえるのではないか。この意味で、彼のかつての大陸雄飛、ブラジル渡航自体が、家父長的・農本主義的価値観の世界からの脱却をめざしていたともいえる。

こうして岸本は、何人かの教え子たちをともなって上聖した。このように、子弟をサンパウロで勉強させたいという親の要望にしたがって教師が教え子を引率して上聖する例は、当時のブラジル日系人の社会上昇の手段としていくつもの事例が確認できる。第四章で紹介した大正小学校における第四代校長唐澤実雄の例もそれに当たる。「教師同伴上聖」は、日系子弟にとって、「親・親族同伴上聖」「同郷者同伴上聖」などとともに上聖遊学の一種といえる。ただ、岸本のように「教師同伴上聖」の上、サンパウロ市に学校まで創設してしまったのは、彼の信念と行動力の強さをものがたっている。

次に岸本の名が邦字新聞に現れるのは、第四章一節でも紹介した以下の記事である。

• 教育研究の教員会議——父兄会に得せしむる所多かつた

さきに報道の如くサンパウロ日本人学校父兄会にては、去る廿五日と六日の両日大正小学校教場にて第一回教育研究会を開けるが出席者意外にも多数にて五十七名に上り（…）今回の出席教員の校名並に姓名を挙ぐれば左の如くである。

パルメイラ小学校　　横山十五

（…）

カンバラ寄宿舎　　尾関保助

（…）

大正　　竹下完一

同　　　　明　恵蔵
（…）
義塾　　　小林美登利
同　　　　小林登次郎
同　　　　多田栄一郎
聖公学園　岸本昂一
（…）
上塚第二　亀井祐次
同　　　　唐澤実雄
（…）
ガルサ中央　浅見鉄之輔
　　　計五十七名（『時報』七七三号、一九三二年三月二八日）

サンパウロ日本人学校父兄会が一九三二年三月二五日と二六日に大正小学校で開催した第一回教育研究会に、岸本が、小林美登利、登次郎、浅見鉄之輔らとともに出席したことが知られる。岸本の所属は、「聖公学園」となっている。名称からキリスト教系の教育機関で、聖公会と何らかの関係があったことが想像されるが、どのような学校であったのかは不明である。岸本自身が「暁星学園沿革概要」に一九三二年二月一日、「サンパウロ市コンソラソン街五四七番ニ創立開園ス。生徒寄宿舎ノミヲモツテ経営ス」（『暁星学園報』第八号、一七頁）と記しているので、この時の「聖公学園」が後の「暁星学園」となることも推測できる。[51] 一九三二年四月のサンパウロ日本人学校父兄会調査による「在伯邦人小学校一覧」（『伯剌西爾年鑑・後編』（一九三三）所収）には、聖公学園、暁星学園ともに名前が見えない。父兄会側の資料における暁星学園の初出は、「昭和九年四月現在在伯日本人学校一覧表」（『サンパウロ日本人学校父兄会々報』第二号（一九三四）所収）である。

岸本が上聖したとされる一九三二年は、七月に護憲革命が勃発し、州内各地が戦場となり、政情も不安定であった。邦字新聞も連日戦闘状況を伝えている。『移民の地平線』には、一九三二年は七月の護憲革命当時、サンパウロ市郊外イタケーラのタボン植民地に居住し、やはり半農半教の生活を送っていたことが記されている（岸本、一九六〇、一〇二頁）。岸本家アルバムには、「イタケーラ校創立当時ノ生徒七十一名 一九三二年十一月廿日」（写真5-2-8参照）、「イタケーラ校ノ情操教育 一九三二年十一月」（写真5-2-9参照）の二枚があり、彼が一時期郊外イタケーラに移ってそこで学校を開いていたことが知られる。先の「聖市へ十余名の教へ子を伴ひ行き私塾を開く」（『時報』七四七号、一九三一年一二月一八日）というサンパウロ移転の前後関係を整理すると、一九三一年末か翌年はじめにサンパウロ市へ出、二月にコンソラソン通りに寄宿舎を開くが、革命勃発により郊外イタケーラに移って半農半教生活。さらに一九三三年はじめ頃、革命戦が終息したサンパウロ市に戻り、本格的に暁星学園の経営に乗り出した、と一応理解できる。

岸本の上聖と暁星学園設立前後から一九三〇年代前半における新しい活動として注目されるものを年表風に整理すると、次のようになる。

一九三一年末（あるいは三二年初頭）　ウニオン小学校を辞任、何人かの教え子を率いてサンパウロ市へ

一九三二年二月　サンパウロ市コンソラソン通りに寄宿舎学校「暁星学園」を創設[52]、ただし寄宿舎のみで出発

一九三二年中　革命戦勃発により、郊外イタケーラに移転、イタケーラ小学校を開設

一九三二年一一月　暁星学園敷地として、ピニェイロス区ミゲル・イササ通り一二三の一八〇平方メートルを購入し登記

写真 5-2-8 「イタケーラ校創立当時ノ生徒七十一名」(1932)(イサク岸本氏提供)

写真 5-2-9 「イタケーラ校ノ情操教育」(1932)(イサク岸本氏提供)

一九三三年五月　サンパウロ州学務局より公認私立学校として認可を受ける。ただし、生徒は全部市内の小中学校に通学し、学園内の授業は日本語による教科のみ
一九三三年七月　柔道部を設け、寄宿生の正課とする。（通学生には随意科目）
一九三四年一月　寄宿舎をドトール・ローザ通りに移す。また、教室をピニェイロス通に移転。
一九三四年二月　補習科を設置し、高等小学校卒業またはこれと同等以上の生徒を受入れる。
この年、岸本、父兄会の葡語講習会に参加し修了証を授与される
一九三四年三月　中学受験科（ポルトガル語）設置
一九三四年七月　新築校舎落成式挙行、寄宿舎および教室を新校舎に移す
一九三五年六月　生徒増加にともない一教室を増設
この年も岸本、父兄会の葡語講習会に参加し修了証を授与される
一九三七年一月　勤労科を設置し、苦学生を受入れる
一九三七年三月　青年部の葡語夜学科設置
一九三九年九月　葡語初等科設置（『暁星学園報』第八号（一九三九）、岸本（一九六〇）、松田（一九九八）その他により作成）

暁星学園は、一九三三年五月にサンパウロ州学務局より公認私立学校として認可を受け、翌三四年一月には寄宿舎をドトール・ローザ通りに移し、教室をピニェイロス通りに移転。同年二月には補習科を設置し、三月には中学受験科（ポルトガル語）を設置するなど内容を充実させている。また、同年七月には、新築校舎が落成し、寄宿舎および教室を新校舎に移している。同時に、柔道家の富川富與を招いて柔道部を設け、寄宿生の正課としている（通学生には随意科目）。先述の「昭和九年四月現在　在伯日本人学校一覧表」には、この頃の同学園の情報が次のよ

うに記されている。

名称	所在地	経営者氏名	設立年月日	生徒数	修業年限・学科目	公認ノ有無	
暁星学園	同市ピニエイロス、ドトルラウザ街七五番	岸本昂一	昭和七年二月一日	九五	尋六ヶ年、高二ヶ年 修、読、算、綴、体、唱	私立	岸本昂一（農学校出）、鈴木悌一、岸本萩之（高女修）

これによると、ドトール・ローザ通り時代の同学園の様子をかいまみることができる。まだ葡語科が設置される以前で、生徒数は九五名、日本の小学校に準拠し修業年限は尋常科六年と高等科二年、修身、読本、算術、綴り方、体操、唱歌という科目があった。教師は岸本夫妻の他に、戦後にサンパウロ大学教授となって同大学日本文化研究所を設立する鈴木悌一が教鞭をとっていた。第四章でもふれたように、当時、ピニェイロス地区は近郊農業を営む日系農民たちが集まり、彼らを相手にする商店も現れ、もう一つの日本人街の様相を呈しはじめていた。岸本はサンパウロ市でも、新興エリアであったピニェイロスに教育機関を設け、その地区での先駆となったわけである。こうして岸本の上聖は、暁星学園の発展とともに大きく花開いていくこととなる。

一九三四年から三五年頃は、先述したようにヴァルガス政権による移民同化政策と教育統制が進む時期であり、それに対応してサンパウロ日本人学校父兄会が活動を充実させていった。日系教員を対象とした葡語講習会開催もその一つであり、岸本自身、一九三四年、三五年と同会の葡語講習会に参加し修了証を得ている[53]。一九三七年一月には、勤労科（「勤労部」という記載もあり）を設置し、学資のない苦学生を受け入れはじめる。岸本はこれを「勤労教育開拓」と呼び、後述するように、岸本の教育理念と暁星学園の特徴を体現するようになる。

このように、ブラジルのナショナリゼーション政策が進行し、「教育非常時」が叫ばれたなかでも、暁星学園は次第に発展していった。一九四〇年九月当時の同学園のスタッフは次の通りである。

学園長（日本語教師兼任）　岸本昂一

日本語教師　樋口徳重
同　谷垣みつえ
同　川崎尚夫
葡語教師　リゼヤ・ロチト
柔道教師　富川富與
勤労作業主任　後藤公一
寄宿舎舎監　岸本萩乃（岸本、一九六〇、松田、一九九八）

一九三〇年代末の同学園の生徒数は、二〇〇名を数えたとされる（『暁星学園報』第八号、六頁）。当時のブラジル日系教育機関のなかでは、サンパウロ市の大規模校と認識されるほどに成長していた。

五―二―七　岸本の教育理念と実践

では、暁星学園の発展とともに展開された岸本の教育理念とその実践はいかなるものであったか。

岸本の教育活動の一環として注目されるのが、暁星学園設立と前後してはじまる『暁星学園報』の執筆と出版活動である。現存しているのは、本節でもすでに何度か引用している第八号（一九三九）以降のものであるが、岸本の教育理念とともに学園の活動内容を知ることができる。この機関誌は一九四〇年からは『曠野』というタイトルに改称し、戦中停刊の後、戦後復刊し『曠野の星』に改称される。教育活動とともに機関誌を発行し、その理念や活動を報告していく姿勢は、小林と共通するものであった。ただ、小林の発行した『市民 O Cidadão』『聖州義塾々報』がいずれも謄写版刷りだったのに対して、岸本のそれは堂々たる活字印刷である。また、同誌には、「勉学者の今後の方法如何」「聖市諸学校の学費」など実践的なサンパウロ市遊学の方法、武道やスポーツの戦績の他に、「現旧職員名」「各線別出身者」（以上第八号）、「第七回卒業生受賞者」（『曠野』第九号）、「暁星学園第三回第二世学生弁論大会傍聴記」（『曠野』第一三―一四号）などが掲載され、同学園の〈学校縁〉を通して、教師・生徒たちをネットワーク化していく方向性が看取される。すなわち、同誌の購読・配布が、暁星学園を要にした広い読者ネットワークを形成していたことがうかがえる。

『暁星学園報』／『曠野』の記述から見える岸本の教育理念は、キリスト教精神を教育の根幹においている。この点も小林と共通しているが、小林が信仰の実践を個人の自由に任せているのに対して、岸本のそれは学園のシステムと一体化してより規範的にみえる。現存するもっとも古い機関誌である『暁星学園報』第八号の巻頭において、岸本は「嵐の中に刹那の完成」と題して次のように述べている。

（…）真の生命教育は繊細技巧なる追従模倣の中に在るのではなく、教育者の魂の奥底から生れ出る生活そのものが期せずして個人教育となり、学校教育となり教師の衷に溢るる熱情迸る所に若き天才、英雄の目覚めが生れ出るのである。

（…）

我が暁星学園は今日迄八ヶ年間、断乎として何物にも侵されず、蝕ばまれず、教育的良心の世界に立つて、民族育英の原野に一つ一つ血と汗に彩られる開拓の鍬を打ち込んで来た。理想の峯は高く遥かだが、我等は一修道者として、ただ至誠、熱情、純愛の精神を以つて、茲一万二千哩の南米の広野に、民族青年の「教育の実験室」として地下百尺に隠れて泉を汲むの心境を以つて、嵐の中に刹那々々を生かさんとする者である。因より建設途上にして誇るに足る可きものは無いが、現在、寄宿舎、日本語教育、勤労部、女子勤労裁縫部の各部に亘り、二百の学生達が歩武堂々と明日の世界に向つて行進をつづけて居る次第である（『暁星学園報』第八号、六頁）。

「嵐の中」というのは、一九三九年という発行年から、当時邦字新聞に「国粋の嵐」「国粋主義の旋風」などと記されたブラジル・ナショナリゼーション政策による外国語教育の弾圧を指していることは明らかである。同学園の教育は、文中の「真の生命教育」をめざしていることが知られるが、それは具体的にいかなることであろうか。岸本は自身を（また学園の教師たちを）「我等は一修道者」と規定し、「至誠、熱情、純愛の精神を以って」、祖国日本からはるかに離れた南米ブラジルの地において子弟たちの教育にたずさわらねばならないとしている。教育の対象になるのは、同学園で学ぶ「二百の学生達」であり、ひいては日系移民子弟全員であろう。「嵐の中に利那々々を生かさんとする」というのは、一瞬一瞬をおろそかにせず子弟教育に献身していかなければならないという意味であろうか。自身をふくめた教育者を「一修道者」と規定するところに、彼の宗教に根ざす教育理念が見て取れる。同じ『暁星学園報』で、岸本は宗教について次のように説き、寄宿生と勤労生たちに救世軍の教会に出席することを義務付けている。

宗教――先づ魂の開拓から
　▽寄宿生は教会へ出席のこと
暁星学園の寄宿舎及勤労教育科の根本精神は、全宇宙を支配する人間以上な大能者―神の存在を信じ、之を拝してゆく生活である。

若き青年学生の進路には、生活即パンの問題、思想の問題、性欲の問題が縦横に彼等の身辺に迫りつゝあるのだ。

人間は学問したゞけで偉くなれるものではない。

又その社会が高められてゆくものでも無い。

失望、苦悶、悲哀、困難の暗黒なる人生のドン底から尚且つ敢然として立上がり、邁進して行く生命の開拓が如何に必要であるか神への信仰の道がそれである。

我々の魂の中に、高き理想の国――神の国が打ち建てられてゆく時、其所に新らしい個人と、新らしい社会の発見があるのだ。

青年学生達が築きつゝある学問を真に生かしてゆくには、まづ之を運用する所の個々の人格の建設からである。茲に宗教に依つて魂の開拓をしてゆかねばならぬのである。

学園の寄宿生及勤労科の少年少女は日曜学校に、青年学生は教会へ毎日礼拝に出席することは絶対的な鉄則となつてゐる。之をしてゆく為に導くのであつて、あとは自分の宗教を持つなり、家の宗教に入つてゆくなり、其人の自由に委せてゐる。

現在此の方の指導に救世軍の田中大尉御夫妻が心血を注えて尽力して下されてゐるので多大の感謝である（『暁星学園報』第八号、一一頁）。


ここには、まず同学園の「寄宿舎及勤労教育科の根本精神は、全宇宙を支配する人間以上な大能者―神の存在を信じ、之を拝してゆく生活である」とし、超自然的な神の存在を認め、これを礼拝する生活を共有することが規定されている。また、同学園の目的が学問だけでなく、あわせて「神への信仰の道」を邁進していくことによる「個々の人格の建設」であるとする。さらに、寄宿生と勤労生は日曜学校に、青年学生は毎日教会に出席することが「絶対的な鉄則」と規定されている。そして、ここでいう「教会」が救世軍であることが、最後の一行によって知られる。

救世軍（The Salvation Army）はイギリスを起源とし、グローバルに展開するプロテスタントの教派団体である。伝道、教育、社会福祉、医療といった活動を推進するが、軍隊に準じた階級制度やメンバーの軍服を模した制服・制帽・階級章、軍隊用語の使用などが特徴的である。ブラジル日系人間における救世軍の活動は、次の記事のように、一九三六年八月頃にはじまったことがうかがえる。

・救世軍日本人部成る―指揮官に田中三次氏
北米に於て救世軍日本人部を担当して活動してゐた小林救世軍中佐の幕下田中三次氏は在伯同胞二十万を算する聖州にも是非その必要あるを痛感し、予てから聖市救世軍日本人部の創設を準備中であつたが、此の程万端ととのひ聖市シケラ、ブヘノ街一八八番に其の本部を設け、自から日本人部指揮官として救世の大願に活躍することとなつた。（『時報』一二三三号、一九三六年八月二一日）

救世軍自体が戦闘的な伝道と表現を好む傾向にあるといえる。指揮官に任じられた田中三次はフィリピンのマニラ獣医学校出身で救世軍での階級は大尉であった。ブラジル救世軍の内部資料でも、マニラ獣医学校出身の田中三次大尉によって、一九三六年九月二日に「日系小隊」（Corpo Japonês）の集会が開かれたことが裏書きされている（Exército de Salvação, 2008）。先にも引用した、ウニオン植民地で岸本の聖書研究会に参加し、三弟が暁星学園で学んでいたというK・M氏（ホーリネス教会牧師）によると、岸本はこの救世軍の教えに共鳴し、日系小隊設立時より熱烈な協力者となったという。寄宿生と勤労生は日曜学校、青年学生は毎日教会に出席することを「絶対的な鉄則」としたことを考えると、救世軍の教えと実践、生活における軍隊的規律と霊肉の救済を教育の根幹にすえたことが明らかになる。先にも述べたように、岸本は聖州義塾で教師をした時期もあり、長老派や会衆派のプロテスタンティズムと接触していた。また、ブラジルにおける聖公会伝道の日系パイオニアであった伊藤八十二牧師との交友も浅くなかったようである。ブラジルはカトリック教国であり、カトリック教会との接触はどこにいても容易である。このように、岸本は〈信仰縁〉を活用する条件には事欠かなかった。にもかかわらず、岸本がどういう経緯でキリスト教諸派のなかから特に救世軍を選択し傾倒していったのかは明らかではない。岸本が戦後の一九四七年に出版した『南米の戦野に孤立して』の復刻版（二〇〇二年東風社）に付された細川周平の「解説」には、サンパウロの救世軍日本人部の第一回集会が同学園で開かれた点に関連して、次のように記されている。

救世軍の戦闘的な用語体系は、タイトルの「戦野」、そして本文中の「日本移民軍」「古戦場」「植民戦線」「戦士」などによく表れている。世界の命運を担った民族という自覚は、伝道の意欲の強いこの宗派の柱であり、異教徒の蒙を力でもって啓くことを自らの使命とみなしていた。勤勉と倹約を彼の信条としていたことは、本書の座談のはしばしからうかがえる。彼のなかではキリストと二宮金次郎は両立する。彼の永住主義も、厳しい環境であればあるほど、信仰の種をまく価値があるとする救世軍の教えに適う（細川、二〇〇二、四七五頁）。

すなわち、救世軍の戦闘的な用語体系も、より厳しい環境をよしとする教えも、岸本の信条と合致していたということである。田中三次大尉の死後、岸本は『曠野』一九四〇年八月号に長い追悼文を書いており（二四―三六頁）、田中とは強烈な〈信仰縁〉で結ばれていたことが知られる。田中大尉の人格的な魅力に惹きつけられたことは、この追悼文からうかがうことができる。しかし、それだけではなく、軍隊的な厳しい規律を重んじる救世軍の教えと言語表現に、岸本が、自らの軍歴とシベリアでのきびしい戦闘をくぐった彼の精神、体質と合致するものを見出したと考えられるかもしれない。

前掲の「宗教――先づ魂の開拓」にも記された勤労科は、一九三七年一月、暁星学園内に設置された。この勤労科は、同学園の活動のなかで岸本の教育理念をもっとも反映したものであったであろう。同科は、洗濯工場「チントゥラリア・アウローラ」（Tinturaria Aurora）を付設し、学資のない子どもたちをここで働かせながら学校に通わせた。こうした「寄宿舎＋勤労＋通学」のシステムは、必ずしも同学園が最初ではなかったが、同学園の勤労科のシステムとして広く知られるようになった。(54) 岸本の三男で、勤労科で他の苦学生たちと同じように生活することを命じられた岸本イサク氏は、「〈勤労科の生活〉は軍隊のようなスパルタ式でした」と記憶する。

『暁星学園報』の後掲誌である『曠野の星』第一一号（一九五二）に邦字新聞記者の勤労科訪問記事があるので、一部を下記に転載する。

朝六時起床、先ず謙虚な心で神の前に跪き、当番勤労生の司会で祈禱、救世軍々歌斉唱、聖書朗読がなされ、黎明の第一歩が神を拝する生活から始まることである。「今日はいくら儲けるか」ではない。「今日は如何にして神と人にたいして良き奉仕ができるか」の祈願である。

一方社会では、算盤を持って立つが、彼等の世界では聖書を持って立つのである。一方の社会の青年たちは、昨夜のシネマの話や、流行歌を口ずさんで仕事が始められていく時、彼等の世界では作業場に立って先ず黙禱し、それからは無言の行によって熱心な戦いが展開されていくのである。（…）

一週間の勉学に、勤労にと戦っている彼等は、日常には更に高き霊の道を求めて救世軍の集会に出席し、信仰の泉を汲みとりつつあるのだ。聖市の一角に今黙々として内なる火を燃やしつつ、イエスを信ずる此の一群の向かう所には日本民族の新しい勃興が来るであろう。この待望する神の国運動即理想の郷が此の勤労部の同志たちによって芥種の如く進展しつつあることは何と心強いことではないか。

このように勤労科では、岸本が傾倒していた救世軍に積極的に参加し、規律に従って労働し生活することが義務付けられていた。また、勤労科にあって、もう一つの義務として、柔道の実践があった。岸本は、武道の効用について次のように説いている。

武道

発しては満朶の桜となり、凝っては百錬の鉄となる武道日本の精華を享け、霜凍る晨、灼熱の炎天の下、雌伏幾年、奮戦又奮戦、熱闘又熱闘、斃れて尚止まざる我等の暁星学生軍、白兵戦下に一城また、一城を抜き、全伯学生武道大会に三年優勝の制覇成り、若武者の意気や益々高きも、勝つて驕らず、破れて悔ひざる男子の襟懐をもつて茲一万二千哩の南米大陸に、武道日本精華を我等の二世の血と肉によつて燦然と咲き誇らしめんと日夜孜々として努力しつゝある次第である（『暁星学園報』第八号、一六頁）。

同学園の柔道部は、伯国柔剣道連盟の大会に出場したびたび入賞しているので、小林や聖州義塾と〈武道縁〉で結びついていたということもできる。子弟教育における武道の効用を説く点も小林と共通するが、岸本の文章の表現に注目してみると、「雌伏幾年、奮戦又奮戦、熱闘又熱闘」とか「斃れて尚止まざる我等の暁星学生軍」、「白兵戦下に一城また、一城を抜き」とかいうように、先にもふれた戦闘的な表現（軍隊用語）が散りばめられている。軍隊にとって実戦が、救世軍にとって伝道が戦いであったように、岸本にとっては異国の迫害の中で日系子弟を教育することは戦いそのものであった。この文章が書かれた一九三九年という時代状況を考えてみると、日中戦争がはじまって二年、ブラジル日系社会でも銃後運動が盛んに進められた時期であった。ブラジル日系社会での銃後運動については、第六章で詳述するが、大陸で戦う同胞の労苦をよそに、徴兵猶予によって海外で平和に日を送っていることの自責の念が背景にあったことが考えられる。また、前掲の『南米の戦野に孤立して』の冒頭には、「物質を目指して来た旧き日本移民軍は、今や夜明けの大地に、その本来の精神の偉大さを昂揚する新しき日本の戦士として欧米の陣営の前に立ちはだかっているのだ」（一九四七〔二〇〇二年復刻版、七頁〕）と記されており、彼の戦闘的な表現と意欲が戦後も衰えていないことを示している。ブラジルにおける銃後運動は、従軍への代替行為と解することができるが、かつて大陸で軍に身をおいた岸本の場合、こうした感情はより切実であったと推測できる。ちなみに、「満（万）朶の桜」というのは、「万朶の桜か襟の色…」ではじまる軍歌「歩兵の本領」（一九一一、加藤明勝作曲、永井健子作詞）の一番の歌い出しである。シベリアの戦野で歌った一節が、ふと筆を通じてほとばしり出た

写真 5-2-10　勤労科男子学生と撮った写真、制帽をかぶった男子学生たちの前で、やはり制帽の岸本があたかも司令官のように号令をかけている姿（1944）（イサク岸本氏提供）

ものか。

岸本家アルバムに残る一九四四年の勤労科男子学生たちと撮影した写真には、制帽をかぶった男子学生たちの前で、やはり制帽の岸本があたかも司令官のように号令をかけている姿が写されている（写真5－2－10参照）。岸本イサク氏によると、寄宿生や勤労生には朝礼と国民体操を行っており、勤労科男子学生には救世軍の軍帽に似た制帽をかぶせていたという。軍歴があり、シベリアで軍人生活を送った岸本は、救世軍の活動に傾倒するとともに、古巣の軍隊的規律によって、勤労生たちを訓育したようである。また、寄宿舎や勤労科ではスパルタ的なきびしい教育が行なわれ、時にビンタやゲンコツによる制裁も行われたという。「父の元に子どもを連れてくる親は、煮るなり焼くなり、とにかくいい子になるよう躾けてほしいという人が多かった。当時はだれもそういった扱いに疑問をもつ人もいなかったんでしょうね」と同氏は回想する。ただ、救世軍は軍隊的規律を重んじはするが、部下に暴力をふるうということはありえないとされている[55]ので、岸本のこうした制裁は、軍隊を経験した彼の資質に根づくものと考えられる。

ただ、岸本が血も涙もない冷徹な原理主義的教育者かと言うと、けっしてそうではない。むしろその反対で、「温厚な人格者」と証言する者が多い[56]。戦時中に多くの日系人が収監された時の逸話として、筆者が聞いた次のような証言がある。ある男性が警察に収監されたが、その男性の娘が生活のため、だまされて料亭の女給として売られそうになっているという噂が伝わって来た。男性は激しく苦しむが、どうすることもできない。その時、同じ収監者の一人が、面会に来る者にこっそりと自分の妻へのメモを渡し、その妻が、娘が売り渡されることを防ぎ家にかくまってくれた、という。その恩人が岸本であったということであった。岸本に原理主義的な日本至上主義の一面があったにしろ、このように同胞の苦しみをだまって見ておれずにただちに手を差し伸べようとする温情の深い人物でもあった。多くの教え子たちが、厳しい先生だったと言いながら、いまなお岸本のことを敬慕していることを思うと、しつけ一辺倒の人物であったとは思えない。

教育理念の話題に戻ることにしよう。前節で確認したように、聖州義塾の教育がポルトガル語や英語の習得に重点をおいたのに対し、暁星学園勤労科では洗濯やアイロン掛け、裁縫といった実技の習得に重点がおかれている（写真5-2-11参照）。また、小林の教育理念がキリスト教にもとづくコスモポリタンであるのに対し、岸本のそれはキリスト教に根幹をおきつつも、「民族育英」という言葉にも表れるようによりナショナリスティックであったといえる。そうした岸本の日本至上主義ともいえるナショナリズムは、第三章二節でも引用した小島（一九九九）の「邦人発展主義の論理」[57]にささえられたものであったと考えられる。このような岸本の理念は、戦後に発刊された『南米の戦野に孤立して』（一九四七＝二〇〇二）の次のような記述にも現れている。

日本の大理想、八紘一宇とは即ち世界を家とし、万邦の民と調和しつつ民族の新しき理想を行うてゆくことであって、民族の世界的理想への一階段として邁進してきたのである。（…）盤根錯節の海外万里の広原に活路を拓いて、

写真 5-2-11　勤労裁縫科の生徒たち（イサク岸本氏提供）

登高の一道を究めんとする者の前に闘争の伴うことは当然であって、実にここに日本及び日本人の歴史が生成発展してゆくのであれば、我等は喜んで民族の陣痛の苦しみを背負い、明日の黎明を創る為に迷雲を一掃し、土俵際の一線で猛然と立ち直らねばならない」（岸本一九四七〔二〇〇二年復刻版、一九〇―一九一頁〕）

岸本は戦時中に当局によって逮捕・拘禁されるが、上記の資料はその体験をもとに記されたものであった。先の細川（二〇〇二）は、岸本の思想に「キリスト教の普遍主義と国家神道の世界観が重なりあっている」点を指摘している（細川、二〇〇二、四六六頁）。国家神道の世界観は、豊葦原瑞穂国である日本を世界の中心とし、その言語や文化を至上とするもので、キリスト教の普遍主義、そして海外日本人に特徴的であった邦人発展主義の論理と交錯しながら彼の日本至上主義の根幹をささえていたものと考えられる。こうした日本至上主義は、強弱の差はあれ当時の日本人移民一般に見られたものであったが、熱烈ともいえる岸本のそれは、やはり彼の厳しい従軍体験と結びつけて考えるのが自然ではないだろうか。『南米の戦野に孤立して』に収録された座談会記録のなかで、ある青年の「これから日本も世界的日本になっていくのだから日本語一点張りで押してゆき、他所の国の言葉を必要としない」という意見に対して、岸本は次のように答えている。

我々は外国語を駆逐するのではなく、自ら進んで外国語を習得し、彼らを啓蒙し、教化してゆくには、先ず彼等の国語を学び、彼等と親しみ、彼等の心の中に、こちらから飛び込んでゆき、先ず我等自身が、彼等を理解しなくてはならない、外国語を勉強してゆくことは、私達自身を、そして日本を、世界的に押しひろげてゆくことになるんです（岸本一九四七〔二〇〇二年復刻版、二三二頁〕）。

このように、岸本は、外国語学習を否定せず、むしろそれを奨励する。それは、「私達自身を、そして日本を、世界的に押しひろげてゆく」手段として語られている。こうした彼の理念は戦時中の体験によって、青少年指導の手段としての軍隊的規律とともに、「精神＝日本的教育（徳育）／実践教育＝ブラジル教育」という二重性をより深化させたと考えることができる。岸本の教育理念は、キリスト教の普遍主義にもとづき、二世世代のポルトガル語学習やブラジルの学歴を否定せず、むしろブラジルに有用な人物となることを勧めるのであり、この点は小林と共通している。しかし、一方で、小林の「優良新進なる伯国市民」との協力を説くコスモポリタニズムに対して、国家神道に基礎をおいた日本至上主義に強く傾斜し、ポルトガル語学習をブラジルに日本文化や価値観を普及させる一種の方便と考えていたと理解される。

以上に確認したような暁星学園、特に勤労科に現れた岸本の教育理念と実践を聖州義塾と比較すると、その教育法や理念の違いが際立ってみえる。同じ日本出身の一世知識人であり、キリスト者であり、武道家でもありながら、聖州義塾における小林のおだやかともいえる教育実践に対して、岸本のそれは激しい戦いの様相を帯び、しかも生徒たちもそれに参戦することが義務付けられていた。

五―二―八　岸本の活動と暁星学園の歴史的意義

ブラジルの邦字新聞『ニッケイ新聞』は、最近まで毎年開かれていた暁星学園の同窓会についての記事で、同学園の歴史的意義を次のように評価する(58)。

戦前、聖市に親戚や友人のいるものは少なく、都会で子弟を勉強させたくても高い学費を負担できる親は少なかった。大半が地方で借地農生活をしていた一般移民にとって同学園は、まさに闇夜の終わりを告げる「暁星」だった。

バウル近郊に生まれ、出聖して五五年から高校と予備校に通った四年間、勤労部で働いた杉尾教授（二世）はのちにＵＳＰ（筆者注――サンパウロ大学）で三十一年間教鞭をとった。「昼間は汚れ物を取りに行ったり、洗濯、アイロンがけしてかなり疲れた。そして夜学でしょ。眠い時もあったけど一回も落第しなかったです」と振り返る。大橋恵子さんは「当時、勤労部があったから大学へいけた、聖市で勉強できたという人は多かった」と勤労部のシステムを振り返る。「今思えば、今のブラジルにこそ必要。そういうところがあったら、みんな勉強ができるのに」と、現在における意義を再認識した（深沢、二〇〇五）。

前節でも述べたように、小林美登利と聖州義塾の歴史的意義は、サンパウロ市にいち早く寄宿舎学校を開き、この社会上昇の機会と堕落の要因が同居する大都会において、日系子弟が安心して学べる環境をつくったことである。小林の場合、それは、北米での排日体験をブラジルでの排日予防啓発に役立てようという意図とむすびついた先駆的活動であった。一方、岸本はサンパウロ市でも、もう一つの日系エスニックタウンであったピニェイロスに教育

表 5-1　暁星学園出身の日系第二世の例

氏　名	生没年	主な経歴
鈴木悌一*	1911〜1999	弁護士（サンパウロ法科大学）・サンパウロ大学教授
武本由夫*	1911〜1983	日本語教師・ブラジル日系文芸界の重鎮
内山良文	1919〜1995	弁護士（サンパウロ法科大学）・サンパウロ州議・南米銀行取締役
京野四郎*	1923〜1984	サンパウロ化学専門学校卒、サンパウロ市議・サンパウロ州議
水本薫*	1915〜	農業技師・バストス青年会長・サンパウロホーリネス教会牧師
水本毅*	1920〜1989	実業家・ブラジル松竹社長・リベルダーデ商工会会長
谷垣ルイス恭巳	1919〜1995	医師（コチア産業組合病院院長）・パウリスタ新聞社長
八巻培夫	1921〜2009	ジャーナリスト・日伯毎日新聞編集長
望月ルッチ	1928〜	州立高校教師・日本映画字幕作者
岸本イサク	1933〜	歯科医・岸本昂一三男
行方敬郎	1935〜	サンパウロ大学農学部卒、サンパウロ大学農学部教授
加藤太郎	1936〜	クリスタル・メタル社創業者・社長
杉尾憲一郎	1937〜	サンパウロ大学理学部卒、サンパウロ大学地質環境学部教授
坂本ヒサバ綾子	不明〜	コレジオ・ブラジリア校長
奥田耕	不明	歯科医・バストス体育協会長
佐藤敏雄	不明〜	会計士・柔道家

出典：『暁星学園報』第 8 号（1939），パウリスタ新聞社編（1996）『日本ブラジル交流人名事典』，Câmara dos Deputados -SILEG（2008），邦字新聞記事、遺族・関係者からの聞き取りなどに拠り作成。＊は日本生まれ。

機関を設け、その地区での先駆者となったが、それは自身の出聖への欲求とともに、子どもたちの社会上昇の機会をうかがう農村部父兄の思惑と一致するものであった。特に、勤労科は、一九三〇年代の経済恐慌と社会不安のなか、農村で学資をもたない日系子弟に、上聖と仕事、技術習得、進学の道を拓いた意味は大きい。

岸本の、大陸での「シベリヤで十字砲火をくぐり、「多少弾雨の道を歩いた」」という体験、ブラジルの農村で幼い娘を医者にみせることもなく亡くしてしまうようなコロノの悲哀は、信仰心の強化ときびいしい教育方針を生み、暁星学園特有の教育理念と実践を生み出した。それは、キリスト教（救世軍）の信仰に生き、軍隊式のきびいしい規律のなか、学習と労働、そして武道にいそしむことであった。現代的な価値観からすると、岸本の時に愛の鞭をともなった過剰ともいえる教育実践であるが、一九三〇年代当時の日本人移民には頼もしいものに感じられたと想像される。そうした岸本の教育事業は日本政府からも評価され、小林らとともに、一九三九年に帝国教育会から教育功労者として表彰されている。岸本は一九七七年に亡くなり、暁星学園もその歴史を終える（パウリスタ新聞社、一九九六、八五頁）。ただ、半世紀近い歴史のなかから、戦後の日系社会を牽引していく指導者たちを輩出した。同学園の出身者には、表5-1にあげた人物が名を連ねている。

このなかでも、多くが勤労科の出身者である。このように、同学園は、聖州義塾と同じく戦後二世指導者たちの揺籃の場所であったことが知られる。彼らは同学園で日本語や洗濯、裁縫を学ぶとともに、ブラジルの小中高等教育機関に通い、二言語・二文化環境におかれながら、次代を担う能力や精神力を身に着けていった。

暁星学園は太平洋戦争中も寄宿舎として生き残り、戦後も継続した。一九七一年に閉校した後、二〇一二年現在も毎年同窓会が開かれており、元勤労生を中心に数十人が集まって、思い出に花を咲かせている。こうした意味で、同学園の〈学校縁〉、〈信仰縁〉は、岸本の死後も卒業生たちのネットワークとして生かされているといえよう。

五-三　ブラジルの日系子弟教育者3――両角貫一

両角貫一については、第四章の大正小学校の節でふれたように、第五代校長として一九三五年同校に着任している。大正小学校は、「コロニア一の学校」と呼ばれたが、これは同校が最盛期を迎えた一九三〇年代後半の両角校長時代のことを指してのことである。この意味で、両角もまた特筆に値する戦前期の日系教育者の一人である。ただ、本章の一、二節で明らかにしてきた小林美登利や岸本昂一については、本人たちが執筆した文章や評伝その他の資料が多く残っているのに対して、両角の場合、出身地長野県の海外協会や日本力行会関係の資料など断片的なものが残されているにすぎない。本節では、それらの資料を手がかりに、両角の略歴を確認しながら、同期留学の清水明雄（二〇一一年までサンパウロ市で存命）や遺族へのインタビュー資料、写真資料なども合わせて、大正小学校を最盛期に導いた教師の人物像に迫りたい。

五―三―一　派遣教員留学生制度とブラジル渡航の背景

両角貫一は、一九〇六（明治三九）年一一月八日、長野県諏訪郡永明村（現茅野市）九〇番に、父幾平、母みちの長男として生まれた。小林より一五歳若く、岸本より八歳年下である。両角の幼少時代についての資料は未見であるが、サンパウロ在住の長女の寿弥子が「父は子どもの頃からだが弱かったので、他の子の倍苦労をしたと聞いています」と証言している。しかし、成人した後には背も高くなり、(59)九〇歳の長寿を全うしているので、身体の弱さもしだいに克服されたのであろう。後に長野県下の最高学府であった県立師範学校に進学しているので、学校の成績も悪くなかったはずである。

両角は、地元の高等小学校を卒業した後、長野県立師範学校本科一部に入学、一九二七年に卒業している。そして、この年に信濃海外協会の「南米ブラジル共和国サンパウロ州師範学校留学生」選抜試験に応募、同じく長野県立師範学校出身の清水明雄、松本女子師範学校出身の長田イサムとともに合格している。

戦前・戦後のブラジル日系移民子弟教育の発展史を調べていると、「ブラジル派遣教員留学生」（以下、「教員留学生」）という制度があったことが知られ、長野県出身者の存在の大きさがクローズアップされる。例えば、たびたび引用する「大正小学校、その〝歩み〟」には、他の教員留学生とともに両角の名は次のように登場する。

（…）一九三二年、十二月十九日。
外務省・派遣教員留学生、柳沢秋雄、二木秀人、坂田忠夫の三氏は晴れやかに異郷の地を踏んだ。ともに若く（二十歳）長野師範学校出身。給料百円（五百ミル・レース）。（当時日本の小さな学校の校長と同程度）間もなく、三教師ともにブラジル師範学校へ通学。二木、坂田両教員はソロカバへ―柳沢教員のみジュンジアイへ―。二年目に坂田さんはサンパウロに出、大正小学校を手伝いはじめた。（…）一九三五年、同様に派遣教員として渡伯した両角貫一氏が、同校の校長として就任（…）（「大正小学校、その〝歩み〟④」『パウリスタ新聞』六六五二号、一九七五年一〇月三日)。

ここに記されたように、しばしば「外務省」の名が冠され、日本の師範学校卒業生をブラジル師範学校に入学させる「派遣教員留学生」の制度があった。実際には、一九二〇年代末から三〇年代前半、信濃海外協会が中心となり、長野県内の師範学校卒業生をブラジル師範学校に入学させ、卒業後ブラジル正規教員として日系小学校に勤務させることを目的としていた。信濃海外協会の史料に「南米ブラジル共和国サンパウロ州師範学校留学生」として記される制度で、両角はその第一期生であった。長野県の海外協会派遣の留学生であるのに、「外務省」の名が冠されることがあるのは、留学資金を後に外務省が支弁することになったためらしい。

一九二〇年代前半の小林や岸本らの渡航の時期に比べて、二〇年代末の両角ら派遣教員留学生の時期には、日本人のブラジル移民の性格に大きな変化が現れていた。第二章でもふれたように、一九二四年の帝国経済会議と一九二七年の海外移住組合法の成立によって、ブラジル移民は日本の国策と化していく。そして、その動きのなかで、ブラジルにアリアンサ移住地のような県単位の計画的な移住地が開発されていくのである。「派遣教員留学生」制度は、アリアンサ移住地を創設した信濃海外協会によって計画されたものであった。すなわち、小林や岸本らが徒手空拳でブラジルに渡り、一個人として移民子弟教育に取り組もうとしたのに対して、両角のブラジル渡航と師範学校留学、大正小学校赴任には、この時期になって、県や国を単位として、ブラジルの移住地への教師の供給という問題に取り組んでいこうとする試みが現れたことを意味する。それゆえ、両角が大正小学校に赴任する経緯を明らかにするために、県を単位とした日本からブラジルへの教師供給のしくみの形成についても確認しておきたい。

まず、この制度の長野県との関連において信濃海外協会発足からアリアンサ移住地を創設するにいたるプロセスを確認しておこう。

第二章でも確認したように、『伯剌西爾時報』記者であった輪湖俊午郎は、日系移民の集中したノロエステ鉄道沿線地帯を一九一八年に視察し、「子孫を度外視して植民の発展を期すべからず」と、必要な移民子弟の教育が満たされていないことを慨嘆した。輪湖は、長野県松本市出身で、松本中学を中退後、一五歳でアメリカに渡り、『ロッキー時報』記者として働いた。ブラジル移住後、永田稠に出会い、信濃海外協会設立とブラジルでの移住地建設に参画する。このアリアンサ移住地となって実現する、子弟教育機関など諸施設を完備した自治的な日本人移住地建設の構想は、この一九一八年の視察時のにがい体験がもとになっていると考えられる。一方、長野県では、一九一六年六月の信濃教育会総集会において、「世界的知見ヲ拡充シテ、大ニ海外発展ノ実ヲ挙グルコト」（五大宣言の一つ）という県を挙げての海外発展の方針をかかげ、一九一九年度まで県から通俗講演会開設費の補助を受け、海外発展のキャンペーンを実施していた。長野県出身の永田稠は、一九二〇年の「南米一巡」の旅においてサンパウロ州南部のイグアペ植民地を訪れ、ここで先の輪湖、北原地価造（伊那農林学校出身、農業技師）と出会い、ブラジルに「カナンの地」を求める。すなわち、永住的移民の自治による組合方式で、子弟教育機関、産業施設、医療施設を備えた理想的・文化的な移住地建設を語りあった。これは、一九二二年一月に信濃海外協会（総裁は長野県知事岡田忠雄）の発足となり、岡田の後任本間利雄知事による「移住地建設宣言」によって具体化する。ちなみに、前節の岸本が感化されたのは、この永田の「南米一巡」に示された日本人移民南進論であり、信濃海外協会創設の時期に日本力行会に入会しブラジルに渡航する。この意味で、ブラジル渡航の背景は異なっていても、岸本と両角の人生は、その邂逅のはるか以前から交錯していたといえるであろう。

こうして、サンパウロ州奥地ノロエステ鉄道沿線アラサツーバ郡内に土地をもとめ、「アリアンサ移住地」と名付けられた移住地は、一九二四年一〇月に開拓がはじまった。同移住地では、翌年、翌々年と土地の分譲を行ない、産業施設、医療施設、学校（建物）を整備していった。同移住地の発展については、『創設十年』（一九三六）、『アリアンサ移住地二十五年』（一九五二）があり、すぐれた論考もいくつか発表されている[60]ので詳述をさけるが、一九二六〜一九二七年頃の同移住地の発展は、ブラジルへ派遣する教員留学生に関する次の資料からも確認できる。

●信濃海外協会総裁高橋守雄より、長野県知事高橋守雄宛書簡写し（昭和二年三月一日）「本県男女師範学校本学年度卒業生中ヨリ南米ブラジル共和国サンパウロ州師範学校へ留学生選抜任命ニ関スル申請書」

本会経営南米ブラジル共和国サンパウロ州アラサツーバ郡内所在アリアンサ移住地（信濃村）は大正十二年来の計画ニ係リ県当局並ニ政府ノ多大ナル御助成ニ依リ着々進捗シ、其ノ出資寄付ハ十六万円ヲ越エ、購入土地一万千七百五十町歩ハ殆ドソノ処分ヲ完了シ、入植家族モ大正十四年六月以後今日迄已ニ百三家族四百三十五名ニ達セリ[61]。

これに続けて、同移住地の子弟教育充実のためすぐれた教員を求めるにいたる状況は、次のように説明され、留学生の選抜と派遣が要請されている。

是等渡航者並ニ在伯同胞ノ堅実ナル発展ニ欠ク可カラザル緊急施設ハ実ニ在外子弟ノ教育機関ニアリトス。然ルニ目下伯国内ニ於ケル邦人子弟ノ教育ニ関スル施設ノ実際ハ遺憾ノ点少ナカラザルモノアリ。本会ハ茲ニ大ニ考フル所アリ。本会経営移住地ノ教育機関ノ完備ヲ計リ併セテ伯国内同胞子弟ノ教育ニ就テ大ニ貢献セントシ、曩ニ外務省ヨリ一万二千円ノ御補助ヲ得、本会ノ予算一万三千三百五十円トニテ、小学校ノ竣成ヲ見タリ。今後其ノ優良ナル校長並ニ訓導ヲ得テ移住地教育ニ関シテ、ソノ完備ヲ期シ、併セテ伯国内同胞ノ教育ニ就テノ計画施設等ニモ関与セシメン為メ、本年度本県男女師範学校卒業生中ヨリ適材ヲ抜擢シテ、ブラジル共和国サンパウロ州立師範学校へ留学セシメタキ計画ニ有之候。就テハ左記御含ミノ上伯国内在留同胞並ニ子孫ノ為又本会ブラジル移住地入植者ノ教育ノ為、特別ノ御詮議ヲ以テ、留学生選抜御派遣方御取計ヒ相願度、別紙参考書相添へ此段及申請候也。

記

一、男女師範学校本年度卒業生中ヨリ男、二名、女二名御選抜ノ事
二、男女共成ル可ク南北信出身ヨリ折半数ニテ御選抜ノ事
三、男子ハ五ヶ月現役終了者ヲ御選抜願度キ事
四、男子ハ五ヶ月現役終了直チニ、女子ハ三月卒業後赴任学校ヨリ直チニ現職ノマヽ伯国サンパウロ州立師範学校へ留学ヲ命ゼラレタキ事
五、本人赴任旅費、五ヶ月現役中ノ給料、本会ニテ負担シ、ソノ方法ハ可然御取計ヒ願度キ事
六、本人留学任命後ハ、月手当一人ニ付キ百円ヲ支給スル事。伯国渡航費ハ一名五百円以内ヲ本会ニテ支給ス
七、手当並ニ渡航費ノ給与ノ方法ハ本人ト協会ノ定ムル所ニ依ルコト（…）
八、留学期間ハ四ヵ年トス。卒業後ハ本会ノ任ズル所ニ従ヒ、ブラジル国サンパウロ州内ニ於テ、四ヵ年間本会指定ノ学校ニテ教育ニ従事スル義務アルモノトス
九、其ノ他必要ナル事項ハ本会ト留学者トノ間ニ於テ適当ニ協定スル事

昭和二年三月一日

信濃海外協会総裁　高橋守雄（朱印）

長野県知事高橋守雄殿(62)

ここには、留学生選抜の基準や待遇、卒業後の義務などが具体的に記されている。アリアンサ移住地小学校の教育の質的向上をめざして、日本とブラジルの両師範学校を卒業した「正規教員」の配置を計画していたことが知られる。師範学校を卒業したばかりの二十歳前後の青年に対して、月手当て一〇〇円、渡航費五〇〇円という当時としてはたいへんな厚遇であったことが知られる。この昭和二（一九二七）年という年の一二月には、第二章で述べたように、赤松総領事の呼びかけで、「在伯日本人教育会」が設立され、帝国総領事館を中心としたブラジル最初

の日系教育指導機関が発足している。留学生派遣は、こうした動きと呼応関係にあったと推測され、日系教育機関における日本人のブラジル正規教員の配置とは、外国人教員や外国語教育を制限する州教育法令やレイス移民法案など、一連のナショナリゼーション政策に対応するという思惑もあったものと考えられる。

上記の資料に続いて、信濃海外協会総裁高橋守雄から外務大臣幣原喜重郎宛申請書（昭和二年三月十五日）が残っており、「アリアンサ移住地設備費トシテ御省ヨリ特別ノ思召ヲ以テ助成金三万五千円也及移住地小学校建設費補助トシテ金一万二千円也御下付下サレ感謝ニ堪エズ」と外務省の支援を感謝するとともに、同省を通して留学生派遣に関する現地事情の情報収集に努めていることが知られる。海外移民送出についてのこの頃の外務省の立場は、一九二六年一月に第五一回帝国議会での幣原喜重郎外相（第一次若槻内閣）の外交に関する施政方針演説中の「移民問題」にふれる次のような部分からうかがうことができる。

我々は何れの国へも、其の歓迎せざる移民を送らむとするが如き意見を有しませぬ。只、未だ開拓せられざる地方に資本又は労力を供給し、単に移住者又は其の本国の為のみならず彼等が新に墳墓の地として定住する国の為何れも等しく其の繁栄、幸福を増進することが我々の一貫せる希望であって之れが為政府は十分力を尽す覚悟であります。

これは、一九二四年の帝国経済会議で決定されたブラジルへの移民国策化に続き、永住を前提とした移民保護奨励策の流れの中でとらえられる。また、「従来の海外移民送出に対する抑制主義、消極的姿勢ではなく、移民保護奨励主義へと政府方針が転換したことを示すとともに、移住国との「共存共栄」を旨とする国際協調主義を移民理念として表明している」（原口、一九九七、四頁）と解釈することができる。アリアンサ移住地建設と教員留学生派遣の理念的な部分を見るとすると、いずれもこの幣原外交の国際協調主義にかなうものであり、だからこそ、外務省からの補助金が得られたものと想像できる。

五―三―二　ブラジル渡航まで

こうした国家的な背景のなか、両角がいつどのような理由でブラジル留学を志願したのかは明らかではない。ここで、両角と師範学校同期で同じく第一期生としてブラジルへ留学した清水明雄の「学校出たって、(就職するのは)たいへんな時代だからね。まあ、海外でも行って楽をしたかったんだよ」という言葉が思い出される。第一次世界大戦終了後の一九二〇年代、日本経済は慢性的な不況が続いており、一九二三年の関東大震災は社会不安に追い打ちをかけていた。両角らが師範学校卒業を迎えた一九二四年三月には昭和金融恐慌が発生した。もともと長野県教育界では海外発展主義が唱えられ、当時の経済状況とあいまって、ブラジルへの移民は増加傾向にあり、永田ら長野県人を中心とするアリアンサ移住地建設が進められていた。師範学校を卒業したばかりの青年にとって、海外雄飛は大きな魅力であり、何より月手当て一〇〇円、渡航費五〇〇円という待遇は破格なものであったにちがいない。こうして、両角は留学生選抜試験を受験することになる。

次の資料は、留学生選抜の結果を長野県学務部長から信濃海外協会総裁高橋守雄に送ったものである。

・昭和二年三月廿四日

長野県学務部長（朱印）

信濃海外協会総裁殿

三月一日御申出ノ本県師範学校本年度男女卒業生中ヨリ、南米ブラジル共和国サンパウロ州立師範学校へ留学生選抜ノ件ニ就テハ男女師範学校長ヨリ左記ノ者適任トシテ報告有ニ候ニ付先以テ右氏名ヲ通知候也

記

女子　諏訪郡豊平村四三　本科一部卒　長田イサム　明治四十一年三月十九日生
×下伊那郡龍江村二三〇　二部卒　田中道子　明治四十一年一月廿一日生
田中道子ハ其ノ後申込ヲ取消シタリ代リノ者未定
男子　北佐久郡川辺村四三七　専攻科卒　清水明雄　明治三十九年十二月二十日生
諏訪郡永明村九〇　本科一部卒　両角貫一　明治三十九年十一月八日生

ここではじめて両角らの名が現れている。先ほどふれたように、信濃海外協会総裁高橋守雄から外務大臣幣原喜重郎宛に留学生派遣に関して現地事情を問う申請書が出されたのは三月一五日であり、外務省を通じた総領事館からの回答を待たず、留学生選抜が行われたことがうかがわれる。当時の日本とブラジル間の外務公信は通常一ヶ月を要していた。にもかかわらず、先の申請から、わずか三週間余りで選抜試験が実施され、この資料にあるように、両角をふくむ男女四名の候補者が選抜されたことが知られる。(うち女子一名は取り消し)では、なぜ外務省を通した現地公館の回答を待たず留学生選抜を行ない、また現地公館の消極的態度(後掲の永田の文章で判明)にもかかわらず留学生派遣に踏み切ったのだろうか。それは、信濃海外協会の創立者の一人であり、留学生の選抜者の一人でもあった永田稠の、両角の現地報告(『力行世界』掲載)に寄せた次の一文から推測できる。

永田生曰。海外発展に関する諸事業の中、其子弟教育は最も緊要なるものの一である。在外子弟教育の内、優良なる教育者を提給する事は最も大切なる仕事である。之れが為めに二つの途がある。其一つは日本の師範学校卒業生を外国に送り其地の師範学校を卒業させ、正式に国の校長たり得る資格を得しめて教育に従事せしめる事。其二は在留地にて成長したる者を其国の師範学校に入れ、卒業後日本に遊学させて、更に其国へ送り返へして教育の任に当らしむる事である。私共信濃海外協会の一事業として前者を選んだ。即ち同県師範の卒業生中男二人女一人を選んで之をブラジルに送つた。同時に如何にすれば日本人が同国の師範学校に入学出来るかを調査した。外務省では（駄目だ）と答へた。サンポーロの総領事館でも（研究の結果駄目だ）と云ふて来た。前帝国教育会長故澤柳博士もブラジルから（駄目だ）と通知して来た。併し乍ら私共は失望しなかつた。三人の者を送るに当り（万難を排して新しく道を開いて進め）と云ひ、彼等も（やれるまでやります）と云つて出発した。両角貫一君の此報告は実に其の結果である（両角貫一「伯国師範学校入学報告」に付せられた永田の前文、『力行世界』二九四号、一九二九年六月、四四頁）。

ここから、教員留学生ブラジル派遣については、外務省やサンパウロの帝国総領事館が否定的な立場をとっていたこと、それに対して、信濃海外協会が（というより永田自身が）、澤柳報告や外務省、総領事館勧告を無視して、強引に留学生派遣に踏み切ったことが知られる。また、「三人の者を送るに当り（万難を排して新しく道を開いて進め）と云ひ、彼等も（やれるまでやります）と云つて出発した」という一文から、渡航費を援助し留学生をブラジルへ送り出した後は、留学生本人たちの自助努力と苦学力行によって成功が切り拓かれると、根拠も薄弱なままに期待されていたことがわかる。これは、アリアンサ移住地側からの要望に応えるべく、将来的にブラジル正規教員（正式に校長就任資格を持った教員）を養成しておくといった思惑があったことが推論できるとともに、そのため永田の冒険主義ともいえる強引な事業推進があったことが推測される。第二章で述べたように、日系小学校の日本とブラジル両教育の二重性のため、日本人教員とブラジル人教員との対立問題がしばしば持ち上がっていた。このため、現地師範学校を卒業した日ポ両語と現地教育法規に通じた正規教員を配置することによって、日本人教員とブラジル人教員間の融和や学校運営の円滑化を図ることが期待されていたと考えられるのである(63)。

小林と岸本については、〈縁〉という概念を使用して彼らのネットワーク形成について明らかにすることを試みたが、両角の場合、それがどの程度有効であるのか心もとない。ただ、両角が派遣留学生としてブラジルに行くことになった経緯には、長野県という〈地縁〉と長野県立師範学校という〈学校縁〉が契機になっていることが確認できる。

こうして両角は、二人の留学生とともにブラジルに派遣されることとなった。前掲の信濃海外協会総裁から長野県知事に宛てた書簡に、「男子ハ五ヶ月現役終了直チニ、女子ハ三月卒業後赴任学校ヨリ直チニ現職ノマヽ伯国サンパウロ州立師範学校へ留学ヲ命ゼラレタキ事」とあり、両角と清水は五ヶ月現役の兵役に応ずる義務があったことが知られる。また、次の記事をみると、この兵役にも複雑な手続きがとられたことがうかがわれる。

•昭和二年三月三十一日

　信濃海外協会総裁高橋守雄

小学校長氏名

村長氏名（筆者注――鉛筆での写し?・）

「本人兵役並ニ留学任命ノ点ヨリ、一時本籍地貴村小学校訓導ニ任命シテ五ヶ月現役ニ服サシメ、更ニ当局ヨリ留学ヲ命ゼラルヽヲ好都合ト存ジ候」（…）

三、本人ハ訓導トシテ任命セラルヽモ、御村小学校へハ赴任セズ、又訓導トシテ何等ノ勤務ヲナサヾル事(64)

これによると、形式的に本籍地小学校の訓導に任命され、労働を免除、その間五ヶ月間現役兵の速成訓練を受けるという特別措置が取られたようである。清水・両角両者とも松本連隊で兵役に従事した報告が同じ簿冊のなかの資料にある。この間、女子の長田イサムは、日本力行会海外移民学校の女子部に滞在、海外移民の準備教育を受けていたという（清水の証言による）。

こうしたプロセスを経た後、両角、清水、長田の三人は、ようやくブラジルに向けて出発することになる。次の資料は、三人の留学生任命と出発について記されている。

・昭和二年六月

「ブラジル派遣留学生関係書類」（筆者注――信濃海外移住組合用箋に記入）

清水明雄

両角貫一

長田イサム

備考

留学生任命昭和三年一月二十三日付　信濃海外協会総裁ヨリ

渡航　同年二月四日出帆モンテビデオ丸[65]

一九二八年一月二三日付けで、両角と清水、長田は第一回ブラジル派遣留学生に任命され、二月四日出航のもんてびでお丸でブラジルに向ったことが知られる[66]。後掲する両角の書簡によると、三人は出発に先立ち一九二七年一〇月一二日付で、アリアンサ移住地小学校訓導に任命されている。

五―三―三　最初の挫折とブラジル師範学校入学

一九二八年三月、両角と清水はサントス到着、すぐにアリアンサに向かった。ただ、清水の証言によると、ブラジルの師範学校は学期が開始された後で、入学の事情もまるでわからない。また、ポルトガル語もさっぱりわからず、途方に暮れたという。清水は、聖州義塾の木下正夫の紹介で、サンパウロ市郊外サンタ・アマーロのアドベンチスタ神学校に入学し、ポルトガル語を学ぶようになる。両角も、一船遅れてやってきた長田とともに、同年八月一四日、清水の学んでいたアドベンチスタ神学校に入学し、ポルトガル語を学びはじめた（長田、一九二九、二三頁）。

こうして翌一九二九年二月、両角はピンダ・モンニャガーバ師範学校、清水はアララクワラ師範学校に合格し入学した。長田は神経症を病んだため、師範学校受験を断念したという。二人の師範学校受験には紆余曲折があった。両角は、この師範学校入学までの経緯を詳しく記して力行会に送っている。二人は「言葉の解らぬもの二人にては可成りの困難事にて試験準備等全く閉口したり」（両角、一九二九、五〇頁）と、ブラジル到着後入学までに相当な苦労があったことを記している。また、「之等の事件の為め常に金の不足を告げ、移住組合にて便宜を計る筈の手続きに就ても、先月の手当を受くるには色々不快なる事あり全く苦しみたり。目下入学はせしも本すら買へぬ始末にて（…）」（同上）と学費支給についても不具合が起こったことを続けて記している。先にあげた永田の文章はこの両角報告の前文として『力行世界』に掲載されたものである。永田は「三人の者を送るに当り（万難を排して新しく道を開いて進め）と云」っており、両角報告の末尾に付記として、「日本で師範学校を卒業した計りのものが南米ブラジルに行き、不充分なる語学と事情不案内の間に、よく奮闘努力し、かく師範学校に入学したものである。在外子弟教育の一曙光である」と持ち上げ、為せば成る的な成功例として報告している。これに対し、両角報告のトーンは「話がぜんぜんちがうじゃないか」という憤懣の現れである。このように、両角らのブラジル留学は、最初から不具合が続き、不満の多いものであったようである。

ここで、前章で述べた聖州義塾とその塾員の存在が浮上する。両角は、師範学校入学に至るまで、「聖州義塾の永島氏」（永島正夫のことであろう）には通訳としてだけでなく、受験準備のポルトガル語教師として世話になったという旨を記している（両角、一九二九、四五―四七頁）。また、清水はアドベンチスタ神学校には、やはり聖州義塾の木下正夫の紹介で入学できた旨を証言しているので、最初のブラジル派遣留学生の師範学校入学には、聖州義塾塾員の支援があったことが知られる。おそらく、元文部官僚で帝国教育界会長も務めた澤柳清太郎や総領事館の勧告を無視して派遣されてきた両角や清水、長田に対して総領事館は冷淡で、彼らは先輩教育者でポルトガル語の堪能な永島や木下を頼ったのであろう。アドベンチスタ神学校は、永島や木下も学んだ教育機関であり、自らの経験に即して、ポルトガル語習得のためにこの学校を紹介したと考えられる。その背景に小林がいたことは言うまでもない。この時点で、両角と小林／聖州義塾との交錯が生まれるとともに、後の両角、清水の日系移民子弟教育に占めた位置を考えると、その〈縁〉の強さと義塾の貢献度の大きさを知ることができる。

しかし、こうしたブラジル到着後の問題の続出は、送出機関である信濃海外協会への不信となって、爆発したようである。両角は、師範学校三年目の一九三一年七月には、次のような「辞職届」を同協会総裁の鈴木信太郎宛に送っている。

辞職届

小生儀

別紙ノ理由ニ依リ昭和二年十月十二日付ニナル、アリアンサ移住地小学校訓導並ニ昭和三年一月二十三日付ニナル派遣留学生タルノ地位ニ在ルニ忍ビズ、茲ニ辞職致シ度、此段御届候也。

昭和六年七月三十日

右　両角貫一

信濃海外協会

総裁　鈴木信太郎殿

理由書

一、本協会ハ無責任ナル契約ヲナセリ
イ、伯国師範学校ヘノ入学ノ途アリタルニモ拘ラズ不可能ト言明セリ
ロ、明カナルベキ所属関係明白ナラズ
ハ、学費不足ニ就キ昇給ト契約セルニ□□ニ至リ貸越金ナリト声明セリ
一、目的ノ為ニ手段ヲ選バザルガ如キハ小生ノ望ム所ニ非ズ
一、事情ヲ解セズ或ハ何等ノ通知ナクシテ行ハル事ハ事業進展ノ上ニ支障ヲ招クモノナリ
一、市恩的態度ニテ支給サルハ快シトセズ
一、本組合ノ如キ貧弱ナル団体トシテハ倒底維持困難ニ付キ云々トハ本組合（或ハ協会）ノ真情ヲ語ルモノト認ム
理由ノ主ナルモノハ右ノ通リニ御座候也。(67)

信濃海外協会総裁、すなわち長野県知事に向かって、いきなり「本協会ハ無責任ナル契約ヲナセリ」とは手厳しい。そして、協会の不足・問題点をいちいち箇条書きしてあげつらねている。また、「本日迄ニ於ケル経過ハ今日迄ノ責任上左ノ通リ御報告申上候」と、ブラジル到着から師範学校入学までの経過を列記した上、師範学校事務局長エロイーザ・デ・モウラ・バストス女史の署名入り成績表を添付している。ちなみに、一九三〇年度は総計四三三点で学年第三位の成績、一九三一年度は総計三九〇、七一点で学年第一二位の成績であった。自分は努力して目的を達成しつつあるというのに、協会の不実な態度に憤慨して辞めるのだということを強調している。この書簡にそえたものと思われるが、同じく両角の信濃海外協会幹事西澤太一郎宛書簡が残っている。

一九三一年七月三一日両角貫一、信濃海外協会幹事西澤太一郎宛書簡

今回、留学生たる事並アリアンサ小学校教員たる事に就いて御辞退致し候事御評議成るべく申上候（…）小学校教員養成の目的たる留学生として本会支給の学資を受けて勉学致す事は忍びざる所に御座候（…）[68]

この西澤宛には、丁寧な謝意が述べられている。これらの書簡からは、「一刻者」といわれた両角の性格がうかがわれるようである。

ブラジル師範学校時代について両角自身が記した資料は見つからなかったが、留学同期生の清水からはいろいろな話を聞くことができた。清水によると、師範学校ではまずフランス語に困ったという。当時、ブラジルの中高等教育機関の第一外国語はフランス語であった。しかし、二人とも、日本の師範学校ではフランス語を習わず、アドベンチスタ神学校ではもっぱらポルトガル語を学んだ。特に、清水は名前が明雄（Akio）で、アルファベット順の出席簿では常に一番目に名前が記され、指名されるのも一番であった。フランス語の授業でもそうで、教師が教科書を読んでみろというので、「読めません」というと、教師は「どうやってこの学校に入ったんだ?」と、呆れてしまったという。そして、フランス語には卒業まで悩まされたという。一方、数学は日本で習ったものの方がずっとレベルが高く、だれも解けない問題があると、清水が指名されて解いたという。このため、清水は級友たちから「プロフェソーリィニョ」（小さい先生）と呼ばれ、一目おかれていたという。体育もまた日本の方がレベルは高く、級友には女性が多く、男性が少なかったので、器械体操などしばしば模範演技をやらされたという。清水によると、フランス語には辟易させられたが、留学生活はおおむね楽しかったという。両角も同じ長野師範学校の出身であり、同じ留学生選抜試験に合格しているので、学力も清水と同程度で、同じような体験をしたのではないだろうか。

両角のことを「一刻者」と評するのは、同郷人として両角と長年付き合いのあったブラジル長野県人会の幹部たちである。同期の留学生で長野師範学校時代から付き合いだった前掲の清水は、両角のことを「すぐ怒る男でね。

プライドが高く、（周囲が）持て余すことも多かったねえ」と回想する。長野県人会前会長のS・K氏は、「頑固者の多い信州人でも、あの人は頑固だったねえ」と回想する。両角の在校時代に大正小学校に学んだ人びとの多くが、「両角先生はとてもブラーボでした」（S・Iさん、B・Yさん、S・Y氏、N・Sさん）と口をそろえていう。「ブラーボ」（bravo）とは、「怒りっぽい」という意味のポルトガル語である。「厳格な」「激しい」という意味もある。S・Y氏は、「ブラーボ」な点について次のような出来事を覚えている。

ある時、悪さをした男の子がいて、両角先生に見つかって、耳をつかまれて、そのまま引っ張られていったのを見たことがあります。

体罰がめずらしくなかった戦前にあって、両角の「ブラーボ」はきわだっていたということであろうか。ただ、長女の寿弥子さんの伝える父としての両角はやや趣きを異にしている。

父は「俺は明治の人間だ」といって威張っていました。でも、父はあのように背が高くスラッとしていたので、女性が多い師範のなかでたいへんモテたということです。女性たちから「パウロ」と呼ばれ、卒業式の夜のバイレ（筆者注――ポルトガル語でダンスのこと）の時なんか、父と踊ろうという女性が列を作っていたと言っていました。ええ、父はダンスがうまく、私も社交ダンスは父から習いました（長女寿弥子さん、一九三六年八月三一日生まれ）

寿弥子さんによると、両角は身長一七三センチメートル、当時の日本人としては長身である。写真を見る限り、白皙、長身、髪をオールバックに固め、スーツをきちんと着こなし、プライドの高い自信家といった人物像が浮かんでくる（写真5-3参照）。また、アパレシーダの教会で洗礼を受けたカトリック教徒で、「パウロ」というのは、

写真 5-3　藤原義江（前列左から四人目）来校時の両角貫一（後列左から四人目）と大正小学校関係者（1937）（アリセ山田さん提供）

彼の洗礼名だったのかもしれない。アパレシーダは、両角の通った師範学校のあったピンダ・モンニャガーバの隣町で、ブラジル・カトリックの聖地である。

五―三―四　ブラジル師範学校卒業と日系小学校赴任

ともかく、一九三二年一二月、両角はピンダ・モンニャガーバ師範学校を卒業した（信州人のあゆみ刊行委員会編、一九九六、一四四頁）。同年には、先述した柳沢、二木、坂田の第二回教員留学生もブラジルに到着しており、順当にいけば、翌年新学期から信濃海外協会と関係の深いアリアンサ移住地の小学校へ赴任するはずであった。ところが、アリアンサ移住地へ赴任したのは清水のみであった。清水の回想によると、両角はアリアンサにも来たはずだし、チエテ移住地（サンパウロ州内陸にブラ拓が開設した移住地）の小学校へ赴任したが、間もなくして日本に帰ってしまったという。どうやら同地で両角にとって面白くないことが起こったらしいという。

『サンパウロ日本人学校父兄会々報』第二号（一九三四年四月）には、「正教員養成成績報告」が収録され、信濃海外協会ブラジル派遣教員留学生をふくめ、父兄会がかかわった正教員候補の日系学生たちの近況が記されている。同期派遣の清水が「昨年二月以来、第一アリアンサ小学校に赴任し、熱心に教鞭を執り居る由にて同地方にての評判良好也」（…）と順調かつ高評価であるのに対し、両角の近況は次のようにやや批判めいたトーンを帯びている。

両角貫一

家事整理等の要件を帯びて一時帰国せし同人は約半歳前帰国し、ブラ拓のバストス小学校教師として赴任したるも、間もなく問題を起して同校を辞し、先般チエテ中央小学校に赴任したり（サンパウロ日本人学校父兄会、一九三四、一九頁）。

この報告によると、両角は一九三三年後半頃日本からブラジルに戻り、バストス小学校に赴任するも、何らかの問題を起して同校を辞任したことになっている。この「問題」については明確ではないが、その一端は人間関係にあったと考えられる。当時のバストス中央小学校校長は後藤千代喜であった。後藤は日本の師範学校を卒業し、日本での小学校教員を経験してからブラジルへ移住した経歴をもっていた。バストスでも純日本的な教育や修養団活動を推進したことで知られ、豪傑肌の名物校長であったという（中村、二〇〇七、七〇—七一頁）。そうしたところにブラジル師範学校を卒業したばかりの若い正規教員が現れたわけである。両角も「一刻者」として知られたプライドの高い人物であった。「お山の大将」が二人揃ったわけであるから、人間関係がうまくいかなかったことは想像に難くない。後藤との間に何があったのかは明らかではないが、両角はバストスを去り、創立間もないチエテ中央小学校に赴任した。ただし、後藤校長も翌年同校を去り、日本に帰国している（中村前掲論文、七三頁）。寿弥子さんによると、両角の一時帰国は「祖父（両角の父）が亡くなったから」であるという。この時郷里で結婚し、新妻のきよ子を連れてブラジルに戻っている。きよ子は、両角の妹はる子の同級生であったという。サンパウロ日本人学校父兄会の「昭和九年四月現在在伯 日本人学校一覧表」（一九三四）の「チエテ中央小学校」の教員欄に、「両角貫一郎（伯国正教員）」という名を見ることができる。「貫一郎」と名がちがっているが、「伯国正教員」とあるので、両角本人と見てまちがいあるまい。『在伯長野県人会創立三五周年記念・信州人のあゆみ』（一九九六）の両角の紹介欄には、「一九三四年三月ブラ拓チエテ移住地（現ペレイラ・バレット）教育係として赴任した。当時この地区には日本語学校が六校あった。まず、日語教師は日本語専科教師の許可証をとることが先決と、講習会を開き、アラサツーバ市で受験をすすめて奔走した」（信州人のあゆみ刊行委員会編、一九九六、一四四頁）と記されている。三〇年代に入ってブラジル当局の課す教師資格がきびしくなり、ポルトガル語の試験に合格した者だけが正規の教師と認定された。ブラジルの師範学校卒という肩書を持ちバイリンガル教員であった両角が、講習会のカリキュラム作成やブラジル人講師との折衝など、日系教師たちの資格所得の面で活躍したことが想像される。

五―三―五　大正小学校校長としての両角

一九三五年、両角は大正小学校に第五代校長として赴任する。前校長唐澤実雄との交代のいきさつについては、第四章第一節で述べた。この時両角はまだ二八歳であるが、日本とブラジル両国の師範学校を卒業したキャリアをもつ正規教員はこの時彼と清水しかおらず、ブラジル日系社会のかける期待がいかに大きかったかが想像される。前校長の唐澤は長野県飯田出身、両角を同校校長に斡旋したとされる帝国領事館学務担当菱川副領事も長野県出身であり(69)、ここに資格や補助金の問題に地縁が複雑にからまった教員人事があったことが想起される。

校長としての両角の名前は、同年一〇月の学芸会を報じる次のような邦字新聞記事にはじめて登場する。

- 僕達もこんなに偉く…と可愛い二世の学芸会―創立二十周年記念に大正小学校の催し

> 大正四年十月七日、在伯邦人小学校の先駆として聖市に設立開校せられた大正小学校は、着々とその実績を挙げて今日に至り、現在両角氏を校長に仰いで明、柳澤、坂田、二木、久保の諸教師が協力して三百に近き児童に教鞭をとつてゐるが、この程二十周年を迎へたのでこれを記念し、併せて父兄に最近の児童の学績を参観せしむべく、去る六日午後一時から同校に於て学芸会を開催した。
>
> 同校の後援会員をはじめ参集した二百余の父兄観覧の中に、四十番のプログラマは遺憾なく進行せられ、往々にして墜いり易い贅沢な装飾の弊もなく、簡単な衣装と飾り気ない児童の仕ぐさで各自の学力を充分に発揮した。殊に十種の葡語劇は何れも好成績で参観の外人に好感を与へ、盛会裡に四時半閉会した。尚当日の役員は、左の通りであつた。
>
> 司会者―両角校長、進行係―主任明教師、近藤仁愛、由迫頼三、荒木数枝、実松政敏、受付係―主任柳澤教師、熊谷吉郎、中山蒼、整理係―主任坂田教師、坊迫貞雄、西中秀登、千葉勇、湯浅園子、三吉園子、召集係―主任二木教師、牧山百合子、部奈一郎、中矢□雄、國井三四子、大村幸子、翁長英雄、新富スミエ、福川鼎、接待係―主任久保教師、國井二三子、渡辺美恵子、熊谷安代（『時報』一一二四号、一九三五年一〇月九日）

両角は、この学芸会で司会を務めたようである。柳沢、二木、坂田の第二回教員留学生も名前が見え、彼らも大正小学校で勤務しはじめていたことが知られる。坊迫、西中、中矢、國井、渡辺といった当時コンデの日本人街に店を構えていた商人の子どもたち、秀才を謳われながら夭折した〝ドトール〟熊谷吉郎、ホーリネス教会の湯浅十郎牧師の娘であった湯浅園子、戦後の日系ジャーナリズムの指導者的存在となった翁長英雄の名も見える。彼らはいずれも当時の大正小学校の上級生たちであった。

大正小学校着任当初、両角は夫人、長女とともに、同校に付属していた教員住宅に住んだ。当時同小学校の生徒であったY・Aさんの次のような証言がある。

両角先生は最初、学校のなかの狭い部屋に住んでいましたね。スヤ子ちゃんがまだ小さくて、私はときどき遊んであげたのよ。それからしばらくしてコンセリェイロ・フルタードに家を借りてね。私もコンセリェイロ・フルタードに住んでいたから、ときどき（学校へ行く）道でいっしょになったわ。みんな（両角）先生はこわいこわいって言ってたけど、私は別にどうってことなかったわね（Y・Aさん）。

この校長住宅で、一九三六年八月三一日、きよ子との間に長女寿弥子が誕生している。翌一九三六年一月には、次の記事に見えるように、社団法人在伯教員会が発足し、同会の理事に就任している。

●社団法人在伯教員会生る
曩に地方部会を設け専ら在伯第二世教育の任にあたつてゐた聖市父兄会が此の度更に内容の刷新を図り邦人第二世の教育並びに伯国文化の開発に資する目的のため社団法人在伯教員会を設置した。尚役員は左の如し。
理事長木下正夫氏、理事城間善吉氏、西住正義氏、両角貫一氏、西謙治郎氏（『時報』一一四九号、一九三六年一月一五日）

この時両角はまだ三〇歳になっていないが、日本とブラジル両国の師範学校を卒業したキャリアをもつ正規教員であり、大正小学校校長の地位は日系教育界で重きをなすものであったことが想像される。ちなみに、両角と清水のブラジル到着時、二人の世話をしたとされる聖州義塾出身の木下正夫が、同会の理事長に就任している。同年一〇月、ブラジル日本人教育普及会の地方部会長会議を実施した時は、次の記事にみえるように、普及会会長の安東とともに州教育局長アルメイダ氏を訪問し、協力を求めている。

・教普部会長会議に州教育局長も大乗気―会場も使へ、無賃乗車券もやると上機嫌

安東教育普及会長は去廿一日両角大正小学校長同道州教育局長アルメイダ氏を訪問し、在留邦人諸学校教育方針に関し□陳し、此際更に本趣旨の徹底を期すべく来る十二月上旬頃各地方八十余名の部会長を招集会議したき旨を談じたるに同局長も大いに賛同し地方部会長等が召集に応じ出聖の場合は無賃乗車券を発給し、且つ必要の際には教育局の会議室を会場に使用するも差支へないと非常な厚意をよせ其際は自分も是非臨席させて貰ひたいとの話で上乗の首尾に両氏も厚く謝意を表して辞去した（…）（『時報』一二五六号、一九三六年一〇月二三日）。

次の記事は、ブラジル日本人教育普及会の奨学金を受給していた育英生たちの座談会開催を伝える記事である。

・二世も流暢な邦語で育英生の座談会――昨日日本倶楽部に於いて

昨日曜午後二時半頃から教育普及会寄宿舎師範科育英生主催で日本倶楽部に於て育英生の座談会を催したが、菱川副領事始め大正小学校から両角校長、唐澤、西江、山田教師、サントス小学校の桂岡教師夫妻等特別出席し、集まる育英生五十名近く頗る盛会で、先づ各自の自己紹介から始まり、菱川副領事の欧羅巴に於ける失敗談やら皆十八番の隠芸など発表され、和気あいあい隔意なく意見の交換を行ひ、五時半頃散会したが第二世の多い育英生なのに皆思ひがけず流暢な日本語を使ふので副領事始め諸先生方何れも大満足であつた（『時報』一二五七号、一九三六年一〇月二六日）。

先述した菱川副領事はじめ、大正小学校から両角の他、西江米子、山田ルイザといった二世教師たちも招待されている。唐澤が「大正小学校から」となっているのは、当時彼が舎監を務めていた普及会寄宿舎（「サンパウロ日本

人学校父兄会」が「ブラジル日本人教育普及会」に改組され、寄宿舎もこう呼ばれるようになった）が同小学校と同じ敷地内にあり、外部からは同一視されていたからであろうか。

何度も繰り返すように、一九三〇年代はブラジル・ナショナリズムが勃興した時代であり、ブラジル当局によって同化政策が推進され、教育面ではそれが外国語教育の制限と外国系学校の統制という形で現れた。先のブラジル日本人教育普及会の活動は、いかにこうした外国語教育の制限、外国系学校の統制という「教育非常時」に対処するかという点に比重がおかれた。先述のように、両角は大正小学校校長就任後、ブラジルの日系子弟教育界に重きをなしていくが、それは当然、教育同化政策への対処の矢面に立つことを意味していた。第二章でも取り上げたように、一九三六年から三七年にかけて、ブラジル最初の本格的日本語教科書である『日本語讀本』八巻が編纂・刊行されつつあった。ブラジル日系小学校の日本語授業では、主に日本の国定教科書が使用されていたが、この『日本語讀本』の導入とカリキュラム作成が当面の課題となった。次の記事にみられるように、「改訂読本新教科書研究委員会」が設立され、一九三七年一月には各学年における新教科書の割り当てが決定されている。

• 教科書研究委員会――読本教授割当決定

既報、改訂読本新教科書研究委員会は去る廿三日から廿八日まで教育普及会に於いて開催、委員古野、木下、両角、五十嵐、九木、葛岡の六氏によつて討議され、新教科書の四年制を現今までの六年制との関係が左の如く決定された。

	第一学期	第二学期
一年生	改訂巻一	改訂巻二
二年生	改訂巻三	改訂巻四
三年生	従来巻五	改訂巻六
四年生	従来巻七	改訂巻七
五年生	従来巻九	従来巻十
六年生	従来巻十一	改訂巻八

で一、二年生の新読本は二月より直ちに使用されるが、製本の遅れで巻五から巻八までの上級生用読本は第二学期（七月）より使用される。尚ほ四年制度の実施は明後年あたりからである（『時報』一二八三号、一九三七年一月六日）。

在伯教員会会長の木下の次に、両角が次席のような位置づけをされている。両角とともに、柳澤、坂田、二木の教員留学生出身者が大正小学校に集中配置され、同校標準であった六年制でカリキュラムが組まれるなど、この頃になると、日系教育機関中、サンパウロ市優位が目立ってきている。また、次の記事のように、同年同月二五日に行われた在伯邦人教員会の第二回総会の新理事選挙で、両角はトップ当選している。

・教育非常時に対応する在伯邦人教員会新陣容―第二回総会にて決定

教育部会長会議を利用して去る廿二日午前九時から大正小学校教室で開催された在伯教員会第二回総会は教員出席者廿九名であつたが、各員が持参した委任状を合計して百五名となり総領事館より市毛総領事、菱川副領事の二名が臨席して西理事長の前年度会計報告及び会務報告の後、定款改正に移つた。（…）理事選挙に移つたが、前理事五氏が候補者を選定する間を利用した総領事の十五分に亘る教員会激励の挨拶があつた後廿七名の候補者が定まつて投票を行つた結果

両角貫一（サンパウロ）一一六票
西住正義（聖西）　一〇二票
五十嵐重虎（マリリア）一一一票
西謙次（ソロカバナ）　八二票
阿部一一（バウル）　六五票
以上の五氏に決定されたが、直後両角、阿部、五十嵐三氏の辞任申し出があり、結局満場の切なる希望により就任することになつた（『時報』一二九一号、一九三七年一月二五日）。

この記事では、両角が阿部、五十嵐とともに辞退したところ、「結局満場の切なる希望」によって理事に再任されたことになっている。このことから、両角が、単なる日本とブラジル両国の師範学校を卒業したキャリアをもつ正規教員という資格の面だけでなく、プライドの高い一刻者ながら、多くの人びとから代表者に推される人気と指導力をもっていたことがうかがい知られるのである。

これも先述したように、ブラジルでは、一九三七年一一月にヴァルガス大統領のクーデーターが勃発し、新国家《エスタード》体制《ノヴォ》に移行する。これにともない、外国語教育の制限、外国系学校の統制はますます厳しくなる。大正小学校では、経営母体を同小学校後援会からサンパウロ日本人会連合会に移管する動きがあったが、これとともに一〇歳以下の児童への外国語教授禁止にどう対処するかが大きな課題であった。前年にせっかく刊行された『日本語讀本』も三年生以下には使用できなくなったのである。同校には教員留学生出身者が四人もおり、二世教員西江はサンパウロ大学出身者であった。こうした質の高い教員を有していた点が「コロニア一の学校」と呼ばれたゆえんであり、校長両角は在伯邦人教員会の理事でもあった。彼を中心に教師たちが知恵をしぼって局面の打開に務めたことであろう。結果としては、第二章でもふれたように、教科書を使わず口答で日本語教授を行うという「新案」が採用されたのであった。この新案について、『移民年表』には、「ただし、一つの策にすぎなかった」（サンパウロ人文科学研究所、一九九六、八七頁）とあるので、どの程度実行に移されたのかは明らかではない。同時期に、大正小学校ピニェイロス分校の設立が進められていた。一九三八年三月二〇には、同分校の開校式が挙行されている。

●ピネイロス分校が開かれ父兄の喜びも又一入―昨日、目出度く式を終り
新学期を控えて工事を急いでゐた大正小学校ピネイロス区分校は既報の通り教室だけを先づ完成して昨日午前九時半から未完成の同校講堂に於て開校式を行つた。日会側からは蜂谷副会長に菅山、明穂其他の役員全部出席、入学児童及び其父兄を合計して約六十名が参列し蜂谷副会長の開会の辞から式次は開始された。次いで菅山氏の建築経過報告、両角大正小学校々長の挨拶、視学アダベルド・モラエス・デ・ローザ氏挨拶、古谷教普会理事長の答辞、父兄代表富川富與氏挨拶があり、蜂谷副会長の閉会の辞で午前十一時半式を閉じた。式後校庭に植えられた記念樹の始植祭があつて一同記念撮影をして散会した―なほ先生は大正小学校からわかれた坂田、西江の両氏が担当する（『時報』一五四五号、一九三八年三月二一日）。

新たに同校の経営母体となったサンパウロ日本人会連合会の蜂谷専一副会長、菅山鷲三、明穂梅吉ら役員、古谷重綱教育普及会理事長、父兄代表らとともに、両角が挨拶に立っている。「教育非常時」とはいえ、あるいは非常時だからこそ、教師としての両角にとって、この頃がもっとも輝かしい時期であったであろう。ちなみに、この時の父兄代表として挨拶に立ったのは、本章二節で取り上げた暁星学園の柔道教師富川富與であった。「非常時」のなか、ブラジル日系教育界は複雑に人間関係が交錯している。

しかし、このようなブラジルの日系教育者たちの努力もむなしく、戦争へ向けて、一世教師たちの状況は悪化の一途をたどる。先述したように、一〇歳以下の児童への外国語教授禁止法令のため、授業は日本語教育からポルト

ガル語、ブラジルの地理・歴史への比重が移されていった。一方、教師たちは、同校へ「心ひかれる想い」で、ひとり、またひとりと辞めていったという（「大正小学校、その〝歩み〟⑥」『パウリスタ新聞』六六五四号、一九七五年一〇月七日）。第二回派遣留学生で同校を去った教師の一人である二木秀人は、「そりゃ…悲惨なものだったなァ」「僕らみたいに師範を出ても、帰化しないものは、教えてはいけないことになってしまったんだ！」という言葉を残している（前掲「大正小学校、その〝歩み〟⑥」）。

一九四一年一〇月には、新校舎増築が実現するが、翌々月には太平洋戦争が勃発し、翌一九四二年一月にはブラジルと日本との国交が断絶した。同校の経営母体であるサンパウロ日本人会連合会も活動停止を余儀なくされ、経営は同校の二世教員であった西江米子と中山蒼、坂本靖ら同校維持組合に移管された。これまで約七年校長を務めた両角は、明、坂田、二木ら一世教員たちとともには同校を去ることとなった。第二回派遣留学生出身の坂田が一九四三年に西江と結婚し、戦後の大正小学校を支えたことは先述したとおりである。二木は長く日本語教育にたずさわり、晩年アルモニア学生寮という日系学生寮を設立している。両角と同期生の清水も、戦中はモジ・ダス・クルーゼス、戦後はイビウナの奨学舎の教師兼舎監となり、教育指導者としての道を歩んだ。ただ、両角は大正小学校退任後、戦後になっても教壇に戻ることはなかった。

戦後、彼は教育の対象を人間から犬にかえ、シェパード犬の調教師となり、サンパウロ・シェパード犬協会、ブラジル畜犬連盟の審査員などを務めている(70)。両角の長女寿弥子さんのお宅を訪れた時、壁に飾られていたのは、彼が趣味として撮影した写真パネルと犬のコンテストで入賞したおびただしい賞状や盾であった。「子どもの頃からだが弱かったので、他の子の倍苦労をした」という彼は、九〇歳まで長命し、一九九六年三月に永眠した。

寿弥子さんによると、両角は亡くなるまでカトリックであったということだが、本書でたびたび引用する大正小学校出身のインフォーマントたちからは、両角から宗教や信仰の話は出たことがなかったという。力行会でキリスト教にふれ、ブラジル渡航後カトリックとなった両角だが、小林や岸本のように、信仰をもって日系子弟を感化するという伝道者としての意識や教育理念は、少なくとも大正小学校時代にはもたなかったのかもしれない。

以上、本章で述べてきたように、サンパウロ市の主要日系教育機関の指導者たちは、いずれもキリスト者という共通点はあるものの、それぞれタイプの異なった教育者であったことが知られる。それは三人の個性によるところもあるが、生まれ育った時代やブラジル渡航の時期、渡航までの経緯や人的ネットワーク、またブラジルでの活動の拠点となった地域や教育機関の性格の差によるところにも起因している。

第二章で試みた時期区分に即して考えると、小林・岸本が一九二〇年代初頭、すなわち①初期移民の時代という、ブラジルでの生活も子弟教育も模索中である時代にやってきていわば開拓者（パイオニア）としての辛酸を舐めたのに対して、両角の場合は初代校長宮崎信造以来四人の校長によって培われてきた土台が用意されていた。特に、小林は徒手空拳であったがゆえに、会津という地縁、会津中学や同志社、マッケンジー大学といった学校縁、プロテスタント教会という信仰縁、武道の実践を通じた武道縁、在米・在伯日本人というエスニック縁をフルに活用することによって、日本、ハワイ、アメリカ本土、ブラジルを横断する越境ネットワークを形成しながら、自らのキャリアを築いてきた。これに対して、岸本と両角は、日本力行会という縁につながっていたが、岸本の渡航時は、力行会自体がそれを活用するほどの基盤とネットワークをブラジルに形成できていなかった。一方、両角の渡航時は、力行会員も増え、信濃海外協会やアリアンサ移住地という基盤がすでに形成されていた。また、両角がブラジル渡航したのは、第二章で示した時期区分でいうと、②国策移民時代の後半から③父兄会時代前半（一九二八～一九三三年）という、ブラジル移民への政府補助と日系移民子弟教育の組織的支援が行われた時代であった。信濃海外教会の事前調査の不足により、ブラジル到着当初から師範学校入学までは多くの試行錯誤が見られたにせよ、奨学金の支給によって学業継続が保証され、卒業後は有資格者として有力な日系小学校に赴任することが決まっていた。これに対し岸本は、社会的・経済的背景ももたず、一契約農業移民としてブラジルに移住するしかなかった。

したがって、一家が飢え、子どもを医者に見せることなく死なせるような、底辺の辛苦を経験せねばならなかった。これは、岸本が、後にキリスト教でももっとも戦闘的な救世軍に信仰の道を見出し、教え子たちを導く遠因となったと考えられる。

次に、小林・岸本・両角の教育活動の地域差を考えよう。小林が最初からサンパウロ市での教育活動をめざしたのは、彼のブラジル渡航の目的が日本人移民への伝道であり、活動の基盤がプロテスタント教会にあったためであろう。当時のブラジル・プロテスタント教会やＹＭＣＡなどキリスト教団体の本拠は州都サンパウロ市であり、同市は日系人口が少ないとはいえ、帝国総領事館や海外興業株式会社ブラジル支店など日本政府の出先機関がそろい、ブラジル日系社会の中心となりつつあった。また、小林には、聖州義塾をゆくゆくアメリカのカレッジのような中高等教育機関に発展させていくという計画があり、人口の密集する教育先進地に基盤を築く必要があったと考えられる。

先述したように、岸本は、サンパウロ市に暁星学園を設立するまで、ボラ、ウニオン、イタケーラという農村部の主に日系コミュニティ学校で教師としてのキャリアを積まねばならなかった。これは、農業移民としてブラジルに来て、その生活の基盤を農業におかねばならなかったからである。このため、彼は農本主義的価値観の世界から都市的価値観の世界へと転出するのに長い時間をかけなければならなかった。これに対して、両角は農村の小学校での就業義務があったにもかかわらず、それを一時帰国によってするりとかわすことができた。チエテ中央小学校での短期間の勤務はあったにしろ、すぐサンパウロに招致され、大正小学校という都市的価値観の世界からキャリアを開始している。

彼らの教育活動の拠点の差を見てみると、小林と岸本は、発行年代の差こそあれ、『聖州義塾々報』『暁星学園報』という機関誌を編集・発行し、自らの教育理念と実践について、さかんに健筆をふるっている。これに対して、両角は大正小学校というブラジル日系子弟教育の中心的機関の長であり、在伯教員会の筆頭理事の地位にありながら、機関誌を編集・発行するという活動は行わなかった。個人の好みや資質に帰することもできるが、両角校長時代の大正小学校はすでに「コロニア一の学校」という不動の位置を築いており、教育普及会の『黎明』という機関誌も発行されていた。これに対し、聖州義塾や暁星学園は小規模な寄宿舎運営を経営基盤とし、常にそれぞれの教育機関としての特徴や優位性を発信していかなければならなかった。加えて、両角の場合はあくまでも同小学校後援会に雇用された教師であった。これは大正小学校という、私立学校ながらブラジル日系社会の公的機関としての性格をもっていたものと、聖州義塾、暁星学園という、いわば個人の学校という性格の違いにも起因していたのであろう。また、両角が校長になった時代は、外国語教育の制限が強化され、先の在伯教員会の理事職をこなすなど、ブラジルのナショナリゼーション政策の対応に追われたため、そちらに労力を取られたのかもしれない。どちらにしても、両角自身の発言や書いたものが残っていないことによって、彼の教育理念を知ることは難しい。

小林は剣道、岸本は柔道と、武道家であり、本章でもふれたように、キリスト教とともに武道を教育の根幹にすえていた。聖州義塾には剣道場が、暁星学園は柔道場が備えられ、彼らの他に専門教師が雇用され、武道の実践が奨励された。これに対して、両角はどうであったか。彼は師範学校の正規教育を受け、陸軍にも入隊した経験があるため、スポーツや武道の一応の心得はあったものとみられる。一九三五年の陸上競技大会の大正小学校チームを写した写真には、ユニフォーム姿の両角が写っており、生徒たちのスポーツ指導にたずさわったことはあったようである。記録類がないので、彼の武道観やスポーツ観について知ることは困難であるが、本章でもふれたように、社交ダンスはひじょうに上手であったといわれる。

三人は、いずれもキリスト者でもあったが、彼らの発言や行動、教育理念はかなり異なっていたといわざるをえない。小林が熱血漢ながら静的で協調的な印象を人に与えていたのに対して、岸本は同じく熱血漢であったが、信仰に対して戦闘的な言辞と行動を好んだ。また、小林が義塾においても信仰や武道の実践は個人の自由としたのに対して、暁星学園の寄宿生や勤労生においてはそれが義務となっており、軍隊式の規律が重んじられた。両角についてはこの点も明らかではないが、長女の寿弥子さんによると、最期まで敬虔なカトリックであったという。

なお、小林、岸本は、一九四〇年の帝国教育会の教育功労者表彰を受けているが、両角は受章者には入っていない。これは、ブラジルでの教員歴の新しさにも起因するであろう。両角の前の大正小学校校長であった唐澤はこの時受章している。小林、岸本は、正規の師範学校教育を受けたわけではないが、戦後も教育者としてあり続けたのに対し、両角は大正小学校退任後、教職に戻ることはなかったのである。

注

（1）『移民四十年史』（一九四九）三八四―三八五頁、『移民七〇年史』（一九八〇）三一〇頁、『移民八十年史』（一九九一）四二五―四二六頁など。

（2）森脇礼之・古杉征己・森幸一（二〇一〇）「ブラジルにおける子弟教育（日本語教育）の歴史」『ブラジル日本移民百年史第三巻生活と文化編（1）』二九七頁脚注八一。

（3）上記の周年史の他に小林と聖州義塾について言及したものに、飯田耕二郎（一九八六）「村井保固と小林美登利」『THE MORIMURA』第五二号（森村商会）四―五頁、五十嵐勇作（一九九一）「ブラジルで活躍した小林美登利」『同志社談叢』一一巻（同志社社史資料センター）一八一―一八七頁があるが、前者は小林と村井保固との出会いを記した小論であり、後者は会津という郷土から見た小林のライフヒストリーの概略である。また、根川幸男（二〇〇七）「サンパウロ市リベルダーデ地区における戦前・戦中期の日系教育機関」『龍谷大学経済学論集』四六巻五号（龍谷大学経済学会）一四七―一六三頁は聖州義塾をサンパウロ市リベルダーデ地区にあった日系教育機関の一つとして概説したにすぎず、根川幸男（二〇〇九）「戦前期ブラジルにおける日系教育機関――聖州義塾と小林美登利」『人文研 JINMONKEN』No.7（サンパウロ人文科学研究所）一〇四―一一六頁は同塾の成立過程についてやや詳しく述べているが、国立国会図書館所蔵「小林美登利・聖州義塾関係資料」中の主な資料を紹介することに比重がおかれている。

（4）例えば、「私は彼と縁がある」と思う場合、「彼」がその関係性についてまったくあずかり知らなくても、「私」にとっては「彼」とすでに特別な関係が想定されているのである。「私」がこの〈縁〉を想定して、「彼」に働きかけ、「彼」がそれに反応し実際の関係が生じることによって、はじめてネットワークが形成され機能することになる。

（5）「エスニック縁」は、先述の〈縁〉の下位概念で、個人が移住先のホスト国において、同一エスニック集団に属することを契機として発生する人間関係や社会関係、またはそういった関係を成立させる意識であると規定しておきたい。

（6）本節で取り上げる小林と交流のあった人物として、遠藤作衛（牧師）、兼子重光（牧師）、清水安三（牧師・教育者・桜美林学園創立者）、原田助（牧師・教育者・同志社第七代社長）、奥村多喜衛（牧師・教育者）、曽我部四郎（牧師・教育者）、フランク・S・スカッダー（米国牧師・教育者）、C・S・ナッシュ（米国牧師・教育者・太平洋神学校校長）、村井保固（実業家）、黒石清作（新聞記者・実業家）、西原清東（政治家・教育者・同志社第四代社長）、前田光世（柔道家）、渋沢栄一（実業家）、エラズモ・C・ブラガ（ブラジル牧師・教育者・リオ国立大学教授）、マタテアス・G・ドス・サントス（ブラジル牧師・教育者・マッケンジー大学教授）などを挙げることができる。

（7）小林の生年月日については、一八九二年一月八日説（小林自身の戸籍謄本、小林「履歴書」（一九二九）、五十嵐前掲注（3）、一八一頁と一八九一年四月二八日説（日本キリスト教歴史大事典編集委員会『日本キリスト教歴史大事典』教文館、一九八八、五三五―五三六頁）があるが、遺族に確認したところ、実際の生誕は一八九一年四月八日が正しく、誕生祝もその日で行っていたという。

（8）小林の甥に当たる、阿部六郎氏からの聞き取りによる。

（9）小林美登利「履歴書」（一九二九）の「賞罰」の項には、「義務教育時代学術優等品行方正ノ故ヲ以テ郡長及ビ県知事ヨリ賞表セラル」とある。

（10）戦前の道府県別出移民数（一八九九～一九三七）でみると、全体で六四万一六七七人の移民数を記録し、首位広島県の九万六一八一人（全体の一五パーセント）を筆頭に、福島県は七位の二万五三六一人（全体の四パーセント）であり、東日本最大の移民県となっている（石川友紀「沖縄県における出移民の歴史及び出移民要因論」安藤由美・鈴木規之・石川友紀・金城宏幸・野入直美『沖縄におけるディアスポラのライフコース―ホスト社会との関係性をめぐって―』琉球大学リポジトリ〈http://ir.lib.u-ryukyu.ac.jp/handle/123456789/13447〉一頁）。こうした移民の多い県内環境も小林に海外発展や移民についての関心をうながす一因となったであろう。

（11）例えば、『同志社時報』一〇三号（一九一三年一〇月二五日）には、「モスコー観」、「ホノルルより」、「北の旅」などといった通信が掲載されている。

（12）『同志社時報』第一三〇号（一九一六年四月一日）。

（13）「個人消息」『同志社時報』第一三三号（一九一六年七月一日）。

（14）「手帳」（一九一六）「小林美登利・聖州義塾関係資料」（国立国会図書館憲政資料室蔵）。

（15）同志社大学人文科学研究所（一九九一）「ハワイ諸島キリスト教教勢一覧表」『北米日本人キリスト教運動史』ＰＭＣ出版、八三一―八五八頁中、一九一七年のホノム教会の「教会役員・書記」の項に「小林M.」としてその名が記載されている。

（16）小林成十（二〇〇八）「小林美登利氏閲歴・改訂版」（私家版）（同書は、小林美登利の三男、小林成十氏によって著述され、筆者に提供された父小林美登利の履歴に関する覚書である）。

（17）小林美登利（一九二二）「発展の跡を訪て（承前）」『時報』二三九号（一九二二年二月二四日）。

（18）小林美登利（一九二六）「聖州義塾成立ノ由来」「聖州義塾便り」JACAR: Ref.4012170800（外務省外交史料館）。

（19）The Missionary Review Publishing Company. 1922: 412.

（20）「聖州義塾村井固保低《ママ》利資金返還方ニ関スル件」一九二八年一月一〇日、JACAR: Ref.4012170800（外務省外交史料館）。

（21）小林美登利（一九二八）「財団法人聖州義塾の概要・一、渡伯の動機」JACAR: Ref.4012170800（外務省外交史料館）。

（22）小林は、オーボルン神学校在学中の一九二〇年、『紐育新報』の懸賞論文一等に当選しており、北米日系ジャーナリズムでは、ある程度知名度があったことが知られる。（小林生「生活改造策の源泉」『紐育新報』一九二〇年七月三日）

（23）西原はこの頃レジストロにいたことになるが、間宮（一九九四）には、一九二〇年西原六〇歳の時の記事として「この頃、セントラル鉄道沿線のトレメンベーに移り米作経営を行なう。しかし一九二八年頃経営を打切りアンナディアスに移り野菜栽培を行なう」とあり（間宮、一九九四、四〇四頁）、レジストロ在住のことはふれられていない。

（24）ただ、同大学の入学・卒業者名簿に小林の名を見つけることはできなかった。小林の三男小林成十氏からの聞き取りによると、ポルトガル語を習うかたわら英語を教えていたというから、聴講生兼臨時講師のような立場だったのかもしれない。

（25）小林成十氏からの聞き取りによる。

（26）小林美登利「再び聖州義塾設立趣意に就て四」（『時報』二七〇号、一九二二年一二月八日）

（27）この法案中、日本人移民の入国制限に関わる箇所は次の通りである。「第四条、政府は国民の人種的精神的及び体力的組成に有害と認むるあらゆる分子の入国を遮止するため、其の何れの地より出発し来るを問わず、ブラジルに向かって渡来する移民に関し、厳重なる取締りをなすべし」「第五条、黒人種の植民のブラジル入国を禁止す、黄色人種に就いては、該人種の属する国民現住者の三分に相当する数に於いて毎年入国を許可す」（サンパウロ人文科学研究所一九九六、五〇―五一頁）。この法案は成立することはなかったが、やがて姿を変えて、一九三四年の「外国移民二分制限法」成立へとつながっていく。

（28）小林美登利「来るべき問題」（一）（『時報』二八八号、一九二三年四月一三日）。

（29）小林美登利「来るべき問題」（六）（『時報』二九三号、一九二三年五月一八日）。

（30）小林美登利「基督教主義の学校」（『聖州義塾々報』第七号、一九三六年九月七日）。

（31）小林の嫡孫に当たる小林眞登氏の証言による。

（32）『楽園時報』第二五巻（一九二九年三月五日）。

（33）『聖州義塾々報』第二号（一九三一年三月三一日）の「右寄付金募集ニ要シタル総費用」中の日本滞在費の報告に「一金四百九十円也　地方出張費（内地、満洲、朝鮮）」とある。

（34）渋沢青淵記念財団竜門社（一九六二）『渋沢栄一伝記資料』第三八巻、渋沢栄一伝記資料刊行会二六五―二六六頁。

(35)　サンパウロ州政府が提供した州南東部イグアペ地方への植民のため、一九一二年一一月に東京商業会議所において伯剌西爾拓植会社設立発起会が開催されている。渋沢は参集した実業家たちに、「事業は随分困難なるに相違なきも、他日其効を奏するに至らば、海外発展の第一着として極めて有望なるべし」と説いて事業への参加を呼びかけたという（財団法人渋沢栄一記念財団渋沢資料館編、二〇〇八、一一頁）。

(36)　上記の渋沢書簡中にも名前が見える森村市左衛門（第六代）は、五十歳を過ぎてからキリスト教に帰依し七八歳で受洗した人物であり、森村組の設立者として、先に触れた義塾の支援者村井保固を見出しアメリカ進出事業を成功させた実業家であった（ダイヤモンド社、一九八六、一二三―一二五頁）。

(37)　小林美登利「帰国募金運動ノ結果」『聖州義塾々報』第一号（一九三〇年九月七日）。

(38)　Seção de Ordem Social（サンパウロ政治社会警察）資料によると、聖州義塾とサンパウロ教会は一九四二年一〇月をもって立ち退きさせられたことが確認できる（São Paulo: 28 de outubro de 1942）。

(39)　ここでは、中国、満洲、シベリアの一部などをふくむ広い意味で使う。

(40)　第一六連隊は、一八八四（明治一七）年八月一五日に軍旗拝受。日清、日露、シベリア出兵と立て続けに動員された伝統ある歩兵連隊として知られていた（別冊歴史読本（一九九〇）『地域別日本陸軍連隊総覧・歩兵編』新人物往来社、一三一頁）。

(41)　岸本家アルバム写真と書き入れによって確認。

(42)　現在の中国黒竜江省の都市、哈爾浜のこと。「ハルピン」と表記されることもあるが、本書では「ハルビン」に統一した。

(43)　松田（一九九八）に付けられた「岸本昂一の略歴年表」では、一九一八年七月に「シベリヤに単身渡り満洲で日本軍の軍属として現地採用となり軍用の倉庫管理主任となる」（松田、一九九八、三四八頁）とある。

(44)　松田（一九九八）二〇頁に、「ハルビンで陸軍軍属として勤務していた当時の岸本昂一」として掲載された写真と同一と考えられる。

(45)　写真の鑑定には、戸部良一氏（国際日本文化研究センター教授（当時）、二〇一四年以降帝京大学教授）の助力を得た。写真の書き入れ文字が岸本のものである点については、息子の岸本イサク氏に確認した。

(46)　この体験については、後掲の岸本昂一（一九四七）『南米の戦野に孤立して』において詳述されている。

(47)　ただ、『力行世界』に「日本力行会会長永田稠先生新著「南米一巡」」の記事が出たのは第一九九号（一九二一年五月）であり、陸軍倉庫の古雑誌のなかから出てきたという『力行世界』は最新刊であったことになる。同じ号には、「日本力行会会長永田稠先生新著「南米日本人写真帖」」紹介記事や原生による「力行植民地を伯剌西爾に」という記事も掲載されている。

(48)　この時開拓がはじまった第一アリアンサは、ブラジルの「長野村」と呼ばれることとなる。この後、第二アリアンサ（鳥取県）、第三アリアンサ（富山県）、ノーバ・エスペランサ（熊本県）と、各県海外移住組合を主体とした移住地がサンパウロ州奥地に建設されていく。

(49) ウニオン植民地時代の岸本については、サンパウロ・ホーリネス教会牧師のK・M氏が記憶している。K・M氏の家族はのちに三弟のT・M氏が暁星学園勤労科に入学するなど、岸本と深い関係を結ぶことになるが、この頃病気で生死の境をさまようなど過酷な境遇にあり、家長のH・M氏以下、岸本の指導の下キリスト教に入信するようになった。T・M氏はサンパウロに出た後に救世軍の熱心な信者となり、長兄のK・M氏の他に、次兄A・M氏の次男もまた牧師になっている。

(50) 子弟をサンパウロ市で勉強させたいという親の要望にしたがって教師が教え子を引率して上聖（出聖）することを、本書ではこのように呼ぶことにする。

(51) 松田（一九九八）「略歴年表」でも、一九三二年二月に「サンパウロ市コンソラソン通りに寄宿舎学校「暁星学園」を創設」となっている。

(52) ただし、前掲の『時報』七七三号記事にあるように、同年三月の時点では、学校名称は「聖公学園」であった可能性もある。

(53) 岸本家所蔵のサンパウロ日本人学校父兄会発行 Certificado（修了証）によって、一九三四年、三五年に岸本が同会の葡語講習会に参加したことが知られる。

(54) 山本長文（二〇〇六）『野人牧師』に、一九三〇年頃すでに洗濯屋での勤労＋通学のシステムを採用していた寄宿舎のことが記述されている。また、同学園勤労科出身で後にリベルダーデ商工会会長・南米銀行副頭取となるT・M氏は、後に「カナン」という名の洗濯屋を設け、彼が育ったバストス出身の子弟たちを寄宿させ、そこで夜学に通わせるという同じシステムを採用している。

(55) 救世軍サンパウロ小隊のE・W大尉のご教示による。

(56) 例えば、南雲良治新潟県人会長は、「すごく温厚な教育者という感じの人だった。人格者だ」と証言している（『ニッケイ新聞』WEB版二〇一五年一〇月七日〈http://www.nikkeyshimbun.jp/2015/151007-72colonia.html〉）。同じような証言を、筆者も複数の岸本の教え子から直接聞いている。

(57) 「邦人発展主義の論理」とは、「一時的な出稼ぎではなく外国に定住し、しかもその土地に現地化することなく日本精神を堅持した状態を保持すること」（小島、一九九九、二三七頁）であり、「日本精神を堅持した者の定着こそが、「発展」であ」（小島前掲書、二四七頁）るとする論理。

(58) 『ニッケイ新聞』WEB版によると、二〇〇七年一一月まで暁星学園の同窓会が行われていたことが確認できる（「昔の仲間であつまろう＝暁星学園勤労部の忘年会＝二四日」ニッケイ新聞WEB版二〇〇七年一一月一〇日〈http://www.nikkeyshimbun.jp/2007/071110-74colonia.html〉）。同学園の同窓会には、筆者も一度だけ参加したことがあり、十数名の出身者にインタビューを行った。同学園出身者の岸本の評価は、おおむね「きびしいが、すぐれた教育者」といったものであり、数十年を経てなお同窓生間で敬慕されている印象を受けた。

(59) 長女の寿弥子によると、両角は身長一七三センチメートルあったというので、明治三〇年代生まれの日本人男性としては長身といえるであろう。

(60)　例えば、渡辺（二〇一〇、二〇一二）など。

(61)　「信濃海外移住組合　昭和二年六月　ブラジル派遣留学生関係書類」（昭二／B／141）（長野県立歴史館所蔵）

(62)　前掲「信濃海外移住組合　昭和二年六月　ブラジル派遣留学生関係書類」（昭二／B／141）（長野県立歴史館所蔵）

(63)　両角と同期で派遣された清水の証言では、彼が第一アリアンサ小学校に着任後最初にやった仕事は、対立する日本人教員とブラジル人教員間の調停だったという。

(64)　前掲「信濃海外移住組合　昭和二年六月　ブラジル派遣留学生関係書類」（昭二／B／141）（長野県立歴史館所蔵）

(65)　前掲「信濃海外移住組合　昭和二年六月　ブラジル派遣留学生関係書類」（昭二／B／141）（長野県立歴史館所蔵）

(66)　ただし、他資料では長田は一船遅れて出航したことが知られる。

(67)　前掲「信濃海外移住組合　昭和二年六月　ブラジル派遣留学生関係書類」（昭二／B／141）（長野県立歴史館所蔵）

(68)　前掲「信濃海外移住組合　昭和二年六月　ブラジル派遣留学生関係書類」（昭二／B／141）（長野県立歴史館所蔵）

(69)　菱川敬三は、外交官で、一九三四年五月副領事としてサンパウロ在勤を命じられた。帝国総領事館着任後、財務担当や学務担当副領事として勤務した。その後、一九三八年一月賜暇休暇を拝し、東京に帰朝。同年一〇月に外務省を退職している（外務省外交史料館柳下宙子氏のご教示による）。

(70)　戦後、サンパウロ日本文化協会の総合誌『コロニア』五六号（一九六六）に、「趣味—犬の飼育について」サンパウロ日本文化協会（三六—三八頁）という一文を発表している。

第六章　戦前期ブラジルにおける子どもの生活世界

学校の行き帰りに猿と友達になってね。（家から）学校までは五、六キロあるんだけれども、近くに住んでる連中とぶらぶら悪さしながら歩いていくんよ。あの頃は山に猿がようけおってね。余ったパンなんかやると、喜んでね。そのうちお返しに樹の実なんかを持ってくるんだな。あの頃は猿も仁義を知っとったな（T・M氏―一九三〇年高知県生まれ。一九三四年渡伯。サンパウロ州ヴァルゼン・グランデ小学校出身）。

はじめに

従来のブラジル日系移民子弟教育に関する記述は、先行研究でも周年史でも、サンパウロ日本人学校父兄会などの教育指導機関や日本政府の出先機関、邦字新聞記者などの知識層、また父兄の教育方針や理念の系譜を中心にしたものであった。いわば教育現場のソトからの視点に立つ教育史記述であり、教育現場のウチ、特に教育される主体としての子どもの視点から彼らの生活世界にアプローチしたものではなかったといってよい(1)。ブラジル日系移民子弟教育史をより多面的に把握しようとする場合、当然、教育される主体としての子どもたちの視点から教育をとらえなおす必要があろう。特に、日主伯従主義による「日本人になるための教育」や伯主日従主義による「大和魂をそなえたよき日系ブラジル市民の育成」とは、子どもの立場から見てどういうことだったのかということが問われねばならないであろう。

こうした問題点をふまえ、本章では、大正小学校やコチア小学校などサンパウロ市とその周辺の日系教育機関の事例を中心に、邦字新聞や教育指導機関関係の文献資料に農村もふくめた元教師や元生徒たちからのインタビュー資料を加え、戦前期ブラジルの学校をめぐる子どもたちの生活世界を描写することを試みる。

こうした学校をめぐる子どもたちの生活世界について考えるに当たって、教育史家の佐藤秀夫のアプローチは示唆に富んでいる。佐藤は「学校文化のモノ・コト・語り」のなかで、日本の近代教育を対象としながら、学校教育が行われる現場を、時間、空間、用具、服装、象徴からとらえている（佐藤、二〇〇五c、八九―一一四頁）。本章はこれにならい、時間、空間、服装、象徴といった項目に修学旅行と銃後運動というトピックを加え、戦前期ブラジルの日系教育機関における日本的教育文化の影響をはかりながら、子どもたちの生活世界を具体的に描き出すことを試みる。特に、修学旅行によって、子どもたちがどのように彼らの空間と視野を広げ、社会上昇の契機として利用していったのか。また、一九三〇年代後半に日本語教育が制限・禁止されていくなかで、銃後運動がどのような役割を担ったのかという問題を明らかにする。さらに、日本とブラジル両者のナショナリズムを背景とした二つの教育文化のはざまで、子どもたちが生きた日常生活をとらえ、日本的教育文化を受容しながら、それとは異なった文化や価値観を創造していった過程を検証する。

六―一　子どもたちの時間

戦前期ブラジルの日系小学校では、どのように学校（学期）がはじまり、授業や試験、行事が行われ、そのなかで子どもたちはどのような時間を過ごしたのだろうか。本節では、一九三〇年前後の状況を想定し、家族とともにブラジルに移住、あるいはブラジルの他の地方からサンパウロ市にやってきた子どもの視点に立ち、時間軸から見た子どもたちの生活を再現してみたい。特に、一年、一週間、一日という時間の単位のなかで、子どもたちがどのように日常を送っていたのかを明らかにしたい。また、その作業を通じて、ブラジルの日系教育機関が日本の教育文化や制度を継承した点とブラジルにおいて変化した点をとらえ、その継承と変化の様相およびメカニズムについて明らかにしたい。

ブラジル邦字新聞を見る限り、日本の小学校の学校行事に当たるものが現れるのは、一九二〇年代の天長節がもっとも早い。第二章で述べたように、天長節は運動会や各種の娯楽と一体になっており、当時のブラジル日系人にとってもっとも重要な年中行事であった。天長節は、各地の日系植民地で、おそらくコミュニティと学校とが未分化な状態のまま学校という空間を活用し、コミュニティの全成員が参加するような形で行われたと考えられる。また、入学式からはじまって、定期試験を実施し、終業式をもって学年を終わるような学年暦が完備した自律的な日系小学校が現れるのは、一九三〇年前後ではないかと考えられる。

子どもたちの一年

ブラジルに移住した子どもは、一月二六日~三一日に入学手続きをし、二月はじめから小学校に通いはじめる。サンパウロ州の場合、通常二月一日から新学期がはじまった。(2) サンパウロ市では、夏の終わりで、朝夕過ごしやすくなりはじめる頃である。こうした学年開始の様子は、次のような新聞記事からも確認できる。

• 二月一日から授業開始

州学務局は最近日付で、市内各小学校宛「二月一日から授業開始」の旨を通告した。新学期の事とて新入学者で市内各小学校は一様に大混雑を呈してゐるから、学齢児童を有つ親達は、成るべく速かに入学手続を為すを良しとする(『時報』七五六号、一九三二年一月二八日)。

この記事から、一九三二年の新学期から二月一日授業開始の旨がサンパウロ州学務局によって市内各小学校に通告されたことが知られる。それまではおおむね二月開始であったとしても、学校によってばらばらだったということとであろうか。大正小学校と同じく一九一〇年代半ばに創設されたコチア小学校の場合、一九二五年度は一月二九日から新学期の授業が開始されているが、一九二六年度からは二月一日に入学式が行われている（石原、一九七八、九頁、一二頁）。日本の学年暦では四月新学年開始が定着しているが、欧米諸国では九月新学年開始が一般的であり、七月新学年という国々もあるという（佐藤a、二〇〇五、一〇三頁）。戦前期の日系教育機関をふくめたブラジル教育機関の場合はどの学年暦に準拠したのであろうか。

• 大正小学校の入学式と始業

市内サンジヨアキン街大正小学校では本一日午前八時から同校広間で来賓父兄等多数列席の上盛大に入学式が挙行され、続いて授業開始となつたが、本年度新入学生は三十七名の大数で教場の狭隘を感ずる事になつたと云ふことである（『時報』七五七号、一九三二年二月一日）。

この記事から、サンパウロ市の大正小学校でも、州学務局の通告にしたがい、二月一日に入学式・始業式が行われ、三七人の新入生が入学したことが知られる。一九三二年前後は戦前もっとも多くの日本人移民がブラジル（特にサンパウロ州）に入国した時期であり、日本の教育慣行も多く持ち込まれたと考えられるが、新学年開始に関しては現地の学年暦にしたがっていたようである。いく度か述べたように、この頃にはブラジル小学校との二重教育が普及してくるので、学期の始業や修業の時期がちがうのは都合が悪かったのであろう。また、まだこの頃には制服（あるいはそれにかわるもの）がなかったため、児童や父兄も思い思いの晴れ着で式に臨んだものと考えられる。

日本の学校の場合、入学式・卒業式とともに重要な学校行事であったのは四大節（大正期には三大節）であり、これらはブラジル日系子弟教育の場にも導入された。

四月二九日の天長節は一学期中で最大の行事であった。農村部を含めたブラジル日系人一般を考えると、天長節は「小学校で開かれた運動会」と結びつけて記憶されていることが多い。これらのブラジル日系社会一般の天長節については第二章で詳しくふれた。学校がコミュニティ統合の中心的役割を果たしていた農村部と異なり、サンパウロ市の日系子弟のこの日の行動はやや複雑である。一九三〇年代の大正小学校に学んだS・N氏（一九二四年生まれ、男性）やY・Aさん（一九二七年生まれ、女性）へのインタビューによると、最上級生だけが午前中総領事館に招かれ、御真影の前で天長節祝賀式に臨み（紅白のお菓子がもらえた）、午後からは全校生徒がアクリマソン公園で行われた運動会に参加したということである。運動会は小学校単位で行われたのではなく、日本人会の主催であり、「大正小学校生徒」の部の他に、「一般少年少女組」「婦人組」「男子組」などがあった。こうした点が、小学校のカンポ（運動場）で、コミュニティぐるみで行われた農村地域の運動会とやや異なっているといえる。(3) なお、一九三二年にサンパウロ市のアクリマソン公園で開催された天長節祝賀会と運動会は次のようなものであった。

・聖市在留邦人天長節祝賀会
前号の報道の如くサンパウロ市に於いては日本人会、日本倶楽部、労友会、青年会の四団体発起者となり、聖市在留邦人の名を以て本日正午より同胞お馴染のアクリマツソン公園に於て天長節祝賀会を開催するが其のプログラムは左の通りである。

祝賀会順序
午後正一時三十分開式
一、開会ノ辞　矢崎節夫
一、祝　辞　内山総領事
一、祝　辞　黒石清作

一、君が代二回（奏楽合唱）
一、万歳三唱　内山総領事発声
一、伯国々歌一回（奏楽合唱）

運動会順序
一、大正小学校生徒競技
　△男子の部
五〇米競走　三回　豆拾ひ競走　三回
百米競走　三回　計算競走　二回
二百米競走　一回　二人三脚　一回
　△女子の部
五〇米競走　三回　豆拾ひ競走　二回
百米競走　三回　提灯競走　一回
団体競技　旗送り
一、一般少年少女組競技
百米競走　三回　二人三脚　三回
二百米競走　三回　計算競走　三回
パン食ひ競走　三回
一、一般競技
婦人組　二回　男子組　二回（『時報』七八一号、一九三二年四月二九日）

天長節では、「君が代」斉唱や万歳三唱が行われ、一九三〇年代末には、奉祝歌国民歌「紀元二千六百年」（内閣奉祝會撰定／紀元二千六百年奉祝會・日本放送協會制定、増田好生作詞／森義八郎作曲）の演舞・行進が加わったという。こうした身体的行為を通じて、皇民化教育とも一部重なる「日本人になるための教育」が浸透したことは事実であろう。ただ、一九三二年の式典では「君が代」「万歳三唱」の後とはいえ、「伯国々歌」の斉唱も行われており、ブラジル市民としての教育への配慮が同時に行われていたのも事実である。こうした二文化状態に恒常的におかれると、多少の葛藤はあっても、子どもたちは二文化や二元的価値が並行する状態（日本人であり、ブラジル人でもあるという状態）が通常となり、一部の子どもたちを除いて、それにあまり矛盾を感じなくなるのではないかと想像される。

第二章では、天長節を「国民教育・臣民教育」の視点からとらえたが、子どもたちの娯楽の面からとらえると、運動会は後述する修学旅行とならんで「もっとも楽しい思い出」と語られることが多い。修学旅行が経済的負担のため一部の限られた子弟しか参加できなかったのに対して、運動会はコミュニティのすべての成員に開かれた行事であり、汎日系社会的記憶が共有されている。吉見（一九九九）は、「運動会はけっしてたんに国家が「上から」児童＝国民の身体を規律＝訓練化していく装置としてのみ存在したわけではなかった。日本近代を通じたこの催しに対する地域社会のなかでの根強い人気は、運動会が、国家的な制度という以上にまずなによりも村の祭りとして受容されていたことを示している」（吉見、一九九九、一〇頁）と指摘している。第二章で引用したパラナ州北部のある日系コミュニティの天長節運動会の例は、「国家的な制度という以上にまずなによりも村の祭りとして受容された、素朴で牧歌的な天長節＝運動会の性格を示している。

学年暦にそった子どもたちの一年の描写に戻りたい。天長節が終わり五月に入ると、通常の授業が続けられる。六月に入ると、学務局が派遣した視学官立会いのもとに期末試験が行われた。その結果として、生徒たちは通信簿をもらった。大正小学校ではこの成績発表後、学芸会を催している（『時報』七一一号、一九三一年六月一一日）。六月中旬には、待ちに待った冬休みに入る。地方から出てきてサンパウロ市内の親戚や知人宅、寄宿舎に住んでいる子どもたちは、父母兄弟のいる実家に帰省することになる。サンパウロ州内陸部のゴイヤンベから父兄会寄宿舎に入って大正小学校に学んだS・Iさん（一九二三年生まれ）は、帰省してお父さん、お母さんに会うのが本当に楽しみだったという。ただ、冬休みは短く、七月には二学期がはじまる。

二学期のちょうど中間に当たる九月七日は、ブラジル独立記念日で、ブラジル各校で祝賀式典が行われることになっていた。ブラジルでは、五月三日（伯国発見記念日）、九月七五日（伯国独立記念日）、一一月一五日（共和政治宣言記念日）は「三大記念日」であり、次のように規定されていた。

小学校では教員生徒一同参集祝賀会を行ふ。
其他国祭祝日の前日には、各教員は最終の十五分を、翌日の祝祭日についての由来に就いて講話しなければならない（外務省通商局前掲書、一九三二。五九頁）。

コチア小学校「重要日誌」には、一九三五（昭和三）年の記述として、「九月七日：独立記念祝賀式を本校にて挙行」とある。また、一九三九年の「伯国独立記念祝賀式（大正小学校）」と書き入れがあり、モーニング着用の両角校長らが写った写真が残っており、同校でも三〇年代末に独立記念祝賀式が挙行されていたことが知られる。ただ、これらのブラジル祝祭日の記念式典が学校行事としてどの程度日系教育機関に普及していたのかは明確ではない。インタビュー調査でも、「天長節の運動会」についての記憶は鮮明だが、「伯国独立記念日」や「共和政治宣言記念日」にいたっては「記憶にない」と答えたものが多い。ちなみに、サンパウロ市の聖州義塾では、九月七日は開塾記念日でもあり、キリスト教式の式典が催された。

一一月三日は明治節であるが、天長節に比べて、邦字新聞にも記事が乏しい。わずかに見えるのは次のような記事である。

・リンス学園明治節の催し

リンス学園では去る三日の明治節に在留邦人と共に祝賀式を挙げ此の機を利用して生徒の学芸会及び作品展覧会催ほし、参集の父兄達にその成績を示せるが中には優れた物が多かつた（『時報』六八〇号、一九三〇年一一月六日）。

第三章で紹介したリンス学園で、一九三〇年一一月の明治節に学芸会と作品展覧会が開かれたことが報じられている。また、同日の同紙には、サンパウロ市でも父兄会主催で、「同胞児童の作品展覧会」が開かれたことが伝えられている。さらに、次の一九三六年の記事のように、大正小学校でも、明治節拝賀式が行われたことが知られる。

・大正小学校の明治節拝賀式

昨三日聖市大正小学校では午前九時から新しく出来た講堂で盛大な明治節の拝賀式を挙行した（『時報』一二六〇号、一九三六年一一月四日）。

日系二世世代へのインタビュー調査でも、天長節は運動会と一体となって鮮明に記憶されていることが多いが、明治節を記憶している例はほとんどないといってよい。同じ四大節の行事でも、天長節ほど比重は大きくなかったと考えられる。

この一一月の上旬から中旬にかけては、やはり視学官立会いのもとに学年末試験があり、進級・落第などが決められた。試験の成績は次のように処理された。

ト、試験と点数と帳簿

毎月末に試験が行はれる、学年の終に試験があり、点数は〇から十二点までで、学年末の試験に、平均点数六点以上の者を及第とする（外務省通商局前掲書、一九三二、五九頁）。

筆者のインフォーマントのなかには残念ながら成績表を残している人はいなかったが、大正小学校では及第・落第の判定はきびしく行われたという。

一一月中旬には夏休みに入る。これと前後して終業式が行われ、成績優秀者や皆勤賞、精勤賞などの表彰が行われた。夏休み中の行事（八月の冬季休暇中の場合もあり）として、尋常六年生は一九三〇年代中頃から修学旅行が実施されるようになった。修学旅行については本章四節で詳しく述べたい。一二月には、卒業式が行われた。一九三一年一二月の大正小学校卒業式は、邦字新聞に次のように報じられている。

・盛大に行はれた大正小学校卒業式

予報の如く聖市大正小学校にては去る十三日午前九時から同校第一教場に於て本年度の卒業式並に修業式を挙行したが、当日は内山総領事夫妻、黒石本社長、鮫島後援会長並に後援会員、父兄等多数出席最大裡に式が終り別室にて茶菓の饗応を受け随意散会した（『時報』七四六号、一九三一年一二月一五日）。

帝国総領事館の内山総領事夫妻やサンパウロ日本人学校父兄会副会長であった黒石清作伯剌西爾時報社長が出席しており、同校が「コロニア一の学校」として権威を高めていったのもこの頃からと推測される。こうして夏休みに入ると、地方出身の子どもたちは、また父母兄弟のいる実家に一時的に帰っていく。この時期、休暇中の家族旅

表 6-1　戦前期ブラジルの日系小学校の学年暦（大正小学校の場合）

月	行　事	備　考
1	1 日：元日四方拝 26 〜 31 日：入学手続き	最上級生は総領事館での式典に出席
2	1 日：入学式・始業式	
3	ひな祭り？	お雛様人形が飾られる
4	29 日：天長節祝賀式・運動会	最上級生は総領事館での式典に出席、午後に全校生徒参加の運動会
6	上旬：学期末試験 中旬：冬期休暇	視学官が監督 寄宿生は帰省
7	上旬：始業式	
8		
9	7 日：ブラジル独立記念日	
10		
11	3 日：明治節祝賀式 上旬：学年末試験 中旬：夏期休暇	 視学官が監督 寄宿生は帰省
12	卒業式（尋常 6 年生・高等科 2 年生） 修学旅行（尋常 6 年生）	

行などはあまりなく、地方の子どもたちは両親などがサンパウロまで迎えに来ることもあり、汽車に乗って帰省するのが家族旅行のかわりになっていたともいう。第二章でもふれたように、三〇年代半ばを過ぎると、卒業後あるいは年度の変わり目にそのまま日本に留学する子どもたちも現れた。

こうした学年暦による行事の他に、日系教育機関らしい行事としては、いつの頃からか大正小学校で三月になると雛人形が飾られていたことが、かつての女子生徒によって次のように記憶されている。

それからね、よく覚えているのは、大正小学校には立派なお雛様人形があったのよ。おひな祭りには学校に飾ってあってね。さあ、どなたが下さったのかしら…（Y・Aさんの証言による）

以上述べたように、戦前期ブラジルの日系小学校の学年暦は、大正小学校を例にとると、概ね表6-1のように整理することができる。

子どもたちの一週間

次に、戦前期日系子弟が一週間をどのように送っていたのかを考えたい。

サンパウロ州学務局の通告による二月一日に新学期開始の制度化に先だち、大正小学校では一九三一年の新学期から、次の記事のように、一部教授制が午前・午後の二部教授制に変わっている。これによると、午前の授業は七時三〇分から一一時一五分（三時間四五分）まで、午後は一時から四時（三時間）までであった。

•大正小学校後援会定期総会開催

（…）

尚ほ同総会の決議事項中重要なるものを挙ぐれば、多年同校の懸案たる教員増聘の件を断行する事に決定し、之に充つる費用を幹部の大努力で寄付を募る事とし、且つ同校従来の一部教授制を午前午後の二部教授制に改め午前は七時三十分より十一時十五分まで、午後は一時より四時まで（午後は邦語専修なし）とし、猶ほ時間の余裕ある場合は、出来得るだけ懇切に教育を施す等、其の内容に改革する点頗る多く、将来の向上発展に光輝ある一新紀元を付したるの観あるは喜ぶべきだと云はれてゐる（『時報』六九八号、一九三一年三月一二日）。

これによると、「午後は邦語専修なし」とあるので、午後からはポルトガル語によるブラジル公教育の授業が行われていたのであろう。

何度も述べるように、大正小学校の記録類はほとんど失われてしまっている。同校の時間割を見つけることはできなかったが、一九三二年度のコチア小学校の時間割が残っているので、参考のため、次に一年生、四年生、六年生の時間割をここに引用する（表6−2、表6−3、表6−4参照）。

この時期は、日本の教育制度にもとづく科目とブラジルのそれとが混在していたことが知られる。一九三二年度

表 6-2　コチア小学校の時間割 1 年生（1932）

	1	2	3	4
月	修身	読本	葡語	
火	葡語	算術	葡語	体操・唱歌
水	算術	葡語	図画	読本
木	読本	図画	葡語	体操・唱歌
金	葡語	読本	算術	体操・唱歌
土	算術	葡語	読本	

表 6-3　コチア小学校の時間割 4 年生（1932）

	1	2	3	4	5
月	葡語	読本	体操・唱歌	図画	葡語
火	算術	葡語	体操・唱歌	葡語	葡語
水	読本	葡語	綴方	算術	葡語
木	算術	葡語	読本	葡語	葡語
金	読本	算術	綴方	葡語	葡語
土	葡語	図画	読本	体操・唱歌	

表 6-4　コチア小学校の時間割 6 年生（1932）

	1	2	3	4	5
月	葡語	算術	体操・唱歌	読本	
火	算術	地理	体操・唱歌	葡語	読本・体操
水	葡語	図画	理科	葡語	算術
木	伯国地理	綴方	算術	葡語	裁縫
金	図画	葡語	葡語	読本	裁縫・作文
土	葡語	読本	算術	体操・唱歌	

（石原、1978、26 頁、葡語（ポルトガル語）と伯国地理の部分を色分けした）

表 6-5　諸外国と州内小学校の年間授業日数

国名	年間授業日数	週間授業時間数	年間授業時間数
ドイツ	228	32	7296
アルゼンチン	180	30	5400
ウルグワヰ	200	22	4400
オウストリ	229	32	7328
ベルギー	230	24	5520
デンマーク	246	36	7850
スペイン	230	30	6900
アメリカ	171	30	5130
フランス	200	30	6000
イギリス	210	27.5	5775
スイス	200	30	6000
サンパウロ州	226	24	5324

出典：ブラジル日本人教育普及会（1938）『黎明』第二巻六号、21 頁より。表中の国名は出典資料の表記にもとづく

のコチア小学校の児童数一六〇名、八学級に対して、教師は五名（石原、一九七八、二〇―二一頁）。大正小学校は児童数一二一名に対して、教師は三名。両校教師にはブラジル人教師一名ずつと、コチア小学校の教師には裁縫教師が含まれているので、科目数が同じだとすると、両校教師ともほぼ同じ割合で授業を分け持っていたことが知られる。コチア小学校で日本語とポルトガル語両方を受け持っていた柿本陸平教師の場合、受け持ちは月曜～土曜まで一日平均五～六時間、計三四コマであった。したがって、大正小学校やコチア小学校へ入学した子どもは、月曜日から土曜日まで、一年生で一日三～四時間、六年生で一日四～五時間（一時限は四〇分）の授業を受けていたことになる。

なお、サンパウロ州教育局によって一九三八年二月に発表された州内小学校の年間授業日数は二二六日、時間は週二四時間、年五三二四時間となり、諸外国と比較すると表6-5のようになるという。おそらくサンパウロ州の例は、グルッポ・エスコラールというブラジル正規の公立小学校の授業数であろうと考えられる。当時のグルッポ・エスコラールは四年制であった。コチア小学校の場合、四年生の週間授業数が二九時間、サンパウロ州の年間授業日数二二六日と掛け合わせると六五五四時間となり、州規定の年間授業時間数を大きく上回っていたことが知られる。戦前期ブラジル日系小学校児童の二重教育による負担の大きさは、こういった点からも明らかである。

先述したように、一九三〇年代に大正小学校に通学していた多くの日系子弟は、先のY・Aさんのように、同時に州立カンポス・サーレス小学校でブラジルの公教育も受けていた。第四章三節で、表4-8（三三七頁）と表4-9（三三七頁）にまとめたN・S氏やS・Iさんも、カンポス・サーレス小学校と大正小学校両校に学び、午前と午後で学習言語が入れ替わる二言語併用生活を送っていた。先述のように、こうした教育の二重性は、三〇年代のブラジルにおける日系子弟教育の特徴でもある。当時のブラジル日系移民子弟は、日・ポ両語の使用や接触場面がモザイク状に複雑に組み合わさった言語環境にあり、家庭の内外や学校間越境による二言語・二文化併用生活により、二言語能力を獲得していったと考えられる。

サンパウロ市の日系子弟の特徴としては、放課後は課外活動に時間が費やされることが多かった。大正小学校でも、一九三〇年代、特に、両角、坂田、柳澤、二木という元教員留学生たちが赴任すると、放課後は、陸上競技、野球、園芸、合唱など多彩な課外活動が行われるようになったという。

週末は、通学生は家族とともに過ごし、寄宿生はサンパウロ市内の親戚や知人の家を訪ねて食事をごちそうになったり、比較的のんびりと過ごしたようだ。真面目な子どもは寄宿舎の部屋で本を読んだり、復習をしたりして過ごしていたという。大正小学校に隣接する父兄会には、図書館があって、貸出しをしていた。S・Iさんによると、寄宿舎によっては、舎監から日本語を習ったり、勉強しているかどうかきびしく監督されたという。キリスト教徒の場合、日曜学校に通ったり、礼拝に参加したりした。三〇年代後半になって、小学生の間にスポーツが盛んになると、野球や陸上競技の練習や試合に出たり、その応援にかり出されることも多くなったという。

子どもたちの一日

こうした学業負担の多い生活のなかで、日系小学校児童たちは、どのように一日を過ごしていたのであろうか。これも地域や個人によって大きな差があったと考えられるが、大きく都市と農村に分けて比較してみよう。

農村出身の日系人に子どもの頃の生活について聞くと、まずその忙しさ、せわしなさに驚かされる。自分たちが切り拓いた耕地と家屋の周りは原生林のままであり、きびしい自然条件や貧困、昆虫や野獣の危険性がともなっていた。「移住地で移民はよく死んだ。ブラジル生活を謳歌する移民は無事生き残った者達である」（前山、二〇〇一、九頁）という指摘もあるように、無医村がふつうであったので、常に病気や死の危険にさらされていた。第五章二節で見たような、病気の我が子を医者にもみせられず亡くしてしまう岸本のような例は、枚挙にいとまがなかった。また、たとえ医者に診せることができたとしても、薬剤は移民の生活をおびやかすに充分なほど高価であった。ブラジル日系人の詠んだ秀歌を集めた『コロニア万葉集』（一九八一）には、次のような歌が掲載されている。

医師の打つ最後の注射断りて逝きにしと言う教え子哀れ（積田三郎、一九三八）

レジストロの日系教育の草分け教師の一人、積田三郎の詠んだ一種である。

学校にも行けず畑に子守しつつマモンの笛を吹く子よ哀れ（河村哉太郎、一九三七）

という、野良仕事のため学校に行けない子を詠んだ歌もある。学校に学齢期の多くの子どもたちにとって、学業は生活のほんの一部を占めるにすぎず、農作業の手伝いや家畜の世話、弟や妹の子守りなどという労働がのしかかり、通学の時間や距離も長く、片道四、五キロを歩いて学校に通うということもめずらしくなかった。（ただ、長い通学距離は、彼らに道草を食う時間をあたえ、農作業をサボタージュする貴重な時間でもあったという）やはり『コロニア万葉集』に収められた次の歌は、小学生の作者ではなく、作歌できるほどの年齢の青年を想像させるが。たとえ夜学に通うことができても、学業を続けることが容易でなかったことを示している。

葡語学ぶときおい夜学に通いつつ仕事づかれの頭に入らず（今本義美、一九四一）

ブラジル日本人教育普及会の機関誌『黎明』において、杉武夫という人物が「遊びなき第二世の生活」と題し、農村における日系子弟の生活の余裕・余暇の欠乏を憂えている。そのなかで「第二世の家庭に於ける一日の生活を書くと次の如くになる」とし、農村における日系子弟の一日の生活を次のように図式化している。

午前六時　起床
　顔洗い
　家畜のトラッタ（世話）
七時　トマ・カフェー（朝食）
　登校
午後三時　帰宅
　トマ・カフェー（午後のコーヒーと軽食）
　畠へ仕事に行く
　子守り
七時　夕飯
　入浴
　勉強
八時半　就寝

（　）内は筆者注

そして、「かうした生活を繰返す第二世の何処に遊び廻る時間があり得よう」と嘆いている。こうした農村日系子弟の自由時間の欠乏は、乏しい時間を「個人的な遊び」に費やすことになり、彼らに「利己的《エゴイステック》、公衆道徳の不足」という悪影響が現れていると述べている（杉、一九三八、九―一〇頁）。農村地域の二世世代の子どもたちが実際に「利己的《エゴイステック》」で、「公衆道徳」が不足していたのかどうか確認する手段はない。しかし、よほどの資産家や農村でも商業地区に住んでいる子ども、すなわち労働力として当てにされていない子どもでない限り、相当忙しく、せわしい一日を送っていたことは確かであろう。この記事のなかでは学校が「第二世の唯一の遊び場所でさへある」と記されている。その学校でさえ、「此処に於いても第二世の遊戯はあまり活発でないやうだ。少なくとも組織的、集団的遊戯は極く少ない」(4)とし、次のような遊戯をあげている。

個人的遊戯　石けり、あやとり、まりつき、ママゴト、おてだま、まりなげ、国とり、エステレンギ打ち、玉探、

陸上競技

団体的遊戯　かごめ、陣取り、縄とび、鬼ごつこ、かくれんぼ、デッド・ボール

そして、「此の中でも何時も遊ばれてゐるものは極く僅かである」としている（杉、一九三八、九―一〇頁）。この点の相違は強く認識されねばならないが、都市と農村の子どもたちは、就学時間、労働時間、自由時間、そして後述するように教科書、参考書、少年少女雑誌など学習資本の格差において、その学習環境に大きな格差があったのである。

大都市と農村のこうした格差（学習可能時間、教育インフラ、進学機会など）は、戦後の日系二世においても顕著であった。一九四九年にサンパウロ州内陸部の第三アリアンサ移住地に生まれ、地元小中学校からサンパウロ市の高校を経て空軍技術大学（ＩＴＡ）に進学し、日本企業のエンジニアとして長く働いたＴ・Ｉ氏や、やはりサンパウロ州内陸部のトゥパンに生まれサンパウロ大学生物学部に進学し教職についたＡ・Ｉさんの経験からもそのような格差を知ることができる。

学校が終ったら、親父はとにかく仕事手伝えって、兄貴も私もそうでした。畑の草抜いたり、鶏締めたりね。収穫の時は一家総出で働いたよ。もうそれがしんどくってね。百姓が嫌で嫌でしかたなかったよ。サンパウロに出て

いい学校に入るためにね、もうとにかく必死で勉強したよ。サンパウロの人たちは、草引いたりとか、鶏殺したりとか、そんなことないでしょう（T・I氏からの聞き書きによる）。

うちはじいちゃんとばあちゃんがコーヒー作っていてね、自分のところで焙煎して袋詰めして売っていたのね。コーヒーが採れた後、家族みんなでそれ（焙煎と袋詰め）やるんだけど、朝から学校に行って、運動とかしたあと夜だから、もう眠くってね。季節になると毎晩毎晩やるんだよ。もうこういうのがイヤでね。とにかく勉強してサンパウロの学校に入ろうって…私は長女だから、サンパウロの学校に行くことないって言われたけど…わざわざそれで勉強してUSP（サンパウロ大学）に入ったの。妹はリオの医科大に入った。息子たち（筆者注――彼女の二人の息子は都会育ち）に話しても、あれは（あの苦しさは）わからんでしょ（A・Iさんからの聞き書きによる）。

何よりも当時の二世たちがそのような「格差」を感じていたのは重要である。戦前こうした都市と農村の「格差」は、絶望的なほど大きかったといわれる。

これに対して、都市、特にサンパウロ市の子どもたちの場合、どのように一日を過ごしていたのであろうか。大正小学校の子どもたちを例に見てみよう。

先にも述べたように、一九二九年にサン・ジョアキン通りに新校舎が落成し、父兄会の寄宿舎が開設されるまで、大正小学校はコンデ・デ・サルゼーダス通りにあった。子どもたちの父兄はほとんどが「コンデ界隈」の住民で、同校もコミュニティ学校、すなわち「地域の学校」としての性格が強かった。同校の経営母体である「後援会」のメンバーもほぼすべてがコンデ界隈の住民であり、経済力に乏しい者が多かった。一九二〇年代末に同校に学んだY・T氏（一九一八年生まれ）は、家計を支えるため、放課後に市中心部のジョアン・メンデス広場でパステス（油で揚げた軽食）の売り子をしなければならなかった。当時、Y・T氏のような勤労児童はめずらしくなかった。また、一九三〇年代になっても、先のY・Aさんのように、家が理髪店を営んでいたため、上級生になると、放課後や休日に「カイシャを任される」（レジスターを受けもつ）子どもも多かった。したがって、都会だからといって、子どもが労働から解放されていたわけではなかった。しかし、耕作や家畜の世話といった貴重な労働力として生活に組み込まれていた農村部の子どもと異なり、その負担は比較的小さかったと考えられる。

さらに、三〇年代頃になると、地方から来てサンパウロ市の寄宿舎に入って同校に通学する子どもが増えた。彼らはある程度経済力のある家庭の子どもたちであり、領事館員や企業駐在員子弟などサンパウロ市在住の子どもたちも増加し、裕福な家庭の比重が大きくなってきた。したがって、子どもたちも農作業や家庭労働から解放され、その時間を学業や余暇に回す余裕が生じ、内容的に豊かな学校生活を送るようになった。

では、大正小学校など都会の子どもたちは、こうして生じた余暇を何に費やすようになったのだろうか。本章第四節で述べるように、三〇年代には、ブラジル日系社会では少年スポーツが盛んになり、野球や陸上競技の対抗試合も行われるようになる。したがって、先述のN・S氏のように、放課後の大半を野球や陸上競技の練習に費やしたスポーツ少年少女も多かった。しかし、先に述べた教育の二重性のため、午前と午後に二つの学校に通わねばならず、週日は「忙しかった」という意見を聞く。それでも、余暇の使い方はさまざまで、学校からの下校時などは、空き地でフッチボール（サッカー）をしたり、お菓子を買って食べたり(5)、女の子たちは当時車の通行が少なかったガルヴォン・ブエノ通りで道路に白墨で落書きをしたり、ブラジル式のケンケン遊びをしたりして遊んでいたという。電柱に油を塗ってすべるようにした上で、その電柱を登っていくような遊びも報告されている（大正小学校〝その歩み〟(2)）。雨の日には、女の子たちは校内であやとりやお手玉、縄跳びをして遊んでいたという証言もある。

先のY・Aさんの家は理髪店を営んでいた。彼女は店の前を行く人たちを眺めるのが楽しみだったという。

ウチは散髪屋でしょう。コンセリェイロ・フルタードにお店があって、道路の縁に座って、妹とよく道を通る人を眺めていたのね。ハンサムな男性が通ったときなんか、「オー、モッソ・ボニート！」（うわ、ハンサムな人）とか言っていたから…（Y・Aさん）

小学生の頃のY・Aさんの思い出である。男の子の余暇の習慣として喧嘩やガキ大将の存在が思い浮かぶが、大正小学校の出身者に話を聞く限り、あまり喧嘩の記憶はないようである。

大正小学校は、みんな行儀がよくてね。喧嘩はやらなかったし、あまり見たこともないなあ…それよりM先生とかが怖かったね。何かあったらゲンコツだからね。（H・K氏）

余暇の過ごし方は、当時の日本の都会の子どもたちと大差ないと考えられるが、公立小学校や校外ではブラジル人児童との接触もあり、路上の遊技は日本とブラジルのものが混ざっていたようである。H・A氏のように、大人が鈴なりになって街路を走る路面電車に飛び乗ったり飛び降りたりして遊んでいた強者もいたようで、これは都会ならではの遊びといえるであろう。

表6-6に、都会と農村の小学生の生活の格差を最大公約数的にまとめてみた。第三章でみた言語生活と同様、両者の格差は相当大きかったといえる。

以上述べたように、日系小学校を中心とする子どもたちの日常生活を、都会と農村を比較しながら見てきた。都会、特にサンパウロ市の子どもたちの生活は、生業（農業）と分離しており、農作業を手伝わなければならなかった農村地帯の子どもたちより、就学時間や余暇の点でよほど恵まれていたといえる。ただ、スポーツの成績や試合結果をみると、余暇の時間が多かったからといって、少年野球や陸上の試合でサンパウロ市のチームが優勢であったとはいえない。特に、少年野球では、大正小学校チームは、農村部の強豪アリアンサやバストスのチームに惨敗

表 6-6　都会と農村の小学生の生活の格差

	都会	農村
時間・余暇	学習・余暇の時間長い	労働時間長く、学習時間を圧迫
服装	制服（に準ずるもの）や白衣を着用	普段着が多い
靴	日常的に靴を使用	日常的には裸足が多い（式典では靴をはく）
通学（自宅・寄宿舎）	寄宿舎に入る例も多く、通学時間は一般的に短い	通学時間が長い（4～5キロ歩くのは普通）
教育の二重性	日系小学校・公立小学校の両方に通学	1つの学校で日本とブラジルの2つの課程を学ぶ
教師・教育の質	質の高い教師が配置されることが多い	教師の供給に難あり、教師が居つかないことが多い。規定のすべての科目が開講されないことも多い
進学	ブラジルの中等学校や実業学校に進学する例が多い	進学の例もあるが、卒業と同時に農民として1人前の労働が期待される。中退・欠席も多い
学習空間	大正小：1929年までは一般家屋の1室→日本の水準を充たした立派な校舎・教室、特に30年代には単式学級になる	地域差大、初期は倉庫や一般家屋の1室→日本の水準を充たした立派な校舎・教室が整備される（特に30年代の補助金交付後）が、複式学級が多い

を喫することが多かった。

サンパウロ市の子どもたちが有利であったのは、やはり進学の点であったようだ。統計資料がないのでおおよそのことしか言えないが、小学校卒業後のパウリスターノ中学[6]など中等学校への進学率は、サンパウロ市の子どもたち（出聖した子どももふくめて）の方が圧倒的に高かったようだ。また、農村小学校には、ブラジル人教師が居つかないという深刻な問題もあったが、都会の小学校、特にサンパウロ市の場合、そういった問題は少なかった。第四章でも述べたように、大正小学校の場合、一九三〇年代は外務省教員留学生を中心に教員供給のシステムが確立し、三〇年代末から太平洋戦争中は、ブラジル生まれの二世教員に受け継がれ終戦を迎えることになる。

六―二　子どもたちの空間

戦前期ブラジルの日系子弟は、どのような校舎で学び、運動し、生活していたのであろうか。

校舎と教室

ブラジルの日系教育機関の校舎や空間については、残念ながら平面図などがほとんど残されておらず、当時の写真やインフォーマントの証言から、おおよその教室や講堂、運動場の配置を想像するのみである。第三章で紹介したように、草創期の日系植民地の小学校校舎というのは、個人の家屋や倉庫の一部、あるいは椰子材を使った掘っ立て形式のものが多かった。土地が広大で、自然条件も大きく異なるブラジルのことである。校舎の規模や構造は、生徒数にも比例し、地域差も大きかった。一九三〇年代になると、日本政府の補助金や植民地成員の寄付金によって、本格的な校舎が建設されるところも現れる。

戦前期ブラジルの学校建築としては、サンパウロ州学務局督学官会議では決議事項として、「保健衛生上学校建築ノ必要条件次ノ如シ」としていた。

a　三五平方メートルの教室
b　直立せる建築
c　煉瓦または適当の木材による建築
d　瓦葺またはこれと同様のもの
e　床板または床瓦張
f　窓の光線の入る面積は室内面積の六分の一とすること
g　窓はガラスまたは布張り
h　半径二〇〇メートルの衛生適地
i　衛生的なること（ブラジル日本人教育普及会、一九三六、七頁）（**写真6-1参照**）

写真 6-1　戦前期ブラジルの典型的な小学校建築（2009 年筆者撮影）

このような決議事項が日本人教育普及会の機関誌によって各校に通達されたものの、州奥地の不便な場所ほど督学官の目が届かず、違反したからといって罰則もなく、上記の基準が等しく満たされたとは考えられない。日系教育機関の校舎の規模や教育インフラの整備は、生徒数やそれに比例する授業料、寄付金や補助金の額によるところが大きかったはずである。

戦前期のブラジル日系小学校の記録が比較的多く残っている例として、バストス移住地の中央小学校（第一小学校）がある。第三章でも紹介したように、同校は、一九三一年四月に木骨コンクリート造り二階建ての校舎が建設された。同校校舎は、平屋の普通教室、中庭、教員室のある二階建ての管理棟、他に特別教室として音楽教室、階段状になった本格的な理科教室が完備され、全校生徒を収容できる講堂を有していた。また、後に図書室も整備された。校舎から一段下がった敷地の運動場には一周二〇〇メートルのトラックがあり、校庭をふくむ周りにはパイネイラの樹が植えられたという（中村、二〇〇七、六六頁)。しかし、これは「当時としては破格に壮麗な」校舎であり、ブラジル日系小学校校舎の標準とはいいがたい。同校が、有限責任ブラジル拓植組合という日本の移住組合連合会の出先機関によって運営され、一三〇コントスというこれも破格な日本政府補助金を受けたことによって可能となったものである。

新聞記事やインタビューから知られる大正小学校校舎(一九二九年のサン・ジョアキン通り移転後)は、二階建ての個人住宅を改築したもので、階下に八教室と職員室、二階は父兄会の寄宿舎になっていたようである。建物奥の階段状になった場所の下に講堂(兼屋内体操場)、さらに校舎裏が運動場になっており、小川が流れ、竹薮があり、十本の太い椰子の木が影をおとしていたという(『パウリスタ新聞』、一九七五年九月三〇日)。さらに、一九三八年には校舎増築が決定し、翌年にかけて増築工事が行われた。生徒増加に対応する措置であった。しかし、同校も「コロニア一の学校」と呼ばれただけに、校舎やインフラもブラジル日系小学校のなかでは群を抜くものであった。

日本の学校建築は、一九〇〇年前後に、教室を直列につないでその北側に廊下を配置するという北側片廊下型校舎のスタイルが確立し、そのように定型化された校舎に運動場を付随させるという形で全国画一的に整備されてきた(佐藤、二〇〇五、四方、二〇一二、一三八頁)。ブラジル公立小学校であるグルッポ・エスコラールの建物も定型があったというが、写真で見る大正小学校は、これらのいずれとも違っているようである。これは次の新聞記事が伝えるように、大正小学校が元個人の住宅を改築した建物であったかららしい(写真6-2参照)。

• 父兄会・小学校共に改築竣成——いよいよ授業を開始

既報の如くサンパウロ日本人学校父兄会と大正小学校とは同一敷地内に建物を有ち、父兄会、小学校共に自己の会計を以て改築工事を為しつゝあつたが、愈々それが茲に竣成を告げ、父兄会は差当り三、四十名の寄宿生を収容するに充分なる設備を整へ申込に応じつゝある(…)。

大正小学校も亦同校後援会の援助で一棟を新築し校舎建築令に基き理想的教場を設け、十数年にして始めて児童

写真 6-2　大正小学校校舎と教師・生徒たち（1930 年代前半）（ウーゴ明氏提供）

聖州義塾平面図

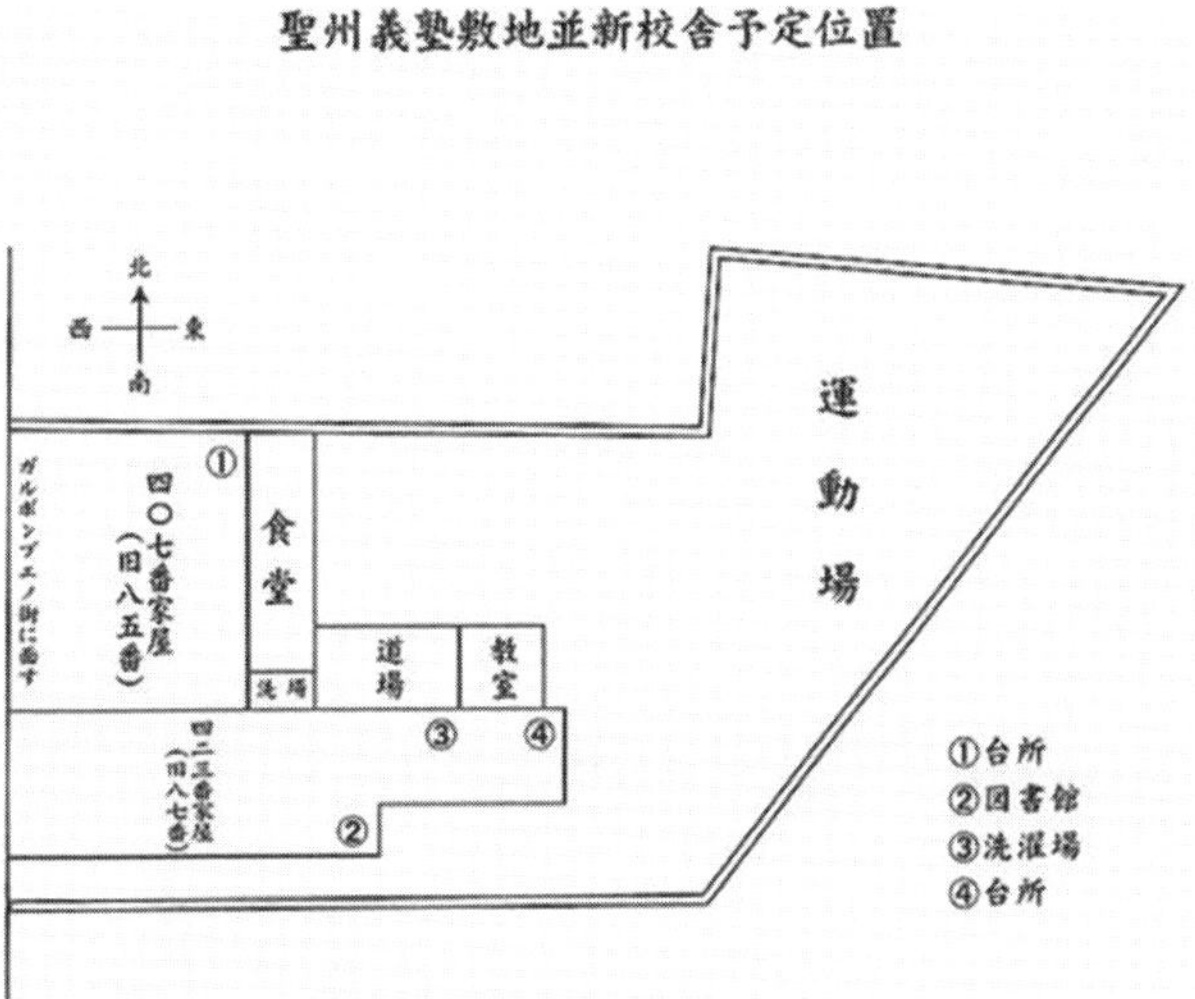

に肩身の広さを覚ゆる校舎で教育を受けさしめ得るは、独り後援会の誇りとするのみならず児童並に父兄の歓喜大なるものとして来る二月の開校式には大いに祝ふと云つてゐる（『時報』六四〇号、一九三〇年一月三〇日）。

このように多くのブラジル日系教育機関が平面図などの資料を欠くなかでも、第四章で取り上げた聖州義塾は、簡単な平面図が『聖州義塾々報』第一号に掲載されている。（聖州義塾平面図〔四七七頁〕参照）しかし、第四章でも述べたように、同塾は寄宿舎としての機能に重点をおき、大正小学校より小さい一般家屋を改造したものであったので、これも日系教育機関一般の学校建築を代表する例とは言えない。ただ、一九三〇年代後半にはサンパウロ市内に多くの日系寄宿舎が開設されるが、それらの多くも一般家屋を改造したものであったため、同塾の構造はその一典型といえるかもしれない。加えて、先述のように、同塾は武道教育を正課としていたので、道場を有していた点は特異であった。

ブラジル日系教育機関の教室についても、戦前期のもので残された資料はほとんどないといってよい。こうした校舎を前にした集合写真はかなり残されているが、校内や教室内の撮影は、講堂での卒業式などを除いてほとんど行われなかったようである。ただ、一九四〇年前後の大正小学校の一教室での授業を撮影した写真が一枚だけ残っている。写っている人物と板書から、山田ルイザ教師による「ブラジル史」の授業であったことが知られる。何階のどの教室であったかは明らかではない（写真4-5〔三三三頁〕参照）。この写真からすると、天井はかなり高く、木製の扉があり、教師は黒板を背に一段高くなった教壇に立ち、生徒たちは二人掛けの固定式の机に向かっている。向かって右壁には上着が並べて掛けられており、フックが並んでいたようである。しかしながら、これは「コロニアーの学校」と呼ばれ、もっとも完備した頃の大正小学校の教室であるので、ブラジル日系教育機関一般の教室とはいえない。先のような植民地草創期の学校では、土間に直接手製の机や椅子を置いていたということであったという（S・N氏の証言）。

写真6-3　レジストロ小学校のはだしの子どもたち（『レジストロ植民地の六十年』より）

通学

さて、こうした学校への通学は、農村地帯はほとんど徒歩か、市場へ向かうカミニョン（筆者注――トラック）に途中から近くまで便乗させてもらい、また歩くというケースがまれにあるくらいであった。

当時の子どもたちの日常生活を偲ぶのに面白い資料がある。レジストロ六十年史刊行委員会（一九七八）『レジストロ植民地の六十年』には、中央部小学校女子部の写真（写真6-3参照）が掲載されているが、いずれの女の子もそろって手の甲を隠すように腕を組んで写っている。全員が同じ姿勢を取っているので、そのような姿勢を取るような指導のあったことが想像される。また、女の子たちはいずれも裸足である。もっとも戦前期のブラジル農村では、ふだん子どもは裸足が当たり前で、天長節などハレの式日にあらたまった形で靴をはいたという。レジストロ生まれの日系二世M・M氏（一九二一年生まれ）は、一五歳になるまで靴を履いたことがなかったという。レジストロは雨が多い地方で、今でも市街地を抜けるとぬかるんで車が通れなくなることがある。

レジストロだけでなく、「裸足で何キロもの道のりを通学した」というのは各地でふつうに聞く話である。前掲の『コロニア万葉集』（一九八一）には、次のような歌が掲載されている。

メイアをも靴をも町の入口ではかして行きぬ山に育つ子（神志那絹江、一九三六）

「メイア」はポルトガル語で靴下のことであり、農村部の子どもたちがふだんは裸足で暮らしていたことがしのばれる。靴や靴下はよそ行き、ハレの装いであったのである。

「学校の近くまで来ると、小川でみんな足を洗ってね。足をキレイにしてから学校に入るの」とある二世の女性。「冬がつらかったね。ただ、日本人もブラジル人もみんなが裸足だったから、なんとも思わなかった」と、また別の女性。「足の裏の皮が分厚くなってよかった」というのは、八〇年間農業をしてきたという二世の男性。通学は大きい子と小さい子がいっしょになって、野道を集団で行き来したそうだ。レジストロ第五部小学校とブラジル学校の二重教育を体験したO氏は、雨の日も風の日も約五キロの山道を二つの学校まで通ったという。現代の私たちの感覚からすると、相当過酷な条件だ。「五キロというと一時間半ぐらいですか？」と聞くと、「道草しなかったらね。でも、道草しないでまっすぐ帰るなんてことはあまりなかった。家に帰ったら、仕事せんといかんからね」と、氏は破顔一笑した。何年生の時がいちばん楽しかったですかという質問に、ある男性は「六年生の時がいちばんよかった。学校の行き帰りに上級生によくいじめられてね。六年生になって、これでいじめられずにすむと思った」という。長い通学路は子どもたちの息抜きの時間であるとともに、いじめに転化する機会でもあったようだ。

一九三〇年代末頃にサンパウロ近郊のヴァルゼン・グランデ小学校に徒歩で通っていたT・M氏は、通学途上の面白いエピソードを語ってくれた。

学校の行き帰りに猿と友達になってね。（家から）学校までは五、六キロあるんだけれども、近くに住んでる連中とぶらぶら悪さしながら歩いていくんよ。あの頃は山に猿がようけおってね。余ったパンなんかやると、喜んでね。そのうちお返しに樹の実なんかを持ってくるんだな。あの頃は猿も仁義を知っとったな。（T・M氏―一九三〇年高知県生まれ。一九三四年渡伯。サンパウロ州ヴァルゼン・グランデ小学校出身）

また、遠い通学路は、時として危険もともなった。雨季に裸足で何キロも歩くことで、破傷風になる例は多かったし、他の病気も怖かったという。サンパウロ市郊外のコチアはジャガイモ生産を中心に蔬菜づくりもっぱらとした近郊農業地帯であったため、野菜やさまざまな物資を運ぶトラックが街道を往復していた。学校まで「五、六キロはあったが、たいがいは街道に出てカミニョンをつかまえて、乗せてもらっていた」（T・M氏）というように、ちゃっかりヒッチハイクをするものも多かったという。

ただ、こうした交通の便利さは、コチア小学校の「日誌」に掲載された次の記事のような事故もしばしば起こすことになった。

十一月十六日、通学児童猪野秀子放課後学校道路出口ラポーゾタバレス街道にて自動車に礫かる。直ちに入院。経過良好（石原、一九七八、四一頁）。

こうした通学上の危険性は、都市の通学においても大きかった。大正小学校の場合、近い子どもは徒歩で、遠い子どもは市電（Bonde）で行っていたようであるが、「市電は危ない」（大人たちが大勢飛び乗ったり降りたりするため）ということで、相当遠くからでも徒歩で通う子どももいたようである。サンパウロ市の中心部近くにあった大正小学校への通学体験を、①一九二〇年代（草創期＝コンデ時代）、②一九三〇年代（発展期＝サン・ジョアキン時代）、③

一九四〇年代（日本語教育禁止時代）に分け、同小学校で学んだ人びとの体験をインタビュー資料にもとづいて見てみよう。語られた彼らのオーラルヒストリーをできるだけそのまま書き出し、読みやすさを考え、こちらの質問は最低限とし、時間・空間に関するトピックにしたがって、内容を損なわない程度に編集し、記述・配列することにした。

①一九二〇年代（草創期＝コンデ時代）

うちも学校もコンデの通りにあったので、もちろん歩いて通っていました。昼ごはんはうちに食べに帰っていました。大正小学校は一時期うちの隣にあったから、時々宮崎先生のグリッタする（どなる）声が聞こえてきましたよ（T・H氏 男性、一九一六年サンパウロ州生まれ、一九二二〜一九二八年在学）。

②一九三〇年代（発展期＝サン・ジョアキン時代）

その頃、ブラスコット（筆者注――日系の繊維商社）に勤めていた叔父の家から学校に通っとった。野球のほかに聖州義塾で剣道をやっとった。いつも竹刀を持って歩いとったよ。なんでかって？その頃わしらが道を歩いてると、ガイジンの餓鬼どもがくっついてきて、「ジャッポン、ジャッポン！」ってはやしたてついてくるんだよ。ハラが立つんで、そいつらを追い払うために竹刀持って学校にも通っておったんだね（N・S氏 男性、一九二四年台湾高雄生まれ、一九三一〜一九三八年在学）。

ウチは学校に近かったから、起きるのは七時ぐらいだったかしら。すぐにトマカフェ（朝食）して、ミルクとカフェとパンね。お母さんがブラジル料理を習って、マカホナーダ（パスタ）も出したりしてね。朝は、お父さんとお母さんと兄弟五人で食べるの。ミルクはお父さんがウン・リットロ（一リットル）しか買わないから、じきになくなってね。私がもっとミルクほしいって言ったら、お父さんがポットでミルクを注ぐまねをして「じょぼじょぼじょぼ」とか言っていたのを覚えてるわね。そんで学校に行くんだけど、あの頃、両角先生がコンセリェイロ・フルタードのペンソンに住んでらっしゃって、ときどき道であって学校までいっしょに行ったりしてね。（両角）先生は学校では怖い先生だと言われていたけど、別にどうってことはなかったわね（Y・Aさん 女性、一九二七年生まれ、一九三四〜一九四一年在学）。

③一九四〇年代（日本語教育禁止時代）

大正小学校は、ぼくらの時代は「エスコーラ・ピラチニンガ」って呼んでてね。戦争で日本語使っちゃいけなかったから。子どもの時はブラスに住んでいましたが、お父さんがね、なぜか電車に乗るのを許してくれなかった。電車は、大人が飛び乗ってきたりするから、けっこう危ないんだよね。それで大正小学校には、歩いて通学していました。スダンのカンポ（筆者注——タバコの会社のグラウンド）を通っていたんだけど、いつもファベーラ（貧民街）に住んでいた黒んぼの悪がきたちが箒の柄でもって叩きにきくるんだよね。それで、インディ・ジョーンズのようなヘルメットを被って歩いていた。弟は叩かれて（学校に行かないで）家に帰ってきたから、弟は電車で通っていってことになったんだけど…（H・K氏 男性、一九三六年サンパウロ生まれ、一九四二〜一九四八年在学）

H・K氏の例には、かなり長い距離を徒歩で通学していた例を見ることができる。氏の住んでいたブラス地区は大正小学校のあったサン・ジョアキン通りまで、現在の地下鉄で四駅もある。直線距離を歩いたとしても、子どもの足では小一時間はかかったのではないか。当時のブラジル日系人口の八割は農村に居住していたと言われるが、大正小学校の児童生徒たちもそういった農村出身者でサンパウロに遊学した者が多かったのだろう。ちなみに、H・K氏はサンパウロ市生まれで色が白かったため、日に焼けて逞しい彼らに「坊ちゃん、坊ちゃん」と囃し立てられたという。こうしたエピソードは、当時の都市と農村部の日系人それぞれの相違が表れていて興味深い。

大正小学校の子どもたちの生活圏・行動圏は、日常的には、自宅や寄宿先と学校、家族がクリスチャンの場合、日曜学校の開かれる教会であり、男子の場合、聖州義塾の剣道場などであった。ハレの場として、野球の試合がたびたび行われた「スダンのカンポ」や運動会が行われたアクリマソン公園、チエテ競技場、カナカオ球場（その頃のサンパウロ市域では郊外だが）など、ほとんどサンパウロ市中心部とその周辺に限られていた。こうしたなかで、遠足や修学旅行はふだんの行動圏から一気に抜け出すハレの行事であった。特に、修学旅行は「一生に一度」のハレのなかのハレの行事で、ブラジルの首都リオデジャネイロを訪れ、コルコバードの丘に登ってキリスト像を仰ぎ、グワナバラ湾を望み、植物園などを見学した。子どもたちの視野を広げ、ブラジル市民としての自覚を養う点で大きな意味を持っていたと想像できる。修学旅行については、本章四節で詳述したい。

六―三　服装・校歌――学校をめぐる象徴

戦前期ブラジルの日系教育機関で特筆すべきことは、制服とともに校章や校歌など、学校をめぐる象徴をもたない例が多いことである。この傾向は現在のブラジル公立小学校でも顕著である。寄宿舎としての機能に重点をおいた聖州義塾はいうまでもなく、大正小学校も決まった制服や校章、校歌がなかったという。エスニックな学校教育における象徴で注目されるのは、国家を象徴するものである。第二章でも確認したように、戦前期のブラジル日系社会で一般的な国家的象徴は「御真影」と「教育勅語」であり、インタビュー調査の結果、これらは相当広く普及していたようである。

一般にエスニック学校の場合、その集団を統合する象徴として、祝祭日には出身国の国旗が掲揚される。大正小学校の場合、聞き取りと古写真の検討から、日章旗とブラジル国旗を併用、式典における国歌斉唱も「君が代」とブラジル国歌（Hino Nacional）の両歌を斉唱していたことが知られる。「唱歌」という科目の中で、「君が代」、日本の文部省唱歌とともにブラジル国歌の斉唱が指導されていたということである。

本節では、戦前期ブラジルの日系教育機関において、こうした国家を象徴する「御真影」「教育勅語」と「君が代」が普及した一方、日本的教育文化の重要な要素であった制服や校章、校歌という学校の象徴がなぜ普及しなかったのかという問題について考えてみたい。

制服

日本の学生服は、森有礼文相期（一八八五〜一八八九）に兵式訓練導入の一環として中等・高等教育機関に採用された。制服の様式化とそれを必要とした兵式体操の必修化が、新たな学校の統合のシンボルである校章や校旗を生んだとされる（佐藤、二〇〇五a、九―一一頁）。女子の学生服として一般的なセーラー服は、一九三〇年代後半の日本で女学校の体操服として導入されたものである（佐藤前掲書、九四頁）。小学生への制服普及はさらに遅れ、現在の日本でも採用されていない県が多数存在する。

一九三〇年代のブラジル日系小学生の写真を見てみると、野球や陸上競技などではユニフォームや体操服らしきものを着用しているが、普段着はまちまちである。さすがに着物を着ている子どもはいない。ただ、ブラジル学校と呼ばれた公立小学校では、サンパウロ市のカンポス・サーレス小学校男子部の例として、お揃いの白いブラウスに黒か紺の半ズボン、ハイソックスを履いている写真が見られる（写真6-4、写真6-5参照）。また、パラナ州カンバラの公立小学校では、普段着の上に白衣を着ていたという証言があり、そのインフォーマントが所蔵する写真を見ると、確かにクラス全員が白い上っ張りのようなものを着て写っている（写真6-6参照）。これも後述するパ延長線小学校児童修学旅行の場合、集合写真を見ると、白いブラウスに黒か紺のブレザー、半ズボン（男子）、スカート（女子）グループと、ボーイスカウトのユニフォームのグループが写っている。同じ修学旅行生たちがサンパウロの帝国総領事館訪問時に撮影した写真では、ブレザー組でも、女の子はスカーフにそれぞれ特徴がみられ、

写真 6-4　カンポス・サーレス小学校の制服を着た男子生徒集合写真（1937）（ウーゴ明氏提供）

写真 6-5　カンポス・サーレス小学校女子部（1936）（相田芳子さん提供）

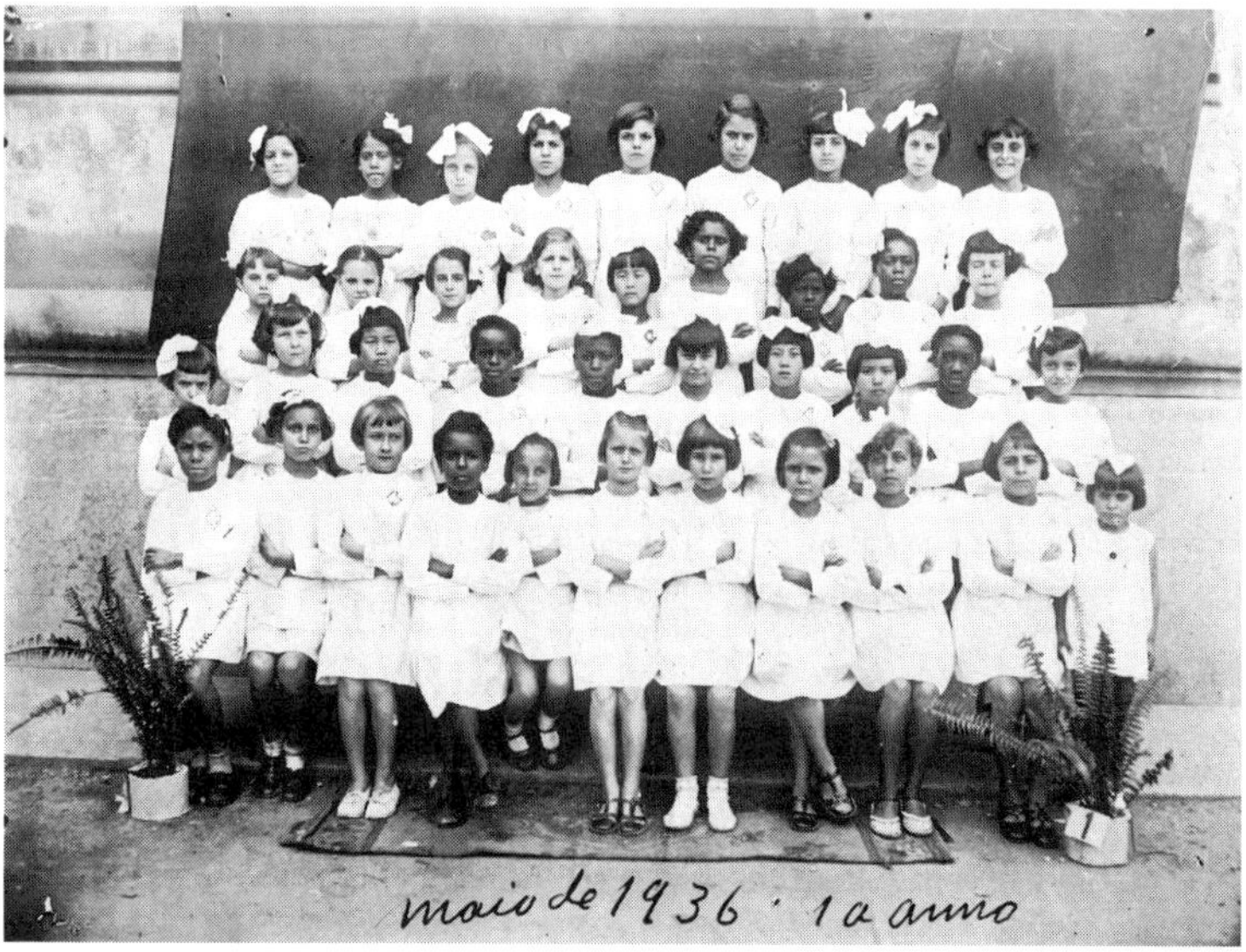

写真 6-6　カンバラの公立小学校の「制服」(1942)(庄司頼子さん提供)

写真 6-7　大正小学校の「制服」(1941)(アリセ山田さん提供)

「制服」が一様でなかったことがうかがえる。

一九三〇年代にサンパウロ市からはじまって各地に生まれた日系実業女学校（多くは裁縫学校であった）については第三章で述べたが、サンパウロ女学院や日伯実科女学校の写真を見てみると、おそろいの制服を着用しており、それは両校の卒業生たちの証言からも確認できる。これは裁縫科を中心とする両校の生徒が自前で制服を製作できたこと、女子を中等学校に進学させられるような比較的裕福な家庭の子女が多かったこと、私立女学校として他の教育機関と差異化する必要があったこと、などが理由として考えられる。ブラジル日系小学校におけるシンボル化の度合いは、地域間や学校間の差をはかる一つの目安となろうが、一般的には戦前日系子弟教育最盛期といわれる三〇年代後半でも、制服が普及していたとはいえない。

大正小学校の場合、一九三〇年代には黒や紺のブレザーに同色のズボンやスカートという制服に準じた服装を着用するようになるが、これは義務ではなかったということで、厳密な意味では制服ではない。「大正小学校、その〝歩み〟」は、「白シャツと、濃紺のヒダ・スカート。女生徒たちの白ソックスの足もとは清潔でかわいらしかった。」「上着から白い衿もとをのぞかせた男生徒は、そろって清々しかった。一九三九年ごろ、そろいの制服を身にまとった生徒たちは、勉学にスポーツにうちこんでいた」と記している（『パウリスタ新聞』、一九七五年一〇月四日）。当時の卒業式の写真を見ると、衿の大きさやリボンなど、不揃いながら「制服」と考えられていた服装があったようである（写真6-7参照）。

本章第四節でふれるゴイヤンベ小学校のサンパウロ修学旅行時（一九三三）の写真を見ると、女生徒すべてがおそろいのセーラー服を着ている。(7) 男子生徒は黒っぽいブレザーに白襟の開襟シャツ、同色の半ズボン姿であるが、ブレザーはシングルとダブルのものがまちまちである（写真6-8［四九九頁］参照）。後述するように、修学旅行で新州都サンパウロを訪れることは当時「一生に一度」といわれるハレの行事であり、それに合わせて晴れ着として新調したのかもしれない。どちらにしても、戦前期におけるブラジル小学生の制服着用は一般的とはいえず、戦後も定着したとはいえない。日系小学校においても、三〇年代後半に、いくつかの学校の記念写真でそれらしいものが確認されるのみで、毎日着用する制服というより、ハレの行事に着用する式服としての性格が強かったことが推測される。

ブラジルで日系教育機関、特に小学校で制服が普及しなかった理由としては、兵式訓練がなかったこと、それゆえ軍服に準ずる制服や徽章を必要としなかったことがあげられる。また、戦前ブラジルの日系人は一部をのぞいて一様に貧しく、ハレの洋服を子どもに仕立てるのは経済的に難しかったことも考えられよう。生徒たちが制服に準ずるような服装をしていたのは、三〇年代の大正小学校のように、比較的裕福な家庭の子どもが多かったためであると考えられる。それに、日系子弟教育が最盛期を迎える三〇年代は、ブラジルのナショナリズムの高揚した時期でもあり、ヴァルガス政権における移民の同化政策が進められるなかで、軍服に準ずる学校制服のような日本色があまり出せなかった状況も考えられるのである。

校歌

校歌もまた日本から移植された日本的教育文化の一要素であり[8]、その学校を象徴する装置である。『新教育学大事典』第三巻の「校歌」の項にも、「その学校全体を象徴し、学校行事等で所属感や一体感を醸成するために歌う歌。校歌は作成された時代を背景としたその学校の教育目標が、原形のままあるいは表現を変えて載せられているものが多い」（大久保、一九九〇、九〇頁）とされている。日本では、一八七八年に作られた東京女子師範学校の校歌が最古といわれ、初等教育では、一九一一年に『尋常小学唱歌』が作られ、学校で歌われる唱歌の標準が確立されるとともに、この頃に小学校の校歌の制作が進んだとされる（渡辺、二〇一〇、一四六頁）。「学校行事等で所属感や一体感を醸成するために歌う歌」とされるように、応援歌や寮歌なども広義の校歌の範疇にふくまれる。

筆者がブラジルで断続的に実施したアンケート調査では、各校の校歌についての報告は、暁星学園、レジストロ

第五部小学校、バストス中央小学校などごくわずかであった。ただ、ブラジル日本人教育普及会の機関誌『黎明』には各校の校歌を紹介する記事があり、いくつかの日系小学校の校歌を見ることができる。校章や校旗という象徴が稀少で、制服(あるいはそれに準ずるもの)の普及が一部に限られたブラジル日系教育機関では、校歌は比較的普及した学校を象徴する装置であるといえる。ブラジル日系小学校校歌の一例をあげてみよう。

マリリア駅
　アンデス小学校々歌
　作詞　阿部　太

(一)
千古の雪をいただきて
雪を凌げるアンデスの
山の勲にあやかりて
興農園の岡高く
そそり立ちたる吾が母校
アンデス校の名ぞ高し

(二)
建国ここに三千年
比ひまれなる国体を
世界に誇る文化国
瑞穂の国に血をうけし
ほこりを深く身にしみて
学びの道にいそしまん

（三）
高き理想と白珠の
清き操を培ふと
古き教を肯ひて
新しき世の道をきき
真理を広く求めつつ
学びの道にいそしまん

（四）
ああ蛍雪の功を積み
恭謙己れをおさめつつ
やがて来る世にひとかどの
国の器と名を成して
母校の誉れかかげなむ
母校の誉れかかげなむ

（ブラジル日本人教育普及会、一九三〇、一三頁）

どのような曲調で歌われたのかわからないが、「アンデス小学校」という南米の景物・表象を冠した校名が歌い込まれている他は、文語調で日本の小学校校歌と同工異曲の内容といえる。作詞者が一世世代で日本で教育を受けた者であり、他の日系小学校もこの点は同じである。

先に紹介したレジストロの場合、第五部小学校の次のような校歌が残っている。同校初代校長であった仁戸田庸吉郎氏によって作詞されたということである。

レジストロ第五部小学校校歌

作詞　仁戸田庸吉郎

マテウス谷の中央に　宏大而《しか》も傲《おご》らざる
雄々しき姿の建物は　我が第五部の 学舎《まなびや》よ
塵煙はるかに隔絶し　斧鉞《ふえつ》入らざる森繁り
鳥は囀り胡蝶舞ふ　清き流れの川源《みなもと》は
細鱗泳ぎ水禽浮ぶ　自然の情趣自ら
人の心を清むらむ[9]（…）

アンデス小学校々歌と同じく、「マテウス谷」という景物が歌い込まれている他は、文語調で日本の小学校校歌と類似した内容といえる。

また、第五章で取り上げた暁星学園でも、岸本によって、次のような「暁星勤労寮歌」が作詞されている。

暁星勤労寮歌

作詞　岸本昂一

（一）
白雲流る平原に
若き生命を養ひて
夜毎の夢は東海の
桜の国の子等として
強く立たなん其の為に

故郷の土よいざさらば

（二）

遥るばる越えし幾山河
道を求めて尋ね来し
此所暁星の勤労部
熱魂篭めて額くは
我がゆく道に光あれ
流さる汗も祖国のため

（三）

我が一日の勤労は
明日の広野に花と咲く
わがはらからの運命を
担いて立てる我なれば
強き嵐も何かせん
丈夫の心巍然たり

（四）

都会の舗道音絶えて
月影白く冴ゆる夜半
雄図を抱く若き子は
此所国際の戦場に
覇業を樹てん其為に
学びにいそしむ我なれや

（五）
仰げば高しアンデス山
俯せば万里のアマゾン河
白雲たなびくパラナの野
四海の民に先駆して
理想の扉開くもの
之ぞ暁星勤労生(10)

「夜毎の夢は東海の、桜の国の子等として」「流さる汗も祖国のため」といった表現に、第五章で述べたような岸本のナショナリズムがほのみえ、「此所国際の戦場に、覇業を樹てん…」といった表現には、信仰や学業を戦闘になぞらえた彼の理念が現れているといえる。ただ、ブラジルを日本における日本人子弟の教育の場と差異化しようとする視点は、五番の「アンデス山」や「アマゾン河」「パラナの野」という景物とともに歌い込まれ、「四海の民に先駆して、理想の扉開くもの」としての暁星勤労生という部分に、岸本の自負と誇りが現れていると考えられる。

先述の聖州義塾では塾歌のようなものはなかったと聞くが、同塾はキリスト教教育機関であったため、讃美歌をよく歌っていたということである。先のバストス小学校は、少年野球の試合で好敵手であったアリアンサ小学校を迎え撃つため、初代校長である後藤千代喜によって応援歌がつくられたという（中村、二〇〇七、七〇頁）。こうした広義のものもふくめて、日系小学校における校歌の有無は、地域性よりも校歌をつくるような教師をもつかどうかというそれぞれの学校の個性によるところが大きいといえる。ただ、制服や徽章と異なり、コスト面では無料に近かったため、教師のやる気と才能次第で比較的容易に作られる条件をそなえていた。大正小学校でも校歌は制定されなかったが、唱歌の時間には、多くの日本の唱歌や軍歌まで習ったという証言があった（N・S氏、Y・Aさんなど）。

先述したように、一九三〇年代は戦前期ブラジルにおける日系教育の最盛期にあり、校舎や教科書、教具、教材といったハード面や人材や教授法といったソフト面でも充実しつつあった。しかしながら、ブラジル内陸部各地ではなお入植と開拓が進行中であり、各日系コミュニティも経年数が異なり、校舎一つとってもインフラに大きな格差があった。いくつかの学校では、日本と同様に校歌、制服に類するものといった学校統合の象徴が整えられていったが、全体としてはその途上にあったと考えられる。それが全日系教育機関に普及する方向にあったかどうかは不明であるが、三〇年代はブラジル・ナショナリズムの高揚期であったため、日系教育機関における日本のシンボル化とともにブラジルへの統合という別の方向性も生じた。さらには、三〇年代末には外国語教育禁止、そして太平洋戦争勃発による日本的教育の停止といった事態に陥ってしまったのである。

六—四　修学旅行

先に見たように、都市にしても農村にしても、ほとんど自分の生活するコミュニティを生活世界としたブラジル日系子弟にとって、遠足や修学旅行はふだんの行動圏から一気に抜け出すハレの行事であった。特に、修学旅行は、彼らの視野と空間認識を一気に拡げる機会であった。

ブラジルの邦字新聞には、一九三〇年代半ばから日系小学校の修学旅行の記事が現れる。修学旅行は、ブラジル学校教育の慣行としては見られず、日本的教育文化として越境し移植された学校行事あるいは慣行であると考えられる。ブラジル日系移民子弟教育において、運動会のように早くから普及した行事ではなく、すべての子どもたちが参加した全学行事とはいえないため、本章一節、二節とは切り離し、新たに一節を設けて取り上げたい。

日本で修学旅行がはじまったのは、一八八六（明治一九）年に実施された東京師範学校の「長途遠足」であったという（新谷、二〇〇一、三七頁）。初等教育機関の修学旅行としては、長野県上伊那高等小学校伊那分校の生徒八二名を三隊に分かち、製茶業地、諏訪の温泉地、天然ガスの噴出地などを回ったことが知られる（修学旅行情報センターウェブサイト）。『新教育学大事典』第四巻の「修学旅行」の項によると、修学旅行は、「学校の計画のもとに、教師が児童生徒を集団で引率して行う宿泊旅行」と定義され、「欧米にはみられないわが国独自のものである」とされている。上記の東京師範学校の「長途旅行」の後は、各校で徐々に実施されるようになり、大正時代には、女子学生の修学旅行も行われるようになった。一九二六年の日本青年館の修学旅行用パンフレットが残っており、この頃修学旅行で東京を訪れることが日本全国の学校に普及していたことが知られる（国立公文書館所蔵）。昭和に入ると朝鮮、中国東北地方（旧満洲）方面への旅行も実施されるようになった。一九四〇（昭和一五）年ごろから戦時体制のため制限され衰退していくが、伊勢神宮参拝旅行だけは実施された」（細谷他、一九九〇、一七頁）という。

日本の教育機関の修学旅行は、上記のように高等教育機関から女子教育機関、初等教育機関まで、さまざまな教育機関において実施される日本的教育文化であるといえる。ブラジルの場合、先述したように、戦前期はまだ日系移民子弟教育の比重が初等教育におかれ、教育機関の大半が小学校であったので、修学旅行は主に小学校行事として行われた。こうした修学旅行に参加した元児童によると、「一生に一度の思い出」と記憶される大きなイベントであったという。本節では、ブラジルの日系小学校の修学旅行の歴史をたどるとともに、なぜそれがサンパウロとサントスを目指すものとしてコースや訪問先が規格化されたのか。また、修学旅行という教育文化のないブラジルでどのような意味をもったのかについて、考察してみたい。

ブラジルの邦字新聞における修学旅行記事の初出は、次のものである。

修学旅行（五月二日）

（…）

•児童作品

ブレジヨン第三校　尋六　続木明隆

五月一日の夕方からもう雲が空にはいつぱいでありました。

おとうさんや皆はあすはたいがい雨ではあるまいとおつしやつたので、おかあさんにべんとうをこしらえてもらつてすぐねた。ねどこにはいつたが、ねむられなかつた。時計をかけておつたが、なかなか三時はこない。ずくずくと夜がふけて行く。そうすると、いつの間にかねむつてゐた。三時のりんははげしくなりひびいた。時計に起されてべんとうをふろしきにつつんで、こしらへをしてゐたが、どうも雨がま《マ》やない《マ》ので、ゆつくりしてゐました。するとと花火がなつた。その時にはもう、雨がやんでいた。

それから少しすると又一発なつた。それではいくのだらうとべんとうをおうて家を出ました。わたなべさんところの珈琲園のところまで行くと、ふえがなるのがきこえたのでまつて居た。そうすると先生等がきたので、一生《ママ》にエスタソンに行きました。エスタソンにつくと間もなく汽車がきたので、それにのつて行きました（『時報』七一一号、一九三二年六月一一日）。

ブレジヨン第三校は、ソロカバーナ鉄道アルバレス・マシャード駅郊外に星名謙一郎らによって拓かれたブレジヨン植民地の第三区小学校のことだと考えられる。一九一九年一二月一六日には、同植民地最初の第一区小学校が創設されており、早くから移民子弟教育がはじまった地域だといえる。この作文では、修学旅行に向かう子どもの期待と不安、出発までの経過に主眼がおかれているが、農村の日系小学校児童の修学旅行への出発の様子が子どもの視点で描かれている。修学旅行の実施を知らせるのに花火が用いられていたことが興味深い。集合地であるエスタソン（駅）は、アルヴァレス・マッシャード駅であろうか。児童も引率の先生も夜が明けないコーヒー耕地の間を通って、三々五々駅に集まってきた様子が生き生きと描かれている。以下、いくつか邦字新聞に掲載された修学旅行の記事を見てみよう。

次は、レジストロ第五部小学校の修学旅行の記事である。

・レヂストロ小市民来聖

レヂストロ郷では予て夏期休暇を利用して聖市、サントス方面修学旅行を企て希望者を募集してゐたが、愈々郷内五部の小学校より児童廿八名選び引率者として教員四名の一行去十二日サントスを経て来聖、父兄会及び海興の斡旋でイピランガ博物館を振出しにブタンタン毒蛇研究所、アグアブランカの博覧会等一巡したが、十四日退聖(『日伯』八一六号、一九三三年一月一九日)。

レジストロはサンパウロ南部の海岸近くのイグアペ郡の中心都市である。一九一三年に青柳郁太郎らの東京シンジゲートにより桂植民地が拓かれたブラジル最古の日系植民地の一つである。その後周辺に耕地を拡大、多くの日本人移民が入植し、「レヂストロ郷」と呼ばれた。地域によって、第一部から第五部に区画され、それぞれに日系小学校が設けられた。五部すべての小学校からだとすると、教師四名、児童二八名の参加者数は多いとはいえず、参加費を捻出するなど条件を満たすのが困難であったことを示している。

次は、先にもふれたゴイヤンベ第五部小学校の修学旅行の記事である。

・海を見た!! 北西線ゴヤンベ小学生―修学旅行

北西線リンス駅上塚植民地内ゴヤンベ小学校児童はかねての計画どほり去月三十日植民地発サンパウロ、サントス方面の修学旅行の途に就いた。

(…)

生徒は十二歳以上の男女合計二十四名、唐澤、亀井両先生に引率され外に四名の付添人があつた。此旅行は何もかも珍らしいものづくめで生徒の見聞を増したこと幾許なるを知らず。先生生徒とも何れも満足に見えた（『日伯』八三二号、一九三三年五月一一日）。

ゴイヤンべは、ノロエステ鉄道沿線リンス駅近くに、ブラジル移民の父上塚周平らによって拓かれた上塚植民地の中心都市である。『移民年表』には、一九二三年六月のできごととして、「ノロエステ線リンス奥グァインベー（いわゆるゴヤンベー）に第二上塚植民地開拓開始。山根寛一が協力」（サンパウロ人文科学研究所、一九九六、五〇頁）と記されている。この記事に現れる「唐澤」とは、第四章で取り上げた大正小学校第四代校長唐澤実雄のことである。この時の参加児童の一人S・Iさんにインタビューすることができ、写真を何枚か提供していただいた（**写真6-8**参照）。S・Iさんの証言によると、この後、同校校長で引率教師の唐澤氏とS・Iさんをふくめた参加児童の何名かがサンパウロ市に移っているという。すなわち、唐澤氏は大正小学校の校長に、S・Iさんも同校に転校したということである。したがって、この旅行は修学旅行としてだけでなく、教師にとってはサンパウロ市への転職、児童にとっては同市遊学のための視察旅行としての性格ももっていたことが知られる。このように、修学旅行が「一生に一度」の上聖の機会となった場合もあろうが、教師の転職、子どものサンパウロ市遊学のための上聖の契機となったことも十分に考えられるのである。

写真6-8　ゴイヤンべ小学校の修学旅行記念写真（1933）（石田須磨子さん提供）

さらに、アララクアラ線クルツパ駅三校合同修学旅行の記事を見てみよう。

•アララクアラ線クルツパ駅三校合同修学旅行—生まれて始めてお目にかかる日本の優秀船リオ丸

アララクアラ線クルツパ駅を中心とする邦人小学校、パラプレート、ノーバ・アジア及びフロリダ小学校では、今度三校合同で、サンパウロ、サントスの両市に修学旅行を催し、去る十八日午後聖市着にし、翌十九日はサントスに下り、折から入港中の祖国の優秀船リオデジヤネイロ丸の見学に今更驚異の目をひらき、再び聖市に戻り、廿四日迄、イピランガの博物館、アクリマソンの動物園、ブタンタンの毒蛇研究所、総領事館、其他邦字新聞社等隈なく見学を了へ廿六日朝の汽車で帰村した。

同行生徒は三校合して三十六名、之を引率する各校一名の教師、城間善吉、橘ヒデ子、干川博の三氏、同行父兄は八名。

父兄の一人の語るところによると、生徒一名の旅費は予算九十ミルを計上したが此分だと、ちと超過して百ミル位かかるもやう、然し山奥で年柄年中ブーロやポルコを相手に暮させた子供等が、色々珍しい事物に接して嬉しそうな様子をながゐ《ママ》ては旅費など百ミルや二百ミルには換えられません。殊に一名の落伍者も出さずに只今帰植出来る事は何より満足です……

（『時報』一〇九四号、一九三五年六月二六日）

アララクアラ線は、サンパウロ州北部の町アララクアラ市を出発し、一九三三年にはミラソールまでを結んでいた鉄道線であるが、クルツパ駅はその沿線にあった。この旅行の参加者は三校合同で計三六名。参加費一〇〇ミルレースを支払える家庭の子どもだけが参加できたようである。一〇〇ミルレースは、当時の小学校授業料の約一〇か月分である。おそらく六月一七日にアララクアラ線クルツパ駅を夜行列車で出発し、翌一八日にサンパウロ駅着。翌一九日にジュキア鉄道でサントスに下り、そのままサントス港へ出たものと思われる。ここで注目されるのは、新造移民船りおでじゃねろ丸（大阪商船、一九三〇年竣工）を見学していることである。同船は姉妹船ぶゑのすあいれす丸とともに、大阪商船が南米航路に投入した新造優秀船で、約一万総トン。移民船客が乗船した三等客室は約一〇〇〇人の収容能力があり、太平洋戦争直前まで多くの日本人移民をブラジルへ運んだ。大正小学校のあるぜんちな丸乗船（後述）と同様、「祖国」日本の国力を認識させるという意味があったと想像される。日系小学校の遠足、修学旅行でサントス訪問時に日本の移民船を見学することは、以後恒例のプログラムとなる。

次は、ソロカバナ鉄道沿線ジョゼ・テオドロ地域の合同修学旅行についてである。

●ジ・テオドロの各校児童来る―廿七日本社見学

ソロカバナ線ジヨゼ・テオドロ部会管内・小学校五校が合同して廿六日夕六時修学旅行来聖、小川ホテルに投宿した、引率教員は松田、宮本、池田、饒、平名、渡邉の諸氏で一昨日は電わ局、総領事館をまはつて午後一時半本社を訪れた、昨日はアクリマソン公園、イピランガ博物館を見学、本日マルチネリーのエレベーターを見学後教育普及会を訪問、明日は硝子工場、製糸工場、ゼネラル・モーター等を見学してサントスに下り一日入港予定のブエノス丸を乗船見学、ガルジヤ海浜等を歩いて三日帰村の予定（『時報』一二〇八号、一九三六年七月一日）。

さらに次の記事では、修学旅行がサンパウロ州内の日系小学校だけでなく、最奥地のマット・グロッソ州の小学校にまでおよんでいたことが知られる。

▼毎年一回聖市、サントス市の修学旅行に上聖するマットグロッソ州カンポ・グランデ市最大の邦人公認小学校ビスコンデ・カイル校は去る十二月廿日盛大なる新築落成式を行つたが、同校々長の赤嶺徳□氏、先般上聖、今度教育普及会に就職した。尚ほビスコンデ・カイル小学校々長は柴田氏就職（『時報』一二八七号、一九三七年一月一五日）。

また、『時報』一九三八年六月二四日の「十六ミリ」（筆者注――断片的ニュースを拾った欄）では、次のように、サンパウロ市に修学旅行の小学生があふれている様子を「今や聖市は小学生の洪水」と表現している。

・十六ミリ

（…）

少年野球大会の応援を兼ねて修学旅行に上聖してゐる地方小学生で今や聖市は小学生の洪水。先づイピランガ見学と車を連ねてホテルを出様とする生徒に向つて一先生、

モウ皆んな落ちて来たか急いで急いで

階段を降りて下へ来るからには落ちて来るのかも知れませんが、実にドウカと思ふです（時報一六一九号、一九三八年六月二四日）。

このように、一九三〇年代になると、サンパウロ州各地の日系小学校が修学旅行を実施するようになる。こうしたブラジル日系小学校における修学旅行の普及と規格化には、第二章で取り上げた教育指導機関による周旋が行われていた。サンパウロ日本人学校父兄会は、一九三六年三月にブラジル日本人教育普及会に改組され、教育指導機関としての役割や管轄範囲も見直されるが、その事業として「各種学校補助金ノ下付申請及ビ受領手続、学用品ノ供給及ビ取次事務、教師ノ就職斡旋、教育会其他教育事業ニ関スル応答、各種学校紛擾調停、各種学校ノ財産ノ保管、一般教育行政ニ関スル注意指示、各地学校視察、学童体格検査」などとともに、「修学旅行ニ関スル周旋案内」があげられている（『時報』一一六八号、一九三六年三月一一日）。普及会は、地理不案内な地方小学校の教師や生徒たちをサンパウロに迎えるとともに、各地の案内や周旋を行ったわけである。後述するように、こうした修学旅行生

のサンパウロでの訪問地として、伯剌西爾時報社がある。邦字新聞を代表する機関ということもあるが、社長の黒石清作が父兄会・普及会の役員をしていたことも訪問地に選ばれたことと関係していると考えられる。

では、こうしたブラジル日系小学校修学旅行の旅程はどのようになっていたのであろうか。

サンパウロ州内陸の小都市トゥッパンの石田写真館(11)では、日系小学生たちの修学旅行アルバムが所蔵されている。このアルバムのサイズはＡ４大、布製の表紙に騎馬銅像の記念碑写真に「サンパウロ―サントス方面パ延長線小学校児童修学旅行記念」と縦書きされたラベルが貼られ、また「ヴェラ・クルース新田写真館調整」と横書きされた写真シールが貼り付けられている。厚紙製の全二四ページで、枚数は四三枚。写真は印刷ではなく、プリントされた写真が各ページに貼り付けられている単純な形式である。外部の読者を想定したものではなく、参加児童や父兄が楽しむために作成されたもののようである。このようなアルバムがどの修学旅行でも作成されていたのかは明らかではない。では、このアルバムにしたがって、「サンパウロ州内陸部パ延長線小学校児童の合同修学旅行」の旅程を追ってみよう。

「サンパウロ―サントス方面パ延長線小学校児童修学旅行記念」全二四ページの写真に付されたキャプションは次の通りである。

1　マリリヤ市に集合・出発（一九三九年六月一九日）
2　途中カンピーナスにて（一九三九年六月二〇日）
3　特別電車にて市内行進（一九三九年六月二一日）
4　特別自動車にて市内見学（一九三九年六月二二日）
5　サンパウロ市の一部
6　サントス市の一部

写真 6-9　夜行列車でカンピーナス着

写真 6-10　全伯陸上競技大会参加

7　全伯少年陸上競技大会入場式（一九三九年六月二一日）
8　陸上大会応援ニ参加スル（一九三九年六月二一日）
9　全伯少年陸上競技大会閉会式（一九三九年六月二一日）
10　全伯少年陸上競技大会バウルー支部代表選手団（一九三九年六月二一日）
11　ブタンタン毒蛇研究所見学（一九三九年六月二二日）（他二枚12、13――同研究所の写真）
14　日本病院前にて（一九三九年六月二二日）
15　サンタアマーロ湖遊覧（一九三九年六月二二日）
18　サンタアマーロ湖遊覧船内（他二枚――鉄道とサンタアマーロ湖の水着姿のブラジル人観光客らしき男女）
19　飛行場見学（一九三九年六月二二日）（他二枚――プロペラ機前を横切る子どもたちともう一枚は場所不明）
22　飛行場見学（一九三九年六月二二日）（大型機前での記念撮影）
24　全伯少年野球大会入場式（一九三九年六月二三日）
25　選手控所バウルーチーム（他一枚は参加選手たち）
26　全伯少年野球大会バウルー支部代表選手団
28　サンパウロ消防署見学（一九三九年六月二三日）
29　ブラジル時報社訪問（他一枚は消防署前か）
30　アンタクチカ工場見学
31　アンタクチカ工場見学（一九三九年六月二三日）
32　イピランガ博物館公園
33　イピランガ独立記念塔
34　イピランガ独立記念塔前にて（一九三九年六月二三日）
35　坂根総領事閣下のお話を聞く（一九三九年六月二三日）

36　大日本帝国総領事館にて（一九三九年六月二三日）
37　サンパウロ－サントス間
38　サントス、モンテ・セラト登山電車に乗る（一九三九年六月二四日）
39　サントス、ペンシル橋の美観
40　サンビセンテ海岸（一九三九年六月二五日）
41　サントス、ペンシル橋前にて（一九三九年六月二五日）
42　指導員一同記念撮影、サンビセンテ海岸にて
43　日本船モンテビデオ丸見学（一九三九年六月二五日）
（裏表紙に「Foto Nitto Vera Cruz」のシール）

これを写真番号にしたがって、日付と行程、訪問先を表に整理すると、**表6-7 ブラジル日系小学校修学旅行行程・訪問先**のようになる（**地図6-1 ブラジル日系小学校修学旅行経路図**［五〇八頁］参照）。州都サンパウロでは、発展する市中心部やイピランガ博物館、独立記念塔などブラジル史跡、ブタンタン毒蛇研究所などお決まりのコースをたどったようである。注目されるのは、この修学旅行では、全伯少年陸上競技大会や全伯少年野球大会への参加と応援を兼ねていることである。実際に、日系社会で注目されていた全伯少年陸上競技大会と全伯少年野球大会の日程に合わせて旅程を組んだようである。『時報』一九三九年六月二一日には、次のような記事が掲載されている。

• 聖市は宛ら〝日本デー〟――強くなれ
けふから始まる全伯少年陸上競技大会、廿三日から熱球譜を奏でる全伯野球と相重なるスポーツ行事に聖市の

表 6-7　ブラジル日系小学校修学旅行行程・訪問先

写真	日付	内容	備考
1	1939 年 6 月 19 日	パウリスタ延長鉄道沿線の各地域から中心都市マリリアの鉄道駅に集合。ボーイスカウト姿の男子児童、服装まちまちの女子児童が駅ホームに整列。教師や付き添い、あるいは見送りらしい大人たち（ほとんど男性）が背広姿で後方に写っている	
2	6 月 20 日	夜行列車でカンピーナス着。この日のうちにサンパウロ到着か？	写真 6 − 9 参照
3	6 月 21 日	路面電車に乗ってサンパウロ市内移動	
4	6 月 22 日	バスに乗って市内見学	4 台のボンネット型バスが見える
5		サンパウロ市中心部（お茶の橋か）の景観	
6		サントス市中心部の景観	
7~10	6 月 21 日	全伯少年陸上競技大会参加と応援、バウルーから出場した鉢巻き姿の男女の選手たちと優勝カップを手にした女児も見える	『時報』1915 ～ 1917 号に関連記事 写真 6 − 10 参照
11~13	6 月 22 日	ブタンタン毒蛇研究所見学	
14		日本病院見学	
15~18		サンタアマーロ湖遊覧	
19~22		コンゴーニアス飛行場見学	
23~26	6 月 23 日	全伯少年野球大会参加と応援、地方予選大会優勝旗を掲げたヴェラ・クルースチームの集合写真	『時報』1915 ～ 1917 号に関連記事
27~28		サンパウロ市消防署見学	
29		ブラジル時報社訪問	
30~31		アンタクチカ工場見学	
32~34		イピランガ博物館・独立記念塔訪問	写真 6 − 11 参照
35~36		サンパウロ帝国総領事館訪問、坂根総領事のお話を聞く	
37	6 月 24 日	サンパウロ～サントス間鉄道で移動	
38		サントス、モンテセラト登山電車に乗る	
39,41	6 月 25 日	サントス、ペンシル橋見学	
40,42		サンビセンテ海岸散策	
43		日本船モンテビデオ丸見学	
—	6 月 26 日	マリリアへ向けて帰還	帰路の写真なし

地図 6-1　ブラジル日系小学校修学旅行経路図

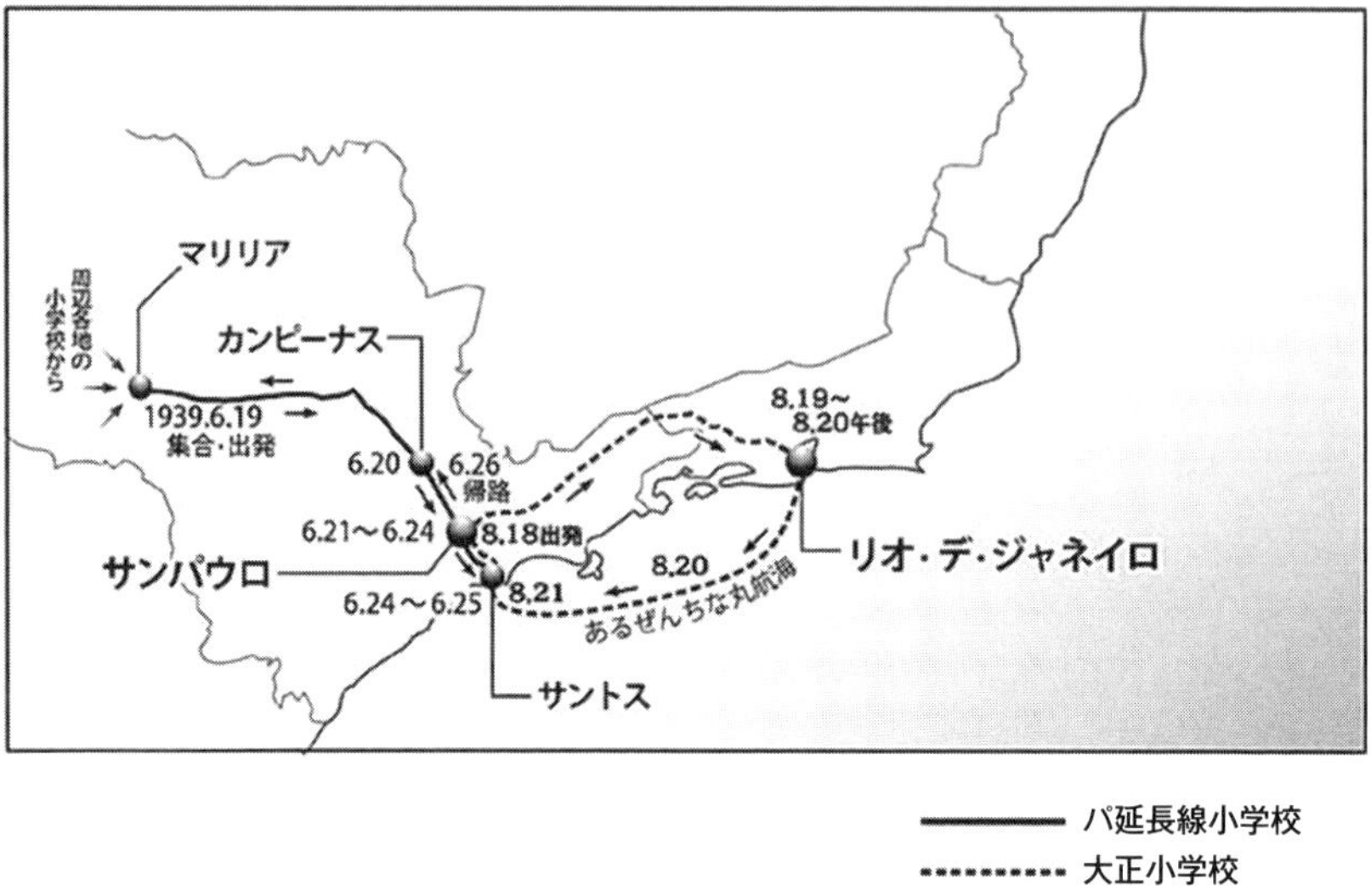

街々は近郊から奥地から〝進軍〟してきた第二世選手で沸き溢れてゐる。

強くなれ！ 負けるなよ！ と祈るは親心、遥々吾児の健闘ぶりを見んものと付添つて来た父兄を加へたら千名に近い数字を示すのではなからふか。

（…）

豆精鋭覇を競ふ―全伯少年陸上競技大会（…）

（『時報』一九一五号、一九三九年六月二一日）

これによると、サンパウロ市内は「近郊から奥地から〝進軍〟してきた第二世選手で沸き溢れて」おり、「遥々吾児の健闘ぶりを見んものと付添つて来た父兄を加へたら千名に近い数字を示すのではなからふか」という状態であった。少年野球大会については「ベラクルース・プルデンテ―寺門、出山の投手戦展開か？ 要は打棒の振、不振」という記事が見られ、アルバム写真にも現れるベラ・クルース小学校の野球チームが六月二三日の対プルデンテ戦を戦っている。こうした全国レベルのスポーツ大会行事と修学旅行時期を合わせて計画したとすると、それを可能にした全国レベルの日系ネットワーク組織の存在が想起される。

先述したブラジル日本人教育普及会（一九三八年以降は文教普及会）という全国の支部を統括する日系教育指導機関があって、日系子弟教育の中心地でもある州都サンパウロの情報を発信しており、そのネットワークにつながることによって、こうした情報を地方で共有していた。修学旅行コースや内容の規格化にも、教育指導機関が果たした役割が大きいのではないだろうか。

先ほどの「サンパウロ－サントス方面パ延長線小学校児童修学旅行記念」の話に戻るが、六月二五日にサンパウロに戻り、その日の夜行列車に乗ったとしても、到着は早くて二六日中である。八日間にわたる、往復ほとんど一〇〇〇キロメートルに達する長期の長距離旅行であったことが知られる。

ただ、ゴイヤンベから修学旅行でサンパウロに行ったことのあるS・Iさんによると、修学旅行訪問地と合わせた事前授業のようなものはなく、サンパウロに着いてから、独立記念塔ではブラジル独立の由縁について語るなど、各地で先生の説明があったという。日本内地の修学旅行では伊勢神宮や靖国神社などの宗教施設が特権的位置にあったが、サンパウロ市に神社がなかったというだけでなく、カトリック教会などに立ち寄った形跡もない。修学旅行という学校行事自体は日本的教育文化の産物であったが、日本帝国の勢力圏のソトに位置したブラジル日系小学校では、やはりその内容や性格を異にしていたといえよう。生活地を離れて集団行動することによって、異郷を知り、教師児童間の親睦を深め、思い出を作るという目的は共通する。

修学旅行の時期は、各校まちまちであるが、夏季休暇である一月や冬季休暇中の六月に実施するケースが多かったようである。また、サンパウロ市での宿泊は、サンパウロ市の日系ホテルやペンソンに分宿していたようである。

また、こうした内陸地方からサンパウロ、サントス方面の修学旅行はだいたいコースが決まっていた。イピランガ博物館を振出しにブタンタン毒蛇研究所、アクリマソン公園の動物園、帝国総領事館、邦字新聞本社、サントス港に係留中の大阪商船の移民船見学などである（前掲表6－7参照）。このコースと見学先の規格化は、当時の交通事情とサンパウロ市の首座都市としての突出した発展ぶりによるものと考えられる。トッパン石田写真館アルバムに[12]

写真 6-11　イピランガ独立記念塔訪問

は、最終ページがサントス港に停泊するもんてびでお丸を背景に記念写真が撮影されている。帝国総領事館や邦字新聞本社、移民船乗船は、日本の生活を知らない子どもたちに擬似日本の世界である日本船の船内生活を体験させるとともに、日本語教育が禁止され日本文化を学ぶ価値を感じるのが難しくなったこの時期に、日本が世界に誇るべき純国産の豪華客船を見せることによって、父母の国日本の国力を認識させるという意味があったのではないかと想像される。その意味で帝国総領事館訪問は、日本訪問の擬似体験であり、父母の祖国日本への親しみと敬意を涵養することが期待された。一方、イピランガ博物館訪問では、独立記念像前で撮影した写真が何枚も残っている（**写真6-11参照**）。館内の独立戦争を主題とした大絵画作品とともに、ここでは彼らがブラジル人であり、ブラジルに対する愛国心の喚起が図られていたと考えられる。すなわち、当時の内陸農村部日系小学校のサンパウロ・サントス方面への修学旅行は、父母の祖国日本への親しみと敬意を涵養す

るとともに、生国ブラジルへの愛国心を喚起するという二つの目的を包含していたと考えられる。修学旅行自体はあくまでも日本的な教育文化が導入されたものであったが、その目的は日本国内とは当然異なり、日本への愛国心のみを養うものではなかったことがわかる。ここにもブラジル当局への配慮や、日本・ブラジルに両属する日系ブラジル市民の育成という意図とともに、二つのナショナリズムを調停する効果が見られるのではないだろうか。

そして、こうした修学旅行を可能ならしめた条件は、三〇年代前半の日本人移民急増による日本的教育文化（学校行事）の移植、綿作や小商業を中心とした日系人の経済的状況の向上、内陸農業地帯と州都サンパウロ市の格差（サンパウロ憧憬）、内陸農業地帯と州都サンパウロ市間の交通網（鉄道）の整備、修学旅行を規格化し推奨する教育指導機関の存在などをあげることができるであろう。

では、サンパウロ市の日系小学校の修学旅行はどのように実施されたのだろうか。先にもふれたように、大正小学校でも三〇年代になると修学旅行を実施するようになったが、その行き先は首都リオデジャネイロであった。同校の卒業生G・Wさん（一九二六年サンパウロ州バウルー生まれ、女性）からの聞き取りと古写真から復元できた一九三九年八月の大正小学校修学旅行の旅程は次のようなものであった。

■大正小学校の修学旅行

大正小学校（一九三九年八月）　期間　三泊四日、一行約四〇人

（経路）サンパウロ市ルース駅から汽車（セントラル鉄道）でリオ・デ・ジャネイロへ、コルコバードの丘のキリスト像、植物園、海岸などを回る。帰路リオ・デ・ジャネイロ港からあるぜんちな丸に乗船し（処女航海、来伯途中の藤原義江と乗合わせる）、サントス着（浜辺で磯あそび）、汽車でサンパウロへ戻る（**地図6-1「ブラジル日系小学校修学旅行経路図」**［五〇八頁］参照）。

この旅行で特筆すべきは、就航したばかりで処女航海中の「あるぜんちな丸」に乗船したことである。あるぜんちな丸は、当事南米航路を席巻していた大阪商船の新造船である。和辻春樹の設計で一九三八年二月に三菱長崎造船所で起工し、一二月に進水、翌一九三九年五月三一日に竣工した。姉妹船はぶらじる丸である。「南米航路の女王」と呼ばれたとおり、同船の装飾設計は、一等喫茶室が松田軍平、一等ラウンジが中村順平、一等食堂および小食堂は村野東吾が担当し、その他は高島屋と三菱長崎造船所が担当した。特別室はそれぞれ「富士の間」「桜の間」「武士の間」と名付けられ、体育室、プールなどを備えた豪華客船であった。一九三九年七月一一日に横浜を出港し、ブエノスアイレスに向けて処女航海に旅立った。そして、リオデジャネイロには八月一九日に入港していた。大正小学校生徒のあるぜんちな丸への乗船も、内陸農村部の小学校と同じように、日本の生活を知らない子どもたちに擬似日本の世界である日本船の船内生活を体験させるとともに、日本語教育・日本文化の比重が小さくなったこの時期に、日本が世界に誇るべき純国産の新造豪華客船を見せることによって、父母の国日本の国力を認識させるという意味があったのであろう。一方、同校の場合は、生国ブラジルへの愛国心を喚起させる事物は、リオデジャネイロのコルコバードのキリスト像や美しい海岸風景など首都の建築や風物であった。ここにも、日本とブラジル、二つのナショナリズムを調停する効果が期待されていたことが読み取れる。

G・Wさんが参加した修学旅行でもう一つの特筆すべきできごとは、あるぜんちな丸にテノール歌手の藤原義江が乗り合わせていたことであった。あるぜんちな丸乗船と藤原との出会いは、この修学旅行に参加した何人かの人びとが、忘れられない思い出として述懐している。

> 二泊三日のリオ・デ・ジャネイロへの修学旅行一行四十数人余は、サントス港までの帰途、処女航海中の『アルゼンチナ丸』に乗り興奮気味になっていた。
>
> ちょうど、来伯中の歌手・藤原良江《ママ》氏と顔を合わせることになり、「あのとき、藤原良江が…知っていますか、ほ

ら！『太平洋行進曲』を発表したんですヨ。よかったですネ」（大正小学校、その〝歩み〟⑤、パウリスタ新聞六六五三号、一九七五年一〇月四日）

これは、第三章でたびたび引用した「大正小学校、その〝歩み〟」（『パウリスタ新聞』に連載）のなかの大正小学校元教師で引率者だった坂田忠夫の証言である。また、先のG・Wさんは、修学旅行の記念写真を見ながら、「ああ、それは藤原義江さんです。歌手の…船のなかで仲良くなって、サンパウロに来てから、学校に来てくれたんですよ。日本の歌をたくさん歌ってくれました」と思い出をたぐってくださった。藤原はサンパウロ訪問時に大正小学校を訪れ、教師や父兄、子どもたちのためにリサイタルを行ない、「日本の歌声」を聴かせた。この時の思い出を深く胸に刻み込んだインフォーマントも少なくない。

こうした修学旅行は、サンパウロ市で開催された全国規模のスポーツ大会への参加やその応援も兼ね、他地域の日系子弟との交流も含んでいた。また、帝国総領事館や日本船訪問は父母の祖国日本訪問の疑似体験であり、独立記念塔やイピランガ博物館訪問はブラジル市民としての意識の再確認の意味を持っていた。

戦前期に日本人移民を通じてブラジルに越境し移植された「小学校」というしくみは、一九三〇年代に子弟たちの修学旅行という、日常の時間・空間から離れて見聞を広めるハレの行事を可能にした。戦前期に成立した日本的教育文化としての学校行事のブラジル移植の一事例であり、戦後ブラジルの教育機関の一部で広がった学外研修旅行や近年の州立高校第二外国語履修プログラムであるCEL（サンパウロ州の州立高校付属語学センター）やCELEN（パラナ州の州立高校付属外国語学習センター）の日本語履修成績優秀者サンパウロ研修（国際交流基金が支援）の先駆とも解釈される。修学旅行は参加した子どもたちの視野や行動圏を広げることになるが、サンパウロ憧憬を助長し、やがて学歴獲得にともなう社会上昇の必要性という現実認識から、中高等教育機関への進学を意味する上聖遊学の可能性を広げる働きをした。

このように、修学旅行はローカルな国内移動のなかに、農村から大都市へというトランス・リージョナルな移動とともに、日本訪問の疑似体験というグローバルな志向性を含みもっていた。さらに、そこには、「大和魂を培ひつ、傑れたる伯国市民育成」という、日系子弟間の二つのナショナリズムの相克を調停し、彼等を日伯両国の架け橋たらしめるという、日本的な徳育にとどまらない積極的な日系ブラジル市民育成の意味が加えられたと考えられる。このように、修学旅行は、戦前期のブラジル日系子弟にとって、さまざまなレベルで大きな意味をもっていたのである。

六–五 子どもたちの銃後

一九三〇年代末、ブラジル新国家体制下の外国語教育禁止によって、学校をめぐる日系移民子弟の生活も変化が現れた。すなわち、日系小学校の科目から日本語や修身が表面上姿を消し、学習上の負担は軽減されたかにみえた。一方、各地で少年野球や陸上競技、柔道・剣道などの武道大会が開かれるようになったので、こうした課外活動に情熱を向ける子どもが増えた。そして、親たちの間では、遠い祖国の戦争の推移が毎日の話題になっていた。日本語教育の禁止は、父兄たちにとっては、子どもたちの大和魂や日本精神の涵養といった徳育の低下につながると懸念された。学校教育における日本語教育の不在を何とか家庭教育や巡回教育で補おうという努力は、下記のような現地発行の教育雑誌『子供の園』の広告にも現れている。

- (広告)見よ！刻下の急務解決の為に
  大和魂を培ひつ、
傑れたる伯国市民育成に向つて面目を一新して躍進せんとする強くして優雅なる
「子供の園」の姿を

十四才以下の児童日本語教育禁止の難関は「子供の園」に依る家庭自習教育により合法的に突破されます（…）
（『時報』一六五七号、一九三八年八月七日）

•（広告）使命は重い、父兄の心
　　僅かの支出（一ヶ月三ミル、一ヶ年三十ミル）
日本精神の植付は↓　　　↑伯国文化の創造へ
日本語教育は↓「子供の園」から
卓越せる伯国人は↓　　　↑大和民族の発展へ
　我が愛し児に与へよ
　「子供の園」を
子供の園発行所　聖市伯剌西爾時報社（…）
（『時報』一六六〇号、一九三八年八月一一日）

こうした現地教育雑誌の広告にも見られるように、ブラジル日系子弟教育の文脈において、「大和魂を培」い、「日本精神の植付」を担う徳育と日本語教育とは分かちがたく結びつけられていた。また、「大和魂を培」うことが、「伯国市民育成」と矛盾せず、並行して行われることが理想とされていることも興味深い。第二章でも指摘したように、先行研究でも、周年史や日本語教育史でも、この当時の日本語教育の禁止が日系子弟教育あるいは日本的教育の衰退に直結したととらえる言説が見られる。しかしこの時期、語学教育がモノリンガル化するなかで、日本的教育文化、特に徳育の実践はただ衰微しただけなのだろうか。新聞記事などから見えてくる教師や父兄たちの嘆きをよそに、大和魂や日本精神の涵養を目的とする日本的教育がいくつかの方法で活性化していた形跡が見えるのは先述した通りである。それは、第二章二節でも指摘したように、野球、陸上競技、武道など体育を通じた「健全な」子どもの育成（「健全な」と判断されるなかには大和魂や日本精神の涵養が含まれていた）と「銃後運動」の名のもとに実施されたいくつかの活動である。特に、後者は、日中戦争が本格化しブラジル・ナショナリズムが高揚するなか、「国家非常時」の名のもとに、国防献金、千人針、慰問袋作成といった活動によって、三〇年代末には小学校に通う学童をふくめブラジル日系社会全体を巻き込んでいく。本節では、そうした子どもたちの銃後運動の実態を邦字新聞記事とインタビュー資料を中心に検討するとともに、それが日系移民子弟教育のなかでどのように位置づけられたのか、どのような歴史的意味をもったのかについて考察する。

一九三〇年代に入ってからは、ブラジルでも日本軍に対する飛行機献納運動などは行われていたが、銃後運動が活性化するのは日中戦争の開戦からである。一九三七年七月九日、盧溝橋事件が勃発、『伯剌西爾時報』ではこれを受けて、七月一二日号第一面で、「七日夜北平郊外で日支両軍衝突す―支那側の計画的挑戦行為、我方は徹底的に糾明せん」という見出しで事件を報じている。その後、「北支の風雲いよいよ急！―神人供に怒る支那側の暴戻」（七月一四日）、「支那全土に亘る動員令―我に挑戦いよいよ急！わが在留邦人悉く引上ぐ」（七月一九日）、「重なる支那側の不法挑戦に皇軍遂に交戦開始―断固！よう懲を決す」（七月二一日）、と経過を連日第一面で報道している。また、七月二三日には次のように、日本で銃後運動が活発化したことを報ずる記事を掲載している。

• 愛国の精神はもゆ―銃後にこの赤誠―今ぞ正に挙国一致

【東京廿一日】北支事変勃発と共にわが国民の愛国精神は燃え上がり、それが直ちに国防献金、皇軍慰問となつて現はれてゐる。各新聞社等に於ても更に各方面に亘り慰問、国防義金の募集に乗出してゐるが就中東京朝日新聞社の廿三万円を筆頭に着々集りつつある。さらに可憐な少年少女達が日々もらふ小遣を貯めて之れを国防費に献納する等当事者をして頗る感激せしめてゐる。（…）

（『時報』一三六三号、一九三七年七月二三日）

こうして、ブラジル日系社会でも献金に応じようとする動きが現れた。『伯剌西爾時報』一九三七年八月二日の社説「在支皇軍に捧ぐる慰問金募集」には、「一日何回となく、ラヂオを通うじて、我々の耳に達する北支事変の戦況は、言々句々涙なくして聴き能はざる処のものである。支那は不法暴戻にも大軍を動かして皇軍は十分の一にも足らざる少数を以て悪戦苦闘を続けるの状は、筆者の如く実戦の経験を有つ者は尚更らの事、経験を持たざる者は其の苦戦を思ひ遣り、流涕ぼうだと裡髪を摑んで起つを禁じ得ないのである」とし、ブラジル日系人がラジオを通じて刻々日中戦争の行方に注目していること、遠隔地にいて皇軍に協力できない状態を切歯扼腕している状況を報じている。同社説では、これに続いて、「遠く海外に在る我々も之に関しては、満腔の尊敬と同情とを禁じ得ないと共に、我等の抱懐する此の気持ちを何かの形ちに依つて表明せねばならないのだ」と、大陸で苦戦する皇軍への慰問金醵出への協力を呼びかけている。また、大阪と東京の両朝日新聞社は同日の『時報』に次のような社告を出し、愛国機献納運動を提唱し、義捐金募集を発表している。すなわち、対外戦争という祖国の非常時に際して、遠隔地ナショナリズムの発現を見ることができるのである。

●（広告）愛国機献納運動

世界列強が軍備拡張に狂奔する時、私達の母国日本は暗雲に包まれております。先に日ソ国境問題があはや戦雲を巻き起こさんとし間髪を容れず北支問題が勃発しました。

極東平和に邁進する日本は困難な立場になりました。母国の危機は私達も憂慮に耐えない処であります。

此の時我が朝日新聞社は我国にとりまして最も重要な愛国機献納運動を提唱し、義金募集を発表広く全国民的協力に訴へる事になり、その挙国的意義に照らしブラジルに於きましても寄付金を募集する事になりました。

皆様はブラジルを第二の母国として愛しておられますが、日本も忘れる事の出来ないものと存じます。
依つて此処に皆様の御諒解を得ると共に奮つて皆様の御後援と御寄付を仰ぎ度く御願い申上げる次第でございます。

大阪朝日新聞社
東京朝日新聞社
右取扱人
リオ特別通信員　近藤昇一
Edificio Minas Gerais Apt. 74
Rua Santo Amaro, 5 RIO DE JANEIRO（『時報』一三六七号、一九三七年八月二日）

こうした募集に応じ、同紙の一九三七年七月から八月の紙面には献金の記事が続々と掲載され、「民間の義捐金慰問品も毎号所報の通り全国津々浦々に及び、当ブラジルでも本紙で度々報道した如くバウルー領事館へサンパウロ総領事館へと毎日引きも切らず献金がドシドシ積つて来る」（『時報』一三六七号、一九三七年八月二日）という状況であった。こうして一九三七年中にブラジル全土から集められた国防献金は、朝日新聞社募集分約一〇〇コントス、同年一〇月の各地日本人会扱い計約二三〇コントス（『時報』一四一一号、一九三七年一〇月四日）、一一月の第二回日本人会扱い計約二三八コントス（『日伯』一二九二号、一九三八年一月一日号）となっており、総領事館を通じて陸海軍省に送金されている。

こうした日系社会の銃後運動は、ブラジルにおいてだけではなかった。ブラジル以上に激しい排日運動が吹き荒れ、太平洋の覇権をかけて対峙していたアメリカにおいてもさかんであった。日中戦争がはじまると、「サンフランシスコの在留邦人の社会では日本軍を支援する兵務者会が組織され、その支部がアメリカ全土の日系人社会で作られた。また『羅府新報』をはじめ邦人新聞各社は戦争をテーマにした詩や子供たちの作文コンクールを企画し、在留邦人の日本への愛国心を煽り、帰国報告会、講演会、映画会、パンフレットなど、さまざまな手段で救国を叫び、国防献金、恤兵金、慰問袋などの地区毎の成績を公表した。また、日本軍を激励するため、婦女子を含む慰問団を中国に派遣したり、志願兵を募るなど、さまざまな形で中国での軍事行動を支援することが日本国民としての義務であるとされ、中国の都市が攻略されるたびに提灯行列をはじめ、さまざまな記念式典を盛大に催し、さらには、日本軍の軍事行動即時停止、退去を要求する米国世論を変えようとアメリカ人のために英文パンフレットを用意し、講演会も開催した」（中畑、一九九七、六九頁）という。また、ワシントン州でも「各地の日本人会からは献金、慰問袋の送付願があいついだ。ヤキマ日本人会（会員数二三七名）の場合、一九三七年八月から三九年三月の間だけで献金四回計五七七四ドル七五セント、慰問袋五回計一七一四個を集めていた」とされる（坂口、二〇〇一、三一五頁）。こうした銃後運動は、国境を越えて、アメリカやブラジルを巻き込んだグローバルな汎日系人的運動になりつつあった様子が知られる。

ブラジルでの話題に戻るが、一九三七年七月の日中戦争開戦以降、ブラジル邦字新聞の戦争の経過を毎日第一面で伝えるようになっていた。これと並行して、ブラジル日系社会についての紙面（第三面）でも、「銃後の凱歌」「銃後の叫び」「銃後に咲く佳話」などという勇ましい文字が躍り、児童・生徒たちがこうした銃後運動に挺身している様子が伝えられている。以下、それらのブラジル邦字新聞の記事に現れた銃後運動、特に子どもたちの活動を検討してみよう。

『時報』は、「打ち続く献金―支那よ目覚めよ‼と―可憐、一少年の手紙」という次のような児童の書簡を掲載し、献金への協力を鼓舞している。

私はブラジルで生れまして日本のことはあまりわかりません。このごろしんぶんに出てゐる日本と支なのはなしを学校の先生やおとうさんにききました。私もようをしたり学用品を買つたのこりの金をためたのがここに三十ミルばかりあります……こうしてブラジルにおれるのも皆みくにのてんのうへいかの御ためです。

アラサツーバ駅アグアリンパ小学校　三年生　高橋善一

私共　今次日支事変のお話を先生よりお聞きし、誠に残念でたまりません。私共の祖国が真□い道を進まうとするのをお隣の支那が何処までも悪く出ると□□ことです。其上教へ導く日本帝国を仇に思ひ戦ひぬこうとする様です。……此の金は私共が毎年棉摘作業で得た児童文庫資金の一部です。どうか日本軍の為祖国へお送り下さい。

アルヴアロ小学校代表　高一　斉藤ゆう子

（『時報』一三七〇号、一九三七年八月九日）

こうした書簡から、日中戦争ニュースの子どもたちへの伝達の経路が日系小学校の教師を通じたものであったこと、棉摘作業など子どもたちが協働して貯めた小学校の児童文庫資金を醵出していたことなどが知られる。すなわち、子どもたちの情報経路も献金の取りまとめも小学校が中心となっていた。これは、第三章二節でも確認したように、多くのブラジル日系小学校が意識の上で日本帝国の一種の飛び地としてその末端につながっていたこと、ブラジル日系移民子弟たちが「少国民」としての気分を共有していたことを示している。そして、そうした「少国民」としての気分は、上記の農村地帯の日系小学校だけでなく、サンパウロ市の日系教育機関でも共有されていたことが次のような証言からも明らかになる。

G・Wさん（一九二六年、サンパウロ州バウルー生まれ）は、大正小学校に通っていた三〇年代の後半のことを次のように語った。

八歳の時にサンパウロにやってきて、大正小学校三年生に入りました。そのうちあっちで戦争がはじまったでしょ。私たちも慰問袋づくりとか、めいめいの家庭から、お人形とか、お菓子とか、いろんなものをもってきて詰めるんです。千人針もやりましたよ。みんな競争でね。寅年の女の人をさがして頼むんです。「トラは千里を走る」っていうでしょ。寅年の人にしてもらうと、戦争に行っても、必ず帰って来るんですって…

こうした大正小学校の子どもたちの銃後運動を裏付ける記事が、邦字新聞に掲載されている。

• 大正小学校総動員―〝槍が降つても〟……と雨中を進む少女千人針軍

今日までゞもう一週間降り続いた雨でひるむどころか大正小学校生徒の千人針行進は街頭から戦法を代へて家庭訪問のゲリラ戦術へと転向、先づ偵察隊は年長者の花チヤン、マリちやん、テレーザ、アリセ一組になつて目星しい家を物色、〝大和撫子居たり〟と確かめてから指令は飛んで一隊は順次に繰り出すといふ戦法に出てゐる。きのふもゲリラ戦術定つて一隊は家庭訪問へ、中の高等一年生中島和子、櫻井のぶ子さんの一隊は本社の女従業員を襲撃、〝え丶いくらでも持ていらつしやい〟といふ報道戦線の銃後の花の愛想よい返事に凱歌を揚げて引上た。

まだ一枚目ですけど四枚まで作りあげるつもりです（『時報』一六五七号、一九三八年八月七日）。

この記事が報じられた八月は、サンパウロの真冬である。そうした真冬の雨のなか、千人針行進を続ける大正小学校の健気な少女たちの姿が報じられている。また、時報社を訪れた一隊に女性従業員が「いくらでも持ていらつしやい」と応ずるなど、邦字新聞社も銃後を担う姿勢にあることを伝えている。「総動員」「少女千人針軍」「ゲリラ戦術」「偵察隊」「指令」「襲撃」「報道戦線」「凱歌」といった軍事用語を散りばめながらも、どこかユーモラスな文面に、東亜の最前線とブラジルの銃後の距離を感じさせられる。

●十六ミリ
（…）
◇
女の人々の千人針に対抗して大正小学校の男生徒は〝千人力〟を作成中、頼母しい第二の日本を背負つて立つ人々の姿
（…）
（『時報』一六五八号、一九三八年八月九日）

前掲の大正小学校女生徒たちの活躍に対して、男子生徒の「千人力」（どんなものかは不明）作成の様子を伝えている。

●銃後に咲く佳話三篇―病棟から、街から、学び舎から―〝赤誠の集積場〟中央日会を暫く
（…）

学び舎から……

可憐な大正小学校学童たちが真心こめた慰問袋は二百六十九個、サンパウロ女学院生徒たちの大和撫子の赤誠の表れ五〇個等大量献納の外サンジヨアキン街中正塾の第二世諸君も負けずと十数個の慰問袋を運びこんだ。

慰問袋の内容は千種万別で品物、数は七十二種の多きに達してゐる。

主なものを挙げると
ココ椰子の実二個を初め人形、国旗、お茶、コンデンスミルク、カフスボタン、消ゴム、襟巻、鏡、ゴム人形、

マスコット、キヤラメル等主なるものである（『時報』一六七三、一九三八年八月二六日）。

そして、この記事は、同校の生徒たちが作成した慰問袋が二六九個、サンパウロ女学院生徒たちの慰問袋が五〇個、中正塾の慰問袋が十数個と、第二世の「赤誠の表れ」が集積している様子を伝えている。これらの記事から、ブラジル日系人の銃後運動は、日本人会、病院、学校など各日系組織ごとに進められていったことが知られる。そして、日ポ二言語教育が進められ、伯主日従教育に傾斜していた大正小学校でも、千人針、千人力、慰問袋作成に、子どもたちが銃後運動の先頭に立っていた。

また、次の記事は、千人針への協力を断った女性を非難するものである。

• 十六ミリ

（…）

◇

コンセレーロ・フルタード街の某料亭の女給さん、女の子の求めた千人針をすげなく断つた。その言草に「客のこない前に針は禁物よ」と、祖国は非常時ですゾ（『時報』一六七二号、一九三八年八月二五日）。

コスモポリタンで自由な雰囲気をもっていたサンパウロ市でのことでありながら、「祖国は非常時」という認識のもと、何らかの形で銃後運動に参加しない者が非難の対象となったことが知られる。同年八月二七日には、国防献金募集のため、サンパウロ市在住日系女性たちによって、「映画の夕」が催されている（『時報』一六七四号、一九三八年八月二七日）。また、日系人画家の間でも、同年一一月に「国防献金展」が日本倶楽部で催された。日系画家の組織であった聖美会を中心に一般からも作品を募集し、売上げの何パーセントかを献金しようというものであった。ただ、同会の中心人物であった半田知雄は、戦争反対の立場から献金展には懐疑的であったとされている（田中、二〇一三、一六三頁）。

一九三〇年代後半には、北米より規模は小さかったものの、ブラジル日系子弟の日本留学もさかんに行われ、二世も二重国籍者が多かったため、日本留学中に召集される者もあった。また、次の記事のように、ブラジルにいながら、従軍を志願する日系青年も現れた。

●空軍の活躍に胸打たれ一青年従軍を志願──支那全土を睥睨する航空隊入りが希望

支那空軍を足下に蹴散らし四百余州を翼下にあさめ、我皇軍の活躍、世界列強を驚嘆せしめ国民のそらへ向つた関心は一躍今次事変を契機として未曾有の発展ぶりを示したが、此処ブラジルからも初の航空たい志願者がきのふ総領事館に現はれた。当人井戸義雄（二三）君はわが空軍の決死的活躍に胸を躍らしてゐたが重なる空軍の殊勲の報にゐたたまらず遂に意を決して父母の許しを得、従軍志願を思ひ立つたものである。

なほ義雄君の原籍は香川県木内郡井戸村大字川西四四八二で一九三五年にチエテ移住地に入植後、アリアンサに転居したもので、現在は聖市近郊のサンタマーロのコレヂオ・アドベンチスタに在学中である（『時報』一五一八号、一九三八年二月一七日）。

ブラジル中から集められた国防献金や慰問袋は、各地の日本人会でまとめられ、サンパウロ市の総領事館やバウルーの領事館などを通じて献納された。前掲の「美談〝幼なき慰問文〟遥々勇士に送る学童の誠」（『時報』一六七六号、一九三八年八月三〇日）の山根少年のように、直接総領事館に持ち込んだ例もたまにあったようである。

日本では、一九三二年の満洲国成立、翌年の国際連盟脱退による国際的な孤立を深めるなかで、近衛内閣の国民精神総動員運動（一九三七年九月）、国家総動員令（一九三八年四月）によって、小学生をふくむ全国民の総動員体制を固めていく。小学生は「少国民」と位置づけられ、女性たちとともに組織的に銃後運動に動員されていった。日本本土やその勢力圏、またその圏外にあったブラジル日系社会では、当然その運動に対する姿勢は異なっており、温度差は大きかったはずである。しかし、ブラジル全土の日本人会や婦人会、日系教育機関のネットワークを通じて集められた国防献金や慰問袋の献納の実態、先に引いた「大正小学校総動員」といった邦字新聞の見出しを見てみると、ブラジル日系社会の銃後運動も帝国日本の勢力圏内と相似形を描いていたことが知られる。

では、こうした北南米日系移民の銃後運動の発生を促し高揚をささえた条件は何であったのか。

何度も繰り返すように、一九三〇年代前半にブラジルに入国した移民数が多く、それは特に満洲事変後の一九三三年と翌三四年にピークを迎えた。このように日本の大陸侵攻と軍国主義の高揚期にその洗礼を受けた日本人が多く入国した。また、こうした新来移民だけでなく、旧移民の間にも、高まるブラジル・ナショナリズムに対抗する形で遠隔地ナショナリズムの高揚が見られた。同化への圧力が強まるなかで、ブラジル日系人が日本軍の華々しい勝利に喝采し、進んで献金や物納に応じたことは容易に理解できる。『時報』一九三八年の元旦号第一面巻頭には、富士山と御来光をバックに海上をいく軍艦、潜水艦とともに複葉機が描かれ、「皇紀二五九八年」と記されている。日本語を媒介とした解釈共同体を形成し、例外はあったものの、多くの日系人が忠君愛国を旨とする日本的教育文化の影響下にあったことが理由として考えられる。また、一九三五年以降、「外国移民二分制限法」によって日本からの移民入国数が減少しても、多くの日本製品が輸入された当時のブラジルでは、こうした愛国の気分を共有する装置や商品には事欠かなかった。例えば、次の広告は一九三八年一月一四日の『時報』に掲載されたものであるが、当時のブラジル日系人がどんなレコードを聴いていたかを知る手がかりとなる。

- （広告）開荷早々引張りだこ!!!——非常時報告レコード
抜粋傑作盤

（キングレコード）

▲軍国子守唄　塩まさる

▲ふるさとの母　松島詩子

▲愛の慰問袋　塩まさる

▲愛国千人針　三門順子

▲あゝ我が戦友　近衛八郎

▲国境ぶし　新橋みどり

（…）（『時報』一四八九号、一九三八年一月一四日）

一方、ブラジル邦字新聞には、『キング』や『少年倶楽部』『少女倶楽部』といった日本の少年少女雑誌の大型広告がしばしば見られ、ブラジル日系社会内にも相当流通していたと考えられる。子どもたちは、こうした日本のメディアにおいて、東郷元帥、乃木大将、広瀬中佐、橘中佐といった軍国英雄を称えており、前掲の教育雑誌『子供の園』でも大和魂・日本精神の涵養とブラジル市民となることは矛盾を感じた形跡もなく推奨されていた。さらに、日伯シネマ社などの日系映画配給会社を通じて、「肉弾三勇士」「五人の斥候兵」など、サンパウロ市や地方都市を巡回する形で、日本の軍国映画がさかんに上映されていた。このように、日本語教育制限のなかにありながら、少国民としての気分を共有する要素に事欠かなかった。

それだけでなく、前掲の銃後運動を賞賛する記事を書いていた邦字新聞記者たちは一世世代であり、日本にいれば招集され戦場に行くか少なくとも銃後運動に参加すべき世代であった。新聞読者である男性移民の多くも徴兵猶予によって、兵役免除を受けていた。したがって、先述した半田知雄のように戦争反対の立場から銃後運動に懐疑的な人物もいたものの、戦場に行かないという負い目から、ブラジルというはるかな銃後にあっても、総力戦を戦っているという気分を共有しようとした者が多かったと考えられる。次の歌は前掲『コロニア万葉集』に収められたものである。

故国の幼な友等はすめらぎの軍《いくさ》に起たむ五師団動く（清谷益次、一九三七）

作者の清谷益次（一九一六〜二〇〇八？）は広島県出身。一九一六年一〇歳の時家族とともにブラジルに渡航した。農業に従事した後、戦後パウリスタ新聞の記者を経て、南伯農業協同組合に勤めた。歌人にして俳人でもあり、パウリスタ新聞の俳壇選者や『コロニア万葉集』の編者でもあった（パウリスタ新聞社、一九九六、九一頁）。この歌が詠まれた時、清谷は二一歳。祖国にあっては徴兵年齢であり、故郷広島の第五師団が中国に派兵されたニュースを見、自分の幼友達たちが出征したのを知り、この歌を詠んだにちがいない。四〇年以上経ってからこの歌を載せたことは、この時の日中戦争勃発と幼友達の出征がよほど印象に残っていた証拠であろう。清谷は翌一九三年の作として、次の歌も同書に載せている。

建艦競争激しときけば日本の経済ことをひそかに愁う

清谷や他の日本人移民たちの多くも、戦争や銃後のニュースは邦字新聞を通じて知ったはずである。清谷らの「愁い」をよそに、邦字新聞記事における銃後運動は、いきおい華々しい様相を呈することになったと想像される。さらに、日系小学校においては、父兄や教育機関側に子どもたちを「少国民」として動員していく論理も強制力ももたなかったものの、父兄からの影響や日本のメディアの摂取によって、彼ら自身が「少国民」的意識、愛国的自己犠牲の気分を共有していたことが推測される。そうした「少国民」的意識の共有は強弱さまざまであったと考えられるが、次のような素朴な証言からも、彼、彼女らの義務感をうかがい知ることができる。パラナ州ロンドリーナに住むY・Sさんは、一九三八年に妹とともに国防献金に応じた証書を今でも大切に保管している。証書には次のように記され、外務大臣の印が押されている。

證
熊谷姉妹
伯貨
右者国防費トシテ金弐ミル也
献金セラレ寔ニ奇特ノ至リナリ
因テ茲ニ之カ献納ヲ證ス
昭和十三年三月二十九日
外務大臣従二位勲二等　廣田弘毅（写真6–12参照）

Y・Sさんは献金の時と証書をもらった際の気持ちを次のように証言している。「そりゃもう一ミルでも出さんといかんということでね。（学校でも――筆者注）みんなやってましたから。妹と一ミルずつ…これで飛行機つくるんだとか言ってましたけど。これ（証書）もらった時はうれしかったですね」ここには、少国民の気負いも聖戦に参加するという義務感も見られないが、学校をこぞって国防献金に応じていたことがうかがえる。レジストロ在住のM・M氏も銃後運動の様子を次のように証言している。

あの頃はレジストロ小学校の補習科に通っておったけど、親父が郷長[13]やっとったせいで、銅像とか真鍮とかみん

写真 6-12　Y・S さん姉妹に送られた国防献金証（1938）

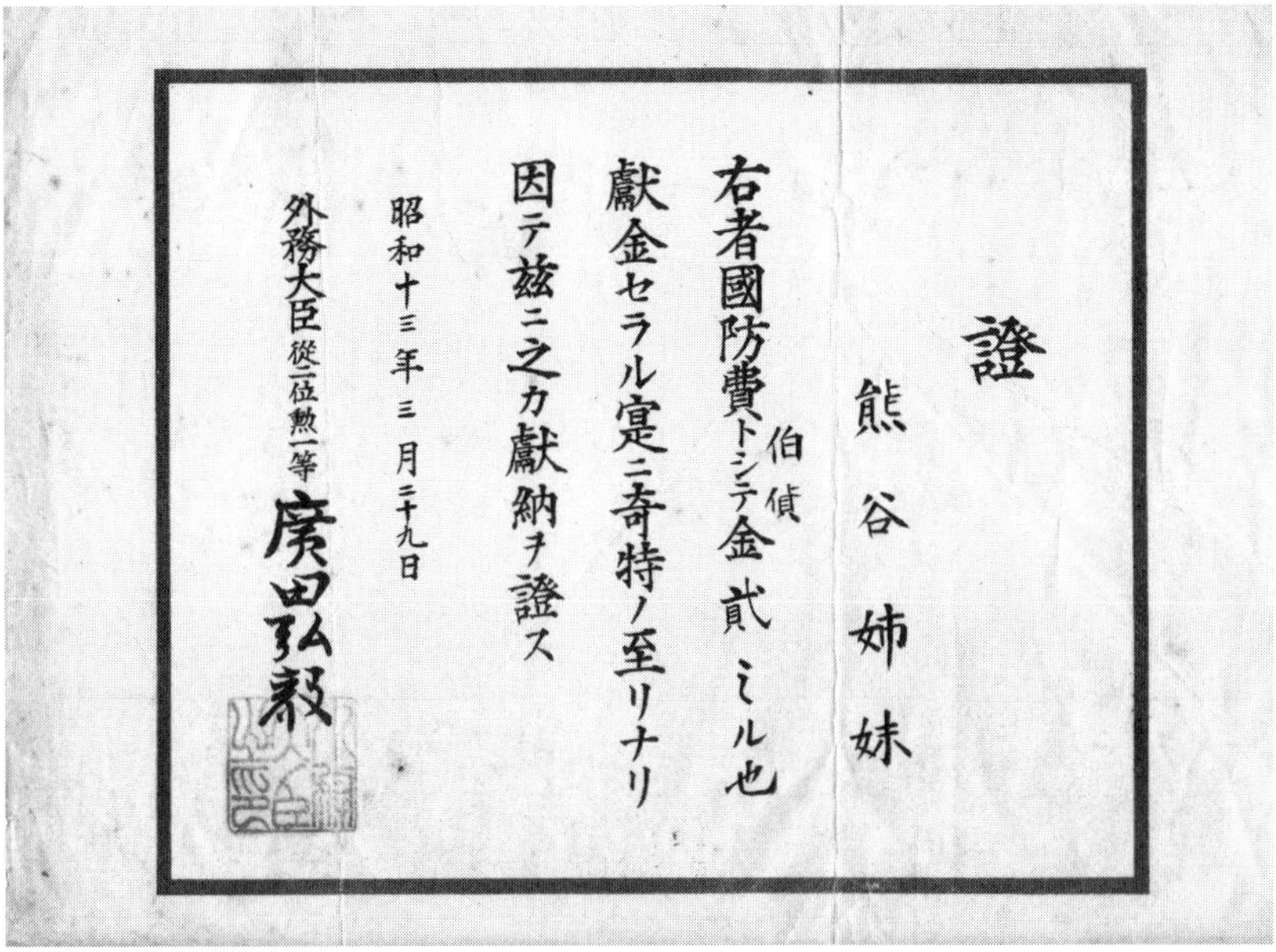

證
熊谷姉妹
右者國防費トシテ金 貳 ミル也
伯偵
獻金セラル寔ニ奇特ノ至リナリ
因テ玆ニ之カ獻納ヲ證ス
昭和十三年三月二十九日
外務大臣從二位勲一等廣田弘毅

なで集めてね、日本に送ったんだろうね。モッサ（筆者注――女の子）たちは慰問袋こさえてね。人形とか、いろいろ入れよったよ。親父は日本から刀をもってきてたんだけど、大事にしとったんだろうけど、それも供出してね。みんな学校の校舎の前に積み上げてね。最後は日本に送ったんだろうね。

レジストロ郷の日系人が協力して、金属の供出や慰問袋作成を行っていた様子が知られる。

先に述べたように、日中戦争期における銃後運動はアメリカでもさかんであった。粂井（一九九五）は、多額の恤兵金を日本に送ったアメリカ日系人の兵務者会員の「ただ慰問金を送るだけの勿体ないくらし」という言葉を引用し、こうした運動を彼らの「祖国に対するすまない気持ち」や「本来なら兵務に就くべきであるのに、と思う気持ち」の発露と推測し、徴兵を忌避した自責の念から祖国支援の心情を高揚させていったことを指摘している（粂井、一九九五、二〇九頁）。アメリカと異なる点があるとすれば、この時期はブラジル日系人の大半が一世世代であったし、二世も二重国籍者が多かった。それゆえ、自責の念や銃後の思いを共有する気分は、アメリカより濃厚であったことが想像されよう。先の清谷の歌も、そのような「自責の念」につながる気持ちを読み取ることができる。

銃後運動は、日本では女性の社会進出につながったケースも見られる。日本的家父長制の男尊女卑観を長くひきずったブラジル日系社会でも、女性や子どもたちの銃後の働きは、邦字新聞記事を見る限り、賞賛の的となった。ただ、日本では、太平洋戦争の開始とともに、銃後運動は児童・生徒の勤労動員や消火訓練、戦闘訓練と激化していくのに対して、ブラジル日系社会では組織化におのずと限界が生じた。太平洋戦争がはじまると、枢軸国系住民の行動が制限されたため、運動としての進展は阻まれた。戦中の日本に対する銃後の愛国心の発露は、一部日系人の間で敵性産業撲滅運動[14]といった形で発現し、戦後の勝ち組運動につながっていくことになる。こうしたブラジル日系社会における銃後運動を子弟教育という文脈から考えてみると、第二章で述べた体育（武道・スポーツ活動）のように、こうした活動も日本語教育に代替する身体を通じた徳育の実践と見ることはできないだろうか。すなわち、日中戦争がはじまり、ブラジル日系教育機関での日本語教育が制限されはじめた一九三七年頃から、徳育重視の文脈のなかで、修身を含む日本語教育に代わる徳育の実践としての性格をもつようになったのではないか。銃後運動は当然、父兄の祖国日本への愛国心や徴兵猶予から来る自責の念とつながっていた。そして、一九三八年一二月の日本語教育禁止後は特に、体育とともに徳育としての性格を強めたのではないか。こうした点でも、ブラジルにおける日本語教育制限・禁止は、ただちに日本的教育としての日系移民子弟教育の衰退とはならなかったことに注意を喚起したい。三〇年代末期から戦中の日系教育機関におけるポルトガル語によるブラジル的教育の実態については、今後調査を進めなければならないが、日系移民子弟教育のなかで実際に日本的教育が衰退するのは、太平洋戦争開始後と考えることができるのである。

従来のブラジル日系移民子弟教育史が、父兄や教師といった教育する側の立場から書かれた理念やイデオロギーの変遷をあとづけるものであったのに対し、本章では、それを教育される主体としての子どもたちの日常生活の視点からとらえなおすことを試みた。教育史は、父兄や教師だけでなく学習者である子どもの体験を評価することによって、より多面的な記述になりうると考えるからである。特に、日系教育者や一部の父兄たちが理想とした「大和魂をそなえたよき日系ブラジル市民」になるということは、子どもの立場から見て、理想像を異にする日本学校とブラジル学校の両方で「よい子」になることであり、最初から矛盾をはらんでいたが、子どもたちは現実の生活の場で、ときどき矛盾を感じつつも、それに適応していったようである。

本章では、学校をめぐる子どもたちの生活世界を、まず、時間、空間、用具・服装などの象徴からとらえようとした。一九三〇年代初頭、サンパウロ州の小学校では、二月授業開始一二月学年終了という学年暦に統一され、学校行事もそれに合わせて整えられていった。子どもたちも、入学式、天長節、試験、冬季休暇、独立記念日、学芸会、試験、夏季休暇という、秋から冬へ、冬から春、そして夏へというサイクルに徐々に慣らされたようである。こうした日常生活は、サンパウロ市のような都市と農村では大きな格差があり、農村では子どもも八〜九歳くらいになると、家畜の世話や草取り、幼児の子守といった貴重な労働力として生活に組み込まれていた。これに対して、都市の子どもは労働の負担が比較的小さく、特に三〇年代半ばになると、その時間を学業や余暇に回す余裕が生じ、内容的に豊かな学校生活を送るようになった。

一九三〇年代は、ブラジル、特にサンパウロ市のような大都市にあっては、都市インフラの大発展期であり、学校内外の設備も、それなりに整えられていった。ただ、学校をめぐる子どもたちの生活空間は、家庭と学校、寄宿舎周辺から大きく出ることはなかった。そうした彼らの空間を大きく広げたのが、遠足であり、修学旅行であった。ブラジル日系教育機関の修学旅行も三〇年代に普及したが、内陸農村部の学校はサンパウロとサントスへ、サンパウロの小学校はリオデジャネイロへ向かった。修学旅行は、当時の子どもたちにとって、「一生に一度」といわれた大きなハレのイベントであり、内陸農村の子どもたちにとっては、汽車に乗って故郷を離れ、州都サンパウロ市を見学し、サントスで生まれて初めて海を見て、さまざまな見聞を広める機会であった。特に、日本語教育が禁止され日本文化を学ぶ価値を感じることが難しくなったこの時期に、サントス港に停泊する世界に誇るべき日本の豪華客船を見せることは、父母の国日本の国力を認識させるという意味があったのではないかと想像される。その意味で、帝国総領事館訪問は、日本訪問の擬似体験であり、父母の祖国日本への親しみと敬意を涵養することが期待された。一方、独立記念像やイピランガ博物館を訪れることによって生国ブラジルへの愛国心を喚起するという目的もあったと考えられる。これは、日本に対する遠隔地ナショナリズムだけでなく、ブラジルもふくめた双方向的なナショナリズムを涵養する契機となったと考えられ、「大和魂をそなえたよき日系ブラジル市民」育成という、父兄会などの教育指導機関や一部の教育者、父兄たちが唱えた理想にそうものであった。さらに、サンパウロ体験は、子どもたちだけでなく、教師の社会上昇の機会となる「上聖」の契機ともなった点も見逃せない。

子どもの服装の点でも、都市と農村では大きな格差があり、農村では普段着に裸足が一般的だったのに対して、一九三〇年代の大正小学校などでは黒や紺の上着に白いシャツといった制服に準じた服装が普及した。学校の統合の象徴である校歌は、いくつかの学校でつくられた。制服や徽章と異なり、コスト面では無料に近かったため、教師のやる気と才能次第で比較的容易に作られたのである。

先述したように、三〇年代は戦前期ブラジルにおける日系移民子弟教育の「最盛期」に当たり、校舎や教科書、教具、教材といったハード面や人材、教授法といったソフト面でも充実しつつあった。しかしながら、ブラジル内陸部各地ではなお入植と開拓が進行中であり、各日系コミュニティも経年数が異なり、校舎一つとってもインフラに大きな格差があった。いくつかの学校では、日本と同様に校歌、制服に類する学校統合の象徴が整えられていったが、全体としてはその発展途上にあったと考えられる。

校歌、制服といった学校統合の象徴が、全日系教育機関に普及する方向にあったのかどうか詳しくはわからない。

ただ、一九三〇年代はブラジル・ナショナリズムの高揚期であったため、日系教育機関における日本のシンボル化とともにブラジルへの統合という別の方向性も生じた。さらには、三〇年代末には外国語教育禁止という事態を迎える。一九三七年の日中戦争勃発以降、ブラジル日系子弟の間でも、慰問袋作成、千人針、銀紙の供出といった銃後運動はさかんに行われたが、これは武道やスポーツのように、日本語教育に代替する身体を通じた徳育の実践と見ることができる。すなわち、ブラジル日系子弟教育における徳育重視の文脈の中で、修身を含む日本語教育が禁止された後、銃後運動はそれに代わる徳育の実践としての性格をもつようになったと考えられる。そしてそれは、ブラジルが敵国とならない限り、「大和魂をそなえたよき日系ブラジル市民」育成の理想からもはずれるものではなかった。しかし、そうした代替教育も、太平洋戦争勃発による日本とブラジルの国交断絶と日本人の敵性外国人化によって、ブラジルにおける日本的教育は大きな停滞を強いられるようになるのである。

注

（1）　例えば、大正小学校について、森脇・古杉・森（二〇一〇）のなかで「サンパウロ最古の小学校：大正小学校」という一節が設けられているが、内容はほとんど『パウリスタ新聞』に連載された「大正小学校、その歩み」（一九七五年九月三〇日〜同年一〇年一七日）に依拠したもので、同校の歴史の概略が述べられるにとどまっている（森脇・古杉・森、二〇一〇、二九一―二九三頁）。

（2）　外務省通商局（一九三二）『伯国教育状況視察報告』には、ブラジル小学校への「入学期と手続」として、次のように報告されている。

聖州内小学校の入学手続きは、一月二十六日乃至三十一日に行ひ、六月十一日乃至三十日は冬期休業とし、二月一日から正規に授業が出来るやうにしなければならない。欠員がある時は毎月初めに補欠入学を許し、転校はいつでも出来る事になつてゐる。

入学手続は児童の父母、後見人又は其責任者が行ひ、学務局で定めた形式の生徒名簿に

イ、番号。

ロ、生徒の姓名。

ハ、生年月日。
ニ、生徒の父又は責任者の姓名、国籍及職業。
ホ、生徒の国籍。
ヘ、入学登録年月日。
ト、最初の入学年月日。
チ、学年。
リ、住所。
を記載して登録する。次の者は入学を許されない
イ、七歳未満。
ロ、伝染性又は嫌厭される病気に罹っている者。
ハ、種痘せざる者。
ニ、白痴（外務省通商局、一九三二、五七―五八頁）

（3）「植民地」と呼ばれた日系農村コミュニティでは、一九三〇年代半ばに産業組合事務所や青年会事務所などができるまで、物理的にも象徴としても小学校がコミュニティの中心であった。これに対して、サンパウロ市の場合、帝国総領事館や日本人会など日系コミュニティの核が学校の他に存在し、小学校は相対的に比重が小さかった。

（4）「では何故に第二世は遊戯する事が少ないか、その原因」として、次の四つをあげている。
一、疲労
家庭で相当の労働をする事と、長い道を歩いて学校に通はなければならぬ事から子供達は何時も相当疲れ、遊びに対する意欲がない。
二、遊び方を知らない
日本各地から集り、伯国に居る等多くの遊びがある筈であるのに、お互ひ接触する機会の無いのと、少年期が短く直ちに青年期に入る為に、指導してくれるものがない為に第二世の遊戯の種類は極く少ない。
三、リーダーが居ない
先に立つて遊ぶ者を集め、遊びを決定する主導者が居ない。
四、子供らしい純真さがない
第二世は一般に大人びた気持ちを持つてゐる。子供らしい気持ちが極く少ない（杉、一九三八、一二一頁）。

（5）H・S氏（一九一一年生まれ）によると、氏がサンパウロ氏に住みはじめた一九四〇年頃、大正小学校前で新潟県高額納税者の息子で間島平三郎という人物が尻で字を描いて子どもを集め、お菓子を売っていたという。逆に、当時のブラジルは非衛生

で、買い食いをするのをきびしく禁じられていたという証言もある。

(6) ジナジオ・パウリスターノ（Ginásio Paulistano）は、大正小学校近く、サンパウロ市リベルダーデ地区タグア通りにあった州立中学校。市中心部にも近く、多くの日系子弟が進学したことでも知られる。

(7) 先述のように、セーラー服は、一九三〇年代後半の日本で女学校の体操服として導入されたものとされるので、これはブラジル日系小学校で独自に採用したものであろうか。

(8) 日本の校歌の起源は欧米のコミュニティ・ソングにあるとされるが、欧米諸国の場合、その学校だけの固有の校歌があるケース、しかもそれが学校当局によって公的に制定されているというようなケースはほとんどないという（渡辺、二〇一〇、一四〇―一四一頁）。

(9) この歌詞は、二〇〇九年九月にレジストロを訪れた際、レジストロ日本文化協会で謄写版刷りの歌詞を複写したものを提供していただいた。

(10) この歌詞は、二〇〇七年一月に同学園の元勤労生であったR・Mさんから、謄写版刷りの歌詞を複写したものを提供していただいた。

(11) 石田写真館（Cine Foto Ishida Ltda.）は、サンパウロ州内陸部トッパンにある写真およびコピー店である。現店主ムネノブ・エリゼウ・イシダ氏によると、父の石田栄氏（二世）が師匠であった人物から機材や道具を譲り受け、一九四〇年代に同市に開いた写真店だという。

(12) サンパウロ州内の鉄道は内陸部で生産された農産物や原材料をサンパウロに集積し輸出品はサントス港に送出するべく機能しており、すべての鉄道路線が州都サンパウロに通じ、国際貿易港サントスにつながっていた。

(13) サンパウロ州南部のイグアペ郡では、一九一三年頃から日系人の入植が見られたが、その後近隣に拡大していった。その中心都市として発達したのがレジストロであり、日系植民地全体を「レジストロ郷」と呼び、その指導者を「郷長」と呼んでいた。

(14) 当時、ブラジル日系農民が生産したハッカや生糸などがアメリカに輸出されていた。そして、ハッカは爆弾の、生糸はパラシュートの原材料というように敵兵器の生産に資すると考えられ、こうしたものの生産の自粛や生糸を産する養蚕小屋の放火といったことが行われた。

第七章　ブラジル日系移民子弟教育の成果としての二世

第一世の表面よりの後退は第二世の第一線への進出である。従つて学生連盟のもつ重大なる使命と存在意義が、当局者へも父兄へも漸次ハツキリと認識される事である。邦語教育は致命的打撃をうけ我等第二世学生は最も重大なるこの問題をば、身を以て解かんとする地位に置かれて居る。而も之に当るには精確なる智識と、冷静なる判断とを要し真の日本精神と、誤りなきブラジル精神とを理解し得た者に於てのみ此大使命は遂行されねばならぬ。汲々として外人の気に召さんとする売女の如き態度にては真の日本文化を伝道し、ブラジル文化の開発に盡すの道に非ずして、優秀なる民族性を誤り伝へるものに外ならない。(…)

学友中には既に身軍籍に在るあり、将来政治、実業家となるあれども、如何なる場所如何なる境遇に在りと雖も、卿等は常に最もよき日本の理解者たり同情者たらねばならぬ(『学友』第八号、一九三八年九月の巻頭言)。

はじめに

一九三七年四月から一九三九年三月まで聖市学生連盟会長であった高橋誠敏は、日系社会の新旧交代を再確認するとともに、「真の日本精神と、誤りなきブラジル精神とを理解し得」ることが第二世の「大使命」であると主張している。三〇年代後半はサンパウロの中高等教育機関に学ぶこうした都市型二世の台頭の時期であったが、第二次世界大戦を間にはさみ、戦後も彼らはブラジルと日本の間でアイデンティティを振幅させ続けねばならなかった。

本章では、戦前期ブラジルの日系移民子弟教育が、どのような人間、どのような文化をつくり上げてきたのかという人間形成と文化形成の成果に関わる問題を取り上げる。すなわち、前章までにみた日系移民子弟が、戦後どのように成長しどのような働きをしたのか、日系教育機関での教育がどのように反映されたのか、以上のような問題を日系政治家と軍人を事例とし、彼らの言説とライフヒストリーを検証することによって明らかにする。そして、彼らの複数のアイデンティティ再編とブラジル日系人としての理想的なパーソナリティ形成の過程とメカニズムを明らかにしたい。

ここで政治家と軍人を取り上げる理由は、次のようなものである。政治家や軍人は国家に対する強い帰属意識をもつと一般的に考えられるが、これは帰属する集団と彼ら自身の出自が一致することを意味するわけではない。ブラジルのような多民族・多文化社会では、移民コミュニティやエスニック集団に基盤や背景を有する政治家が多く、政治とその周辺で行なわれるパフォーマンス自体がエスニックな要素を含むことがめずらしくない。あるエスニック集団の成員である政治家の政策、理念、スローガンなどのなかに、みずからの移民史の再認識やエスニック・アイデンティティの再編などさまざまな境界人《マージナル・マン》（1）としての性格が反映する。

軍人も政治家と同じく、国家に帰属し国家に忠誠を尽くすべき公人である。軍人の場合、親の母国との交戦や敵陣営からの参戦なども想定され、この点において、ナショナル・アイデンティティとエスニック・アイデンティティ、また、帰属する国家と出自の間で矛盾や相克を生じる。太平洋戦争中のアメリカの日系二世部隊などの実例もあり、その矛盾や相克は政治家以上に深刻であるといえる。

先述したように、太平洋戦争でブラジルは連合国側に立って参戦し、日本人移民は「敵性外国人」に分類されたが、戦後は多くの日系政治家、日系軍人を輩出した。彼らは、幼少時に日本的教育と日系コミュニティの文化的影響下で育ちながら、ブラジルの高等教育を受け、ブラジリダーデ（ブラジル人性）を内面化し、境界人的なパーソナリティやアイデンティティを形成してきた。例えば、選挙活動などの政治的パフォーマンスにおいてエスニック集団を基盤とする場合、またその逆の場合も、上位集団と下位集団を媒介する政治家の境界人性がより顕著に現われるといえる。彼らは、しばしばブラジル社会と日系社会だけでなく、ブラジルと日本という両国の媒介役・調停役を果たし、またそのことを期待されるため、二重の境界人性をはらんでいるといえる。移民研究の文脈で境界人的なアイデンティティやパーソナリティの問題を考える場合、政治家や軍人の言説やライフヒストリーはたいへん興味深く重要な素材を提供している。ここで政治家と軍人を取り上げる理由は、前章までに検討した戦前期の日系移民子弟教育が、戦後のブラジル社会でどのような人間形成をなしえたのか、政治家や軍人を素材に確認してみたいからである(2)。

アメリカの人類学者ストーンキスト(1937)は、移民の子どもである二世は二つの文化の狭間に否応無しにおかれるが、ことに先祖の文化と受入社会の文化との距離が離れていればいるほど、境界人的特徴は顕著になると述べている(STONEQUIST 1937: 104-105)。二つないし複数のナショナリティやエスニシティのはざまで、境界人的特性が現れる局面は多いが、国家に帰属し奉仕することが前提とされる政治家や軍人の場合、どのようなかたちでその性格が現われるのであろうか。

本章では、以上のような認識と問題をふまえ、ブラジルの日系政治家・軍人に境界人概念を適用し、両者の境界人性をめぐって、次のような検証作業を行いたい。すなわち、①日系政治家・軍人の出現と日系コミュニティのプレゼンスの拡大を、ブラジル近現代史やブラジル日系移民史のなかに位置づける。②文献調査やインタビュー調査によって得られた日系政治家・軍人の言説とライフヒストリーを事例として紹介し、彼らの境界人性について検証する。③日系政治家・軍人の、ブラジル公人としてのナショナル・アイデンティティと日系移民子弟としてのエスニック・アイデンティティの間を、越境するアイデンティティやパーソナリティがどのように形成されてきたかについて、「大和魂」と「ブラジリダーデ」という二つの理念を手がかりに検証する。④さらに、彼らを境界におかれた存在としてとらえるだけでなく、みずからの経験や状況に応じて、積極的に複数のアイデンティティを再編し、境界人的パーソナリティを形成していく主体としてとらえなおす。こうした作業のなかで、戦前期ブラジルの日系移民子弟教育がどのような人間形成、どのような文化形成を成し遂げたのかを検証したい。

七―一　大和魂とブラジリダーデ――二つの理念の検討

ブラジルの日系政治家・軍人の境界人的パーソナリティ形成について、実際の分析に入る前に、手がかりとなる「大和魂」と「ブラジリダーデ」という二つの理念を検討してみよう。

「大和魂」という言葉の使用例は、平安時代にさかのぼると言われる。時代が下って、江戸時代中期に本居宣長によって、大和魂は「日本固有の心」という意味が付与されるようになった。江戸後期になると、一部の国学者によって「命をも惜しまない勇敢な精神」という意味に解釈された。さらに、近代に入ると、天皇制国家のもとで、「天皇の赤子の持つべき心構え」として、先の「命をも惜しまない勇敢な精神」という意味が強調されて用いられるようになった（日野、一九九三、一八四頁）。

こういった「大和魂」と関連して、ブラジル日系人の間でも多用された理念に「武士道」や「武士道精神」がある。「武士道」とは、近世の武士が従うべきとされた規範であり、儒教の朱子学の道徳によってこの価値観を規範化しようとした山鹿素行らによって唱えられた。鈴木（二〇〇一）はホブズボウムの「創られた伝統」という概念を援用して、新渡戸稲造、井上哲次郎らの著作を参照しながら、明治期におけるナショナリズムの勃興や西欧諸国の倫理観輸入との関連で「武士道」の創出について、次のように指摘している。

武士道とは、明治日本が手にした発明品であった。一つの内に向かってのナショナリズム、外に向けての倫理主義、という使い分けが可能な一つの構成体として、過去と欧米をそれぞれ参照しながら「創出」されたものである（鈴木、二〇〇一、五二頁）。

ここでは、「武士道」が、明治日本の近代化のプロセスにおいて創出された理念であることが述べられており、「大和魂」という理念もまた、過去の用例を参照しながら、同様のプロセスを経て創出された近代的な理念と考えることができる。

ブラジル日系社会における「大和魂」の作用については、「ブラジル日系人は明治維新の精神、すなわち天皇と祖国への忠誠が個人の意志よりも上位におかれるという『大和魂』の養成のもとに社会化されていた」と、戦前日系社会におけるこの理念の優位性が指摘されている（SAKURAI 1994: 136）。日本からのブラジル移民がはじまったのが一九〇八年であり、明治日本における「大和魂」や「武士道」といった理念の創出・普及とのパラレルな関係や第三章で確認したような日系子弟教育の性格を考えると、ブラジル・ナショナリズムとの相克のなかで、その理念が遠隔地ナショナリズムを形成するなど日系移民子弟の精神的支柱として大きな影響力をもちえたことは想像に難くない。

このような「大和魂」や「武士道」など日系子弟のエスニックなアイデンティティを補強する理念に対して、ブラジル人としてのナショナルな性格を表わす理念として「ブラジリダーデ」（Brasilidade）を想定することができる。この概念は、『二一世紀新アウレリオ・ポルトガル語辞典』（*Novo Aurério Século XXI: O Dicionário da Língua Portuguesa*）第三版では、「①ブラジルやブラジルの他から区別される特質、②ブラジルに対する愛情」となっている（HOLANDA 1999: 330）。また、この理念は、「ブラジル的なもの」「ブラジルらしさ」（住田、一九九六、八一頁）、「ブラジル人性」「ブラジル魂」（渡会、二〇〇一、三〇頁）とも和訳されている。

この理念は、一九三〇年代から五〇年代半ばまで独裁者としてブラジルに君臨したジェトゥリオ・ヴァルガス大統領（一八八二〜一九五四）が国内の統一をすすめるために掲げた理念でもある。ブラジルにおける日系人の位置づけとも関わる問題であるが、戦前のブラジルでは、人種優生学にもとづく白人化（branqueamento）や脱アフリカ化

(desafricanização)のイデオロギーが強く(LEITE1969: 192-194)、特に、ヴァルガス政権において一九三七年一一月からはじまった新国家体制《エスタード・ノヴォ》下では、ナショナリズムと同化主義のイデオロギーが支配的であった。新国家体制とは、イタリアやドイツ、ポルトガルなどその頃ヨーロッパを中心に展開していたファシズムの風潮を反映したヴァルガスの独裁体制である。その内容は、革命による独裁体制の確立によって大統領に権力を集中し、国家の統一を推し進め、表面上は民衆の政治参加を強調しながら、国民共通の意識としての「ブラジリダーデ」、すなわちブラジル的な民族中心の政策を行うことであった(住田、二〇〇〇、一二七—一二九頁)。それゆえ、同体制下では強力なナショナリゼーション政策が進められた。「一つのブラジルがあるのみ」というナショナリズムの高揚が叫ばれるなか、移民の同化政策が実施され、一九三八年には移民審議会が設立された。その任務は移民のブラジル化にほかならない。すなわち、「ブラジリダーデ」は、国民国家建設を目標とする新国家体制の象徴的・統合的理念として、移民には言語的・文化的な同化を強いるものであったと言える。

繰り返し述べたように、戦前ブラジルの日系人口の大部分は農村部に偏在し(3)、植民地と呼ばれた閉鎖的コミュニティをつくることが多かったため、こういったブラジリダーデという理念の直接的影響を受けるものは少なかった。しかし、一九三〇年代以降、都市(主にサンパウロ市)に出て中高等教育を受けはじめた日系学生たちは、最初にこのナショナル・アイデンティティを象徴する「ブラジリダーデ」の洗礼を受け、エスニック・アイデンティティを象徴する「大和魂」との相克に悩まされ、両者を調停する必要に迫られた(4)。

七―二　戦後のブラジル日系人とプレゼンスの拡大

何度かくり返したように、ブラジルへの日本人移民は、一九〇八年の笠戸丸による七八一人が最初とされ、戦前の日本人移民総数は約二〇万人となる(5)。ブラジルへの日本人移民が大量化するのは、アメリカへの日本人移民が禁止された一九二四年以後であり、一九三〇年代前半にピークを迎えた後、一九四一年八月到着のぶゑのすあいれす丸移民を最後に太平洋戦争をはさんでいったん途絶する。ブラジル生まれの日系二世層が顕著に台頭してくるのは第二次大戦終結の頃からであり（前山、一九九六b、二一七頁）、日系社会からブラジル社会（ソト）に向けられた「日本文化」の積極的なプレゼンスが行われるようになったのは、さらに五〇年代からである（NEGAWA 2005: 191-202）。

戦後間もなく起こったいわゆる「勝ち負けの抗争」は、ブラジル社会のなかではじめて大きなプレゼンスを持った日系人によるイデオロギー闘争でもあった。この抗争についてその概略を述べると、次のようになる。第二章で述べたような戦中の日系人に対する排斥と情報の遮断のため、一九四五年八月一五日を境に、日本の敗戦を受け入れず戦勝を信じる人びと（信念派＝いわゆる勝ち組）と敗戦の事実を受け入れた人びと（認識派＝いわゆる負け組）との間での対立・抗争が起った。日本の敗戦を受け入れないという意味では、当時の日系人の九〇パーセント以上が勝ち組であったという。その勝ち組の中心となったのが臣道連盟である。同連盟は、戦時中の一九四五年七月、サンパウロ州内陸部のマリリアにおいて、元帝国軍人を中心に結成された日系秘密結社である。終戦直後、サンパウロ市に本拠をおき、サンパウロ州を中心にブラジル各地に支部を設置、傘下に一〇万人の日系人を組織したといわれる。次にあげるのはこの臣道連盟が掲げた綱領であるが、「臣道実践」を掲げ、その方法として、子弟の皇民化教育、特に日本語教育の必要性があげられている。

- 臣道連盟綱領

一、我等ハ大日本帝国臣民ナリ。

我等在伯同胞ハ帝国臣民トシテ矜ヲ堅持シ、日本精神ノ涵養ニ力ムベシ。而シテコレガ実現ノ道ハ祖先ヨリ継承セル左ノ美徳ヲ発揮スルヲ要ス。則チ徳義ヲ重ンジ、勤勉努力、隠忍自重シ、以テ義勇奉公ノ実ヲ挙グルニアリ。

一、我等ハ大東亜建設ノ翼賛ヲ期ス。

我等在伯同胞トシテ帝国ノ大東亜建設ヲ翼賛スルノ道ハ、先ヅコレニ即応スル教育ヲ実行セザルベカラズ。則チ敬神崇祖ノ念ヲ高揚シ、身体ヲ練磨シ、我等子弟ヲシテ皇国民トシテ練成センガタメ日本語教育ニ努力シ、特ニ成人ノ精神教育ニ力ムベシ。昭和二十年七月二十二日（宮尾、二〇〇二、一〇〇—一〇一頁）

主に勝ち組から負け組に対するテロ行為は一九四六年三月七日の溝部幾太（バストス産業組合理事）殺害からはじまる、以後四七年一月まで一〇〇件以上の襲撃事件が続き、二三人が殺害され、二〇〇〇人以上の逮捕者を出した暴力抗争に発展した。こうした事実と、終戦前後の臣道連盟から一九五四年の桜組挺身隊[6]などの暴力と示威をともなう活動が、反社会的な負のプレゼンスとして当時のブラジル社会に受け取られたことは想像に難くない。実際、一九四六年八月の第一四七回憲法制定議会の特別会において、日本人移民受入れを禁止する条項を憲法に加えることが検討されるほどに否定的な反応をホスト社会に引き起こした。日系社会内部でも、この抗争の影響は大きかった。

戦後のブラジルで、日系人によるこうした活動が起こったのは、さまざまな理由が考えられる。すなわち、一九四一年一二月の太平洋戦争の勃発とブラジルの連合国側への参加によって、枢軸国系住民への圧迫（外国語教育や言論の抑圧、行動の自由の束縛、資産凍結、サンパウロ中心部・海岸部からの排除）が強まると、日系人は「隠忍自重」を余儀なくさせられながらも、第二章で述べたように巡回教授・家庭教育によって、日本語と日本的教育文化を保持しようとした。こうしたなか、短波放送や回覧状、口コミ情報などインフォーマルなメディア[7]によって、水面下で極端なナショナリズム（最後に日本が勝利し戦勝国民となるというもの）が醸成され、一九四五年八月一五日以降、勝ち組の運動発起につながっていったと考えられる。また、戦前の日系子弟教育において、一九三〇年代に日本のナショナリズムの影響を受けた日主伯従教育に傾斜していくなか、「大和魂」「日本精神」の体得が強調されるが、それらの理念の曖昧さと解釈可能性の大きさが勝ち組・負け組両陣営の論理基盤となり、戦後の一連の抗争・運動を準備する一要因となったと考えられる。

ただ、日系社会におけるこうした日本的ナショナリズムへの一時的な揺れ戻しは、一部日系人に「臣道実践」という目的があったにせよ、日本語教育復活への一つに契機として作用したことは確かであろう。一九四七年にサンパウロ市郊外のサントアマーロ地区で日本語教育を復活させる運動が始まったとされ（モラレス松原、二〇一二、九九頁）、本書第二章で紹介したY・Kさんの日記の記述は、それを裏付けている。

こうした終戦直後の対立・抗争を経て、やがて敗戦の認識は、広く日系社会に受け入れられるようになる。戦前の日本人移民は出稼ぎ的性格が強かったといわれるが、日本の敗戦によって多くが出稼ぎ意識を捨て、ブラジルでの永住を選択しなければならなくなった。その戦後ブラジルにおける日系社会の転換点として注目されるのが、一九五四年のサンパウロ市四〇〇年祭である。サンパウロ市の要請に応じて、この祭典に参加すべく、一九五三年一月に「聖市四〇〇年祭典日本人協力会」が発足した。これは戦前・戦後を通じてはじめて誕生した日系コミュニティの統一組織であった。この四〇〇年祭では、日本政府の協力もあり、慶祝親善使節団のブラジル訪問、国際見本市への日本製品の出品、日本切手展、現代日本画展、日本祭りなどが開催された他、イビラプエラ公園内に桂離宮を模した日本館が建設された。

『移民八十年史』（一九九一）は、日系人の四〇〇年祭参加の意義を次のように評価している。

四百年祭への祭典参加は、戦前・戦後を通じブラジル日系コロニアが示した最大の統一行動だった。この祭典参加で日系コロニアは自信と誇りを回復する。また、統一行動は勝ち負けの対立で大混乱を起した日系社会を収拾し、再統一の端緒となったことでも意義は大きい（日本移民八十年史編纂員会、一九九一、二四一—二四二頁）。

そしてまさに、ブラジル日系社会が「最大の統一行動」を示したこの年、一〇月の総選挙で、田村幸重（一九一六～二〇一一）が日系初の連邦下院議員に当選したのである。後述するように、田村はコンデ時代の大正小学校に学び、日系カトリック教育機関であった聖フランシスコ学園を経て、サンパウロ法科大学を卒業した二世であった。サンパウロ市四〇〇年祭参加につづく一九五五年一二月には、三年後にせまった移民五〇周年祭への対処を前提に、先の日本人協力会の組織をそのまま移行させたサンパウロ日本文化協会（現在のブラジル日本文化福祉協会）が発足する。また、同じく日本人協力会を母胎に、「日伯の友好・文化交流」を目的にして、一九五六年一一月、日伯文化普及会が発足した。一九五八年六月一九日、先述の日本文化協会が中心となり、イビラプエラ公園内の会場に三笠宮殿下ご夫妻を迎え、五万人の日系人を集めて日本移民五〇周年祝賀会が開催された。ブラジルへの皇族訪問は移民がはじまって以来のことであり、この行事は、当時として、ブラジル社会における最大の日系移民祝賀イベントとなった。

このように、一九五〇年代における、日系社会の安定と日本人移民の定住の促進、日系人の急速な都市化、日系社会統一組織の発足、日本の経済復興など諸要素のなかで、はじめてブラジル社会（ソト）に向かった「日本文化」の積極的なプレゼンスが行われるようになる。また、それと同時に、笠戸丸移民から四〇年以上を経て、ようやく自分たちの代表者を政界に送り出す物的・心理的条件が整いつつあった。

七―三　ブラジル日系人の政治参加と日系議員の誕生

ブラジル日系人の政治参加は、戦前の出稼ぎストラテジーから第二次大戦中の「敵性外国人」という立場によって、一九四〇年代後半まで顕著な動きは見られなかった（SAKURAI 1994: 149）。

それゆえ、日系人の政治参加は、戦後ブラジルにおける日系社会のプレゼンス増大に資したもう一つの注目すべきトピックであった。その最初は、一九四七年に行われた戦後初のサンパウロ州議会議員選挙にカトリック民主党

写真7-1　田村幸重　ブラジル日系人初の連邦議員

から田村幸重、ブラジル労働党から原田啓二が初出馬したことである。この時、田村は僅差で落選、原田は選挙裁判所に登録がなかったため失格となっている（サンパウロ人文科学研究所編、一九九六、一〇四頁）。しかし、翌一九四八年、田村はサンパウロ市会議員に補欠からの繰上げで初当選（サンパウロ人文科学研究所前掲書、一〇五頁）、これがブラジル初の日系議員の誕生であった（写真7-1参照）。

　では、田村のライフヒストリーを概観してみよう。田村は一九一六年、サンパウロ市の、当時「日本人街」と呼ばれたコンデ・デ・サルゼーダス通りに、父義則・母キノ（両親とも高知県出身）の間に生まれた。田村が幼い頃、父の義則はコンデの通りでソルベッテ（アイスクリーム）を売り歩いていたという。そして、田村は、日本人の子どもだけでなく、ブラジル人やイタリア系など他の移民の子どもたちとコンデの通りを裸足で駆け回っていたという。当時まだコンデのコミュニティ学校であった大正小学校に学び、日系カトリック教育機関であった聖フランシスコ学園を経て、苦学してサンパウロ法科大学を卒業し、弁護士となった。戦後、サンパウロ市議、同州議に当選。一九五四年には、ブラジル日系人初の連邦下院議員に当選した。以後、軍政期もふくめて一九七一年まで、田村は連邦下議を四期務めている。

　田村の幼少期のライフヒストリーは、ブラジルで創作された浪曲、天中軒満月の「田村幸重少年時代」（一九六三）に歌われている。この作品は、街頭のパステル売り[8]から連邦議員に登りつめた田村を、木下藤吉郎やリンカーンになぞらえた出世物語であり、「コンデの暗いポロンの片隅で産声あげた」移民の子である田村が、「今年わずかに一一歳で母のつくったパステルを街から街へ売り歩く」姿が歌い込まれている。一九二四〜二六年頃、田村は実際に小学校の授業が終わった後、市中心部ジョアン・メンデス広場で歌を歌いながらパステルを売っていたという[9]。田村は後に、群を抜いた演説で一般ブラジル人ではとても足元にも及ばないと言われるようになる（菊地、二〇一一）が、その美声はこの頃に鍛えられたのかもしれない。

このブラジルで創作されたいわゆるコロニア浪曲については、細川（二〇〇八）が発掘し、詳細に分析している。この作品についても、同じくコロニア浪曲「平野運平苦闘物語」と比較しながら、「平野物語が典型的な悲劇の一代記であるならば、田村物語は立志出世の一代記である。どちらも完全に浪曲の物語の枠にはめこまれている」（細川、二〇〇八、四三七頁）とし、親孝行、勤勉、人種平等、キリスト教信仰の四つの教訓を含んでいることを指摘している（細川前掲書、四三九頁）。しかし、「完全に浪曲の物語の枠にはめこまれている」がゆえに、田村に仮託された日系人のストレートな嗜好性、もっというと、人間形成のモデルとなる理想的パーソナリティをここに見て取ることができるのではないだろうか。

すなわち、この作品中で、田村少年が、街で「黒ん坊」の靴磨きが悪ガキどもにいじめられているところに出くわす。田村少年は、それを止めようとするが、逆に自分の学校の「黒ん坊」の先生を侮辱され、悪ガキどもを投げ飛ばすシーンがある。ここには、「曲がったことが嫌い」で「負けず嫌い」な田村の性格が強調され、それは「僕は日本人だから」と理由づけがなされる。また、白人らしき強者で多数派の人種差別主義者への反感とともに、「黒ん坊の先生、世界で一番やさしい立派な先生」と差別の対象であった黒人にも深い愛情をもつ正義感あふれる少年としての田村が描かれている。ちなみに、ここで登場する「黒ん坊の先生」とは、田村らの恩師で、第二章、第四章で紹介したアントニア・サントス女史のことである。「人種平等主義があたかも日本人の美徳であるかのように高唱している」（細川前掲書、四四〇頁）と指摘される通り、ここでは、正のプレゼンスとしての日本人性が強調されるが、同時に現在のブラジルの政治的理念である人種的平等やブラジリダーデを体現する人格、つまり日系人としてもブラジル市民としても望ましいパーソナリティが描かれている。それは日系移民子弟として理想的なイメージであり、マイノリティとマジョリティを媒介する境界線上に創造されたものである。ここでは、「境界人は二つの社会の境界線上にあって文化的媒介者としての役割を果たすコスモポリタンであり、特定の事象をある程度距離をおいて、より広い視野と鋭敏な知性でもって客観的に、またより理性的に判断できる人間でもある」（STONEQUIST 1937: 17-18）というストーンキストの「境界人」の積極的意味が想起される。また、二つの国、文化の媒介者たる「大和魂をそなえたよき日系ブラジル市民」の育成は、戦前期ブラジル日系移民子弟教育の一方の理想でもあった。

細川も指摘する通り、この作品には「キリスト教的なメッセージ」も強い（細川前掲書、四四一頁）。田村は実際に、イエズス会のギード・デル・トーロ神父（Padre Guido del Toro　一八七六〜没年不詳）によって、最初にカトリックの洗礼を受けたブラジル日系人の一人でもあり（前山、一九九六a、一四八―一五〇頁）、ブラジル最初の日系カトリック系私立学校である聖フランシスコ学園で学び、後に教鞭を取っていた時期がある。カトリックであることは、よきブラジル国民としての重要な属性の一つであり、日系移民子弟の理想的パーソナリティの一要素でもあった。なお、田村は後に陸軍上級学校の課程も終えている（菊地前掲追悼文）。後述するように、北米同様、国家に忠誠を示すのは軍に籍をおくのがもっとも短距離であった。

こうして田村は、一九四七年一月、戦後初めての州知事・州議会議員選挙にカトリック民主党から立候補し、僅差で落選。翌一九四八年一月のサンパウロ市議会議員選挙で補欠から繰り上げ当選した（サンパウロ人文科学研究所編、一九九六、一〇四―一〇五頁）。先述したように、ブラジル日系最初の「議員」誕生であった。「当時の政界には日系人では誰一人、政治家はおらず、日系社会から是非とも市議の選出をという合言葉」であったという（菊地前掲追悼文）。

次に、政治的パフォーマンスにおける、田村と彼のエスニックな母集団である日系社会との結びつきを見てみよう。次のような興味深いエピソードがあるので、少し長いが引用する。

「田村はとにかく演説が上手かった。どの町へ行っても目抜き通りに停めたカミヨンの上で、マイクを握り一説ぶつと、ブラジル人がいっぱい集まってヤンヤ喝采を送ったよ」と、伊藤は目を細める。田村は連邦議員選挙でも常時六〜七万を得ていたという。

では、どのように洗濯屋は応援をしたのだろう。

七五年から八二年までパ協会の会長を務めた岡本正三（七五、和歌山）は、「選挙のたびに、洗濯したお客さんの服のポケットにビラを忍ばせるんです。あの頃、自分の候補を決めていない人なんかは、けっこうそれで投票したもんです。日系だからガランチードだろう、なんてね（笑）」と説明する。

伊藤も「昔は僕らがポケットに入れたビラを投票箱に入れれば、それで一票になった。印刷でも手書きでも良かった」という。

もちろん中には、怒る客もいた。「反対党のお客さんから怒られたよ。こんなもん（ビラ）いれるなら、もう持ってこないって」と山本は話す。

このように選挙権のない移民でも、間接的に数万票も左右することができた。「昔は、洗濯屋は〝選挙の神さま〟と言われていたんですよ。洗濯屋に足を向けて寝れない政治家が何人もいるってね（笑）」（岡本談）（深沢、二〇〇六年八月九日）。

戦後の一時期まで日系人のエスニック職業と言われた洗濯業者と田村の結びつきを語る証言であり、彼のエスニックな基盤を示している。元ブラジル都道府県連合会会長Y・A氏は、「田村さんの選挙活動として、みんなで洗濯屋のトラックに旗を立ててね、あっちこっち宣伝に回ったよ」と回想する。田村の選挙運動には、洗濯業者のほかに、当時やはり日系人のエスニック職業と言われた青果業者、カトリック系団体などほとんどの日系団体が何らかの協力をしたという。ブラジルの公人たる政治家になるために、エスニックな基盤を最大限に利用した例であろう。

時あたかもジュセリーノ・クビチェック大統領時代、「五〇年の発展を五年で」のスローガンのもと、経済の大躍進政策が展開されていた。田村はクビチェック大統領の側近として、高度経済成長に入りつつあった日本とブラジルの仲介役となる。一九五〇年代後半以降、ブラジルは日本企業進出ブームを迎え、田村は、日本からブラジルへの最大のプラント輸出といわれたウジミナス製鉄所（一九五八年発足）やイシブラス造船所（一九五九年発足）建設に尽力、同年に連邦議員訪日団長として訪日、一九六四年からはじまる軍政期には駐日ブラジル大使に推されたこともあった。

以上見てきた田村の例から、移民子弟が自身の属するエスニック集団を基盤とし、そこから強い文化的影響や支援を受けながら、国家に奉仕する政治家になるという境界人性を見出すことができる。また、母国ブラジルと父母の国日本の間に立ち、ウジミナス製鉄所建設など国家的プロジェクトを実現させるという行動から、両国家間にまたがる境界人性を見ることもできる。先の浪曲では、田村のライフヒストリーは、「今は繁華なビルの町」に発展したサンパウロで、「刻苦不撓」の末、「今や市会、州議や連邦議員」となり、「世界屈指の製鉄場ウジミナスを建設し」、「日伯またにかけ」て活躍、「これぞわれらコロニアの誇り」と結ばれる。そこには、ブラジルの日系移民子弟として理想化されたパーソナリティの一つの極を見ることができる。

田村が連邦議員を辞した翌年の一九七二年は、日系人の政界進出の大躍進期であった。『移民八十年史』は、「一九七二年から七三年にかけての時期はブラジルにとっても日系社会にとっても大きな転機となった時期である。（…）日系コロニアでは一九七二年の地方選挙で日系候補が大躍進し、全国で市長一三、副市長一四、市会議員一三七名と、二世が大量に地方政界に進出した。前回の六八年地方選挙では市長六名、副市長三名、市会議員一九名、計二八名だから約五倍の当選者数となる」（日本移民八十年史編纂委員会、一九九一、二六四頁）と、その躍進ぶりを伝えている。

田村幸重以降二〇〇九年までに、日系で連邦下院議員に当選したのは、表7-1の通りである。(10) なお、田村は二

表 7-1　ブラジルの日系連邦下院議員（1954 ～ 2009）

氏名	選出州	初当選年	辞任年	任期
田村幸重	サンパウロ	1954	1971	4 期
平田進	サンパウロ	1962	1975	3 期
宮本実	パラナ	1963	1979	4 期
上野アントニオ	パラナ	1966	1999	8 期
野村丈吾	サンパウロ	1970	1995	5 期
救仁郷マリオ	サンパウロ	1974	1979	1 期
森本アントニオ	サンパウロ	1974	1995	3 期
増田稔	サンパウロ	1975	1979	1 期
羽藤マリオ	サンパウロ	1978	1987	2 期
タダノ・マサオ	マットグロッソ	1982	1987	1 期
伊波興祐	サンパウロ	1986	1999	3 期
具志堅ルイス	サンパウロ	1986	1999	3 期
栗木忠	サンパウロ	1990	1995	1 期
荻堂ロメオ	パラナ	1990	1999	2 期
井口マコト	サンパウロ	1990	1995	1 期
高山イツオ	マットグロッソ	1990	1995	1 期
神谷牛太郎	サンパウロ	1994	1999	1 期
小林パウロ	サンパウロ	1998	2007	2 期
高山ヒデカズ	パラナ	2003	—	現役（2 期目）
飯干ワルテル	サンパウロ	2006	—	現役（1 期目）
ウイリアム・ウー	サンパウロ	2006	—	現役（1 期目）
谷口カシオ	パラナ	2006	—	現役（1 期目）

SILEG（2007a）などに拠って作成。ここで「現役」とするのは、2009 年の時点である。

〇一一年七月、サンパウロで九六歳の天寿をまっとうした。

七―四　日系ブラジル人政治家の境界人性とパーソナリティ形成

本節では、ブラジルの日系連邦議員中もっともその任期が長く、日伯議員連盟ブラジル側代表も務めた上野アントニオ元連邦下院議員のライフヒストリーを参照しながら、その日系移民子弟教育の影響、境界人的特性とパーソナリティの形成を検証してみよう。

上野は、一九二二年、パラナ州カンバラ市アグア・デ・ブーグレ耕地に父米蔵・母菊枝（両親とも福岡県出身）の長男として生まれた。パラナ州は、現在でもサンパウロ州についで日系人口が多い州であり、カンバラはサンパウロ州との州境に近い町である。カンバラ日本人小学校で尋常・高等科合わせて八年間学び、同時にブラジル小学校であるジェネローゾ・マルケス小学校でも学んだ。日本とブラジル公教育の二重教育を受けた典型的な例である。また、小学校卒業後も早稲田中学の講義録を取り寄せ、日本語を引き続き勉強したという。一九四〇年、一七歳の時、当時の多くの裕福な日系子弟がそうであったように、上級学校進学のためサンパウロ市に出た。ブラジル拓植組合事務所で働き、日系子弟の多く学んだアルバレス・ペンテアード商業学校の夜学に通う。一九四五年、リオデジャネイロ総合大学法学部を卒業し、翌一九四六年にカンバラへ帰郷、家業を引き継ぎ綿花の買い付けに従事。一九五四年、三一歳の時、市会議員に立候補し最高点で初当選、政治活動をはじめる。一九六二年、パラナ州議員に当選、パラナ州初の日系州議となる。その後、一九六六年、四三歳で連邦下院議員に当選する（写真7―2参照）。

以上の経歴(11)から、連邦下議当選の一九六六年までは、日系コミュニティが強力なインテグレーションをもつパラナ州北部を基盤に、父米蔵の起した事業と政治活動を続けてきたことが知られる。上野は前節の田村よりも六歳若く、パラナ州の農村を基盤としている。彼のライフヒストリーからは、サンパウロ市出身の田村とは異なった日系政治家の事例を導き出すことができるであろう。

筆者が直接接した日系議員経験者のなかで、上野は読み書きも含めて、もっとも日本語の流暢な人物であった。上野の掲げた政治的・道徳的理念やスローガンには、意識的にしろ、無意識的にしろ、しばしば日本文化や東洋哲学の影響が見られる。以下に、いくつかを引用してみよう。

○「遺せしもの（米蔵の教え）」として、「上野家は米蔵以来八十四年の長い歴史の中で五世の世代に至ったが、義雄（筆者注――上野の日本名）は常に農村移住者の無形の財産である正直、勤勉をモットーとした（上野、一九九七、六頁）。

○座右の銘　日本の戦国武将武田信玄の「風林火山」（上野前掲書、八頁）。

○好きな言葉「人事を尽くして天命を待つ」（上野前掲書、八頁）。

○日本の文化、歌謡や踊りなどで言葉の伝承を行うことが大切であると共に、孔子の教えである①祖先の恩を忘れないこと、②親への感謝、③師の恩、④良い事は正義をもって行えという言葉の遵守、そして、知識を尊び誠実をもって事に当れば愛情が生れ、必ず幸福になる（上野前掲書、一一頁）。

写真7-2　上野アントニオ元連邦下議（上野アントニオ氏提供）

○私（筆者注――上野自身）の思っている大切なことの一つは「中庸を得る」ということである。政治に於ても余り過激ではいけない。調和と理解が要求される（上野前掲書、一二頁）。

○「温故知新」（上野前掲書、一二頁）。

その他、上野には、「大和魂」や「日本精神」といった言葉を引用することを好む傾向がある。これは、政治家としてブラジル国家に帰属しながら、文化的にはエスニックな出自の影響のもとにある境界人性の表出と考えられよう。では、こういった境界的な性格やパーソナリティはどうのように形成されたのであろうか。日本の「伝統的な」倫理観や理念の体得について、上野はインタビューにおいて、父からの影響[12]、日系小学校で学んだこと、読書によって自習したことを挙げる。特に、カンバラ日本人小学校では高等科をふくめて八年間、日本語と日本精神をきびしく叩き込まれたという。言語については、「きちんとした日本語を話したり、読み書きできないのは、日系人として恥ずかしい」と述べ、また「政界においても、商売においても、成功の鍵は日伯両語ができたためである」と語った。これは、上野ら移民二世がナショナルな言語（ポルトガル語）とエスニックな言語（日本語）の境界におかれ、両者を媒介する存在（二言語人）となることを期待され、実際にそうなっていったことを示している。この媒介性は、彼らが二つのナショナリズムのはざまで苦悩した単なる被害者としてだけでなく、二言語能力を武器に、複数のアイデンティティに折り合いをつけて再編し、各々のパーソナリティを形成する主体的存在としてとらえられることを示唆している。

ここでは、先述の田村や上野らブラジル日系二世世代が第二次大戦前に受けた教育に焦点をしぼって、境界人的な性格やパーソナリティ形成の背景と要因について考察してみたい。彼らが初等教育を受けた一九二〇～三〇年代、日系移民子弟教育は学齢児童の増加もあって、徐々に発展しつつあった。先述したように、日系小学校は、ウチには各日系移民コミュニティを統合する機関として機能し、ソトには「日本文化」の集団的表象の主体としての役割を担い、同化政策を掲げる当局の弾圧の対象にもなった。ブラジルに限らず、日系教育機関の果たした役割について、例えば、森本（二〇〇五）は、アメリカのエスニック・コミュニティ母語学校としての日本語学校を研究するなかで、「言語の機能にはコミュニカティブな言語運用的側面と象徴的な側面がある。仮に、前者に変化が生じ、母語話者が消滅の危機にさらされたとしても、後者は生き残り『集団の表象、象徴、復興の契機』となりうる」というエドワーズの指摘（EDWARDS 1985: 17）を引き、「母語学校の役割は、まさに、この両面に目を配る必要がある」とし、「年中行事や運動会を通じてのコミュニティセンター的役割」など、日系教育機関の多様な役割を指摘している（森本、二〇〇五、八九—九〇頁）。

一九三〇年代、特にその後半には、ブラジルの日系移民子弟教育の主流は、先にあげたヴァルガス政権の文化政策としてのブラジリダーデの理念化と時に同調、時に背反するように、日本のナショナリズムの影響を強く受けるようになった。その方向性は、伯主日従主義と日主伯従主義が並存しつつも、「和魂伯才論[13]」が台頭し、後者の比重が増していく傾向にあった。当時のブラジル日系教育機関に期待された役割は、『移民七〇年史』に以下のようにまとめられている。

日本の秀れたものを子弟に継承させる方法は日語教育をおいてはないと信じ、世界無比の皇統連綿の神国、世界を導く選ばれたる民族、悠久の大義、八紘一宇、東亜共栄圏、絶対不敗の皇軍、といったことを環境とはまったく無縁な次元で子弟に注ぎ込む努力が続けられた（ブラジル日本移民七〇年史編さん委員会、一九三〇、七七頁）。

これら一九三〇年代の日系教育機関では、一方では「大和魂をそなえたよきブラジル市民」を志向しつつ、天長節をはじめとする四大節などの行事がコミュニティの成員の参加の下に執り行なわれた。第三章で述べたように、「御真影」の拝賀や「教育勅語」奉読といった行為を通じて、皇民化教育（すなわち真の「日本人」になるための教育）の比重も増していった。

先述のように、この時期の日系教育機関は、ポルトガル語との二重教育を行いつつも、日本の小学校に準拠したシラバス、カリキュラムで授業を行ない、「修身科」をもつ学校が多かった。「大和魂」の理念はブラジル日系社会のコンテキストにおいて、遠隔地ナショナリズムのもと、移民子弟教育の問題とからめて、戦前期に「第二世」アイデンティティを形成するための一つの拠り所とされた。例えば、一九〇八年の第一回笠戸丸移民の監督官として渡航し、「ブラジル日本移民の父」と呼ばれる上塚周平は、移民を「大和魂の移植」とし、「伯国に来りたる以上は必ず此の国の法令を尊奉し、風俗習慣に同化する事を極力勉めざる可からず、又恋及び思想には国境あることなし」と規定した（上塚、一九三三年六月一八日）。すなわち、上塚の意見に代表される「和魂伯才」とは、精神面では和魂という日本精神がブラジルのそれよりもすぐれており、日系子弟もまたその精神性を受け継がねばならないが、居住国であるブラジルの法令や言語、習慣、生活様式を尊びそれに適応・同化することも重要であるとし、それらの相互作用のもとに、すぐれた日系二世（後継者）を育成していこうという考えを理念化したものであった。ただし上塚は、ブラジル文化への同化に関して、「断じて大和魂にそむく同化は許すべからず」と、精神面においては、日本精神（大和魂）の優位性を明言している（上塚前掲記事）。

こうした傾向に対して、日系子弟のなかにはもちろん反発する者もいたが、戦前のブラジルではそれはごく少数派であった。田村や上野の世代では、多くの日系子弟が日系教育機関とブラジル公教育機関の両方に学び、日本語とポルトガル語の二重教育を受けた。そのため、日本精神（大和魂）の優位性を理念化した教育の影響を受け、ブラジル文化との間で葛藤を生じ、境界人的パーソナリティを形成することとなった。ただ、ここで忘れてならないのは、移民子弟がナショナル・アイデンティティとエスニック・アイデンティティの境界におかれた存在としてとらえられるだけでなく、複数のアイデンティティに折り合いをつけて再編し、各々のパーソナリティを形成する主体としてとらえられることである。この意味で、境界人とは、そのパーソナリティを形成するに当たって、複数の文化の影響を受けながら、みずからの経験や状況に即して主体的な選択を繰り返していく性格をもつことを確認しておきたい。

田村や上野など、ブラジルで軍事政権のはじまる一九六四年以前の「第一世代」の日系政治家たちは、日系コミュニティに基盤をおき、日系票を獲得することによって議員に選出されていた（SAKURAI 1994: 128-129）。また、田村のように、日系企業進出時にウジミナスのような日本の大型プラントのブラジル導入に貢献したり、上野のように日伯議員連盟ブラジル代表として長く活躍、また近年はバイオ・エタノール生産者の一人として日本側から注目されたり、まさに境界的な媒介者としての役割を果たしていた。

ただ、田村は弁護士出身でポルトガル語での演説が巧みであり、連邦議員を退いた後も長くサンパウロ市会議員として自分の出身都市の市政に携わり続けた。これに対して、上野はより長く連邦議員の地位にとどまったが、カンバラの上野商会を父から引き継いだだけでなく、晩年までサンパウロ市でのホテル経営やバイオ・エタノール生産に携わるなど実業家としての性格を強く有していた。田村がブラジル人として敬虔なカトリックであることを前面に押し出していたのに対して、上野は日本精神や東洋哲学への親しみが深く、日系議員中でも日本語能力は卓越していた。こうした両者の相違は、田村がサンパウロ市のマルチエスニックな環境で育ち、日系人として最初に洗礼を受け、カトリック系の私立学校で学んだのに対し、上野は農村に近接した地方小都市の出身で日本語と日本文化の濃厚な影響下に成長したことに期せられるかもしれない。ヴァルガスの新国家体制期に、田村がサンパウロ法科大学で多くのブラジル人学生に交じって学んでいた頃、上野はサンパウロの同じ空気を吸いながら、日本の進出企業ともいえるブラジル拓植組合で日本人に密接しながら生活していたのである。

こうした「第一世代」に対して、一九六四年以後の軍事政権台頭後、「第二世代」に属する日系政治家のなかには、必ずしも日系社会との関係に頼らず、その職業カテゴリーや組合に基盤をおき、政治活動を行なう者が現われた（SAKURAI 前掲書：128）。銀行労連の闘士として頭角を現わし、現与党PT（労働者党）の創立者の一人となり、前ルーラ政権の官房長官を務めた具志堅ルイスなどはその典型であろう[14]。こういった「第二世代」の日系政治家の日系社会離れは、時代背景や軍政期におけるブラジリダーデ理念の再評価と軌を一にしているように考えられる。

先述した日系政治家たちの日本とブラジルを媒介する境界人としての主体的性格は、次のような「第三世代」に属する人びとの事例において、より顕著に見ることができる。筆者が日系政治家と日系軍人の調査を集中的に行った二〇〇七年から二〇〇九年にかけて、「第三世代」ともいえる現役の日系連邦議員は、高山ヒデカズ、飯干ワルテル、ウイリアム・ウー、谷口カシオの四人であった。なかでもウイリアム・ウーは、サンパウロ市議から一足飛びに連邦下院議員に当選した若手のホープであったが、父が台湾系（ただし、元日本陸軍軍人）で母が日台混血、妻が韓国系二世と複雑な出自・背景を有しており、ブラジル人としてのナショナル・アイデンティティだけでなく、日中韓にまたがるアジア系エスニック・アイデンティティという多重的な境界人性をもつ政治家である。

先に、田村や上野のブラジルと日本の両国家にまたがる媒介者としての役割について指摘したが、これは両者のバイリンガルな言語能力にも大きく拠っている。「第一世代」の田村や上野は流暢な日本語を話し、読み書きもできるが、「第二世代」以降の日系人になると、日本語会話はできても読み書きの能力はない、あるいは「第一世代」に比べてかなり劣ることになる。例えば、ウイリアム・ウーは日本語を話せず、言語的にもどのような役割を担えるかは未知数である。ただ、ウーは筆者とのインタビューのなかで、「自分は日本的な教育を受けた父に厳しく育てられた。特に、私的なことより公的な仕事に尽くすというようなことだ。現に今日、妻は出産間近で病院にいるが、自分は公務が忙しくいっしょにいてやれずにいる」と語り、自分が「日本的」な倫理観の影響を受けていることを強調した。ウーの父は台湾出身だが、日本で高等教育を受け、終戦時は帝国陸軍軍曹であったという。

また、二〇〇六年の選挙で選出された四人の日系議員のうち、二期目の高山がPMDB（ブラジル民主運動党）、飯星と谷口がPFL（自由前線党）、ウーがPSDB（民主社会党）と出身政党はばらばらであったが、いずれも日伯関係の強化や在日ブラジル人問題への取り組み、日本人移民百周年祭典への協力を表明していた。また高橋は、「私たちは日本人の子孫として、私たちの利益、文化を守るつとめがある。ブラジルで日本との交流のパイプになり、私たちの新しいアイデア、努力次第で日伯関係はより大きなものになる」（『ニッケイ新聞』WEB版、二〇〇七年二月一〇日）と、日本との交流の媒介者としての役割を強調する談話を発表し、飯星やウーは在日ブラジル人問題に深い関心を示している。このように、日本移民百周年やデカセギ、環境問題との関係もあって、「第三世代」の日系議員は日本との関係強化を促進する役割という言説を再生産・再確認しており、その媒介性への期待に応えようとしている。ここには、「日系政治家＝日本との媒介者」という境界人的パーソナリティを積極的に再生産する主体的性格を見て取ることができる。

七-五　日系ブラジル軍人の境界人的パーソナリティ

政治家と同じく、軍人も国家に属し国家に忠節を尽くすべき公人である。この点において、国家に対する帰属意識や忠誠といった点で、ゆるぎを持たない（あるいは持てない）社会的存在であると見られている。しかし、筆者が観察し、インタビューを試みた日系ブラジル高級軍人のなかには、日系子弟としての強いエスニック・アイデンティティを有すると見られる者が多く、「マージナルなパーソナリティは、自らの意志とは別のところで二つあるいはそれ以上の異なる歴史的伝統、言語、政治的忠誠、道徳規律、あるいは宗教に組み入れられた人々のなかに最も明白な形で見出される」（STONEQUIST 1937: 3）といったストーンキストの「境界人的パーソナリティ」のカテゴリーに合致すると考えられる。本節では、日系ブラジル軍人の境界人的パーソナリティ形成について検討してみよう。

軍人の境界人的特性がもっとも緊張感をもって現われた例の一つは、アメリカの、特に太平洋戦争時の日系二世兵士のものであろう[15]。彼らや兵役の活躍を拒否した日系子弟については、多くの記録や研究がある。これらの研究成果にしたがい、戦中の日系子弟の態度を分類すると、アメリカ陸軍第四四二連隊戦闘団の一員だったスパーク・M・マツナガ（後にハワイ州選出上院議員）のような「忠誠」派があり、その対極に「ノーノーボーイ」と呼ばれたアメリカへの「不忠誠」派（協力断固反対派）の存在があった（ホソカワ、一九七一）。また日本留学中に徴兵され日本軍に従軍した日系青年たちもいた。このように、太平洋戦争中のアメリカ日系子弟のアイデンティティは、アメリカ（ナショナル・アイデンティティ）と日本（エスニック・アイデンティティ）の間で引き裂かれることとなり、多くの悲劇を生むと同時に、複雑なパーソナリティを形成することとなった。興味深いのは、しばしば指摘されているように、「忠誠」派、「不忠誠」派の両者とも、「大和魂」や「武士道」といった理念に支えられながら、自己の選択理由を説明している点である（ホソカワ、一九七一、大谷、一九八三、デイ、二〇〇〇、渡辺、二〇〇一）。

例えば、「忠誠」派としては、アメリカ陸軍の日系人兵士で、第二次大戦中に唯一名誉勲章を授与されたサダオ・ムネモリ上等兵の例があげられる。彼はイタリア戦線で、ドイツ軍の手榴弾が炸裂する直前に自分の身体をかぶせて爆死、二人の仲間の命を救ったことによって受章した。その彼が戦場に赴く前にマンザナ収容所にいた家族と会った時、彼の母親が「日本人として恥ずかしくないように、あなたの国アメリカのために戦いなさい」と言い聞かせていたのを、彼の実姉が証言しているという（渡辺、二〇〇一、一一〇頁）。また、第四四二戦闘団の旧戦場をかつての二世兵士たちがめぐりながら、「我々にはヤマトダマシイがあったから、あんな無謀な戦闘ができたんだ」と納得しあう様子が観察されている（渡辺前掲書、一二頁）。そして、「戦場においては、日系二世が恥ずかしくない戦いをする精神的な支柱、拠り所になったのがヤマトダマシイではなかったか。もちろん、旧日本軍で使われた『大和魂』とは意を異にするもので、『日本人として誇れる心』といった意味に解するほうが実相に近い」という指摘がなされている（渡辺前掲書、一二頁）。

こういった「忠誠」派に対して、「不忠誠」派の態度とその心理はどうだったのか。先にあげた「ノーノーボーイ」と呼ばれた日系子弟のなかには、アメリカ市民権放棄を希望する者もいたが、その理由はさまざまであった。「大和魂」や「武士道」という理念に関していえば、例えば、「ユタ州のモアブ拘留所で、すでにアメリカ市民権放棄と日本帰国を申請していた帰米のなかには、切腹するぞという意味で、何度も自分の腹に拳の絵を描く者がいた」という例が紹介されている。これに対して、デイ（二〇〇〇）は、次のように、「不忠誠」派の「ノーノー」という態度への「武士道」の影響を想定している。

アメリカ市民権の放棄とは、アメリカ人であることを放棄すること、つまりアメリカ人としての死を意味している。武士道、つまり「臣が君と意見を異にする場合、彼の取るべき忠義の途はリア王に仕えしケントのごとく、あらゆる手段をつくして君の非を正すにあった。容れられざる時は、主君をして欲するがままに我を処罰せしめよ。かかる場合において、自己の血をそそいで言の誠実を表わし、これによって主君の明智と良心に対して最後の訴えをなすは、武士の常としたるところであった」（新渡戸稲造『武士道』岩波文庫、一九九五、八四―八五頁）という教えのかけらが、帰米の腹の拳にこめられているならば、それは、アメリカ人でありながら強制的に収容所へ追いつめられ、かつ抗議という「表現の自由」の行使によって犯罪者に仕立てられるという不条理への、死をもっての抗議だったといえるだろう（デイ、二〇〇〇、一二四頁）。

こうした北米での事例にも、「忠誠」派、「不忠誠」派といった国家に対して正反対の態度に分裂しながらも、大和魂や武士道というエスニックな文化理念を参照しながら、経験や状況に応じて境界人的パーソナリティを創出していこうとする主体性が見られる。また、終戦後のブラジルでも、こうした「大和魂」や「武士道」という理念は、その曖昧さと解釈可能性の幅の広さから、勝ち組・負け組両陣営の論理基盤となり、さかんに準拠され、引用された。

このような北米での、ある意味極端な選択を迫られた場合に比べ、ブラジルにおける日系子弟の場合、「大和魂」や「武士道」、「日本精神」という理念はどのように作用したのだろうか。以下、ブラジルにおける何人かの日系高級軍人、特に将官にのぼった人びとのライフヒストリーや証言を事例として紹介し、彼らの境界人性やパーソナリティ形成について検証してみよう。

管見の限りでは、戦前、ブラジル日系人の間で職業軍人としての正規教育を受けた者はほとんどいなかった。戦中の日本人は敵性外国人扱いであったため、ブラジル軍にしたがってヨーロッパ戦線に従軍した者は、氏原正明（二世、陸軍軍医中尉）が有名であるが（UDIHARA 2002）、他にも相当数の二世従軍者がいたことが証言されている(16)（**写真7―3参照**）。ただ、こうした二世たちも日系人口全体からみると少数に過ぎず、日系子弟のブラジル軍人への道は、戦後のブラジル社会、日系社会両者の質的・構造的転換によって生み出されたものといえる。大戦中の敵性外国人扱いから約半世紀後、ブラジル最初の日系空軍総司令官になった斉藤ジュンイチ空軍大将（写真7-4参照、二〇一三年退役）、小松パウロ・カズノリ陸軍中将、和田ノリアキ海軍少将をはじめ、多くの日系高級軍人を輩出している。[17]

ブラジルの日系人で最初に将官の地位にのぼったのは、陸軍の小原彰である。小原は、一九四〇年、サンパウロ州内陸部のアラサトゥーバ生まれ。筆者は何度かインタビューを実施し、小原はその都度快活に答えてくれた。[18]インタビューによると、祖父は日露戦争に従軍。母は彼が四歳の時に亡くなったという。日本語教育は幼い頃、父や兄弟から受けた。当時のアラサトゥーバ周辺には日系人が集中しており、その影響はひじょうに強かったという。サンパウロ州内陸部には、先の臣道連盟が生まれたマリリアやこのアラサトゥーバのように、戦後勝ち組の活動の影響で、反動的に皇民化教育がさかんになった地域があった。小原も幼少期に「少国民」的な気分を共有したと推測される。彼のインタビューに戻ろう。家は貧しく家族は多く、大学に行きたかったが、家にはとても進学の余裕がなかった。そんな時、陸軍に入ったら衣食住の心配をしなくてすみ、腹いっぱい食えて給料ももらえると聞いて、士官学校を志望した。陸軍への入隊は、一九五八年である。その後の経歴を簡単に記すと、「一九六三年アグーリャ・ネグラ陸軍士官学校卒業。機甲師団の指揮官。陸軍大佐、騎馬隊。ピラスヌンガ戦車軍団総司令官、駐ワシントン・ブラジル国大使館武官長（大佐）を経て、一九九五年、フロリアノポリス陸軍第一四歩兵旅団司令官（少将）に就任」（パウリスタ新聞社、一九九六、七〇頁および筆者のインタビューによる）となる。

小原は、一九九五年、陸軍少将に任官し、日系ブラジル軍人最初の将官となった。このことから、日系社会における期待や注目度も高く、コミュニティ内、特にブラジル日本文化協会におけるさまざまな役職を歴任している。二〇〇〇年の退役後は、日本文化協会理事、ブラジル日本移民百周年祭典委員会総務委員を務めた。また、二〇〇五年から、日本移民百周年事業の一つである「Japan Experience—日本文化体験」のコーディネーターを務め、二

写真 7-3　第二次世界大戦中ヨーロッパ戦線へ派遣されたブラジル二世兵士（ウーゴ明氏提供）

写真 7-4　ブラジル空軍総司令官就任式での斉藤ジュンイチ大将（2007 年筆者撮影）

〇〇六年七月、海外日系人大会パンアメリカン大会（会場サンパウロ）参加時には、小原を中心に日系退役軍人の会（Associação de Militares Nikkey=AMNI）の結成式が行われた。

日系将官の長老として公的な場での発言も多いが、その発言は「小原節」と呼ばれ、武士道や大和魂など日本精神への極端な傾倒が見られる。一例として、二〇〇四年一〇月二二日に日本文化協会小講堂で行われたブラジル日本移民百周年記念祭典協会主催の小原（当時同協会総務委員長）による講演会「百周年祭典の意義について」をあげることができる。以下に現地の邦字新聞に発表された講演の概要を引用する。

「…神風は二度吹いた」。小原総務委員長は熱く語った。「二度の蒙古襲来から守られたことで、神のご加護が証明された。第一代の神武天皇から始まり、百二十五代となる今上天皇への系譜。我々は全てパレンチ（親戚）であり、日本に生まれた父母・祖父母を通して一系に連なっている」と力説した。

天皇即位十周年記念ビデオ『奉祝の灯』の一部などを上映。全員が起立して、君が代を斉唱した。天皇家、日の丸、君が代が日本の三大シンボルであるとし、その意義を説いた。「私たちはブラジルに生まれたが、このシンボルをどのように考え、どこへ向かったらいいのか？」と真摯に問うた。

さらに、同委員長は、後醍醐天皇のために一命を投げ打ち、戦前は皇国最大の英雄と慕われた楠木正成の有名な言葉「七生報国（しちしょうほうこく）」を説明した。この精神は、昭和の日本軍に受け継がれ、第二次世界大戦のおりには神風特攻隊が編成された。

加えて、パラグアイ戦争の時、パ国軍に囲まれながらも、民兵と共に最後まで勇敢に戦って散ったアントニオ・ジョアン中尉の「死ぬのは分かっている。でも私と仲間の血は、わが祖国への侵略に対する永遠の抗議となるだろう」という言葉を引用し、愛国心の重要さを訴えた（『ニッケイ新聞』ＷＥＢ版、二〇〇四年一〇月二六日）。

ここには、過剰とも受け取れるほどの皇室への敬意、武士道や日本精神への賛美と傾倒が見て取れる。ただ、見落としてはならないのが、パラグアイ戦争当時のブラジル英雄譚を引き、武士道や日本の精神美とブラジルへの愛国心の共通性が語られている点であろう。この講演のなかで、小原はまた、「我々は何処からきたのか。そのオリジンが分からなくなれば、Autenticidade（真正さ、純粋性）を失ってしまう」と説いた。つまり、小原のなかでは、大和魂とブラジリダーデが対立・相克するのではなく、共通し、補完し合うはたらきを持っていると考えられるのである。

なぜ軍人になる道を選んだのかという筆者の質問に、小原は、「自分たちが経験した日本移民の教育にはまだ修身の影響が強く、軍人になる教育と共通する部分が多かった。士官学校はきびしかったが、そのきびしさに違和感を覚えなかった」と答えている。戦術論では、「孫子」や宮本武蔵も研究したといい、ブラジルの士官学校では、旧日本軍の戦術分析は重要なトピックであったと語っている。また、個人的には、外務省の招聘で日本を訪れた時、広島を訪れ、その復興の早さに驚嘆し、日本人の子孫であることを誇らしく思ったという。鹿児島にも足を伸ばし、西南戦争の戦跡めぐりも行った。楠木正成や西郷隆盛を尊敬しているという小原は、ブラジル軍人としては過剰ともいえる日本精神や伝統への傾倒ぶりを示している。小原のこうした日本への傾倒ぶりは、彼の受けた日本的教育の影響もさることながら、軍人として日本軍の戦術を冷徹に分析した経験にもとづくことを考慮する必要があろう。

次に、現役の日系軍人の例を検討してみよう。柴田アウグスチーニョは、二〇〇七年一一月に空軍少将に叙任した。以下は、柴田へのインタビューによって明らかになった彼の経歴である[19]。柴田は、一九四六年にサンパウロ州レジストロに生まれ、そこで育った。レジストロ地方には、一九一三年に渋沢栄一らの肝いりで最初の日本人が入植し、その後、日本の国策移民会社である海外興業株式会社の直轄植民地となった。ブラジルでもっとも古く日系植民地が営まれ、現在でも日系人の影響力の強い地域となっている。柴田はそこで戦後復活した日本語学校に学んだ。「レジストロは日本人が開いたところで、当時も日本の文化や伝統が生きていた」という。空軍への入隊は一

写真7–5　ブラジル空軍COTAR総司令官 柴田アウグスチーニョ少将（2009年筆者撮影）

九六五年一九歳の時で、バルバセーナの空軍士官学校に幹部候補生として入ったのが軍人としてのキャリアのはじまりである。その後、順調に昇進を重ね、二〇〇七年一〇月にはCOTARという空軍陸戦部隊の総司令官に就任している。一世の妻を持ち、叙任式の時、日本語も堪能な親日家と伝えられている。邦字新聞は「武士道精神の日系空軍少将が誕生」と報じた。実際、柴田は同紙のインタビューに次のように答えている（写真7–5参照）。

——どうして軍人になったのか。

日本の武士道に憧れていて、幼少の頃より剣道もやっていたし、硬派の自分には軍人が向いていると思い、友達と三人で試験を受けたが、私だけ受かってしまった。

——どんな思いで仕事をやってきて、また、現在はどんな心境ですか。

私なりに一生懸命にやってきたが、一番励ましになったのは家族とその関係です。妻の巨子の父は福井県人会の会長を長年やり、九十三歳の現在も元気です。いろいろ今まで薫陶いただきましたし、妻にも本当に感謝してます（『ニッケイ新聞』WEB版、二〇〇七年一一月三〇日）。

ここでは、日本の武士道精神への憧れや剣道の経験が、軍人になった動機として語られている。小原のように過剰とも取れる武士道や日本精神への賛美は見られないが、少なくともそうした日本文化への傾斜は否定することはできない。ただ、筆者がインタビューした時、「幼少時に叔父の影響で剣道は習ったが、野球をしている時間の方が長かった。野球は今でもやっている」と語った[20]。同少将に武士道精神について訊ねたところ、「仁義礼智忠信孝悌の八徳を奉じている」とし、「これは日系コミュニティや日本文化、日本語学校での教育の影響もあるが、主に本で読んだものだ」と答えた。また、「これらの徳は日本固有のものではなく、西洋やブラジルにもあるもので、特別武士道精神や大和魂として意識しているわけではない。よいもの（筆者注――武士道や大和魂の特徴とされている徳）は日本でもブラジルでも人類共通のものだ」と明言した。先に小原の項でも述べたように、ここには、大和魂とブラジリダーデに共通の道徳基盤を見る考え方が示されている。すなわち、柴田のなかでも、大和魂とブラジリダーデは対立・相克するのではなく、共通した積極性を持ち、相互に補完するものとして理解されていると考えられるのである。

その他、サンパウロ市の日系エスニックタウン東洋街の日系商工業者団体であるリベルダーデ文化福祉協会（ACAL）の事務局長も務めたA・H元空軍大尉（現在は実業家）の例をあげることができる[21]。A・H元大尉は、「私は日本の武士道に深く尊敬の念を抱いています。私の夢は、吉川英治の『宮本武蔵』を日本語で読むことです」と筆者に語ったことがある。吉川英治『宮本武蔵』は、後藤田礼子訳で *MUSASHI* vol.1, vol.2として、一九九九年八月、一一月に発行され、ブラジル人の間で爆発的にもてはやされた。軍人や元軍人が、主人公武蔵が禁欲的な修養の後に一個の武人として成長していく姿に共感を抱くのは理解できる。自分が武蔵と同じ日本人の子孫であり、同時に武をもってブラジルという公につかえる軍人であることは、日系人としてのエスニック・アイデンティティを補強し、ブラジル軍人としてのナショナル・アイデンティティをも再編する強力な素材たり得ると考えられる。

戦後の日系ブラジル軍人の場合、太平洋戦争中のアメリカ日系人のように、「一二〇パーセントの忠誠」か「ノーノーボーイ」になるような究極の選択を迫られるような局面がなかった。また、戦時の体験としても、実際に日本兵と戦闘を交える局面もなく、一部の地域、日系社会指導者や当局の言う「第五列」「反政府過激分子」を除いて強制収容も行われなかった。そのため、エスニック・アイデンティティとナショナル・アイデンティティの相克も極端に激しいものとはいえず、両者は逆に折り合いやすく、大きな違和感もなく武士道や大和魂への個人的なシンパシーを標榜できるのかもしれない。このように考えると、ブラジル軍人としてのナショナルなアイデンティティを形成するために、エスニックな大和魂や武士道という理念が活用され、それを補完・補強していると考えることができる。ナショナル・アイデンティティとエスニック・アイデンティティは対立・相克するばかりでなく、このような場合、相互補完しながら、一個のパーソナリティを形成すると考えられる。つまり、彼らは偶然的に境界線上に位置するだけでなく、自らの経験や状況に即してアイデンティティを再編、境界人的パーソナリティを選択し、創出していく主体的存在として位置づけることができるのである。

以上、国家に対する帰属意識が強いと見られてきた政治家・軍人を調査対象に選び、文献資料とインタビューで得られたデータをもとに、「大和魂」と「ブラジリダーデ」という二つの理念を手がかりにしながら、彼らの境界人性とパーソナリティの形成について考察した。ここでは、国家への忠誠が前提とされ、明確な帰属意識をもつはずの政治家・軍人でさえも、顕著な境界人的特性をもつことが確認された。

「境界人」の古典的な定義では、「二つ以上の異質の社会集団と文化に同時に属しているか、あるいはその境界に位置し、どちらにも十分には帰属できない人間をいう。(…)このため、内面的葛藤がはげしく、情緒不安定である反面、自意識が強く、開かれた合理的態度をとりうるといった性格特性や態度をもつ」（岡本、一九八七、三〇八頁）とされ、ストーンキストによると、この境界人性は、ことに先祖の文化と受入社会の文化との距離が離れていればいるほど顕著になるという（STONEQUIST 1937: 104-105）。

本章で見た限り、ブラジルの日系政治家・軍人の言説やライフヒストリーから推測される理想的な日系子弟としてのパーソナリティは、ブラジル人としてのブラジリダーデを有し、政治家・軍人としての国家への忠誠心や義務感、命令遂行能力といった属性を合わせ持ちながら、日系人としては「大和魂」や「武士道」へのシンパシーを失わず、それらが相互的に補完し合う境界人的パーソナリティである。戦前期ブラジルの日系移民子弟教育、特に一九三〇年代に強調された「大和魂」や「武士道」、「日本精神」は、ブラジリダーデと補完しあいながら、戦後ブラジル日系人のパーソナリティを創り上げたといえる。少なくとも、そのような二元的な性格が具有されている積極的な意味を持った境界人の類型が存在するわけである。

太平洋戦争中のアメリカ日系人兵士の立場においてさえ、大きな矛盾と葛藤を生んだナショナル・アイデンティティとエスニック・アイデンティティの相克を解消したのが「大和魂」や「武士道精神」であると考えられた。ブラジルの場合、両者の葛藤はアメリカ日系人兵士らほど激しくはなかったと考えられるが、やはり存在しており、第二世たちを悩ます要因となった。そういった相克を克服する過程で、両者の積極的な共通性を読み取り、相互補完させながら、越境的で普遍的な境界人的パーソナリティとしての政治家像や軍人像が生み出されてきた。あるいは、その形成過程で、日系政治家や軍人みずからが経験や状況に応じて境界人的パーソナリティを主体的に創出してきたといった方がいいかもしれない。そして、アイデンティティやエスニシティの形成が文化と密接に関わっているとすると、それらの創られた政治家像あるいは軍人像も境界人の類型の一つであるとともに、一種のエスニックな文化表象ととらえられるであろう。

前代大統領・現職大統領をふくめた労働者党政権の失政や汚職によって、ますます迷走を続ける二〇一六年三月現在のブラジルにあって、現職のルイス西森連邦下院議員は、今こそ日系議員が真面目さで貢献できると主張している。(22) 正直、勤勉、忠誠心を特徴とする「大和魂」、「武士道」、「日本精神」は、現在もなお日系政治家たちの参照すべき理念であり、エスニックな資源であり続けている。

注

(1) 「境界人」、「周辺人」あるいは「限界人」と訳される「マージナル・マン」(Marginal Man) という概念は、ジンメルの Der Fremde(「異人」、「異邦人」、「よそ者」)観にもとづき、ロバート・E・パークが提唱し、その弟子のエベレット・V・ストーンキストが発展させた。ここでは「境界人(マージナル・マン)」を、ストーンキストにもとづき、「二つ以上の異質の社会集団と文化に同時に属しているか、あるいはその境界に位置する人間」(STONEQUIST 1937: viii-xviii) と、ひとまず定義しておきたい。

(2) 戦前期日系移民子弟教育の戦後世代の人間形成への影響を考える場合、もちろん政治家と軍人を取り上げるだけでは不十分である。しかし、現時点での筆者の能力と把握している史資料の限度から、本章では対象を政治家と軍人にしぼるものとし、他の職業については今後の課題としたい。

(3) 『移民八十年史』によると、「国策移民の末期一九四〇年に、在ブラジル日本公館の調査では、日本人の約八七%(三万六千家族)は農業に従事していた」(日本移民八十年史編纂委員会、一九九一、一一〇頁)とされている。

(4) この状況については、日系学生結社であった聖市学生連盟を対象に、前山隆(一九九六)が詳細に検討している(前山、一九九六b、三三三—三九二頁)。また、根川(二〇一六b)は、この聖市学生連盟に集まった日系学生達が都市型日系人の理念と生活様式を創造した点について考察している(根川、二〇一六b、二三三—二五七頁)。

(5) 『移民八十年史』によると、一九万六七三七人(日本移民八十年史編纂委員会、一九九一、二五六頁)。ただ、すでに述べたように、少なからぬ密航者やペルー、ボリヴィア、アルゼンチンなどからの越境者もいたため、戦前の日本人入国者数は二〇万人を超えると考えられる。

(6) 一九五三年三月にパナラ州ロンドリーナで結成された日系政治結社。日本の戦勝を信じ、サンパウロ郊外で集団生活を営み、「国連義勇軍」として朝鮮に行くことを主張。その奇矯な主張と行動から、当局の介入するところとなった。翌五四年二月三日には、サンパウロ中心部で「総決起」を敢行。百数十名が揃いの戦闘服にタスキがけで、「四十万同胞総引揚げ」などのスローガンを掲げ、軍歌を歌いながら行進や座り込みを行ない、警察から解散命令が出た(日本移民八十年史編纂委員会、一九九一、二一九—二二〇頁)。

（7）　当時受信が禁止されていたラジオの日本語短波放送や有志によって作成された謄写版印刷、メッセンジャー的人物によって内陸の日系コミュニティに伝えられ回覧された「怪文書」、生まれてすぐ「今年中に戦争は枢軸側の勝利で終結する」ことを予言し、「よって件の如し」と宣言してすぐ死んだという人頭獣身の奇形児「件子」（くだんご）という怪談じみた噂まで、多くの非公式メディアの存在が伝えられている（日本移民八十年史編纂員会、一九九一、一四六―一五〇頁）。

（8）　パステル（pastel）とは、パスタの皮に肉やチーズ、野菜を詰めたものを油揚げにした、ブラジルでは安価でポピュラーな軽食の一つ。

（9）　二〇〇〇年に筆者がはじめて田村のインタビューを行った時、彼は当時のパステル売りの歌を歌ってくれた。そして、母が病気になった時にパステル売りでためたお金を全部治療費に充てたという。「お母さんが病気なって、病院でね、ぼくがパステル売ってためてたお金、全部なくなっちゃったんだよ…」という涙を浮かべた言葉に、八〇年を経てなお忘れることのできない苦難の時代の重さを語っている印象を受けた。

（10）　二〇一五年一二月現在、ブラジルにおいて、日系人の上院議員はまだ現れていない。

（11）　上野の以上の経歴は、二〇〇七年から二〇〇八年にかけて行った上野との半構造的インタビューと上野（一九九七）、ＳＩＬＥＧ（二〇〇七ｂ）に拠って記述した。

（12）　上野によると、父米蔵は事業家として成功し、ブラジル福岡県人会会長、都道府県連合会会長などを務めたが、「基本的に百姓」であり、その父から「開拓者としての頑張り」を学んだという。

（13）　この理念は前山（一九九六ｂ）によると、「ブラジルにおける日本移民が自らとその子孫のけみする社会的文化的変動を解釈するために生み出したもので、もとより日本で用いられる和魂洋才の転用語である」（前山、一九九六ｂ、一七五―一七六頁）とされる。

（14）　ただし、沖縄系であることから、ブラジル紙の風刺画などではしばしば空手着を着た姿で描かれ、ブラジル社会での評価では、ステレオタイプ的な「日本文化」表象から自由になっているとは言えない。

（15）　現オバマ政権においても、アメリカ合衆国で民間人に与えられる最高位の勲章とされる議会名誉黄金勲章が、大統領により第一〇〇歩兵大隊、第四四二連隊戦闘団、軍事情報部の功績に対し、授与された（『北米報知』ＷＥＢ版、二〇一一年一一月九日：〈http://www.napost.com/2011/11/09/%E6%97%A5%E6%9C%AC%E8%AA%9E-%E6%97%A5%E7%B3%BB%E4%BA%BA%E9%83%A8%E9%9A%8A%E3%81%B8%E8%AD%B0%E4%BC%9A%E5%90%8D%E8%AA%89%E9%BB%84%E9%87%91%E5%8B%B2%E7%AB%A0-%EF%BC%8D%E3%80%80%E7%AC%AC%EF%BC%92/〉）。

（16）　砲兵隊としてイタリア戦線に赴いた酒井清の証言によると、同隊だけでも八人の二世がおり、重傷を負ったものもいたという。二世でイタリア戦線に出征したものは全体では相当な数にのぼる、ということである。これに対し、一九九一年の時点で確認された日本軍に従軍した二世の戦死者は、甲斐繁（二四歳）、斉藤ジュリオ行雄（二一歳）、鐘カ江久俊（二九歳）、藤尾干比古

（不明）、我那覇宗成（二五歳）宗弘（二二歳）兄弟、島袋貞雄（不明）である、とされる（日本移民八十年史編纂委員会、一九九一、二二六頁）。

（17）例えば、ブラジル空軍では、二〇〇七年一二月現在で、三人の将官を含む八六人の士官が在籍していた（Força Aérea Brasileira 2007）。

（18）最初のインタビュー時、小原は流暢な日本語で話しはじめたが、筆者がポルトガル語を解するとわかると、その後のやり取りはポルトガル語となった。

（19）インタビューは、二〇〇八年一月、柴田他の所属するブラジル空軍ＣＯＴＡＲの司令部において、すべてポルトガルで実施した。

（20）柴田が駐在するブラジリアには、クルービ・ニッケイという日系スポーツクラブがあり、野球のシニアチームも活躍している。

（21）Ａ・Ｈ元大尉は流暢な日本語を話し、あるパーティーの間断続的ではあったが、このインタビューはすべて日本語で行われた。

（22）「西森ルイス下議＝日系議員でＬＪ作戦対象いない＝いまこそ真面目さで貢献＝今は変換、浄化の時」、『ニッケイ新聞ＷＥＢ版』二〇一六年三月一九日。

終章　残された課題と今後の研究の展望

本書は、日本人移民とともに日本的教育文化が海外に越境し、ブラジル人や他のエスニック集団と接触しながら矛盾や相克を生み、変容・融和していくなかで、どのような人間、どのような文化をつくり上げてきたのかという、人間形成と文化の越境・再創造の問題を取り上げた。すなわち、日本人とともに、日本的教育文化がブラジルという日本帝国の勢力圏外に越境し、展開、再創造されていく過程と、そのなかでの移民子弟の自己形成もふくめた人間形成と文化形成のメカニズムや歴史的意味を、学校教育という事例を通して明らかにしようとした。

グローバルな近代史のなかで見ると、一九世紀から二〇世紀にかけて、人口増加と近代的な交通網の整備から、「移民の世紀」と呼ばれる人口移動がはじまり、世界各地、特にヨーロッパとアジアから新大陸へ向かう多くの移民が発生した。新大陸の国々、アメリカ、カナダ、アルゼンチン、ブラジルの四ヶ国に移民した人びとの数だけで、ゆうに五〇〇〇万人を越え、それぞれ多民族国家として発展していくこととなった。日本人のブラジルへの移民は、こうした流れのなかで一九〇八年にはじまった。ブラジルにおける日本人移民は、戦前期においてはもっとも後発の集団であり、ちょうどブラジルのナショナリズム高揚期に移民が集中したため、当局の同化政策や太平洋戦争の影響を直接的にこうむることとなった。こうした歴史のダイナミズムのなかで、ブラジルの日系移民子弟教育は進められてきたのであるが、その実態をどの程度とらえきれただろうか。いま原稿を読み返してみると、いささか心もとない。

本書でとらえきれなかった問題、執筆中に新たに見えてきた課題は少なくはないが、以下に要点をまとめ、今後の研究の展望を示しておきたい。

まず、史資料の問題から述べたい。本書をまとめるに当たって、使用した史資料は、筆者がブラジルと日本において、二〇〇七年頃から意識して収集しはじめたものと、ふだん接触のあった、あるいは人を介して紹介されたインフォーマントへのインタビューによって得られた聞き書き資料である。また、戦前・戦中期に日系教育機関で学んだ日系子弟に質問紙調査を試みたことは、本書序章でふれた通りである。途中、何度かの日本国内での調査をはさんで、ブラジルでの調査は二〇一三年三月まで継続し、二〇一四年四月、二〇一五年八〜九月に短期間の追跡調査を行った。その最終段階で提供されたものが、本書第二章第二節で使用したY・Kさんの「日記」であり、筆者が確認し得た戦時中の学齢期の子ども自身が記述した唯一の一次資料である。また、同年一月のサンパウロでの調査時に、一九三〇年代から四〇年代にかけて大正小学校に学んだ日系子弟男女六名に集まってもらい、座談会形式のインタビューを試みたが、同じ学校出身者でも世代的に異なる人びとの記憶をすり合わせることによって、いくつかの疑問点や今まで気付かなかった問題点も明らかになった。さらに、第五章第二節で使用した岸本家アルバムの写真データや勲章の授与証もこの最終段階で再確認できたものである。戦前・戦中期に教育を受けた二世層は七〇歳から九〇歳台になるが、現在、彼らに直接インタビューが可能な最後の機会に直面しているといえる。個人日記や写真など資料発掘と合わせて、可能な限りすみやかに多くのインタビュー調査を進めることが重要である。特に、指摘したように、一九三〇年代末から戦中期にかけての日系移民子弟のおかれた状況については周年史でも研究史でもほぼ完全な空白になっており、資料収集とともに、あらためて研究の問題設定をすることが必要であろう。

幸い、本書の出版準備に入った頃の、二〇一三年一〇月一〇日、ブラジル軍事政権下での人道的犯罪を調査する「真実の国家委員会」（Comissão Nacional da Verdade）が、第二次世界大戦中から戦後にわたって、ブラジル日系人に対して不当な逮捕、拷問など当局が加えた迫害について認め謝罪した。一〇日に開かれた公聴会で同委員会が、日系社会に対して「ブラジル国民を代表して謝罪する」と表明、「背景に人種差別があった」ことをブラジル有力紙 *O GLOB* が伝えた（*O GLOB* WEB版、二〇一三年一〇月一〇日〈http://oglobo.globo.com/pais/comissao-da-verdade-pede-perdao-japoneses-perseguidos-no-pos-guerra-10328886〉）。今後、北米で起こったように、戦中の日系人をはじめとする枢軸国系人弾圧に関する資料が開示され、この問題に関心がもたれ、研究とともに不当に弾圧された人びとの名誉回復が進捗することが期待される。

では、次に、本書で論じた問題に関連して述べたい。

第一章第一節では、「移民の世紀」と呼ばれる二〇世紀の世界的人口移動を一九世紀に遡って概観し、日本人の近代海外渡航・移民をそのなかに位置づけた。そうした近代日本人のグローバル化の過程で、ブラジルへの日本人移民は一九〇八年にはじまり、一九二四年のいわゆる排日移民法成立によるアメリカへの移民停止と連動しながら国策化し急増していくことを確認した。また、第二節ではドイツ系と日系の子弟教育の類似点に着目し、唱歌教育を手がかりに、ブラジルにおける両集団の子弟教育の共通の背景と相違点について考察した。ドイツ系子弟教育については一次資料をもたないため、主にKREUTZやDEMARTINI、ESPÓSITOなどブラジル人研究者の成果に拠りながら両者を比較した。日系とドイツ系の両集団は一九三〇年代後半から太平洋戦争期にかけて、ともに新国家体制下のブラジル当局によって閉鎖的な集団と見られ、弾圧された歴史をもつ。同章で取り上げたように、日系教育機関において実施されていた体育や唱歌といった情操教育はブラジルの初等公教育にはなかったもので、日系人の間では日本的教育の特徴とされた。しかし、唱歌はもともと国民形成のメディアとして、ヨーロッパ、とくにドイツから日本へ輸入されたものであった。そのため、ドイツ系子弟教育でも音楽教育が重視されていた事実があった。また、本書では、修学旅行を日本的教育特有の文化という前提で論じたが、他の外国系教育機関でそうした慣行はなかったのかという疑問は残された。特に、ドイツはワンダーフォーゲル運動の発祥地であり、ドイツ文化を移植し保持したとみられるドイツ系子弟教育のなかで、遠足や修学旅行に類する活動はなかったのか、という点については確認し得ていない。したがって、第一章では、ドイツ系人と日系人の間に、ホスト社会との言語、宗教の相違や、それぞれのエスニック教育機関を重視した点、一九三〇年代末期にそれらの教育機関が当局による弾圧を受けたという歴史的体験の共通性によって、両者の比較の可能性を示したのみにとどまった。ドイツ系、イタリア系をふくむエスニックな子弟教育については、ポルトガル語資料だけでなく、ドイツ語、イタリア語資料の収集と分析が不可欠であるが、これは筆者の能力を越えるものである。本書では、既存の二次資料を利用したが、ブラジル人やドイツ人、イタリア人研究者との共同研究が可能になれば、一次資料の発掘とともにもっと実りある比較研究が可能となるであろう。

第二章第一節では、ブラジル日系移民子弟教育史の時期区分を試み、六つの時期に分けた時期区分を提示した。これは本書で留意した「教える主体」としての教師と「教えられる主体」としての子どもの視点や体験を必ずしも反映したものにはなっていない。その理由は、一九二〇年代以前（①初期移民の時代〜②国策移民開始の時代）の教師や子どもに関する資料が極端に乏しく、当時の彼らの視点や体験を知ることが困難である点に起因する。ただ、二〇年代以前の個人の手記や日記が発掘されるなど、資料的な条件が変われば、全体的な見直しは可能であろう。ブラジルも日本も、三〇年代（③父兄会時代〜⑤文教普及会時代）の時代推移は急激であり、さらに細分化して検討していく必要がある。本書で提示した時期区分は、現時点で筆者が提示しうる暫定的なものである。次に、この時期区分にしたがって、ブラジル日系移民子弟教育の変遷について概観したが、いくつかの問題点が残された。繰り返し述べるが、本書は、教育する側だけでなく、教育される主体である子どもの体験を取り上げることによって、日系移民子弟教育の多面性を把握しようという試みである。「はしがき」でも引用したように、三〇年代末の日本語教育禁止を、負担が減ることによってポジティブなニュースとしてとらえた子どもも少なくはなかったはずである。こうした学習者の本音ともいえる受け取り方は、日本語教育禁止を悲壮な歴史的・民族的悲劇として描いてきたブラジル日本語教育史、ひいては日系移民史の再考を迫っているといえよう。今後、インタビュー調査による日系子弟の実体験を資料化することによって、さらにその実態に迫ることが可能である。

本書で何度か述べたように、こうしたブラジル日系子弟の体験として、一九三〇年代には、ブラジル公教育と日本的教育の二重教育が一般的となっていた。本書でとらえきれなかったのは、日系子弟が、ブラジル公教育機関で何をどのように学んだのかという問題である。本書では、日系子弟のブラジル公教育での教育を、日系教育機関での教育の対照軸としてしかとらえられなかった。今後、史資料の発掘を継続しながら、ブラジル公教育での日系子弟の教育の実態を明らかにしていくことが課題となる。また、日系教育機関と現地の公教育機関での二重教育は、ブラジル日系子弟だけに特有の体験とはいえない。例えば、戦前のシアトルやロサンジェルスでも日系子弟のアメリカ公教育機関と日系教育機関の二重教育があったことが明らかにされている。本書で述べたように、日本語を通じた徳育が期待された点も共通している。こうした現地教育機関と日系教育機関の二重教育は、日本帝国の勢力圏外における特殊性といえるかもしれず、勢力圏内の状況を確認するとともに、北米の状況と比較することによって、それらの性格がより明らかになる可能性が期待できる。

加えて、ブラジルで外国語教育が禁止された一九三〇年代末には、日本語教育に代替するように武道・スポーツ活動の振興があったことを指摘した。日本語教育が担っていた徳育を、こうした課外活動が代替するものと考えられた結果であった。しかし、こうした武道・スポーツ活動の振興を、その実践の主体である子どもたちはどう受け取っていたのかという課題設定がなされるべきであったが、本書ではそこまで踏み込むことができなかった。

さらに、ブラジルと北米の日系人の体験の相違でもっとも大きなものは、戦時中の体験であろう。戦時中のブラジルでは、アメリカやカナダのように強制収容された例は比較的少数であり、ブラジル国籍である二世は、少なくとも表面上は、ブラジル市民として扱われた。ただ、戦時中の公的な教育は完全にポルトガル語によるブラジル的教育のみとなった。戦時収容所のなかでも日本語教育が許容された北米との相違点として取り上げたい問題である。アメリカの二世兵士の体験に関する研究や著書は多いが、同じくヨーロッパ戦線に送られたブラジル二世の戦争体験についても把握する必要があろう。

以上のように、同時代のブラジル国内のエスニック集団間の比較と国境を越えた北米などの国々の日系子弟の教育体験との比較という、ミクロとマクロ両方のレベルでの比較研究の可能性が、今後の方向性として考えられる。

第三章では、第一節で、ブラジル日系教育機関の分類を試みた。すなわち、戦前期の日系諸教育機関の種類を、①小学校、②中等学校、③農業学校・実業学校、④私塾、⑤女学校、⑥寄宿舎・ペンソン、⑦洋上小学校に分類し、それぞれの性格について紹介したが、②から⑦については、資料も乏しく、詳細について記すことができなかった。一九三〇年代後半においても、多くの日系二世層がまだ中等教育の学齢期に達せず、また経済的理由で小学校卒業後に中等学校に進学できる者はまれであった。しかし、それも戦時中になると状況が変わってくる。例えば、サンパウロ市のパウリスタ中学校（Ginágio Paulista）は、サンパウロ市を代表する名門中学の一つだが、大正小学校から近く、筆者が接触した同校卒業者の多くが、四〇年代になってこの中学に進学している。研究史の空白領域となっている戦時中の日系移民子弟教育の一事例としても、興味深い対象である。こうしたことから、第二章や第四章で取り上げた上聖の問題もふくめて、「上聖→大正小学校→パウリスタ中学（→さらに上級学校への進学）」というコースは、戦前期日系子弟の社会上昇コースの典型例であったことが知られ、戦後の二世の社会進出を考える上での有力な材料となるであろう。これらについては、同中学校の資料発掘とともにインタビュー調査を進め、今後も研究を続けていきたい。この他、③について、エメボイ実習農場の卒業生たちのなかで一時的に日本語教師の職に就いた者が多くいたことを指摘した。これに関連して、ブラジル日系社会内部における教師供給のシステムがどのように形成されたのか、特にサンパウロ日本人学校父兄会が機能しはじめた一九三〇年前後でどのように変化したのか、というブラジル日系子弟教育の内発的発展の問題について今後考えていかねばならない。その他、④私塾、⑤女学校、⑥寄宿舎・ペンソン、⑦洋上小学校についても、同様の調査・研究を続けていく必要があるだろう。

本書では、ジェンダーに関する問題には立ち入れなかったが、ブラジル日系小学校における男女共学と男子教員の数の優位をブラジル日系移民子弟教育の特徴として指摘しておいた。この傾向が、日系子弟の人間形成におよぼした影響については、別個に取り上げられるべきであろう。

本書では、何度も述べたように、日系移民子弟教育の地域格差について留意してきた。その上で、第二章においてサンパウロ市におかれたサンパウロ日本人学校父兄会などの日系子弟教育指導機関、第四章、第五章において同市の日系教育機関とそこで活躍した日系教育者を中心に論じてきた。それは、農村部の日系人口の多さから、サンパウロ市在住の日系人とその子弟教育が等閑視されてきたことによる研究史の空白を埋める作業であったが、上聖／遊学という事象を手がかりに、サンパウロ市と農村部日系人の相互関係についても明らかにしようとした。しかしながら、述べたように、農村部日系人、すなわち日系植民地の規模や性格、経済力にも地域格差があり、三〇年代になるとバウルー、リンス、マリリア、プレジデンテ・プルデンテのような内陸地方都市も急速に都市化してくることになる。したがって、サンパウロ市と農村部という二極的な構造だけでなく、こうした地方中核都市も加えた多極的な構造のなかでの子弟教育の有様を明らかにしていく必要がある。例えば、リンス学園という中等教育準備科をふくむ総合学園を有していたリンスや日本人会が中等学校の経営に関わっていたプレジデンテ・プルデンテといった地方中核都市と日系植民地間の相互関係、それら地方の極同士の関係を明らかにしていく必要がある。さらにその上で、なお卓越した地位を保っていたサンパウロ市とそれぞれの地方極との多極的関係の上に成り立った日系移民子弟教育のシステムと、そのなかで社会上昇の機会を求めて動いていた日系子弟たち自身の生をどうとらえるか、という問題も加わる。三〇年代後半になって現れる日本留学という選択肢も視野に入れ、教育を目的とした日系子弟の都市と地方間、ブラジルと日本間の移動、リージョナルなレベルとグローバルなレベルでのダイナミズムを明らかにしていく必要がある。

第五章ではまた、小林美登利、岸本昂一、両角貫一という三人のキリスト教教育者のライフヒストリーを通して、移民教育者としての人間像に迫るとともに、キリスト教とのかかわりを手がかりに、越境の過程で形成したネットワークについて検証した。今後の課題としては、小林のハワイ・アメリカ時代の体験の詳細について、ブラジルでのネットワークとの関連性とともにさらなる追究が必要であろう。特に、排日運動とその予防啓発運動の北南米間における連動性を把握するために、両大陸間を越境往還した小林の体験と彼が担った役割について、新たな史資料を求めつつ明らかにしていきたい。また、本書で取り上げた時期に続く三〇年代後半の彼の事業がどのように展開したのか、それが同時期にブラジルで起った排日運動やナショナリズム運動とどのように交錯していくのかを、さまざまな〈縁〉を通したネットワーク形成の問題とともに考えてみたい。さらに、一九四二年の聖州義塾閉鎖に至る道筋や戦中の状況、戦後の勝ち負け抗争の混乱を経て、一九六一年のその死に至るまでの活動と新たなネットワーク形成についてもいずれ稿をあらためて述べたい。

岸本の場合は、小林と異なり、日本の勢力圏内といえる大陸での経験がブラジルへの移民の動機につながっている。こうした日本の勢力圏のウチ・ソトの越境は、岸本だけでなく、少なくない例が見られたと考えられる。岸本や両角が所属した日本力行会は、三〇年代前半までブラジル移民宣伝と送出に貢献した後、三〇年代後半には満洲移民にシフトしていく。こうした海外移民の人流の転換を、教育と文化活動という局面から追究していく可能性も指摘しておきたい。

加えて、小林、岸本が発行した『市民 O Cidadão』『聖州義塾々報』『曠野』といった機関誌の内容分析、流通ネットワークの解明も、彼らの教育理念を深く追究するとともに、人的ネットワークの広がりと形成過程を明らかにするために必要な作業である。本書では、小林、岸本に比べて、両角についは資料的制約のため、深くアプローチできたとはいえない。ブラジル派遣教員留学生をめぐる問題ともからめて、資料発掘を進めつつあらためて取り組んでみる必要があろう。

第六章では、小学校を中心とする子どもたちの日常生活を、一九三〇年代のサンパウロ市を例として、農村部の例と対照しながら明らかにした。都会、特にサンパウロ市の子どもたちの生活は、生業（農業）と分離しており、農作業を手伝わなければならなかった農村部の子どもたちより、就学時間や余暇の点でよほど恵まれていたといえる。スポーツ競技の成績では、余暇の時間が多かったからといって、サンパウロ市のチームが優勢であったとはいえないが、上級学校への進学の場合は圧倒的に有利であった。教師も、都会の学校の方が定着率は高く、質の高い専門的教育を受けた教師が集まっていたようである。ただ、農村部でも、バストス第一小学校やアリアンサ第一小学校のように、信濃海外協会やブラ拓移住地に設立された小学校は規模も大きく、インフラも整備され、教師の質も高かった。したがって、一概には優劣がつけがたい。第二章や第三章第一節で確認したように、日系植民地には規模やインフラ、収入に大きな差があり、それは教育機関の質にも反映していた。こうした地域格差についても、今後詳細に比較検討していくことが課題である。また、都市と農村の格差ともかかわるが、制服など学校の象徴、学用品、持ち物など、子どもの日常生活において、発掘し比較すべき点は多い。

第七章では、前章までにみた日系移民子弟が、戦後のブラジルでどのように成長し、どのような働きをしたのか、日系教育機関での教育がどのように反映されたのか、以上のような問題を日系政治家と軍人を事例とし、彼らの言説とライフヒストリーを通じて検証することを試みた。そして、ブラジルの日系政治家・軍人の言説やライフヒストリーから推測される理想的な日系子弟としてのパーソナリティは、ブラジル人としてのブラジリダーデを有し、政治家・軍人としての国家への忠誠心や義務感、命令遂行能力といった属性を合わせ持ちながら、日系人としては大和魂や武士道へのシンパシーを失わず、それらが相互的に補完し合う境界人的パーソナリティである、ということを明らかにした。戦前期ブラジルの日系移民子弟教育、特に一九三〇年代に強調された大和魂や武士道、日本精神は、ブラジリダーデと補完しあいながら、戦後ブラジル日系人のパーソナリティを創り上げたといえる。少なくとも、そのような二元的な性格が具有されている積極的な意味をもった境界人の類型が存在すると結論づけた。しかし、この論考のベースとなった調査で接触しえた日系政治家や軍人はごく限られた数であり、調査の母数を増やし、先の仮説を検証する必要がある。さらに、戦後日系二世が進出した分野は多岐にわたっており、この多様性こそが戦前と戦後の日系社会を分ける大きな特徴である。本書で政治家・軍人の事例から抽出しえたモデルが他の分野の日系人にも当てはまるかどうか、検証していく必要があろう。特に、日系人が重視してきたといわれる子弟教育の分野で、戦前の教育の遺産・資源が、戦後どのように評価され活用されたのかという問題は重要である。

さらに、太平洋戦争終結後の新しい傾向として、こうした二世の台頭とともに、女性の社会参加の機会も増えた。ブラジルは、戦前の一九三二年すでに婦人参政権が成立していたが、日系女性の政界進出は男性よりもさらに遅れる。ヨランダ・ケイコ・太田（一九五六〜）が日系初の女性として連邦下院議員に当選したのは二〇〇六年であり、二〇一〇年の選挙を経て現役議員として活動を続けている。本書では女性の事例を取り上げることができなかったが、こうした日系女性の社会進出の遅れといった問題も、今後教育との関連でとらえていく必要がある。

以上、残された課題、新たに浮上した問題を羅列したが、その膨大さに呆然とする。本書のなかで何度も引用した半田知雄も、『移民の生活の歴史』の執筆を終えるに当たって、似たような感慨を持ったのか。同書の「エピローグ」で次のように記している。

> 私がこの移民史をかきだしたころ、「いまはまとめるというよりも、資料を集めておくことがたいせつだ」という意見があった。たとえば、古い移民たちは、日一日とこの地から姿を消していく。彼らの経験を、彼らが生きているうちに記録にとどめておくことが、緊急な仕事だ、というのであった。このことは、いまなお緊急な仕事としてのこされている。（…）（半田、一九七〇、七八五頁）

半田がこの「エピローグ」を記したのは、一九六八年六月であり、この書が出版される二年前であった。一九〇八年にはじまったブラジルへの日本人移民は、半田がこれを書いていた頃、減少の一途をたどりながらもまだ継続しており、彼らの子どもや孫たちは、二世、三世として、越境的な教育の経験を続けることになる。一方、八〇年代以降は三〇万人を超えるブラジル日系人が日本に「還流」した。約一〇〇年以上の長きにわたって継続されてきた人の移動と共生の歴史はまだ終わっていないのである。すなわち、「移民の歴史」を書くことが、「いまなお緊急な仕事としてのこされている」というのは、書ききれなかったことの多さや移民とその子どもたちの問題が、執筆を終えた後も続いていくことを見越してのことであったのか。

半田は次のように続ける。

移民史は、だれか一人がかけば、それで事がすんだというようなものではない。移民史研究所というものが永続的に存在して、資料収集やその編纂をつづけることが必要である（半田前掲書、七八五頁）。

私たちが自らを省みようとする時、「移民の歴史」を書くことは、私たちに永遠に課せられた営みであるとも言えるだろう。

本書の序章でも記したように、今や世界のだれもが広い意味での移民になる時代がやってきている。半田は、日本の一ジャーナリスト(1)がブラジル日系人を指して、どっちつかずの「二国人」という言葉で戯画的に表現したことを紹介し、「ここで移民は完全に漫画上の人物となった」と記している（半田前掲書、七八六頁）。しかし、本書でも紹介したように、二世たちは、ブラジルと日本、二つの言語、二つの文化に接触することによって、二言語《バイリンガル》・二文化人《バイカルチュラル》として育成され、自己形成していった。「二国人」、あるいは二言語・二文化人であることは、彼らに葛藤を強いたとともに、彼らが国家と国家のはざまで、グローバル時代を生きていく一種の資源となる可能性も与えたと考えられる。第七章で取り上げた日系政治家・軍人の例もあるが、一九八〇年代以降に日本へ「還流」した南米日系人の活躍も、多くの問題をはらみながらも、それを証明している。

近年、移民（史）研究、言語教育研究の分野では、この環流してきた南米日系人の子弟教育をふくむ問題へのアプローチが大きな比重を占める。二世・三世を中心とする戦後世代の彼らは、本書で取り上げた戦前期の日系子弟教育の結果ともいえる。彼らの日本でのあり方、日本という「異文化」のなかでの子弟教育の諸問題をみすえつつ、その起源である戦前期日系子弟教育を一種の連続体としてとらえていくことも重要な課題であろう。それはまた、教育（史）学の分野において、異文化間教育や国際理解教育といったグローバル社会に貢献する人材の育成をめざす分野と交錯していく問題をはらんでいるといえよう。

日本人が「地球市民」として、グローバルな世界で生きようとする時、こうした二世をふくめた移民の足跡をたどることは、日本人が多言語・多文化的状況のなかに、どのように参入し、どのように他者とかかわってきたのかを知る手がかりを得る手段となる。移民（史）研究の意味は、日本人移民の場合もふくめて、こうした異なった集団同士の共生のしかたやしくみを学ぶ大きな意味があるのである。二〇世紀のはじめから一九八〇年代まで、ブラジルに渡った日本人は約三〇万人。彼らは全都道府県にわたっており、官公吏から農民まであらゆる職種をふくむ全国民的経験であったといえる。日本人あるいは日系人が地球市民として生きるためのもっとも注目すべき事例であり、ひいては人類の壮大な実験の試みでもあったといえる。私たちが地球市民の一人として世界の人びととかかわろうとする時、過去に私たちの祖先たちが異文化といかに向き合い、時に格闘し、そのなかからどのような人間が生み出されてきたのかを明らかにすることは、今後私たちがどのように世界とかかわっていくべきかの重要な認識を与えてくれるのではないだろうか。そこから、世界の人びととの新しい共生関係も生じてくる可能性をはらんでいる。それは、移民（史）研究のみならず、今後私たちが地球市民として生きていくための可能性の追究ともなろう。

注

（1）大宅壮一のことであろうと想像される。

参考文献

和文参考文献

会津若松教会創立百周年記念事業百年史編集委員会（二〇〇一）『会津若松教会百年の歩み』日本基督教団会津若松教会

青柳郁太郎編（一九五三）『ブラジルに於ける日本人発展史・下巻』ブラジルに於ける日本人発展史刊行委員会〔石川友紀監修（一九九九）『日系移民資料集南米編三〇巻』日本図書センターに再録〕

アケミ・キクムラ＝ヤノ編（小原雅代他訳）（二〇〇二）『アメリカ大陸日系人百科事典』明石書店

安良田済（二〇〇五）「愛の狩人――古野菊生」新井勝男編『コロニア随筆選集』二巻、日系文学会、二〇七―二一三頁

安良田済（二〇一一）『戦時下の日本移民の受難』トッパンプレス

蘭信三編著（二〇〇八）『日本帝国をめぐる人口移動の国際社会学』不二出版

ありあんさ移住地十年史刊行委員会（一九三六）『創設十年』

アリアンサ移住地史編纂委員会編（一九五二）『創設二十五年』信濃海外協会

アンダーソン、ベネディクト（糟谷啓介他訳）（二〇〇五）『比較の亡霊』作品社

飯田耕二郎（一九八六）「村井保固と小林美登利」『THE MORIMURA』第五二号、森村商会、四―五頁

飯田耕二郎（一九九一）「初期の日本人キリスト教伝道」同志社大学人文科学研究所編『北米日本人キリスト教運動史』ＰＭＣ出版、二七―六七頁

五十嵐勇作（一九九一）「ブラジルで活躍した小林美登利」『同志社談叢』一一巻 同志社社史資料センター、一八一―一八七頁

石川友紀「沖縄県における出移民の歴史及び出移民要因論」安藤由美・鈴木規之・石川友紀・金城宏幸・野入直美『沖縄におけるディアスポラのライフコース――ホスト社会との関係性をめぐって』琉球大学リポジトリ〈http://ir.lib.u-ryukyu.ac.jp/handle/123456789/13447〉

石原辰夫（一九七八）『コチア小学校の五十年――ブラジル日系児童教育の実際』（私家版）

伊志嶺安博（二〇一〇ａ）「ブラジルにおける日系人に対する日本語教育の変遷」広島大学大学院国際協力研究科『国際協力研究誌』第一六巻第二号、一五三―一六九頁

伊志嶺安博（二〇一〇b）「近代における初等教育段階の日本語教科書――ブラジルの日本語教科書の位置づけをめぐって」中国赴任日本国留学生予備学校日本語教育研究会編『日本語教育論集・国際シンポジウム編』第七号、東北師範大学出版社、二九四―三〇三頁
稲葉継雄（二〇一〇）『朝鮮植民地教育政策史の再検討』九州大学出版会
岩本厳（一九三一）『童謡唱歌教材集』上巻 在伯国唱歌研究会
上野アントニオ編（一九九七）『下院議員三十年勤続褒章・上野アントニオ義雄』（私家版）
上野直哉編（一九七九）『同志社百年史・通史編一』同志社
上塚周平（一九三三）「渡伯廿五周年記念に際して一言す」『聖州新報』（二五周年記念号）一九三三年六月一八日
宇佐見幸彦（二〇〇七）「ブラジルにおけるドイツ系移民について」『関西大学人権問題研究室紀要』五四号一―三六頁
江淵一公（二〇〇二）『バイカルチュラリズムの研究』九州大学出版会
遠藤憲吉・山下寛人編（一九五九）『ブラジル邦人々名録』
大久保（一九九〇）「校歌」『新教育学大事典』第三巻 第一法規出版、九〇―九一頁
大谷勲（一九八三）『ジャパンボーイ――日系アメリカ人たちの太平洋戦争』角川書店
岡崎親（一九五〇）「在外國語讀本考」（伯国日語学校連合会編（一九六六）『幾山河――全伯日語教育史』に再録）
岡部牧夫（二〇〇二）『海を渡った日本人』山川出版社
岡本哲雄（一九八七）『社会心理用語辞典』至文堂
沖田行司（一九九七）『ハワイ日系移民の教育史―日米文化、その出会いと相克』ミネルヴァ書房
沖田行司編（一九九八）『ハワイ日系社会の文化その変容――一九二〇年代のマウイ島の事例』ナカニシヤ出版
沖田行司（二〇〇七）『日本近代教育の思想史研究―国際化の思想系譜』学術出版会
海外移住資料館編（二〇〇四）『日本人の海外移住』
海後宗臣編（一九六二）『日本教科書大系近代編 第三巻 修身（三）』講談社
海後宗臣（一九六三）「所収教科書解題」『日本教科書大系近代編 第七巻 国語（四）』講談社、七二一―七二二頁
外務省領事移住部編（一九七一）『わが国民の海外発展―移住百年の歩み（本編）』
カトリック教義研究会編（一九四九）『ギード神父とサン・フランシスコ学園』カトリック教義研究会
金田武治（一九三六）「第二世教育を論ず」『在南児童教育』第一六号、八―九頁
河合武夫（一九八四）『河合武夫小集・古猿録』サンパウロ人文科学研究所
岸本昂一（一九四七）『南米の戦野に孤立して』曠野社（二〇〇二年、東風社復刻版）
岸本昂一（一九六〇）『移民の地平線』曠野社

菊地義治（二〇一一）「追悼寄稿特集＝日系初の連邦下議＝田村幸重氏逝去に寄せて」『ニッケイ新聞WEB版』（二〇一一年七月二三日）〈http://www.nikkeyshimbun.jp/2011/110723-61colonia.html〉
木村快（発表年不明）「アリアンサと信濃海外協会」〈http://www.gendaiza.org/aliansa/lib/0804.html〉
教育史学会編（二〇〇四）「教育史学会第四七回大会記録――二〇〇三年九月二〇日～九月二一日、同志社大学」『日本の教育史学』第四七集
工藤真由美編「言語の接触と混交」（大阪大学リポジトリ）〈http://ir.library.osaka-u.ac.jp/dspace/handle/11094/13219〉
工藤真由美・森幸一・山東功・李吉容・中東靖恵編（二〇〇九）『ブラジル日系・沖縄系移民社会における言語接触』ひつじ書房
久米邦武（一八七八）『特命全権大使米欧回覧実記』第五巻〔一九七五年、宗高書房復刻版〕
粂井輝子（一九九五）『外国人をめぐる社会史――近代アメリカと日本人移民』雄山閣
粂井輝子（二〇一〇）「友情と友好を結んで――敝之館からラヂオプレスへ」『海外移住資料館研究紀要』第四号、一―一一頁〈http://www.jomm.jp/kiyo/pdf/pdf4/kiyou201001.pdf〉
香山六郎編（一九四九）『移民四十年史』
国立国会図書館憲政資料室「聖州義塾・小林美登利関係資料」〈http://www.ndl.go.jp/jp/data/kensei_shiryo/imin/KobayashiMidori.html〉
小嶋茂（一九九八）「ブラジル日系移民と教育――移民史から見た教育問題」『異文化間教育』一二号、八四―八六頁
小嶋茂（二〇〇三）「ブラジルにおける日本移民子弟教育問題をめぐる政府の対応――一九二〇年代以降、戦前の日本側資料を中心に」小島勝編『在外子弟教育の研究』玉川大学出版会、一五七―一八二頁
小島勝（一九九三）『第二次世界大戦前の在外子弟教育論の系譜』龍谷学会
小島勝（一九九九）『日本人学校の研究――異文化間教育史的考察』玉川大学出版部
小島勝編著（二〇〇三）『在外子弟教育の研究』玉川大学出版部
小島勝（二〇〇三）「序章　第二次世界大戦前の在外子弟教育の展開」『在外子弟教育の研究』玉川大学出版部、一一―二六頁
コチア産業組合中央会刊行委員会（一九八七）『コチア産業組合』
小林美登利（一九一六）「パウロの異邦伝道」『同志社時報』第一三〇号
小林美登利（一九二二）「発展の跡を訪て（承前）」『時報』二二九号（一九二二年二月二四日）
小林美登利（一九二二）「排日解決策」『時報』二三一号（一九二二年三月一〇日）
小林美登利（一九二二）「渡伯の使命と其計画　聖州義塾設立趣意書」『時報』二五七号（一九二二年九月七日）〔小林美登利編（一九三〇）『聖州義塾々報』第一号に再録〕
小林美登利（一九二二）「再び聖州義塾設立趣意に就て、三」『時報』二六九号（一九二二年一二月一日）

小林美登利（一九二二）「再び聖州義塾設立趣意に就て、四」『時報』二七〇号（一九二二年一二月八日）

小林美登利（一九二二）「基督降誕祭（一）」『時報』二七一号（一九二二年一二月一〇日）

小林美登利（一九二三）「来るべき問題」（一）『時報』二八八号（一九二三年四月一三日）

小林美登利（一九二三）「来るべき問題」（六）『時報』二九三号（一九二三年五月一八日）

小林美登利「基督教主義の学校」『聖州義塾々報』第七号（一九三六年九月七日）

小林美登利（一九五六）「遠藤作衛兄と私」遠藤彰編『わが父の働く如く』（私家版）

小林美登利（一九五八）「大正十二年頃の在伯同胞の実情を探る」伯国福島県人会編『大和民族渡伯五拾周年福島記念誌』六八〇—六八六頁

駒込武（二〇〇七）「序章 帝国と「文明の理想」——比較帝国史というアレーナで考える」駒込武・橋本伸也編著『叢書・比較教育社会史 帝国と学校』昭和堂、一—三二頁

財団法人渋沢栄一記念財団渋沢資料館編（二〇〇八）『日本人を南米に発展せしむ——日本人のブラジル移住と渋沢栄一』

斉藤広志（一九七四）『ブラジル社会における日系社会の位置づけ』社団法人日本ブラジル中央協会

坂上康博（一九九八）『権力装置としてのスポーツ——帝国日本の国家戦略』講談社

坂口順治（一九九六）「キリスト教の教育事業」『日本「キリスト教」総覧』新人物往来社、一〇〇—一〇五頁

坂口満宏（一九九一）「排日問題と太平洋沿岸日本人キリスト教団」同志社大学人文科学研究所編『北米日本人キリスト教運動史』ＰＭＣ出版、二一一—二八七頁

坂口満宏（二〇〇一）『日本人アメリカ移民史』不二出版

篠山市編「佐野保太郎」「丹波篠山の有名人」〈http://www.city.sasayama.hyogo.jp/hiro/06sano.html〉

佐藤皓一編（一九八五）『財団法人赤間学院創立五十年史』財団法人赤間学院

佐藤秀夫（二〇〇四）『教育の文化史1 学校の構造』阿吽社

佐藤秀夫（二〇〇五ａ）『教育の文化史2 学校の文化』阿吽社

佐藤秀夫（二〇〇五ｂ）『教育の文化史3 史実の検証』阿吽社

佐藤秀夫（二〇〇五ｃ）『教育の文化史4 現代の視座』阿吽社

佐藤秀夫（二〇〇五）「校舎と教室の歴史」『教育の文化史2 学校の文化』阿吽社、一五一—一六二頁

佐藤秀夫（二〇〇五）「学校文化のモノ・コト・語り」『教育の文化史4 現代の視座』阿吽社、八九—一一四頁

佐野保太郎（一九三七）「雑録ブラジルの日本語讀本」『国語教育』第二二巻第六号、八一—八六頁

佐野保太郎（一九三七）「雑録ブラジルの日本語讀本」『国語教育』第二二巻第八号、九四—九七頁

山東功（二〇〇六）「日系知識人の日本語観」『国文学解釈と鑑賞』第七一巻七号、至文堂、一二一—一二七頁

山東功（二〇〇九）「ブラジル日系移民社会と日本語観」工藤真由美・森幸一・山東功・李吉容・中東靖恵編『ブラジル日系・沖縄系移民社会における言語接触』ひつじ書房、一四五―一八八頁
サンパウロ人文科学研究所編（一九九六）『ブラジル日本移民・日系社会史年表――半田知雄編著改訂増補版』サンパウロ人文科学研究所
サンパウロ日本人学校父兄会（一九三三）「在伯邦人小学校一覧」『伯剌西爾年鑑・後編』
サンパウロ日本人学校父兄会（一九三四）「昭和九年四月現在　在伯日本人学校一覧表」『サンパウロ日本人学校父兄会々報』第二号
四方利明（二〇一二）「日系ブラジル人と校舎のかかわり」森本豊富・根川幸男編著『トランスナショナルな「日系人」の教育・文化・言語――過去から未来に向って』明石書店、一三八―一五二頁
新発田市史編纂委員会（一九八一）『新発田市史・下巻』新発田市
渋沢青淵記念財団竜門社（一九六一）『渋沢栄一伝記資料』第三八巻、渋沢栄一伝記資料刊行会
修学旅行情報センター「修学旅行の歴史　2明治時代～戦前期の修学旅行の意義」〈http://shugakuryoko.com/museum/rekishi/museum4000-02.pdf〉
秋圃（一九三〇）「明るい人暗い人（十一）　彼の舞台に踊る人々」『時報』六四二号（一九三〇年二月一三日）
庄司博史（二〇一〇）「『資産としての母語』教育の展開の可能性――その理念とのかかわりにおいて」『ことばと社会』一二号七―四七頁
新嘉坡日本小学校編（一九三八）『在南児童教育』第二〇号
信州人のあゆみ刊行委員会『在伯長野県人会創立三五周年記念・信州人のあゆみ』在伯長野県人会
新谷恭明（二〇〇一）「日本最初の修学旅行の記録について――平澤金之助「六華華記」の紹介」『九州大学大学院教育学研究紀要』第四号（通巻第四七集）三七―六一頁
菅原亮芳（一九九四）「中学講義録の世界」『放送教育開発センター研究報告』第六七巻、三八―九七頁
杉武夫（一九三八）「遊びなき第二世の生活」ブラジル日本人教育普及会『黎明』第二巻六号、九―一〇頁
杉原薫（一九九九）「近代システムと人間の移動」『岩波講座世界歴史19　移動と移民――地域を結ぶダイナミズム』岩波書店
鈴木貞次郎（一九三三）『伯国日本移民の草分け』日伯協会（石川友紀監修（一九九九）『日系移民資料集南米編 第二四巻』日本図書センターに再録）
鈴木康（二〇〇一）「明治期日本における武士道の創出」『筑波大学体育科学紀要』二四号、四七―五六頁
スミス、リーン（沼田鞆雄訳）（一九六二）『海外農業移住者指導書4　ブラジル――住民と制度3』財団法人農林水産性向上会議
住田育法（一九九六）「ブラジリダーデと映像文化」『COSMICA』XXV 京都外国語大学、八一―九三頁
住田育法（二〇〇〇）「新指導者ヴァルガス」金七紀男・住田育法他編『ブラジル研究入門――知られざる大国五〇〇年の軌跡』晃

洋書房、一二一―一二九頁
住田育法（二〇一六）「戦間期ブラジルの独裁政権とナショナリズムの高揚」根川幸男・井上章一編著『越境と連動の日系移民教育史――複数文化体験の視座』ミネルヴァ書房、三一九―三四〇頁
聖州野球連盟監修（一九八五）『ブラジル野球史・上巻』伯国体育連盟
「大正小学校、その〝歩み〟」①～⑧『パウリスタ新聞』連載記事（一九七五年九月三〇日～一二月一二日）
ダイヤモンド社（一九八六）『森村百年史』森村商事株式会社
田崎健作（一九六四）『捨身で生きる――ある牧師の生活と意見』日本ＹＭＣＡ同盟出版部
田中慎二（二〇一三）『移民画家半田知雄――その生涯』サンパウロ人文科学研究所
多仁安代（二〇〇三）『大東亜共栄圏と日本語』勁草書房
デイ多佳子（二〇〇〇）『日本の兵隊を撃つことはできない』芙蓉書房
寺門芳雄他編（一九四一）『パ延長線教育史』パ延長線教育史刊行委員会
同志社社史資料センター（二〇〇八）『第三十二回 Neesima Room 企画展「大正デモクラシー期の同志社――原田助総長と海老名弾正総長の時代」資料編』同志社社史資料センター
同志社大学人文科学研究所（一九九一）「ハワイ諸島キリスト教教勢一覧表」『北米日本人キリスト教運動史』ＰＭＣ出版、八三一―八五八頁
富田紫風編（一九四〇）『松籟』バギオ日本人小学校同窓会
中岡義介・川西光子（二〇〇九）「ブラジル国リオ・グランデ・ド・スル州のイタリア移民都市における学校の発生と展開、構造に関する調査」『兵庫教育大学研究紀要』第三五巻、一三九―一五二頁
中岡義介・川西光子（二〇一〇）「ブラジル国サンタ・カタリーナ州のドイツ移民都市における学校の発生と展開、構造に関する調査」『兵庫教育大学研究紀要』第三六巻、一一九―一三二頁
中川芙佐（二〇〇〇）『土佐からハワイへ――奥村多喜衛の軌跡』「奥村多喜衛とハワイ日系移民展」実行委員会
長田イサム（一九二九）「ブラジルの学校から」『力行世界』二九一号、二一―二四頁
中畑義明（一九九七）「日中戦争と在米邦人」移民研究会編『戦争と日本人移民』東洋書林
中村茂生（二〇〇七）「ブラジル日本人移民の学校教育をめぐって――サンパウロ州バストスの「尋常小学校」（一九二九年から一九三三年まで）」『史苑』六七巻二号 立教大学史学会、六三―七六頁
西川大二郎（二〇〇七）『ある日本人農業移民の日記が語る――ブラジルにおける日本農業移民像』サンパウロ人文科学研究所
二宮正人（二〇〇二）「ブラジル日本移民の歴史概略」『アメリカ大陸日系人百科事典（日本語版）』明石書店、一六六―一七八頁
日本移民八十年史編纂委員会（一九九一）『ブラジル日本移民八十年史』移民八十年祭典委員会

日本キリスト教歴史大事典編集委員会（一九八八）『日本キリスト教歴史大事典』教文館
日本力行会編（一九四〇）『皇紀二千六百年記念・日本民族小学生作品集』日本力行会
根川幸男（二〇〇七）「サンパウロ市リベルダーデ地区における戦前・戦中期の日系教育機関」『龍谷大学経済学論集――中村尚司教授退官記念号』第四六巻五号 龍谷大学経済学会、一四七―一六三頁
根川幸男（二〇〇八）「大和魂とブラジリダーデ――境界人としてのブラジル日系政治家と軍人」森本豊富編著『移動する境界人――「移民」という生き方』現代史料出版、五五―八七頁
根川幸男（二〇〇九）「戦前期ブラジルにおける日系教育機関――聖州義塾と小林美登利」『人文研 JINMONKEN』No.7 サンパウロ人文科学研究所、一〇四―一一六頁
根川幸男（二〇一二a）「戦前期ブラジル日系移民子弟教育の先進的側面と問題点――サンパウロ市日系子弟の二言語・二文化教育に注目して」森本豊富・根川幸男編著『トランスナショナルな「日系人」の教育・言語・文化――過去から未来に向って』明石書店、五四―七五頁
根川幸男（二〇一二b）「近代における一日本人キリスト者の越境ネットワーク形成――小林美登利の移動と遍歴を事例として」『日本研究』第四六集 国際日本文化研究センター、一二五―一五〇頁
根川幸男（二〇一三a）「戦前期ブラジルにおける日系キリスト教教育機関の動向――一九三〇年代前半の聖州義塾を事例として」『経済学論叢』第六四巻四号 同志社大学経済学会、一七三―一九八頁
根川幸男（二〇一三b）「移民船の基礎的研究」『人総研プロジェクト「人のトランスナショナルな移動と文化の変容に関する研究」報告書』早稲田大学人間総合研究センター、二二五―二三九頁
根川幸男（二〇一三c）「ある戦闘的キリスト者の「大陸雄飛」とブラジルでの教育活動――岸本昂一と暁星学園をめぐって」『キリスト教社会問題研究』第六二号、同志社大学人文科学研究所、一九九―二二五頁
根川幸男（二〇一五）「海を渡った修学旅行――戦前期ブラジルにおける日系子弟の離郷体験」『移民研究年報』第二一号、日本移民学会、三七―五五頁
根川幸男（二〇一六a）「解題――ブラジル日本人教育普及会編『日本語讀本』」『編集復刻版・戦前期ブラジル移民日本語読本』不二出版、一―一六頁
根川幸男（二〇一六b）「ブラジルにおける日系二世教育と人材育成――「バガブンド」から「ドットール」へ、理想的日系市民モデルの創出」『越境する「二世」――一九三〇年代アメリカの日系人と教育―』現代史料出版、二三三―二五七頁
野元菊雄（一九七四）「ブラジルの日本語教育」『日本語教育』二四号、一五―二〇頁
パウリスタ新聞社編（一九九六）『日本ブラジル交流人名事典』五月書房
伯国日語学校連合会編（一九六六）『幾山河――全伯日語教育史』

原口邦紘（一九九七）「一九二四年の移民問題――排日移民法下の帝国経済会議」三輪公忠編著『日米危機の起源と排日移民法』論創社、三一―四一頁
半田知雄（一九六六）『今なお旅路にあり――或る移民の随想』サンパウロ人文科学研究所
半田知雄（一九七〇）『移民の生活の歴史――ブラジル日系人の歩んだ道』サンパウロ人文科学研究所
半田知雄（一九九〇）「わが師わが友――小林美登利牧師と木下正夫君」『日伯毎日新聞』（一九九〇年五月）
日野竜夫（一九九三）「大和魂」『国史学大辞典』吉川弘文館、一八四頁
ファウスト、ボリス（鈴木茂訳）（二〇〇八）『ブラジルの歴史』明石書店
ブラジル日本商工会議所編（二〇〇五）『現代ブラジル辞典』新評論
ブラジル日本人教育普及会（一九三六）『日本語讀本教授参考書』巻一、東京市高瀬印刷所（国立国会図書館近代デジタルライブラリー http://dl.ndl.go.jp/info:ndljp/pid/1030324）
ブラジル日本人教育普及会（一九三七）『日本語讀本教授参考書』巻二、東京市高瀬印刷所（国立国会図書館近代デジタルライブラリー http://dl.ndl.go.jp/info:ndljp/pid/1028461）
ブラジル日本人教育普及会（一九三七）『日本語讀本教授参考書』巻三、東京市高瀬印刷所（国立国会図書館近代デジタルライブラリー http://dl.ndl.go.jp/info:ndljp/pid/1115756）
ブラジル日本人教育普及会（一九三七）『日本語讀本教授参考書』巻四、東京市高瀬印刷所（国立国会図書館近代デジタルライブラリー http://dl.ndl.go.jp/info:ndljp/pid/1120687）
ブラジル日本人教育普及会（一九三七）『日本語讀本教授参考書』巻五、東京市高瀬印刷所（国立国会図書館近代デジタルライブラリー http://dl.ndl.go.jp/info:ndljp/pid/1115765）
ブラジル日本人教育普及会（一九三七）『日本語讀本教授参考書』巻六、東京市高瀬印刷所（国立国会図書館近代デジタルライブラリー http://dl.ndl.go.jp/info:ndljp/pid/1115772）
ブラジル日本人教育普及会（一九三七）『日本語讀本教授参考書』巻七、東京市高瀬印刷所（国立国会図書館近代デジタルライブラリー http://dl.ndl.go.jp/info:ndljp/pid/1115779）
ブラジル日本人教育普及会（一九三七）『日本語讀本教授参考書』巻八、東京市高瀬印刷所（国立国会図書館近代デジタルライブラリー http://dl.ndl.go.jp/info:ndljp/pid/1115794）
深沢正雪（二〇〇五）「その時「真珠湾攻撃」を知らされた＝連載（下）＝岸本昂一園長の祖国愛＝今も慕う暁星の教え子たち」『ニッケイ新聞ＷＥＢ版』（二〇〇五年一二月九日）〈http://www.nikkeyshimbun.com.br/051209-62colonia.html〉
深沢正雪（二〇〇六）「テン・ローパ・パ・ラバ？＝パ洗染業者＝協会五〇周年――日系洗濯屋の歴史＝連載（５）選挙を左右した組織力？」『ニッケイ新聞ＷＥＢ版』（二〇〇六年八月九日）〈http://www.nikkeyshimbun.com.br/050809-72colonia.html〉

深沢正雪（二〇〇八）「百年の智恵＝移民と日本精神＝遠隔地ナショナリズム第三回＝愛国補償心理と愛情確認＝国民とは想像の政治共同体」『ニッケイ新聞ＷＥＢ版』（二〇〇八年七月二三日）〈http://www.nikkeyshimbun.com.br/080723-62colonia.html〉
深沢正雪（二〇〇八）「百年の智恵＝移民と日本精神＝遠隔地ナショナリズム第四回＝現実を超えた「想像」＝勝ち負けの心理的背景」『ニッケイ新聞ＷＥＢ版』（二〇〇八年七月二四日）〈http://www.nikkeyshimbun.com.br/080724-62colonia.html〉
福澤諭吉（一八七〇）「世界国尽」（中川眞弥編（二〇〇二）『福澤諭吉全集』第二巻に採録）六三―一六九頁
福島県立会津高等学校学而会編「劔道部記事」『学而会雑誌』（復刻版）一四二―一四八頁
二木秀人（一九九六）「日系社会の日語教育――教育者として尽した県人」信州人のあゆみ刊行委員会『在伯長野県人会創立三五周年記念・信州人のあゆみ』在伯長野県人会、一四一―一四二頁
伯剌西爾時報編（一九三三）『伯剌西爾年鑑・後編』伯剌西爾時報社
伯剌西爾時報（一九三八）「運命の一二月二九日」『時報』一七二〇（一九三八年一〇月二一日）
ブラジル日本移民七〇年史編さん委員会（一九八〇）『ブラジル日本移民七〇年史』ブラジル日本文化協会
古杉征己（二〇〇四）「教科書―時代を反映して変遷（２）国粋主義的思想植え付け＝満州事変語の日語教育」『ニッケイ新聞ＷＥＢ版』（二〇〇四年四月一五日）〈http://www.nikkeyshimbun.com.br/040415-62colonia.html〉
古杉征己（二〇〇五）「幼少年向け教科書の変遷とブラジル日系社会の日本語教育」『人文研』No.6 サンパウロ人文科学研究所 四四―八五頁
ベーカー、コリン（岡秀夫訳）（一九九六）『バイリンガル教育と第二言語習得』大修館書店
別冊歴史読本編（一九九〇）『地域別日本陸軍連隊総覧・歩兵編』新人物往来社
細川周平（一九九五）『サンバの国に演歌は流れる――音楽にみる日系ブラジル移民史』中公新書
細川周平（一九九九）『シネマ屋、ブラジルを行く――日系移民の郷愁とアイデンティティ』新潮選書
細川周平（二〇〇二）「解説」岸本昂一『南米の戦野に孤立して』（二〇〇二年東風社復刻版所収）
細川周平（二〇〇八）『遠きにありてつくるもの――日系ブラジル人の思い・ことば・芸能』みすず書房
細川周平（二〇一二）『日系ブラジル移民文学Ⅰ　日本語の長い旅［歴史］』みすず書房
細川周平（二〇一三）『日系ブラジル移民文学Ⅱ　日本語の長い旅［評論］』みすず書房
ホソカワ、ビル（一九七一）『二世――このおとなしいアメリカ人』時事通信社
細谷俊夫他編（一九九〇）『新教育学大事典』第４巻、第一法規
前山隆（一九八二）『移民の日本回帰運動』日本放送出版協会
前山隆編（一九九六ａ）『ドナ・マルガリータ・渡辺――移民・老人福祉の五十三年』御茶の水書房
前山隆（一九九六ｂ）『エスニシティとブラジル日系人――文化人類学的研究』御茶の水書房

前山隆（二〇〇一）『異文化接触とアイデンティティ――ブラジル社会と日系人』御茶の水書房
前山隆（二〇〇二）『風狂の記者――ブラジルの新聞人三浦鑿の生涯』御茶の水書房
増田秀一（一九八一）『エメボイ実習農場史』エメボイ研究所
松田時次（一九九八）『ブラジルコロニアの先駆者 岸本昂一の生涯』新潟県海外移住家族会
間宮國男（一九九四）「西原清東年譜」『西原清東研究』高知市民図書館
丸山真男（一九八六）『文明論之概略を読む・上』岩波新書
みすゞ「耕地巡遊を終へて（三）」『時報』三四号（一九一八年四月二六日）
宮尾進（二〇〇三）『臣道連盟――移民空白時代と同胞社会の混乱』サンパウロ人文科学研究所
水野昌之（一九五五）『バストス二十五年史』（私家版）
本井康博（二〇〇六）『近代新潟におけるプロテスタント』思文閣出版
モラレス松原玲子（二〇一二）「ブラジルにおける戦後の日本語学校と日本語教育」森本豊富・根川幸男編著『トランスナショナルな「日系人」の教育・言語・文化――過去から未来に向って』明石書店、九六―一一五頁
両角貫一（一九二九）「伯国師範学校入学報告」『力行世界』二九四号、四四頁
両角貫一（一九六六）「趣味――犬の飼育について」『コロニア』五六号、サンパウロ日本文化協会、三六―三八頁
森幸一（二〇〇六）「ブラジルの日本人と日本語（教育）」『国文学解釈と鑑賞』第七一巻七号、至文堂、六―四七頁
森幸一（二〇〇九）「「言語」をめぐる移民史――ブラジル日系人の言語状況に関する民族誌的考察」工藤真由美・森幸一・山東功・李吉容・中東靖恵編『ブラジル日系・沖縄系移民社会における言語接触』ひつじ書房、三一―一一三頁
森本豊富（二〇〇五）「エスニックコミュニティ母語学校としての日本語学校――カンプトン両学園を例に」吉田亮編著『アメリカ日本人移民の越境教育史』日本図書センター、八九―一一一頁
森本豊富・ドン・ナカニシ編著（二〇〇七）『越境する民と教育――異郷に育ち地球で学ぶ』あおでみあ書斎院
森本豊富（二〇〇八）「第7章 教育、言語」移民研究会編『日本の移民研究――動向と文献目録Ⅱ』明石書店、九一―一〇〇頁
森本豊富編著（二〇〇八）『移動する境界人――「移民」という生き方』現代史料出版
森本豊富・根川幸男編著（二〇一二）『トランスナショナルな「日系人」の教育・言語・文化――過去から未来に向って』明石書店
森脇礼之・中田みちよ（MORIWAKI, Reishi e NAKATA, Michiyo）（二〇〇八）『ブラジルにおける日本語教育史――その変遷と近年の動向／*História do Ensino da Língua Japonesa*』Campinas, Editora Unicamp.
森脇礼之・古杉征己・森幸一（二〇一〇）「ブラジルにおける子弟教育（日本語教育）の歴史」『ブラジル日本移民百年史第三巻・生活と文化編（1）』風響社、二五一―三七〇頁
安田敏明（一九九七）『帝国日本の言語編制』世織書房

山田史郎（一九九八）「序章　移住と越境の近代史」『近代ヨーロッパの探求1　移民』ミネルヴァ書房、一―二三頁
山田廸生（一九九五）「日本移民船始末記・第一五回蒼氓の船旅③　苦あり楽ありの船内生活」『世界の艦船』一九九五年一月号、二〇四―二一〇頁
山田廸生（一九九八）『船にみる日本人移民史――笠戸丸からクルーズ客船へ』中公新書
山本長文（二〇〇六）『野人牧師』（私家版）
芳地隆之（一九九九）『ハルビン学院と満洲国』新潮選書
芳地隆之（二〇一〇）『満洲の情報基地ハルビン学院』新潮社
吉田亮（二〇〇五a）「日本人移民の越境教育史に向けて」吉田亮編著『アメリカ日本人移民の越境教育史』日本図書センター、三―二五頁
吉田亮（二〇〇五b）「第1章　一九世紀末日本人書生の越境教育」吉田亮編著『アメリカ日本人移民の越境教育史』日本図書センター、二七―五九頁
吉田亮編著（二〇〇五）『アメリカ日本人移民の越境教育史』日本図書センター
吉田亮（二〇〇八）『ハワイ日系二世とキリスト教移民教育――戦間期ハワイアン・ボードのアメリカ化教育活動』学術出版会
吉田亮（二〇一一）「一九一〇年代カリフォルニア日本人移民キリスト教会の越境的リーダーシップ」『移民研究年報』第一七号、日本移民学会、三―二一頁
吉見俊哉・白幡洋三郎・平田宗史・木村吉次・入江克己・紙透雅子（一九九九）『運動会と近代日本』青弓社
吉村繁義（一九五五）『崎山比佐衛傳――移植民教育とアマゾン開拓の先覺者』海外植民学校校友会
レジストロ六十年史刊行委員会（一九七八）『レジストロ植民地の六十年』
若槻泰雄（一九七二）『排日の歴史』中公新書
輪湖俊午朗（一九三九）『バウルー管内の邦人』（石川友紀監修（一九九九）『日系移民資料集南米編第二五巻　バウルー管内の邦人』日本図書センター、一九九九年に再録）
渡部宗助（一九八二）「在外指定学校四〇年の歴史について」『国立教育研究所研究集録』第四号、八一―八八頁
渡部宗助編（一九八三）『在外指定学校に関する法制度と諸調査』国立教育研究所
渡部宗助編（二〇〇二）『教員の海外派遣・選奨政策に関する歴史的研究――一九〇五年から一九四五年まで』文部省科学研究費報告書（代表　渡部宗助、一九九八〜一九九九）
渡部宗助（二〇〇三）「教員の海外派遣・選奨の政策史と様態」小島勝編著『在外子弟教育の研究』玉川大学出版会、三一六―三五三頁
渡辺伸勝（二〇一〇）「ブラジル・アリアンサ移住地の歴史――原生林の開拓と移住地の形成」丸山浩明編著『ブラジル日本移民

——百年の軌跡』明石書店、二三一—二五四頁
渡辺伸勝（二〇一二）「ブラジル戦前期の日系移民子弟教育——アリアンサ移住地の教育を事例として」森本豊富・根川幸男編著『トランスナショナルな「日系人」の教育・言語・文化——過去から未来に向って』明石書店、七七—九四頁
渡辺正清（二〇〇一）『ヤマト魂——アメリカ・日系二世、自由への戦い』集英社
渡辺裕（二〇一〇）『歌う国民——唱歌、校歌、うたごえ』中公新書
渡会環（二〇〇一）「ブラジル・リオグランデドスル州における『国民意識』と『地域意識』」『ラテンアメリカ・カリブ研究』No.8 二九—四一頁

欧文参考文献

ACEP（2005）*Piratininga, 50 Anos: uma História da Geração Nissei*, São Paulo, Associação Cultural e Esportiva Piratininga.

Assembleia Legistrativa do Estado de São Paulo. *Lei 1.750, de 08 de dezembro de 1920: Reforma a Instrucção Publica do Estado.* <http://www.al.sp.gov.br/repositorio/legislacao/lei/1920/lei%20n.1.750,%20de%2008.12.1920.htm>.

BIEMBENGUT, Maria Salett e GAERTNER, Rosinéte（2010）“Livro Didático de Matemática de Escola Teuto-Brasileira: Considerações sobre A Obra de Ferdinand Hackbart, Konrad Glau e Hermann Lande de 1906”, *Revista Brasileira de História da Matemática* Vol. 10 no 20 (outubro/2010-março/2011), 173-192.

CARNEIRO, J. Fernando（1950）*Imigração e Colonização no Brasil*, Rio de Janeiro: Faculdade Nacional de Filosofia, Cadeira de Geografia do Brasil. Publicação Avulsa 2.

Câmara dos Deputados, “Decreto-Lei n° 406, de 4 de Maio de 1938”, Legislação Informatizada-Câmara dos Deputados, <http://www2.camara.leg.br/legin/fed/declei/1930-1939/decreto-lei-406-4-maio-1938-348724-publicacaooriginal-1-pe.html>.

CANABRAVA, Alice P. & outros.（1965）São Paulo, Terra e Povo. São Paulo: GLOBO.

Centro de Referência em Educação Mario Covas（制作年不明）“Nossa Escola tem História”. <http://www.crmariocovas.sp.gov.br/neh.php?t=001>.

Colégio Dante Alegheri（2013）“L'Italia era fatta, ma bisognava fare gli italiani”, São Paulo, <http://www.colegiodante.com.br/institucional/institucional/quemsomos.php>.

Colégio Visconde de Porto Seguro（2013）“Nossa Historia”, São Paulo, <http://www.portoseguro.org.br/conteudo/detalhe/quem-somos/nossa-histria>.

DA SILVA e SILVA, Rafael. (2008) *A Educação na Comunidade Japonesa de Santos*. Santos/SP, Projeto da dissertação da UNISANTOS.

DEMARTINI, Zelia de Brito Fabri e ESPÓSITO, Yara Lúcia (1989) "São Paulo no Início do Século e Suas Escolas Diferenciadas", *Ciência e Cultura*, São Paulo, Sociedade Brasileira para Progresso da Ciência. 981-995.

Dicionário do Aurélio <http://dicionariodoaurelio.com/>.

Diretoria Geral da Instrução Pública (1917) *Anuário do Ensino do Estado de São Paulo*, São Paulo, 131.

EDWARDS, John (1985) *Language, Society and Identity*. Oxford: Basil Blackwell.

FAUSTO, Boris (1991) *Historiografia da Imigaração para São Paulo*, São Paulo, Editora Sumaré.

FAUSTO, Boris (1999) *História do Brasil* (6. Ed.), São Paulo, Edusp.

GARBOSA, Luciane Wike Freitas (2004) "Es tonen die Lieder…Um olhar sobre o ensino de música nas escolas teuto-brasileiras da década de 1930 a partir de dois cancioneiros selecionados", In. *Revista da abem*, Porto Alegre, V.10, 89-98.

GAZOLI, Monalisa Renata (2008) Um Estudo sobre *Palestras Pedagogicas* (1930), de Antonio Firmino de Proença. In: *SEMINÁRIO INTERNACIONAL: ESCOLA CULTURA* 5, São Paulo, 1-12.

HOLANDA, Aurério Buarque de (1999) *Novo Aurério Século XXI: O Dicionário da Língua Portuguesa* (3ª Ed). Rio de Janeiro, Nova Fronteira.

IBGE (2000) *Brasil: 500 Anos de Povoamento*, Rio de Janeiro, (Apêndice: Estatísticas de 500 Anos de Povoamento).

IBGE (2008) "Território Brasileiro e Povoamento: Alemães", In: *Brasil: 500 Anos de Povoamento*. <http://brasil500anos.ibge.gov.br/territorio-brasileiro-e-povoamento/alemaes/as-tradicoes-e-o-abrasileiramento>.

ICHIOKA, Yuji (1988) *Isei: The World of the First Generation Japanese Immigrants, 1885-1924*, The Free Press.（ユウジ・イチオカ（富田虎男・粂井輝子・篠田左多江訳）一九九二『一世――黎明期アメリカ移民の物語り』刀水書房）

KREUTZ, Lúcio (2000a) "Escolas Comunitárias de Imigrantes no Brasil: Instância de Coordenação e Estruturas de Apoio", In: *Revista Brasileira de Educação*, No. 15 159-176.

KREUTZ, Lúcio (2000b) "A Educação de Imigrantes no Brasil", In: *500 Anos de Educação no Brasil*, Belo Horizonte, Autêntica 347-373.

LEITE, Moreira Dante (1969) *O Caráter Nacional Brasileiro: História de uma Ideologia* (2ª Ed.). São Paulo, Livraria Pioneira Editora.

MARCÍLIO, Maria Luiza (2005) *História da Escola em São Paulo e no Brasil*, São Paulo, Instituto Fernand Braudel de Economia Mundial.

MATOS, Alderi Souza de（2008）*Erazmo Braga, O Protestantismo e A Sociedade Brasileira,* Ed. Cultura Cristã.

Ministério da Educação e Saúde/ IBGE（1943）*O Ensino no Brasil em 1938, Serviço de Estatística da Educação e Saúde*, Rio de Janeiro, XVIII.

MORRETO RIBEIRO, Liane Beatriz（1990）"Escolas Italianas em Zona Rural do Rio Grande do Sul", In: DE BONI, Luis A. (org.) *A Presença Italiana no Brasil*. Porto Alegre: Torino, Escola Superior de Tecnologia: Fondazione Giovanni Agnelli, v. II.

NEGAWA, Sachio（2005）「日伯比較文化史の可能性――サンパウロ東洋街における新伝統行事の創出」In: *Anais do III Congresso Internacional de Estudos Japoneses no Brasil e XVI Encontro Nacional de Professores Universitários de Língua, Literatura e Cultura Japonesa*, Brasília, UnB, 191-202.

NEGAWA, Sachio（2008）"Políticos e Militares Nikkeis Brasileiros" In: *Centenário da Imigração Japonesa no Brasile Cinqüentenário da Presença Nipo-Brasileiro em Brasília*. Brasília, FEANBRA, 307-328.

NEGAWA, Sachio（2009）"Tipologia e Característica das Instituições Educacionais Nikkeis no Brasil do Período Pré-Guerra", In: *XX Encontro Nacional de Professores Universitários de Língua, Literatura e Cultura Japonesa e VII Congresso Internacional Estudos Japoneses*. São Paulo, FFLCH/USP, 303-310.

PARK, Robert, E.（1928）"Human Migration and the Marginal Man", In: *American Journal of Sociology* vol.33-6. The University of Chicago Press, 881-893.

ROSSI, Ednéia Regina（2005）"Identidades Étnicas e as Escolas Primárias na Primeira República", *Revista HISTEDBR* n.17, Campinas, 58-65.

SAKURAI, Célia（1994）"A Fase Romântica da Política: Os Primeiros Deputados Nikkeis no Brasil". In: Fausto, Boris e outros (org.). *Imigração e Política em São Paulo*, São Paulo: Editora da UFSCar, 127-177.

SHIBATA, Hiromi（1998）*As Escolas Japonesas Paulistas (1915-1945): Afirmação de Uma Identidade Étnica*. São Paulo, Dissertação de Mestrado / USP.

SCHILLER, Nina Glick et al.（1992）*Towards a Transnational Perspective on Migration: Race, Class, Ethnicity, and Nationalism Reconsidered*. New York, The New York Academy of Sciences.

SEYFERTH, G.（1999）"A Colonização Alemã no Brasil: Etnicidade e Conflito". FAUSTO, Boris (org.). *Fazer a América*. São Paulo, Edusp.

STONEQUIST, Everret.V.（1937）*The Marginal Man: A Study in Personality and Culture Conflict*. New York: Charles Scribner's Sons.

YOKOTA, Paulo（2008）*O Olhar dos Nikkeis Paulistanos/* サンパウロ市生れの二世たちの眼差し［バイリンガル出版、美代賢二

訳］. São Paulo, Editora JBC.
UDIHARA, Massaki（2002）Um Médico Brasileiro no Front: Diário de Massaki Udihara na II Guerra Mundial. São Paulo, Imprensa Oficial SP.
United Nations, Department of Economic and Social Affairs, Population Division（2011）“International Migrant Stock: The 2008 Revision”. <http://esa.un.org/migration/p2k0data.asp>.

未公刊資料

外務省記録（一九一七）「日本学校開設に関する質問書伯国下院に提出セラレタル件」外務省記録「学校関係雑件」通公第一一三号（外務省外交史料館）
外務省通商局（一九三二）『伯国教育状況視察報告』（外務省外交史料館）
小林成十（二〇〇八）「小林美登利氏閲歴・改訂版」（私家版）
小林眞登（二〇〇八）「ブラジル剣道の簡潔年表」（私家版）
小林美登利（一九一六）「手帳」「小林美登利・聖州義塾関係資料」（国立国会図書館憲政資料室）
小林美登利（一九二六）「聖州義塾成立ノ由来」「聖州義塾便り」JACAR: Ref.4012170800（外務省外交史料館）
小林美登利（一九二八）「財団法人聖州義塾の概要・一、渡伯の動機」JACAR: Ref.4012170800（外務省外交史料館）
小林美登利（一九二九）「履歴書」
信濃海外移住組合（一九二七）「信濃海外移住組合 昭和二年六月 ブラジル派遣留学生関係書類」（昭２/B/141）（長野県立歴史館）
「聖州義塾村井固保《ママ》低利資金返還方ニ関スル件」一九二八年一月一〇日、JACAR: Ref.4012170800（外務省外交史料館）
聖市寄宿舎組合（一九三七）『聖市遊学の手引き』
沼田信一（二〇〇三）『日本人が開拓した植民地の数々』整理第七号（私家版）
濱口光雄「一九三一年七月八日、在留邦人ノ設立スル学校ニ関スル件」JACAR Ref.B04012172900 在外日本人各学校関係雑件／在米ノ部／「リベロンプレート」管内日本国民学校（外務省外交史料館）
「Y・K日記」（一九四二年五月三〇日～一九五三年二月）
Câmara dos Deputados-SILEG（2008）“Diogo Nomura-PL/SP”.（ブラジル連邦議会内部資料）
Exército de Salvação（2008）“Reunião de Salvação Comemorativa do Centenário da Imigaração Japonêsa ao Brasil”.（私家版）
Força Aérea Brasileira（2007）“Oficiais Nipo-Brasileiro da Força Aérea Brasileira” Brasília: Força Aérea Brasileira.

Instituto Nippo-Brasileiro（1925.9～）*Registro dos Alunos do Instituto Nippo-Brasileiro*.（国立国会図書館憲政資料室）
Seção de Ordem Social (São Paulo: 28 de outubro de 1942).
SILEG (Setor de Informação Legisrativa-Câmara dos Deputados)（2007a）"Lista de Deputados Nisseis". Brasília: Câmara dos Deputados.
SILEG (Setor de Informação Legisrativa-Câmara dos Deputados)（2007b）"Pesquisa de Deputados". Brasília: Câmara dos Deputados.
Superintendência de Segurança Política e Social（1942.11.09）"Termos de Declarações".

定期刊行物

『暁星学園報』第八号（一九三九年九月）
「グァタパラに最古の日本人学校？＝「コロニア史が変わる」＝一枚の写真から判明か＝亡妻が結んだ不思議な縁」『ニッケイ新聞WEB版』（二〇〇九年四月四日）
『曠野』第九号（一九四〇年二月）
『曠野』一二号（一九四〇年八月）
『曠野』第一三―一四号（一九四〇年一二月）
『曠野の星』第一一号（一九五二）
「個人消息」『同志社時報』第一三三号（一九一六年七月一日）
サンパウロ日本人学校父兄会（一九三四）『サンパウロ日本人学校父兄会々報』第二号
聖市学生連盟『学友』第二号（一九三五）～第八号（一九三八）
『聖州義塾々報』第一号（一九三〇年九月七日）
『聖州義塾々報』第二号（一九三一年三月三一日）
『聖州義塾々報』第六号（一九三五年九月七日）
『聖州義塾々報』第七号（一九三六年九月七日）
「船内ニュース」（らぷらた丸第二二次航海船内新聞）（商船三井社史資料室所蔵）
「その時「真珠湾攻撃」を知らされた＝連載（上）六四年前の七日夜　ピニエイロス暁星学園では学芸会を　暗い時世、近隣住民も見に」（『ニッケイ新聞』WEB版二〇〇五年一二月八日）

〈http://www.nikkeyshimbun.com.br/051208-61colonia.html〉.
「百周年祭典の意義について」『ニッケイ新聞ＷＥＢ版』（二〇〇四年一〇月二六日）
「武士道精神の日系空軍少将が誕生」『ニッケイ新聞ＷＥＢ版』（二〇〇七年一一月三〇日）
『伯剌西爾時報』一九三八年一〇月二一日
ブラジル日本人教育普及会（一九三七）『黎明』第一巻一号
ブラジル日本人教育普及会（一九三八）『黎明』第二巻六号
ブラジル日本人教育普及会（一九三九）『黎明』第三巻二号
「モスコー観」、「ホノルルより」、「北の旅」『同志社時報』一〇三号（一九一三年一〇月二五日）
『楽園時報』第二五巻（一九二九年三月五日）
『力行世界』第一九九号（一九二一年五月）
“Comissão Nacional da Verdade Pede Perdão a Japoneses Perseguidos no Pós-Guerra”, In. *O GLOB* WEB, 2013. 10. 10.
<http://oglobo.globo.com/pais/comissao-da-verdade-pede-perdao-japoneses-perseguidos-no-pos-guerra-10328886>.
The Missionary Review Publishing Company（1922）“Japanese in Brazil,” *The Missionary Review of the World* vol. XLV: 412.
その他、『伯剌西爾時報』『日伯新聞』『聖州新報』『日伯毎日新聞』『パウリスタ新聞』『ニッケイ新聞ＷＥＢ版』*O GLOB* ＷＥＢ版などブラジルの新聞各紙

その他

サンパウロ日本人学校父兄会（一九三二）『ブラジル地理』
サンパウロ日本人学校父兄会（一九三二）『ブラジル歴史』
天中軒満月（一九六三）「田村幸重少年時代」（浪曲録音テープ）
SILVA, J. Pinto e（一九三二）『*Nossa Pátria* わたしの國』（*Minha Pátria* の日本語訳）

ブラジル日系移民子弟教育史年表

西暦	和暦	ブラジル	日本	ハワイ・北米
ブラジル日本人移民開始以前				
一八二四		七月　リオ・グランデ・ド・スル州にドイツ人移民入植		
一八二九		五月　パラナ州のリオ・ネグロにドイツ人移民入植、その後ドイツ人移民は南部三州に続々入植することになる		
一八五〇		サンタ・カタリーナ州ブルメナウにドイツ人移民入植		
一八六八	明元		明治維新	五月　グアム島・ハワイへ日本人渡航
一八六九	明二			二月　米カリフォルニア州に若松植民地創設
一八七〇	明三	イタリア人移民受入れ開始		
一八七七	明一〇	最初のイタリア人学校開校		永野万蔵、カナダへ密航
一八七八	明一一	サンパウロ市に最初の「ドイツ人学校」（後のポルト・セグーロ校）開校		
一八八五	明一八			二月　第一回ハワイ官約移民ホノルル到着
一八八七	明二〇	サンパウロ州立移民収容所、最初の移民受入れ開始		

一八八九	明二二	一一月　共和主義革命、帝政倒れ、ブラジル合州共和国成立		
一八九〇	明二三		一〇月　「教育勅語」発布	
一八九一	明二四			カンバーランド・ユニオン炭鉱に契約移民一〇〇名送出
一八九二	明二五	一〇月　ブラジル共和国政府、中国および日本移民の自由入国許可	二月　榎本武揚、殖民協会設立	福田清次郎、マウイ島に日本語学校開校
一八九三	明二六			五月　サンフランシスコ市教育委員会、日本人学童隔離教育を決議 神田重英、ハワイ島に日本語学校開校
一八九四	明二七	四月　サンパウロのブラード・ジョルドン商会、吉佐移民合名会社に対して、日本人移民導入を打診	八月　清国に宣戦布告 「移民保護規則」制定	
一八九五	明二八	一一月　日本・ブラジル間に修好通商航海条約締結	四月　下関条約	五味環、マウイ島に日本語学校開校
一八九六	明二九		「移民保護法」制定	奥村多喜衛、ホノルルに日本人小学校（後のハワイ中央学院）開校
一八九七	明三〇	八月　最初の日本人移民受け入れ計画、コーヒー価格暴落のため中止	一月　島貫兵太夫、日本力行会設立	八月　米国、ハワイ併合 一〇月　曽我部四郎、ハワイ島ホノムに保能武義塾創立
一八九八	明三一			八月　アメリカ合衆国、ハワイ併合 同月　シアトルに日本語学校開校 晩香坡教会、日本語教育開始
一八九九	明三二	サンパウロ市内にイタリア系学校三校		
一九〇二	明三五			シヤトル国語学校創立 日英学院開校（バンクーバー）

一九〇三	明三六			西本願寺、サンフランシスコに明治小学校創立、サクラメント仏教会付属桜学園開校
一九〇四	明三七		二月　ロシアに宣戦布告	アルビソ日本語学園、オークランド仏教学園開校 小村寿太郎バンクーバーに立ち寄り、日系子女の教育を憂い、森川領事に寄付とともに国民学校開設を託す。その後、森川領事と現地日本人の学校開設運動開始
一九〇五	明三八	サンパウロ州立移民収容所、州土地・移植民局（DTCI）の管轄下に	九月　ポーツマス条約	
一九〇六	明三九	三月　水野龍、ブラジル視察	文部省、バンクーバー日本語学校に教師派遣	一月　バンクーバーに最初の日本語学校「共立国民学校」開校 一〇月　サンフランシスコ市学務当局、日本人学童隔離教育を決議
一九〇七	明四〇			一一月　日米紳士協約（アメリカへの日本人移民を制限）
①初期移民の時代				
一九〇八	明四一	六月　第一回ブラジル日本人移民、サントス到着		この年、レミュー協約（カナダへの日本人移民を制限）
一九一一	明四四	七月　サンパウロ市にダンテ・アレギエリ・イタリア系ブラジル中等学校開校 この年、州立移民収容所、州労働局の管轄下に		二月　フレーザー河日本人漁者団付属小学校開校 五月タコマ国語学校開校 九月　神田重英、香蘭女塾開校 サンフランシスコに金門学園開校

一九一二				四月　第一回在米日本人教育者大会 カリフォルニア州教育局検定日本語教科書編纂 写真花嫁の渡加ピーク
一九一三	大三	この年、サンパウロ州グアタパラに日本人小学校開校？		六月　在米日本人教育会創立
一九一四	大四	大正三～四年頃、コンデで田頭甚四郎（一九一二年渡伯）なる青年が三～四人の子どもにイロハを教えていた。 サントスに小学校開校？	八月　ドイツに宣戦、第一次世界大戦に参戦 一二月　永田稠、力行会第二代会長に就任	五月　ノース・アーム校創立 八月　カンバーランド一号地小学校開校
一九一五	大四	七月　サンパウロ帝国総領事館開館 一〇月　大正小学校、聖市コンデ・デ・サルゼーダス通り三八番に、宮崎信造らにより創設。教師一人生徒三人。		二月　ハワイ教育会創立 四月　カンバーランド五号地小学校開校 一〇月　同教育会編纂新教科書使用開始
一九一六	大五	一月　大正小学校、コンデ街五一番に移り、同年四八番に戻り児童一〇余人となる。 五月　桂小学校（イグアペ郡）、コチア小学校（コチア郡）開校 八月　『日伯新聞』創刊	二月　日米関係委員会設立	六月　小林美登利、ハワイ到着
一九一七	大六	八月　『伯剌西爾時報』創刊 この年、旭小学校、アグア・リンパ小学校開校	一二月　海外興業株式会社設立（移民事業を統合）	二月　一九一七年移民法成立 七月　ハワイで日本人教員上陸拒絶事件 一〇月　ポートハモンド日本語学校開校

一九一八	大七	五月　隈部三郎の次女照子、三女暁子、リオ師範学校卒後ブラジルに帰化。日系初の正規の小学校教師となる。 八月　マット・グロッソ州カンポ・グランデにヴィスコンデ・カイルー小学校開校 一〇月『時報』に「日本語の教科書の編纂を為さざるべからざる」ことを述べる記事掲載	四月　海外植民学校開校 一一月　第一次世界大戦終了	
一九一九	大八	一月　大正小学校、私立公認校の認定 五月　ボア・ビスタ小学校（ノロエステ鉄道線グァイサーラ駅ボア・ビスタ植民地）、八月東京植民地小学校（パウリスタ鉄道線モツーカ駅東京植民地）、ボン・スセッソ小学校（ノロエステ鉄道線プロミッソン駅上塚植民地ボン・スセッソ区）、一二月ブレジョン小学校（ソロカバナ鉄道線アルバレス・マシャード駅ブレジョン植民地第一区）等開校	二〜四月　パリ講和会議において日本代表、人種的差別撤廃提案 六月　ベルサイユ条約調印	三月　日本語学校取締法案、ハワイ県会に提出される
一九二〇	大九	一月　大正小学校後援会創立 カラビクイーバ小学校（コチア郡）、ゴンザガ小学校（ノロエステ鉄道線プロミッソン駅）、アルミランテ・トーゴー小学校（同鉄道線ビリグイ駅）、上流アグア・リンパ小学校（同鉄道線アラサツーバ駅）開校 一二月　堀口久萬一代理大使「伯国における本邦移植民教育補助金下付の必要」上申	一月　国際連盟加入、常任理事国就任	九月　バンクーバー「共立語学校」に改名 一一月　第九回教育会総会、「在米日本人教育会」を「日本語学園協会」に改名

一九二一	大一〇	一月　外国人移民取締法制定 七月　『時報』に「日系児童の補習教育に関連し、特殊教科書編纂の急務なること」を述べる記事掲載 九月　バウルーで『聖州新報』創刊 レジストロ第三部小学校（イグアペ郡）、ヴィラ・ジャポネーザ（アララクアラ鉄道線ヴィラ・ジャポネーザ植民地）、アウレスブルゴ小学校（ノロエステ鉄道線グアランタン駅）、コレゴ・アズル小学校（同鉄道線プロミッソン駅）開校 一二月　小林美登利、アメリカより到着		七月　外国語学校取締法、ハワイに施行 九月　ハワイで日本語学園教師資格検定試験実施 同月　カリフォルニア州議会、外国語学校取締法制定
一九二二	大一一	五月　小林美登利、サンパウロ市に日曜学校・夜学校開設 九月　聖州義塾設立宣言、岸本昂一ブラジルへ出発 同月　ブラジル独立百周年 一二月聖州義塾第一回基督降誕祭	一月　信濃海外協会発足	九月　須知武士道漁者団付属小学校開校 一二月　ハワイにて外国語学校取締法反対試訴提起
一九二三	大一二	この年、福寿第一、ガルサ、ビリグイジンニョ小学校、ニッポランジア日本学園開校 日本外務省からの学校建設につき補助金三万円下付	九月　関東大震災	一〇月　日本語学校教育懇談会発足
②国策移民開始の時代				
一九二四	大一三	六月大正小学校初代校長であった宮崎信造没、吉村千苗二代校長就任 七月　サンパウロにイシドーロ革命勃発 九月　小林美登利ら、サンターナの丘でサンパウロ教会設立宣言 一〇月　アリアンサ移住地創設	五月　対米問題国民大会 六月　帝国経済会議においてブラジルへ移民送出国策化 七月　アメリカで新移民法成立 一一月　国籍法改正（国籍離脱の簡素化）	七月　新移民法（いわゆる排日移民法）施行 一一月　カンプトン学園創立 一二月　ブリティッシュ・コロンビア州議会、これ以上の東洋人移民に反対決議

一九二五	大一四	一月　総領事官邸で第一回教育懇談会開催 三月　コチア小学校、「分校アルデイアと教育上に関して種々打合わせする所あり。学級編成並に教科書の編纂に就き研究す」 九月　小林美登利、ガルヴォン・ブエノ通り八五番に聖州義塾開塾 この年、竹下完一、大正小初代校長就任か	日本の国策移民開始 四月　外国人土地法公布 一二月　大阪商船南米航路が政府指定航路となる。	五月　アメリカ最高裁判所、ヒデマツ・トヨタのアメリカ市民権を剝奪 この年、日米新聞主催の第一回日本見学団派遣
一九二六	大一五／昭元	七月　アリアンサ移住地日曜学校開始 一一月　日系児童四六人がサン・ゴンサーロ教会で受洗 サントス日本人小学校開校	五月　神戸に日伯協会設立 一二月　コチア産業組合設立	
一九二七	昭二	一二月　在伯日本人教育会発足	三月　海外移住組合法公布 同月　金融恐慌始まる 信濃海外協会、ブラジル派遣教員留学生募集 八月　海外移住組合連合会設立	二月　合衆国最高裁で外国語学校取締法関係試訴に日本語学校側勝訴 八月　ホノルルにて第一回日系市民会議
一九二八	昭三	三月　第一回信濃海外協会教員留学生（清水明雄・両角貫一ら三人）サントス到着、すぐにアリアンサに向かう 同月　イエズス修道会、聖フランシスコ学園をリベルダーデ通り一四九番に開校 四月　第一アリアンサ中央小学校創立 この年、岸本昂一、ボラ植民地で日本語教師となる	三月　国立神戸移民収容所設立 一一月　昭和天皇即位大礼 一二月　第一回ブラジル教員留学生派遣	

一九二九	昭四	二月　第一回信濃海外協会教員留学生（清水・両角）ブラジル師範学校入学 四月　第一アリアンサ小学校、公認私立校認定 八月　在伯日本人教育会、サンパウロ日本人学校父兄会に改組 一〇月　大正小学校、サン・ジョアキン通りへ移転	三月　海外移住組合連合会、ブラジル現地法人ブラ拓を設立 六月　拓務省設置	四月　全米日系市民協会（JACL）結成 七月　米加日本語学校教育懇談会第一回開催（オレゴン州ポートランド市）
③父兄会時代				
一九三〇	昭五	一月　大正小学校、新校舎で授業開始 七月　海外植民学校分校設立のため、マウエスの土地五〇〇町歩登記完了 九月　小林美登利、『聖州義塾々報』創刊 一〇月　ヴァルガス革命 同月　岸本昂一、ウニオン植民地小学校日本語教師兼任。アマゾニア産業研究所設立 この年、バストス第一、共和中央、中央アリアンサ等各小学校、リンス学園開校、アカラ植民地小学校（パラ州）開校か？	四月　国士舘高等拓殖学校開校	八月　第一回全米日系人市民協会大会開催 同月　米加日本語学校教育懇談会第二回開催（シアトル） ストラスコナ小学校（カナダ）のブラウン校長を日本旅行に招待
一九三一	昭六	三月　大正小学校二部制となる 五月　同一校舎を利用したブラジル公立学校と私立学校運営案（領事館）がサンパウロ州に認められる 六月　第一アリアンサ小学校、郡立となる サンパウロ日本人学校父兄会より『ブラジル地理』『ブラジル歴史』発刊	九月　満洲事変	二月　ハワイで日本語学校修身教科書編纂 六月　ターミナル日本語学園第一回卒業式 カナダ国内日本語学校三六校、生徒数二九四五名 七月　米加日本語学校教育懇談会第三回開催（バンクーバー日本共立語学校）

一九三二	昭七	二月　岸本昂一、暁星学園（寄宿舎）創立 三月　アンナ・ワルドマン女史の経営する裁縫学校に郷原ますえが日本人部を設ける（日系女子教育の開始） 四月　日本人小学校、ブラジル国内には一八七校。未届け校も二〇校を数える 五月　郷原ますえ、日伯裁縫女学校開校、タマンダレー通りに校舎を定める 聖フランシスコ学園の三階建て新校舎落成 一二月　第一回信濃海外協会教員留学生両角貫一・清水明雄、師範学校卒業。第一アリアンサ小学校へ赴任 サンパウロ日本人学校父兄会より『Nossa Pátria わたしの國』発刊 この年、在ブラジル日本人総数一三万二六八九人 エメボイ実習農場設立	三月　満洲国建国 五月　五・一五事件 一一月　海外教育協会設立 第二回ブラジル教員留学生派遣	五月　全米日系市民協会第二回大会
一九三三	昭八	四月　赤間重次・みちへ夫妻がサンパウロに裁縫教授所を設立。同年八月にはコンセリェイロ・フルタード通り一八番に移転し、サンパウロ裁縫女学院と改称 五月　暁星学園、公認私立校として認可 六月　サンパウロ裁縫女学院創立 七月　第一アリアンサ小学校、一部州立となる 九月　伯国柔剣道連盟発足、第一回全伯柔剣道大会（少年部をふくむ）開催 一一月　移民二五周年記念式典、ブラジル最初の日本人移民生存者叙勲、第一回全伯少年陸上競技大会 各地でブラジル移民二五周年記念式典	三月　国際連盟から脱退 この年、ブラジル行きの日本人移民約二万四八〇〇人	

一九三四	昭九	一月　サンパウロ裁縫女学院、コンセリェイロ・フルタード通り一一六番に移転 暁星学園、新校舎および寄宿舎をピニェイロス地区のミゲル・デ・イササ通りに新築し移転 同年初に唐澤実雄、大正小学校校長就任か？ 四月　大正小、この頃、教師五名、生徒数二二〇名、尋常科六年・高等科二年を完備 この月、第一回全伯選抜少年野球大会 七月　外国移民二分制限法（事実上の日本移民制限法）成立 八月　エメボイ実習農場第一回卒業式 一〇月　大正小学校で、聖市学生連盟発足	三月　外務省アメリカ局新設 この年、ブラジル行きの日本人移民約二万一五〇〇人	バンクーバー共立語学校学務委員会で「日系二世の教育方針」決定（カナダ市民として教育することになる）
一九三五	昭一〇	二月　両角貫一、大正小学校第五代校長就任 四月サンパウロ裁縫女学院、校誌『學友』創刊 聖フランシスコ学園女子部、リベルダーデ広場一四三に開設される 八月　サンパウロ裁縫女学院、サン・ジョアキン通り二一六番に移転し「サンパウロ女学院」と改称。日本語小学部開設 この年、日本語教科書編纂のため古野菊生を日本へ派遣	四月　平生八三郎率いる経済使節団ブラジル派遣 六月　南米向け海外放送開始 七月　文部省、佐野保太郎を教科書編纂のためブラジル派遣 一二月　ワシントン条約単独廃棄決定	一二月　ハワイで日本語学校読本編纂
④教育普及会時代				
一九三六	昭一一	三月　父兄会定款改定の上、ブラジル日本人教育普及会に改組 八月　救世軍日本人部開設され、岸本・暁星学園生徒ら参加 一一月　ブラジル日本人教育普及会により『日本語読本』巻一、『日本語読本教授参考書』巻一発刊 一二月　学連事件起こる 同月　サンパウロ裁縫女学院第一回卒業式	二月　二・二六事件 六月　パラグアイ日本人移民送出開始 一一月　外務省移民問題研究会設立	

一九三七	昭一二	一月　暁星学園勤労科設置 同月　木下正夫（聖州義塾出身）、一世最初の日本人弁護士 一月　学生連盟、第一回修養会開催 一〇月　ブラジル全土の日本人小学校四七六校 同月　普及会、機関誌『黎明』発行 同月　国防献金二三〇コントスを日本陸軍省に送付 一一月　ヴァルガス政権新国家体制確立→一四歳未満の者に外国語外国語の教授を禁止（サンパウロ市およびサントス市は一一歳未満） 同月　大正小学校講堂にて、藤原義江の独唱会 この年、『日本語讀本』巻二～八、『教授参考書』巻二～八発刊	七月　日中戦争勃発、以後ブラジル日系社会でも銃後運動さかん	秩父宮同妃バンクーバー共立語学校訪問

⑤文教普及会時代

一九三八	昭一三	一月　中西駐在武官、子弟教育問題に介入 一～二月　サンパウロ銃後青年会で軍用機献納運動 三月　大正小学校などで、読本を使用しない日本語教授法試みられる 七月　エメボイ実習農場最終卒業式 一〇月　教育普及会、ブラジル日本人文教普及会に改組 一一月　学生連盟・龍土会主催二世討論会「日本精神とは？」開催 一二月　文教普及会主催の教育会議開催 同月　ブラジル全土の日独伊を主とした外国語学校に閉鎖命令 この年、邦字新聞日刊となる この年前後、日系小学校のサンパウロ・サントス方面修学旅行さかん	四月　国家総動員法公布	

一九三九	昭一四	七月　南部忠平訪伯、各地で巡回指導 九月　世界一周飛行のニッポン号飛来にともない日系小学校生徒コンゴーニアス空港に参集するも、天候不良により不着 二世の日本留学増加 この年から戦中にかけて、各地で日本語巡回教授を実施	七月　ブラジルより日本へ帰国者（二世留学生を含む）多数 この年、二世教師西江米子ら日本留学	
一九四〇	昭一五	一月　この年刊行の『パ延長線教育史』に「全伯六百に餘る日本語学校の存在」と記す 二月　大阪商船ぶらじる丸、サントス入港。多くの日系小学生が見学に訪れる。 この年、ブラジル各地で紀元二千六百年記念式典開催	一月　紀元二千六百年明治神宮体育大会に二世を含むブラジル日系選手六名参加 同月　帝国教育会、ブラジルの海外教育功労者三一名を表彰	カリフォルニア州の日本語学校二四八校 カナダ日本語学校数五四校
一九四一	昭一六	一月　日系人四人がサンパウロ法科大学卒業 六月　サンパウロ運動倶楽部設立 同月　全伯産業青年連盟設立 七～八月　邦字新聞次々と停刊 八月　最後の全伯少年野球大会 同月　戦前最後の移民船ぶえのすあいれす丸サントス入港 一二月　太平洋戦争勃発	一二月　太平洋戦争勃発	一〇～一一月　F・ルーズベルト大統領、日系アメリカ人の忠誠度について調査命令 一二月　太平洋戦争勃発

⑥日本語教育の空白時代

一九四二	昭一七	一月　ブラジル、日本と国交断絶、在伯ブラジル公館閉鎖 二月　サンパウロ州で枢軸国住民に公共の場における母国語使用などの禁止 同月　サンパウロ市中心部からの日本人立退き命令発令。大正小学校やサンパウロ女学院に転入する日系子弟が増加 六月　スパイ容疑で拘引される日本人増加 一〇月　聖州義塾立ち退き 一二月　サンパウロ女学院創立一〇周年。突然、裁判所から即刻強制退去命令が発せられ、急遽ベルゲイロ通りへ移転	四月　ミッドウェー海戦	二月　F・ルーズベルト大統領、大統領行政命令九〇六六号に署名、一二万人の日系アメリカ人を強制収容する軍事行動を可能にする 同月　日系二世から成る大学志願兵部隊（トリプルV）、ハワイで第三四戦闘工兵連隊のもとに編成 六月　第一〇〇歩兵大隊編成
一九四三	昭一八	七月　サントスなど海岸部周辺の枢軸国人に退去命令 この年、政治社会警察（DOPS）、何人かの日系・ドイツ系移民を「枢軸国協力者」の疑いにより移民収容所に収監		二月　第四四二連隊戦闘部隊編成 九月　第一〇〇歩兵大隊、北アフリカのオラン上陸。野球の有名選手だったシゲノ・ジョー・タカタ戦死。殊勲十字章を日系兵士として最初に受章
一九四四	昭一九	「天誅組」「青年愛国運動」等日系秘密結社発足		二月　言語専門家の二世兵士一四名、北ビルマ後方で作戦行動 一〇月　四四二連隊、「失われた大隊」を救出。二一一名の命を助けるために、八〇〇名の二世兵士が死傷
一九四五	昭二〇	六月　ブラジル政府、日本に宣戦布告 七月「臣道連盟綱領」発表 八月　第二次世界大戦終結、勝ち組・負け組の対立はじまる 九月　勝ち組団体活動活発化	八月　ポツダム宣言受諾、終戦	四月　サダオ・ムネモリ戦死、名誉勲章受章

一九四六	昭二一	三月　勝ち組による暗殺テロ開始 四月　「ジアリオ・ダ・ノイテ」に「臣道連盟綱領」発表 七月　サンパウロ州内陸で勝ち組による暗殺・爆破事件拡大、同月のみで襲撃・傷害六四件、殺害一一件に達する 一〇月　『サンパウロ新聞』創刊	五月日本政府から在伯同胞宛の終戦に関する勅語、スウェーデン公使館を通じて送電 旧植民地・占領地からの引揚げ・復員	七月　四四二連隊、ホワイトハウスでトルーマン大統領の接見を受ける。大統領は「君たちは敵と戦っただけでなく、人種差別とも戦った。そして勝ったのだ」と語る
戦後の日本語教育復活時代				
一九四七	昭二二	一月　『パウリスタ新聞』創刊 同月　パウリスタ野球連盟設立 三月　日本戦災者救援会、「ララ物資」を含む母国救援活動開始 八月　ブラジル新憲法制定議会で「日本人移民排斥法案」僅差で否決 この年、サンパウロ州サンタ・アマーロで日本語教育復活		
一九四八	昭二三	一月　田村幸重（大正小学校・聖フランシスコ学園出身）、サンパウロ市議会議員に当選 七月　戦後第一回全伯少年野球大会開催		

＊伯剌西爾時報（一九三二）、小林美登利（一九三六）「聖州義塾略史」『聖州義塾々報』第七号、カトリック教義研究会編（一九四九）『ギード神父とサン・フランシスコ学園』、佐藤皓一編（一九八五）『財団法人赤間学院創立五十年史』財団法人赤間学院、同志社大学人文科学研究所編（一九九一）『北米日本人キリスト教運動史』ＰＭＣ出版、サンパウロ人文科学研究所編（一九九六）『ブラジル日本移民・日系社会史年表――半田知雄編著改訂増補版』サンパウロ人文科学研究所、ＡＣＡＬ（一九九六）*Liberdade*. 小島勝（一九九九）『日本人学校の研究』玉川大学出版部、アケミ・キクムラ＝ヤノ編・小原雅代訳（二〇〇二）『アメリカ大陸日系人百科事典』明石書店、PAIVA, Odair C. & MOURA, Soraya (2008) *Hospedaria de Imigrantes de São Paulo*. Paz e Terra. 根川幸男（二〇一六ａ）「解題――ブラジル日本人教育普及会編『日本語讀本』」『編集復刻版・戦前期ブラジル移民日本語読本』不二出版、一――一六頁他、外務省記録などとインタビュー資料に拠り作成。

あとがき

京都の西山の桜を部屋の窓から眺めながら、地球の反対側、およそ二万キロメートルも離れたブラジルのことを考えている。いま、ブラジルという国における日系人《ジャポネス》という一エスニック集団の「教育の歴史」をようやく書き終えようとしているのである。

筆者は、一九九六年から二〇一三年三月まで、途中何度かの一時帰国はあったものの、三十代のはじめから四十代の終わりまでのおよそ一七年間をブラジルで過ごした。最後の一年間は、京都の国際日本文化研究センターで客員研究員として過ごしたが、あれこれ迷った挙句、一身上の都合から、二〇一四年四月、日本に本帰国した。その前後、「移民の教育の歴史」をテーマに、あたふたとこの書の原型となる博士論文をまとめたが、それから二年が経つ。「錦衣帰国」とはほど遠いが、一七年にわたるブラジル生活でさまざまな人びとに接し、お聞きしたお話がもち帰り得た財産であろうか。ブラジルの代表的な料理であるフェイジョアーダは、本格的な調理をする場合、フェイジョン豆と豚の内臓などを長時間かけてぐつぐつと鍋で煮る。とろ火で時間をかけて煮た方が、豆もモツもほどよく溶け合って美味いとされる。筆者は本書のなかに、ブラジルで集めた多くの材料を放り込んできたが、そろそろ鍋を下ろし、客人（＝読者諸氏）にいったん供する頃合いだろう。

本書のなかでも述べたように、海外移民は近代の日本人にとって、一種の国民的体験であった。このことを考えるとき、思うのは私の母とその家族のことである。熊本県八代出身のこの一族は、大正期に多くの海外移民を出した。母の父、つまり私の祖父の姉兄たちは植民地時代の台湾に渡り、屏東という南の町で旅館を経営していたという。母は、祖父が六亀という山あいの小さな町で警察官をしていた時に生まれた。現地の小学校で数年を過ごし、敗戦後に家族で引き揚げてきた経験をもつ。本書のテーマとも関連する近代日本の教育、特に小学校教師の子どもたちへの影響の大きさを感じるのは、母を見てのことである。母は、当時担任だったというM先生と引き揚げ後も長く文通していた。母が生まれた町には川が流れており、M先生は川の向こうに住んでいたそうだ。師範学校を出たばかりの若い女先生を、母たちはいつも橋のたもとまでじゃれつくように送って行ったという。このM先生とは、亡くなるまでお付き合いがあった。引き揚げ後、七十歳を超えるまで台湾を訪れなかった母だが、その地で送った子ども時代の楽しい思い出をふと漏らすことがあった。日本の敗戦が母の人生を変え、彼女は台湾を去らねばならなかった。しかしそれがなければ、母は大阪で父と出会うこともなく、私もこの世に生を受けなかったであろう。

ブラジルにも親戚がいるはずだ、ということを私が母から聞かされたのは、最初のブラジル旅行を終えてからだった。二度目のブラジル訪問の時、サンパウロ東洋街のバル（オープンな軽食堂）でたまたま隣り合わせた日系人のおじいさんにそのことを話すと、元邦字新聞の記者だったというその方がわざわざ調べてくれ、私はその親戚を訪ねて行くことになった。Tという、サンパウロからバスで七時間ほどの内陸の小さな町に、わが又伯母夫婦や又従兄たちは写真店を営んでいた。また、私の世代に当たる又従姉たちがサンパウロやリオデジャネイロにいることも知った。その家族とは今でも付き合いがあり、サンパウロに行くと、数日泊めてもらったりしている。歯科医をしている又従姉の一人には、ときどき歯の治療をしてもらうが、この人はイタリア系との混血で、見た目はまったくのヨーロッパ系であり、日本語は話せない。この人のお父さんは私の母の従兄に当たるが、イタリア系のお母さんと恋仲になり、両方の親から大反対され、ついに駆け落ちしたという。戦争が終わり、勝ち組が世間を騒がせていた頃、田舎の町ではちょっとしたスキャンダルだったそうだ。数年後に彼女が生まれた。この人の一人息子は、アラブ系男性との間に生まれ、中東の血を濃く感じさせる風貌をしている。こうして私と同じ血をもつ人びとも、ブラジルに根を張り、「移民」から「ブラジル人」になっていったのだ。

言わでものことと思いながら、私の家族のことをながながと記したのは、海外移民という体験がいかに私たちに身近な出来事であったのかということを伝えたかったからである。「ブラジルに行ったおばあさん」（私の母方祖父の二番目の姉）は、わずか一一歳で、ブラジルに渡る他の家族の養女になって、村を出ていったそうである。私がブラジル通いをはじめたころまだ生きていた親戚のおばあさんが言うには、「東京もブラジルも知らん土地でかわりなかった。わたしも一緒に行きたいというたが、親が許さなんだ」。熊本にさえ行ったことがなかった彼女らにとって、同じ村の「ブラジル帰り」の人びとから聞く南十字星の見える土地は、大阪や東京よりも親しいところだったのだろうか。

このような縁のおかげか、居心地のよさか、一七年もブラジルでうかうかと過ごした。この一七年間、本当に多くの人びとにお話を聞かせていただき、またそれ以上にお世話になった人びとは数え切れない。ブラジルは私の第二の故郷であるとともに、文字通り血を分けた大地である。この書を記して世に出すのも、うかうかと過ごしたブラジル時代の多分に饒舌な言い訳か。

この書を生み出すに当たって、次の方々には、多くの体験談や情報、古写真や手記を提供いただいた。

相田芳子、アウグスチーニョ柴田、阿部六郎、新井静枝、安良田済、アリセ・S・市川、アリセ山田、アントニオ赤間、アントニオ上野、イサク岸本、石田栄、市田悦子、ウイリアム・ウー、上野寿美子、ウーゴ明、エステラ佐藤、エリゼウ・M・石田、小原彰、金子国栄、川島万里子、クラウジオ・S・古川、小林成十、ジェニー・A・脇坂、渋谷信吾、清水明雄、清水尚久、清水慰子、庄司頼子、スマコ石田、スミコ・V・赤間、セルジオ柳澤、田名網能、田中洋典、田村幸重、トシオ市川、沼田信二、パウロ横田、芳賀貞一、ヒデヨ加藤、水本薫、森田友和、宮尾進、吉岡黎明、ルイス・M・小林（五十音順、敬称略）。

また、博士論文の執筆は、ホナン・A・ペレイラはじめブラジリア大学の同僚たちの理解なしには実現しなかった。ブラジル国内調査では、サンパウロ大学のかつての指導教官ショウゾウ本山先生とサンパウロ人文科学研究所の方々にしばしば便宜を図っていただいた。一方、日本では、国際日本文化研究センターより最高の研究環境を提供いただき、総合研究大学院大学への論文提出の折には、井上章一先生、細川周平先生、森本豊富先生、松田俊彦先生、森幸一先生に有益なご指導を賜った。また、吉田亮先生、稲賀繁美先生、劉建輝先生には、調査費のご支援をいただいた。みすず書房の島原裕司氏は、遅筆で怠け者《プレギッソーゾ》の筆者に辛抱強くお付き合いくださり、たびたび懇切丁寧なご助言をくださっている。ここに記して、皆様に深く謝意を表したい。

最後に、海を渡って行った多くの人びと、ブラジルと日本の心やさしき友人たち、そして何よりも、この「放蕩息子の帰還」（?）を辛抱強く待っていてくれた父と母にこの書を捧げたい。

二〇一六年四月初旬

根川幸男

根川幸男
ブラジル日系移民の教育史

2016年10月14日　印刷
2016年10月25日　発行

発行所 株式会社 みすず書房
〒113-0033 東京都文京区本郷5丁目 32-21
電話 03-3814-0131（営業） 03-3815-9181（編集）
http://www.msz.co.jp

本文印刷所 萩原印刷
扉・表紙・カバー印刷所 リヒトプランニング
製本所 誠製本
装丁 安藤剛史

ISBN 978-4-622-07981-1
［ブラジルにっけいいみんのきょういくし］

著者略歴

（ねがわ・さちお）

1963年大阪府生まれ．サンパウロ大学大学院修士課程修了，Mestre em Letras．博士（学術）（総合研究大学院大学）．ブラジリア大学文学部（准教授）で12年間教鞭をとる（日本語・日本文化）．専門分野：移民史，教育史，エスニック文化研究．所属：同志社大学嘱託講師，京都外国語大学非常勤講師，国際日本文化研究センター共同研究員など．
著書：『越境と連動の日系移民教育史――複数文化体験の視座』（ミネルヴァ書房，共編著，2016），『トランスナショナルな「日系人」の教育・言語・文化――過去から未来に向って』（明石書店，共編著，2012），*Cinqüentenário da Presença Nipo-Brasileira em Brasília*（Brasília, FEANBRA, 共著，2008）など．

人名索引

さ 行

た 行

な 行

は 行

ま 行

や 行

ら・わ 行

事項索引

か 行

さ 行

た 行

な 行

は 行

ま　行

や　行

ら　行

わ　行